高速铁路
工程地质问题分析

主编 王茂靖 冯 涛

西南交通大学出版社
·成都·

图书在版编目（CIP）数据

高速铁路工程地质问题分析/王茂靖，冯涛主编. -- 成都：西南交通大学出版社，2024.1
ISBN 978-7-5643-9708-1

Ⅰ. ①高… Ⅱ. ①王… ②冯… Ⅲ. ①高速铁路 – 铁路工程 – 工程地质 Ⅳ. ①U212.22

中国国家版本馆 CIP 数据核字（2023）第 254217 号

Gaosu Tielu Gongcheng Dizhi Wenti Fenxi
高速铁路工程地质问题分析

主　编／王茂靖　冯　涛	责任编辑／姜锡伟
	封面设计／GT 工作室

西南交通大学出版社出版发行
（四川省成都市金牛区二环路北一段 111 号西南交通大学创新大厦 21 楼　610031）
营销部电话：028-87600564　　028-87600533
网址：http://www.xnjdcbs.com
印刷：成都勤德印务有限公司

成品尺寸　185 mm × 260 mm
印张　33.25　　字数　829 千
版次　2024 年 1 月第 1 版　　印次　2024 年 1 月第 1 次

书号　ISBN 978-7-5643-9708-1
定价　150.00 元

图书如有印装质量问题　本社负责退换
版权所有　盗版必究　举报电话：028-87600562

《高速铁路工程地质问题分析》
编委会

主　编

王茂靖　　冯　涛

编　委

张广泽　　付开隆　　毛邦燕　　丁浩江　　曾德建
何　平　　袁传保　　穆秀明　　陈明浩　　王青川
宋　章　　王子江　　方振华　　吴　洋　　张会刚
陶玉敬　　袁　东　　张营旭　　于振江

1. 成贵高铁坪上隧道进口危岩落石
2. 成兰铁路工程区域内发生的高位崩塌
3. 成兰铁路新民隧道出口高陡边坡危岩加固

天池桥1#墩一侧边坡出现滑坡迹象，滑坡裂缝范围已圈出，该范围内土壤不厚，但风化层较厚，为强风化页岩，高刷边坡未及时防护和雨水侵蚀的双重作用促使边坡失稳

开裂变形范围

1. 郑万高铁后坪隧道出口顺层滑坡
2. 白杨林隧道进口危岩落实整治
3. 贵广高铁尖尖山隧道出口顺层滑坡

1. 成兰铁路榴桐寨隧道出口高位泥石流
2. 贵广斗篷山隧道涌水引起的地表塌陷
3. 郑万铁路汉江特大桥施工产生岩溶地面塌陷

图 版

1. 上高山隧道 DK489+574 巨型溶洞
2. 沪昆高铁朱砂堡隧道揭示的巨型溶洞穹顶
3. 成贵高铁玉京山巨型溶洞顶板

8

图版

1	2 3
	4 5
	6

1. 成兰铁路柿子园隧道横洞底板隆起开裂
2. 兰渝高铁玄真关隧道底鼓
3. 湘桂铁路山乾隧道施工中突发隧底涌水西成客专赵家岩底鼓
4. 成兰铁路茂县隧道仰拱底鼓
5. 茂县隧道 1# 斜井底板隆变形
6. 成渝客专内江北车站路面上拱

| 1 | 3 |
| 2 | |

1. 郑万铁路施工揭示的断层挤压破碎带
2. 成兰铁路施工揭示的茂汶活动断裂带
3. 成贵高铁大方隧道施工中的大溶洞

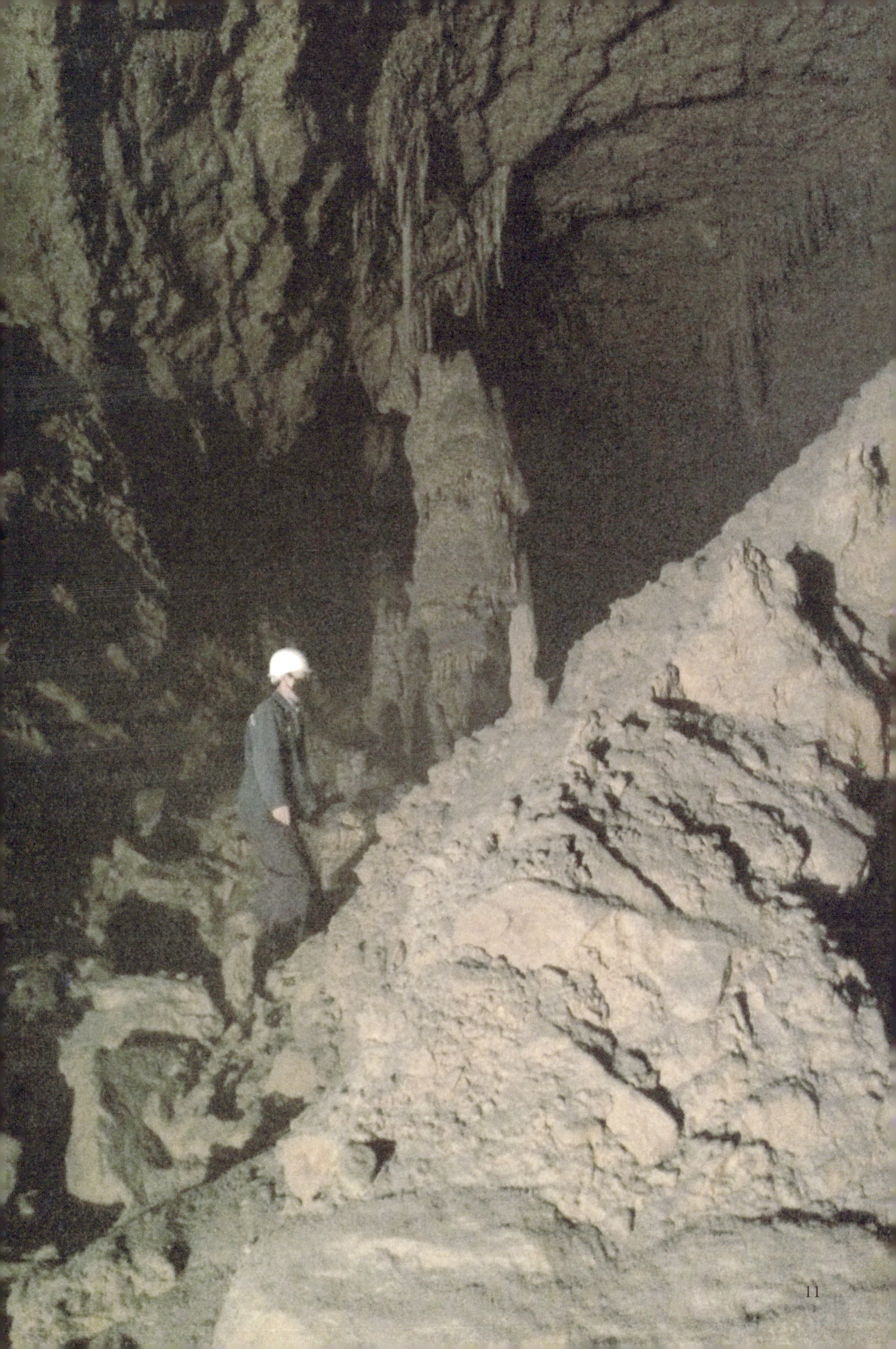

高速铁路重大工程地质问题分析

图 版

| | 2 3 |
|1| 4 5 |

1. 沪昆高铁白岩脚隧道涌突水现象
2. 成贵高铁杨家庄隧道涌水突泥
3. 湘桂铁路山乾隧道施工中突发隧底涌水
4. 西成客专小安隧道施工中渗水
5. 杨家庄隧道涌水突泥砂

1	2	
3	4	5

1. 成兰铁路平安隧道施工中发生岩爆
2. 成兰铁路跃龙门隧道软岩大变形
3. 成兰铁路跃龙门隧道施工中的大变形
4. 成贵高铁白杨林隧道高瓦斯段瓦斯抽排
5. 榴桐寨隧道挤压大变形

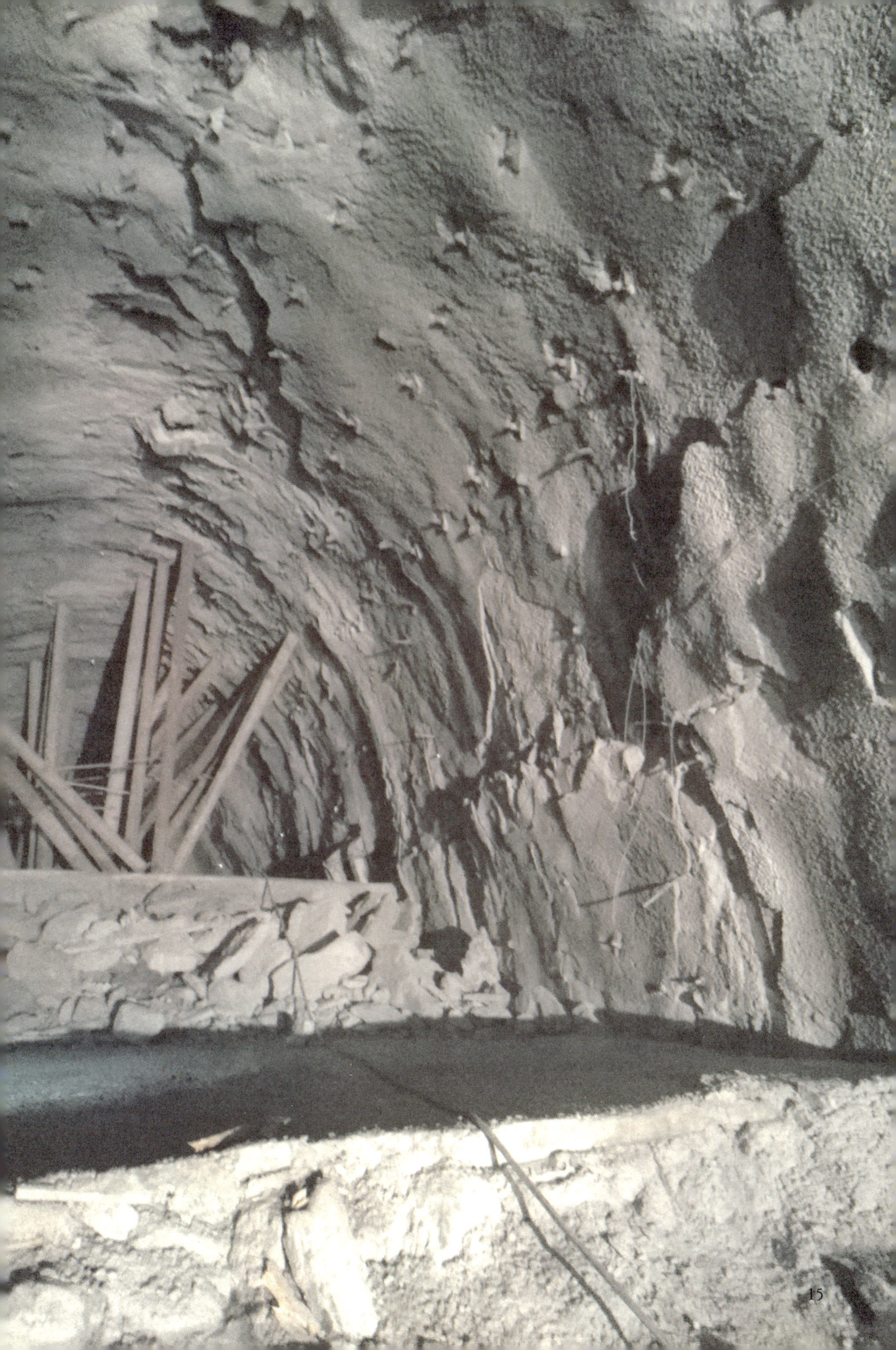

高速铁路重大工程地质问题分析

1. 发生有规律沉浮的贵广高铁尖山营特大桥地貌景观
2. 贵广高铁营运照片

前言

改革开放40多年来，我国高速铁路建设取得了巨大成就。截至2022年底，我国已开通运营时速200 km及以上的高速铁路突破4.2万千米，是世界上高速铁路系统技术最全、集成能力最强、运营里程最长、运行速度最快、在建规模最大的国家。高速铁路已经成为国家一张靓丽的外交名片。

近年来，高速铁路的修建区域由华北、华中、华东平原、滨海地区逐渐向中西部山区发展。中西部山区山高谷深、地形强烈起伏，区域构造运动活跃，表生改造作用剧烈，地形、地质条件十分复杂，在高速铁路建设及运营中遇到了许多复杂的工程地质问题，出现了系列地质病害。崩塌、滑坡、泥石流、采空区、断层破碎带、有害气体等是山区典型工程地质问题及地质灾害，处理不当就会威胁高速铁路施工及运营安全，产生较大的经济损失，造成不良的社会影响。岩溶及岩溶水地质勘察属于世界性工程地质勘察难题，我国在山区高速铁路施工及运营中遇到了较多的岩溶及岩溶水地质问题，产生了许多地质病害，特别是岩溶水，由于工程建设导致环境地质条件的改变，突发的岩溶水害会在高速铁路施工运营期间产生严重的地质病害。此外，由于高速铁路对场地的稳定性及地基岩土体适应性要求高，建设与运营期间出现了对普速铁路影响不大，但是对高速铁路安全运营危害极大的一类工程地质问题或地质病害，如软质岩石蠕变、扩容膨胀、超高空隙水压导致隧底底鼓、深挖路堑上拱等。此类病害产生的机理、原因一度困扰广大工程地质工作者。

在山区高速铁路建设中遇到了许多复杂的工程地质问题，产生了一些地质病害，如何识别复杂工程地质问题、分析地质病害产生的原因机理正是本书编写的初心，目的在于提高广大铁路工程技术人员判识铁路建设中的复杂工程地质问题、分析地质病害形成原因机理、提出科学合理工程处置措施的能力，尽可能减少高速铁路工程建设、运营中产生的工程地质病害，整体提升高速铁路勘察设计水平，提高高速铁路工程建设质量，确保高速铁路运营安全。

本书以案例分析形式编著。作者先后参与了贵广、南广、柳南、兰渝、成渝、成贵、鲁南、郑万、川青（原名成兰）等若干条高速铁路勘察设计工作，结合高速铁路勘察设计实践，针对高速铁路建设、运营中出现的复杂工程地质问题及地质病害进行了认真分析、归纳总结，汇编成一个个具体工程地质问题（病害）的分析实例，每一实例均全面分析了工程地质问题（病害）产生的自然环境，工程地质条件、水文地质条件及特征，发生工程地质病害（问题）的原因、力学机制，对铁路工程造成的影响，提出了针对性的整治措施，总结了经验教训，提高了认识。

本书系统总结了十余年来，在西南山区高速铁路建设中所遇到的主要工程地质问题、地质病害，案例有理论分析，也有工程实践，可读性强，参考价值大，对于广大从事铁路工程建设的工程技术人员来讲，是一本不可多得的具有指导意义的工具书。

王茂靖

2023 年 11 月 20 日

目录

第一章 重大工程地质问题与理论分析 ······001

第一节 高速铁路勘察设计中重大地质风险与防范······ 001

第二节 地下洞室受力分析及岩体变形破坏特征······ 020

第三节 高地应力环境下软质围岩变形分析研究······ 030

第四节 高速铁路山岭隧道底鼓机理分析研究······ 039

第五节 缓倾岩层地下洞室变形破坏的力学机制研究······ 054

第六节 几种流行的隧道围岩定量分级方法综述······ 061

第二章 路基上拱与隧道底鼓 ······071

第一节 兰渝铁路梅岭关隧道底鼓病害成因分析······ 072

第二节 兰渝铁路玄真观隧道变形破坏原因分析及处理对策探讨······ 079

第三节 兰渝铁路近水平软岩边坡变形破坏机理研究······ 086

第四节 郑万高铁兴山隧道平行导坑底板开裂上鼓原因分析······ 093

第五节 西南山区某隧道底鼓病害原因分析······ 104

第六节 西南山区某客运专线隧道底鼓机理探析······ 113

第七节 渝黔铁路老周岩隧道上拱病害勘察及整治······ 129

第八节 沪昆客专岗乌隧道底鼓病害原因分析······ 138

第九节 西成客专赵家岩隧道底鼓段孔内位移及岩石蠕变试验分析研究······ 146

第十节 成渝客专内江北车站路基上拱病害原因研究······ 154

第三章　软质岩变形及处理 ······ 170

第一节　成兰铁路红桥关隧道进口浅埋段变形原因及整治设计 ······ 171
第二节　成兰铁路茂县隧道局部变形原因分析 ······ 176
第三节　成兰铁路跃龙门隧道越岭深埋段大变形分析 ······ 186
第四节　成兰铁路隧道软岩大变形特征及成因机制探析 ······ 196
第五节　成贵高铁高坡隧道软岩变形机理及整治 ······ 202
第六节　四川红层工程地质特性及工程处理 ······ 213

第四章　岩溶及岩溶水 ······ 221

第一节　郑万高铁小山峡隧道特大岩溶涌水分析研究 ······ 222
第二节　郑万高铁汉江特大桥覆盖型岩溶地质特征及处理措施研究 ······ 235
第三节　成兰铁路柿子园隧道2020年雨季特大涌水成因分析 ······ 244
第四节　贵广高铁尖山营特大桥桥墩沉浮机理 ······ 255
第五节　贵广高铁甘棠江特大桥桥墩下沉病害分析 ······ 268
第六节　西成客专小安隧道拱顶漏水病害原因分析 ······ 279
第七节　成贵高铁上高山隧道隧底溶洞整治处理 ······ 286
第八节　成贵高铁玉京山隧道大型溶洞勘察设计及整治研究 ······ 294
第九节　成贵高铁铁盔山隧道出口段不良地质成因分析 ······ 315
第十节　济南至莱芜城际铁路建设对济南泉群的影响分析 ······ 322
第十一节　鲁南高铁岩溶发育规律及对策处理 ······ 335
第十二节　沪昆客专岗乌隧道1号横洞突水机制分析 ······ 344
第十三节　贵南高铁朝阳隧道出口平导突水原因及后续风险分析 ······ 350

第五章 采空区及有害气体 ·········· 360

第一节　成贵高铁有害气体地质特征及分布规律研究·········· 361
第二节　沪昆客专屯坡隧道弃渣场煤矸石自燃原因探析·········· 368
第三节　成渝客专石材采空区的勘察与评价研究·········· 372
第四节　成贵高铁白杨林隧道勘察与施工揭示煤层瓦斯风险对比分析·········· 378

第六章 断裂带及蚀变带 ·········· 385

第一节　鲁南高铁穿越的沂沭断裂带工程特征及处理措施·········· 386
第二节　郑万高铁沿线断层带对铁路工程影响评价·········· 391
第三节　成兰铁路云屯堡隧道围岩级别变更及软岩大变形原因分析·········· 403
第四节　贵广高铁东科岭隧道穿越花岗岩蚀变带的病害特征及整治·········· 418
第五节　西南某客运专线隧道围岩级别变更原因分析·········· 427

第七章 重力不良地质作用 ·········· 434

第一节　成兰铁路榴桐寨隧道出口高位泥石流对工程的影响评价·········· 435
第二节　郑万高铁甘家山岩堆工程地质特征及工程处理·········· 442
第三节　成兰铁路太平站四线大桥工程地质勘察认识·········· 449
第四节　成贵高铁白杨林隧道进口危岩落石工程整治·········· 464
第五节　既有渝怀铁路石基村大桥3号、4号墩位移原因分析·········· 471
第六节　复杂地质因素下神农溪大桥岸坡稳定性研究·········· 481
第七节　西南山区某客运专线大桥桥墩位移病害原因分析·········· 491
第八节　高速铁路经尾矿库区下游安全距离探讨·········· 498

参考文献·········· 504

第一章

重大工程地质问题与理论分析

我国中西部山区，山峦叠嶂，沟谷深切，区域地质构造运动活跃，表生改造作用强烈，地形、地质条件极为复杂，崩塌、危岩落石、滑坡、泥石流、断层破碎带、采空区、有害气体、岩溶及岩溶水等重大不良地质广泛发育，是典型山区重大工程地质问题。这些比较宏观的工程地质问题如果认识不到位、勘察不充分、工程措施处置不恰当，不仅会给普速铁路工程，同时也会给高速铁路工程安全带来危害，产生较大经济损失，造成不良社会影响。因此，相对来说，此类宏观工程地质问题，广大地质工作者高度重视、认识较为深入，地质勘察手段比较成熟，工程处置的措施相对可靠。

近十余年来，中国高速铁路建设蓬勃发展、方兴未艾，高速铁路的修建区域由华北、华中、华东平原、滨海地区逐渐向中西部山区发展。在中西部山区高速铁路建设中，除了上述常见的典型山区工程地质问题外，由于高速铁路对场地的稳定性及地基岩土体适应性要求高，建设与运营期间出现了对普通速度铁路影响不大，但是对高速铁路安全运营危害极大的一类工程地质问题或地质病害，如软质岩石蠕变、扩容膨胀、超高空隙水压引起隧底底鼓、深挖路堑上拱、地下水引起地基土渗透变形等系列微变形工程地质问题，给铁路建设、运营带来危害。此类微变形形成的机理、原因，曾一度困扰广大工程地质工作者。针对这些高速铁路建设中出现的微变形工程地质问题，本书试图从岩体力学、地壳应力、地下水渗透等理论原理上进行分析，力求微变形从理论上获得支撑、解释，从而从工程地质理论高度为广大工程地质工作者答疑解惑。

本章第一节系统叙述了高速铁路勘察设计中重大工程地质风险（工程地质问题）的识别与防范，第二～五节针对地下工程岩体受力分析、变形破坏特征及底鼓机理等作了一些理论分析与探索，最后一节则系统介绍了国内外目前流行的几种洞室围岩分级方法。本章主要帮助广大工程技术人员理解地质风险与地质问题、地质病害概念，分析如何识别风险，采取何种措施防止地质病害发生；从理论上理解地应力、围压压力、松动圈等概念，了解地下洞室开挖后地应力的调整变化、定量计算、受力条件以及围压变形破坏特征，进一步深刻理解隧道底鼓、水平围岩底鼓发生的机理、原因，认识隧道围岩定量分级的重要性。

第一节 高速铁路勘察设计中重大地质风险与防范

中国铁路建设几十年来取得了巨大成就，但是，近些年来，铁路建设也因为一些地质问题、地质病害带来一些安全隐患、质量事故，危及铁路工程建设及运营安全。勘察设计中正确认识重大工程地质问题，评估可能产生的地质病害风险，采取合适的工程防范措施，减轻或消除地质病害给铁路工程带来的危害具有十分重要的现实意义。本案例系统介绍了风险概念、风险评估、铁路勘察设计中的重大地质问题、可能的地质病害风险源识别及采取的工程处置措施，对于广大从事铁路建设的工程技术人员具有一定指导意义。本节由王茂靖撰写。

一、序言

改革开放40多年来，中国铁路建设取得了重大成就，截止到2022年底，我国铁路通车运营里程达15.5万千米，其中高速铁路通车运营里程达4.2万千米，是世界上高速铁路系统技术最全、集成能力最强、运营里程最长、运行速度最高、在建规模最大的国家。高速铁路已经成为中国外交一张靓丽的名片。

在国家铁路建设取得巨大发展成就的同时，我们也必须清醒认识到，铁路建设中出现了一些因地质问题、地质病害引起的安全隐患与质量事故，危及铁路工程安全及运营安全，对此，国务院及国家铁路局、国铁集团高度重视，出台了系列狠抓铁路建设安全质量的措施文件。对于从事铁路工程的勘察设计单位，需要从源头上认识勘察设计中的重大工程地质问题，厘清这些工程地质问题可能给铁路工程带来的地质风险，从而采取必要的防范措施，消除铁路工程建设及运营中的安全风险。

二、概念

风险：简单讲，风险就是发生不幸事件的概率，是一件事产生我们不希望出现的后果的可能性。或者说一件事只要产生两种及以上结果，就说明这个事件存在风险。从定义来看，风险是未发生的事件，因此具有客观性、偶然性、损害性、不确定性、相对性（或可变性）、普遍性、社会性。

风险评估：量化测评某一事件或事物带来的影响或损失的可能程度。

地质灾害风险：又称为地质风险，即地质灾害发生并导致一定损失水平的可能性，分为自然地质灾害、工程地质灾害（病害）。以下讨论的地质灾害（病害）主要指工程活动中产生的地质病害或灾害（这里灾害与病害的区别主要指危害、损失程度，较小的称之为病害，大者为灾害）。

地质风险评估：采用定量化的方法评估地质灾害发生带来的影响及损失的可能程度，目前，在工程建设领域，主要在隧道勘察设计及施工中进行此项工作。

工程地质问题：人类工程活动与地质环境相互制约的一些主要形式，或者简单概述为对人类工程存在影响的地质问题。对工程地质问题处置不当或措施不到位，可能引发工程地质灾害，因此，工程地质问题是潜在的地质风险。

地质病害（灾害）：人类工程活动中对工程地质问题处置不当或工程措施不到位进而产生的对工程的危害，或产生的人身、财产重大损失。

从上述几个概念可以清晰地看出，所谓地质风险就是发生地质灾害的可能性，在勘察设计领域，主要是指在工程建设、运营中可能会发生的地质灾害。因此，勘察设计过程中准确识别、判识地质灾害风险就显得十分必要。

地质灾害一般都是工程领域可能遇到的不良地质、特殊岩土问题，未经正确认识、查明并采取工程治理措施，进而在工程建设或运营中恶化而成的突发工程地质灾害。

地质灾害风险防范的关键就是要在勘察设计过程中正确地认识、判定工程建设过程中存在的主要工程地质问题，即不良地质、特殊岩土问题，并在设计中采取针对性措施进行整治，确保建设、营运中不发生地质灾害风险。

下面主要分析几大类工程地质问题，以及对这些工程地质问题认识不到位、处置措施不到位进而在铁路工程建设、运营中产生的重大地质病害。总体上讲，这些工程地质问题就是潜在的地质风险，必须在勘察设计中认真识别并高度重视。

三、重力地质作用

所谓重力地质作用，即滑坡、崩塌、泥石流、岩堆、危岩落石等因重力作用形成的不良地质体对人类工程产生的影响。地质勘察中必须查明其空间分布、规模及其发生发展趋势，对工程的影响程度并在工程设计、建设中采取必要的整治措施。

1. 滑坡

滑坡是一种常见的重力地质作用形成的不良地质体，无论古滑坡还是新生滑坡都可能对铁路工程产生重大危害，是潜在的重大不良地质风险，勘察设计中必须高度重视。首先要判识滑坡，然后评估滑坡对铁路工程的影响程度，最后需要采取防范措施。我国铁路建设史上有两个典型古滑坡对铁路工程产生了巨大危害，在业界产生了重大影响。

1) **八渡滑坡**

南昆铁路修建于 20 世纪 90 年代，其中八渡车站沿南盘江北岸 9 个山头布设，2、3、4 号山头组成一个分级滑动的巨型深层切层古滑坡，八渡车站在滑坡中部挖方通过。勘察设计中没有认识到本滑坡，施工开挖后，引起古滑坡复活，此时八渡车站前后工程已经实施，改线已经不可能，因此，只有采取工程措施进行整治。

八渡古滑坡复活后，采用了"地面地下立体排水，锚索、锚索桩支挡，改善滑坡区自然环境"的综合治理措施，确保古滑坡稳定及建于其上的车站工程安全可靠。南昆铁路开通运营以来，八渡车站滑坡未出现开裂变形迹象，滑坡治理效果显著。但是，对于八渡古滑坡的整治代价还是较大，对勘察设计单位来说，教训也是深刻的。

2) **张家庄古滑坡**

兰州至新疆高速铁路于 2014 年底开通运营，其上的张家庄隧道位于青海省海东市乐都区高家湾村南部，隧道全长 3 769 m，为单洞双线隧道，2010 年施工，2013 年竣工。2016 年 1 月，隧道发生二衬开裂、拱部掉块、仰拱裂缝病害。经补充勘察发现：该隧道位于一个深大滑坡上，滑坡长度达 1.7 km，宽度为 1.2 km，滑动面深度达 200 m，是一个巨大的山体滑坡，无法根本整治。目前，列车在隧道内限速行驶，设计院正在研究改线方案。

张家庄古滑坡在勘察设计阶段并未判识出，致使铁路建成后隧道工程出现不可逆形变，危及行车安全，教训同样是深刻的。

3) **防范措施**

（1）在勘察阶段要加强工程地质调绘，确认沿线存在的滑坡体，评价滑坡稳定性，分析对铁路工程的危害。

（2）对于大型滑坡，线路尽可能绕避，不能绕避的中小型滑坡，可采取一定的工程措施进行加固整治。范例：格鲁吉亚现代化铁路的巴比（Babi）滑坡，经过进一步勘探后，采用隧道从滑坡体滑床下通过的方案。

（3）对于评价为稳定状态的古滑坡，或者滑坡前缘已经无滑移空间的古滑坡，整体处于稳定状态，线路可以小填浅挖方式通过。

2. 崩塌及危岩落石

崩塌及危岩落石一般发育于高山峡谷地区，线路选线一般应绕避崩塌、危岩落石严重地段，特别是对于高速铁路，小小的崩塌或者落石都是铁路运营难以承受的风险。特别是在近几年的铁路建设中，铁路运营单位工务部门会提前介入新建高速铁路的施工，对于高陡边坡上的危岩落石的防范可以说做到了极致，除了大面积清方外，还增设了不少主动、被动防护网和防撞墙及落石平台，位于高陡斜坡下的隧道进出口普遍接长明洞。

崩塌及危岩落石会对铁路工程产生巨大危害，是山区常见的地质风险，必须高度重视。勘察期间一定要查清发生崩塌、危岩落石的地段、规模，分析评价其对铁路工程影响，特别是顺层高陡边坡或严重落石地段，一般要坚决绕避，不能绕避的小型落石地段，要提出安全可靠的工程防治措施。

成兰铁路新民隧道出口高陡边坡（图 1.1-1）整治、榴桐寨隧道出口高陡边坡危岩落石（图 1.1-2）及泥石流冲沟整治，由于边坡高陡、危岩及泥石流对工程存在较大安全威胁，属于高风险工程地质问题。设计院做了数个整治方案，历经多次专家评审，可以说整治工程巨大，给人印象及体会特别深刻。

图 1.1-1　新民隧道出口高陡边坡危岩落石　　图 1.1-2　榴桐寨隧道出口危岩落石

3. 泥石流

西南山区泥石流十分发育，特别是四川盆地与青藏高原的斜坡过渡带，地形地貌上位于高山峡谷区，大型泥石流沟十分发育，对铁路工程存在极大影响，必须高度重视，特别是沿峡谷行走的铁路工程，对于大型泥石流沟必须绕避。在这方面，铁路建设有过深刻的教训。

20 世纪 70 年代修建的成昆铁路，虽然说克服了复杂的地质条件，但沿线泥石流对铁路的危害确实是巨大的。沿线发育泥石流沟近 200 条，铁路通过泥石流区域线路长度为 150 km，主要分布在孙水河、安宁河沿岸的新铁村至西昌、金沙江沿岸的迤资至大湾子以及龙川江沿岸，暴发的泥石流经常造成成昆铁路断道，建成后不断进行整治维护。2002年，曾对成昆北段44处病害工点进行勘察（主要是峨边—西昌—攀枝花的大渡河、安宁河、金沙江峡谷区不良地质工点进行整治勘察设计），其中就包含不少泥石流病害工点。成昆铁路泥石流较为发育，对沿线铁路工程危害较大，历经多年整治，泥石流防治工程类别也特别多，有排导槽、拦沙坝等，对泥石流整治还是比较成功，当然工程治理的代价也很大。

对于大型泥石流沟，原则上在地质选线的可行性研究阶段，在进行充分地质调绘、评价后，绕避沿线对铁路工程存在明显危害且处于活跃期的大型泥石流沟。

对于不能绕避的小型泥石流沟，铁路工程原则上在最窄的流通区设桥通过，桥梁高度应留足净空。

在地质勘察中，泥石流沟整个流域范围内都需要进行细致的地质调绘，以划分出泥石流沟的形成区、流通区及堆积区，确定沟床汇水面积、坡度，对物源区的物质来源进行分类标注、定量估算，分析评价泥石流沟的性质（稀性或黏性），提供主要的泥石流防治设计参数（流体密度、固体物质含量、龙头高度、一次最大淤积高度等等）。

4. 岩堆

岩堆多与大型崩塌联系在一起。大型岩堆发育地段，一般是高陡山坡，其上危岩落石也十分发育。所以，在地质选线时，原则上应尽量绕避大型岩堆发育地段。

岩堆不同于滑坡，没有连续的滑动带或者滑动面，因此，整体来说，岩堆稳定性比较好，但是在岩堆体上开挖，还是会引起局部溜坍开裂，这点应引起高度重视。

在铁路工程地质勘察中，要重点查明岩堆分布范围、厚度、物质组成、岩堆体基底坡度及表面坡度、地下水发育情况等，评价其稳定性及密实程度，对设置于其上的工程评价其稳定性。有的岩堆尽管很密实，承载力也很高，但是要注意降水或地下水带走细小颗粒引起的压密作用，如内昆线天星场巨型岩堆，修建在类似地层上的路基桩板墙曾经发生了倾斜开裂。

此外，穿越岩堆体上的桥梁桩基，一是必须置于下伏完整基岩之中，二是桥梁墩台开挖时必须对岩堆体边坡进行加固防护；否则，岩堆体产生的侧向压力会对墩台形成危害，造成桥墩偏移。

案例：近期施工渝怀二线时导致一线石基村大桥桥墩发生位移病害，成绵乐天林村大桥右侧斜坡堆积体滑坡导致3号桥墩位移，郑万铁路天池双线特大桥因岩堆厚度变化造成Ⅰ类变更设计。

四、岩溶及岩溶水

1. 概述

岩溶及岩溶水不良地质勘察是一项世界性难题。岩溶发育具有不均一性、随机性、隐蔽性、复杂性，很难在地质勘察期间完全查清楚岩溶及岩溶水，评价对铁路工程的影响。因此，岩溶及岩溶水给铁路工程带来的病害及隐患是比较大的，地质灾害风险也很高。目前，从高速铁路勘察设计及施工，包括铁路运输部门的处置意见来看，对于岩溶及岩溶水的整治都是宁强勿弱，基本要做到彻底消除岩溶及岩溶水在运营期间带来的安全隐患。既有铁路发生的岩溶地面塌陷如图1.1-3所示。

图 1.1-3　既有铁路发生的岩溶地面塌陷

一般来水，岩溶及岩溶水给铁路工程造成的主要病害（工程地质问题）是深埋隧道涌水突泥、岩溶地面塌陷、巨型溶洞及桥梁基础下沉、成桩困难等几方面。其中尤以隧道中发生的岩溶水涌水突泥危害最大，会带来巨大的人员伤亡及设备损失，如宜万铁路施工期间，野三关隧道、马鹿箐隧道等发生重大涌水突泥事故，造成重大财产损失及人员伤亡，教训是深刻的。至今每年雨季岩溶水仍对宜万铁路运营产生危害，每年都需要整治岩溶水的病害。贵广高铁甘棠江特大桥桩基由于岩溶水潜蚀作用，导致贵广高铁开通运营之际发生数个桥墩桩基下沉，其经验教训至今历历在目。此外，既有隧道因雨季岩溶水导致的衬砌开裂、拱顶漏水等地质病害十分常见。隧道施工中遭遇大规模岩溶涌水如图 1.1-4 所示。

图 1.1-4　隧道施工中遭遇大规模岩溶涌水

岩溶及岩溶水是密切相关的，岩溶的发育离不开水的溶解及流动，对此必须要有清晰的认识。只有这样，我们在处理岩溶及岩溶水病害上才能得心应手。

2. 成贵高铁玉京山溶洞处理

1) 工程概况

成贵高铁玉京山隧道位于云南省威信县境内，全长6306 m，为双线隧道，30‰单面上坡，最大埋深350 m。洞身主要通过煤系地层及可溶岩地层，其中二叠系下统栖霞茅口组（P_1m+q）灰岩，岩溶强烈发育，地表洼地、漏斗广泛分布，呈串珠状展布，设计阶段已发现隧道洞身穿越一条暗河——玉京山暗河，推测与线路相交于D3K279+990处，与大里程方向交角为58°，由线路右侧向左侧排泄，暗河标高位于轨面以下71 m处，如图1.1-5所示。

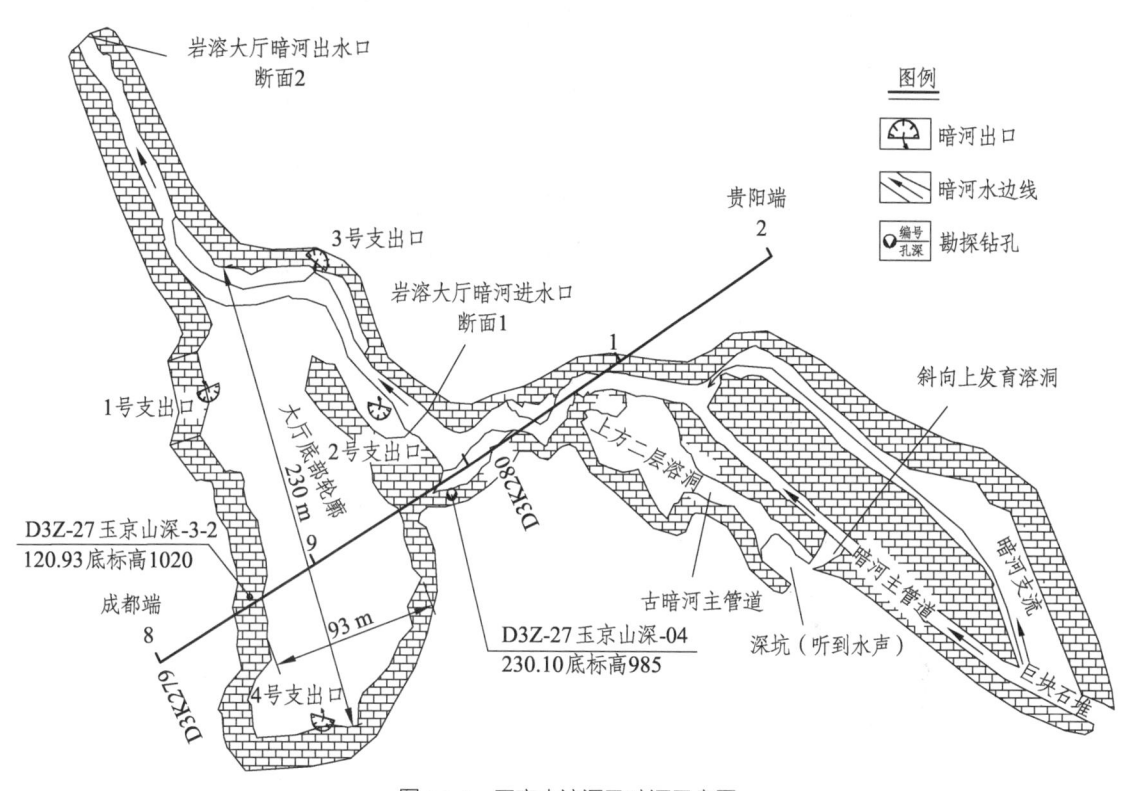

图1.1-5 玉京山溶洞及暗河示意图

隧道穿越的玉京山溶洞被称为中国高铁第一洞。施工单位于2016年7月23日揭示玉京山大型溶洞，随后设计单位采用了洞内测量、地质钻探、物探及原位测试等方法，查明了大型溶洞、暗河的空间分布、与隧道关系及充填物厚度、物质成分、岩性组合及工程物理力学性质，为溶洞整治设计提供了详细的地质数据。

岩溶大厅（图1.1-6）横向长约230 m，宽约93 m（沿线路方向），大致呈一长方形，溶洞顶部呈穹隆状，大厅垂直高度为50～90 m不等。隧道在D3K279+865～D3K279+956段穿越岩溶大厅顶部，线路大里程方向和岩溶大厅主轴呈80°大角度相交，距离其右边界约70 m（面对线路大里程方向），隧道顶部位于大厅顶板附近。

岩溶大厅底部为充填物，表层土为黄色黏土，其下为碎块石堆积层，厚度为30～90 m，如图1.1-7所示。其中：在D3K279+877左侧95 m（标高为990 m）处，堆积层表层有明显的静水沉积物——板结的灰褐色黏土；在岩溶大厅斜坡堆积物左侧底部（面对线路大里程方向）发育一暗河。

图 1.1-6　玉京山溶洞大厅照片

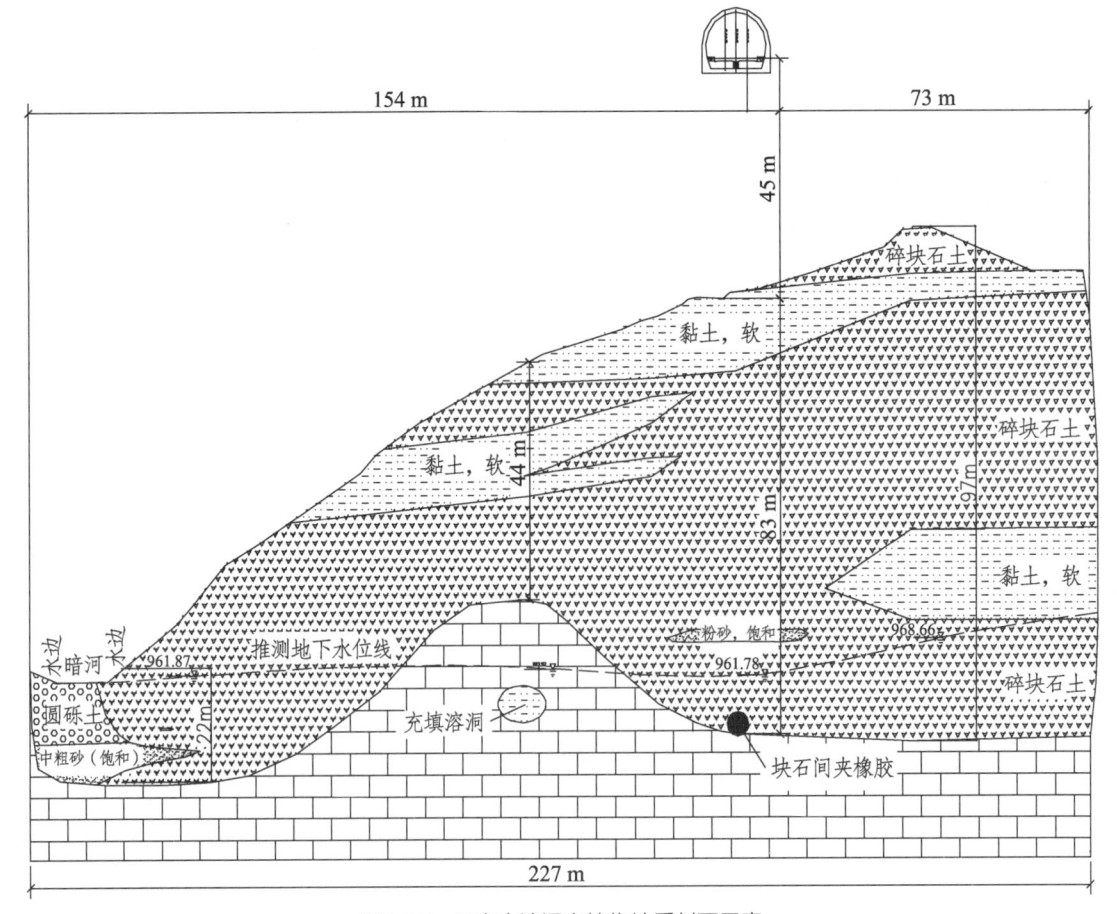

图 1.1-7　玉京山溶洞充填物地质剖面示意

2) 整治方案

（1）改线方案：改线长度 5.5 km，工期不小于 2 年，废弃工程 4.31 亿元人民币（下同），新增投资 4.45 亿元。从工期、投资及风险各方面评估，改线方案不合理，研究后放弃此方案。

（2）天然地基填筑方案：沉降不满足要求，计算达 4.75 m。

（3）复合地基加固填筑方案：溶洞顶部掉块严重，复合地基桩基数量巨大，施工难度大。

（4）桥梁跨越方案：对拱桥方案、小跨钢构桥及简支梁桥等桥梁均进行了比较，推荐简支梁一跨跨越方案。

3) 结论

（1）玉京山巨型溶洞整治处理经过多次专家论证，最终采用"暗河改道，溶洞回填及连续梁跨越"综合整治方案。

（2）巨型溶洞整治费用巨大，历时时间长久，从发现到勘察设计直至整治完毕，历时近 3 年，整治费用为 3 亿元。

（3）对于隧道穿越的这种巨型溶洞，勘察设计阶段应采用多种地球物理勘探方案，结合物探钻探验证，确定存在巨型溶洞后应进行线路方案调整，隧道工程尽可能绕避。

4) 防范措施

（1）对于岩溶强烈发育的区域，如会产生岩溶严重地面塌陷的岩溶化平原区、岩溶谷地、地表存在串珠状洼地、漏斗等强烈岩溶形态山区等区域或地段，在地质选线中应绕避。

（2）岩溶及岩溶水是西南山区最为复杂的不良地质体，很难在勘察期间准确查明，地质风险极高。尽管如此，勘察期间还是要采用多种勘探方法进行勘察，特别是岩溶极为发育的地层，要估足勘察工作量，对于岩溶特别发育的桥基，要逐桩钻探，满足规范要求。

（3）对于岩溶深埋的长大隧道，要采用多种物探手段进行探测，尽可能查明隐伏岩溶发育情况，便于设计优化，如渝利线的方斗山，当时物探发现异常后，采用地质钻探查出一个巨型溶洞，随后改线，隧道施工顺利。

（4）在岩溶地区各类工程施工中，要加强配合施工工作，桥基加强验基，结合施工揭示岩溶发育程度，及时进行变更设计，确保岩溶区工程安全。如郑万高铁汉江特大桥、鲁南高铁岩溶桥基在施工中揭示桩底岩溶十分发育，因此对部分桩基进行了加长。对于岩溶隧道，一定要进行超前地质预报，防止突发岩溶突水突泥，产生严重地质灾害。

五、地应力

1. 概述

地壳岩体中天然应力状态，就是指未经人为扰动的应力状态，大部分情况下，主要指自重应力及构造应力。特殊情况下，岩体的物理、化学变化及岩浆侵入活动也会在岩体中形成天然应力，我们把岩体中天然应力又称为初始地应力。其中，构造应力包括活动现今构造地应力及地质历史时期构造活动后保留在岩体内的残余构造地应力。

地壳中的一切岩土体都存在天然地应力，在岩土体中的人类工程活动都会打破原有岩体中的初始地应力平衡状态，引起岩体的二次应力调整，产生应力集中与释放，并伴随变形破坏达到新的地应力平衡。应力与形变永远是一对孪生兄弟，相伴而生，这是岩体工程师必须牢记在心的。

2. 高地应力

何谓高地应力，目前教科书中，并没有明确定义，不同标准中定义差异较大。国家标准《工程岩体分级标准》（GB/T 50218—2014）采用强度应力比来定义高地应力概念，具体分级见表 1.1-1。

表 1.1-1 工程岩体强度应力比评估

地应力状态	R_c/δ_{max}	高初始应力条件下岩体变形破坏的主要表象
极高地应力	< 4	硬质岩：岩心常有饼化现象；开挖过程中时有岩爆发生，有岩块弹出，洞壁岩体发生剥离，新生裂缝多，围岩易失稳，基坑有剥离现象，成形性差
极高地应力	< 4	软质岩：开挖过程中洞壁岩体有剥离，位移极为显著，甚至发生大位移，持续时间长，不易成洞；基坑发生显著隆起或剥离，不易成形
高地应力	4～7	硬质岩：岩心时有饼化现象；开挖过程中偶有岩爆发生，洞壁岩体有剥离和掉块现象，新生裂缝较多；基坑时有剥离现象，成形性一般尚好
高地应力	4～7	软质岩：开挖过程中洞壁岩体位移显著，持续时间较长，围岩易失稳；基坑有隆起现象，成形性较差

注：R_c—岩石饱和单轴抗压强度（MPa）；δ_{max}—垂直于洞轴线方向最大初始应力（MPa）。

《水力发电工程地质勘察规范》（GB 50287—2016）（以下简称水电规范）附录 T 对岩体中的初始地应力即采用了初始地应力大小指标，同时采用了岩石强度应力比指标进行综合分级，见表 1.1-2。

表 1.1-2 水利水电工程初始地应力分级标准

地应力状态	δ_1/MPa	R_c/δ_1	主要现象
极高地应力	≥40	< 2	硬质岩：开挖过程中时有岩爆发生，有岩块弹出，洞壁岩体发生剥离，新生裂缝多；基坑有剥离现象，成形性差；钻孔岩心多有饼化现象
极高地应力	≥40	< 2	软质岩：钻孔岩心有饼化现象，开挖过程中洞壁岩体有剥离，位移极为显著，甚至发生大位移，持续时间长，不易成洞；基坑岩体发生卸荷回弹，出现显著隆起或剥离，不易成形
高地应力	20～40	2～4	硬质岩：开挖过程中可能出现岩爆，洞壁岩体有剥离和掉块现象，新生裂缝较多；基坑时有剥离现象，成形性一般尚好；钻孔岩心时有饼化现象
高地应力	20～40	2～4	软质岩：钻孔岩心有饼化现象，开挖过程中洞壁岩体位移显著，持续时间较长，成洞性差；基坑有隆起现象，成形性较差
中等地应力	10～20	4～7	硬质岩：开挖过程中洞壁岩体局部有剥离和掉块现象，成洞性尚好；基坑局部有剥离现象，成形性尚好

续表

地应力状态	δ_1/MPa	R_c/δ_1	主要现象
中等地应力	10～20	4～7	软质岩：开挖过程中洞壁岩体局部有位移，成洞性尚好；基坑局部有隆起现象，成形性一般尚好
低地应力	<10	>7	无上述现象

注：δ_1—实测最大主应力值（MPa）；R_c—岩石单轴饱和抗压强度（MPa）。

在铁路工程地质勘察的长期实践中，我们发现地应力对洞室围岩稳定性存在较大影响，特别是软质围岩，在高地应力作用下持续发生变形破坏，因此，研究高地应力分级十分必要。地壳中的高地应力应是一种地质背景值。高地应力分级中采用绝对背景值应该比较客观科学，在地应力背景下，岩体的变形破坏与岩体强度相关，简言之：地应力高，但是岩体强度很大，其开挖引起的变形破坏较小；反之，地应力即使中等偏小，但岩体强度较低，属于软质围岩，则会出现一定的变形破坏。对此，我们提出了一种按照地壳岩体中初始地应力绝对背景值进行岩体地应力等级划分的标准，见表1.1-3。

表1.1-3　初始地应力值分级标准

初始地应力状态	实测最大主地应力值 δ_1/MPa
低地应力	<10
较高地应力	10～20
高地应力	20～30
极高地应力	>30

3. 成渝客专内江北站上拱病害

1）工程概况

2015年4月，成渝客专开展了静态验收及联调联试，内江北站轨道精调过程中发现K152+640～K153+000段（以下简称A段）、K153+587～+710（以下简称B段）路基无砟轨道高程较设计高程最大上拱约20 mm。2015年6月，施工单位对成渝高速内江北站上下行K152+780～K152+850上拱最严重区段Ⅰ、Ⅱ线正线长约71 m、65 m的轨道板进行破除重新浇筑返工，返工后设计单位、第三方监测单位对此两段病害路段开展了CPⅢ网检测、复测，同时对无砟轨道进行了沉降变形的人工监测及自动监测工作，一直延续至今。

监测成果的对比分析表明，自动监测数据、人工监测数据、工务检测车和安博格小车轨道状态检测数据基本吻合，真实反映了内江北车站两端路基在2015年8月返工浇筑轨道板实施沉降监测后，仍然以上拱变形为主，如图1.1-8和图1.1-9所示。

下面以第三方监测单位北京大成国测提供的自动监测系统数据为代表，说明2015年8月7日（返工后）——2018年2月7日期间变形情况：

（1）重点上拱区间为K152+640～K153+000、K153+587～+710，上拱区间与2015年4月精测精调发现的上拱区间一致。

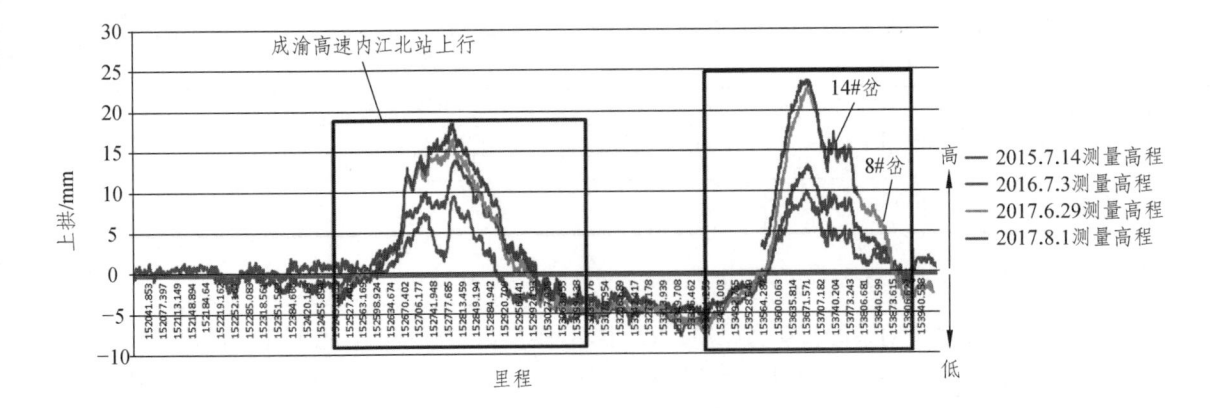

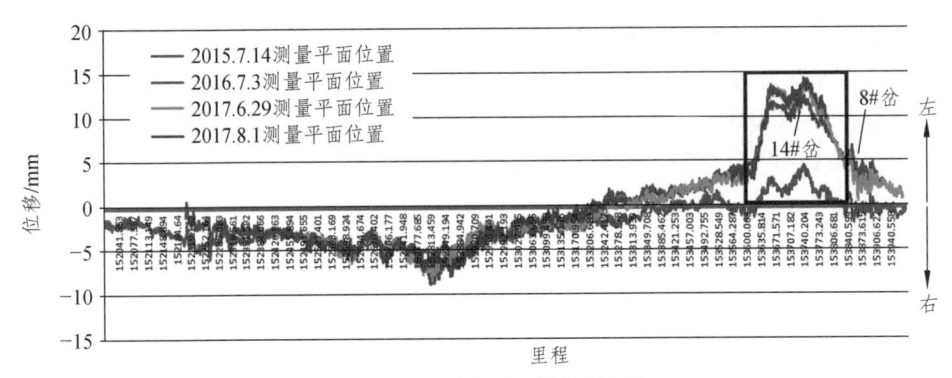

图 1.1-8　内江北车站上拱监测曲线

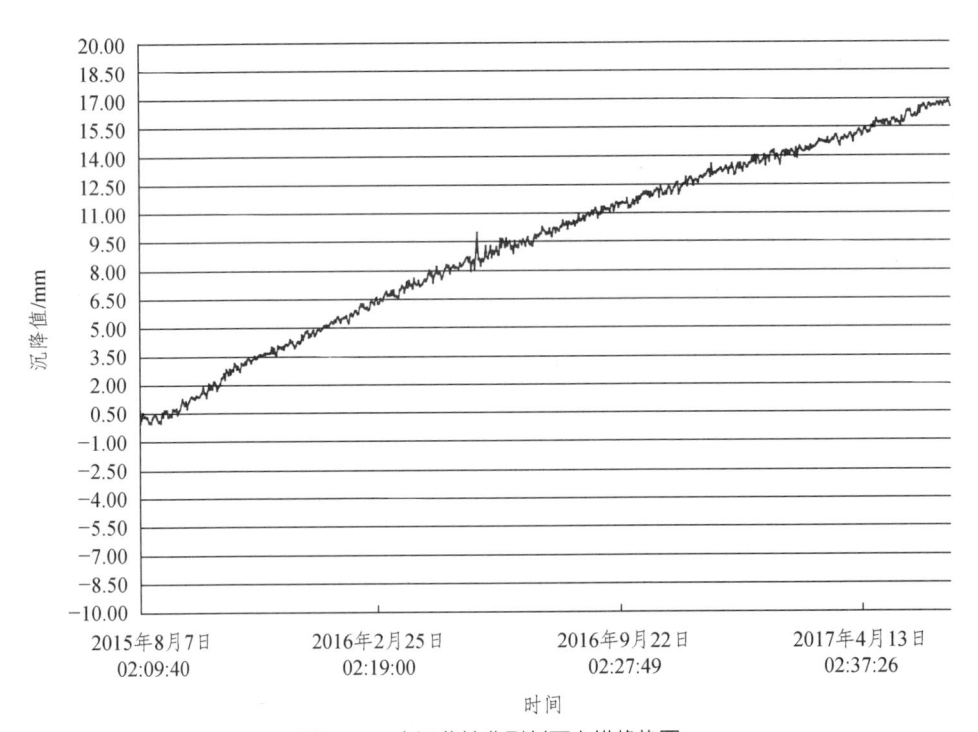

图 1.1-9　内江北站典型剖面上拱趋势图

（2）正线（Ⅰ线、Ⅱ线）最大上拱变形位置为：Ⅰ线 K152 + 810.268，变形值为 + 26.08 mm。

（3）到发线（Ⅲ线、Ⅳ线）最大上拱变形位置为：Ⅲ线 K153 + 630.268，变形值为 + 29.89 mm。

（4）上拱变形未见收敛趋势，平均上拱速率约 1 mm/月，部分点位上拱速率近期有所增大。

（5）两个上拱段之间的站台区间填方路基（2016年底—2018年2月）变形监测数据较小，没有明显的上拱趋势。

（6）B 段伴随平面变化，根据工务段检测数据，目前平面变化最大位置为 K153 + 663，2018 年 2 月较 2015 年 7 月 14 日上行平面向左偏移 10 mm，下行平面向左偏移 9.2 mm，其后水平位移未继续增长。

2）上拱病害原因分析

一般来讲，路基上拱原因主要有以下几种：要么基床填土不合格；要么地基土存在膨胀性；或者地基土受到某种外力作用，岩石发生了形变。根据两次地质勘察资料分析，基床填土采用合格的 A、B 组填料，密实度、含水量等都满足设计要求，地基土主要以红层泥岩夹砂岩为主。根据成渝客专勘察资料及内江北病害发生后的两次地勘资料，泥岩膨胀性微弱，膨胀力大部分小于 100 kPa，且 2017 年勘察资料反映，路堑泥岩含水量也较 2015 年没有明显变化，分析膨胀性不应是上拱原因。结合成渝客专沿线深挖路堑变形特征分析，地基土上拱与深挖存在密切关联，应该是山体中残余构造应力作用，导致软岩产生形变——蠕变。

根据《工程岩体分级标准》（GB/T 50218—2014），对于软质岩来说，当岩石强度应力比小于 7 时，开挖基坑就会产生隆起现象。对于内江北站 A 段，路堑开挖深度达到 48 m，B 段最大挖深为 40 m，深大挖方形成的高陡边坡，导致岩体发生较大的应力集中，特别在坡脚一带，压应力集中明显，最大主应力可达垂直应力的 2 ~ 2.5 倍（内江北站地应力测试结果也反映出坡脚应力存在集中现象）。泥岩天然单轴抗压强度如果取 6 MPa，采用 16 号孔测试的最大水平地应力 2.09 MPa、2.48 MPa，计算两段岩石强度应力比 R_c/σ_{max} 分别是 2.41、2.87；如果取泥岩天然单轴抗压强度为 8 MPa，计算强度应力比 R_c/σ_{max} 分别是 3.22、3.83：均小于 4。在这种强度应力条件下，路堑开挖后产生显著的上拱形变是十分自然的。

4. 渝黔铁路老周岩底鼓

1）工程概况

渝黔铁路老周岩隧道为一座单洞双线隧道，该隧道于 2016 年底全线贯通并全隧浇筑无砟轨道。2017 年 4—6 月，施工单位对老周岩隧道无砟轨道进行精调前复测，发现部分段落无砟轨道出现变形，上拱段落为 D2K88 + 120 ~ D2K88 + 834、D2K89 + 521 ~ D2K89 + 677，两段共计 357 m，其中 D2K88 + 496 ~ D2K88 + 600 段轨道上拱最严重，上拱值达 25 mm。

老周岩隧道洞身穿越地层为侏罗系中统上沙溪庙组（J_2s），岩性以泥岩和砂岩为主，其中：砂岩呈灰、灰紫色，主要为长石石英砂岩，厚层~巨厚层构造，粉~细粒结构，钙质胶结；泥岩呈紫红、褐红色，泥质结构，厚~巨厚层状构造，有遇水易软化、暴露易风化的特点。

老周岩隧道穿越东溪背斜南倾伏端（图 1.1-10），该背斜走向为 N25°W，轴部宽缓，两翼岩层产状较平缓，西翼岩层产状为 N10° ~ 20°W/8° ~ 14°SW，东翼岩层产状为

N10°~33°W/7°~16°NE。

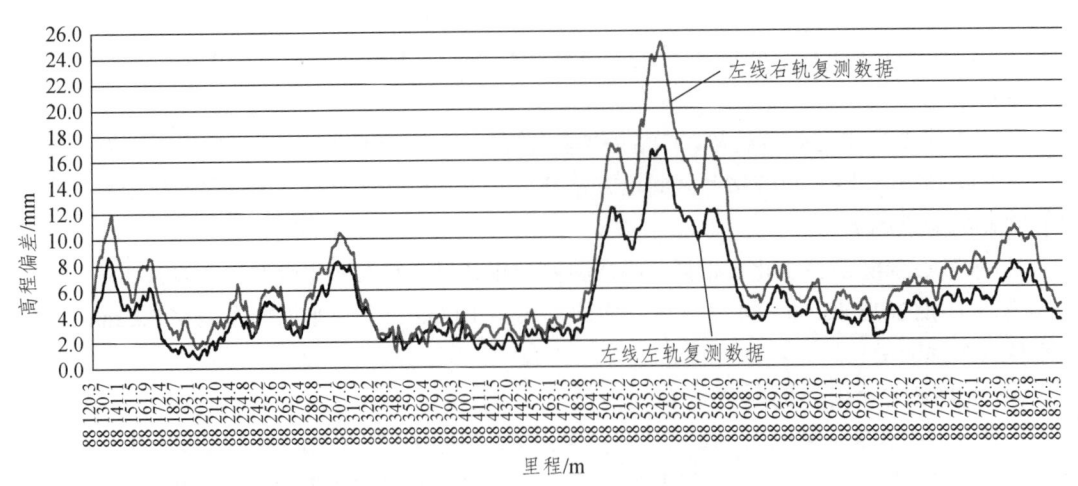

图 1.1-10　D2K88+120~D2K88+834 段左线无砟轨道高程偏差统计图

老周岩隧道无砟轨道上拱段 D2K88+120~D2K88+834、D2K89+521~D2K89+677 施工图设计以Ⅲ级围岩为主，局部为Ⅳ级围岩，施工开挖揭示岩性为厚~巨厚层泥岩及砂岩，岩层缓倾，倾角约 10°，岩体完整性好，节理不发育，仅局部边墙附近有少量渗水润湿岩壁，其他段点未发现地下水出露，如图 1.1-11 所示。隧道开挖过程中洞壁岩体无剥离，初支收敛，易成洞，开挖揭示地质条件与施工图设计基本一致，无变更设计。

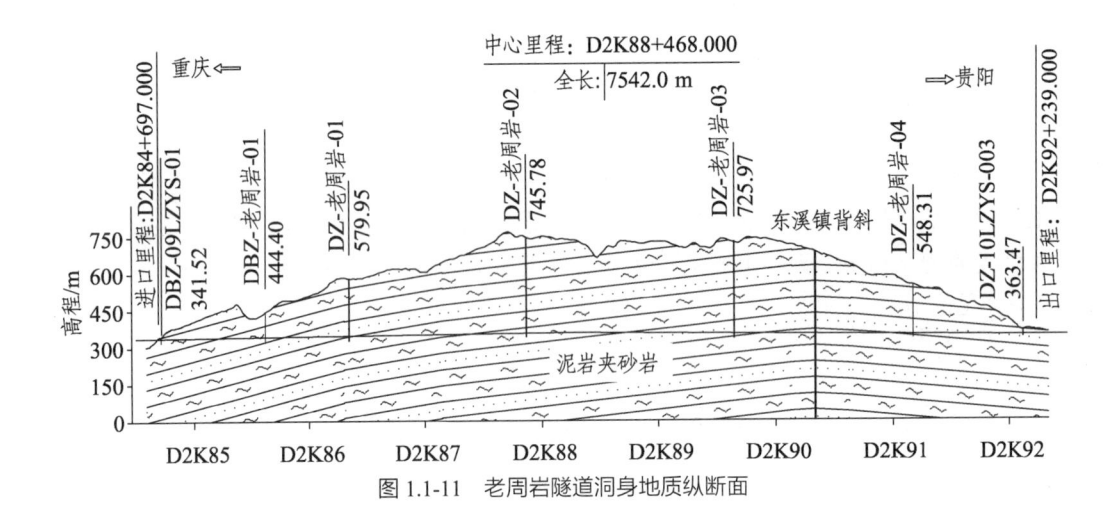

图 1.1-11　老周岩隧道洞身地质纵断面

2) 仰拱底鼓病害原因分析

通常来讲，隧底仰拱上拱病害主要是隧底结构不足以抵抗隧道开挖后引起的围岩变形导致。一般来说，主要原因有施工质量缺陷（仰拱厚度不足、曲率不够），围岩具有膨胀性，二次应力调整引起围岩持续变形等。本隧道隧底仰拱上拱的主要原因主要有以下两点：

（1）地应力引起围岩变形。

地应力在岩体中是天然存在的。本隧道地应力测试表明：隧道岩体主要以水平残余构造应力为主，最大主应力为 13.61 MPa，方向为 NW41°，与隧道洞轴线夹角约为 20°。隧底泥岩平均单轴饱和抗压强度为 28.78 MPa，强度应力比 R_c/σ_{max} 约为 2.12，岩石强度应力比 R_c/σ_{max} 均小于 4，按照国家标准《工程岩体分级标准》（GB/T 50218—2014），软质岩开挖后洞壁发生显著位移、隧道存在底鼓隆起变形特征。此外，隧道开挖后，围岩会发生二次应力集中及释放，洞室周边会产生较大的切向压应力及最小的切向拉应力，根据中科院武汉岩土所地应力测试报告，最大切向应力达 18.6 MPa，洞室最小切向拉应力为 8.17 MPa。因此，在集中压应力作用下，软岩会存在显著形变。

但是在本隧道开挖中，围岩相对来说强度较高、无地下水，整体稳定性较好，施工中并没有发生较大的形变，初期支护实施后，围岩变得稳定，拱顶、边墙也未见明显位移。2016年底隧道贯通，直至 2017 年 4 月发现两段隧底仰拱上拱病害，说明软岩变形存在滞后效应，这与软岩在地应力作用下存在缓慢蠕变效应有关。

在地应力作用下，软岩持续蠕变、岩体强度下降是导致局部地段仰拱上拱病害的内在原因。

（2）隧底仰拱结构。

根据补充地质钻探及水磨钻孔探测发现：发生仰拱上拱病害段，普遍存在仰拱厚度不足、仰拱曲率平直现象，局部仰拱缺失地段上拱值最大。这直接导致隧底仰拱不能很好地抵抗地应力导致的软岩缓慢蠕变形变产生的应力，出现上拱病害。因此，部分段落隧底厚度不足、仰拱曲率平直是本隧道产生上拱的外部原因。

3）仰拱底鼓病害原因分析

（1）工程地质勘察工作中应针对不同工程类别充分研究岩体中的地应力大小、方向，特别是深埋长大隧道、深挖路堑工程，这类工程开挖，地应力二次调整，局部集中现象十分明显，岩体会产生显著形变破坏，硬质岩发生岩爆、软质岩发生变形甚至大变形。因此，研究地应力类型（现今地应力、构造残余地应力等）、大小、方向十分必要，地质勘察中需要进行地应力测试。

（2）地质勘察中应采取足够岩样进行天然、饱和极限抗压强度试验，获得岩石可靠强度数据，进一步结合地应力大小，研究岩体强度应力比，判定岩石发生岩爆、变形的可能，采取一定的工程防治措施，抑制岩石变形带来的工程变形。

（3）应结合工程地应力大小，对隧道围岩分级进行调整。

（4）无论地质工程师还是设计工程师，要转变观念，无砟轨道对地基土岩土形变要求很高，达到了毫米级别，过去在有砟轨道上发生的形变似乎没有引起大的病害，但是，对于无砟轨道来说就是大的病害。因此，无论地勘还是设计都要尽量考虑周全，做到精细化勘察、精细化设计。

六、有害气体

1. 概述

有害气体主要分为三类：一类是煤层瓦斯气体，主要成分是甲烷（CH_4）；二是天然气，主要成分是甲烷（CH_4）；三是沿深大断裂带、裂隙密集带或者热液体中溢出的硫化氢（H_2S）、甲烷（CH_4）、一氧化碳（CO）、二氧化硫（CO_2）、二氧化碳（CO_2）、氮氧化物（主要代表为 NO_2）、氨气（NH_3）、氮气（N_2）等。

对于煤层瓦斯，应该说大家比较熟悉，西南山区煤系地层较多，在具体的勘察设计中都充分考虑了瓦斯危害，按照现行《铁路瓦斯隧道技术规范》（TB 10120）进行勘察设计。浅层天然气主要分布在四川盆地红层地层之中，特别是川东天然气，应该说自从达成铁路炮台山隧道发生天然气爆炸后，大家在勘察设计中都引起了高度重视。四川盆地内的铁路建设，都进行了浅层天然气探测专项工作，如兰渝铁路、渝黔铁路、成渝客专直至目前的内宜、成自高铁等。对于大的气田，选线时进行了绕避；对于深埋长大隧道，在深孔钻探时，进行了天然气浓度测试，进行了专门的瓦斯隧道评价。应该说这么多年较好地防止了类似炮台山天然气爆炸事故的发生。就是对于城市轨道交通勘察设计，也高度重视了有害气体危害，如成都地铁 18 号线地质勘察时，在通过龙泉山隧道时进行了瓦斯隧道评价工作，较好地规避了天然气爆炸事故风险。

2. 成贵高铁七扇岩隧道瓦斯爆炸

1）工程概况

成贵高铁七扇岩隧道位于贵州省毕节市大方至黔西之间，进口里程为 D3K406 + 027，出口里程为 D3K408 + 575，全长 2548 m，为时速 250 km 的双线隧道。该隧道于 2014 年 7 月开工建设，按进口（及平导）、出口工区组织施工，截至 2017 年 5 月 2 日事故发生时，进口工区掌子面里程为 D3K406 + 853，出口工区掌子面里程为 D3K406 + 973，隧道剩余约 120 m 未开挖。

2017 年 5 月 2 日下午 2 时 50 分，七扇岩隧道平导 3 号横通道（图 1.1-12）与正洞相交处发生瓦斯爆炸，事故造成 12 人死亡。

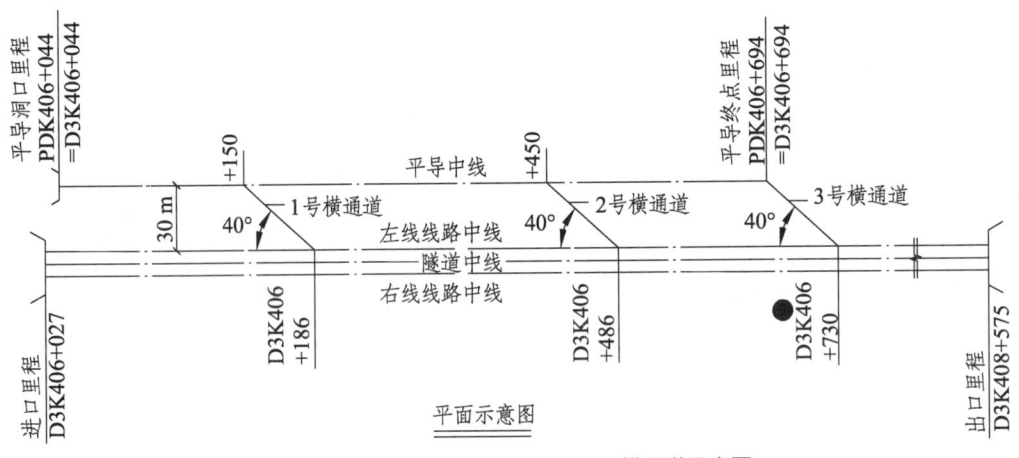

图 1.1-12 七扇岩隧道进口平导 3 号横通道示意图

2）瓦斯爆炸原因分析

瓦斯爆炸事后原因分析认为这是一次责任事故，主要原因是施工单位工作疏忽、对瓦斯隧道重视不足。进口平导、正洞完成揭煤后，正洞施工已进入灰岩地层，施工单位认为平导作用在煤系地层中已经完成（从设计意图来讲，平导作用在于与正洞形成巷道式通风），进而停止了平导通风，加之平导底鼓开裂未及时处理，大量瓦斯气体通过平导底板裂隙溢出聚集在 3 号横通道附近，浓度严重超标，正洞施工中碰撞出火花导致平导 3 号横通道与正洞相交处发生严重瓦斯爆炸。

3. 大临铁路红豆山隧道 1 号斜井工区有害气体突出事故

1）工程概况

云南境内的大理至临沧铁路红豆山隧道位于腰街站—张家山站区间，进口里程为 DK114 + 497，出口里程为 DK125 + 113，全长 10 616 m，最大埋深为 1 020 m，全隧分进口、1 号斜井、2 号斜井及出口共 4 个工区组织施工。

2017 年 6 月 21 日 7 时左右，红豆山隧道 1 号斜井工区斜井掌子面 X1DK1 + 245 里程处发生有害气体突出事故，并造成 6 名施工人员被困隧道内，最终死亡。

隧道洞身通过基岩为三叠系中上统（T_{2-3}）变质砂岩、板岩、片岩，印支期（γ_5^1）黑云母花岗岩、糜棱岩，发生事故的掌子面揭示岩性为强风化花岗质糜棱岩。

隧址区位于澜沧江深大断裂西部，地处滇缅泰亚板块保山褶皱带，区内地质构造复杂，褶皱较多，活动断裂及深大断裂发育。区内主要的断裂有澜沧江断裂带、南汀河断裂带等深大活动断裂，隧道邻近的云县、凤庆等地多分布温泉，温泉伴生硫化氢、一氧化碳等有害气体，隧道洞身附近 5 km 范围内虽无温泉出露，但下部有害气体可能沿隐伏断层及蚀变带等向上转移，加之隧道区内局部岩脉发育，可能形成有害气体富集，隧道施工存在硫化氢、一氧化碳等有害气体溢出风险。

1 号斜井附近主要发育的断层为星源断层，受该断层影响，DK115 + 320 ~ DK117 + 620 段形成一韧性剪切带，岩性为花岗质糜棱岩。

2）气体突出事故原因分析

结合隧道区域地质构造及 1 号斜井掌子面岩性特点，本次事故是施工过程中掌子面前方无规律裂隙气囊状有害气体突然溢出造成的，是不可预见的自然地质灾害。

3）防范措施

（1）有害气体严重威胁铁路工程（隧道、深基坑等）安全施工，勘察设计及配合施工中均应高度重视，查明有害气体类型、组分及浓度，评价其对铁路工程的危害，采取安全可靠的工程措施。

（2）有害气体勘察必须依靠专业化队伍。瓦斯隧道一定要分析瓦斯隧道类型（瓦斯突出隧道、高瓦斯隧道、低瓦斯隧道），并采取相关与之适应的工程措施。

（3）对于非煤层瓦斯隧道有害气体勘察，目前还没有相应勘察技术规范，中铁二院工程集团公司技术中心于 2018 年 8 月 29 日出台了《隧道工程非煤层有害气体勘察设计与防治指导意见》，对广大工程技术人员有指导意义，广大工程技术人员应认真学习，深刻领会，并贯彻到具体的勘察设计工作中。

（4）目前，川藏铁路已经上升至国家战略，是铁路勘察设计单位 2019—2020 年的重点项目。川藏铁路沿线深大活动断裂发育、地热异常突出，深埋长大隧道遭遇突发有害气体灾害概率很高、风险较大，要做好川藏铁路沿线有害气体的勘察设计工作。

七、区域断裂带

1. 概述

区域性大断裂对铁路工程产生的危害是十分明显的，属于不良地质体。不仅断层带岩体破碎，呈断层泥、角砾岩状，而且断层造成上下盘岩体破碎。处于断层带及影响带的工程，为确保工程安全，工程建设投资增加不少。如正在建设的郑万铁路有一座桥，桩基处于断层带中，摩擦桩基础深度达 50～60 m；在建的叙毕铁路一座桥，基础位于断层带内，断层发育于砂泥岩地层中，断层带物质力学参数很低，摩擦桩基础深度达到 90 m。沿断层带走行的路基工程，边坡开挖后塌方、溜坍十分严重，南昆铁路百色至板桃段，铁路沿唐兴—潞城区域性大断裂影响带走行，施工后路基边坡塌方十分严重，增加不少投资。

目前正在施工的郑万铁路，其中：有一两段线路靠近区域性大断裂，并行走行；有两座隧道，靠近区域性大断裂，受其影响，长达 1 km 的软质岩地段十分破碎。施工开挖揭示：原先划定的Ⅲ、Ⅳ围岩因受断裂带影响，挤压破碎十分严重，基本上变更为Ⅴ级围岩，属于Ⅰ类变更设计，投资增加上千万元。

从上述工程施工经验来看，必须重视区域性断裂带的勘察设计，降低风险及投资。

2．案例

正在建设的郑万高铁古夫隧道、新华隧道及罗家山隧道等多条隧道都通过多条断层夹持地段，施工开挖后，围岩受断层影响，十分破碎，发生了较大变更，有些围岩级别变更达到Ⅰ类。由于断层带具有造成岩体破碎、围岩变差的工程特性，要引起广大工程技术人员的高度重视，在设计时要充分考虑到此种因素及风险。

对于活动性断裂来讲，必须采用有砟轨道形式通过。隧道在密集的断层带中通过如图 1.1-13 所示。

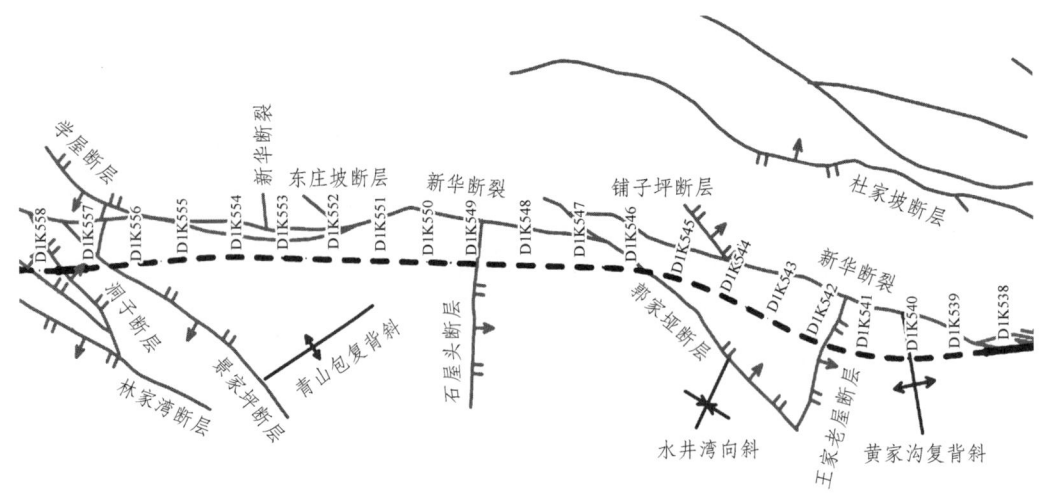

图 1.1-13　隧道在密集的断层带中通过

3．防范措施

（1）重视区域性断裂带对铁路工程的影响，选线阶段就要避免沿区域性断裂带近距离平行走行或者走行于断裂带内，如不能避开断裂，则线路尽可能垂直或者短距离通过。

（2）工程尽量不要位于区域性断裂带内，如桥梁基础墩台最好跨越，隧道避免在断层带内大范围通过，路基挖方边坡也不宜在断层带内深挖。

（3）目前，川藏铁路已经上升为国家振兴西部经济、拉动内需的国家战略，铁路各大设计院正在进行川藏铁路中段勘察设计及设计咨询。可以说，川藏线中段地处高山峡谷区，地质条件十分复杂，区域性断裂带、活动性断裂十分发育，对广大工程技术人员来说，面临巨大挑战，地质选线尤为重要，不仅要避开大型、巨型崩、滑、流不良地质体，避免线路、工程走行于或近距离平行于区域性断裂带也是必须要考虑的。

八、特殊岩土

1. 概述

特殊岩土简单说就是具有特殊工程地质特性的岩石与土，如膨胀岩土、红黏土、盐渍土、冻土、黄土、软土及松软土、高盐岩等，其工程特性及其勘察技术要求在现行行业标准《铁路工程特殊岩土勘察规程》（TB 10038）中有详细介绍。在此需要特别说明的是：随着高速铁路建设速度的加快，在实际勘察中关于特殊岩土的有些规定已经不适应高速铁路无砟轨道变形要求，如盐渍土的盐胀、溶陷（判定系数＜0.01）判定，冻土的冻胀、溶沉（判定系数＜1）判定等级都不能满足高铁无砟轨道沉降变形的要求，在实际工作中应予以修正，成熟后再对规范进行修编。

随着高速无砟轨道的修建，特殊岩土对铁路工程的危害正在显著增加，如地基膨胀岩土引起地基土上拱，盐渍土盐胀、溶陷引起填土上拱下沉，以及冻土冻胀及溶沉导致轨道板开裂等。兰州至新疆高速铁路开通运营不久，路基段落就发生48处轨道板上拱病害，经多次勘察、专家会分析，主要原因是填土中盐含量较高，降水引起的盐胀达42处，其余6处是地基土膨胀引起的上拱；哈大高铁由于处于高纬度严寒地区，季节性冻土的冻融引起轨道板上拱、下沉及开裂病害较多，经过几年处理，基本消除了病害，恢复300 km/h运营速度；西南地区最近开通运营的云桂高铁K197 + 800 ~ K220 + 000路堑段有3处发现上拱病害，地质补勘后分析发现地基土主要为早第三系中统泥岩夹泥质粉砂岩、褐煤，属于典型膨胀岩地层，由于路堑两侧盲沟排水失效导致地基土浸水膨胀，从而导致轨道板上拱达50 ~ 70 mm。

此外，地层中含硬石膏、芒硝等特殊膨胀性矿物时也要高度重视。20世纪70年代建成通车的成昆铁路百家岭隧道、沙木拉打隧道以及黑井隧道等，在运营中均出现隧底底鼓、水沟盖板倾斜等地质病害。经过取样分析，最终确定是地层中硬石膏、芒硝水化膨胀变形引起的病害。因此，地层中含膏盐成分、含量要在地质勘察中高度重视。最近，开通运营的西安至成都高速铁路赵家岩隧道经过整治后，隧底仍在持续底鼓，尽管原因分析众说纷纭，但是，个人认为应该是该套地层（铜街子组地层，与成昆铁路沙木拉打隧道属于同一套地层）中含硬石膏引起的水化膨胀所导致的隧底底鼓病害。

近几年，我们在俄罗斯莫喀高铁、伊朗德伊高铁的勘察设计中也遇到了冻土、盐渍土及膨胀岩等特殊岩土。由于我们地处我国西南，对于冻土、盐渍土等研究较少，实际勘察设计经验不足，因此在具体工作中开展了相应的科研工作。目前来看，这些科研成果已经用在勘察设计工作中，取得了较好的效果。在德伊高铁设计中，针对盐渍土盐胀、溶沉的特性，说服业主采用有砟轨道通过盐湖段。

针对既有规范中关于冻土冻胀、溶沉系数，盐渍土盐胀、溶陷系数不能满足高速铁路路基沉降变形控制要求的问题，我们在两个科研成果中提出了新的判定标准。

2. 防范措施

（1）高速铁路无砟轨道对变形控制要求较高，无论是地基土变形还是填土变形都会导致轨道变形，影响列车运营安全，给设计院带来较大风险。因此，在勘察设计中，要高度重视特殊岩土的勘察，采用多种原位测试及多组样品土工试验方法，查明特殊岩土的工程地质性质，有针对性地采取工程处理措施，尽可能消除运营中产生病害的根源。

（2）针对某些规范、标准中技术条款不能满足无砟轨道形变控制要求的问题，要在勘察设计中积累数据，实时进行修正，提供满足高速铁路设计要求的地质参数。

（3）对于特殊岩土某些疑难工程特性，要申报科研课题，积极立项研究。比如对于四川盆地红色地层中几处无砟轨道上拱机理，业内存在不同的看法、争论，可结合成南达高铁、成自高铁开展科学研究，真正确定其上拱机理，深化对四川红层工程地质特性的认识。

（4）要高度重视研究含膏盐的特殊地层，地质勘察中要查清硬石膏、芒硝等具有显著膨胀性矿物的含量，评价其对工程的影响程度，采取相应的工程措施。

九、结语

地质风险是铁路工程建设中常见的风险，某些地质风险控制不好或者处置不到位，在建设期间或者运营期间，会给铁路工程带来重大地质灾害，造成不可挽回的重大经济损失，甚至会产生严重的社会影响。因此，在勘察设计中，必须要尽可能准确地查明对铁路工程造成危害的重大工程地质问题，并予以绕避或者有针对性地采取工程治理措施，消除在工程运营中的潜在地质风险，确保铁路建设工程可靠、运营安全。对于在勘察设计中没有预见到或者未能查明但在铁路工程施工建设中暴露出来的工程地质问题，一定要采取强有力的措施予以彻底整治、处理，将地质灾害隐患消灭在铁路工程建设中，保证铁路工程开通运营安全。

第二节　地下洞室受力分析及岩体变形破坏特征

岩体中存在天然三维地应力场，地下洞室开挖打破了岩体初始应力平衡，引起洞室周边围岩应力二次调整。本案例叙述了岩体天然地应力状态及其主要特点，利用弹性力学、莫尔强度理论分析了洞室周边应力集中、围岩压力及塑性圈特征，定量计算了洞室周边切向压应力、拉应力及围岩压力、塑性圈半径等参数，利用这些参数定量评价了围岩岩爆、塑性变形等岩体变形破坏特征。本节对从事土建工程勘察设计、施工的工程技术人员有一定的参考指导意义。本节由王茂靖撰写。

一、序言

地下洞室开挖之前，岩体处于应力平衡状态，开挖使得洞室周围岩体发生卸荷回弹及应力重新分布。如果洞室围岩强度较高，足以抵抗卸荷回弹及应力状态变化而不会发生显著变形和破坏，那么洞室不需要采取任何加固、支护措施而保持稳定；但是，如果围岩强度低，不足以抵抗应力释放与集中，围岩就会发生变形及破坏，此时必须对围岩进行加固、强支护才能确保洞室围岩稳定。因此，研究洞室围岩开挖后应力变化十分必要。分析围岩受力状态、受力大小，再结合围岩强度，可以很好地分析围岩变形破坏机理，从而采取切实可靠的工程措施，确保开挖洞室围岩稳定。

二、岩体天然应力状态及特点

1. 岩体天然应力状态

岩体中天然应力包括重力、构造应力及岩浆活动、物理化学作用的变异应力。一般情况下，地下洞室岩体应力主要是自重应力及构造应力，因此，本案例仅分析构造应力场及重力场作用下岩体的初始应力，即天然应力。岩体初始应力是三维应力状态，一般为压应力。

岩体重力（垂直应力或者铅直应力）和构造应力（包括最大水平主应力、最小水平主应力）分别以 σ_v、σ_H、σ_h 表示。

2. 岩体天然应力特点

大量研究资料及测试数据表明，岩体中天然地应力具有以下特点：

（1）一般情况下，垂直应力（铅直应力）为自重应力。但是由于强烈的地壳运动及表生改造作用，地质历史时期部分山体遭受剥蚀、侵蚀作用，垂直应力不完全等同于自重应力，岩体中垂直应力一般较自重应力大。根据我国实测资料，如用 $\lambda_0 = \sigma_v/\gamma h$ 表示比例系数，则 λ_0 小于 0.8 者仅占 13%，λ_0 介于 0.8~1.2 者占 17%，λ_0 大于 1.2 者占 65%。

（2）由于地壳运动以水平运动为主，因此，岩体初始应力中水平构造应力一般大于垂直自重应力。垂直自重应力属于三维应力场中的一维，而且对于正断裂之解译，垂直应力应是最大主应力。侧压力系数 N 为两个水平应力平均值与垂直应力的比值。

我国实测数据表明：N 值在 0.8~1.2 者占比 40%，N 值 > 1.2 者占比 30%，N 值 < 0.8 者占比 30%。岩体初始应力中水平构造应力占主导。

（3）对于岩土工程来说，随着埋深加大，水平应力接近垂直自重应力。研究表明，当工程埋深大于 1 500 m 时，岩体初始应力处于静水应力状态。

（4）受构造作用及河流切割影响，峡谷地带，从谷坡至山体一定区域内，岩体初始应力场具有明显的分带特性，最大主应力与谷坡临空面平行，最小主应力垂直于谷坡。就是说由于地形切割，峡谷斜坡地带发生了地应力重新分布，临空面附近地应力集中在坡脚，谷底表现最为强烈。有关文献研究表明，谷底切向压应力可达岩体垂直于谷坡水平应力的 3 倍。

（5）在断层及影响带内，岩体初始应力较低；在近影响带内，岩体局部存在应力集中现象。在硬质岩体中，初始应力较大；在软硬相间岩体或软质岩中，初始应力较小。

（6）人类工程活动改变了岩体天然初始应力场，打破了天然应力场的平衡状态，引起岩体应力的重新分布，初始应力发生着释放与集中。当集中的应力大于岩体强度时，就会发生岩体的变形与破坏，对于硬质岩来说就是岩爆，对于软质岩则发生塑性变形。

三、圆孔无限平板弹性力学理论

如图 1.2-1 所示，一个无限大板两侧边、上下两边受力为 σ_1、σ_2，中间有一个小圆孔，距离圆心为 r 的 M 点径向压力、侧向压力分别表示为 σ_r、σ_θ。

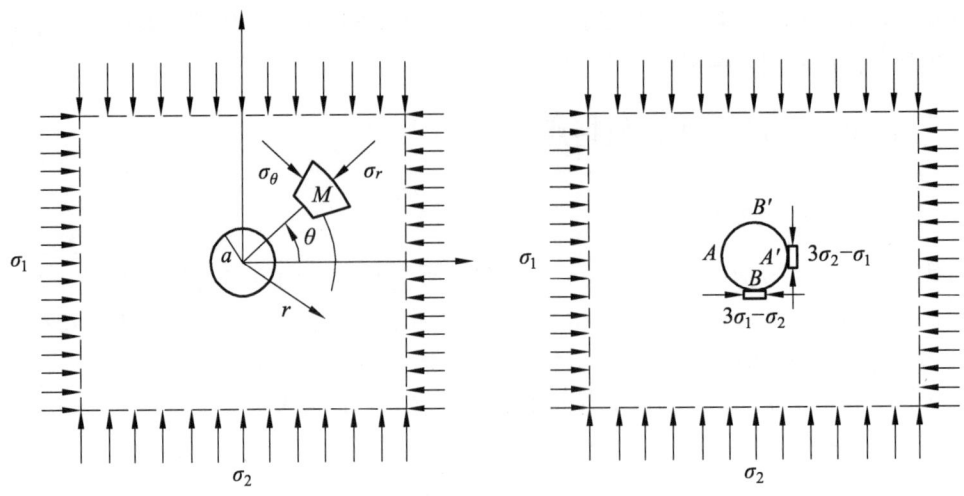

图 1.2-1　圆孔无限平板弹性力学模型示意图

按照弹性力学平面模型公式，在相互垂直的外力 σ_1、σ_2 作用下，圆孔外平板中任一点 M 处的应力为径向应力、侧向应力及剪应力，M 点的应力表达为：

$$\sigma_r = \frac{\sigma_1+\sigma_2}{2}\left(1-\frac{a^2}{r^2}\right)+\frac{\sigma_1-\sigma_2}{2}\left(1-\frac{4a^2}{r^2}+\frac{3a^4}{r^4}\right)\cos 2\theta$$

$$\sigma_\theta = \frac{\sigma_1+\sigma_2}{2}\left(1+\frac{a^2}{r^2}\right)-\frac{\sigma_1-\sigma_2}{2}\left(1+\frac{3a^4}{r^4}\right)\cos 2\theta$$

$$\tau_{r\theta} = -\frac{\sigma_1-\sigma_2}{2}\left(1+\frac{2a^2}{r^2}-\frac{3a^4}{r^4}\right)\sin 2\theta$$

式中：σ_r 为 M 点的径向应力；σ_θ 为切向应力；$\tau_{r\theta}$ 为剪应力；r 为 M 点到圆孔中心的距离；a 为小圆孔半径。

当 $r = a$ 时，即为圆孔孔壁上的应力状态：

$$\sigma_r = 0$$
$$\sigma_\theta = (\sigma_1+\sigma_2)-2(\sigma_1-\sigma_2)\cos 2\theta$$
$$\tau_{r\theta} = 0$$

如图 1.2-1 所示，根据上述公式可推导出圆孔孔壁 A、B 两点及其对称处（A'，B'）的应力集中分别为：

$$\sigma_A = \sigma_{A'} = 3\sigma_2 - \sigma_1$$
$$\sigma_B = \sigma_{B'} = 3\sigma_1 - \sigma_2$$

若 $\sigma_1 > \sigma_2$，由于存在圆孔周边应力的集中效应，则 $\sigma_A < \sigma_B$。

四、圆孔无限平板弹性力学理论

1. 岩体中天然应力状态

如图 1.2-2 是圆形地下洞室一个典型横断面受力示意图。深埋于地下的水平圆形洞室，其沿洞室长轴方向的形变远小于洞径横断面方向的变形，因此，洞室轴向变形可以忽略不计，将洞室三维模型转变为一个平面问题，同时，作出以下假设条件：

洞室围岩体是各向同性、连续、均质的线弹形体；岩体三维应力中有一个与洞轴平行；垂直向应力应与自重应力一致且大致相等。在图 1.2-2 中，洞轴方向与另一个主应力方向一致。

满足了上述假设条件，圆形洞室平面应力问题可以按照弹性力学圆孔无限大板理论计算洞室应力。

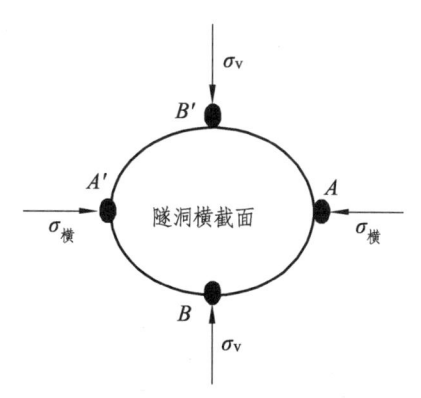

图 1.2-2　圆形洞室横断面受力示意图

圆形横断面以外围岩中任一点的切向应力、径向应力及剪切应力计算如下：

$$\sigma_r = \frac{\sigma_{横} + \sigma_v}{2}\left(1 - \frac{a^2}{r^2}\right) + \frac{\sigma_{横} - \sigma_v}{2}\left(1 - \frac{4a^2}{r^2} + \frac{3a^4}{r^4}\right)\cos 2\theta$$

$$\sigma_\theta = \frac{\sigma_{横} + \sigma_v}{2}\left(1 + \frac{a^2}{r^2}\right) - \frac{\sigma_{横} - \sigma_v}{2}\left(1 + \frac{3a^4}{r^4}\right)\cos 2\theta$$

$$\tau_{r\theta} = -\frac{\sigma_{横} - \sigma_v}{2}\left(1 + \frac{2a^2}{r^2} - \frac{3a^4}{r^4}\right)\sin 2\theta$$

在此需要特别说明的是：将前述弹性力学理论运用于圆形洞室分析，可以得出与小圆无限大板应力分析一致的计算公式，此时，σ_1 由最小主应力 $\sigma_{横}$ 代替，σ_2 由垂直主应力 σ_v 代替，其中：σ_v 为垂直应力，可等同于自重应力；$\sigma_{横}$ 为岩体中最大主应力、最小主应力在圆形洞室横断面上的投影值，垂直于横断面，下面将介绍如何计算此值，该值也是洞室围岩中最大初始应力值。

洞室周边仅有单向应力状态，大小与天然应力大小及计算位置 θ 有关，与洞室尺寸大小无关。

如果侧压力系数为 1，此时，洞室处于静水应力状态，可推导出下列公式：

$\sigma_r = \sigma_0 (1 - a^2/r^2)$
$\sigma_\theta = \sigma_0 (1 + a^2/r^2)$
$\tau_{r\theta} = 0$

上述公式说明围岩应力重分布与 θ 无关，仅与洞室半径 a 及距离 r 有关。由于剪切应力为零，σ_r、σ_θ 即为最小主应力、最大主应力。

2. 地下洞室周边围岩应力分布及计算

地下洞室开挖后,地应力二次调整,此时洞室横剖面上所受水平应力情况,如图1.2-3所示。

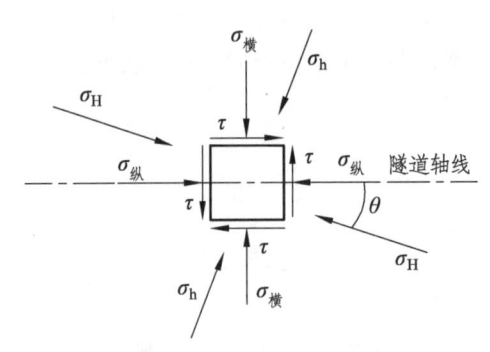

图 1.2-3　隧洞轴线上某点水平应力分量示意图

图中所示为平面应力状态,最大水平主应力 σ_H、最小水平主应力 σ_h 以虚线表示作用方向,在水平面上。最大主应力与最小主应力相互垂直。该点所受应力 $\sigma_{横}$ 表示与洞轴线方向垂直的最大水平应力(隧洞侧向应力),$\sigma_{纵}$ 表示沿洞轴线方向的最大水平应力(隧洞轴向应力),τ 为剪切应力大小,θ 为 σ_H 方向与隧洞轴向的夹角(≤90°)。由于洞室未开挖,因此,此点径向应力与沿洞室轴线方向 $\sigma_{纵}$ 的大小一致。

根据前述的小圆孔无限大板的弹性力学理论,地下洞室未开挖,即洞室半径 $a=0$、$r=\infty$ 时,可推导出图中各应力分量计算式如下:

$$\left.\begin{array}{c}\sigma_{横}=\dfrac{\sigma_H+\sigma_h}{2}-\dfrac{\sigma_H-\sigma_h}{2}\cos2\theta \\ \sigma_{纵}=\dfrac{\sigma_H+\sigma_h}{2}+\dfrac{\sigma_H-\sigma_h}{2}\cos2\theta \\ \tau=\dfrac{\sigma_H-\sigma_h}{2}\sin2\theta\end{array}\right\}$$

式中:σ_H、σ_h、$\sigma_{横}$、$\sigma_{纵}$、τ 和 θ 意义同前。

由上述公式可以看出,当 $\theta=0$,也即洞轴线 σ_H 沿水平方向布置时,$\sigma_{横}=\sigma_h$,$\sigma_{纵}=\sigma_H$,$\tau=0$。此时隧洞侧向应力 $\sigma_{横}$ 和 τ 均取得最小值。

上述公式可进一步变换为下述公式:

$$\theta_{横}=\sigma_{\max}=\sigma_H\sin^2\theta+\sigma_h\cos^2\theta$$

$$\theta_{纵}=\sigma_L=\sigma_h\sin^2\theta+\sigma_H\cos^2\theta$$

3. 圆形洞室周边地应力分布及特点

根据圆形洞室应力公式,推导得洞室周边的应力计算公式为:

$$\sigma_r=0$$
$$\sigma_\theta=(\sigma_{横}+\sigma_v)-2(\sigma_{横}-\sigma_v)\cos2\theta$$
$$\tau_{r\theta}=0$$

洞室周边切向应力 σ_θ 的最大值位于 A 和 A' 点（$\sigma_横 < \sigma_v$ 时）或 B 和 B' 点（$\sigma_横 \geq \sigma_v$ 时）。由上述公式可导出洞室上切向应力的最大值：

$$\sigma_{\theta\max} = \begin{cases} 3\sigma_横 - \sigma_v & (\sigma_横 \geq \sigma_v) \\ 3\sigma_v - \sigma_横 & (\sigma_横 < \sigma_v) \end{cases}$$

上述公式说明，当垂直应力大于水平最大初始应力时，最大压应力出现在 A、A' 点，即洞室两侧边墙中心点，B、B' 两点隧底及拱顶压应力相对较小。当洞室水平最大初始应力大于垂向应力时，最大压应力出现在 B、B' 两点，即洞室拱顶及隧底，A、A' 两点压应力相对较小，即洞室两侧边墙。

4. 椭圆形洞室周边应力分布及特点

同样类推，根据弹性力学理论，按椭圆孔复变函数可以得到椭圆洞室周边任一点围岩切向应力、径向应力及剪应力值大小，计算公式如下：

$$\sigma_r = 0,\ \tau_{r\theta} = 0$$

$$\sigma_\theta = \frac{\sigma_v(k^2\sin^2\theta + 2k\sin^2\theta - \cos^2\theta) + N\sigma_v(\cos^2\theta + 2k\cos^2\theta - k^2\sin^2\theta)}{\cos^2\theta + k^2\sin^2\theta}$$

式中：N 为侧压力系数，$N = \sigma_横/\sigma_v$；$k = b/a$（b 为椭圆短轴，a 为长轴）。

椭圆横断面洞室周边最大应力仍然在水平轴与垂直轴上：

对于 A、A' 点，此时 $\theta = 0°$ 或 $180°$，$\sigma_\theta = \sigma_v[N(1 + 2k) - 1]$

对于 B、B' 两点。此时 $\theta = 90°$ 或 $270°$，$\sigma_\theta = \sigma_v[1 + (2-Nk)/k]$

如果侧压力系数 $N = 1$，那么此时洞顶、洞底，$\sigma_\theta = 2k\sigma_v$，应力集中系数为 $2k$；两侧应力为 $\sigma_\theta = 2\sigma_v/k$，应力集中系数为 $2/k$。如果 k 小于 1，两侧应力集中高于洞顶；如果 k 大于 1，则洞顶应力集中高于两侧边墙。

五、地下洞室围岩变形破坏特征

根据以上分析，由于天然岩体在自重应力及构造应力作用下处于三维应力状态，洞室开挖后，岩体应力存在集中效应，洞室周边应力集中较原初始应力大许多，如果集中应力大于岩体强度，就会引起岩体的变形破坏。对于硬质岩体来说，变形破坏表现为岩爆、弯折内鼓、塌落、碎裂松动；对于软质围岩，则表现为塑性挤出、膨胀内鼓或坍塌等形式，即通常意义上的弹塑性变形。下面介绍重点介绍硬质岩岩爆及软岩变形的通常判定方法。

1. 岩爆

1）**国家标准**

目前，国家标准对于岩爆判定，一般都采用《水力发电工程地质勘察规范》（GB/T 50287—2016）岩爆烈度分级判定标准，该标准与国家标准《工程岩体分级标准》（GB/T 50218—2014）一致，而分级更细，见表 1.2-1。

表 1.2-1　岩爆判定标准

岩爆分级	主要现象	临界埋深 /m	R_b/σ_{max}
轻微岩爆	围岩表层有爆裂脱落、剥离现象，内部有噼啪、撕裂声，人耳偶然可听到，无弹射现象；主要表现洞顶的劈裂—松脱破坏和侧壁的劈裂—松胀、隆起等。岩爆零星间断发生，影响深度小于 0.5 m；对施工影响较小		4~7
中等岩爆	围岩爆裂脱落、剥离现象严重，有少量弹射，破坏范围明显。有似雷管爆破的清脆爆裂声，人耳常可听到围岩内的岩石的撕裂声，有一定持续时间，影响深度 0.5~1 m；对施工有一定影响	$H \geq H_{cr}$	2~4
强烈岩爆	围岩大片爆裂脱落，出现强烈弹射，发生岩块的抛射及岩粉喷射现象；有似爆破的爆裂声，声响强烈；持续时间长，并向围岩深度发展，破坏范围和块度大，影响深度 1~3 m；对施工影响大		1~2
极强岩爆	围岩大片严重爆裂，大块岩片出现剧烈弹射，震动强烈，有似炮弹、闷雷声，声响剧烈；迅速向围岩深部发展，破坏范围和块度大，影响深度大于 3 m；严重影响工程施工		<1

注：σ_{max} 为垂直于洞轴线的最大初始应力（MPa）；R_b 为岩石单轴饱和抗压强度（MPa），对于软质围岩，可以取单轴天然极限抗压强度。

表 1.2-1 中，临界深度 H_{cr} 可按照下式计算：

$$H_{cr} = 318R_b(1-\mu)/(3-4\mu)\gamma$$

式中：μ 为岩石泊松比；γ 为岩石重度（kN/m³）；侧压力系数 $N = \mu/(1-\mu)$。

2）国内外学者岩爆判定法

国内外大部分学者认为岩爆发生实际上是围岩在洞壁应力作用下的失稳破坏，大多以围岩岩石强度与地应力比值作为岩爆判定准则和烈度划分标准。表 1.2-2 列出了一些代表性判定方案。

表 1.2-2　国内外代表性岩爆判定准则对比

研究者	判据	强度分级			
		无	轻微	中等	严重
卢森（1974，挪威）	$I_s/\sigma_{\theta max}$	>0.2	0.15~0.2	0.083~0.15	<0.083
巴顿（1979，挪威）	$R_b/\sigma_{\theta max}$		5~2.5		<2.5
杜尔恰尼洛夫（1979，苏联）	$\sigma_{\theta max}/R_b$	<0.3	0.3~0.5	0.5~0.8	>0.8
陶振宇（中国）	$R_b/\sigma_{\theta max}$	>14.5	14.5~5.5	5.5~2.5	<2.5
关宝树（中国）	$\sigma_{\theta max}/R_b$	<0.15		0.15~0.25	>0.25

注：I_s 为岩石点荷载强度；$\sigma_{\theta max}$ 为洞室周边最大切向应力。

从上述研究成果来看，国内外学者均是把围岩岩石单轴饱和极限抗压强度与洞室最大切向应力之比，作为判定岩爆的判据。

国家标准吸取了国内外学者研究成果，所以在实际工作中采用水电国家标准判定岩爆是合适的。

2. 软岩变形

于一般把单轴极限饱和抗压强度小于 30 MPa 的岩石定义为软岩。洞室围岩如果为软岩，开挖后二次应力集中，垂直于洞轴线的最大主应力值大于软岩强度，就会使岩石产生弹塑性变形，如洞壁围岩位移内鼓、塑性挤出、大变形、底板隆起等变形破坏。弹性变形很容易发生且在较短时间内完成，但是塑性变形较为缓慢。因此，软质岩的变形破坏更多表现为缓慢的塑性变形，存在滞后的时间效应，即时效性。

目前，对于软质围岩变形，更多的成果集中于研究软岩强度、地应力大小，采用强度应力比来判定是否发生软岩变形甚至大变形。

1) 软岩变形判定

国家标准《工程岩体分级标准》（GB/T 50218—2014）中，软质岩变形判定标准见表1.2-3。

表1.2-3 软质围岩变形判定标准

R_b/σ_{max}	洞室围岩主要变形现象
< 4	开挖过程中洞壁岩体有剥离，位移极为显著，甚至发生大位移，持续时间长，不易成洞；基坑底部显著隆起或剥离，不易成形
4～7	开挖过程中洞壁岩体位移显著，持续时间较长，围岩易失稳；基坑底部有隆起现象，成形性较差

注：R_b 为岩石单轴饱和极限抗压强度（MPa）；σ_{max} 为垂直于洞轴线方向的最大初始应力（MPa）。

由表1.2-3可以看出，软质围岩变形完全依据岩石强度与地应力比值判定，与地应力背景值无关系。根据多年的工作实践，笔者研究认为该判定标准与实际围岩变形不一致，应该考虑一定埋深及地应力水平。因此，同样属于国家标准，《水力发电工程地质勘察规范》（GB/T 50287—2016）中提出的判定标准考虑了地应力背景值，相对来说更比较符合实际，见表1.2-4。

表1.2-4 软质围岩变形判定标准

地应力分级	σ_{max}/MPa	R_b/σ_{max}	岩体变形破坏的主要表象
极高地应力	≥ 40	< 2	钻孔岩心有饼化现象，开挖过程中洞壁岩体有剥离，位移极为显著，甚至发生大变形，持续时间长，不易成洞；基坑岩体发生卸荷回弹，出现显著隆起或剥离，不易成形
高地应力	20～40	2～4	钻孔岩心有饼化现象，开挖过程中洞壁岩体位移显著，持续时间较长，成洞性差；基坑有隆起现象，成形性较差
中等地应力	10～20	4～7	开挖过程中洞壁岩体局部有位移，成洞性尚好；基坑局部有隆起现象，成形性一般尚好

续表

地应力分级	σ_{max}/MPa	R_b/σ_{max}	岩体变形破坏的主要表象
低地应力	< 10	> 7	无上述现象

注：R_b 为岩石单轴饱和极限抗压强度（MPa）；σ_{max} 为垂直于洞轴线方向的最大初始应力（MPa）。

2）大变形判定及分级

根据国内大量深埋软质围岩洞室变形特征分析，对于铁路隧道洞室来说，当单线隧道洞室横断面出现位移量大于 25 cm（无初期支护），双线隧道洞室横断面出现位移量大于 50 cm（无初期支护）的变形时，可称洞室出现了软岩大变形，见表 1.2-5。

表 1.2-5　铁路隧道基于变形量的大变形分级

单线隧道 /cm	25～50	50～70	> 70
双线隧道 /cm	40～70	70～100	> 100
大变形分级	I	II	III

注：表中数值未考虑支护作用，若考虑则变形值减小 40%～60%。

此外，根据洞室围岩位移量与洞室当量半径比值的相对变形量，可按照表 1.2-6 判定大变形及分级。

表 1.2-6　基于洞壁围岩相对位移量的大变形分级（成兰铁路标准）

分类依据	无大变形	轻微	中等	严重	极严重
相对变形值 /%	< 1	1～2.5	2.5～5	5～10	> 10

大量地下洞室软弱围岩变形研究表明：一般大变形出现在地应力背景值高、软质围岩强度低的洞室开挖中，当强度应力比小于 0.5 时，出现软岩大变形的概率极大。结合国内深埋长大隧道研究成果，笔者提出表 1.2-7 所列软弱围岩大变形分级的判定标准。

表 1.2-7　基于围岩强度应力比的软弱围岩大变形分级判定标准

分类依据	无大变形	轻微	中等	严重	极严重
强度应力比 R_b/σ_{max}	> 0.5	0.25～0.5	0.15～0.25	0.05～0.15	≤ 0.05

注：R_b 为岩石单轴饱和极限抗压强度；σ_{max} 为垂直于洞轴线的最大初始主应力。

六、地下洞室围岩压力与围岩松动圈

地下洞室开挖导致围岩应力二次调整，洞室周边应力集中，当应力大于围岩强度时，必然会引起围岩变形破坏。前述分析表明：围岩变形破坏大致可分为弹性变形及塑性变形，除洞室周边围岩为强烈变形破坏外，变形逐渐向围岩深部发展。理想情况下，我们视围岩为弹塑性体，变形发展到一定深度后停止，此时，围岩因变形破坏产生的作用于支护衬砌上的力即围岩压力。围岩压力是洞室支护设计的重要参数。对于圆形、椭圆形洞室，围岩变形破坏发展深度近似圆形，称为围岩松动圈。对于松散、破碎的围岩，国内外多采用普氏理论、太沙基塌落拱理论分析，可参考相关文献。对于深埋洞室，如果围岩为裂隙岩体的岩石围岩，则在某些假定条件下，可采用弹性力学、莫尔强度理论等分析松动圈半径及围岩压力。此外，根据大量工程实践中的大数据回归得出的某些经验公式，在规范中也有部分引用。下面分别介绍：

1. 弹塑性分析

在轴对称假设条件下，应力、应变均是 r 的函数，与 θ 无关，且塑性区为一等厚圆。在弹性区与塑性区交界处既满足弹性条件，又满足塑性条件，此时可得到如下平衡方程：

$$\frac{\partial \sigma_r}{\partial r} + \frac{\sigma_r - \sigma_\theta}{r} = 0$$

根据莫尔强度理论，岩体强度曲线与以 σ_r、σ_θ 作出的莫尔圆相切时，岩体进入塑性状态。此时，可推导出以下公式：

$$\frac{\sigma_r^p + c\cot\varphi}{\sigma_\theta^p + c\cot\varphi} = \frac{1 - \sin\varphi}{1 + \sin\varphi}$$

在支护与围岩接触处，应力 σ_r^p 等于支护抗力 p_i：

$$\sigma_r^p = p_i$$

联合解上述两方程，可以得到以下塑性区应力公式：

$$\sigma_r^p = (p_i + c\cot\varphi)\left(\frac{r}{a}\right)^{\frac{2\sin\varphi}{1-\sin\varphi}} - c\cos\varphi$$

$$\sigma_\theta^p = (p_i + c\cot\varphi)\left(\frac{1+\sin\varphi}{1-\sin\varphi}\right)\left(\frac{r}{a}\right)^{\frac{2\sin\varphi}{1-\sin\varphi}} - c\cot\varphi$$

根据上述公式，可以假定围岩变形的塑性区为一圆形区，在此变形区外，切向应力逐渐趋于岩体原始应力 σ_1。可以推导出围岩变形的塑性区半径计算公式如下：

$$R = \left[\frac{(\sigma_1 + c\cot\varphi)(1 - \sin\varphi)}{(p_i + c\cot\varphi)(1 + \sin\varphi)}\right]^{\frac{1-\sin\varphi}{2\sin\varphi}} R_0$$

式中：R_0 为洞室半径；σ_1 为最大初始主应力；p_i 为支护抗力；c、φ 是岩体内聚力、内摩擦角。

2. 经验公式

我国统计分析了近百座公路、铁路隧道坍方调查资料，得出隧道围岩垂直压力计算经验公式如下：

$$q = \gamma h$$
$$h = 0.45 \times 2^{s-1} w$$

式中：w 为宽度影响系数，$w = 1 + i(B-5)$，B 为洞室宽度（m），i 为 B 增加 1 m 时围岩压力增减率，当 $B < 5$ m 时 $i = 0.2$，当 $B > 5$ m 时 i 取 0.1；h 可近似看作松动圈半径；s 为围岩级别。

此公式已经纳入现行《铁路隧道设计规范》（TB 10003）。

七、结语

（1）地下洞室开挖，破坏了岩体初始地应力平衡状态，导致初始地应力进行二次调整以适应新的平衡。地应力在洞室周边最为集中，形成最大压应力、最大拉应力，当集中应力值大于岩体极限抗压强度或极限抗拉强度时，就会引起岩体变形破坏。岩体一旦出现变形破坏就会形成围岩压力，有的称之为山岩压力，直接作用于支护上。围岩压力是支护设计的重要参数。

（2）根据弹性力学基本理论，可以在某些假设条件下，研究地下洞室周边应力集中特点，计算洞室周边集中最大压应力、最大拉应力数值，进而定量评价岩体变形破坏特征。

（3）岩体属于弹塑性体，其变形破坏既有弹性破坏，如岩爆、塌落，又有塑性变形，如塑性挤出、膨胀内鼓等。在某些假定条件下，根据莫尔强度理论，可以定量计算塑性圈半径及围岩压力数值，用以指导选定合适的支护设计参数。

（4）软岩大变形属于一种极端的岩体塑性变形，目前，还没有一个统一的规范定量评价。但是根据国内外大量工程实践，本案例中采用的强度应力比判定标准还是有一定的使用价值，并在成兰铁路等高地应力地区应用，取得了较好的效果。

第三节 高地应力环境下软质围岩变形分析研究

近年来，随着高速铁路的快速修建，许多深埋长大隧道在施工中或建成后相继出现初期支护、仰拱底鼓及二次衬砌变形开裂甚至破坏病害，这些病害在软质围岩中尤为突出。本节探讨分析了高地应力环境、软质围岩概念，软岩主要变形特征，提出了在高地应力环境下围岩分级调整的思路，特别对于无砟轨道隧道，更要高度重视软岩在高地应力环境下的变形。这对于参与高速铁路隧道勘察设计施工的工程技术人员有很好的借鉴意义。本节由王茂靖、王子江撰写。

一、概述

在高地应力环境下，在软质围岩中修建隧道工程时，隧道开挖后，打破了岩体中初始应力平衡状态，围岩二次应力调整会引起软质围岩十分复杂的变形破坏。特别是无砟轨道更是要求隧底围岩稳定，只能产生极小的变形，否则会引起无砟轨道上浮，危及高速铁路行车安全。

近年来，多起隧道软质围岩变形引起的无砟轨道上浮，已经严重影响了我国高铁运营安全，在业界引起了较大反响。例如：达成铁路云顶隧道开通（2012年开通）后3年间陆续发生隧底上拱、底板开裂，多次整治仍未根除病害；西成高铁赵家岩隧道开通之前隧道内即发生8处隧底仰拱上浮病害，经过多次整治，目前仍有两处在轻微上浮；兰渝铁路玄真观隧道，施工期间隧底变形上拱严重，最后不得不变更为有砟轨道，开通运营多年后，隧底仍有轻微上拱变形。

此外，正在修建的成兰铁路，地处青藏高原的斜坡过渡地带，山高谷深，地应力极高，地质构造复杂，许多长大深埋隧道在施工中发生了严重的大变形病害，如云屯堡、茂县、榴桐寨、跃龙门隧道等。

再有，已经开通的沪昆高铁岗乌、光照隧道，运营中发生多处隧底上浮，引起无砟轨道变形超限，危及列车安全，目前，正在利用列车运行天窗进行整治。

综上所述，隧道底鼓、二衬变形开裂具有几个共同特点：一是隧道埋深大，二是围岩多为软质围岩（软质岩）。其表现出的共同病害就是高地应力条件下的软质围岩变形，如果隧道本身支护强度不足，就会引起隧道结构的变形甚至破坏。特别是我国高速铁路大量修建的无砟轨道结构，更是要求隧底结构处于极小形变的稳定状态。因此，研究高地应力背景下软质围岩的变形特征十分重要。

二、地壳中地应力环境

1. 地壳岩体中的天然地应力

人们都知道，我们赖以生存的地球是运动着的，运动就会产生势能，势能会缓慢储存于地壳岩体之中。地壳是由板块组成的，板块之间在地球势能驱使下也会产生漂移、碰闯挤压，在地壳上形成高山、平原及谷地，在地壳岩体中形成构造应力。地质历史时期因构造运动储存于岩体中的构造应力为残余构造应力，当今活动的板块运动、活动断裂挤压等作用在岩体中形成的应力为现今构造应力。此外，地壳上岩体还因地球的重力产生自重应力场，不同埋深下，岩体自重应力场大小不一样。地壳岩体因为物理变化、化学变化及岩浆活动形成变异应力。

综上所述：地壳岩体中存在 3 种天然应力，即构造应力、自重应力及变异应力。一般来说，工程岩体中研究较多的是自重应力及构造应力。工程上为便于研究分析，把岩体中的地应力概化为三维应力状态，自重应力沿铅直方向，最大主应力及最小主应力近于水平方向，且在近水平面上相互垂直，把最大主应力、最小主应力划为构造应力，即归并于现今构造应力或残余构造应力。

2. 高地应力环境

对于何谓高地应力，目前教科书中，并没有明确定义，不同标准中定义差异较大。国家标准《工程岩体分级标准》（GB/T 50218—2014）采用强度应力比来定义地应力高低概念，具体分级见表 1.3-1。

表 1.3-1 工程岩体强度应力比评估

地应力状态	R_c/δ_{max}	高初始应力条件下岩体变形破坏的主要表象
极高地应力	< 4	硬质岩：岩心常有饼化现象；开挖过程中时有岩爆发生，有岩块弹出，洞壁岩体发生剥离，新生裂缝多，围岩易失稳，基坑有剥离现象，成形性差
		软质岩：开挖过程中洞壁岩体有剥离，位移极为显著，甚至发生大位移，持续时间长，不易成洞；基坑发生显著隆起或剥离，不易成形
高地应力	4～7	硬质岩：岩心时有饼化现象；开挖过程中偶有岩爆发生，洞壁岩体有剥离和掉块现象，新生裂缝较多；基坑时有剥离现象，成形性一般尚好
		软质岩：开挖过程中洞壁岩体位移显著，持续时间较长，围岩易失稳；基坑有隆起现象，成形性较差

注：R_c—岩石饱和单轴抗压强度（MPa）；δ_{max}—垂直于洞轴线方向最大初始应力（MPa）。

《水力发电工程地质勘察规范》（GB 50287—2016）附录 T 对岩体中的初始地应力即采用了初始地应力大小指标，同时采用了岩石强度应力比指标进行综合分级，见表1.3-2。

表1.3-2 水利水电工程初始地应力分级标准

地应力状态	δ_1/MPa	R_c/δ_1	主要现象
极高地应力	≥40	<2	硬质岩：开挖过程中时有岩爆发生，有岩块弹出，洞壁岩体发生剥离，新生裂缝多；基坑有剥离现象，成形性差；钻孔岩心多有饼化现象
			软质岩：钻孔岩心有饼化现象，开挖过程中洞壁岩体有剥离，位移极为显著，甚至发生大位移，持续时间长，不易成洞；基坑岩体发生卸荷回弹，出现显著隆起或剥离，不易成形
高地应力	20~40	2~4	硬质岩：开挖过程中可能出现岩爆，洞壁岩体有剥离和掉块现象，新生裂缝较多；基坑时有剥离现象，成形性一般尚好；钻孔岩心时有饼化现象
			软质岩：钻孔岩心有饼化现象，开挖过程中洞壁岩体位移显著，持续时间较长，成洞性差；基坑有隆起现象，成形性较差
中等地应力	10~20	4~7	硬质岩：开挖过程中洞壁岩体局部有剥离和掉块现象，成洞性尚好；基坑局部有剥离现象，成形性尚好
			软质岩：开挖过程中洞壁岩体局部有位移，成洞性尚好；基坑局部有隆起现象，成形性一般尚好
低地应力	<10	>7	无上述现象

注：δ_1—实测最大主应力值（MPa）；R_c—岩石单轴饱和抗压强度（MPa）。

从上述两种地应力等级划分标准来看，国标和水电系统相同之处在于岩块单轴饱和抗压强度取值相同，不同之处在于最大地应力取值不同，级差也相差较大，如强度应力比值为 4~7 时，国标可定义为高地应力，水电标准则划分为中等地应力。国内地应力划分标准目前未有统一，《铁路工程地质勘察规范》（TB 10012—2019）中也采用了国标分级标准，并根据地应力大小对围岩级别进行修正。

在铁路工程地质勘察的长期实践中，研究发现地应力对洞室围岩稳定性存在较大影响，特别是软质围岩，在高地应力作用下持续发生变形破坏，因此，研究高地应力分级十分必要。地壳中的高地应力应是一种地壳岩体中的地质背景值。尽管地应力大小与岩体强度存在一定相关关系，即强度高的硬质岩类比强度低的软质岩类地应力高，但是就区域岩体来看，高地应力分级中采用区域内岩体地应力绝对背景值应该比较客观科学。在地应力背景下，岩体的变形破坏与岩体强度相关，简言之：地应力高，但是岩体强度很大，其开挖引起的变形破坏较小；反之，地应力即使中等偏小，但岩体强度较低，属于软质围岩，则也会出现一定的变形破坏。对此，个人研究提出了一种按照地壳岩体中初始地应力绝对背景值进行岩体地应力等级划分的标准，见表1.3-3。

表1.3-3 初始地应力值分级标准

初始地应力状态	实测最大主地应力值 δ_1/MPa
低地应力	< 10
较高地应力	10 ~ 20
高地应力	20 ~ 30
极高地应力	> 30

根据此表，可以由工程场区实测最大主应力值进行地应力等级划分，这样就简明扼要地确定了工程场区的地应力水平。对于洞室开挖过程中围岩是否会发生岩爆、变形及破坏现象的问题，则需要按照岩块单轴饱和抗压强度或岩块单轴天然抗压强度与最大主应力大小之比的强度应力比确定，这在下面将要具体讨论。

3. 地壳岩体中水平地应力与垂直地应力

岩体中地应力一般以三维应力状态存在，多为压应力，初始地应力大小受埋深、构造运动及地形地貌、地表剥蚀等因素影响。一般来讲，地壳岩体中显著的地应力就是自重应力，以 γH 表示；另一种就是构造应力，一般以水平向为主，是指历次构造运动在岩体中残留的构造应力，且常常影响并改变自重应力场。岩体中的应力具有以下几个特点：

（1）由于地壳外动力长期作用改造，地表山体剥蚀侵蚀，岩体中垂直应力大于自重应力。国内外大量实测资料表明，$\lambda_0 > 1.2$（$\lambda_0 = \delta_v/\gamma H$）约占65%。

（2）国内外实测的水平地应力，普遍大于泊松效应产生的力 $\mu\gamma H/(1-\mu)$，且大于或接近实测垂直应力。如果用最大水平地应力与垂直地应力比（$\lambda = \delta_h/\delta_v$）表示测压系数，则 λ 一般在 0.5 ~ 5.5 之间，大部分为 0.8 ~ 2.0 之间；如果用两个水平应力的平均值与垂直应力之比 λ_{av} 表示测压系数，则 λ_{av} 一般在 0.5 ~ 5 之间，大多数在 0.8 ~ 1.5 之间。我国实测资料 λ_{av} < 0.8 的占比30%，0.8 ~ 1.2 的占比40%，> 1.2 的占比30%。

（3）实测资料还表明：水平地应力并不总是占优势，达到一定深度后，水平地应力逐渐趋于等于或略小于垂直应力。我国这一埋深一般为 1 500 m。

三、软质岩及其变形特征

1. 软质岩

软质岩又称软岩，根据国标《工程岩体分级标准》（GB/T 50218—2014）中的分级，软岩可划分为较软岩、软岩、极软岩，其单轴饱和抗压强度低于 30 MPa，见表1.3-4。

表 1.3-4　软质岩分级

名称	亚类	定性鉴定	代表性岩石	单轴饱和抗压强度/MPa
软质岩	较软岩	锤击声不清脆，无回弹，较易击碎；浸水后，指甲可刻出印痕	1. 强风化的坚硬岩； 2. 中等（弱）风化的较坚硬岩； 3. 微风化~未风化的：凝灰岩、千枚岩、砂质泥岩、泥质砂岩、粉砂岩、砂质页岩等	30~15
软质岩	软岩	锤击声哑，无回弹，有凹痕，易击碎；浸水后，手可掰开	1. 强风化的坚硬岩； 2. 中等（弱）风化~强风化的较坚硬岩； 3. 中等（弱）风化的较软岩； 4. 未风化的泥岩、泥质页岩、绿泥石片岩、绢云母片岩等	15~5
软质岩	极软岩	锤击声哑，无回弹，有较深凹痕，手可捏碎；浸水后，可捏成团	1. 全风化的各种岩石； 2. 强风化的软岩； 3. 各种半成岩	<5

2. 软岩变形特征

1）一般变形破坏特征分析

我们都知道，岩石属于一种弹塑性体，软质岩体由于强度低，在应力或者外力作用下，岩体弹性变形较小，更多的是表现出持续的塑性变形特征。这种塑性变形在外力作用消失后，不易恢复岩体的原状。在恒定持续应力作用下，软岩还表现为缓慢的蠕变，具有时间效应，如果不加以约束，蠕变的最终结果就是岩体破坏。对于软质岩这种塑性流变特征，要引起高度重视。在自然界，位于峡谷岸坡上的陡倾层状泥页岩、千枚岩、板岩，在长期重力作用下，岩体沿层面弯曲，出现向岸坡一侧临空面弯曲折断的"点头哈腰"现象。对于深埋隧道工程来说，软质围岩在高地应力作用下也会产生持续变形甚至破坏，如果隧道工程支护不及时封闭成环、支护强度不够，不能较早控制应力调整引起的软岩变形，则软质围岩持续蠕变直至破坏，最终导致隧道底板隆起、边墙内鼓、二衬开裂掉块等变形破坏。

2）隧道软质围岩变形破坏特征

地下洞室开挖打破了岩体中初始地应力的平衡状态，岩体卸荷回弹引起地应力二次调整，使围岩发生较大变化。如果围岩不能承受局部应力集中作用，就会发生塑性变形甚至破坏，其结果就是在洞室周围形成松动圈或松动带。围岩变形破坏形式除与地应力、洞室形态有关外，还与围岩岩性、地质构造存在较大关系。对于软质岩，其变形破坏主要有表 1.3-5 所列几种形式（见张倬元等编著的《工程地质分析原理》第 392 页）。

表 1.3-5　软质围岩结构与岩体变形破坏形式

围岩特性	岩体结构	变形、破坏形式	产生机制
塑性岩体	层状结构	塑性挤出	压应力集中作用下的塑性流动
塑性岩体	层状结构	膨胀内鼓	水分重分布造成的吸水膨胀

续表

围岩特性	岩体结构	变形、破坏形式	产生机制
塑性岩体	散体结构	塑性挤出	压应力作用下的塑流
		塑流涌出	松散饱水岩体的悬浮塑流
		重力坍塌	重力作用下的坍塌

根据表1.3-5，软质围岩主要指软质层状岩体（页岩、泥岩、板岩、千枚岩及黏土岩、岩体风化带、断层带等）和散体结构岩体（松散破碎岩体）。

软质岩体在应力作用下的挤出变形及破坏，如果没有外力抵抗其变形，将会持续数周甚至数年后方能达到稳定。

对于吸水膨胀变形的围岩（如富含膨胀性黏土矿物的泥质岩、黏土岩及含硬石膏地层的围岩），与挤出变形相比，其吸水变形破坏更是一个缓慢的过程，需要相当长的时间才能达到稳定。

3）围岩应力及围岩压力

围岩应力及围岩压力是两个不同的概念。岩体本身处于三维天然应力状态，应力属于岩体内部平衡外部应力作用之力，为岩体内储存的应变能对应的内力，应与岩体强度处于天然平衡状态。当洞室开挖后，围岩应力会产生二次调整，达到新的平衡，洞室周边围岩会出现压应力和拉应力集中现象。只有当围岩中应力强度大于围岩屈服强度后，才会引起洞室围岩发生变形破坏。这种变形破坏会延至洞室周围一定深度，并会向洞室支护结构产生一定作用力，这种力就是围岩压力。

围岩变形破坏的深度为围岩松动圈。松动圈围岩作用于支护结构上的垂直压力、水平应力及松动圈计算方法，可参考隧道设计规范中的计算公式。

4）围岩应力重分布（二次应力调整）特点

根据大量工程开挖实践及参考《工程地质分析原理》（张倬元等编著）一书，地下洞室开挖后围岩应力重分布具有如下几个特点：

（1）地下洞室开挖，会引起周围岩体（围岩）自身应力发生重大变化，这种变化局限于洞室周围一定范围，一般为洞室最大直径的3~5倍。

（2）围岩应力重分布，使得径向应力在洞室周边为零，切向应力在周边集中，分别形成压应力、拉应力集中，导致围岩发生变形破坏。

（3）洞室周边压应力、拉应力集中部位与洞室形状存在显著相关关系，圆形、椭圆形压应力、拉应力集中部位分别位于最大主应力、最小主应力轴与洞室周边垂直相交部分。

（4）靠近断层带及节理、裂隙带的围岩会产生很高的应力集中现象，加剧附近岩体变形破坏，使得附近围岩稳定条件大为恶化。

（5）相邻洞室的存在（洞群效应）、地下洞室相互交叉会引起围岩中应力集中度增高，围岩变形破坏相对强烈，对洞室稳定性产生不利影响。

5）软质岩蠕变时效性

前已述及，软质岩属于塑性岩体，其弹性应变相对塑性应变小得多。在软质围岩中开挖洞室，伴随着应力重分布，其弹性变形很快结束，而真正影响围岩稳定性并产生围岩压力的是持续变形直至破坏的塑性变形，岩石力学中称之为软岩蠕变或者流变。这是软岩典型的岩石力学特征。

蠕变用应力-应变曲线反映时，ε-t 曲线可分为 3 部分：初始蠕变，为对数关系；稳定蠕变，变形缓慢，为线性关系；加速蠕变，变形加速直至破坏，呈指数关系。

岩石在一定应力作用下发生蠕变，表现出显著的时效特性。当应力水平很低时，蠕变发展到一定程度后，变形速率降低，直至停止，但是岩石并没有破坏；当应力水平很高时，蠕变发展到一定程度后，加速变形直至破坏停止。根据相关试验数据：在 9.8 MPa 应力水平作用下，花岗岩在 10 h 即结束约 0.02% 的微小变形；而页岩在历时 300 h 后，变形即达到 0.48%，但应变仍随时间呈线性关系，远没有达到加速蠕变阶段。

据《工程地质分析原理》（张倬元等编著）一书中的资料（该书第 46 页）美国南达科他州俄亥坝静水池在白垩系页岩(夹薄层斑脱岩)地层中开挖，1952 年 4 月开始，1955 年 3 月完成，最大挖深 61 m；相关监测数据表明，直到 1954 年 12 月，基坑隆起达 20 cm，其中 90% 是在开挖期间完成的，其余 10% 是后续发生的。1955 年 1 月，发现完成的基坑底面沿已有断层面错开，上盘上升达 34 cm。软质岩卸荷蠕变破坏历时近 2 年，水分迁徙导致软岩的膨胀蠕变历时近 3 年。

在高地应力环境下，地下洞室开挖由于应力二次调整的集中及释放导致软质围岩产生的塑性挤出，或者洞室开挖，水分迁移至洞室周边，导致膨胀性围岩产生膨胀内鼓的变形破坏，实际上都是一种很缓慢的蠕变变形。前者根据应力大小、围岩强度，其变形破坏往往历时数周至数月，长者可达 1~2 年；后者由于围岩开挖，改变了地下水径流途径，岩体中的水分迁徙导致的围岩膨胀性蠕变或者变形破坏时间就显得更加漫长，历时数月甚至数年。

因此，对于软质围岩或者膨胀性围岩，洞室开挖后应根据围岩强度、洞室大小形态、岩体构造对围岩进行强力支护并及时封闭成环，围岩太破碎或者强度极低时，应采取注浆加固围岩措施提高围岩自承能力，其目的在于可以很好地抑制围岩进一步变形直至破坏，同时应作好洞室周边地下水的引排措施，防止围岩在地下水浸泡下强度裂化。

四、高地应力环境下的围岩变形定量分析

1. 围岩分级修正

根据国家标准《工程岩体分级标准》（GB/T 50218—2014），隧道围岩分级应根据地质调绘、物探及验证性钻探、测试成果资料，综合分析岩性、构造、地下水状态、初始地应力状态等围岩地质条件，结合岩石强度、岩体完整性指数计算围岩基本质量指标 BQ 和修正 $[BQ]$、围岩弹性纵波速度等，分段定性、定量综合确定隧道围岩分级。按此标准，围岩级别应根据强度应力比，确定相应的修正系数，从而对围岩级别进行调整，见表 1.3-6。

表 1.3-6 岩体基本质量地应力修正系数表

| 围岩强度应力比 | \multicolumn{5}{c}{$BQ = 100 + 3R_c + 250K_v$} |
($R_c/\delta_{\max}$)	< 550	550~451	450~351	350~251	250
< 4	1.0	1.0	1.0~1.5	1.0~1.5	1.0
4~7	0.5	0.5	0.5	0.5~1.0	0.5~1.0

《铁路工程地质勘察规范》（TB 10012—2019）规定：在高地应力条件下，围岩级别应根据地应力水平进行修正，见表1.3-7。

表1.3-7 铁路隧道围岩级别初始地应力调整

初始地应力状态	基本围岩分级					
	Ⅰ	Ⅱ	Ⅲ	Ⅳ	Ⅴ	Ⅵ
高地应力（$R_c/\delta_{max} < 4$）	Ⅰ	Ⅱ	Ⅲ或Ⅳ	Ⅴ	Ⅵ	—
高地应力（$R_c/\delta_{max} = 4 \sim 7$）	Ⅰ	Ⅱ	Ⅲ	Ⅳ或Ⅴ	Ⅵ	—

注：围岩为较破碎硬质岩时为Ⅲ或者Ⅳ级，围岩为软质岩时为Ⅳ或Ⅴ级。

根据大量工程实践，研究认为围岩应力较高时，即 > 10 MPa 时，应对围岩级别进行修正。

2. 高地应力环境下围岩变形定量分析

地下洞室开挖后，由于应力二次调整引起的围岩中的应力集中与释放，必然导致围岩相应地发生变形甚至破坏。通过上述分析可知，围岩变形破坏的原因应该是地应力大小及围岩强度。数年来，业界基本采用了强度应力比这个比值来分析判定围岩变形破坏的程度及表现特征，我们也基本采用这一客观科学的定量指标来分析围岩变形破坏特征。

1）硬质围岩变形定量分析

对于硬质围岩，我们采用国家标准《工程岩体分级标准》（GB/T 50218—2014）的判定标准，见表1.3-8。

表1.3-8 硬质岩在高地应力环境下的变形破坏评估

评估基准（R_c/δ_{max}）	主要现象
> 7	开挖过程中不会出现岩爆，新生裂缝较少，成洞性一般较好
4 ~ 7	开挖过程中可能出现岩爆，洞壁岩体有剥离和掉块现象，新生裂缝较多，成洞性较差
< 4	开挖过程中时有岩爆发生，有岩块弹出，洞壁岩体发生剥离，新生裂缝多，成洞性差

注：表中 R_c 为岩石单轴饱和抗压强度（MPa）；δ_{max} 为垂直于洞轴线方向的最大初始地应力值（MPa）。

2）软质围岩变形定量分析

对于软质围岩，显然不能采用上述指标，否则，大量浅表埋深的软质围岩也会发生变形。根据大量工程实践，采用表1.3-9所列之强度应力比值及水平、垂直应力比值双指标判定分析。

表1.3-9 软质岩初始地应力状态评估基准

评估基准		主要现象
R_c/δ_{max}	δ_h/δ_v	
> 4	< 1.5	岩心无饼化现象，开挖过程中洞壁岩体有一定的位移，成洞性一般较好

续表

评估基准		主要现象
R_c/δ_{max}	δ_h/δ_v	
2~4	1.5~2	岩心有时有少量饼化现象，开挖过程中洞底岩体有一定的位移，洞底有上拱现象，成洞性一般
1~2	2~3	岩心时有饼化现象，开挖过程中洞壁岩体位移显著或洞底上拱显著，持续时间较长，成洞性差
<1	>3	岩心常有饼化现象，开挖过程中洞壁岩体有剥离现象，位移极为显著，或洞底上拱极为显著，甚至发生大位移，持续时间长，不易成洞

注：① 当无地下水或者岩石遇水极易崩解时 R_c 为岩石单轴天然抗压强度（MPa），其他条件下 R_c 为岩石单轴饱和抗压强度（MPa）；δ_{max} 为垂直于洞轴线方向的最大初始地应力值（MPa）。

② σ_h 为最大水平地应力；σ_v 为（垂直）自重应力。

当软质围岩强度很低，而岩体初始地应力较大，围岩的强度应力比值小于1时，围岩极可能发生显著的大变形。根据成兰铁路建设工程实践，可按表1.3-10进行大变形分级及判定。

表1.3-10　软质围岩大变形分级标准

强度应力比值 R_c/δ_{max}	大变形分级	围岩级别	主要现象
>0.5	无大变形	Ⅳ~Ⅴ级	初期支护基本可以控制围岩变形，围岩变形趋于收敛，无明显大变形迹象
0.25~0.5	轻微大变形	Ⅳ~Ⅴ级	拱顶、刚架接头部位及边墙出现纵向贯通裂纹，拱顶、边墙显著变形，收敛变形一般可达10~20 cm，洞室底部存在开裂、底鼓现象，围岩变形速率大于5 mm/d
0.15~0.25	中等大变形	Ⅴ级	发生喷混凝土剥落掉块现象，格栅刚架钢筋扭曲（压扭），型钢刚架翼缘发生扭曲。拱顶、边墙变形明显，收敛变形可达20~50 cm，洞室底部出现开裂、底鼓现象。围岩变形速率大于10 mm/d
<0.15	严重大变形	Ⅴ~Ⅵ级	发生大片喷混凝土剥落掉块现象，格栅刚架钢筋扭曲严重（压扭），型钢刚架翼缘发生严重扭曲。拱顶、边墙变形严重，收敛变形大于50 cm。洞室底部开始出现纵横向开裂、底鼓严重。围岩严重变形破坏，变形速率大于20 mm/d

注：参考成兰铁路软质围岩大变形分级标准。

五、结语

（1）地壳岩体处于天然地应力状态或者初始地应力状态，深埋地下洞室围岩等级划分应该考虑地应力水平对围岩稳定性的影响，因此，在高地应力状态下，应对围岩分级进行修正。

（2）地下洞室开挖后，会引起洞室周边围岩中的初始地应力进行二次应力分布调整，出现应力集中及松弛现象，伴随着周边围岩的变形破坏。对于硬质岩，会产生岩爆、片帮；对于软质岩，则出现明显的变形破坏。在一定地应力水平下，软岩的变形具有流变（蠕变）特性。

（3）软质围岩变形采用强度应力比进行定量分析是合适的，本节提出了软岩大变形的定量评价原则。

（4）软质围岩变形破坏特征时效性十分明显，一般来讲，洞室开挖造成的软岩变形持续时间可长达数月至几年。但是软质围岩往往含有膨胀性黏土矿物，洞室周边水分迁徙会造成围岩膨胀变形时间更为漫长，往往达数年之久。

（5）根据软质围岩变形破坏特征，洞室开挖后应采用强支护加固围岩并及时封闭成环，有效抑制软岩的持续变形破坏。在施作二次衬砌时，必须要对洞室初支进行监控量测，只有变形稳定后才能实施。

第四节　高速铁路山岭隧道底鼓机理分析研究

隧底上拱引起的无砟轨道板底鼓病害是近年来高速铁路隧道工程特别常见的一种病害，其发生的机理一度使隧道勘察设计人员十分困惑，众说纷纭，其主要原因在于此类轨道板上拱病害在低速有砟的普速铁路隧道工程中闻所未闻。为什么隧道底鼓在高速铁路建设运营中却成为一种常见的病害？本案例结合具体的工程勘察设计实践，系统介绍了发生隧道底板底鼓的围岩类型，阐述了除去施工质量外隧道底鼓引起无砟轨道板上拱的三大原因、机理，提出了勘察设计需要注意的事项。本案例对从事土建工程勘察设计、施工的工程技术人员有一定的参考指导意义。本节由王茂靖撰写。

一、概述

十余年来，中国高速铁路建设一路高歌猛进，截至2022年底，全国累计开通运营的高速铁路达到4.2万千米，我国成为全球高速铁路里程运营最长、速度最高、在建规模最大的国家。高速铁路修建区域已由华中、华东平原、滨海地区向中西部山区发展。近年来，随着中西部山岭地区越来越多的高速铁路建成开通，山岭隧道出现了既往普速铁路少见，但在高速铁路山岭隧道中常常发生的隧道底鼓病害，严重影响行车安全。高速行驶的列车通过底鼓病害隧道时不得不限速行进，铁路工务部门对底鼓病害整治的经济社会代价十分高昂。

通常意义上讲，隧道底部发生底鼓病害都是隧底结构的刚度和强度不足以抵抗隧底围岩形变压力造成的。根据类似隧道底鼓病害工点总结的工程经验，病害发生的常见原因主要有：隧道仰拱厚度、曲率不足的施工质量缺陷，围岩膨胀性，地下水压力，地应力集中引起的软质围岩变形，等。除去施工质量缺陷原因外，下面重点分析地下水压力、地应力集中、围岩膨胀性几大原因造成隧道底鼓的机理。

二、超孔隙水压力

1. 超孔隙水压力概念

地下水普遍存在于岩体之中，土力学中关于土体有效应力的理论同样适用于岩体。岩体剪应力可由以下公式表达：
$$\tau = (\sigma - \eta P_w)\tan\varphi + c$$
式中：τ——岩体剪应力（kPa）；

σ——岩体剪切面上正应力（kPa）；

η——有效面积系数，其值介于 0～1 之间，花岗岩大约为 0.65，混凝土为 0.84，灰岩大约在 0.5～0.9；

P_w——孔隙水压力（kPa）

φ——岩体内摩擦角（°）；

c——岩体内聚力（kPa）。

根据此公式可以推导出：岩体空隙水存在，将降低岩体抗剪强度，引起岩体变形破坏。根据岩体变形与破坏理论：裂隙岩体中如果存在裂隙水，此时，如果岩体不承受外部荷载，那么裂隙水类似于饱水土体中的孔隙水，水压只由水头高度确定，应为静水水压；如果在外荷载作用下，岩体中由于附加应力作用产生的水压为超空隙水压。

对于坚硬的裂隙岩体，由于其透水性和排水条件均较土体好，变形模量也远较土体高，因此，缓慢的加荷过程很难在岩体内产生具有实际意义的超空隙水压。但是突发的规模较大的动荷载（如地震、人工爆破及列车动载），则可因裂隙中的水来不及消散而造成瞬时较高的超空隙水压力，尤其是当裂隙中充填有黏性土等降低裂隙水渗透性能时，这种影响更为显著。超高空隙水压出现将极大地降低岩体抗剪强度，进而引起岩体变形破坏。

2. 超空隙水压力作用机理

近年来，我国高速铁路隧道中无砟轨道板上拱隆起病害发生较多。经过分析可知，在坚硬岩体中发生的隆起病害就是仰拱与填充层之间赋存的地下水在列车动荷载反复作用下产生的超高空隙水压引起的。这种动荷载作用引起的超高空隙水压力急剧增大时，可产生极大的顶托作用致使仰拱填充层上浮隆起，产生底鼓病害，危及行车安全。其作用机理分析如下：

坚硬的岩体属于裂隙岩体，透水性较好，地下水易于在基岩裂隙之间渗透流动，特别是在雨季，大量降水渗入地下，在隧道围岩中形成丰富的地下裂隙水。如果隧道边墙、仰拱隔水、防水措施做得不好，就可能导致地下水通过仰拱施工缝渗入仰拱、填充层、轨道板之间，在列车动荷载作用下，仰拱与填充层之间、填充层与轨道板之间反复产生超高空隙水压，使仰拱填充层、无砟轨道板隆起，形成空隙。这种超空隙地下水的反复作用，会同时将地下水中泥沙颗粒代入空隙之中沉淀下来，这样即使列车过后，空隙水压消散，轨道板仍然隆起。

一般来说，作用于轨面的动车组活荷载在 80～100 kPa 之间。对于Ⅲ级围岩来说，仰拱厚 40 cm、填充层厚 130 cm，无砟轨道板大约厚 50 cm，混凝土密度取 23kN/m³，由此可计算轨道板与填充层间、填充层与仰拱间、仰拱底部承受的正应力分别为 11.5 kPa、41.4 kPa、50.6 kPa，远远小于动车动荷载 80～100 kPa。高速列车通过时，填充层与轨道板间、填充层与仰拱之间以及仰拱底部的地下水来不及排走，动车组荷载将由地下空隙水承担，形成超空隙水压力，超高空隙水压力可达 80～100 kPa，远大于轨道板、填充层及仰拱所承受的正应力。如此反复作用，超高的空隙地下水不断抬升填充层、轨道板甚至仰拱，地下水携带的泥沙不断沉积下来，即使超空隙水压消散后，轨道板上浮隆起的病害也依然存在。这就是超空隙水压力造成隧道底鼓引起无砟轨道板上拱病害的主要作用机理。

3. 云桂高铁老石山隧道案例分析

老石山隧道位于云桂铁路（南昆客专）云南段石林板桥至阳宗区间，为设计速度 200 km/h、预留 250 km/h 条件的客运专线双线单洞隧道，隧道进口里程为 K684 + 029.4（DK710 + 495），出口里程为 K692 + 104.4（DK718 + 570），全长 8075 m。全隧最大埋深为 590 m，线间距为 4.6 m，洞内铺设双块式无砟轨道，无砟轨道设计轨面至道床底面高度为 51.5 cm。

老石山隧道于 2010 年开工建设，2016 年底开通运营。高铁工务段在 2017 年 5 月 18 日发现 K690 + 840 附近轨检数据异常（长波最大异常 5 mm），现场调查部分地段隧道边墙、轨枕、仰拱等发现裂纹（缝），反复核实后确认在隧道中部出现 7 段总长约 370 m 的隧道底鼓病害，其中 K690 + 400 ~ + 480 变形最大，上行线无砟轨道板最大上拱 16.7 mm，下行线无砟轨道板最大上拱 15.6 mm。2018 年 4 月开展变形监测至今轨面上拱最大为 11.8 mm。

图 1.4-1 所示为老石山隧道工程地质纵断面图，底鼓地段主要发生在隧道后半段，其中前 3 段发生在老石山向斜核部的二叠系栖霞茅口组厚层灰岩地层中，后 3 段发生在泥盆系中上统白云岩、泥质砂岩夹石膏地层之中，还有一段发生在陡马箐断层带内。

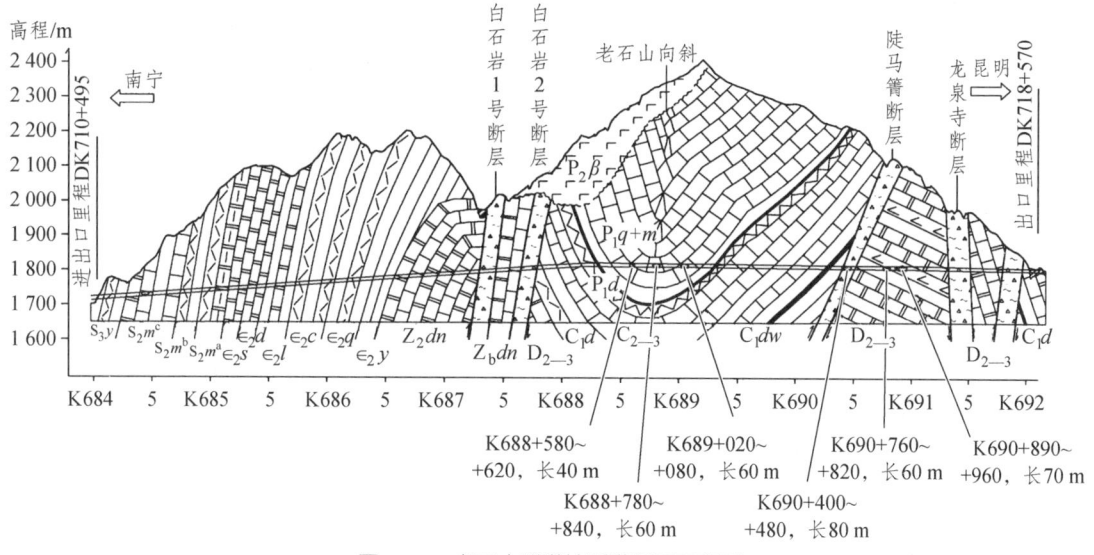

图 1.4-1 老石山隧道地质纵断面示意图

K688 + 535 ~ K689 + 635 可溶岩段发育老石山向斜，该向斜四周地下水均受非可溶岩阻隔，形成形似"碗"状的储水构造，地下水基本无排泄条件和通道，水量十分丰富。K689 + 635 之后段可溶岩与非可溶岩混杂，从地貌上分析知地下水排泄充分，但该段钻孔内均揭示有地下水，水量较丰富。根据测区地形地貌、钻孔数据及隧道所处标高分析，K688 + 535 ~ K689 + 635 可溶岩段位于岩溶水水平循环带~季节变动带内，施工期间基本无地下水，围岩级别以Ⅲ级为主，局部变更为Ⅳ级。

本隧道发生底鼓后，设计单位进行了补充勘察，均揭示钻孔中存在丰富地下水。分析认为：在隧道仰拱施工中，基岩面残留虚渣，使得仰拱与基岩面难以密贴接触，地下水易沿该接触面活动而得不到有效排泄。同时，混凝土仰拱结构中存在近水平向结构面（或施工缝），隧道竣工后，地下水位逐步恢复抬升，加之隧道工程未能做到完全防水，地下水通过仰拱施工缝进入仰拱与填充层之间，同时通过边墙与仰拱间施工缝进入填充面，高铁运营后在动荷载反复作用下的超空隙水压力使施工缝逐渐扩展，并导致仰拱填充出现裂纹，在反复抽吸作用下，地下水进入仰拱填充与仰拱、后浇层及仰拱填充与道床板之间的水平缝中，并可能将泥沙代入裂缝，泥沙难以排走，加剧了仰拱填充裂纹的发展，最终造成无砟轨道抬升及道床板与填充层之间局部离析。

针对病害段普遍存在地下水的情况，第一阶段整治增设了隧底排水降压孔，降压孔施作完成后前3段趋于稳定，由此分析地下水是引起前3段上拱的主要原因。

4. 沪昆高铁岗乌隧道案例分析

沪昆高铁岗乌隧道位于贵州省安顺市境内，隧道全长13 174.0 m。隧道进口位于岗乌镇弯腰树一带，进口里程为K1952 + 400，路肩设计标高1177.8 m；出口位于光照电站下游约1 km处，出口里程为K1965 + 574，设计路肩标高为868.9 m；设计为一单坡下隧道。隧道设置4个横洞辅助坑道。

隧道于2016年12月建成通车。2017年1月5日，隧道K1953 + 600 ~ + 700段隧底发生开裂变形，开裂严重段主要集中在K1953 + 622 ~ + 632段，轨道上拱最大里程为K1953 + 625。上行线轨道高程比设计高程值最大高出13.3 mm，比联调联试期间高程值高5 mm；下行线轨道高程比设计高程值最大高7.4 mm，比联调联试期间高程值高4 mm；轨向未见变化。

病害段穿越三叠系中统杨柳井组（T_2y）块状白云岩夹角砾状白云岩，底部见溶塌角砾岩，顶部为浅灰色灰岩硬质岩体。原设计围岩为Ⅲ级，施工中设计变更为Ⅲa型复合衬砌、Ⅳa型复合衬砌。

2017年1月5日发现该段上拱变形后进行了两次洞内上拱病害勘察，先后实施了3个较深钻孔（深度大于10 m）及6个浅孔（深度小于2 m，主要揭示了解隧底混凝土情况）。根据钻探揭示，该段隧底基岩为白云岩夹角砾状白云岩，弱风化，岩体较完整。2017年2月，终孔24 h后孔内采用简易抽水试验抽至孔底，现场观察见岩溶裂隙水在2.1 ~ 3.3 m处局部富集，均有小股状水涌入孔内，孔内恢复稳定水位为0.9 ~ 1.2 m。2018年6月，K1953 + 620 ~ + 630段6个降压孔补充勘探揭示地下水位为0.13 ~ 1.18 m，SDZ-岗1-2孔揭示孔内出水深度为1.2 m处1-3孔揭示孔内出水深度为1.1 m和1.6 m处、1-4孔揭示孔内出水深度为1.2 m处、多位于仰拱填充与仰拱间的施工缝中，分析结构中的地下水主要来源于中心水沟及侧沟的长流水补给。

根据先后两次隧道病害段地质补充勘察成果资料可知：本段隧道埋深90 ~ 155 m，地层岩性为三叠系中统杨柳井组中厚层状白云岩夹角砾状白云岩，属硬质岩，单斜构造，勘探揭示地下水位为0.13 ~ 1.18 m，隐伏岩溶不发育。在该地质环境下，可能引起轨道抬升的主要因素有：

1）隧底结构内存在局部超空隙水压力

本次K1953 + 620 ~ + 630段补充勘探揭示地下水位为0.13 ~ 1.2 m，多位于仰拱填充与仰拱间的施工缝中，分析结构中的地下水主要来源于中心水沟及侧沟的长流水补给，地下水易进入结构中的各种裂缝，导致地下水通过施工缝进入仰拱与填充层之间。高铁开通运营后在动荷载反复作用下的超空隙水压力使施工缝逐渐扩展，在地下水的反复抽吸作用下，泥沙被代入裂缝后难以排走，最终造成无砟轨道抬升，并使仰拱填充层出现纵横向开裂。地下水也同时作用在中心水沟侧壁上，造成局部沟壁向沟心倾斜，沟壁与仰拱填充分离，形成纵向裂缝。

2）混凝土存在水平缝、竖向缝缺陷

本次 K1953 + 620 ~ + 630 段补充降压孔及井中电视揭示：混凝土中存在较多的水平、竖向缝等缺陷，岩心局部有破损，采取率偏低，钻出岩心成形性差、表面不光滑，统计破损岩心占比在 25% ~ 53% 不等。

3）混凝土骨料局部段落具碱活性

分析岗乌隧道钻孔中采取的混凝土样品发现：混凝土中水泥的化学成分稳定性差，水化反应异常，侵蚀性介质对水泥石起到了较大的破坏作用，混凝土的病害为水泥、添加剂和混凝土骨料的碱活性反应。

根据上述原因提出了如下整治措施，主要措施有：

（1）对 K1953 + 610 ~ + 660、K1953 + 685 ~ + 710 段中心水沟进行封闭。

（2）对 K1953 + 610 ~ + 640 段轨道板两侧增设压力型预应力锚杆加固，设计锚固力 200 kN。

（3）对 K1953 + 610 ~ + 640 段隧底开挖轮廓线外不密实的部位进行充填注浆加固。

（4）对 K1953 + 610 ~ + 660、K1953 + 685 ~ + 710 段仰拱及仰拱填充进行充填注浆加固。

（5）对 K1953 + 600 ~ + 710 段增设排水降压孔。

（6）增设泄水洞一座，并于 K1953 + 625 处泄水洞内增设 1 处集水廊道（图 1.4-2），集水廊道内向正洞方向增设集水钻孔。

2017 年 7—9 月，该段整治工程完成，其后此段未再发生无砟轨道板上拱病害。

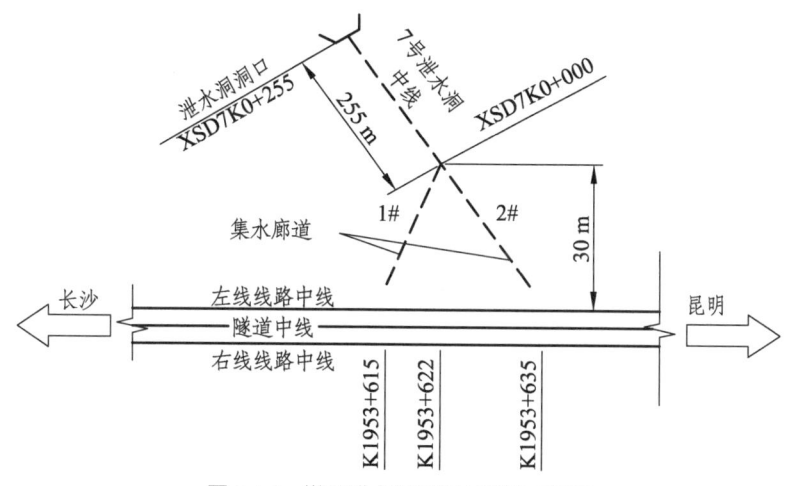

图 1.4-2　增设泄水洞及集水廊道示意图

三、软质岩变形

1. 软质岩蠕变特征

岩体力学理论告诉我们：岩石属于一种弹塑性体，具有弹塑性变形特征，其变形具有时效性的基本特征；岩石弹性变形很快完成，但是其塑性变形却具有缓慢长久特征，又称为蠕变、流变，是岩石的力学特征之一。

软质岩体由于强度低，在应力或者外力作用下，岩体弹性变形较小且很快完成，更多的是表现出持续的塑性变形特征。这种塑性变形在外力作用消失后，不易恢复岩体的原状。在恒定持续应力作用下，软岩还表现为缓慢的蠕变，具有时间效应，如果不加以约束，蠕变的最终结果就是岩体破坏。对于软质岩这种塑性流变特征，要引起高度重视。在自然界，位于峡谷岸坡上的陡倾层状泥页岩、千枚岩、板岩，在长期重力作用下，岩体岩层面弯曲，出现向岸坡一侧临空面弯曲折断的"点头哈腰"现象。

一般来说，软质岩体蠕变划分为3个阶段，如图1.4-3所示，减速蠕变（或称初期蠕变）、等速蠕变及加速蠕变直至岩体破坏。

岩石蠕变有两大类：

Ⅰ类：当 $\sigma \leqslant R_L$（长期强度）时，属于稳定蠕变，即图1.4-4中的曲线1。

Ⅱ类：当 $\sigma > R_L$（长期强度）时，属于不稳定蠕变，即图1.4-4中的曲线2~5。

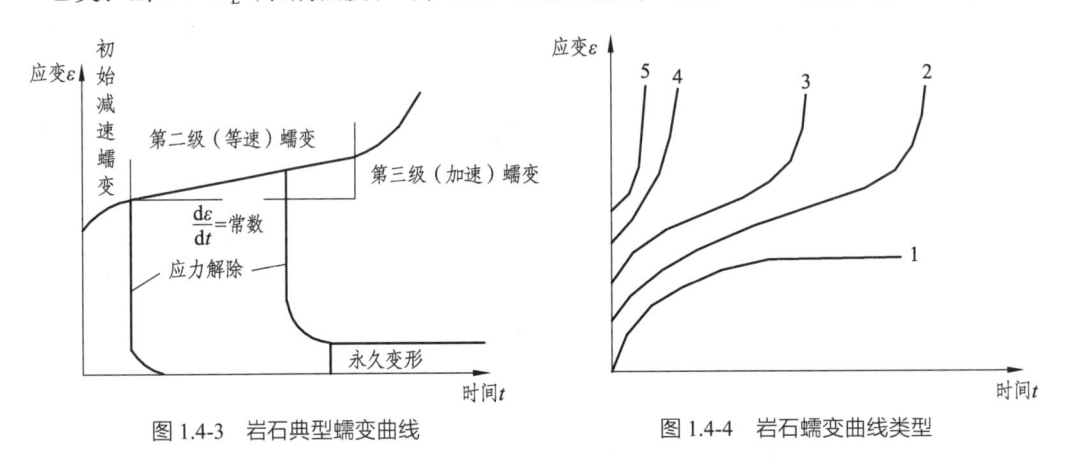

图1.4-3 岩石典型蠕变曲线

图1.4-4 岩石蠕变曲线类型

而且在三维应力状态下，蠕变主要考虑偏应力作用，即蠕变产生必须存在应力差作用，在静水应力条件下，材料不产生蠕变。此外，R_L 值为岩石单轴抗压强度的 0.35~0.85 倍，对于软质岩，低于 0.5 倍。

根据软质岩蠕变特征，为防止软质岩产生不稳定蠕变，一般应采取一定工程措施，增强软质岩强度，使之大于所受应力，最终才能使蠕变趋于稳定。

2. 软质围岩原始应力计算

地下一定深度处的软质围岩处于三维应力状态之下。在初始状态下，按照小圆孔无限大板弹性理论，洞室周边围岩承受的最大原始主应力、洞室轴向主应力计算公式如下：

$$\left.\begin{aligned} \sigma_{\max} &= \frac{\sigma_H + \sigma_h}{2} - \frac{\sigma_H - \sigma_h}{2}\cos 2\theta \\ \sigma_l &= \frac{\sigma_H + \sigma_h}{2} + \frac{\sigma_H - \sigma_h}{2}\cos 2\theta \\ \tau &= \frac{\sigma_H - \sigma_h}{2}\sin 2\theta \end{aligned}\right\}$$

式中：σ_{max} 为洞室周边原始最大主应力；σ_1 为洞室轴向最大主应力；θ 为原始最大主应力与洞轴线交角；τ 为洞室周边原始剪切应力。

上述最大主应力、最小主应力公式可进一步变换为：

$$\sigma_{max} = \sigma_H \sin^2\theta + \sigma_h \cos^2\theta$$
$$\sigma_1 = \sigma_h \sin^2\theta + \sigma_H \cos^2\theta$$

利用上述两式可计算洞室未开挖之前横切面最大主应力值、洞室轴向应力（由于洞室未开挖，可以理解为最小主应力）。

3. 地下洞室开挖后二次应力

根据圆形小孔无限大板弹性理论公式推导可得地下洞室开挖后，周边的应力计算公式为：

$$\sigma_r = 0$$
$$\sigma_\theta = (\sigma_\text{横} + \sigma_v) - 2(\sigma_\text{横} - \sigma_v)\cos 2\theta$$
$$\sigma_{r\theta} = 0$$

式中：σ_r 为径向应力；σ_θ 为切向应力；$\sigma_\text{横}$ 为洞室周边最大原始初始应力，等同于上述 σ_{max}；σ_v 为洞室承受的最大垂向应力，可理解为自重应力。

洞室周边切向应力 σ_θ 的最大值位于洞室边墙 A 和 A' 点（$\sigma_\text{横} < \sigma_v$ 时）或洞室拱顶 B 和 B' 点（$\sigma_\text{横} > \sigma_v$ 时），由上述公式可导出洞室上切向应力的最大值如下式：

$$\sigma_{\theta max} = \begin{cases} 3\sigma_\text{横} - \sigma_v & \sigma_\text{横} \geqslant \sigma_v \\ 3\sigma_v - \sigma_\text{横} & \sigma_\text{横} < \sigma_v \end{cases}$$

上述公式说明：当垂直应力大于水平最大初始应力时，最大压应力出现在 A、A' 点，即洞室两侧边墙中心点，隧底及拱顶 B、B' 两点压应力相对较小；当洞室水平最大初始应力大于垂向应力时，最大压应力出现在 B、B' 两点，即洞室拱顶及隧底，A、A' 两点压应力相对较小，即洞室两侧边墙。

目前，标准对洞室围岩变形破坏稳定性分析，大多采用原始初始应力值与围岩单轴饱和抗压强度比值进行判定，对于软质围岩，单轴抗压强度可采取天然状态下的抗压强度值。

4. 软质围岩变形破坏准则

软质岩变形破坏一般采取以下两个准则进行判定，见表 1.4-1。

表 1.4-1 软质岩初始地应力状态评估基准

评估基准		主要现象
R_c/δ_{max}	δ_h/δ_v	
> 4	< 1.5	岩心无饼化现象，开挖过程中洞壁岩体有一定的位移，成洞性一般较好
2 ~ 4	1.5 ~ 2	岩心有时有少量饼化现象，开挖过程中洞底岩体有一定的位移，洞底有上拱现象，成洞性一般

续表

评估基准		主要现象
R_c/δ_{max}	δ_h/δ_v	
1～2	2～3	岩心时有饼化现象，开挖过程中洞壁岩体位移显著或洞底上拱显著，持续时间较长，成洞性差
<1	>3	岩心常有饼化现象，开挖过程中洞壁岩体有剥离现象，位移极为显著，或洞底上拱极为显著，甚至发生大位移，持续时间长，不易成洞

注：①当无地下水或者岩石遇水极易崩解时 R_c 为岩石单轴天然抗压强度（MPa），其他条件下 R_c 为岩石单轴饱和抗压强度（MPa）；δ_{max} 为垂直于洞轴线方向的最大初始地应力值（MPa）。

②σ_H 为最大水平地应力（MPa）；σ_v 为（垂直）自重应力（MPa）。

当软质围岩强度很低，而岩体初始地应力较大，围岩的强度应力比值小于1时，围岩极可能发生显著的大变形。根据若干铁路建设工程实践，可按表1.4-2进行大变形分级及判定。

表1.4-2　软质围岩大变形分级标准

强度应力比值 R_c/δ_{max}	大变形分级	围岩级别	主要现象
>0.5	无大变形	Ⅳ～Ⅴ级	初期支护基本可以控制围岩变形，围岩变形趋于收敛，无明显大变形迹象
0.25～0.5	轻微大变形	Ⅳ～Ⅴ级	拱顶、刚架接头部位及边墙出现纵向贯通裂纹，拱顶、边墙显著变形，收敛变形一般可达10～20 cm，洞室底部存在开裂、底鼓，围岩变形速率大于5 mm/d
0.15～0.25	中等大变形	Ⅴ级	发生喷混凝土剥落掉块现象，格栅刚架钢筋扭曲（压扭），型钢刚架翼缘发生扭曲。拱顶、边墙变形明显，收敛变形可达20～50 cm，洞室底部出现开裂、底鼓。围岩变形速率大于10 mm/d
<0.15	严重大变形	Ⅴ～Ⅵ级	发生大片喷混凝土剥落掉块现象，格栅刚架钢筋扭曲严重（压扭），型钢刚架翼缘发生严重扭曲。拱顶、边墙变形严重，收敛变形大于50 cm。洞室底部出现纵横向开裂、底鼓严重，围岩严重变形破坏，变形速率大于20 mm/d

注：参考成兰铁路软质围岩大变形分级标准。

由于围岩节理裂隙、岩性及强度差异，在相互耦合不利的条件下，局部围岩蠕变变形较大，如果隧道支护强度不足以抵抗围岩蠕变变形，就会发生隧道底鼓变形病害。

5. 达成铁路云顶隧道案例分析

达成铁路上的云顶隧道，位于遂成段淮口至石板滩区间，全长7858 m，最大埋深

325 m，距成都 42 km。隧道除出口 17 m 外，其余均位于直线上；隧道范围线路坡度 + 4‰（4 646 m）、-4‰（3212 m）。线路左侧设置贯通平导，平导与正洞间距为 30 m。本隧于 2005 年 12 月 28 日开工，2009 年 2 月 18 日竣工。

自 2012 年 3 月以来，铁路局工务部门发现隧道内 K107～K110 段线路时常出现不同程度晃车现象，至 2012 年 9 月 18 日测量后发现 K107 + 950～K108 + 100（对应施工里程 DK300 + 428～+ 578）、K108 + 600～K108 + 700（对应施工里程 DK301 + 078～+ 178）、K109 + 250～K109 + 350（对应施工里程 DK301 + 728～+ 828）3 段线路轨面较 2012 年 2 月精调后有变化，其中变化较明显的是 K108 + 600～K108 + 630 段，变化最大的轨面标高较精调后抬升了近 17 mm。对该段整体道床及侧沟、线间沟进行全面检查，发现线间沟出现纵向裂缝，缝宽 10 mm，整体道床表面有网状裂缝，最大缝宽达 3 mm。2013 年 10 月，成都工务段又发现 K106 + 300～+ 350 局部地段发生晃车现象。在对变形速率快且累积变形量较大的 K108 + 598～+ 642 段隧底采用锚索和锚杆加固处理后，底鼓变形并未完全抑制，一直持续上拱。

贯通平导有 30 个横通道与正洞相连，平导内隧底变形形态和严重程度间断分布，没有明显的分布规律。平导边墙及拱顶未见明显裂缝。

如图 1.4-5 所示，云顶隧道穿越舒缓波状的龙泉山箱形背斜，岩层产状较平缓，未见断裂构造。洞身位于上侏罗统蓬莱镇组泥岩、泥质砂岩地层（简称四川红层）中。全隧除进口段 110 m 和出口段 112 m 为 Ⅳ、Ⅴ 级围岩外，其余 7636 m 均为 Ⅲ 级围岩。施工期间未发现围岩和支护变形异常，亦未发生变更，仰拱为素混凝土仰拱。

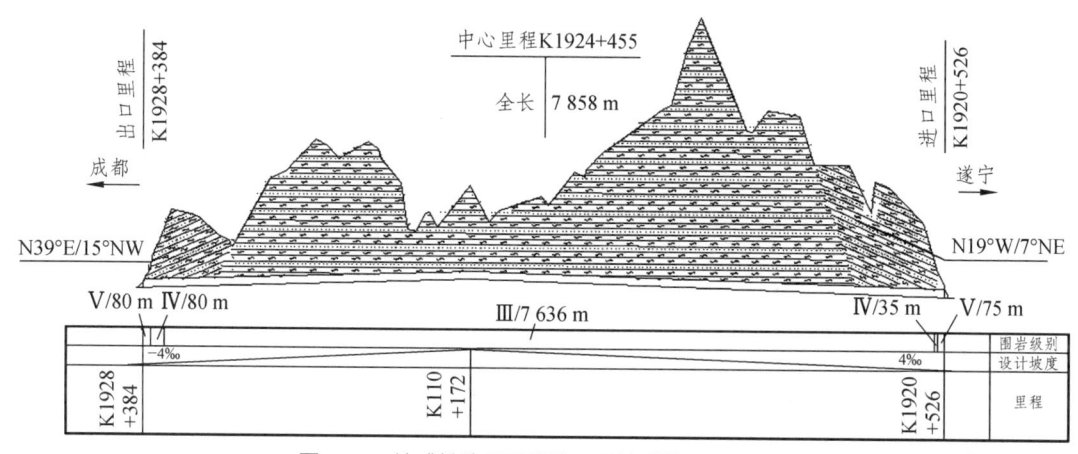

图 1.4-5 达成铁路云顶隧道工程地质纵断面示意图

底鼓病害发生后，设计单位先后进行了两次补勘，补勘揭示底鼓段隧底围岩主要为泥质粉砂岩、泥岩，产状平缓，钻孔一段时间后，有少许基岩裂隙水渗入孔内，说明基岩裂隙水弱发育，使隧底围岩强度劣化。钻孔取几十组岩样试验，均未达到膨胀岩标准，岩体膨胀力大多小于 100 kPa。岩样天然单轴抗压强度值为 5.07～47.3 MPa，标准值为 16.65 MPa；烘干单轴抗压强度值为 13.6～59.6 MPa，标准值为 29.75 MPa，饱和单轴抗压强度值为 3.51～31.23 MPa，标准值为 5.27 MPa；属软质岩。隧底仰拱结构断面大部分形态较平直，部分断面甚至出现反向形态且局部混凝土厚度不足，与设计仰拱形态差异明显，结构受力不好。

地应力测试显示：岩体中残余构造应力普遍较大，最大水平主应力值为 14～16 MPa，与隧道交角大于 60°，洞室横断面上最大主应力为 11.92～14.85 MPa，计算岩石强度应力比为 1.12～1.40（天然状态）、0.35～0.44（饱和状态），隧底围岩存在底鼓变形风险，应加强结构强度。

因此，本隧道底鼓病害产生的主要原因是：龙门山复式背斜地质历史时期遭受较大构造运动，岩体中储存有较高的残余构造应力，软质岩具有蠕变特征，局部基岩裂隙水软化、节理裂隙发育不均一，加之隧道仰拱强度不足、曲率平直不足以抵抗岩石形变力，在围岩周围残余构造应力作用下，耦合因素叠加，导致局部段落隧底围岩持续底鼓变形。

此外，隧道施工图设计围岩分级多为Ⅲ级，偏于冒进，进而设计仰拱多为素混凝土仰拱，结构强度偏弱也是一方面原因。

6. 渝黔铁路老周岩隧道案例分析

重庆至贵阳铁路（简称渝黔铁路）为设计速度目标值 200 km/h 的客货共线双线铁路，老周岩隧道为渝黔铁路上一座单洞双线隧道，全长 7 536 m。该隧道于 2016 年底全线贯通并全隧浇筑无砟轨道。

2017 年 4—6 月，施工单位对老周岩隧道无砟轨道进行精调前复测，发现部分段落无砟轨道出现变形，经参建单位核查并组织专家会论证，认定老周岩隧道无砟轨道变形系仰拱隆起所致（即隧道仰拱底鼓），底鼓段落为 D2K88＋120～D2K88＋834、D2K89＋521～D2K89＋677，两段共计 357 m，其中 D2K88＋496～D2K88＋600 段轨道上拱最严重，上拱值达 25 mm，底鼓段埋深约 300 m，如图 1.4-6 所示。

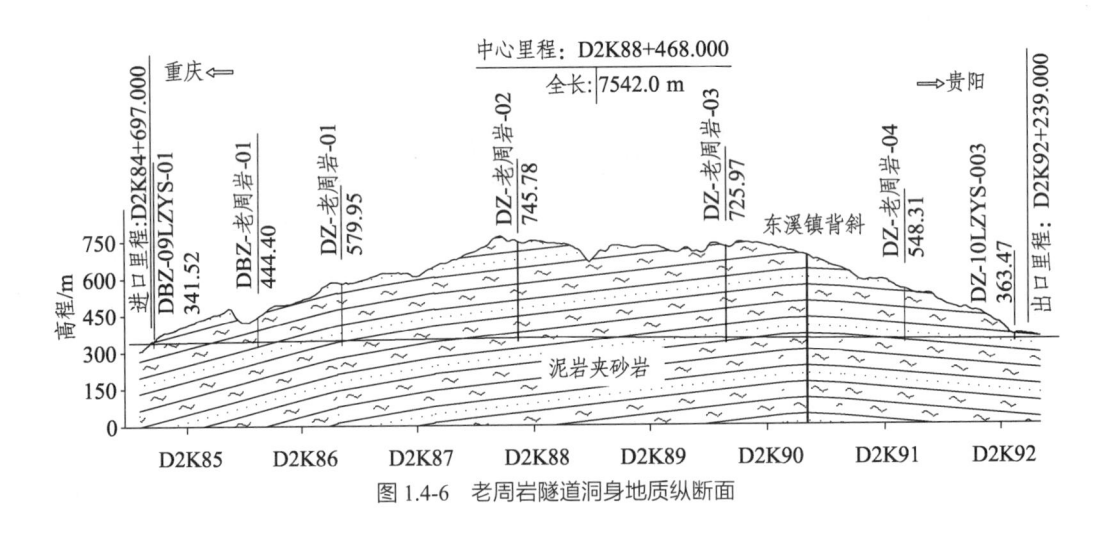

图 1.4-6 老周岩隧道洞身地质纵断面

隧址区属低山地貌，地形起伏较大，地面高程为 255～770 m，相对高差约 515 m，坡面植被较发育。洞身穿越地层为侏罗系中统上沙溪庙组（J_2s），岩性以泥岩和砂岩为主，其中砂岩呈灰、灰紫色，主要为长石石英砂岩，厚层～巨厚层构造，粉～细粒结构，钙质胶结。泥岩呈紫红、褐红色，泥质结构，厚～巨厚层状构造，泥岩有遇水易软化、暴露易风化的特点。老周岩隧道穿越东溪背斜南倾伏端（图1.4-6），该背斜走向N25°W，轴部宽缓，两翼岩层产状较平缓，西翼岩层产状为N10°～20°W/8°～14°SW，东翼岩层产状为N10°～33°W/7°～16°NE。隧道深部基岩裂隙水不发育，地层富水性弱。

老周岩隧道无砟轨道上拱段D2K88+120～D2K88+834、D2K89+521～D2K89+677施工图设计以Ⅲ级围岩为主，局部为Ⅳ级围岩，施工开挖揭示岩性为厚～巨厚层泥岩夹砂岩，岩层缓倾，倾角约10°，岩体完整性好，节理不发育，仅局部边墙附近有少量渗水润湿岩壁，其他段点未发现地下水出露。隧道开挖过程中洞壁岩体无剥离，初支收敛，易成洞，开挖揭示地质条件与施工图设计基本一致，无变更设计。

本次隧道上拱地质病害发生后，设计单位于2017年6月20日至7月10日采用地质钻孔、孔内摄影、岩样测试及地应力测试等方法开展了无砟轨道上拱代表段落的综合地质勘察。地质勘察揭示：隧底围岩基本为紫红色厚层泥岩，局部夹砂岩，少见地下水。岩石膨胀性试验显示：膨胀力很小，不属于膨胀岩。泥岩天然抗压强度标准值为26.75 MPa，地应力测试表明：水平钻孔测试最大主应力为11.11 MPa，近于水平向；垂直钻孔测试最大主应力为13.61 MPa；最大主应力方向在NW41°左右；隧道洞轴线约20°NW，与水平最大主应力呈20余度夹角。局部仰拱厚度不足、曲率平直，与设计存在差异。

隧道底鼓病害的主要原因是：隧道处于中等构造地应力环境，岩体中残存较高的构造应力，隧道开挖引起应力二次集中及调整，软岩蠕变具有滞后时效性，部分地段软岩节理发育、完整性差、强度低，加之局部仰拱素混凝土厚度不足、曲率平直，多种因素耦合作用导致隧底软岩在地应力作用下持续蠕变形变，从而产生仰拱底鼓病害。

对于老周岩施工期间800多米的无砟轨道底鼓段隧底仰拱结构进行拆换，隧底增设8 m长的ϕ32 mm锚杆，重新施作仰拱，仰拱改为钢筋混凝土结构，并增加仰拱厚度、加大仰拱曲率，重新构建无砟轨道板，确保了2018年1月渝黔铁路顺利开通运营。运营至今，病害段无砟轨道未继续变形，整治效果明显。

四、膨胀岩及含盐地层

1. 膨胀岩或含盐岩的变形机理

如果围岩属于膨胀岩或含盐地层，隧道开挖后形成新的排水通道或者新的临空面，山体深部的裂隙水逐渐向隧道周围围岩迁移、富集，导致膨胀岩或含盐地层中矿物吸水膨胀，进而发生强烈的内鼓形变。一般来说，地下水总是向低处运移，隧底围岩中膨胀矿物吸水膨胀后，就会产生向临空面上拱的底鼓病害。

遇水后易于膨胀的岩石主要有两类：

一类是富含黏土矿物特别是蒙脱石的软质岩石，如黏土岩、泥岩等。如果蒙脱石、伊利石含量较高，黏土岩类可达到膨胀岩指标，那么围岩就应按照膨胀岩进行防护设计；部分黏土矿物含量较低，达不到膨胀岩指标，但是岩石仍然具有弱膨胀潜势，在地下水作用下，存在向临空面的微弱膨胀底鼓变形。

另一类是富含硬石膏、芒硝矿物的岩石在水化或重结晶过程中会产生体积膨胀，体积膨胀所形成的膨胀力会对结构造成一定的破坏，其机理如下：

硬石膏简称无水石膏（$CaSO_4$），遇水后形成二水石膏，又称石膏，其化学反应式为：

$$CaSO_4 + 2H_2O = CaSO_4 \cdot 2H_2O$$

钙芒硝遇水分解,生成石膏、芒硝,其化学反应式如下:

$$Na_2SO_4 \cdot CaSO_4 + 12H_2O = CaSO_4 \cdot 2H_2O\downarrow + Na_2SO_4 \cdot 10H_2O$$

一般来说,硫酸盐溶解于水后,形成的离子在毛细管作用下,随地下水沿裂隙或孔隙流到混凝土内部,当这些离子溶液浓度不断增高,或具有低温蒸发条件时(低于矿物临界结晶温度,如芒硝低于 32 ℃),即在混凝土裂隙或表面析出次生矿物结晶,同时体积增大,产生体积变形力及晶体定向生长力,当这两种力形成的膨胀力超过混凝土强度时,就会使其产生膨胀变形。

据相关文献研究:硬石膏吸水后形成石膏,体积增大 30%,膨胀力可达 800 kPa,产生较大强度的围岩压力,支护措施不够强大时,产生较大的底鼓变形。

围岩吸水膨胀是一个很缓慢的过程,需要更长时间才能达到稳定。

对于无砟轨道,微小的底鼓变形都会影响列车安全运行。

2. 含盐矿物的侵蚀作用

含盐地层中硫酸盐矿物在地表水、地下水作用下形成硫酸根离子,当其浓度超过一定数量后,就会对混凝土产生侵蚀作用。按照硫酸根离子浓度不同,有以下 3 种侵蚀作用:

(1)当水中硫酸根离子浓度较低时,形成硫铝酸盐侵蚀,化学反应式为:

$$4CaO \cdot Al_2O_3 \cdot 12H_2O + 20H_2O + Ca(OH)_2 + 3Na_2SO_4 \rightarrow 3CaO \cdot Al_2O_3 \cdot 3CaSO_4 \cdot 31H_2O + 6NaOH$$

$$4CaO \cdot Al_2O_3 \cdot 12H_2O + 20H_2O + 3CaSO_4 \rightarrow 3CaO \cdot Al_2O_3 \cdot 3CaSO_4 \cdot 31H_2O + Ca(OH)_2$$

由上述两式可以看出:硫酸盐溶液与水泥中的固态水化铝酸四钙接触,生成硫酸铝钙($3CaO \cdot Al_2O_3 \cdot 3CaSO_4 \cdot 31H_2O$,简称水泥杆菌,又称钙矾石)。硫酸铝钙溶解度低,生成后将很快呈结晶析出,体积增大 2.2 倍,体积增大将使混凝土结构破坏,特别是当硫酸盐溶液渗入混凝土内部时,将产生更大破坏。

(2)当水中硫酸根离子浓度较高时,形成石膏型侵蚀,其化学反应过程如下:

$$Ca(OH)_2 + Na_2SO_4 \rightleftharpoons CaSO_4 + 2H_2O$$

此式为可逆反应,只有硫酸根离子浓度很高时,才能使反应不断向右进行。生成的石膏达到饱和浓度条件后,体积增大 1.2 倍,使混凝土遭受破坏。

(3)当水中硫酸根离子浓度由低浓度变为高浓度,即由硫铝酸盐型侵蚀变到石膏型侵蚀时,中间应存在两种侵蚀同时具备的复合侵蚀,很难区分。

上述 3 种侵蚀的共同特点是:混凝土受到侵蚀后,表面发生隆起,逐渐由外向内一层层地剥落,骨料分离,以致混凝土变得酥松,逐渐破碎成灰白色片状残渣,严重的用手捏成粉末状或豆腐状。

3. 兰新二线福川隧道案例分析

福川隧道位于甘肃省永靖县境内,走行于湟水河右岸低中山区,洞身地形起伏大,沟谷发育,切割较深,主要沟谷有羊肠子沟、小川沟、堡子沟和寺沟等,沟谷与线路呈大角度斜交或垂直,山体前缘为湟水河高阶地,多为黄土塬、梁,多已开垦为耕田,呈阶梯条带状分布,山体植被不发育。隧道起讫里程为 DK39 + 730 ~ DK50 + 379,全长 10.649 km,为单洞双线隧道，除隧道进、出口段位于曲线上外，其余均为直线，洞内线路纵坡依次为5.84‰、-15.89‰（人字坡）。

隧道洞身穿越白垩系下统泥岩夹砂岩，泥岩具弱膨胀性，弱富水，Ⅳ级围岩，埋深100～260 m，开挖揭示的地层以泥岩为主，局部夹薄层砂岩，泥岩呈厚层状、岩体完整、节理不发育、岩质较坚硬，砂岩呈薄层状、岩体完整、节理不发育、岩质坚硬，掌子面稍湿～潮湿，无地下水，隧底仰拱为素混凝土结构。

2014年至今，隧道进口与1号斜井工区间DK40+230～DK42+285段合计2.055 km先后发现轨面高程底鼓隆升、道床板离缝等病害，病害段埋深100～260 m。病害发生后，设计单位先后于2014年、2018年进行了两次补勘，分析原因为：此套地层为泥岩夹砂岩，泥岩具弱膨胀性，隧道开挖导致地下水环境变化，围岩条件恶化，围岩强度降低，塑性圈变大，导致结构受力复杂，引起轨道底鼓变形。

2014—2016年，先后进行了3次整治，主要情况如下：

2014年：对DK40+230～DK42+285段合计2.055 km进行了整治处理，其中，仰拱返工段940 m，钻孔桩加固112 m，自进式锚杆加固1 003 m。

2015年：对DK41+077～DK41+762段隧道轨道板与仰拱填充间离缝进行了灌浆处理。

2016年2—4月：对DK41+080～+330段仰拱采用"φ32 cm钻孔桩+纵梁"加固处理（桩长10～15 m，桩纵向间距3 m），对右线DK41+115～DK41+163、DK41+248～DK41+280和左线DK41+247～DK41+322合计155 m道床板返工重建。

整治后效果不好，没有抑制住隧底底鼓病害。据工务部门数据，DK40+901～DK41+816段轨道上拱20～59.8 mm，平面位移5～22.3 mm。具体变形情况如下：

上行：DK40+901～DK41+816段上拱，最大变形量59.8 mm，位于DK41+253处。

下行：DK40+931～DK41+826段上拱，最大上拱量60 mm，位于DK41+250处。

对本隧道下部底鼓病害，进一步整治措施如下：

分段跳槽拆除病害段仰拱、填充及水沟电缆槽，在原隧底结构拆除并按设计弧度和深度扩挖后，在隧底设置I18型钢刚架加强支护，重新施作钢筋混凝土结构仰拱等底部结构。

4. 云桂铁路老石山隧道案例分析

前已述及，云桂高铁老石山隧道开通运营后，总计6段发生了隧底底鼓病害，其中前3段发生在二叠系茅口组灰岩地层中，后3段主要是发生在石炭系、泥盆系砂岩、泥岩、泥灰岩夹地层之中，该套地层含硬石膏、石膏矿物。后3段底鼓病害描述见表1.4-3。

针对后3段底鼓病害，采取锚索、锚杆加固措施，增强隧底结构抵抗变形的能力，抑制轨道过快变形；对于结构表面、仰拱填充内的裂纹以及隧底仰拱与基岩面虚渣接触面不密贴采取注浆封闭措施。整治措施于2019年1月至7月列车运行天窗时间内完成。应该说，采取加固整治措施后，对轨道底鼓变形有所抑制，减缓了底鼓速率，由整治前的0.83 mm/月、0.64 mm/月、0.94 mm/月，减缓至0.41 mm/月、0.34 mm/月、0.17 mm/月，但是并没有彻底消除底鼓病害。

表 1.4-3　老石山隧道后三段底鼓病害段情况

里程段	地层及施工设计	变更设计	底鼓变形
K690+410~+480（DK716+875~+945）埋深约 400 m	岩性为石炭系下统大塘阶万寿山段（C_1dw）粉、细砂岩夹薄层灰岩及煤与泥盆系中上统（D_{2-3}）白云岩、泥质砂岩夹石膏（及接触带），设计为Ⅳ级B型曲墙带仰拱复合式衬砌	开挖揭示为泥盆系中上统（D_{2-3}）白云岩、泥质砂岩夹石膏与石炭系下统大塘阶万寿山段（C_1dw）粉、细砂岩夹薄层灰岩接触带，分界线在K690+424附近，为高瓦斯段，采用Ⅳ级曲墙带仰拱全封钢筋混凝土衬砌	从2018年4月28日—2019年1月26日（整治前），最大上拱位置为K690+450断面，其间最大上拱10.3 mm，平均每月上拱约1.1 mm。无砟轨道板及仰拱填充层出现环向、纵向裂纹
K690+755~+835（DK717+220~+300）埋深约 310 m	岩性为断层角砾（F_{br}），设计为Ⅴ级C型复合衬砌	K690+755~+835段开挖揭示岩性为泥盆系中上统白云岩、泥质砂岩夹石膏，为高瓦斯段。K690+755~799段围岩级别由Ⅴ级调整为Ⅳ级，采用Ⅳ级曲墙带仰拱全封钢筋混凝土衬砌；K690+799~+835段围岩级别由Ⅴ级调整为Ⅲ级，采用Ⅲ级曲墙带仰拱全封钢筋混凝土衬砌	从2018年4月28日—2019年5月13日（整治前），最大上拱位置为K690+800断面，其间最大上拱8.0 mm，平均每月上拱约0.65 mm。无砟轨道板及仰拱填充层出现环向、纵向裂纹
K690+890~+975（DK717+355~+440）埋深约 285 m	泥盆系中上统（D_{2-3}）白云岩、泥质砂岩夹石膏，K690+890~+935、K690+938~+945、K690+948~+975段设计为Ⅳ级B型曲墙带仰拱钢筋混凝土复合式衬砌，K690+935~+938、K690+945~+948段设计为Ⅳ级非绝缘锚段关节复合衬砌	开挖揭示为岩性为泥盆系中上统（D_{2-3}）白云岩、泥质砂岩夹石膏，为高瓦斯设防段，K690+890~+935、K690+938~+945、K690+948~+975段采用Ⅳ级曲墙带仰拱全封钢筋混凝土衬砌，K690+935~+938、K690+945~+948段采用Ⅳ级非绝缘锚段关节全封闭衬砌	从2018年4月28日—2019年1月26日（整治前），最大上拱位置为K690+935断面，其间最大上拱9.9 mm，平均每月上拱约1.1 mm。无砟轨道板及仰拱填充层出现环向、纵向裂纹

从上述表中可以看出，云桂高铁老石山隧道后3段底鼓病害主要发生在泥盆系中上统白云岩、泥质砂岩夹石膏地层之中。底鼓病害发生后，设计单位钻孔采取岩样进行了岩石薄片鉴定，结果见表1.4-4。

表 1.4-4　薄片鉴定矿物成分及百分含量汇总

序号	试验编号	取样地点	矿物成分及含量百分比 /%									岩石定名
			方解石	白云石	硬石膏	石膏	黏土矿物	陆源碎屑	铁质成分	胶结物	其他	
4	C17 云桂岩 J4	K690+460	—	18~23	3~4	62~67	3~5	—	—	—	4（云母）	含白云石石膏岩
5	C17 云桂岩 J3	K690+800	—	15~20	30~35	43~48	1~2	—	1	—	—	含白云石硬石膏~石膏岩
6	C17 云桂岩 J5	K690+937	—	49~54	—	15~20	7~10	15~20	2~3	—	—	夹石膏细脉含砂质微晶白云岩
6+	C17 云桂岩 J7	K691+020	—	8~10	53~58	30~35	—	—	2	—	—	含白云石石膏~硬石膏岩

从上述岩石矿物成分鉴定成果来看，后 3 段隧底岩石 1 组为白云岩，3 组为石膏岩，石膏、硬石膏含量较高，硬石膏最大含量为 53%~58%，石膏最大含量为 62%~67%，黏土矿物含量均较低。

同时取泥盆系中上统（D_{2-3}）白云岩、泥质砂岩夹石膏岩样进行中（难）溶盐试验，岩石石膏含量以石膏计为 26.92%~43.76%，以硬石膏计为 21.29%~34.60%。试验结果见表 1.4-5。

表 1.4-5　岩石中（难）溶盐试验成果汇总

样品编号	取样地点	取样深度 /m	中溶盐 w（$CaSO_4 \cdot 2H_2O$）/%	难溶盐 w（$CaCO_3$）/%	w（$CaSO_4$）/%
C18 云桂化分 6	K690+423 中心	混凝土以下	40.29	—	31.86
C18 云桂化分 1	K690+433.5 右	混凝土以下	43.76	—	34.60
C18 云桂化分 4	K690+782 中心	混凝土以下	43.42	—	34.33
C18 云桂化分 3	K690+797 中心	混凝土以下	26.92	—	21.29
C18 云桂化分 5	K690+934 左	混凝土以下	28.72	—	22.71
C18 云桂化分 2	K690+969 中心	混凝土以下	27.11	—	21.44

在勘察阶段深孔钻探及隧道施工中均揭示，泥盆系中上统（D_{2-3}）白云岩、泥质砂岩夹石膏地层中石膏含量较高，局部为（硬）石膏岩。

由此，我们分析认为老石山隧道底鼓变形的主要原因是硬石膏吸水引起的膨胀变形及侵蚀性膨胀变形，说明硬石膏吸水膨胀、侵蚀膨胀产生的膨胀力较大，钢筋混凝土仰拱难以抑制其形变，采用的锚杆、锚索隧底加固措施不能彻底消除底鼓变形病害。

五、结语

（1）综上所述：除施工质量引起仰拱强度、曲率不符合设计要求导致隧道底板受力不好引起隧道底鼓病害外，列车动荷载引起隧底出现超空隙水压力、软质围岩在地应力作用下的蠕变及岩石膨胀性、膨胀性矿物是隧道底鼓引起无砟轨道板上拱的三大主要因素。

（2）硬质围岩由于构造节理裂隙发育，隧道开挖形成的临空面容易汇集围岩中的基岩裂隙水、岩溶空隙-管道水，使得隧底围岩中、仰拱填充层中、轨道板与仰拱之间赋存较多空隙水，列车动荷载容易在其中形成超高空隙水压力，在此超高空隙水压力作用下，仰拱、填充层、无砟轨道板被水压抬升，进而形成无砟轨道板上拱病害。因此，对于此类病害，应消除或排放隧底地下水。

（3）软质围岩在受力作用下具有蠕变特性，是岩石的基本力学特性。这在过去铺设有砟轨道的普通铁路建设中重视不够或没有被充分认识。但是，对于铺设无砟轨道的高速铁路来说，由于变形要求较高，应高度重视软质岩蠕变。在隧道围岩分级、围岩稳定分析中要高度重视围岩所处的地应力环境、围岩强度，认真研究岩石强度-应力比，分析可能发生的蠕变，采取合适强度、曲率的仰拱抵抗围岩底鼓变形，彻底消除无砟轨道上拱病害。

（4）围岩的膨胀性引起隧道变形的实例较为常见，且其变形不仅仅表现在隧底围岩中，只要有地下水渗出，在隧道边墙、拱顶都可能出现变形开裂现象。但是，对于含膨胀性矿物硬石膏、芒硝等的含盐围岩，由于矿物吸收水分膨胀及侵蚀膨胀后可导致膨胀变形，一般地下水都是向低处运移，因此，隧道围岩底鼓变形最先发生。地质勘察中要高度重视特殊地层、特殊矿物的分析研究，对含硬石膏、芒硝、蒙脱石、伊利石等膨胀性矿物的地层要给予足够重视。岩石试验中要有针对性地采取岩样进行 X 射线衍射分析，掌握岩石矿物成分，正确分析判断围岩变形特征。

第五节 缓倾岩层地下洞室变形破坏的力学机制研究

近年来，在缓倾岩层中开挖地下洞室，经常发生洞室底板开裂、上鼓病害，有的发生在洞室施工过程中，有的出现在洞室开挖成形一段时间后，而且大部分开裂、上鼓出现在洞室底板中部。为什么洞室底板会出现开裂、上鼓？其变形破坏的力学机制是什么？本案例基于弹性力学、岩石力学理论，分析了在水平构造应力场中的缓倾岩层中开挖地下洞室后，洞室周边围岩的受力条件以及岩体变形破坏特征，指出二次应力调整将会在洞室拱顶、底板中部产生极大的切向应力。在此切向应力作用下,缓倾岩层会出现类似平行板梁端部受力后产生"向临空面挠曲内鼓"的变形破坏，如果洞室支护结构强度、刚度不足以抵抗围岩变形，就会出现隧底结构底板中部开裂、上鼓的变形破坏特征。本节由王茂靖撰写。

一、概述

缓倾岩层一般指岩石倾角小于 20°，接近于水平产出的沉积岩层。近年来，在缓倾岩层内施工的隧道工程，在隧道施工或建成运营中，经常出现隧道底板开裂、上鼓地质病害，如图 1.5-1、图 1.5-2 分别是兰渝高铁玄真观隧道施工期间隧道中部上鼓开裂和郑万高铁兴山隧道平导底板上鼓开裂照片。

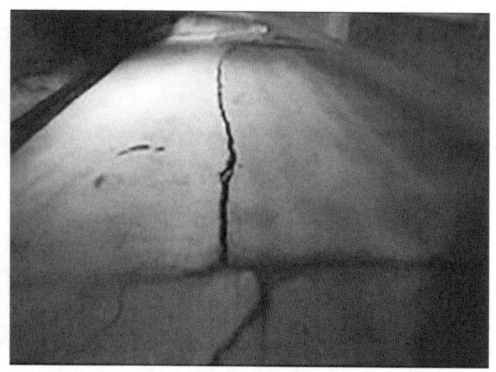

图 1.5-1　兰渝线玄真观隧道施工期间底板中部开裂　　　图 1.5-2　郑万高铁兴山隧道平导底板开裂

毋庸置疑，除施工质量因素外，隧道底板开裂、上鼓肯定是隧道底板结构强度、刚度不足以抵抗隧底缓倾岩层在地应力作用下的变形破坏所致。这种岩石开裂、上鼓变形的力学机制是什么？隧道在缓倾岩层中开挖后，二次应力集中与释放又是如何演化的？本案例就此作初步探析。

二、缓倾岩层地下洞室受力分析

1. 缓倾岩层地应力分析

倾角平缓的岩层并不意味着在地质历史时期遭遇的构造运动微弱、岩体中残存的构造应力较小。缓倾岩体内的地应力大小应结合岩层的地质年代、所处区域地质构造背景考虑，如四川盆地中部广泛分布的侏罗系、白垩系泥岩夹砂岩地层，由于四川盆地地处新华夏系第三沉降带内，属于比较稳定的地块，地质历史时期构造运动轻微，岩体中残余构造应力相对较小；但是对于处于龙泉山褶皱带的泥岩、砂岩地层，因遭遇较强烈构造挤压作用，岩体中残存较高的水平构造应力。此外，在大断裂带附近的缓倾岩层、古老地层的缓倾岩层都因为地质历史时期遭遇多期构造运动，岩层中储存有较高地应力，如郑万高铁兴山隧道平行斜穿新华区域性断裂、中部两次正穿两条分支断层，洞身岩层为志留系倒转页岩缓倾地层，加之平行导坑初期支护偏弱，施工期间平行导坑产生了较大范围的底板开裂上鼓病害。

因此，对于缓倾岩层中的地应力分析，应结合岩层地质年代、构造部位、岩性特性等综合考虑，一般认为邻近断裂带、褶皱部位或构造形成的倒转地层，其缓倾岩层中赋存较高的残余水平构造应力。

2. 缓倾岩层地下洞室应力分布

根据弹性力学、岩石力学理论，地下洞室可概化为两侧受均布压力的薄板中心小圆孔周边应力分布的柯西问题求解，洞室周边的径向应力、切向应力及剪切应力可按下式计算：

$$\sigma_r = \frac{\sigma_v + \sigma_h}{2}\left(1 - \frac{a^2}{r^2}\right) - \frac{\sigma_v - \sigma_h}{2}\left(1 - \frac{4a^2}{r^2} + \frac{3a^4}{r^4}\right)\cos 2\theta$$

$$\sigma_\theta = \frac{\sigma_v + \sigma_h}{2}\left(1 + \frac{a^2}{r^2}\right) - \frac{\sigma_v - \sigma_h}{2}\left(1 + \frac{3a^4}{r^4}\right)\cos 2\theta$$

$$\tau_{r\theta} = \frac{\sigma_v - \sigma_h}{2}\left(1 + \frac{2a^2}{r^2} - \frac{3a^4}{r^4}\right)\sin 2\theta$$

当 $r = a$ 时，即为圆孔孔壁上的应力状态：

$$\sigma_r = 0$$
$$\sigma_\theta = (\sigma_h + \sigma_v) - 2(\sigma_h - \sigma_v)\cos 2\theta$$
$$\tau_{r\theta} = 0$$

如图 1.5-3 所示，在以水平构造应力为主的地质环境下，即 σ_H 大于 σ_v 的情况下，洞室周边切向应力最大值位于洞顶或洞底，即图中 B、B' 两点（此时 θ 角度为 90°），其大小按下式计算：

$$\sigma_{\theta\max} = 3\sigma_H - \sigma_v$$

式中：$\sigma_{\theta\max}$ 为拱顶、隧底中部最大切向应力；σ_H 为垂直于洞轴线的最大主应力值；σ_v 为垂直应力值。

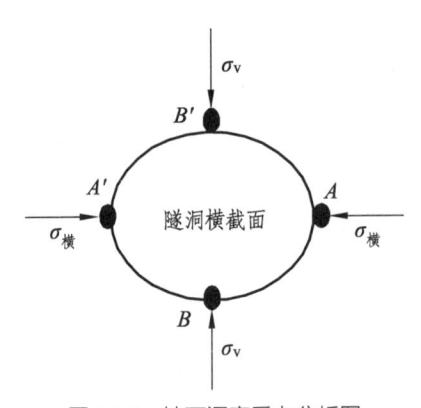

图 1.5-3　地下洞室受力分析图

如果区域内最大、最小构造应力与地下洞室轴线斜交，则垂直于洞轴线的最大初始主应力值可按下式计算：

$$\sigma_{\max} = \sigma_H \sin^2\theta + \sigma_h \cos^2\theta$$

式中：σ_H、σ_h 为区域最大、最小水平构造应力；θ 为最大水平主应力与洞室轴线的夹角。

上式就是利用弹性力学平面无限大板中圆孔周边应力计算公式推导出的地下洞室开挖后

周边最大切向应力计算公式。该公式形象地说明：在以水平构造应力为主的地壳应力环境中，地下洞室开挖后，随着二次应力调整，洞室底部、拱顶中部位置处的切向应力最大。当侧压力系数大于 1 小于 3 时，洞壁周围岩体基本上全部为压应力；当侧压力系数大于 3 时，洞壁两侧边墙出现拉应力，拱顶、洞底出现较高的压应力集中。

三、缓倾岩层变形破坏特征

受力与变形是一对孪生兄弟，相辅相成，物体在力的作用下，就会出现变形甚至破坏。地下洞室开挖后，岩体中天然应力场重新调整分布，洞室成形后，应力调整分布基本完成，但是围岩变形具有时效性，即变形大小是时间的函数，对于软质围岩，其塑性变形更显得漫长。洞室围岩变形破坏有如下特征：

（1）随着洞室开挖，洞室周边地应力将会发生重新调整分布，以期达到新的平衡。洞室开挖成形后，洞室周边二次应力逐渐调整完成。前已述及，在以水平构造应力为主的岩层中，洞室拱顶、底板中部切向应力最大且基本上处于压应力状态，在压应力作用下，隧底、拱顶岩石逐渐发生变形破坏，一旦岩体内压应力大于岩石屈服强度，则变形逐渐加大直至破坏。

（2）处于缓倾岩层中的地下洞室结构，类似于两端固定的板梁结构，在受到平行于层理方向的切向应力（二次应力集中产生）作用时易向临空方向发生弯曲变形失稳，出现"平板挠曲内鼓"现象，即拱顶向下弯折、隧底向上内鼓，由于拱顶、底板中部切向应力最大，因此，最易沿隧道拱顶、底板中部弯折、上鼓开裂，尤其当岩层层厚越薄时，其弯折、底鼓量也越大（图1.5-4）。

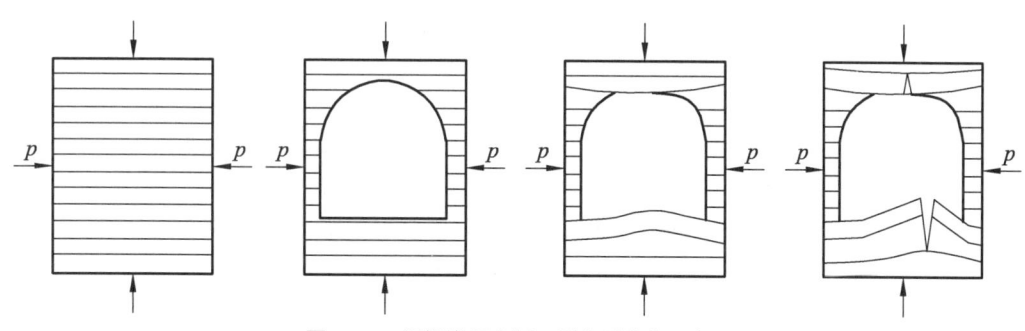

图 1.5-4 缓倾岩层底板开裂变形演化示意图

（3）岩石强度决定岩石在地应力作用下的变形破坏特征。强度较高的脆性岩石，变形多表现为弹性变形，变形完成时间短，易于破坏，如兰渝铁路玄真观隧道施工遇砂岩夹泥岩缓倾岩层，在施工期间就发生多处底板砂岩从中折断上鼓。但是，对于软质围岩，由于其强度低，在切向应力作用下，更多表现为缓慢的蠕变变形，时间较为漫长，如不加以抑制，变形可长达数月甚至数年。

（4）地下洞室变形破坏特征更取决于支护措施强弱，支护措施强，能够很好地抵抗围岩弹塑性变形破坏，洞室不会出现开裂、上鼓、掉块、钢架扭曲等变形破坏特征。一般来说，当洞室支护措施不足以抵抗洞室底部、拱顶围岩变形时，就会发生底板开裂上鼓、拱顶混凝土掉块、钢架扭曲变形。然而，对于近圆形洞室结构来说，一般洞室顶部都是拱形结构并且增加了钢架支护，拱顶支护强度、刚度较强，反而洞室底部支护措施较弱，有些不带仰拱，有的为平底素混凝土，因此，洞室底部出现开裂、上鼓病害在地下工程中较为多见。

（5）地下水对围岩强度存在较大影响，地下水的浸润作用导致岩体强度降低，更加剧了岩石的变形破坏。一般来说，地下洞室开挖后形成新的地下水排泄通道，深部岩体中的地下水会逐渐向临空面聚集，软质围岩尽管属于弱含水地层，但是微弱地下水仍会降低岩石强度。因此，软质围岩深部地下水向临空面缓慢聚集的时效性叠加岩石蠕变的时效性，使得软质围岩变形破坏时间较长且具有欺骗性。

四、达成铁路云顶隧道上鼓案例分析

1. 工程及病害概况

达成铁路云顶隧道位于达成铁路淮口至石板滩区间，全长 7858 m，为双线单洞隧道，于 2009 年 2 月竣工并投入使用。

隧道穿越北东走向的龙泉山脉，洞身最大埋深 325 m。龙泉山脉地质构造上为华夏系复式箱状背斜，洞身位于侏罗系上统蓬莱镇组地层，岩性主要为中厚层状泥岩、泥质砂岩夹粉砂岩、砂岩，局部夹脉状石膏，砂岩相变较大，穿插于泥岩之中，常常尖灭。基岩裂隙水微弱，对混凝土具硫酸盐中等腐蚀至强腐蚀性。岩层产状大多平缓，未见断裂构造。云顶隧道地质纵断面及上鼓点如图 1.5-5 所示。

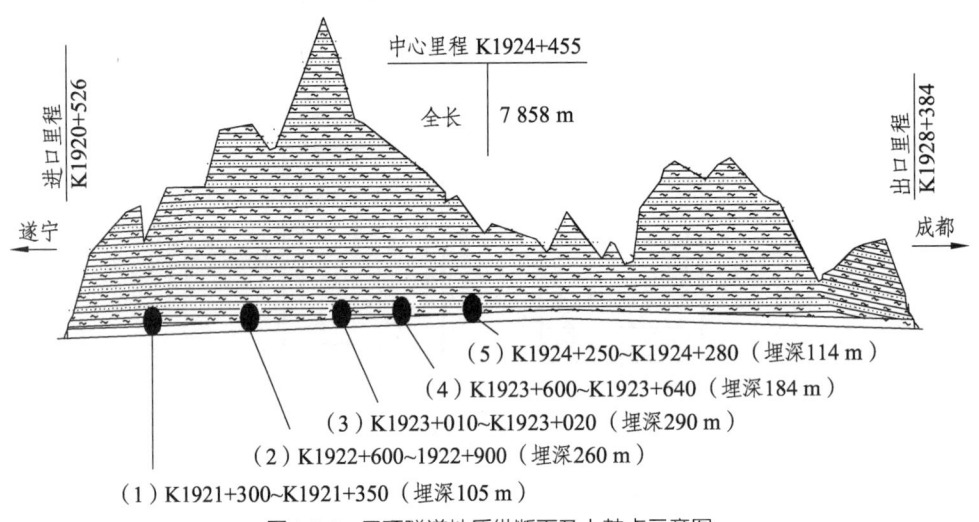

图 1.5-5 云顶隧道地质纵断面及上鼓点示意图

2012 年 3 月以来，工务段先后发现正洞出现 5 段上鼓地段，分别为：第一段 K1921＋300～＋350，长 50 m，累计底鼓变形量 10.48 mm；第二段 K1922＋600～K1922＋900，长 300 m，累计底鼓变形量 1.8 mm，变形微小；第三段 K1922＋900～K1923＋150，长 250 m，累计底鼓 42.08 mm；第四段 K1923＋590～K1923＋750，长 160 m，累计底鼓 68.99 mm；第五段 K1924＋240～K1924＋360，长 120 m，累计变形 38.05 mm。5 段变形较大病害段总长 880 m。

在对变形速率快且累积变形量较大的 K1923＋598～＋642 段隧底采用锚索和锚杆加固处理后，各段变形至今仍在持续发展。

贯通平导与正洞平行，位于正洞南侧 30 m，有 30 个横通道与正洞相连，平导内存在更为严重的底鼓变形且间断分布，无明显的分布规律。

隧道正洞及平导边墙及拱顶未见明显变形迹象。

2. 地应力测试及原因分析

云顶隧道勘察期间及底鼓病害出现后，相关单位进行了岩体地应力测试，测试结果显示：隧址区以水平构造应力为主，最大水平构造应力为 14～16 MPa，泥质粉砂岩、砂质泥岩天然饱和单轴抗压强度可达 16.65 MPa，强度应力比 R_c/σ_{max} 约为 1～1.16，小于 4，岩石强度应力比 R_c/σ_{max} 均小于 4，按照国家标准《工程岩体分级标准》（GB/T 50218—2014），软质岩开挖后可能存在洞壁发生显著位移、底板底鼓变形现象。

云顶隧道出现底鼓病害的主要原因是：隧道穿越北东向龙泉山复式背斜构造带，地质历史时期经历多次构造运动、受到强烈挤压，岩体中残存较高的残余构造应力；软质围岩具有一定蠕变特征，洞室开挖后，随着二次应力集中与释放，洞室拱顶、底板中部会产生较大的切向应力，引起底板、拱顶围岩发生类似"板梁受力向临空面产生挠曲内鼓"的变形特征；隧道拱部为钢筋混凝土初期支护结构，能够抵抗拱部岩体内鼓变形，但是隧道底部板的素混凝土、平直曲率的仰拱结构不足以抵抗岩石形变力，进而发生多处上拱开裂病害。

五、渝黔铁路老周岩隧道上鼓案例分析

1. 工程及病害概况

渝黔铁路老周岩隧道位于重庆市綦江区盖石～赶水镇，全长 7536 m，最大埋深 414 m，为单洞双线隧道，隧道于 2016 年底全线贯通并全隧浇筑无砟轨道板。

2017 年 4—6 月，施工单位对老周岩隧道无砟轨道进行精调前复测，发现部分段落无砟轨道出现上拱变形，上拱段落为 D2K88＋120～D2K88＋834、D2K89＋521～D2K89＋677，两段共计 357 m，其中 D2K88＋496～D2K88＋600 段轨道上拱最严重，上拱值达 25 mm，如图 1.5-6 所示。

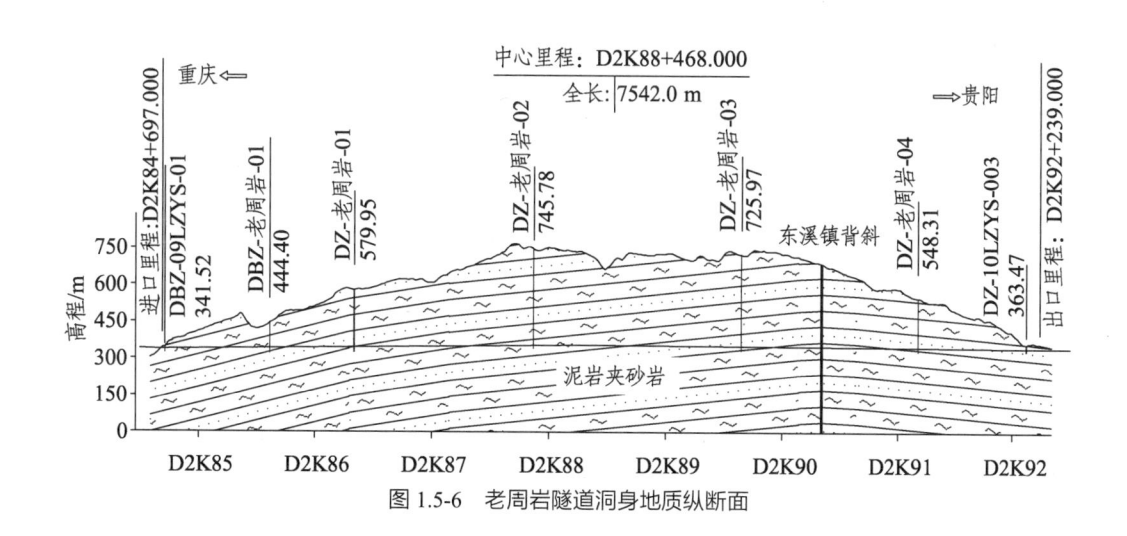

图 1.5-6 老周岩隧道洞身地质纵断面

老周岩隧道洞身穿越地层为侏罗系中统上沙溪庙组（J_2s），岩性以泥岩和砂岩为主，其中：砂岩呈灰、灰紫色，主要为长石石英砂岩，厚层~巨厚层构造，粉~细粒结构，钙质胶结；泥岩呈紫红、褐红色，泥质结构，厚~巨厚层状构造，有遇水易软化、暴露易风化的特点。从地质构造上看，老周岩隧道穿越东溪背斜南倾伏端，洞身岩层倾角较为平缓，多小于20°。

上鼓地段施工开挖揭示岩性为厚~巨厚层泥岩及砂岩，岩层缓倾，倾角约10°，岩体完整性好，以Ⅲ级围岩为主，局部为Ⅳ级，节理不发育，仅局部边墙附近有少量渗水润湿岩壁，隧道开挖过程中洞壁岩体无剥离，初支收敛，易成洞，开挖揭示地质条件与施工图设计基本一致，无变更设计。

2. 地应力测试及原因分析

隧道地应力测试表明：隧道岩体主要以水平残余构造应力为主，最大主应力为13.61 MPa，方向为NW41°，与隧道洞轴线夹角约为20°。隧底泥岩平均单轴饱和抗压强度为28.78 MPa，强度应力比R_c/σ_{max}约为2.12，岩石强度应力比R_c/σ_{max}均小于4，按照国家标准《工程岩体分级标准》（GB/T 50218—2014），软质岩开挖后可能存在洞壁发生显著位移、底板底鼓变形现象。此外，隧道开挖后，围岩会发生二次应力集中及释放，洞室周边会产生较大的切向压应力，根据中科院武汉岩土所地应力测试报告，最大切向应力达18.6 MPa，主要集中与拱顶、隧底中部。因此，在切向应力作用下，软岩会发生显著变形破坏。

老周岩隧道上鼓病害发生主要原因是：隧道处于中等水平构造应力环境，岩体中残存较高的水平构造应力，隧道开挖引起应力二次集中及调整，在拱顶、隧底形成较大的切向压应力，在此应力作用下，洞室周边软质岩石产生变形，加之岩层水平，软岩变形类似于"水平板梁在水平力作用下产生挠曲内鼓"；此外，软岩蠕变具有时效性，受后期地下水影响，岩体强度持续降低，导致蠕变进一步加大，隧底素混凝土、平直曲率及厚度不足的仰拱结构不足以抵抗软岩的蠕变形变，从而导致轨道板出现上鼓拱病害。

老周岩隧道上鼓病害整治拆除了底鼓段落无砟轨道板，对800多米长且存在曲率不够、局部厚度不够的素混凝土仰拱进行了拆换，隧底增设8 m长的ϕ32 mm锚杆，重新施作仰拱，仰拱改为钢筋混凝土结构，并增加仰拱厚度、加大仰拱曲率，其后重构无砟轨道，确保了2018年1月渝黔铁路顺利开通运营。运营至今，病害段无砟轨道未继续上鼓变形，整治效果明显。

六、结语

（1）分析以水平构造应力为主的缓倾岩层地下洞室开挖后围岩的变形破坏特征，有助于更好地理解洞室开裂、变形的力学机制。隧道勘察设计中要高度重视岩体构造地应力、岩石强度及其影响因素研究，特别是软质围岩蠕变时效性及强度时效特性，研究隧道初始地应力背景下的岩石强度-应力比十分必要。

（2）地下洞室开挖，洞室周边局部会出现应力集中及释放，产生远大于初始最大主应力的切向压应力。根据前述公式可知：洞室周边最大切向应力可达到区域内水平构造应力的2倍，从而引起洞室周边围岩变形。目前，勘察设计阶段根据国家标准《工程岩体分级标准》（GB/T 50218—2014）中岩石强度应力比确定洞室围岩地应力高低进而分析预判围岩变形是合理的，地质勘察中应遵照执行。

（3）洞室结构出现变形，一般来讲，除去结构施工质量问题外，基本上是因为结构强度、刚度不足以抵抗洞室开挖引起的围岩变形。因此，在充分研究围岩强度应力比的基础上，设计中应采取合理的支护、结构措施来抵抗洞室周边围岩变形。

（4）由于洞室周边岩体强度、应力集中、产状、微构造的不均一、差异性，围岩变形表现出局部变形大、局部变形小，有的段落甚至无变形迹象的不均一性，单就岩体的这种耦合变形预判，就现今地质勘察手段难以做到精准的定量、定点评价。因此，普遍采用较强的洞室底部仰拱结构（足够强的曲率仰拱）抵抗局部围岩上鼓形变的设计思想是科学合理的。

第六节　几种流行的隧道围岩定量分级方法综述

隧道围岩分级是隧道工程设计的基础参数，也是隧道工程地质勘察的重要成果之一。近年来，在隧道工程施工中，部分隧道围岩分级与实际揭示的围岩地质条件存在较大差异，出现了较长段落围岩级别变化，产生了较大变更设计，延误了工程建设工期，增加了工程建设投资。如何在地质勘察阶段准确合理地划分隧道围岩级别？本案例系统介绍了当前国内外几种流行的隧道围岩定量分级方法，目的在于在铁路隧道工程围岩中大力推广应用定量分级方法，避免人为因素，使隧道围岩分级更加准确可靠、科学合理，提高隧道工程勘察设计质量和水平。本节由王茂靖撰写。

一、概述

隧道围岩分级是隧道工程设计的基础参数，是隧道工程地质勘察的重要成果之一，一般基于洞室围岩稳定性、变形破坏特征进行分级。在隧道工程地质勘察资料基础上进行科学合理、准确可靠的围岩分级是广大工程地质工作者的责任和义务。近年来，在隧道工程施工过程中，部分隧道围岩分级与实际揭示的围岩地质条件存在较大差异，出现了较长段落围岩级别变化，产生了较大变更设计，延误了工程建设工期，增加了工程建设投资。在分析、总结隧道工程建设中围岩级别发生较大变更原因基础上，我们发现铁路隧道围岩分级标准中定性指标较多、定量指标单一，这样在隧道围岩分级中难免会出现因人而异、人为干扰因素较多的问题，导致分级与实际工程地质条件出现较大差异。

本综述系统介绍了几种国内外流行的隧道工程围岩分级方法，目的在于在推广隧道围岩定量化分级标准，使隧道围岩分级更加准确可靠、科学合理，提高隧道工程勘察设计质量和水平。

二、铁路隧道围岩分级

1. 围岩分级考虑的主要因素

铁路隧道围岩分级主要考虑岩石坚硬程度与岩石完整程度两个因素，其中岩石坚硬程度按照表1.6-1确定。

表 1.6-1 岩石坚硬程度划分

岩石类别		单轴饱和抗压强度 R_c/MPa	代表岩石
硬质岩石	极硬岩	$R_c > 60$	微（未）风化花岗岩、片麻岩、闪长岩、石英岩、硅质灰岩、钙质砂岩或砾岩
	硬岩	$30 < R_c \leq 60$	弱风化极硬岩；弱（未）风化熔结凝灰岩、大理岩、板岩、白云岩、灰岩、钙质砂岩、粗粒岩浆岩等
软质岩石	较软岩	$15 < R_c \leq 30$	强风化极硬岩；弱风化硬岩、微（未）风化云母片岩、千枚岩、砂质泥岩、钙泥质粉砂岩、砾岩、泥灰岩、泥岩等
	软岩	$5 < R_c \leq 15$	强风化极硬岩；弱风化至强风化硬岩；弱风化较软岩；微（未）风化泥质岩类，泥岩，煤、泥质砂岩和泥质砾岩
	极软岩	$R_c \leq 5$	全风化各类岩石及成岩作用差的岩石

注：表中软质岩石单轴极限抗压强度（R_c）可取天然单轴极限抗压强度。

岩石完整程度按照表 1.6-2 划分。

表 1.6-2 岩石完整程度划分

完整程度	结构面特征	结构类型	完整性指数 K_v
完整	结构面 1~2 组，存在构造节理或层面，紧闭型	巨块状构造	$K_v > 0.75$
较完整	结构面 2~3 组，以构造节理、层理为主，多呈紧闭型，部分微张，少有充填	块状构造	$0.55 < K_v \leq 0.75$
较破碎	结构面一般 3 组，以节理及风化裂隙为主，在断层附近受构造影响较大，以微张型为主，多有充填物	层状构造	$0.35 < K_v \leq 0.55$
破碎	结构面大于 3 组，多以风化裂隙为主，在断层带附近受构造影响大，以张开型为主，多充填	碎石角砾结构	$0.15 < K_v \leq 0.35$
极破碎	结构面杂乱无序，在断层附近受构造影响大，宽张裂隙全为泥质、泥夹岩屑充填，充填厚度大	散体结构	$K_v \geq 0.15$

注：表中岩石完整程度 K_v 一般指岩体纵波速度与岩石纵波速度之比的平方。

2. 铁路隧道基本围岩分级

铁路隧道围岩分级按表 1.6-3 中定性、定量指标分为 6 级，分别由罗马数字 I~VI 表示，其中 I 级围岩最好，VI 级围岩最差。

铁路隧道围岩分级属于一种多因素半定性、半定量的分级方法，定性分级主要还是靠经验，因此，人为干扰因素还是比较多的。

表 1.6-3　隧道基本围岩分级

级别	岩体特征	土体特征	围岩弹性纵波速度 /（km/s）
Ⅰ	极硬岩，岩体完整	—	> 4.5
Ⅱ	极硬岩，岩体较完整；硬岩，岩体完整	—	3.5 ~ 4.5
Ⅲ	极硬岩，岩体较破碎；硬岩或软硬岩互层，岩体较完整；较软岩，岩体完整	—	2.5 ~ 4.0
Ⅳ	极硬岩，岩体破碎；硬岩，岩体破碎或较破碎；较软岩或以软岩为主夹硬岩，岩体较完整或较破碎；软岩，岩体完整或较完整	具压密或成岩作用的黏土、粉土及砂类土；一般钙质、铁质胶结的粗角砾土、粗圆砾土、碎块石、卵石土、黄土	1.5 ~ 3.0
Ⅴ	软岩，岩体破碎至极破碎；全部极软岩、极破碎岩，包括受构造影响的破碎带	第四系坚硬、硬塑状黏性土、稍密及以上碎石土、圆砾、角砾土及粉土黄土	1.0 ~ 2.0
Ⅵ	构造影响严重，呈碎石、角砾、粉末、泥土状的断层带	砂土、饱和粉土、软塑黏土	< 1.0

3. 围岩修正

根据表 1.6-3 中定性、定量指标进行基本围岩级别分级后，主要进行地下水状态、初始地应力状态围岩修正，参见表 1.6-4、表 1.6-5。

表 1.6-4　地下水状态围岩修正表

地下水状态分级 / [L/（min·10 m）]	围岩基本分级					
	Ⅰ	Ⅱ	Ⅲ	Ⅵ	Ⅴ	Ⅳ
Ⅰ（干燥或湿润；渗水量 < 10）	Ⅰ	Ⅱ	Ⅲ	Ⅳ	Ⅴ	—
Ⅱ（偶有渗水；渗水量 10 ~ 25）	Ⅰ	Ⅱ	Ⅳ	Ⅴ	Ⅵ	—
Ⅲ（经常渗水；渗水量 25 ~ 125）	Ⅱ	Ⅲ	Ⅳ	Ⅴ	Ⅵ	—

表 1.6-5　初始地应力状态围岩修正表

初始地应力状态	围岩基本分级					
	Ⅰ	Ⅱ	Ⅲ	Ⅵ	Ⅴ	Ⅳ
极高地应力（$R_c/\delta_{max} < 4$）	Ⅰ	Ⅱ	Ⅲ 或 Ⅵ	Ⅴ	Ⅵ	—
高地应力（$R_c/\delta_{max} = 4 \sim 7$）	Ⅰ	Ⅱ	Ⅳ	Ⅵ 或 Ⅴ	Ⅵ	—

注：R_c 为岩石单轴饱和极限抗压强度，软质岩石为天然单轴极限抗压强度（MPa）；δ_{max} 为最大初始地应力值（MPa）。

三、国家标准——《工程岩体分级标准》

目前，公路隧道围岩分级基本都采用国家标准《工程岩体分级标准》（GB/T 50218—2014）规定的岩体分级方法进行隧道围岩分级。这是一种采用定量化指标分级的方法，尽管参数的采取、确定同样存在一定的人为因素，但是相对于半定性、半定量的方法，无疑是进了一大步。重新修编的《铁路工程地质勘察规范》（TB 10012—2019）也采用了此国家标准规定岩体工程质量分级方法。

1. 岩体基本质量指标

岩体基本质量分级主要基于岩体基本质量指标（BQ）分级，其主要考虑岩石坚硬程度及岩石完整程度两个因素，其计算式如下：

$$BQ = 100 + 3R_c + 250K_v$$

式中：R_c 为单轴饱和抗压强度（MPa），对于软质岩石，可取单轴天然抗压强度，可以采取岩样进行室内试验获取，也可以现场采用点荷载试验确定。

K_v 值指岩石完整程度指标，可以根据岩体弹性波纵波速度与岩石弹性纵波速度比值平方确定。当无纵波速度时，可在现场根据岩体体积节理数 J_v 值按照表1.6-6换算确定。

表1.6-6 J_v 与 K_v 对应关系

J_v/（条/m³）	< 3	3 ~ 10	10 ~ 20	20 ~ 35	≥ 35
K_v	> 0.75	0.75 ~ 0.55	0.55 ~ 0.35	0.35 ~ 0.15	≤ 0.15

在使用公式计算岩体基本质量指标时，应符合以下规定：

（1）当 $R_c > 90K_v + 30$ 时，应以 $R_c = 90K_v + 30$ 代入式中计算岩体 BQ 值。

（2）当 $K_v > 0.04R_c + 0.4$ 时，应以 $Kv = 0.04R_c + 0.4$ 代入式中计算岩体 BQ 值。

2. 地下工程岩体质量指标修正值 $[BQ]$

一般来讲，地下工程岩体稳定性、变形破坏特征大多受地下水、岩体结构面及初始地应力影响，因此，应对工程岩体基本质量指标进行修正，采用修正后的岩体质量指标进行地下工程岩体分级（围岩分级）。其修正指标 $[BQ]$ 按照下式计算：

$$[BQ] = BQ - (K_1 + K_2 + K_3)$$

修正系数 K_1、K_2、K_3 按照表1.6-7 ~ 表1.6-9 的数值取值。

表1.6-7 地下工程地下水影响修正系数 K_1

地下水出水状态	BQ				
	> 550	550 ~ 451	450 ~ 351	251 ~ 350	≤ 250
潮湿或点滴出水 $p ≤ 0.1$ 或 $Q ≤ 25$	0	0	0 ~ 0.1	0.2 ~ 0.3	0.4 ~ 0.6
淋雨、线状；$p = 0.1 ~ 0.5$，$Q = 25 ~ 125$	0 ~ 0.1	0.1 ~ 0.2	0.2 ~ 0.3	0.4 ~ 0.6	0.7 ~ 0.9
涌流状出水 $p > 0.5$ 或 $Q > 125$	0.1 ~ 0.2	0.2 ~ 0.3	0.4 ~ 0.5	0.7 ~ 0.9	1.0

注：p 为地下工程裂隙水压力（MPa）；Q 为每10 m 洞长出水量 [L/(min·10 m)]。

表 1.6-8　地下工程主要结构面产状影响修正系数 K_2

结构面产状及其与洞轴线组合关系	结构面走向与轴线夹角 < 30°，结构面倾角为 30° ~ 75°	结构面走向与轴线夹角 > 60°，结构面倾角 > 75°	其他组合
K_2	0.4 ~ 0.6	0 ~ 0.2	0.2 ~ 0.4

表 1.6-9　初始地应力状态影响修正系数

围岩强度应力比 (R_c/δ_{max})	BQ				
	> 550	550 ~ 451	450 ~ 351	350 ~ 251	< 250
< 4	1.0	1.0	1.0-1.5	1.0-1.5	1.0
4 ~ 7	0.5	0.5	0.5	0.5-1.0	0.5 ~ 1.0

强度应力比是确定初始地应力高低是一个相对概念，如果严格按照此比值确定，可能对实际工程有放大、误判及保守倾向。因此，对于初始地应力对围岩级别影响修正系数的取值，根据多年工程实践经验，一般当地下工程埋深大于 400 m 时，应考虑初始应力修正系数，如果埋深小于 400 m，一般可以不考虑根据地应力对围岩级别进行修正。

3. 基于修正岩体质量指标的围岩分级

根据国标《工程岩体分级标准》（GB/T 50218—2014）之规定，依上述公式、表格对岩体基本质量指标进行修正后，可以获得修正岩体质量指标 $[BQ]$，根据此值，按照表 1.6-10 可对地下工程围岩进行定量化分级。

表 1.6-10　地下工程岩体（围岩）质量分级

岩体（围岩）质量分级	岩体基本质量定性特征	岩体修正质量指标 $[BQ]$
Ⅰ	坚硬岩，岩体完整	> 550
Ⅱ	坚硬岩，岩体较完整；较坚硬岩，岩体完整	550 ~ 451
Ⅲ	坚硬岩，岩体较破碎；较坚硬岩，岩体较完整；较软岩，岩体完整	450 ~ 351
Ⅳ	坚硬岩，岩体破碎；较坚硬岩，岩体较破碎~破碎；较软岩，岩体较完整~较破碎；软岩，岩体完整~较完整	350 ~ 251
Ⅴ	较软岩，岩体破碎；软岩，岩体较破碎~破碎；全部极软岩及全部破碎岩（含断层带）	≤ 250

四、国外两种主流围岩分级方法

1. Q 系统分级法

1）简述

此方法是由挪威学者巴顿（N.Barton）、伦德于 1974 年提出的一个岩体质量分级方法，简称 Q 系统法。它是由 RQD、节理组数 J_n、节理面粗糙度 J_r、节理蚀变程度 J_a、裂隙水影响因素 J_w 以及地应力影响因素 SRF 等 6 项指标组成，其计算公式如下：

$$Q = (RQD/J_n) \times (J_r/J_a) \times (J_w/SRF)$$

式子中：RQD——岩体质量指标，定义为钻孔中岩心长度大于等于 10 cm 的岩心累计长度与钻孔总进尺长度之比。

Q 系统中 6 个基本参数取值，按照表 1.6-11 ~ 表 1.6-16 的建议值取值。

表 1.6-11　RQD 分级取值及评价

岩石质量指标 RQD/%	岩石质量描述	其他
0 ~ 25	极差	当 $RQD \leq 10$，包括等于零时，取 RQD 为 10
25 ~ 50	差	
50 ~ 70	一般	
70 ~ 90	好	
90 ~ 100	极好	

表 1.6-12　节理组数 J_n 取值

节理发育情况	J_n
A．整体块状，没有节理或很少有节理	0.5 ~ 1.0
B．1 组节理	2.0
C．1 ~ 2 组节理	3.0
D．2 组节理	4.0
E．2 组节理和不规则节理	6.0
F．3 组节理	9.0
G．3 组节理和不规则节理	12
H．4 组以上节理，岩石被多组节理切割成碎块状	15
J．破碎岩石，似土砂状	20

表 1.6-13　节理面粗糙度 J_r 取值

节理面粗糙度情况	J_r
a）节理面直接接触	
A．不连续节理	4.0
b）剪切位移 10 cm 时，接触面情况	
B．粗糙或不规则的起伏节理	3.0

续表

节理面粗糙度情况	J_r
C．平滑起伏状节理	2.0
D．光滑起伏状节理	1.5
E．平坦但粗糙或不规则节理	1.5
F．平滑而平直节理	1.0
G．光滑且平直节理	0.5
c）节理面两壁不直接接触	
H．节理面充填有黏土矿物，使得节理面不直接接触	1.0
J．节理面间充填不能是两壁直接接触的砂质、砾质或碎裂带	1.0

注：相关节理组平均间距大于3 m时，增加1.0。

表1.6-14 节理面蚀变程度取值

节理面蚀变程度	J_a	$\varphi/(°)$
a）节理面直接接触（无充填物或只有薄膜覆盖）		—
A．紧密闭合、坚硬、不软化、不透水的充填物，如石英、绿帘石	0.75	
B．节理壁未变质，仅表面有斑染	1.0	25～30
C．节理壁轻微变质，无软化矿物覆盖、砂粒、黏土充填	2.0	25～30
D．粉砂或砂土薄膜覆盖，有少量黏土	3.0	25～30
E．软化的或低摩擦的黏土矿物覆盖如高岭石、云母、滑石、石膏	4.0	8～16
b）剪切变形10 cm，节理面直接接触		
F．裂隙中含有砂粒、黏土	4.0	25～30
G．紧密固结半软弱黏土矿物（连续的，厚度小于5 mm）	6.0	16～24
H．中等或轻微固结软弱黏土充填（连续的，厚度小于5 mm）	8.0	12～16
I．膨胀性黏土充填，连续的，厚度小于5 mm	8～12	6～12
c）剪切后，节理面不接触		
J、K、L．风化带或挤压破碎带岩石和黏土	6～12	6～12
N．粉质或砂质黏土及少量黏土	5.0	—
O、P、Q．厚的连续分布黏土条带或夹层（黏土状态见G、H、I）	10～20	6～12

表 1.6-15 裂隙水折减系数取值

裂隙水情况	J_w	水压力 /MPa
A．开挖干燥，或局部渗水，流量小于 5 L/min	1.0	< 0.1
B．中等水流或填充物偶然受水压冲击	0.66	0.1 ~ 0.25
C．大量渗水，或高水压，节理未充填	0.5	0.25 ~ 1
D．大量渗水，或高水压，节理充填物被大量冲走	0.33	0.25 ~ 1
E．异常大渗水或具有高水压，随时间衰减	0.1 ~ 0.2	> 1
F．异常大渗水或具有高水压，无显著衰减	0.05 ~ 0.1	> 1

表 1.6-16 地应力折减系数取值

地应力情况描述			SRF
a）当隧道与软弱层交叉，开挖后可能引起岩体松动			
A．含黏土或化学风化不完整岩石软弱带多次出现，围岩松散（任何深度）			10
B．含有黏土或化学风化岩的单一软弱带，开挖深度 ≤ 50 m			5.0
C．含有黏土或化学风化岩的单一软弱带，开挖深度 > 50 m			2.5
D．坚硬岩石中多个剪切带（无黏土），围岩松动（任何深度）			7.5
E．坚硬岩石中单一剪切带（无黏土），围岩松动（开挖深度 ≤ 50 m）			5.0
F．坚硬岩石中单一剪切带（无黏土），围岩松动（开挖深度 > 50 m）			2.5
G．松动张开节理，严重节理化或呈小块状（任何深度）			3.0
b）坚硬岩石，存在初始地应力	R_b/σ_1	σ_θ/R_b	
H．低地应力、近地表、张开节理	> 200	< 0.01	2.5
J．中等地应力，最有利地应力条件	200 ~ 10	0.01 ~ 0.3	1.0
K．高地应力、紧密结构，一般利于稳定	10 ~ 5	0.3 ~ 0.4	0.5 ~ 2.0
L．弱岩爆	5 ~ 3	0.5 ~ 0.65	5 ~ 50
M．块体岩体板裂及强岩爆	3 ~ 2	0.65 ~ 1	50 ~ 200
N．块体岩石强烈岩爆	< 2	> 1	200 ~ 400
c）高地应力下软岩塑性流动			
O．轻微挤出		1 ~ 5	5 ~ 10
P．严重挤出		> 5	10 ~ 20
R．轻度膨胀岩体			5 ~ 10
S．严重膨胀岩体			10 ~ 15

注：R_b—岩石单轴抗压强度（MPa）；σ_1—最大主应力（MPa）；σ_θ—最大切向应力（MPa）。

2) Q 系统岩体质量与围岩分级

根据前述介绍，Q 系统岩体质量分级虽是一个多因素定量分级体系，但因素的赋值还是存在一定的人为因素。多因子计算的 Q 值根据表 1.6-17 中的数据进行岩体质量分级及围岩分级。

表 1.6-17　Q 值岩体质量及围岩分级

分级名称	特别差	极差	很差	差	中等	好	很好	极好	特别好
Q 值	< 0.01	0.01 ~ 0.1	0.1 ~ 1	1 ~ 4	4 ~ 10	10 ~ 40	40 ~ 100	100 ~ 400	> 400
围岩级别	Ⅵ	Ⅴ	Ⅵ	Ⅲ	Ⅱ			Ⅰ	

2. RMR 分级法

1) 简述

此种岩体质量分级法又简称地质力学分级法，是由南非学者宾尼威斯基（Z.T.Bieniawski）于 1973 年提出的，是由岩石强度、岩石完整程度、结构面组数、结构面粗糙度、地下水及结构面产状 6 个指标分别赋予一定数值（表 1.6-18），最后加权获得 RMR 值，根据此值进行岩体质量分级或围岩分级。此方法考虑了较多影响围岩稳定、变形破坏的因素，相对科学合理，在国际上推广应用较为广泛。

$$RMR = R_1 + R_2 + R_3 + R_4 + R_5 + R_6$$

表 1.6-18　裂隙岩体各因素赋值

子因素						
R_1	岩石抗压强度	> 200	100 ~ 200	50 ~ 100	25 ~ 50	25
	赋值	15	12	7	4	≤ 2
R_2	RQD/%	90 ~ 100	75 ~ 90	50 ~ 75	25 ~ 50	< 25
	赋值	20	17	13	8	3
R_3	节理间距/m	> 3	1 ~ 3	0.3 ~ 1	0.05 ~ 0.3	< 0.05
	赋值	30	25	20	10	5
R_4	节理状态	粗糙,不连续,未风化,闭合	较粗糙,张开 < 1 mm,连通性一般	稍粗糙,裂面张开 > 1 mm,连通性一般	裂面有擦痕或断层泥,张开 1 ~ 5 mm	裂面夹泥,厚度 > 5 mm,连通性好
	赋值	25	20	12	6	0
R_5	出水量	0		< 25	25-125	> 125
	干燥程度	干燥		稍潮湿	潮湿	出水严重
	赋值	10		7	4	0
R_6	结构面产状	最有利	有利	一般	不利	最不利
	赋值	0	−2	−5	−10	−12

注：表中岩石抗压强度单位为 MPa；出水量单位为 L/(min·10 m)。

2009 年，中铁二院承担委内瑞拉中部铁路项目勘察设计时，委托的当地地质勘察公司的工程师在进行山岭隧道围岩分级时就是采用的此方法。

2）RMR 岩体质量分级与围岩分级

对于地下工程来说，基于地质勘察资料，确定以上 6 大因素具体数值后，进行加权得到 RMR 值后，即可根据表 1.6-19 进行岩体质量分级或围岩分级判定。

表 1.6-19 RMR 值岩体质量及围岩分级

分级名称		最坏的	不良的	一般的	良好的	最好的
RMR 数值		< 25	25～50	50～70	70～90	90～100
围岩级别		V	Ⅳ	Ⅲ	Ⅱ	Ⅰ
岩体抗剪强度估算	c/kPa	100	100～150	150～200	200～300	≥ 300
	φ/(°)	≤ 30	30～35	35～40	40～45	≥ 45
可挖性		极容易	容易	一般	困难	极困难

五、结语

（1）隧道围岩分级是隧道工程设计的重要岩土参数，是隧道工程地质勘察的重要成果之一。勘察设计中准确可靠、科学合理地确定隧道围岩分级可以避免工程建设中产生较大围岩变更设计、延误工程建设工期以及增加工程投资。

（2）岩石强度及岩体完整性是隧道围岩分级必须考虑到的两个重要因素。从目前隧道围岩级别产生较大变更的原因分析来看，主要还是对区域地质构造对岩体挤压破碎影响程度认识不足、对结构面控制岩体的稳定性认识不足。因此，隧道围岩分级中岩体完整性因素必须综合考虑隧道所处区域地质构造环境。

（3）从当前国内外几种主流岩体质量指标及围岩级别划分方法来看：铁路隧道围岩分级方法是一种半定性半定量的多因素方法；国家标准工程岩体质量分级——[BQ]法属于多因素定量分析方法；巴顿 Q 系统方法属于多因素积商模型方法，国外应用广泛，但是，此方法考虑岩体结构面因素较多，岩体强度因素较少；RMR 和差法属于多因素积分分析方法，综合考虑了岩体强度、结构面、地应力及地下水因素对围岩稳定性影响，分析因素较为全面，国外应用较为广泛。

（4）通过对几种围岩分级方法综述，隧道围岩分级采用多因素定量化分级是发展方向，是准确可靠、科学合理进行围岩分级的基础，应大力提倡。建议隧道工程围岩分级中采用国家工程岩体分级标准或者南非宾尼威斯基 RMR 和差方法。可喜的是：国家标准[BQ]围岩定量化分级标准已经纳入修订的《铁路工程地质勘察规范》（TB 10012—2019）之中。

（5）在围岩分级中，对于软质围岩，岩体强度一般采用天然极限抗压强度数据进行分析计算；根据工程建设实践，当隧道工程埋深大于 400 m 时，应考虑地应力影响或者采取地应力折减系数进行分析计算。

第二章

路基上拱与隧道底鼓

路基上拱及隧道底板底鼓是一种微变形病害，在过往有砟轨道普速铁路建设及运营中，大家可能闻所未闻，其病害也未对普速列车运营产生较大影响。十余年来，随着我国大量高速铁路的建设、开通运营，路基上拱及隧道底鼓进而引起无砟轨道板上拱变形成为高速铁路建设与运营中经常发生的一类微小变形病害，这类微变形病害给铁路工程带来了极大的危害，严重情况下甚至造成铁路停运整治，如达成铁路云顶隧道历经多年隧道底鼓病害，最终停运进行彻底整治。大部分情况下列车通过底鼓隧道或者上拱路基地段时，均要限制行车速度，如成渝客专的内江北车站，沪昆客专的光照、岗乌隧道等，造成很大的经济损失及负面社会影响。在最初查找变形机理、原因时，众说纷纭，有的专家学者认为是无砟轨道的无缝钢轨热胀冷缩引起的上拱变形，有的认为是地基岩土或隧底岩体遇水膨胀变形引起的。兰州至新疆高速铁路开通运营后，沿线产生了几十处路基上拱变形，开始分析普遍认为是地基岩土遇水膨胀引起，但是大量地质勘察及岩土试验数据表明：只有小部分是地基土膨胀性引起，而大部分上拱地段病害是填料硫酸根离子超标引起的腐蚀性膨胀产生的。最近数年，大量路基上拱、隧道底板底鼓变形案例研究数据表明：膨胀岩土仅能引起少量上拱及底鼓变形，无缝钢轨的热胀冷缩更不可能引起较大的上拱变形。

基于大量工程病害案例地质补充勘察及地基岩土试验数据分析，目前岩土工程学界对于路基上拱及隧底底鼓的微变形机理、原因，主要概括归类为硬质岩类超空隙地下水压造成隧道底板抬升、软质岩类在地应力作用下的蠕变形变、地基岩体的岩石矿物膨胀性及侵蚀地下水的腐蚀性膨胀四类机理。应该说四大机理原因归纳总结较为全面完整，科学合理地分析、解释了上拱、底鼓病害的原因。

本章收集汇编了隧底底鼓、路基上拱微变形的10节案例，每节案例基于工程所处区域地质构造、水文地质、岩土工程环境，基于大量地质勘察信息、岩土试验统计数据，系统分析了不同隧道、路基上拱微变形病害产生的本质原因，有软质岩在地应力长期作用下的蠕变形变机理，有四川红层深挖方导致的岩体水平地应力增大的软岩蠕变，有隧底硬质岩类中裂隙水在列车运行中产生的超空隙水压抬升隧道底板的微变形机理，也有硫酸盐矿物溶于地下水中产生的腐蚀性膨胀引起底鼓变形原因，还有针对岩石蠕变试验数据、深孔位移测试数据的分析。这些章节引用的大量数据信息、分析方法可以很好地帮助广大工程技术人员理解此类微变形病害产生的机理、原因，学会透过复杂纷繁的现象看到事物内在本质，提高其分析问题、解决问题的能力。

第一节　兰渝铁路梅岭关隧道底鼓病害成因分析

兰渝铁路梅岭关隧道于2009年开工建设，2016年建成通车。2016年3月，铁路工务部门对隧道轨道精调时发现K546 + 050 ~ + 150（DK610 + 612 ~ + 712）段轨道异常超高，发生了隧底底鼓病害。2018年，设计单位对本段进行了地质补充勘察查明底鼓原因，施工单位对病害段进行了整治处理，但是隧道底鼓病害一直没有消除，底鼓持续发展，铁路运输部门其后相继发现另外两段也存在不同程度底鼓病害，不得不使列车限速通过此隧道。本案例结合隧道所处的区域地质环境、地质补充勘察成果，深入分析了隧道底鼓病害产生的主要原因，提出了要高度重视地应力、岩体强度及岩石产状之间的关系，指出隧底仰拱结构强度及曲率是抵抗岩体变形的重要参数。本节由王茂靖、王崇艮撰写。

一、概况

1. 工程概况

新建兰渝铁路梅岭关隧道位于四川盆地东北部的广元市元坝区石井铺乡，广元至太公车站区间。隧道全长8215 m，最大埋深约407 m（位于DK609 + 003附近），隧道轴线走向近北西—南东向。隧道进、出口附近无乡村便道通达，交通条件较差。隧道纵坡为5‰、3‰的人字坡，起讫运营里程K542 + 768.95 ~ K551 + 039.85（施工里程DK607 + 329 ~ DK615 + 600，长链64.562 km），全隧道铺设无砟轨道。

隧道于2009年开工建设，2016年底开通运营，运营速度160 km/h。

2. 病害概况

隧道开挖掘进过程中，部分段落（DK610 + 550 ~ DK610 + 993段）出现拱顶初期支护纵向开裂、拱顶下沉及喷混凝土掉块现象。具体描述见表2.1-1。

表 2.1-1　隧道施工中部分段落初支变形开裂情况

段落	开裂情况
DK610 + 550 ~ DK610 + 595	2012年9月10日—23日，拱顶初期支护出现纵向贯通裂缝，裂缝宽2 ~ 3 cm，并且局部出现喷混凝土掉块及钢架变形现象。9月29日，DK610 + 533 ~ + 549线路左侧拱腰位置也出现不均匀裂缝，最大累计下沉量为67.8 mm，未侵入二衬净空尺寸
DK610 + 754 ~ DK610 + 840	2012年5月17日—7月4日，拱顶初期支护出现纵向贯通裂缝，裂缝宽2 ~ 3 cm，并且局部出现喷混凝土掉块现象，最大累计下沉量73 mm，未侵入二衬净空尺寸
DK610 + 865 ~ DK610 + 902	2011年8月10日—8月14日，拱顶初期支护出现纵向贯通裂缝，裂缝宽2 ~ 10 cm，走向与隧道中线呈10° ~ 25°的夹角，并且局部出现喷混凝土掉块及钢架扭曲变形现象，出现1 ~ 14.7 cm的初支变形侵限

开通运营前，工务部门在 2016 年 3 月 14 日发现：动车通过 K546 + 050 ~ K546 + 150（DK610 + 612 ~ + 712）上行线时存在晃车现象，线路测量后轨道异常超高，于是通过本段（K546 + 050 ~ K546 + 150）的列车限速 80 km/h 运行，同时设置观测点对轨道进行监控量测。历次测量结果显示：从 2015 年 8 月 15 日精调后，至 2018 年 5 月 1 日，最高点 K546 + 075（DK610 + 635）断面左侧轨道比设计高 47.1 mm，累计上升 38.6 mm。其变化曲线如图 2.1-1 所示（图中显示近半年轨道超高现象趋于平缓）。

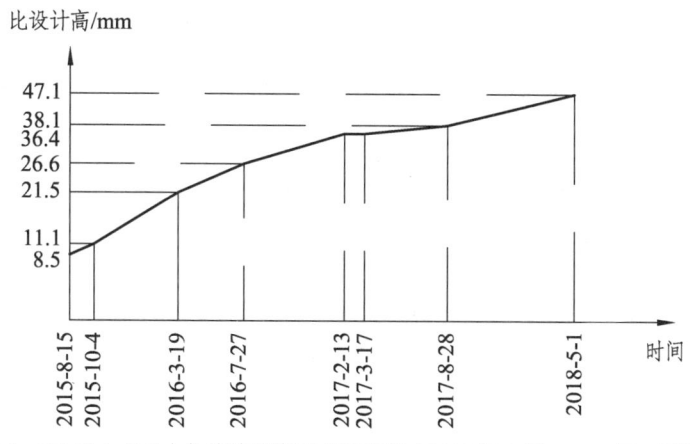

图 2.1-1 K545 + 075 上行线轨道高程变化曲线（2015 年 8 月—2018 年 5 月期间）

对于本段病害，施工单位于 2018 年底开始整治，2019 年 3 月完成了仰拱地基钻孔灌注桩（长 10 m、桩径 300 mm）锚固、中心沟埋管后回填、施作泄水孔引排地下水的综合整治措施。至 2020 年 4 月，本段底鼓病害整治后，上行线高程隆起约 2 mm，平面位移 1.3 mm。

此外，工务部门历年精调数据显示：K545 + 300 ~ + 400、K546 + 380 ~ + 410 段轨道板高程较设计高程存在 70 mm、40 mm 的增高。

由于 2019 年 3 月完成的底鼓病害整治并未从根本上消除轨道板高程隆起，列车运行仍然限速 80 km/h 通过病害段，加之工务部门精调中发现另有两段也存在轨道板隆起现象，2020 年 6 月，根据建设单位要求，为彻底消除病害段限速点，设计单位完成了对该隧道底鼓病害段进行拆除重建轨道板（约 185 m）、局部调坡（上行线约 3.25 km、下行线 3.85 km）的整治方案并通过建设单位批准实施。

二、隧道区域工程地质条件

1. 地形地貌

隧道位于构造侵蚀中低山区，单面山叠岭地貌，进口段纵向河谷深切，沟壁地形陡峻，地面坡度为 30° ~ 50°，进口位于下王家坝河沟陡崖下，基岩裸露，地势陡峻。洞身穿越多条顺岩层走向切割的单面山山梁，构造坡平缓，地面横坡为 10° ~ 20°，多村落及耕地；侵蚀坡陡峻，地面横坡达 30° ~ 50°，局部为陡崖；地表多为柏树林及灌木荆藤。地面标高 560～990 m，相对高差约 430 m。出口位于大沟河与尹家河交汇下游约 50 m 处，地势较陡。

2. 地层岩性

隧道区覆盖层主要为第四系全新统冲洪积层（Q_4^{al+pl}）、坡洪积层（Q_4^{dl+pl}）、坡残积层（Q_4^{dl+el}）及崩坡积层（Q_4^{dl+col}），下伏基岩为白垩系下统剑门关组（K_1j）泥岩、砂岩夹砾岩，侏罗系上统莲花口组（J_3l）砂岩、泥岩。

其中底鼓病害段主要为剑门关组泥岩夹泥质砂岩。

3. 地质构造及地震动参数

隧址区位于龙门山印支褶皱带东部、四川中拗陷燕山褶皱带中之川北凹陷东部，侏罗系、白垩系地层广泛分布，形成缓而开阔的背、向斜或孤立的鼻状弯曲穹隆构造，隧道北为潼梓观鼻状构造，其南为舒展开阔的新场向斜，隧道洞身为单斜构造，倾角为 3°～15°，呈北东东—南西西向展布，无断层构造，地质构造简单。岩体中主要发育两组构造节理，一组走向 NW，一组走向北东，倾角陡倾（图 2.1-2、图 2.1-3）。

根据《兰渝铁路重点工程场地安全性评价和沿线地震动参数区划》（中国地震局地壳应力研究所，2008 年 12 月），测区地震动峰值加速度为 0.10g，地震动反应谱特征周期为 0.60s。

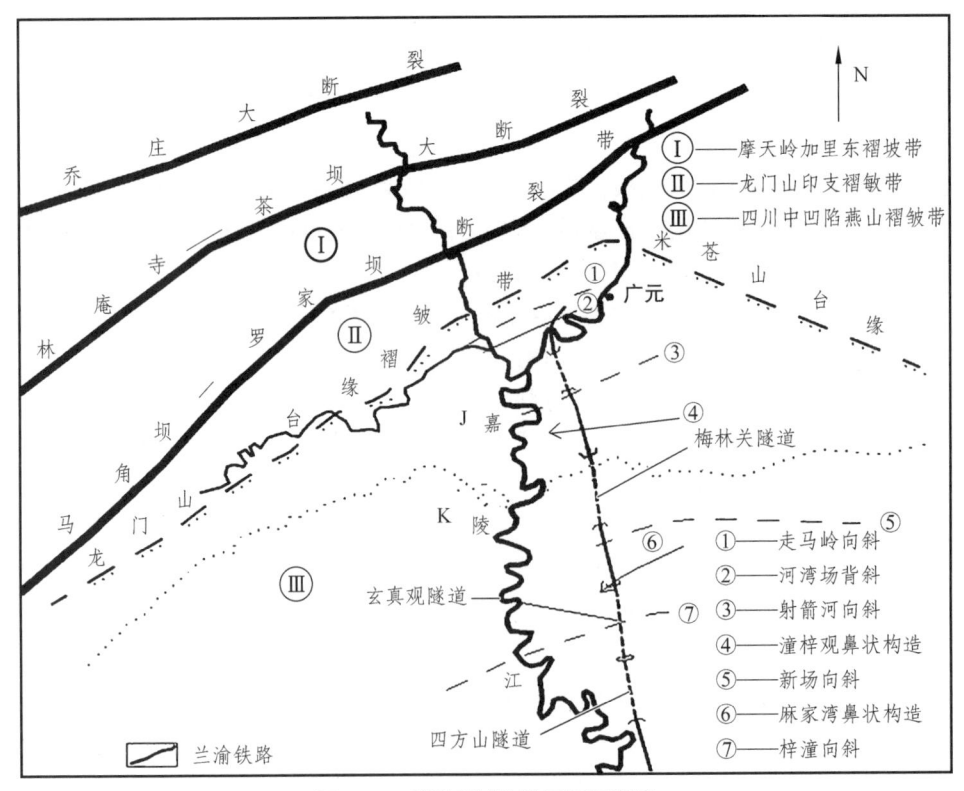

图 2.1-2 隧道区域构造纲要示意图

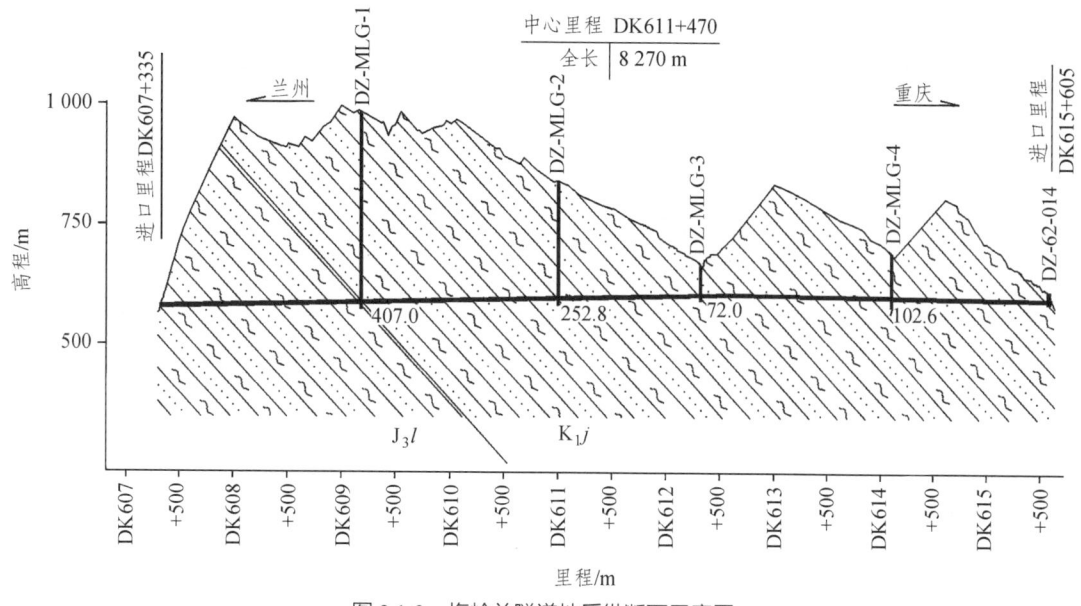

图 2.1-3　梅岭关隧道地质纵断面示意图

4. 水文地质特征

隧址区地下水主要存在两种类型，即第四系松散堆积层孔隙水和基岩裂隙水。第四系孔隙水赋存于坡残积、坡崩积层中，因区内土层厚度不大，降水多沿坡面汇集于冲沟排泄，补给水量有限，含水量甚微，主要分布于进出口表层覆盖土中。隧道洞身主要为基岩裂隙水，赋存于基岩裂隙中，其中泥岩属相对隔水层，裂隙水较贫乏，多发育于浅层风化裂隙中；砂岩构造裂隙较发育，地下水相对较丰富，主要接受大气降水、地表水及壤中水下渗补给。本段隧道洞身为泥岩、泥质砂岩，局部夹砂岩，地下水一般沿砂岩、泥岩接触面渗流，地下水相对泥岩较发育。钻孔勘探取样揭示：赋存于砂岩中的地下水存在微承压性，地下水无侵蚀性。

根据多种方法计算可得：隧道平常涌水量为 2900 m^3/d，雨季最大涌水量为 8600 m^3/d。

5. 主要工程地质问题

隧道主要工程地质问题为有害气体、进口危岩落石。

1) 有害气体

根据《兰渝铁路浅层天然气分布特征咨询》（西南石油大学，2008 年 11 月 20 日）专题研究报告，隧道位于川东北油气区，东距九龙山气田约 30 km，西距射箭河气田约 10 km，紧邻吴家坝、牟家山潜伏构造；隧道下伏地层上三叠统须家河组二段和下二叠统茅口组是很好的产气层，这些储层中的油气有可能沿裂缝向上运移。从地质构造角度分析，隧道处虽不是油气聚集的场所，但却是区域油气运移的必经之路，对隧道施工有较大影响。在定测阶段地质勘察中，在隧道深孔中进行了有害气体测试，测试结果显示隧道埋深较大时，天然气体积分数还是较大，局部接近 1%（表 2.1-2），隧道确定为高瓦斯隧道，按照高瓦斯隧道设计施工。

表 2.1-2　梅岭关隧道深孔天然气测试成果

钻孔编号	钻孔深度 /m	测气结果	体积分数（最小/最大）/×10⁻⁶	测段岩性	测段深度 /m	备注
DZ-MLG-1	407.07	有	9 510/9 740	砂岩	405	有气泡逸出
DZ-MLG-2	252.71	无				
DZ-MLG-3	72.10	无				
DZ-MLG-4	102.21	有	3 970/4 305	砂岩	67	有气泡逸出

2）进口危岩落石

进口段为砂岩、泥岩互层地层，地势陡峭，由于差异风化及重力作用，坡面零星发育危岩，影响隧道洞口施工及运营安全，宜清除。

三、隧道地应力测试及岩石强度

1. 地应力测试

梅岭关隧道最大埋深为 400 m 左右，在地质勘察过程中委托中国地震局地壳应力研究所在隧道洞身埋深最大处的 DZ-MLG-1 钻孔中进行了地应力测试，根据《兰渝线铁路地应力测量分析报告》，在该孔深度为 394.50～395.30 m 段，实测应力结果为 $S_H = 15.23$ MPa，$S_h = 9.87$ MPa，$S_v = 10.26$ MPa；经计算及综合分析，不存在发生岩爆的可能性。最大水平主应力方向为 N25°W～N33°W，平均约 N30°W，与隧道轴线方向（隧道轴线 N10°W）间夹角较小，最大水平主应力方向有利于围岩稳定性。

最大主应力随深度的线性回归方程为 $S_H = -5.77 + 0.053D$，相关系数为 0.97。式中：D 为钻孔深度，单位为 m，地应力单位为 MPa。

最小主应力随深度的线性回归方程为 $S_h = -3.59 + 0.035D$，相关系数为 0.984。

隧道底鼓段埋深在 260～360 m，根据上述两回归方程据此计算最大主应力为 8.01～13.0 MPa，最小主应力 5.51～9.011 MPa，最大主应力方向与洞轴线夹角为 20°。

2. 岩石强度

勘察阶段通过洞身深孔钻探在隧道洞身地段采取岩样 47 组，主要试验结果见表 2.1-3。

表 2.1-3　隧道围岩岩石强度试验汇总

统计内容	天然密度 ρ/（g/cm³）	天然含水率 w/%	天然抗压强度 /MPa	饱和抗压强度 /MPa
样本数	47	46	46	39
最大值	2.67	3.20	74.30	58.4
最小值	2.41	0.29	3.08	1.79

续表

统计内容	天然密度 ρ/（g/cm³）	天然含水率 w/%	天然抗压强度/MPa	饱和抗压强度/MPa
平均值	2.60	0.96	35.65	25.07
标准值			30.76	20.69

四、施工变更及地质补勘主要结论

1. 施工变更情况

隧道洞身 K546 + 062 ~ + 092 段原设计围岩为Ⅲ级，本段发生底鼓病害后，查阅施工变更日志，底鼓严重地段 K546 + 062 ~ + 092 段，岩性主要为紫红色中厚层泥岩夹砂岩，岩层产状为 N75°W/10°S，节理发育，岩体局部较为破碎，多集中在左侧，泥岩中见一层厚 0.8 ~ 2.0 m 砂岩，沿砂岩、泥岩接触界面地下水呈滴状渗出，施工中围岩级别变更为Ⅳ级，隧底仰拱素混凝土采用Ⅳ级 A 型衬砌（素混凝土结构）。

2. 地质补勘主要结论

隧道发生底鼓病害后，在 2018 年 12 月期间，在底鼓先发生及最为严重地段 K546 + 062 ~ + 092（DK610 + 622 ~ + 652）段进行了补充地质勘察，以钻探为主并采取了混凝土样及岩石样品进行室内强度试验，完成钻孔 10 个、55 m，采取岩样 20 组、混凝土样 17 组，完成孔内摄影 175 处。补勘取得如下主要结论：

（1）本段隧底岩性主要为紫红色中厚层—薄层状泥岩、泥质砂岩，岩心多呈短柱状，致密坚硬，较为完整，在靠近仰拱的 1 ~ 2 m 岩心较为破碎。井中摄影显示：在仰拱填充层中，深度 20 ~ 50 cm 内，6 孔中见有水平裂缝。

（2）对 14 组岩样进行了膨胀岩试验，其中仅一组岩样自由膨胀率为 31%、饱和吸水率为 16.72%，达到膨胀岩指标，其余达不到膨胀岩指标，特别是膨胀力最大仅 48.9 kPa。因此，基本可以判定红层泥岩不属于膨胀岩，隧道底鼓不属于由岩石膨胀性引起。

（3）采取仰拱混凝土样 6 组，岩心强度试验结果，最大为 38.3 MPa，最小为 28.9 MPa，平均为 32.68 MPa；仰拱填充层混凝土样 11 组，强度试验显示最大为 34 MPa，最小为 26 MPa，平均为 28.58 MPa。隧道仰拱、填充层混凝土强度设计为 C35、C20，隧底仰拱强度低于设计强度，但填充层强度达到设计强度。

（4）仰拱厚度及曲率：仰拱中心 4 个钻孔揭示仰拱厚度分别为 29 cm、36 cm、41 cm、42 cm，平均厚度为 37 cm，小于设计仰拱厚度 50 cm。钻孔检测 3 处断面，曲率均小于设计曲率 1/12，仰拱近乎平直。

（5）补勘受钻探工艺所限，未揭示地下水。但是，施工单位对本段实施隧底锚固桩加固时，施钻 48 孔，其中 40 孔见有地下水。施工结束后短时间内，地下水聚集孔中，水位多与仰拱底部齐平。

（6）岩石强度试验，补勘中采取岩石样本 20 组，对其中 11 组岩样进行了岩石强度试验，结果见表 2.1-4。

表 2.1-4　隧道围岩岩石强度试验统计汇总表

统计内容	天然密度 ρ/（g/cm³）	天然含水率 w/%	天然抗压强度 /MPa
样本数	11	14	11
最小值	2.56	0.95	4.3
最大值	2.69	4.34	19.1
平均值	2.61	2.43	8.4

从试验结果可看出：隧道开通后，围岩中岩石的天然含水量及天然单轴抗压强度都发生了较大变化，围岩吸水导致岩石强度降低明显。

五、底鼓机理分析

根据隧道底鼓病害段地质补充勘察主要成果，隧底围岩为四川红层泥岩，大部分岩样膨胀性指标显示，底部围岩不属于膨胀岩类，岩石膨胀力极小，因此，隧底围岩变形不是由岩石膨胀性引起的，应是岩石强度降低后，在残余构造应力作用下的围岩变形。具体定量分析如下：

1. 底鼓段洞轴线上的最大水平构造应力

前已述及，本隧底鼓段最大水平主应力为 8.01～13.0 MPa，最小水平主应力为 5.51～9.01 MPa，最大水平应力方向与隧道洞轴线交角为 20°，因此，垂直于洞轴线的最大地应力按下式计算：

$$\sigma_{max} = S_H \sin^2\varphi + S_h \cos^2\varphi$$

计算结果显示：隧道洞轴线最大构造主应力为 5.81～9.48 MPa，垂直应力为 6.76～9.36 MPa，水平垂直应力比 $\sigma_H/\sigma_v = 0.98$～1.16。

2. 地应力等级判定

根据岩样试验资料：隧底大部分为红层泥岩，勘察阶段 47 组岩石天然饱和抗压强度标准值取 20.69 MPa，强度应力比 R_c/σ_{max} 为 2.18～3.56，岩石强度应力比 R_c/σ_{max} 均小于 4，按照国家标准《工程岩体分级标准》（GB/T 50218—2014）判定隧底围岩处于高应力状态。隧底围岩存在底鼓隆起变形可能。但是随着隧道开通运营，地下水迁徙运移，隧道底部围岩含水量增高，岩石天然抗压强度降低，补勘 11 组岩样岩石天然抗压强度平均值仅 8.4 MPa，此时，岩石强度应力比 R_c/σ_{max} 为 0.89～1.45，远远小于 4，隧底围岩仍处于高初始地应力状态，隧底围岩底鼓隆起变形特征明显。

3. 综合分析

本隧道地处单斜构造中，隧道底鼓段岩层倾角在 10°左右，近于水平产出，隧址区地应力以水平残余构造应力为主，泥岩与砂岩接触带还存在一定基岩裂隙水，地下水作用使得泥岩强度进一步软化，表现出强度逐渐降低的时效性。隧底围岩处于高初始地应力区，在水平地应力作用下，低强度的泥岩存在缓慢蠕变，加之隧底仰拱施工质量差，大部分仰拱厚度、曲率及强度达不到设计要求，仰拱为素混凝土结构，其强度不足以抵抗围岩蠕变形变，进而发生向临空面弯曲底鼓变形，最终隧底围岩底鼓变形引发其上无砟轨道变形并具有放大作用。

六、结语

（1）本隧道底鼓病害产生的主要原因是：隧底红层泥岩属于软质围岩，加之岩层近水平状产出，在残余构造水平地应力作用下，隧底围岩出现缓慢蠕变，产生向隧底临空面隆起底鼓的持续变形，隧底仰拱结构施工质量差，厚度、强度及曲率未达到设计要求且部分为素混凝土仰拱结构，仰拱结构及强度不足以抵抗岩石形变力，从而产生底鼓病害。

（2）隧底施工加固揭示：在隧底泥岩夹砂岩中，砂岩赋存一定地下水，由于泥岩渗透性较弱，地下水汇集到隧底存在时效性。因此，地下水对泥岩软化也存在时效性，围岩强度随时间延长而降低，表现出显著的时效性，洞室开挖后，水平应力存在局部集中。在地应力作用下，伴随着泥岩强度进一步降低，泥岩蠕变进一步加强，随着时间推移，其底鼓变形持续发展直至岩体破坏。

（3）隧道勘察设计中要高度重视残余构造地应力、现今构造应力及自重应力背景值、岩石强度及其影响因素研究，特别是软质围岩在地应力作用下的流变特性、时效特性及持续变形特性，研究隧道在初始地应力背景下的岩石强度——应力比十分必要。

（4）隧道开挖，因围岩构造、岩体强度差异，洞室周边局部会出现应力集中及释放现象，进而引起围岩形变，但是由于岩体、构造存在不均一性、差异性，围岩变形存在局部耦合现象，就现今地质勘察手段难以做到精准的定量、定点段。因此，普遍采用较强的隧底仰拱结构（足够强的曲率仰拱）抵抗局部围岩形变的设计思想是适宜的、正确的。

第二节　兰渝铁路玄真观隧道变形破坏原因分析及处理对策探讨

针对兰渝铁路玄真观隧道施工过程中出现的"不同寻常"变形破坏现象，本案例通过室内试验、现场测试、理论分析等方法，查明围岩强度特征、岩石膨胀特性、隧道地应力特征，对隧道变形破坏特征及机制进行分析。分析表明：地层特性、地质构造、施工质量、地应力等是影响隧道变形破坏的主要因素，特别是局部高地应力，控制着隧道整体变形。由此我们建立了地应力与隧道变形破坏的关系，获得了隧底和拱顶变形破坏模式，在此基础上提出了玄真观隧道变形破坏处理对策。实践表明，本案例提出的处理措施具有针对性，是可行的，可为以后类似工程建设提供参考。本节由王子江、王科、王崇艮撰写。

一、引言

四川盆地岩层大多由近水平的泥岩、砂岩、砂质泥岩、泥质砂岩、页岩组成。近年在这种近水平岩层中修建了较多大跨度的铁路、公路隧道，其中部分隧道出现了"不同寻常"的问题。兰渝铁路玄真观隧道部分地段在开挖上台阶后下台阶岩层沿隧道轴向发生纵向开裂；玄真观隧道部分地段初期支护后拱顶沿隧道轴向发生纵向开裂，局部剥落掉块；初期支护变形稳定后，施作二次衬砌，在二次衬砌施作近 3 个月后，发生仰拱及填充混凝土隆起、中心水沟严重挤压变形、拱顶拱腰二次衬砌混凝土纵、斜向开裂等。本案例根据兰渝铁路玄真观隧道变形破坏特征和各种测试数据，系统分析了该隧道变形破坏产生的原因、破坏机制，并提出处理措施，为以后类似工程建设提供一定借鉴意义。

二、玄真观隧道主要地质特征

1. 地质条件

兰渝铁路玄真观隧道位于广元市境内，属构造侵蚀低山区，单面山叠岭地貌。隧道全长 7447 m，洞身段设置了一个斜井，斜井长 445 m。隧道埋深为 250 ~ 265 m。

该隧道穿过白垩系下统剑阁组、剑门关组 $K_1 j$ 紫红色泥岩、粉砂质泥岩夹砂岩，以中厚层状为主，局部薄层状。隧道位于龙门山印支褶皱带东部、四川中拗陷燕山褶皱带中之川北凹斜东部（西北面 60 km 左右为龙门山断裂，东北面约 150 km 为大巴山断裂）。隧道于 DK627 + 220 穿越梓潼向斜核部，向斜走向 N20°W，与线路夹角约 20°。该向斜为宽缓向斜，向斜核部宽 2 ~ 3 km；岩层近似水平，北东翼岩层产状 N15° ~ 80°E/2° ~ 7°S，南西翼产状近 E—W/2° ~ 8°N，未见断层构造。根据深孔钻探揭示，岩心呈长柱状，岩层较完整；纵波波速 v_p 为 3.06 ~ 4.16 km/s；施工开挖揭示，大部分岩层较完整，隧道洞身以泥岩、粉砂质泥岩为主，泥岩属相对隔水层，地下水不发育，全隧以Ⅲ、Ⅳ级围岩为主。

2. 强度特性

在变形破坏最严重的 DK626 + 400 ~ + 846 地段补勘取样进行强度试验，其结果为：11 组泥岩、粉砂质泥岩天然单轴极限抗压强度为 6.8 ~ 32 MPa，平均值为 21.6 MPa，天然饱和单轴极限抗压强度为 0 ~ 18.5 MPa，平均值为 5.1 MPa，软化系数为 0 ~ 0.3；6 组泥岩、粉砂质泥岩天然单轴极限抗拉强度为 0.35 ~ 3.3 MPa，平均值为 2.0 MPa。4 组砂岩天然单轴极限抗压强度为 32.5 ~ 44.7 MPa，平均值为 40.2 MPa，其中试验 1 组砂岩天然饱和单轴极限抗压强度为 14.7 MPa，软化系数为 0.4。从岩石天然单轴极限抗压强度、岩层较完整来看，岩体强度不会特别低，但有地下水时强度会显著降低。

3. 膨胀性

在变形破坏最严重的 DK626 + 400 ~ + 846 地段补勘取样进行膨胀性试验，其结果为：8 组岩样中 2 组具弱膨胀性，6 组不具膨胀性。最大自由膨胀率为 22%，自由膨胀率大多数为零；2 组膨胀力为 103 kPa、136 kPa，其余 6 组膨胀力为 7 ~ 65 kPa，平均为 18.3 kPa，8 组岩样膨胀力平均为 43.6 kPa；饱和吸水率为 5.02% ~ 12.56%，平均值为 9.0%。

4. 地应力

为了查明变形破坏原因，需分析可能存在的局部地应力集中情况，因此先后在 DK626 + 840、DK626 + 510、DK627 + 170 边墙处布置测点，测试深度为边墙内 13 ~ 15 m，采用国内外公认精度较高的应力解除法进行测试，使用澳大利亚的空心包体应力传感计，获得的地应力测试数据见表 2.2-1、表 2.2-2。

表 2.2-1　代表性测点地应力测试成果

测试桩号	测点岩性	地应力参数	最大主应力 σ_1	中间主应力 σ_2	最小主应力 σ_3
DK626 + 840	粉砂质泥岩	量值 /MPa	18.9	10.6	9.1
		方向 /(°)	124	19	229
		倾角 /(°)	16	44	41
说明	主应力方向是主应力的投影方向,以象限角表示;倾角"–"表示俯角,正角为仰角。

表 2.2-2　3 个测点最大主应力 σ_1 值

测试桩号	测点岩性	量值 /MPa	方向 /(°)	倾角 /(°)	与隧道轴线的夹角 /(°)
DK626 + 510	粉砂质泥岩	14.8	81	26	86
DK626 + 840	粉砂质泥岩	18.9	124	16	51
DK627 + 170	泥岩	10.2	136	19	39
说明	主应力方向是主应力的投影方向,以象限角表示;倾角"–"表示俯角,正角为仰角。

从表 2.2-2 可知,3 个测点隧道外 13 ~ 15 m 处围岩最大主应力为 10.2 ~ 18.9 MPa。岩石单轴抗压强度和最大主应力的比值为 0.5 ~ 3,根据国内规范围岩处于极高地应力状态,根据国外规范围岩处于高地应力状态;从水平主应力与上覆自重应力的比值为 1.5 ~ 2.5 来看,围岩处在较高 ~ 高地应力状态。

三、玄真观隧道变形破坏主要特征

2011 年 12 月底,玄真观隧道斜井工区掌子面开挖至为 DK626 + 846、下台阶里程施工至 DK626 + 814、仰拱施工至为 DK626 + 808、二衬施工至 DK626 + 795,因当时铁路建设资金原因停工。至 2012 年 3 月,在洞内查看时发现 DK626 + 400 ~ DK626 + 846 段隧道出现变形破坏。目前查明隧道变形破坏仅发生在 DK626 + 180 ~ DK627 + 270 地段,其变形破坏可分为以下几类:

(1)围岩纵向开裂。DK626 + 808 ~ + 846 段上台阶面底板围岩纵向开裂,裂缝最大宽度 5 cm(图 2.2-1);DK626 + 846 掌子面一残留超前钻孔横断面变为椭圆形,其短轴垂直于隧道中心线,长轴垂直于隧道底填充面(图 2.2-2)。

(2)拱顶初期支护纵向开裂。DK626 + 795 ~ DK626 + 846 段初期支护喷射混凝土开裂,开裂位置在隧道中心线右侧 2 ~ 5 m 处,裂缝沿纵向贯通,裂缝宽度为 10 ~ 30 mm,裂缝周围混凝土成块状剥落,大部分格栅钢架钢筋在裂缝位置变形(图 2.2-3)。开挖后围岩拱顶下沉最大值为 24 cm。

图 2.2-1　上台阶底围岩纵向开裂 　　图 2.2-2　DK626 + 846 掌子面一残留超前钻孔变形

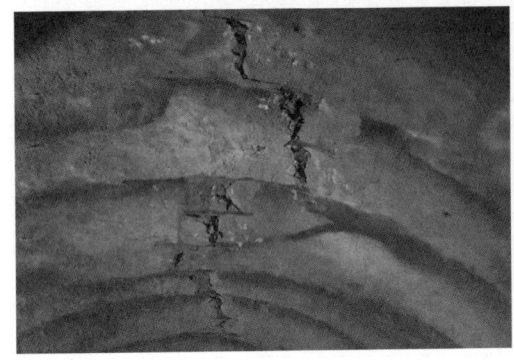

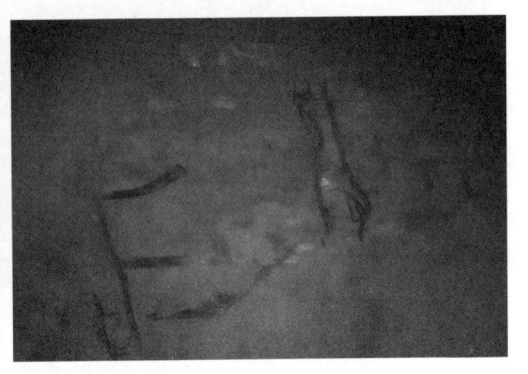

图 2.2-3　拱顶初期支护纵向开裂、格栅钢架钢筋扭曲

（3）仰拱及填充混凝土向上隆起。DK626 + 180 ~ DK627 + 270 普遍存在仰拱及填充混凝土向上隆起现象。其中 DK626 + 431 ~ + 526 段仰拱向上隆起最严重，中心水沟侧墙处仰拱填充顶面最大隆起高度达 72 cm（图 2.2-4）。

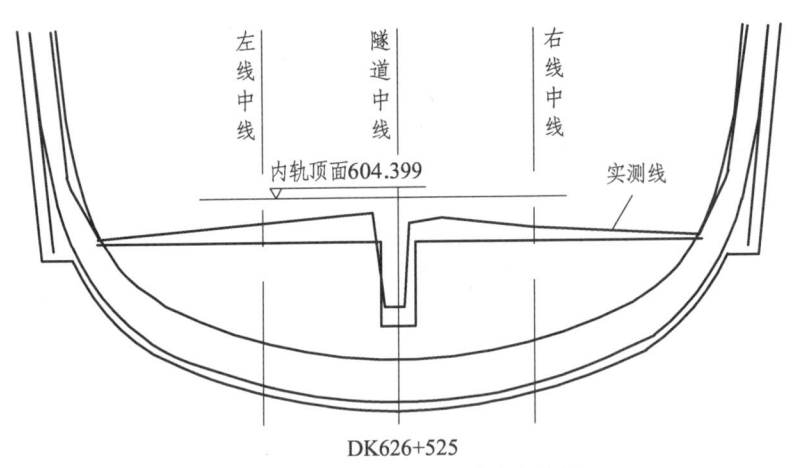

图 2.2-4　仰拱及填充混凝土向上隆起

（4）拱顶及拱腰二衬混凝土开裂。2012 年 3—5 月，仅发现 DK626 + 400 ~ DK626 + 795 段二衬混凝土有纵斜向开裂、拱顶剥落掉块现象；2013 年 12 月底，DK626 + 180 ~ + 400 二次衬砌也发生开裂现象（图 2.2-5）。

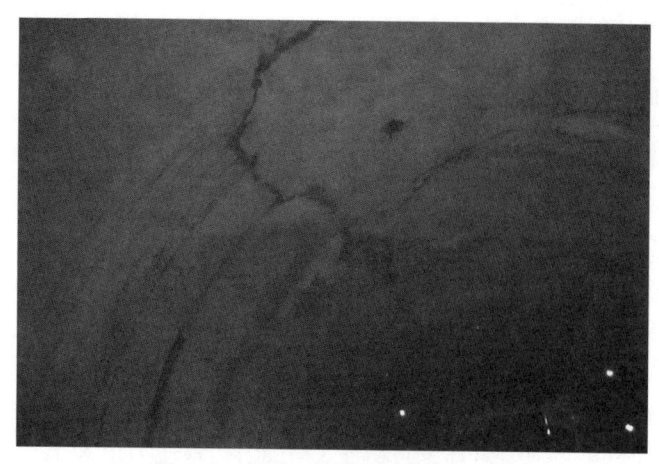

图 2.2-5　拱顶及拱腰二衬混凝土开裂

四、玄真观隧道变形破坏原因分析

1. 变形破坏原因初步分析

隧道变形破坏发生后，勘察单位对变形破坏段进行了补勘，主要采用地质钻孔查明地质情况，并通过钻孔取样查明仰拱的施工情况，同时对净空断面进行检测。

（1）围岩强度的影响。施工开挖揭示，大部分岩层较完整，地下水不发育，从泥岩、粉砂质泥岩天然抗压强度平均值为 21.6 MPa 来看，岩体强度不会特别低，通常情况下不会发生软岩大变形。

（2）围岩膨胀性的影响。补勘取样 8 组中 2 组具弱膨胀性，6 组不具膨胀性，最大膨胀力为 136 kPa，8 组岩样膨胀力平均为 43.6 kPa。加之该段基本无地下水，所以从围岩整体上看膨胀性可以忽略不计，不至于造成隧道变形破坏。

（3）近水平岩层的影响。隧道穿过梓潼宽缓向斜，岩层近似水平。一般情况下近水平岩层对拱顶围岩稳定性影响较大，特别是大跨度隧道开挖后，拱顶围岩容易发生掉块，围岩强度低或有地下水时甚至发生坍方。但玄真观隧道隧底向上隆起变形量比拱顶下沉量大，这说明玄真观隧道变形破坏还有其他主要原因。

（4）施工质量对结构的影响。对隧道净空进行检测，衬砌段内净空满足要求，衬砌厚度大于设计厚度。仰拱及填充层厚度基本与设计一致；将钻探揭示的仰拱底面线进行拟合，拟合的仰拱曲率在 DK625 + 570 断面与设计有出入，其余断面与设计基本一致。取仰拱混凝土芯样 6 组、仰拱填充混凝土芯样 10 组，试验结果：仰拱填充混凝土强度为 19.8 ~ 31.6 MPa，高于设计 C20 的混凝土强度；仰拱混凝土强度为 15.3 ~ 29.6 MPa，平均为 22 MPa，低于设计 C30 的混凝土强度。采用现场取样测得的仰拱混凝土强度及 DK626 + 570 断面的拟合仰拱曲率进行结构分析，分析结果显示，现场仰拱混凝土强度低于设计值和仰拱曲率变化对隧道二衬的安全系数有较大影响，局部点位安全系数降低达到 80%，个别点位受力状态由受压变为了受拉。但结构的安全系数仍在规范允许范围内。由此可见，现场施工的质量瑕疵对结构的承载能力有一定影响，但整个结构仍处于安全状态。

综上所述，围岩强度、膨胀性、近水平岩层、施工质量都不是隧道变形破坏产生的主要原因，隧道变形破坏是由其他因素造成的，或者是由其他因素与上述因素共同作用的结果。

2. 地应力与隧道变形破坏的关系

从3个测点围岩最大主应力值及其分布位置看，隧道变形破坏DK626+180～DK627+270段中部地段地应力大，两侧地段地应力变小，这与DK626+300～DK627+230段隧道变形破坏极为严重、DK626+180～+300和DK627+230～+270严重、隧道进口～DK626+180和DK627+270～隧道出口目前未变形破坏相符。

围岩的挤压变形程度，即变形量级、速率以及滑移区范围，同地应力水平和岩体强度有关，通常用"挤压因子"（岩体强度与地应力值之比）作为判定围岩挤压变形程度的指标。若采用泥岩、粉砂质泥岩天然单轴抗压强度平均值21.6 MPa，根据霍克-布朗（Hoek-Brown）提出的岩体强度公式计算可得泥岩岩体强度为1.8 MPa。当地应力值为18.9 MPa时，挤压因子为0.095；地应力值为10.2 MPa时，挤压因子为0.176。根据霍克-布朗提出的围岩挤压变形程度分级表，DK626+180～DK627+270段围岩挤压变形程度为严重～极度严重，围岩挤压变形程度为严重时相对变形值（径向位移与隧道半径值之比的百分数）为2.5%～5%、变形值为15～30 cm（隧道半径值按6 m计），围岩挤压变形程度为极度严重时相对变形值>10%、变形值>60 cm。这和仰拱填充顶面最大隆起高度达72 cm相符。

经计算，3个测点最大主应力σ_1平均值为14.6 MPa、最小主应力σ_3平均值为7.2 MPa，其差值为7.4 MPa；而泥岩、粉砂质泥岩天然单轴抗压强度平均值21.6 MPa的三分之一为7.2 MPa。根据马丁（Martin）在霍克-布朗强度准则的基础上提出的围岩脆性破坏条件（$\sigma_1-\sigma_3=\sigma_c/3$，其中$\sigma_c$为岩石单轴抗压强度），该段围岩在地应力作用下将发生脆性破坏，这与隧道开挖后隧底围岩和拱顶初期支护后围岩破坏表现形式相符。

从表2.2-2和图2.2-6可知，3个测点最大主应力方向与隧道轴线夹角为35°～90°，这表明该段地应力最大主应力方向与隧道轴线呈大角度相交，对隧道工程不利，加之最大主应力方向与水平面的夹角为仰角，所以地应力对隧底特别不利。这与隧底向上隆起变形量比拱顶下沉量大相符。

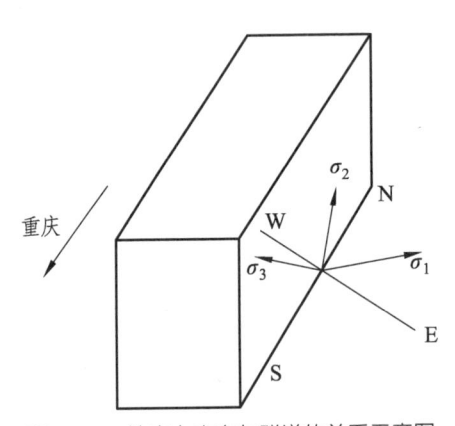

图2.2-6 地应力方向与隧道的关系示意图

综上所述，局部高地应力是隧道变形破坏的主要原因。局部高地应力值越大、最大主应力方向与隧道轴线夹角越大、仰角越大，隧道变形破坏越严重。

3. 隧道变形破坏机制简略分析

1) 地应力最大主应力在水平和垂直方向上的分量

最大主应力在水平方向上的分量 σ_{1h}：

$$\sigma_{1h} = \sigma_1 \cos\theta$$

最大主应力在垂直方向上的分量 σ_{1v}：

$$\sigma_{1v} = \sigma_1 \sin\theta$$

最大主应力在水平方向上又垂直于隧道轴线方向上的分量 σ_{1hs}：

$$\sigma_{1hs} = \sigma_1 \cos\theta \sin\beta$$

式中：σ_1——最大主应力值（MPa）；

θ——最大主应力倾角（°）；

β——最大主应力与隧道轴线的夹角（°）。

根据地应力实测值和上述计算公式，计算得到的 3 个测点地应力最大主应力在水平、垂直、垂直于隧道轴线方向上的分量见表 2.2-3。

表 2.2-3　3 个测点最大主应力的分量值

测试桩号	最大主应力 σ_1/MPa	方向/（°）	倾角 θ/（°）	与隧道轴线的夹角 β/（°）	在水平方向上的分量 σ_{1h}/MPa	在垂直方向上的分量 σ_{1v}/MPa	垂直于隧道轴线方向上的分量 σ_{1hs}/MPa
DK626+510	14.8	81	26	86	13.3	6.5（方向向上）	13.3
DK626+840	18.9	124	16	51	18.2	5.2（方向向上）	14.1
DK627+170	10.2	136	19	39	9.6	3.3（方向向上）	6.0
说明	主应力方向是主应力的投影方向，以象限角表示；倾角"−"表示俯角，正角为仰角。							

根据岩石天然密度 2.6 g/cm³，埋深 260 m 的隧顶受到重力产生的应力 σ_{gv}（方向向下）为：

$$\sigma_{gv} = \gamma H = 26 \times 260 \div 1000 = 6.8 \text{ MPa}$$

2) 隧底和拱顶变形破坏模式

隧道围岩以中厚层状为主，局部为薄层状，每一近水平岩层厚度远小于隧道宽度和长度，每一近水平岩层可看成一个"板"。如图 2.2-7 所示，隧道开挖后，在最大主应力水平方向（特别是垂直于隧道轴线方向）分量的作用下，近水平岩层产生挤压变形。通过挤压积聚应力，同时隧底还受最大主应力垂直向上分量的作用，致使隧底向上弯曲。而拱顶开始还受最大主应力[垂直向上分量（6.5～3.3 MPa）]和围岩向下重力（6.8 MPa）共同作用，随着时间推移拱顶主要受围岩向下重力（6.8 MPa）作用，致使拱顶向下弯曲。于是隧底、拱顶围岩产生拉应力，当拉应力积聚到一定程度，且大于围岩极限抗拉强度时，隧底和拱顶围岩产生纵向张裂破坏，致使拱顶初期支护纵向开裂、在开裂位置格栅钢架钢筋变形。二衬混凝土施工后，混凝土结构受围岩应力影响，二衬仰拱和拱顶外侧受压、内侧受拉，仰拱及填充混凝土向上隆起，拱顶混凝土向下弯曲，当拉应力大于混凝土结构极限抗拉强度时隧底拱顶混凝土结构产生开裂破坏。根据莫尔-库仑准则，采用 FLAC³ᴰ 有限差分软件，模拟地应力对隧道结构的影响。模拟结果表明：整个结构受力较大，仰拱大部分区域受拉，受力最为不利，最大拉应力（4.5 MPa）发生在仰拱中部，拱顶内侧拉应力为 3.1 MPa，均大于 C20～C30 混凝土轴心抗拉强度 1.5～2.0 MPa，也大于泥岩、粉砂质泥岩天然单轴极限抗拉强度 0.35～3.3 MPa（平均值为 2.0 MPa），从而造成隧底、拱部张裂破坏。

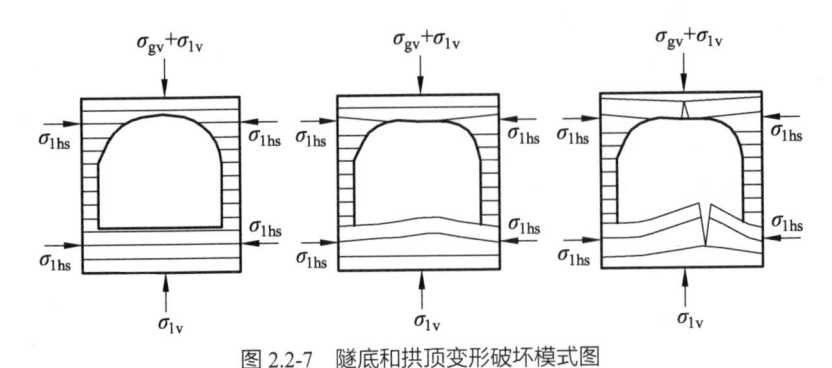

图 2.2-7　隧底和拱顶变形破坏模式图

五、玄真观隧道变形破坏处理对策

根据各段落变形破坏程度，局部高地应力分布以及挤压性围岩具有变形滞后的特点，采取针对性的处理措施。

（1）对衬砌严重破坏段，拆换素混凝土衬砌，在隧底、拱部设置长锚杆控制变形，在隧底增加锚杆数量，设置 W 钢带、网喷混凝土抵抗残余地应力，并对变形进行监测，变形稳定后重新施作二次衬砌。二次衬砌采用钢筋混凝土衬砌。对衬砌非严重破坏段或钢筋混凝土衬砌段，开裂较少，采取裂缝嵌补措施，拆换隧底仰拱及填充，拆换后在隧底设置长锚杆和 W 钢带及网喷混凝土。

（2）对未施工高地应力段，围岩等级按有关规范确定，在隧底、拱部设置长锚杆控制变形，在隧底增加锚杆数量，设置 W 钢带、网喷混凝土抵抗残余地应力，并对变形进行监测。挤压性围岩开挖后，二次衬砌紧跟的施工原则并不适用，而应在围岩变形稳定后施作，同时应加强初期支护控制变形。

（3）对存在或可能存在局部高地应力的近水平隧道，由于变形具滞后性，宜采用有砟轨道。

六、结语

根据玄真观隧道变形破坏特征和地应力测试结果，经多方面原因分析，笔者认为局部高地应力是玄真观隧道变形破坏的主要原因。隧道在变形破坏过程中还将受到岩体强度等因素的制约。隧道围岩纵向开裂、仰拱及填充混凝土隆起、二次衬砌开裂主要是由水平地应力量值大、红层岩体强度偏低、岩层近水平、施工质量瑕疵特殊组合下引起的围岩挤压变形所致，为此提出的处理措施具有针对性，是可行的。

第三节　兰渝铁路近水平软岩边坡变形破坏机理研究

本案例从兰渝铁路 D1K641 路堑边坡岩石（体）水理特性试验着手，分析红层软岩遇水产生裂缝、强度显著降低的原因，提出了"楔裂扩张力"致裂概念。本案例详细分析了近水平红层软岩边坡变形破坏的特征、垂向楔裂破坏和沿层间剪裂破坏的力学机制，归纳总结了近水平红层软岩边坡变形破坏模式，这对整治既有工程滑坡、预防近水平软岩边坡变形破坏具有重要实际意义。本节由王子江、王崇艮、王科撰写。

一、前　言

兰渝铁路广元至重庆段位于四川盆地，其斜坡大多由红色近水平的泥岩、砂岩、砂质泥岩、泥质砂岩、页岩组成，因为岩层倾角大大小于其内摩擦角，所以，这类斜坡本应是稳定的。但由于红层软岩富含大量的黏土矿物，其物理力学性质差，常给工程建设尤其是铁路、公路边坡工程带来诸多问题，甚至造成重大工程事故。因此，对这类边坡的变形破坏机制的研究，具有十分重要的意义。国内外曾对滑坡形成机制作过大量的研究，王兰生和张倬元教授等认为此类斜坡的失稳破坏是由于后缘拉裂隙充水达一定高度（临界高度）后，裂隙水的水平推力和沿层面渗流水的扬压力联合作用，并称之为平推式滑坡，但对后缘拉裂隙的形成和扩展未做深入的研究。邵江等认为红层中的近水平岩层在天然状态下稳定性高，但在爆破荷载下起裂、竖向裂缝尖端在爆破产生的水平作用力和静水压力作用下继续扩展，连续降雨也会诱发岩体沿软弱夹层的滑动破坏，但四川盆地多处天然近水平岩层边坡在无爆破开挖和静水压力不大的情况下发生了变形破坏，说明促使竖向裂缝扩展、边坡滑动破坏的水平作用力还可由其他因素产生。笔者结合兰渝铁路 D1K641 路堑工程滑坡勘察，从岩石（体）特性试验，特别是岩石水理特性试验着手，发现部分红层软岩遇水开裂，同时向外产生较大扩张力，以下将这种力称为"楔裂扩张力"。从 D1K641 路堑边坡工程滑坡变形破坏形迹看，楔裂扩张力在近水平红层软岩边坡变形破坏、滑移过程中起着十分重要的作用。

二、兰渝铁路 D1K641 路堑边坡主要地质特征

1. 地质条件

该路堑位于广元市苍溪县鸳溪乡，为四川盆地东北部低山台地地貌，地势东高西低，线路起伏较小，路堑中心最大挖深约 12 m，最大边坡高度约 23 m。路堑右侧陡坎处基岩出露。左侧边坡上覆粉质黏土，下伏基岩为白垩系下统剑门关组（K1j）紫红色泥岩夹砂岩，泥岩为中厚~薄层状，质软，遇水易软化，岩心经风干呈薄片状；砂岩为中厚层状，但岩质较疏松。据钻探揭示，除局部泥岩存在严重的差异风化现象外，一般强风化层厚 2~4 m；地质构造简单，岩层层理发育，岩层产状为 N10°W/4°SW，岩层走向与线路走向基本一致，倾向线路方向；竖向节理裂隙发育，节理产状为 N40°E/90°、N20°~77°W/86°~90°NE。

D1K641+056 左侧 54 m 处有一水流集中汇水冲沟，暴雨时汇流于此的地表水漫流于坡面。地下水主要为第四系孔隙水和基岩裂隙水，基岩主要为泥岩，透水性差，有部分基岩风化裂隙水赋存，主要由地表水、大气降水补给。总体上地下水不发育。

2. 水理特性

1) 崩解特性

取岩样 8 组进行崩解性试验，其耐崩解性指数比较高（表 2.3-1），如果按规范评价应属

于耐崩解性比较高的岩石。然而，钻孔岩心或红层软岩开挖暴露后遇水软化、经风干很快变成薄片状，经过一段时间，原本完整的岩体就会完全破碎，说明岩石（体）易风化崩解。造成这种室内试验和现场情况差异的原因可能是试验方法。耐崩解性试验所采用的试样是20块质量为40～60 g的岩块，如此小尺寸的岩块不能代表实际岩体的崩解特性，因为岩体中存在节理和层理。为此，将5 cm×5 cm×5 cm正方体岩样试件整体置于水中，很快可以看到部分试样开始出现大小不等的裂隙，特别是D1K640+920左32 m 2011-兰渝岩-6岩样最为明显，置于水中1 min开裂出现一条裂缝，10 min出现另一条裂缝，如图2.3-1所示。经较长时间浸泡，岩样随着裂隙的发展崩解成大小不同的块体，这些块体往往难以进一步分散，浸泡的水也是清澈的。

表 2.3-1　兰渝铁路 D1K641 路堑边坡岩石水理特性试验成果表

分项	耐崩解指数/%	天然无侧限膨胀率（轴向）/%	自由膨胀率/%	膨胀力（楔裂扩张力）/kPa	饱和吸水率/%	阳离子交换量/[mmol(NH_4^+)/100g 土]	蒙脱石含量/%
样本数	8	7	16	16	8	8	8
极小值	81.6	0.0	0.0	10.0	4.4	7.0	6.1
极大值	96.3	0.6	6.0	234.0	9.8	17.2	9.1
平均值	90.6	0.2	0.9	53.3	6.3	10.4	7.3
2011-兰渝岩-6	84.8	0.1	0.0	234.0	6.8	7.0	6.4

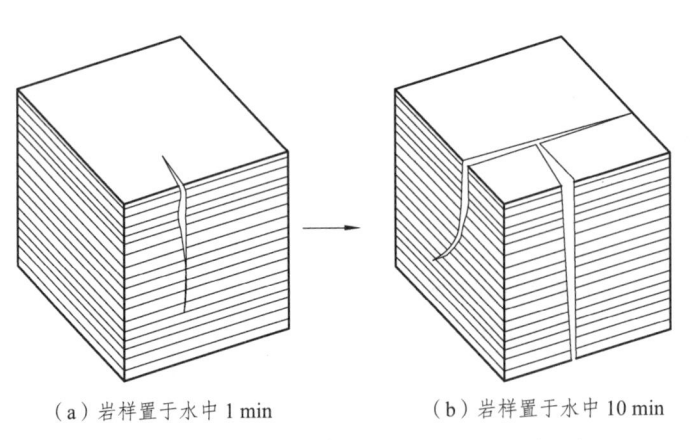

（a）岩样置于水中 1 min　　　（b）岩样置于水中 10 min

图 2.3-1　2011-兰渝岩-6 岩样浸泡水产生的裂缝示意图

2）楔裂扩张特性

根据兰渝铁路 D1K641 路堑边坡岩石水理特性试验结果（表 2.3-1），8 组岩样自由膨胀率均小于 30%，天然无侧限膨胀率均小于 3%，饱和吸水率均小于 10%，除 2011-兰渝岩-6 岩样膨胀力（楔裂扩张力）为 234 kPa 外，其余 7 组岩样膨胀力（楔裂扩张力）均小于 100 kPa，按照《铁路工程岩土分类标准》（TB 1077—2001），8 组岩样均不属于膨胀岩。这说明试验测得的力不应该是人们通常称的膨胀力，应该是一种向外的扩张力，结合上述开裂崩解特性，试验测得的力称为"楔裂扩张力"更恰当。

岩样黏土矿物成分 X 射线衍射分析表明，该岩石（体）矿物成分以伊利石为主，伊利石为亲水性较强的矿物，它具有较大的表面能，与水接触时能强烈地吸附水分子。吸附将使其表面能减小，减小的表面能一部分以湿润热的形式逸散，另一部分则转化为促使岩石"水 - 岩相界面"增大的力学破坏能，这种力学破坏能将作为一种特殊的表面张力起着楔裂作用，促使裂隙向纵深发展。

根据大家所熟知的吉布斯（Gibbs）吸附方程可以推知，楔裂扩张力（F）与吸附量成正比，当表面吸附层未达饱和时，服从下述关系：

$$F = SRT$$

式中：S 为吸附量（mol/cm^2）；R 为气体常数；T 为绝对温度（K）。

由此可知，裂隙表面能越大，产生的楔裂扩张力（F）越大。

3）**强度特性**

取岩样 8 组进行强度试验，试验结果见表 2.3-2。天然岩石单轴抗压强度平均值为 10.6 MPa，标准值为 9.2 MPa；烘干饱和岩石单轴抗压强度标准值为 2.1 MPa，其中饱和岩石单轴抗压强度单块值为 0 ~ 0.8 MPa 的占 42%；烘干饱和岩石抗拉强度标准值为 0.05 MPa，其中饱和岩石抗拉强度单块值为 0 ~ 0.08 MPa 的占 53%；软化系数为 0 ~ 0.3；岩石饱水后强度显著降低，从单轴抗压强度标准值来看，岩石饱水后强度降低 77%。

表 2.3-2　兰渝铁路 D1K641 路堑边坡岩石强度试验成果表

分项	单轴抗压强度 /MPa		软化系数	抗拉强度 /MPa	重塑饱和快剪强度		重塑饱和残余强度	
	天然	烘干饱和		烘干饱和	c/kPa	φ/（°）	c/kPa	φ/（°）
样本数	8	6	8	6	8	8	1	1
极小值	4.2	0.0	0.0	0.00	28.9	23.1	5	25
极大值	16.3	10.7	0.3	0.40	71.2	33.6	5	25
平均值	10.6	4.95	0.1	0.10	51.2	27.7	5	25
标准差	3.7	3.43	0.1	0.06	14.4	3.2		
变异系数	0.3	0.69	0.9	0.63	0.3	0.1		
标准值	9.2	2.13	0.05	0.05	41.5	25.6		

三、兰渝铁路 D1K641 路堑边坡变形破坏（牵引式工程滑坡）特征

2011 年 3 月 D1K641 路堑开挖至路基面附近，路堑边坡形成临空面，此时排水系统、空窗式护墙等护坡工程还未全部竣工，雨季第一场大降雨来临，路堑边坡开始出现局部土层坍滑。随着雨季降雨不断增多，降雨量增大，既有排水渠失修毁坏，山洪水漫流于坡面，大量地表

水下渗，边坡变形范围不断扩大，牵引式拉张裂缝和错台不断增多、裂缝宽度扩大、裂缝深度加深，最终下伏岩层发生滑移。边坡变形破坏可分为 3 个阶段：第一阶段，局部土层坍滑；第二阶段，坍滑规模扩大，连成一片；第三阶段，下伏岩层发生滑移，与土层坍滑体形成牵引式工程滑坡。

D1K640 + 880 ~ D1K641 + 300 段左侧滑坡最大宽度约 60 m，一般宽 30 ~ 45 m，滑坡体厚度一般为 10 ~ 15 m，其中岩层一般厚 5 ~ 8 m、局部厚 10 ~ 12 m，土层一般厚 3 ~ 6 m、局部厚 10 ~ 11 m，最大裂缝宽度为 0.5 m，最大错台高度为 5 m，前缘最大剪出 0.6 m。D1K640 + 920 工程滑坡断面图如图 2.3-2 所示。

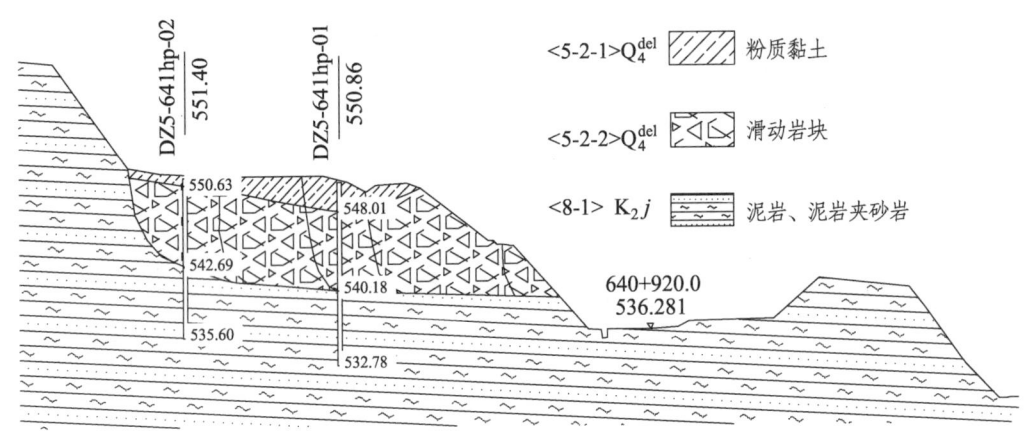

图 2.3-2　D1K640 + 920 工程滑坡断面图

四、近水平红层软岩边坡变形破坏机制分析

1. 垂向楔裂破坏的力学分析

降雨、地表水沿土层多条拉张裂缝下渗浸泡下伏紫红色泥岩、砂岩、砂质泥岩，产生楔裂扩张力（F）。下渗水进入下伏近水平岩层表层时楔裂扩张力（F）是岩层开裂破坏唯一的作用力（图 2.3-3）。

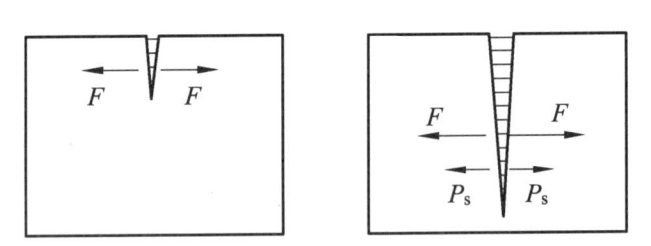

图 2.3-3　岩石（体）遇水发生垂向楔裂破坏时受力情况

如果岩石（体）抗拉强度为 R_f，当 $F > R_f$ 时岩石（体）将发生开裂。

D1K641 左侧边坡 8 组岩样楔裂扩张力（F）标准值为 104 kPa，而紫红色泥岩、砂岩、砂质泥岩烘干饱和抗拉强度（R_f）标准值为 50 kPa，饱和岩石单轴抗压强度单块值为 0 ~ 80 kPa

的占 53%。

所以，D1K641 左侧边坡有 50% 左右的岩体被水浸泡后 $F > R_f$，即紫红色泥岩、砂岩、砂质泥岩遇水产生的楔裂扩张力大于其饱和抗拉强度，可致使岩层开裂，这已被室内崩解试验所证实（图 2.3-1）。

随着裂缝向深部发展，裂隙中充水产生的静水压力（P_s），可用如下计算：

$$P_s = \gamma h$$

式中：γ 为水的密度（kN/m³）；h 为裂隙中充水高度（m）。

D1K641 左侧边坡滑坡体岩层一般厚 5～8 m，即岩层裂缝静水高 5～8 m，静水压力（P_s）由 0 变到 80 kPa，因此深部近水平岩层开裂破坏的作用力由楔裂扩张力（F）和静水压力（P_s）组成（图 2.3-3）。

由上可知，$F + P_s > R_f$，裂缝向深部加快发展。

2. 岩滑体沿层面剪切破坏的力学分析

1) **垂向裂缝末端岩体沿层面剪裂破坏的力学分析**

垂向裂缝末端岩体沿层面将要发生剪切破坏时岩体主要受 3 种力的作用：楔裂扩张力（F）、静水压力（P_s）以及岩层面的抗剪力（f）。其中前两种力构成剪力（σ），即：

$$\sigma = F + P_s$$

当 $\sigma > f$ 即 $F + P_s > f$ 时岩体将发生剪切破坏。

D1K641 左侧边坡 8 组岩样楔裂扩张力（F）标准值为 104 kPa；岩层裂缝静水高 5～8 m，静水压力（P_s）平均为 65 kPa；根据试验结果，土饱水密度为 2.07g/cm³，岩石饱水密度为 2.6g/cm³，岩层倾角为 4°，岩层厚度按 8 m、土层厚度按 5 m 考虑，经计算得：

$$\sigma = F + P_s = 169 \text{ kPa}$$

根据四川盆地红层软岩多个现场大面积剪切试验结果，紫红色泥岩、砂岩、砂质泥岩层间饱和剪切强度为：峰值强度 $c = 70$ kPa，$\varphi = 16°$；摩擦强度 $c = 40$ kPa，$\varphi = 13°$。

经计算重力产生的正应力（G）约为 300 kPa，此时岩层间饱和剪切峰值强度即抗剪力 $f = 156$ kPa。

程强等关于红层软岩软弱夹层饱和剪切蠕变的试验表明，当正应力为 300 kPa 时，若剪应力增加到 120 kPa，则软弱夹层出现第三阶段蠕变而发生破坏，长期抗剪强度为 93 kPa（$c = 23$ kPa，$\varphi = 13°$）。

从上述可知，$\sigma = F + P_s > f$ 即剪力大于抗剪力，所以 D1K641 左侧边坡岩体沿层面发生了剪裂破坏。局部岩层楔裂扩张力（F）达到 234 kPa，仅靠楔裂扩张力（F）就可将局部岩层沿层面剪断。

2) **滑体沿层面滑移的力学分析**

饱水滑体沿层面滑移时滑体受 5 种力的作用（图 2.3-4）楔裂扩张力（后缘垂向裂缝楔裂扩张力 F_1、沿层面裂缝楔裂扩张力 F_2）、后缘垂向裂缝静水压力（P'_s）、滑体重力（W）、沿层面渗流水扬压力（浮力 F_w）以及岩层面的抗滑力（f'）。则下滑力（σ'）为：

$$\sigma' = (F_1 + P'_s)\cos\theta + (W - F_w)\sin\theta$$

当 $\sigma' > f'$ 时滑体将发生失稳、滑移。

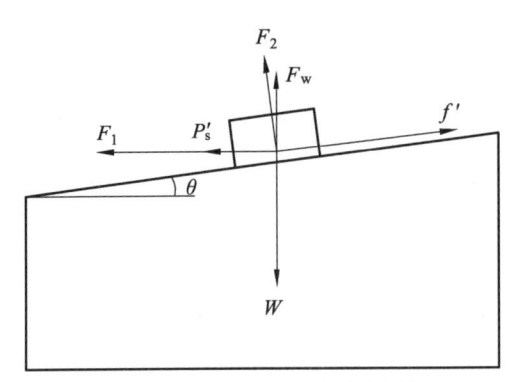

图 2.3-4　滑体沿层面滑移时受力情况

D1K641 左侧滑坡滑面长 40 m，滑体土层厚 5 m，岩层厚 8 m，岩层倾角为 4°，土浮密度为 10.7kN/m³，岩石浮密度为 16.0kN/m³，岩层楔裂扩张力标准值为 104 kPa，局部岩层楔裂扩张力达到 234 kPa。取滑体 1 m 宽进行分析，经计算饱水滑体重力分力 [（$W-F_w$）$\sin\theta$] 为 506kN，后缘垂向裂缝静水压力（P'_s）为 320 kN，后缘垂向裂缝楔裂扩张力（F_1）为 832 kN，则

$$\sigma' = (F_1 + P'_s)\cos\theta + (W-F_w)\sin\theta = 1655 \text{ kN}$$

若按局部岩层楔裂扩张力达到 234 kPa 计算时后缘垂向裂缝楔裂扩张力（F_1）为 1872kN，则 $\sigma' = 2693$ kN。

根据程强等关于红层软岩软弱夹层饱和剪切蠕变的试验，滑面摩擦强度可取 $c = 23$ kPa，$\varphi = 13°$，经计算抗滑力 $f' = 1632$ kN（若按局部岩层楔裂扩张力达到 234 kPa 计算，则 $f' = 920$ kN）。

从上述可知，$\sigma' > f'$ 即下滑力大于抗滑力，所以 D1K641 左侧边坡滑体发生了滑移，滑坡前缘沿层面剪出。

3）近水平红层软岩边坡变形破坏模式及防治措施

近水平红层软岩边坡形成临空面后，降雨或地表水下渗，在裂隙与孔隙的水-岩相界面产生"楔裂扩张力"，在"楔裂扩张力"作用下产生竖向裂隙，多次降雨或地表水下渗使竖向裂隙不断变大并向深部发展，下渗水遇到近水平岩层间（特别是软硬岩层间）夹层时，部分岩体在楔裂扩张力等作用下岩体沿层面剪断，层间剪裂隙不断发展，与多数竖向裂隙贯通，岩体在楔裂扩张力、裂缝静水压力、重力、沿层面渗流水的扬压力，以及岩体（特别是软岩层）强度大大降低的综合作用下沿层间剪裂面发生失稳，向外滑移形成滑坡。近水平红层软岩边坡变形破坏模式如图 2.3-5 所示。

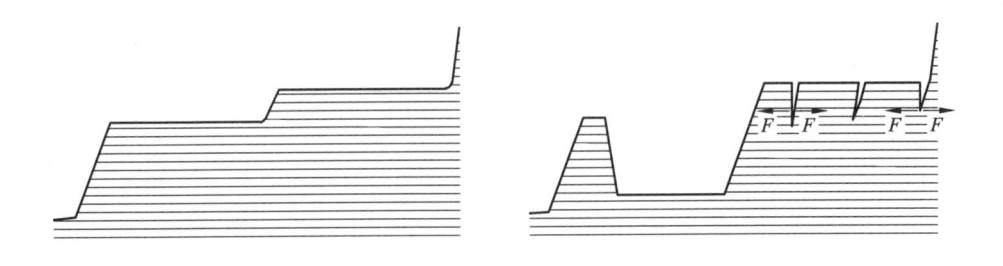

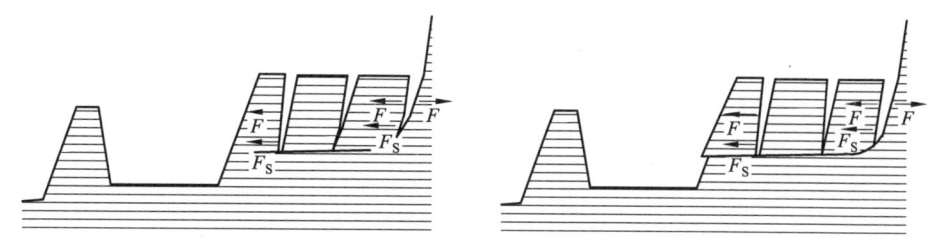

图 2.3-5　近水平红层软岩边坡变形破坏模式

从上述变形破坏模式看，在整个变形破坏过程中必须要有水的作用，没有水，近水平红层软岩不会产生"楔裂扩张力"，不会开裂破坏，不会降低强度，不会产生静水压力，边坡处于稳定状态。因此，防止雨水、地表水下渗是预防近水平软岩边坡发生变形破坏的最佳措施，如路堑开挖前做好边坡排水系统，损坏的及时修复等。当然，及时做好护坡工程，避免大拉槽产生大临空面也是相当重要的。

五、结语

（1）红层软岩遇水在裂隙与孔隙的水-岩相界面产生"楔裂扩张力"，在"楔裂扩张力"作用下岩体发生楔裂破坏崩解，强度显著降低。

（2）"楔裂扩张力"在近水平红层软岩边坡变形破坏、滑移过程中起着关键作用，特别是在近水平红层软岩垂直裂隙发展中起着绝对作用。

（3）近水平红层岩体遇水首先在"楔裂扩张力"作用下发生垂向楔裂破坏并向深部发展，遇到层间（特别是软硬岩层间）夹层时在楔裂扩张力、裂缝静水压力、重力、沿层面渗流水的扬压力以及强度大大降低的综合作用下沿层间发生剪裂破坏，致使岩体失稳并向外滑移，形成滑坡。

（4）水、临空面是近水平软岩边坡发生变形破坏的必要条件。

第四节　郑万高铁兴山隧道平行导坑底板开裂上鼓原因分析

郑万高铁兴山隧道施工期间中部平行导坑发生了底板开裂上鼓的病害，平导底板断续开裂上鼓约 1 km，占整个平导长度的 1/3。建设单位召开四方参建单位会审，组织专家分析研讨病害产生的原因，确定针对性工程处理措施，确保了兴山隧道顺利施工，按期贯通。本案例结合隧道所处的区域地质环境、地层岩性、地应力测试及岩石强度试验数据、平导开裂上鼓病害特征、施工揭示地质条件等资料，分析了隧道平导开裂上鼓病害产生的主要原因，提出要高度重视地应力作用下软质岩蠕变的时效性、水平构造应力环境下洞室应力集中特点、地下洞室群洞效应，指出隧底仰拱结构强度及曲率是抵抗岩体变形的重要参数。本节由王茂靖、王清川撰写。

一、概况

1. 工程概况

兴山隧道位于神农架至兴山区间,为速度 350 km/h 的单洞双线隧道,隧道进口里程为 D1K563+370,出口里程为 D1K573+730,全隧长 10 085.314 m(短链长度为 274.685 6 m),隧道最大埋深为 725 m,隧道轨面设计为"人"字坡。

隧道辅助坑道采用"1 泄水洞+2 横洞+1 平导+1 施工支洞"的施工方案,其中,泄水洞长度为 80 m,1 号横洞长度为 550 m,2 号横洞长度为 1 060 m,中部平导位于线路左侧,距线路左线中线 30 m,长 3 295.52 m,平导坑底高程较正洞设计轨面高程低 3 m,平导采用无轨单车道运输,断面尺寸为 6.5 m(宽)×6.2 m(高),辅助坑道总长度为 4 985.52 m。兴山隧道辅助坑道平面示意图如图 2.4-1 所示。

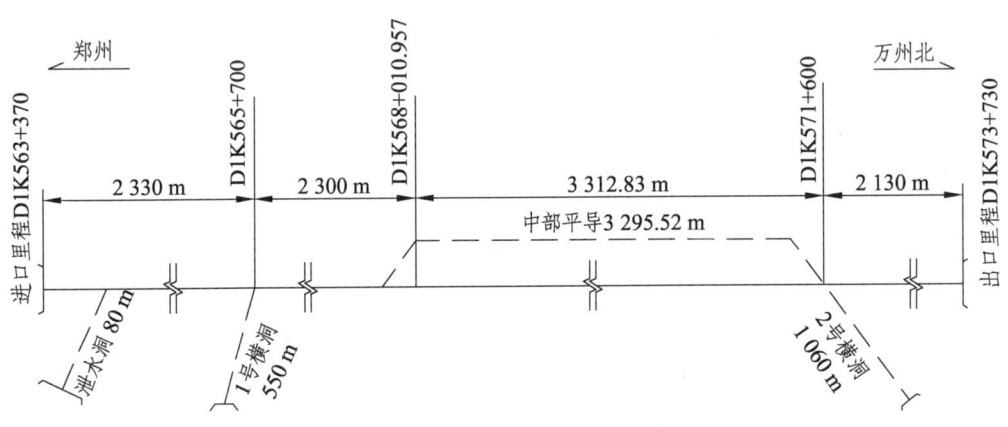

图 2.4-1 兴山隧道辅助坑道平面示意图

隧道按 4 个工区组织施工,分别为进口、1 号横洞、2 号横洞和出口工区。隧道于 2016 年底开工建设,于 2021 年 1 月贯通。

2. 开裂上鼓病害及工程处理

兴山隧道中部平行导坑起讫里程为 PDK568+000~PDK571+295.52,长度约 3 295 m,属于 2 号横洞施工工区,最大埋深为 460 m。据开挖揭示:地层岩性以页岩为主,深灰、灰黑色,泥质结构,薄~中厚层状构造,局部厚层状,岩质较软,页理较发育,层间结合一般。岩层倾角较缓,视倾角为 2°~20°,总体倾向隧道左侧。岩体节理较发育~发育,围岩较破碎~破碎,局部破碎较严重。页岩段围岩干燥,未见地下水出露。

2018 年 7 月 20 日,PDK570+910~+960 段底板出现纵向裂缝,同时 PDK570+972~+952 右侧边墙(靠正洞侧)出现初支开裂、拱架变形情况。2018 年 8 月 10 日,平导底板开裂向小里程发展至 PDK570+860,向大里程发展至 PDK570+995,至 2018

年9月2日该段平导底板累计隆起最大值为234.7 mm（PDK570 + 932）。本段变形病害经建设单位组织四方参建单位会审后形成处理方案，主要对PDK570 + 860 ~ + 995段平导拱墙采用长4.0 m涨壳式低预应力锚杆补强，补强完成、监控量测数据显示支护稳定后，对该段平导铺底进行拆换，增设弧形仰拱钢架封闭成环。同年9月处理工程完成后监控量测发现，该段变形已趋于稳定。

2019年3月16日，现场发现：平导PDK570 + 995 ~ PDK571 + 294、PDK570 + 115 ~ PDK570 + 650段底板均有不同程度的隆起开裂现象，裂缝位于底板中线附近，裂缝宽度为4 ~ 80 mm，沿隧道纵向发展。监控量测数据显示：该段平导坑底隆起最大值为144.1 mm，在PDK570 + 521处。平导底板已施工1274 m，其中底板开裂或开裂后隆起段共计888 m（含已处理的PDK570 + 860 ~ 570 + 995段135 m，该段处理后未出现裂缝），占比70%。本段病害经现场四方会审，确定处理方案为：一是调整PDK568 + 000 ~ PDK569 + 890段平导中线距正线左中线距离为45 m，二是PDK569 + 695 ~ PDK570 + 021段增设仰拱初支钢架封闭成环，底板改为弧形仰拱，同年5月4日完成了平导PDK569 + 695 ~ PDK570 + 021段底板施工，施工过程中增设仰拱初支钢架封闭成环。监控量测显示：底板变形趋于稳定。

2019年12月10日，施工单位现场排查发现：隧道已施工段底板开裂继续向前发展，PDK569 + 021 ~ PDK570 + 115段底板均有不同程度的断续开裂，裂缝宽度为15 ~ 30 mm。PDK570 + 115 ~ PDK570 + 757段已开裂的底板也有不同程度的发展，开裂更严重、底板隆起范围加大、隆起更高，裂缝宽度达到100 mm，最大隆起处位于PDK570 + 340处，达到438.5 mm。

截至2019年12月12日，已经施工平导底板2156 m，其中底板开裂或开裂后隆起段共计1068 m（含已处理的PDK570 + 860 ~ 570 + 995段135 m，该段处理后未出现裂缝），占比49.5%。底板开裂隆起发展至PDK570 + 021（平导隧底增设仰拱起始里程）后，未见裂缝向前发展。PDK571 + 225 ~ + 230段底板底鼓开裂如图2.4-2所示，PDK570 + 525 ~ + 515底板底鼓开裂如图2.4-3所示。平导底板开裂、底鼓段落统计对比见表2.4-1。

图2.4-2 PDK571 + 225 ~ + 230段底板底鼓开裂　　图2.4-3 PDK570 + 525 ~ + 515底板底鼓开裂

表 2.4-1　平导底板开裂、底鼓段落统计对比

序号	开裂里程	长度/m	2019年3月统计 裂缝宽度/mm	2019年3月统计 隆起高度/mm	2019年12月统计 裂缝宽度/mm	2019年12月统计 隆起高度/mm	备注
1	PDK571+270~571+294	24	5~10		5~10		
2	PDK571+220~571+240	20	4~10		4~10		
3	PDK571+200~571+210	10	5~15		5~15		
4	PDK571+130~571+175	45	5~10		5~10		
5	PDK570+995~571+127	132	5~15		5~15	155	
6	PDK570+860~570+995	135	5~15		5~15		处理前
7	PDK570+757~570+860	103	—		5~8		
8	PDK570+738~570+750	12	—		5~10		
9	PDK570+660~570+674	14	—		5~9		
10	PDK570+642~570+650	8	50~80		50~90	300	
11	PDK570+525~570+642	117	4~15	40	4~20	60	
12	PDK570+515~570+525	10	40~80	70	40~100	70	
13	PDK570+449~570+515	66	4~15	80	15~20	90	
14	PDK570+230~570+436	206	8~20		10~50	355	
15	PDK570+182~570+230	48	5~20		10~50	365	
16	PDK570+115~570+182	67	5~10		5~30	215	
17	PDK570+095~570+115	20	—		20~30	195	
18	PDK569+990~570+021	31			15~30	40	
	合计	1068					

建设单位组织四方会审后，确定处置方案主要为：

（1）PDK569+260~PDK569+695段底板未施工段，断面由直边墙调整为曲边墙，同时增设仰拱钢架封闭成环，喷C25混凝土。

（2）对PDK570+021~PDK570+860及PDK570+995~PDK571+295.52段已施工的底板拆除已浇筑的底板（仰拱）混凝土，增加仰拱初支钢架封闭成环，设置成弧形仰拱，重新浇筑混凝土。

二、隧道工程地质条件

1. 地形地貌

隧道地处鄂西神农架林区东南部，属溶蚀、构造剥蚀中低山河谷地貌区，隧址区山脊呈北东向走势，连绵起伏，峰谷相间，河谷狭窄，呈V字形，山势陡峭，整体坡度为40°～70°，部分坡面近直立，地面标高为320～1180 m。平导PDK568＋000～＋900段埋深为250～460 m，位于构造溶蚀中低山地貌区；PDK568＋900～PDK571＋295段埋深160～350 m，位于构造剥蚀中低山地貌区。

2. 地层岩性

除隧道进出口斜坡上分布有残坡积粉质黏土夹碎石角砾外，隧道洞身通过基岩为志留系下统新滩组（S_1x）页岩夹砂岩，志留系与奥陶系并层龙马溪组（O_3S_1l）炭质页岩、硅质页岩，奥陶系中上统宝塔组（$O_{2+3}b$）灰岩页岩互层，奥陶系下统南津关组-牯牛潭组（$O_1n\text{-}g$）灰岩夹页岩，寒武系上统娄山关组（$\in_2l$）白云岩，下统石牌组、牛蹄塘组（$\in_1s+n$）页岩夹灰岩、砂质白云岩，震旦系中统灯影组（Z_2dn）白云岩，如图2.4-4所示。

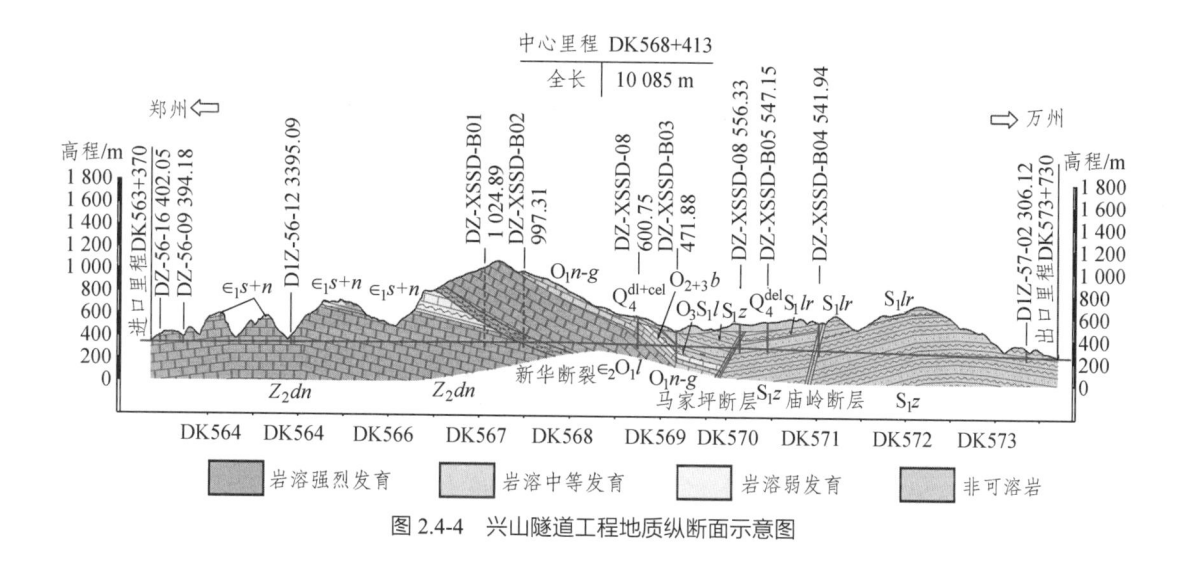

图2.4-4 兴山隧道工程地质纵断面示意图

隧道中部平行导坑PDK568＋000～PDK569＋095通过奥陶系中上统宝塔组（$O_{2+3}b$）灰岩页岩互层，奥陶系下统南津关组-牯牛潭组（$O_1n\text{-}g$）灰岩夹页岩，寒武系上统娄山关组（$\in_2l$）白云岩，受新华断裂影响，岩体节理裂隙发育，推测PDK568＋370～PDK568＋900为岩溶强烈发育段，PDK568＋900～PDK569＋095为岩溶中等发育段。

PDK569＋095～PDK571＋295段地层岩性为志留系下统新滩组（S_1x）页岩夹砂岩，志留系与奥陶系上统龙马溪组（O_3S_1l）炭质页岩、硅质页岩，岩层产状为N15°～25°E/15～26°SE，与线路夹角为0°～20°，视倾角为15°～25°，倾向线路左侧，隧道洞身存在顺层偏压，层间综合摩擦角为16°。建议加强顺层及顺层偏压段的挡护与支护。

3. 地质构造

隧址区处于扬子地台的神农架断穹带青峰台褶束、黄陵穹窿、秭归台褶束的结合带，区内构造形迹主要属新华夏构造体系，为一组北东向断裂及其伴随的北东向断层及次级的褶曲冲断层。隧道进口位于区域性新华断裂与林家湾断层之间，洞身段主要穿过新华断裂和其次生断层及由此产生的局部褶皱。隧址区受区域大断裂——新华断裂影响，构造作用强烈，地层层序变化较大。

中部平行导坑段位于新华断裂上盘（图 2.4-5），平导正向穿越其支断裂马家坪断层、庙岭断层。

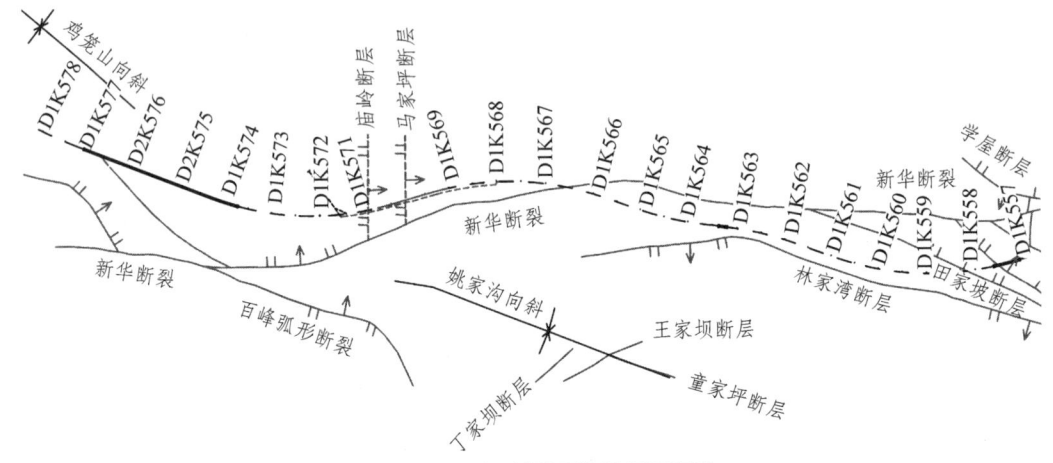

图 2.4-5　隧道区域地质构造纲要略图

新华断裂：新华断裂为区域性大断裂，具多期活动性，全长 360 km。在线路附近，新华断层走向为 N5°E ~ N25°E，倾向为 NW，倾角为 50°，线路与该断裂走向夹角约 18°，隧道洞身 D1K567 + 395 ~ D1K567 + 745 段约 350 m 经过新华断裂的破碎带及其影响带。根据地质调绘和钻探揭示：隧洞身段断层上盘为寒武系上统娄山关组（$\in_2 O_1 l$）白云岩，下盘为寒武系下统石牌组、牛蹄塘组（$\in_1 s + n$）页岩夹灰岩、砂质白云岩以及震旦系上统灯影组（$Z_2 dn$）白云岩，破碎带主要表现为断层角砾多呈棱角状，手捏易碎，局部可见断层泥。中部平导段落位于断层上盘，走向与断裂基本平行，对隧道影响较大。

马家坪断层：为新华断裂支断层，地表断层迹象为滑坡堆积体覆盖。根据深孔推测为逆断层，走向为 N65°W，隧道正洞为 D1K569 + 785 ~ D1K570 + 110（短链为 274.685 m，宽约 50 m）、平导 PDK569 + 695 ~ PDK569 + 880 段与断层相交，交角约 80°，倾向为 NE，倾角为 56°。断层两盘物质均为志留系页岩，断层破碎带物质以页岩质断层角砾为主，局部地段见断层泥，对隧道工程影响大。

庙岭断层：为新华断裂支断层，地表以较为连续沟槽为表征，推测为逆断层，走向为 N65°W，隧道正洞 D1K570 + 965 ~ D1K571 + 030（宽约 65 m）、PDK570 + 605 ~ PDK570 + 860 段与本断层相交，交角约 85°，倾向为 NE，倾角为 75°。断层破碎带物质以页岩质断层角砾岩和构造压碎岩为主，断层角砾中见重胶结，局部为断层泥，对隧道工程影响大。

4. 水文地质特征

隧址区地下水有松散堆积层孔隙水、基岩裂隙水、构造裂隙水、岩溶水四类。

PDK568+000~PDK569+095段位于岩溶水水平流动带，地下水水流特征主要为水平渗流，沿裂隙及层面发育大量水平溶洞和暗河。地下水集中在洞穴通道中向附近的排泄基准面径流。当隧道经过该带时，突水突泥的风险高，且遇到岩溶管道时隧道涌水量大。

PDK569+095~PDK571+295段以基岩裂隙水为主，岩层中的裂隙、孔隙是地下水的主要赋存、运移空间，由于页岩透水性差，构成区域相对隔水层。基岩裂隙水主要由大气降水及地表水补给，沿层面和裂隙向低处径流，主要以下降泉的形式排泄于地表，流量随季节而变化，流量总体较小，段内页岩相对隔水，地下水不发育。

D1K569+095~D1K569+256、PDK569+095~PDK569+260段为奥陶系上统龙马溪组（O_3Sl）炭质页岩、硅质页岩，根据同类工程经验，炭质页岩地层一般地下水中SO_4^{2-}对混凝土结构具侵蚀性，环境作用等级为H1、Y1，段内相关工程需防护。其余地段地表水和地下水均无侵蚀性。

5. 主要工程地质问题

段内不良地质为岩溶、顺层偏压，未见特殊岩土。

岩溶：隧址区内出露的可溶岩地层主要以白云岩为主，纯度较高，岩溶发育程度大多为强烈发育，局部岩溶强烈~中等。PDK568+000~PDK569+095段穿奥陶系中上统宝塔组（$O_{2+3}b$）灰岩页岩互层，奥陶系下统南津关组-牯牛潭组（O_1n-g）灰岩夹页岩，寒武系上统娄山关组（ϵ_2Ol）白云岩，受新华区域大断裂影响，岩体节理裂隙发育，在洞身段局部形成褶皱，可溶岩常夹有以页岩为主的非可溶岩，使得地下水在层间流动循环，利于岩溶发育，PDK568+370~PDK568+900为岩溶强烈发育段，PDK568+900~PDK569+095为岩溶中等发育段。

顺层偏压：PDK568+000~PDK569+095段穿越奥陶系中上统宝塔组（$O_{2+3}b$）灰岩页岩互层，奥陶系下统南津关组-牯牛潭组（O_1n-g）灰岩夹页岩，寒武系上统娄山关组（ϵ_2Ol）白云岩，代表性岩层产状为N38~52°E/32~44°SE，与线路夹角为15°，视倾角为31.1°~43°，倾向线路左侧，隧道洞身顺层偏压，灰岩、白云岩地层层间综合内摩擦角为24°，页岩地层层间综合摩擦角为18°。PDK569+095~PDK571+295段穿越志留系下统新滩组（S_1x）页岩夹砂岩，奥陶系上统龙马溪组（O_3Sl）炭质页岩、硅质页岩，岩层产状为N15°~25°E/15°~26°SE，与线路夹角为0~20°，视倾角为15°~25°，倾向线路左侧，隧道洞身顺层偏压，层间综合摩擦角为16°。顺层地段应加强顺层偏压段的挡护与支护。

根据勘察资料综合判定：除灰岩夹页岩段划分了两段约505 m的Ⅲ级围岩外，其余划分为Ⅳ、Ⅴ级围岩，其中浅埋段、断层带划分为Ⅴ级围岩。

平导PDK570+605~PDK570+860、PDK569+695~PDK569+880段采用Ⅴ级模筑（带仰拱）衬砌；PDK571+210~PDK571+220、PDK569+095~PDK569+260段采用Ⅴ级模筑（无仰拱）衬砌，其余段采用锚喷衬砌。

三、隧道区域地应力测试及岩石强度

1. 隧道地应力测试成果

勘察期间在 D1K567 + 492.17 右 14.61 m 实施一个深孔 DZ-XSSD-B02 孔，孔深 681.3 m，于 2016 年 11 月 16 日钻孔完成后在孔内采用水压致裂法开展了地应力测试工作，结果见表 2.4-2。

表 2.4-2 DZ-XSSD-B02 孔水压致裂原地应力测量结果表

序号	测段深度 /m	主应力值 /MPa S_H	S_h	S_v	破裂方向 /(°)	地层岩性
1	501.30 ~ 501.90	10.03	7.91	13.28		白云岩
2	533.00 ~ 533.60	12.82	9.42	14.12		白云岩
3	590.00 ~ 590.60	18.82	12.28	15.64		白云岩
4	653.10 ~ 653.70	21.45	14.80	17.31	N18°E	白云岩
5	665.20 ~ 665.80	23.41	16.52	17.62		白云岩

主要结论如下：

（1）DZ-XSSD-B02 孔在 500 ~ 650 m 深度内，最大水平主应力为 10.03 ~ 23.41 MPa，最小水平主应力为 7.91 ~ 16.52 MPa，垂直应力为 13.28 ~ 17.62 MPa。最大侧压力系数计算为：最大主应力侧压力系数为 0.76 ~ 1.32，最小主应力侧压力系数为 0.60 ~ 0.94。

（2）各主应力值随孔深增加而增大，3 个主应力之间的大小关系表现为 $S_H > S_v > S_h$，表明最大主应力为水平主应力，测孔附近以最大水平主应力挤压作用为主。

（3）该孔中深部位置的水平主应力值与深度的线性回归表达式，最大主应力为 $S_H = 0.08H - 29.76$，可供隧道初设参考应用。

（4）最大主应力方向为 N18°E，该方向与拟建隧道轴线方向（N30°E）交角约 12°，该数值处于最优夹角 30 范围之内，对洞室围岩的稳定有利。

平导段埋深在 160 ~ 350 m，回归公式无法计算最大主应力、最小主应力，采用侧压力系数计算为（$N\gamma h$）最大主应力为 5.28 ~ 11.55 MPa，最小主应力为 3.76 ~ 8.22 MPa。

2019 年 8 月施工期间，中国电建成勘院采用应力解除法对兴山隧道 2 号横洞工区正洞 D1K570 + 555 断面进行了一组地应力测试。测试结果显示，岩体空间 3 个主应力大小为 10.26 MPa、6.42 MPa 和 5.38 MPa。其中，最大主应力、最小主应力方向近似水平，中间主应力方向近似竖直。本次试验位置埋深分别为 258 m，随着开挖深度的增加，岩体应力会有增大趋势。试验位置洞轴线与最大主应力大角度相交（69°），对隧道边墙岩体稳定和变形相对不利，隧道施工中应积极采取相应的措施减少变形的发生，及时跟进二次衬砌，保证隧道安全施工。

从地应力测试结果来看：最大主应力、最小主应力值勘察期间与施工期间测试数据相差不大，但是最大主应力方向相差较大，反映出测区受区域性断裂及多期构造运动影响，岩体中残存的构造应力方向变化较大。

2. 岩石强度试验数据

平导段主要穿越页岩、炭质页岩、硅质页岩夹砂岩，岩质软弱，据勘察期间岩样试验统计分析结果：天然抗压强度为 2.16～66.80 MPa，平均值为 24.52 MPa；饱和吸水率为 1.48%～5.4%，个别值达 9.8%，平均值为 3.14%；自由膨胀率为 0～20%，平均值 3.08%；膨胀力方向 0～13 kPa。试验指标显示：本套页岩不属于膨胀类岩石。

施工期间仅采取到砂岩岩样，试验结果：天然抗压强度平均值为 49 MPa，自由膨胀率为 2%～24%，平均值为 10.4%，与勘察期间测试结果基本一致，围岩为非膨胀岩。

3. 岩石强度应力比计算

结合施工期间实测地应力数据：平导段最大水平主应力为 10.26 MPa，最小水平主应力为 6.42 MPa，最大水平应力与隧道洞轴线交角为 69°。因此，垂直于洞轴线的最大地应力按下式计算：

$$\sigma_{max} = S_H \sin^2\varphi + S_h \cos^2\varphi$$

计算结果显示：垂直隧道洞轴线最大残余构造主应力为 9.77 MPa。取页岩天然抗压强度 24.52 MPa（试验平均值），岩石强度应力比 $R_c/\sigma_{max} = 2.51$，按照国家标准《工程岩体分级标准》（GB/T 50218—2014）判定：隧道围岩处于高初始地应力水平，施工中软质围岩可能存在洞壁岩体剥离、位移，底部围岩隆起变形破坏。

如果采用岩石饱和抗压强度计算岩石强度应力比，比值会更小，岩石变形更为强烈。

四、开挖揭示地质条件与围岩变更

1. 平导揭示地质条件

揭示地层岩性为页岩、炭质页岩，青灰色、深灰色、灰黑色，泥质结构，薄层至中厚层状，夹薄层状砂岩，岩质较软，岩层产状平缓，倾角为 5°～20°，岩体节理裂隙较发育，结构面结合好，岩体呈块体状、裂隙块状镶嵌结构，围岩整体较完整，局部较破碎岩体呈碎块石状，掌子面未见地下水出露，掌子面围岩自稳性较好。

2. 平导围岩级别变更

在施工过程中，根据开挖揭示围岩条件、超前地质预报成果对部分地段围岩级别进行了变更优化，围岩级别变更长度为 140 m，见表 2.4-3。

表 2.4-3 平导围岩级别变更情况一览表

序号	里程范围	施工图围岩级别	变更设计围岩级别	变更长度/m	备注
1	PDK571+205～+185	Ⅴ	Ⅳ	20	出现底鼓之前
2	PDK571+185～+170	Ⅴ	Ⅳ	15	
3	PDK571+120～+100	Ⅳ	Ⅲ	20	
4	PDK570+650～+630	Ⅴ	Ⅳ	20	

续表

序号	里程范围	施工图围岩级别	变更设计围岩级别	变更长度/m	备注
5	PDK570+630~+605	V	IV	20	出现底鼓之前
6	PDK569+500~+480	V	IV	20	出现底鼓之后
7	PDK569+150~+130	V	IV	25	
合计				140	

五、平导底板开裂隆起原因分析

兴山隧道施工过程中平导陆续出现底板开裂隆起病害，通过区域构造背景、地层岩性、地应力及岩石强度测试分析，主要有以下方面原因。

1. 区域地质构造复杂

隧址区发育区域性大断裂——新华断裂。由于新华断裂具有多期活动性，断面波状起伏，断层发育十分复杂，隧道小角度穿越新华区域性断裂。中部平行导坑段落位于新华断裂上盘影响带，距主断裂破碎带较近，且两次正向穿越其分支断层马家坪、庙岭断层，施工揭示该段围岩受断层影响严重，隐伏次级小褶曲发育，岩体节理裂隙较发育，节理一般密闭，局部结构体间可见错动现象，围岩整体较破碎，局部破碎较严重，受多条断层影响，局部地壳应力集中，岩体中残存较高水平构造应力。据施工中地应力实测数据，埋深258 m处最大水平主应力达10.26 MPa，岩体侧压力系数达1.6，反映隧址区处于较高的水平地应力环境中。

2. 软岩蠕变

平导开裂隆起地段围岩主要以页岩、炭质页岩为主，深灰、灰黑色，泥质结构，薄~中厚层状构造，页理较发育，层间结合一般，局部夹砂岩，节理较发育，围岩较破碎，岩质较软，岩体天然强度在20~25 MPa，属于软质围岩，段内岩层倾角平缓，在掌子面视倾角为0~20°，总体倾向隧道左侧。据计算，岩石强度应力比为2.51，小于4，洞室开挖后软质岩石在地应力作用下存在缓慢蠕变变形。特别对于缓倾岩层，在受到平行于层理方向的切向应力（二次应力集中产生）作用下易向临空方向发生弯折变形失稳形成"挠曲褶皱性底鼓"，尤其是底板岩层层厚越薄，其底鼓量也越大。

3. 洞群效应影响

平导施工一般超前正洞，平导施工完成后，随着正洞、横通道、变压器洞室等的开挖，再次引起岩体中地应力重分布，特别是相邻洞室周边应力叠加增大，加剧先行洞室围岩变形，形成较大范围的围岩松动圈，导致已经开挖成形的平导底板临空岩体在无支护或支护较弱条件下易发生剪切破坏失稳，最终导致底板开裂隆起变形，形成典型的"群洞效应"现象。

在本段平导整治处理中，对于未开挖的PDK568+000~PDK569+890段，将平导与正洞间距增加至45 m，其后未再发生底鼓病害。

4. 地下水影响

进口段灰岩地下水发育，设计为人字坡，隧道纵向坡度设计排水是由上游可溶岩段经下游页岩段排出洞外，虽然隧道开挖揭示页岩段围岩干燥，地下水不发育，但灰岩地段地下水及施工期间用水将经过本段页岩地段排出洞外，地下水浸泡定会降低页岩强度，在地应力作用下，底板开裂隆起变形会进一步加大、页岩随地下水浸泡强度降低的滞后效应叠加软质围岩蠕变的滞后效应，加之群洞效应，可以解释平导底鼓变形的滞后反应。对于流经页岩地段的地下水须采取一定的地下水隔断措施，降低平导变形进一步加大的风险。

5. 支护措施偏弱

从施工图设计来看，本段平行导坑由于洞室断面较小，除了穿越两段断层带增加了带仰拱的模筑混凝土衬砌及两段V级围岩不带仰拱的模筑混凝土衬砌外，大部分段落采用了网喷混凝土衬砌，底板基本为无钢架封闭成环的素混凝土。总体看来，支护措施偏弱，不足以抵抗软岩蠕变变形，从而发生底板开裂上鼓病害。

综上所述，兴山隧道穿越区域性新华断裂，中部平导及相应正洞位于断裂上盘影响带且正向穿越两条分支断层，区内水平构造应力集中，岩体中残存较高水平应力。此外，该段隧道围岩以薄层状缓倾或近水平页岩为主，围岩岩质软弱，岩体节理裂隙发育，较破碎~破碎，受水平构造应力作用下软岩蠕变、群洞效应、地下水作用、支护措施偏弱等综合因素影响，隧底围岩发生剪切破坏变形，是引起中部平导开裂隆起变形的主要原因。

六、结语

（1）软质岩石在应力作用下缓慢蠕变的塑性变形特征具有时效性，这是岩石力学的基本特征，如果地下水持续浸润，进一步降低岩石强度，缓慢蠕变将持续加大，岩石加速变形最终导致岩石破裂。本隧道中部平导开裂上鼓变形符合软质岩石变形特征。

（2）对于最大主应力为水平残余构造应力的地下洞室，伴随洞室开挖必然会引起洞室周边围岩二次应力重新调整以达到新的平衡，这种洞室周边的应力集中与释放，会导致围岩变形，根据岩石力学理论研究：近圆形洞室周边切向应力集中主要分布于拱顶及底板中部，就是说洞室底板中部、拱顶中部切向应力最大，如果这种切向应力大于岩石强度，就会引起岩石变形破坏，本隧道中部平导底板由于是素混凝土，难以抵抗围岩变形破坏，最终引起中部平导发生开裂上鼓的变形破坏。

（3）如果相邻地下洞室间距较近，后行洞室开挖引起的二次应力集中与释放将会影响先行洞室围岩稳定性，引起先行洞室围岩进一步发生变形破坏，这就是群洞效应。洞室间距取决于应力作用下围岩塑性圈大小，一般来说，软质围岩形成的塑性圈要大。因此，为减轻群洞效应影响，软质围岩的地下洞室间距适当拉开是十分必要的。本隧道中部平导因为后行正洞施工引起了先行平导底板开裂上鼓、边墙混凝土剥落等病害，表现出典型群洞影响效应，其后适当增大两洞室间距，上鼓病害基本没有再发生。

（4）隧道周边围岩变形破坏引起隧道底板上鼓变形，一般来说是由于隧道底板混凝土强度、刚度不足以抵抗隧底围岩变形。因此，如果采用岩石强度应力比分析研究后认为隧道围岩在二次应力作用下会产生变形，那么设计中采用一定曲率的钢筋混凝土仰拱结构抵抗围岩形变是适宜的、正确的。

第五节　西南山区某隧道底鼓病害原因分析

西南地区某隧道2009年开通运营，2012年3月发现隧底3段存在不同程度底鼓病害。建设单位组织设计、施工单位开展了地质补勘、设计及整治处理，但是隧道底鼓病害一直没有消除，铁路运输部门不得不限速通过此隧道。对于隧道底鼓病害产生的原因，建设单位组织相关专家召开了专家分析会议，但是众说纷纭，至今没有统一认识。本案例结合隧道所处的区域地质环境、地质补充勘察成果资料，深入分析了隧道底鼓病害产生的主要原因，提出了要高度重视地应力、岩体强度及岩石产状之间关系，指出隧底仰拱结构强度及曲率是抵抗岩体变形的重要参数。文章对于从事铁路建设的广大工程技术人员具有很好的参考借鉴意义。本节由王茂靖、吴俊猛撰写。

一、概况

1. 工程概况

西南地区某隧道全长7 858 m，全隧除出口段17.81 m位于半径为8 000 m的曲线上外，其余均位于直线上。隧道范围线路坡度+4‰（4 646 m）、-4‰（3 212 m），为人字坡。本隧道2009年6月竣工并投入使用。

2. 病害概况

自2012年3月以来，铁路局工务部门发现隧道内K107～K110段线路时常出现不同程度晃车现象，至2012年9月18日经测量后发现K107+950～K108+100（对应施工里程DK300+428～+578）、K108+600～K108+700（对应施工里程DK301+078～+178）、K109+250～K109+350（对应施工里程DK301+728～+828）3段线路轨面较2012年2月精调后有变化，其中变化较明显的是K108+600～K108+630段，变化最大的轨面标高较精调后抬升了近17 mm。对该段整体道床及侧沟、线间沟进行全面检查，发现线间沟出现纵向裂缝，缝宽10 mm，整体道床表面有网状裂缝，最大缝宽达3 mm。2013年10月，成都工务段又发现K106+300～+350局部地段发生晃车现象。在对变形速率快且累积变形量较大的K108+598～+642段隧底采用锚索和锚杆加固处理后，各段变形至今仍在持续发展。

贯通平导与正洞平行，位于正洞南侧30 m，有30个横通道与正洞相连，平导内隧底变形形态和严重程度间断分布，没有明显的分布规律。平导边墙及拱顶未见明显裂缝。

二、隧道地质条件

1. 地形地貌

隧址区属条带状低山地貌，河谷带为峡谷地貌。山脉走向北东，最低点标高为420 m，最高点标高为970 m，相对高差为550 m，隧道越岭带山脊标高为830 m。隧道东坡地形坡度达40°，局部为70°～80°的陡崖；隧道西坡地形坡度一般在20°左右。测区植被较发育，为柏树、杂树及果树，斜坡缓坡带多为耕地。

2. 地层岩性

隧道进出口边仰坡、沟谷覆盖较薄的冲洪积、残坡积粉质黏土夹碎石角砾，洞身穿越基岩为上侏罗统蓬莱镇组（J_3p）砂泥岩红层。根据其岩性组合，将蓬莱镇组分为上、下两段，其共同的特征是砂岩厚度变化大，并有尖灭现象，并见有厚薄不等的砾岩层（不属同一层位）。

1) 蓬莱镇组上段（J_3p^2）

该段总厚度为 520～580 m，岩性为紫红色薄至中厚层状泥岩、砂质泥岩，夹灰紫色粉砂岩及厚层至巨厚层状长石砂岩，并夹有一层较稳定的灰白色薄层状泥灰岩（又称"李都寺灰岩"）。厚度大于 5 m 且走向可追索的砂岩有 9 层。砂岩构造节理及卸荷裂隙发育，泥岩构造节理不甚发育，主要为表层风化裂隙。该层主要分布于隧道后半段。

2) 蓬莱镇组下段（J_3p^1）

该段岩性为紫红色、棕红色薄至中厚层状泥岩、砂质泥岩，夹粉砂岩及细粒长石砂岩，砂岩厚度均小于 5 m，其间夹有一层灰绿色水云母黏土岩（又称"仓山页岩"）。岩体节理不甚发育，主要为表层风化裂隙。区域上厚度为 420 m，测区地层出露不全，出露厚度为 120 m。该层主要分布于隧道前半段。

3. 区域构造

测区位于成都平原东部的北东向新华夏系龙泉山褶皱带，是成都平原与川东红色丘陵的分界标志。龙泉山褶皱带展布于中江、龙泉驿、仁寿一带，长约 200 km，宽 15 km 左右，由龙泉山箱状背斜及一系列压扭性逆（掩）断层组成，呈 NE 走向。从区域构造上讲，龙泉山脉是在地质历史时期遭遇到了北西向构造应力强烈挤压隆起而成山的。隧道自东向西穿越背斜构造，未通过断裂构造。隧道主要穿越以下褶曲：

1) 龙泉山背斜

轴部位于沱江西侧、该隧道东段七佛岩。轴线呈 N20°E 延伸，核部出露最老地层为蓬莱镇组下段。该背斜为一不对称背斜：东翼倾角较缓，一般为 3°～5°（转折端达 63°）；西翼倾角较陡，一般为 10°～13°，因发育次级褶皱，倾角波动较大。

2) 城门洞向斜

该向斜为一次级向斜，位于隧道中段，轴线呈 N60°E 延伸，走向长约 1 km。轴部出露最新地层为蓬莱组上段，向斜两翼近于对称，倾角为 11°～18°。

3) 尖峰顶背斜

该背斜为一次级背斜，与城门洞向斜组成一次级褶皱，位于隧道中段，轴线呈 N60°E 延伸，走向长约 1.5 km。核部出露最老地层为蓬莱镇组下段，翼部地层均为蓬莱镇组上段，背斜两翼近于对称，倾角为 11°～15°。

4) 么店子向斜

该向斜为一次级向斜，位于隧道出口段，轴线呈 N45°E 延伸，走向长约 3 km。轴部及两翼地层均为蓬莱镇组上段，向斜两翼近于对称，倾角为 3°～6°。

5) 庙子湾背斜

该背斜为一次级背斜，与么店子向斜组成一组次级褶皱，位于隧道出口段，轴向呈

N60°E延伸，走向长约3 km。核部出露最老地层为蓬莱镇组下段，翼部地层均为蓬莱镇组上段，为一不对称背斜，东南翼倾角较缓，为3°～6°，北西翼倾角较陡，为9°～11°。

隧道工程地质纵断面如图2.5-1所示。

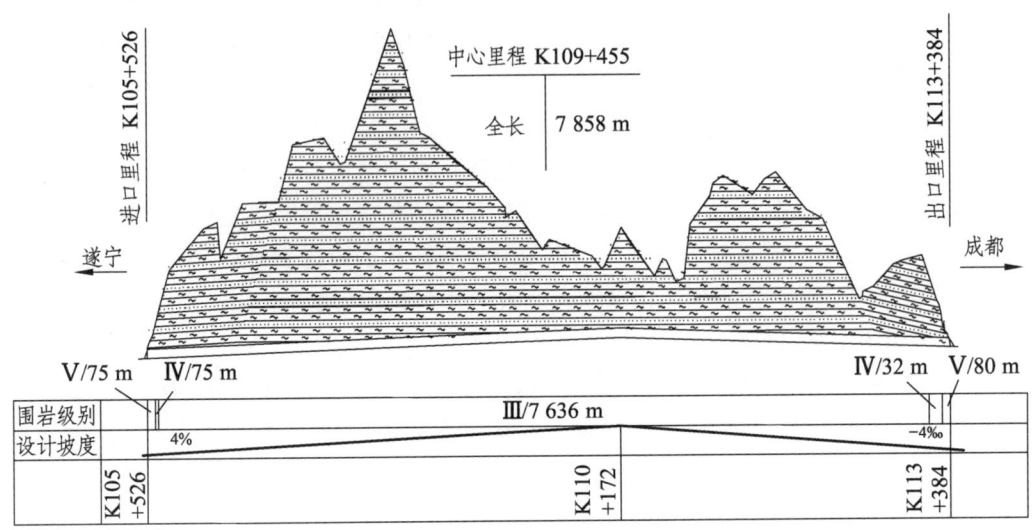

图2.5-1 隧道工程地质纵断面

4. 水文地质特征

测区地下水类型主要有第四系孔隙水及基岩裂隙水两种。基岩裂隙水赋存于泥岩、砂岩节理裂隙中；泥岩裂隙水多见于地表及浅部风化节理中，深部含水微弱，可视为相对隔水层；砂岩中含少许裂隙水。

区内大气降水是地下水的主要补给水源，但因地形坡度大，雨后地表水多数沿坡面汇集于冲沟外泄，补给条件差。测区地表分水岭山脊两侧排泄基准面均低于隧道洞底标高，最低排泄基准面为沱江。隧道开挖形成集水廊道后，由于砂岩节理裂隙较发育，地下水将通过裂隙通道进入隧道。但本区含水层富水性弱～中等，沿裂隙排泄入隧道的水量有限，不会对隧道施工构成威胁。

此外，蓬莱镇组地层局部含脉状石膏，地下水对混凝土具有硫酸盐中等腐蚀至强腐蚀性。

5. 主要工程地质问题

隧道穿越地层、构造相对简单，主要工程地质问题是进出口边仰坡砂泥岩易于风化剥落，应加强防护。此外，隧道通过的龙泉山脉，由于下伏三叠系须家河组煤系地层，存在瓦斯溢出风险，隧道为高瓦斯隧道。

三、隧道岩体内残余构造应力

隧道底鼓病害发生后，为分析研究病害产生的原因，相关单位在平行导坑内进行了两个点的地应力测试。测试方法为较为成熟且可靠的应力解除法。

地应力1号测点位于平导洞与13号横通道交汇处的平导洞右边墙上，测试深度为边墙内4.0 m处。地应力测试计算成果见表2.5-1。

表 2.5-1　隧道 1 号测点地应力测试成果

测试部位	测点岩性	地应力参数	最大主应力 σ_1	中间主应力 σ_2	最小主应力 σ_3
平导洞与 13 号横通道结合处平导洞右边墙	粉砂岩	量值 /MPa	16.7	11.7	9.3
		方向 /(°)	326	201	62
		倾角 /(°)	16	63	21
说　明	主应力方向是主应力的投影方向，以象限角表示；倾角"-"表示俯角，正角为仰角					

地应力 2 号测点位于平导洞与 10 号横通道交汇处的平导洞右边墙上，测试深度为边墙内约 6.5 m 处。地应力测试计算成果见表 2.5-2。

表 2.5-2　隧道 2 号测点地应力测试成果

测试部位	测点岩性	地应力参数	最大主应力 σ_1	中间主应力 σ_2	最小主应力 σ_3
平导洞与 10 号横通道结合处平导洞右边墙	砂质泥岩	量值 /MPa	14.3	6.8	4.8
		方向 /(°)	341	72	165
		倾角 /(°)	14	01	76
说　明	主应力方向是主应力的投影方向，以象限角表示；倾角"-"表示俯角，正角为仰角					

从上述测试成果表中，可以得出以下几点结论：

（1）现场实测原岩地应力值较高，最大主应力值分别为 16.7 MPa 和 14.3 MPa。实测最大主应力从绝对值量值上反映了隧道区测量段具有较高的地应力。

（2）最大主应力 σ_1 方向分别为 326° 和 341°，与平导轴线方向夹角约为 49° 和 64°，基本呈大角度相交。

（3）最大主应力倾角为 16° 和 14°，以近水平为主，但主应力与水平面一般都有一定夹角，主平面都是倾斜的。

地应力测试表明：龙泉山褶皱带历史时期遭受了较大的水平构造力作用，岩体中残余构造应力还是比较大的。

四、地质补充勘察成果

隧道发生底鼓病害后，设计单位先后进行了两次补勘，其中：第一次补勘为 2013 年 5 月，在隧道内发生病害的 3 个段落及段落间共布置 8 个断面，每个断面布 3 孔，分别位于两线间中心沟和两侧线路与侧沟间回填部位，共计布孔 24 孔，钻探深度为 3~20 m，同时采用地质雷达对病害段隧底扫描确定仰拱厚度。第二次补勘为 2018 年 1 月至 5 月，共钻探 12 孔，补勘主要包括在正洞内 4 处底部上拱病害段及 2 处用于对比分析的未变形段进行地质钻探、孔内物探及孔内监测元器件埋设，为调查隧底围岩变形影响深度和地下水位变化情况，拟布置 6 个围岩变形监测孔和 6 个地下水位监测孔，钻孔均布置在隧道中心处。

两次补勘均取了大量岩样进行强度试验、蠕变试验及矿物成分分析，主要成果如下：

1. 隧底岩性

根据钻孔揭示情况显示，补勘范围隧底岩性主要以泥质粉砂岩为主，局部地段为粉砂质泥岩，多数钻孔揭示岩心较为完整，呈柱状、短柱状，岩层近于水平状。岩心取出数日后一般未见风干开裂的现象。其中4孔揭示，岩心中局部夹石膏脉，石膏脉单层厚1～3 mm不等。

2. 隧底地下水发育情况

多数钻孔初期孔内未见明显地下水，但在一段时间后基岩裂隙水逐渐渗透而在钻孔内汇集。根据补勘钻孔观测，地下水位稳定后水位普遍位于隧道道床顶面以下0.1～1.0 m范围，地下水不具承压性。隧底地下水以基岩裂隙水形式存在，围岩透水性及富水性较弱。

3. 岩石强度

第一次补勘共取了38组岩样进行了强度试验，其成果如下：

隧底基岩以泥质粉砂岩为主，局部地段为粉砂质泥岩。岩样天然单轴抗压强度为5.07～47.30 MPa，标准值为16.65 MPa；烘干单轴抗压强度为13.6～59.6 MPa，标准值为29.75 MPa；饱和单轴抗压强度为3.51～31.23 MPa，标准值为5.27 MPa；软化系数为0.10～0.46。岩石饱和吸水率平均值为7.48%，自由膨胀率平均值为21.22%，膨胀力标准值为62.89 kPa，未达到膨胀岩的判定标准。

本次勘察取两组岩样进行了单轴压缩蠕变试验：试样YDBZ-5-Y-9-1的长期强度为5.1 MPa，是常规压缩试验峰值强度（5.94 MPa）的85.86%；试样YDBZ-2-Y-3-1的长期强度为6.4 MPa，为常规压缩试验峰值强度（7.01 MPa）的91.29%。本次试验的两组泥质粉砂岩具有中～低蠕变性。

第二次补勘共取67组岩样进行了物理力学试验，取得如下成果。

变形段落：岩样天然单轴抗压强度为6.40～55.10 MPa，标准值为15.40 MPa，饱和单轴抗压强度为5.34～14.50 MPa，标准值为5.76 MPa。岩石饱和吸水率为1.57%～4.95%，平均值为3.49%；自由膨胀率为3%～28%，平均值为16.38%；膨胀力为11.2～87.9 kPa，标准值为33.18 kPa；未达到膨胀岩的判定标准。

未变形段落：岩样天然单轴抗压强度为2.22～34.1 MPa，标准值为11.79 MPa；饱和单轴抗压强度为6.16～12.35 MPa，标准值为4.37 MPa。自由膨胀率为17%～30%，平均值为26.29%；膨胀力为12.7～76.6 kPa，标准值为17.59 kPa；未达到膨胀岩的判定标准。

4. 岩石矿物成分分析

通过X射线粉晶衍射试验：变形段与未变形段处岩石的矿物成分组合基本相同，主要的物质为石英、伊利石和绿泥石。每种矿物成分含量存在细微差异，变形段处的石英含量相对未变形段要高。未变形段的伊利石含量最高，伊利石是形成其他黏土矿物的中间过渡性矿物。

5. 隧底软化层

钻探揭示基底以下有明显软化层的情况主要表现在以下几处：YDBZ-15（K108 + 665

右4.1 m）钻孔2.0～2.4 m段为厚约0.4 m的软化层，YDBZ-17（K108＋975中心）钻孔2.05～2.12 m段为厚约7 cm的软化化层，YDBZ-20（K109＋285中心）钻孔0.9～1.3 m段为厚约0.4 m的软化层，YDBZ-21（K109＋285右4.1 m）钻孔隧底（孔深1.3 m）处见木块，其余钻探揭示的仰拱底部基岩软化层较薄或不明显。从上述情况分析，地下水对隧底基岩的软化不明显。

6. 仰拱混凝土强度及结构

病害段围岩级别为Ⅲ、Ⅳ，隧底仰拱为素混凝土。地质补勘共取隧底仰拱混凝土样36组，钻探过程没有发现明显的隧底仰拱混凝土与回填层混凝土的分层界线。岩心多呈柱状，总体上芯样表面较光滑，骨料分布较均匀，混凝土较密实，气孔分布较均匀。

隧底结构上部混凝土抗压强度为17.6～34.5 MPa，平均值为25.21 MPa；下部混凝土抗压强度为17.9～34.5 MPa，平均值为25.62 MPa。根据试验结果，隧道底部混凝土结构的强度值总体上满足设计要求。

根据物探资料K109＋250～K109＋350段左侧道床面以下混凝土厚度为1.70～2.14 m，右侧道床面以下混凝土厚度为1.30～1.70 m。钻探揭示左侧道床面以下混凝土厚1.70 m、1.99 m，右侧道床面以下混凝土厚1.30 m、1.50 m，中间仰拱及回填层混凝土厚0.90 m、1.30 m。根据钻探资料，该段混凝土厚度较薄。该段仅YDBZ-19、YDBZ-20、YDBZ-22共3个钻孔混凝土底部见塑料防水板。

此外，根据钻孔揭示，隧底仰拱结构断面大部分形态较平直，部分断面甚至出现反向形态且混凝土厚度不足，隧底实际断面与设计拱形结构的形态差异明显，如图2.5-2、图2.5-3所示。

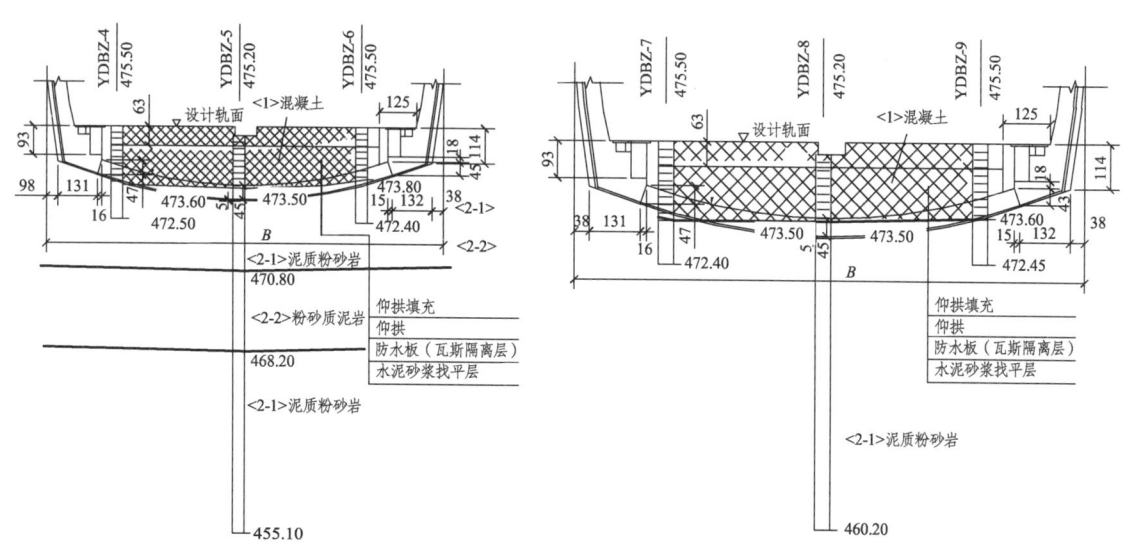

图2.5-2　K108＋050处仰拱结构断面图（单位：cm）　　图2.5-3　K108＋350处仰拱结构断面图（单位：cm）

7. 孔内监测

设计院第二次补勘中，共设置6个水位观测钻孔及5个隧底围岩变形监测钻孔，均通过在钻孔内埋设特制监测元器件，进行相关数据采集分析。

1）地下水位监测

结果显示，地下水位均在孔口以下 0.5～2.7 m 范围内，与上次勘察结果基本一致。近两个多月的观察显示，水位累计变化量在 2～10 mm 之间，水位波动较小，如图 2.5-4 和图 2.5-5 所示。

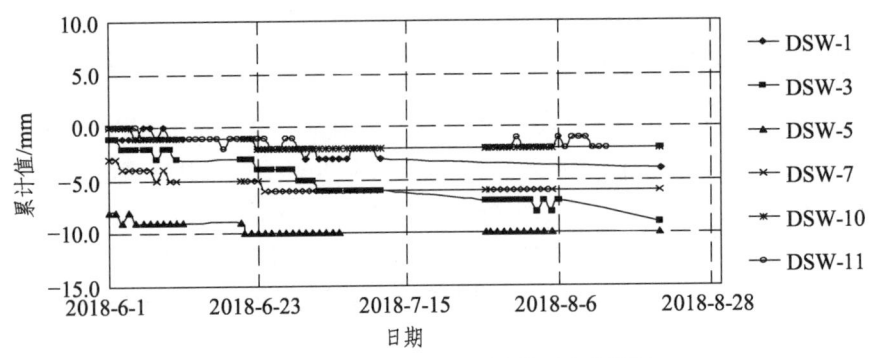

图 2.5-4　隧道地下水位累计变化时态曲线图

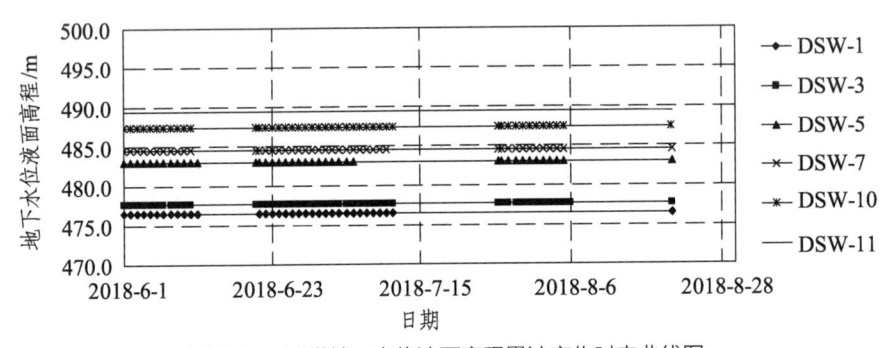

图 2.5-5　隧道地下水位液面高程累计变化时态曲线图

从钻孔水位观测数据曲线来看，地下水位变化不大，即便是 6—7 月强降雨时节，钻孔中地下水位也没有变化。

2）变形监测

变形监测采用在 5 个钻孔内不同深度埋设多点位移计，进行分层数据监测。5 个点位观测时长为 80 d，结果如图 2.5-6～图 2.5-10 所示。

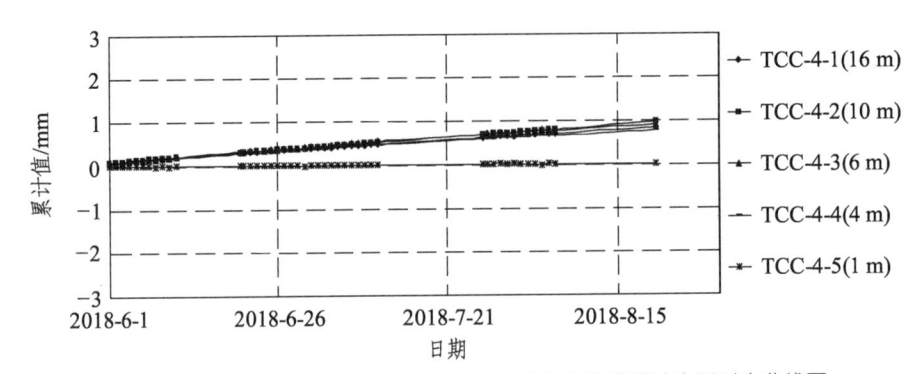

图 2.5-6　YBZ-YD-04 钻孔（DK106 + 852 孔）内位移累计变形时态曲线图

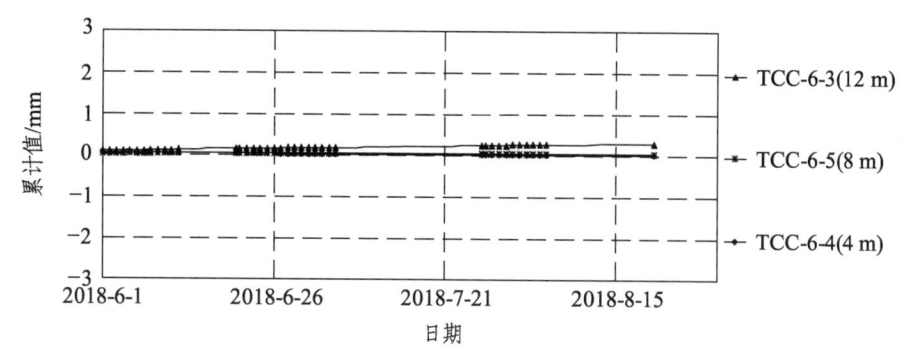

图 2.5-7　YBZ-YD-06 钻孔（DK107＋652 孔）内位移累计变形时态曲线图

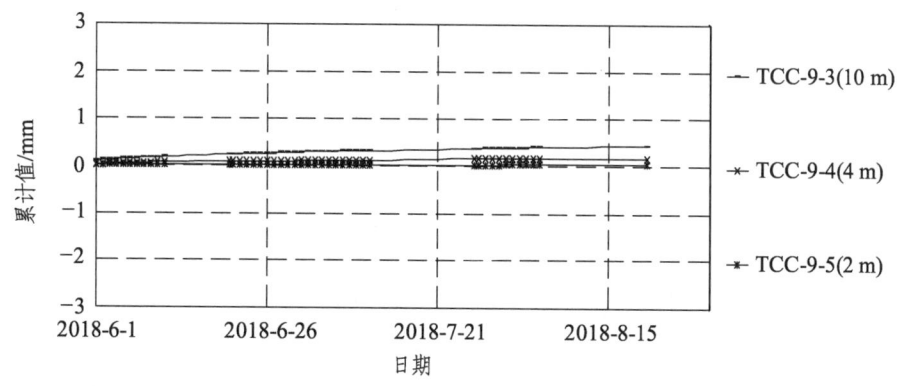

图 2.5-8　YBZ-YD-08 钻孔（DK107＋016 孔）内位移累计变形时态曲线图

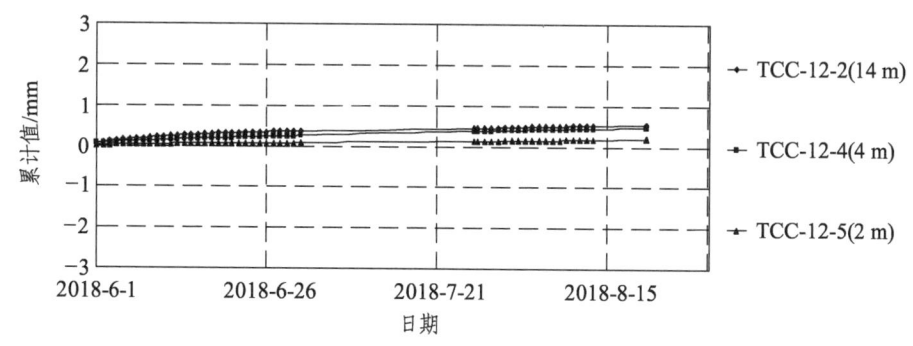

图 2.5-9　YBZ-YD-09 钻孔（DK108＋645 孔）内位移累计变形时态曲线

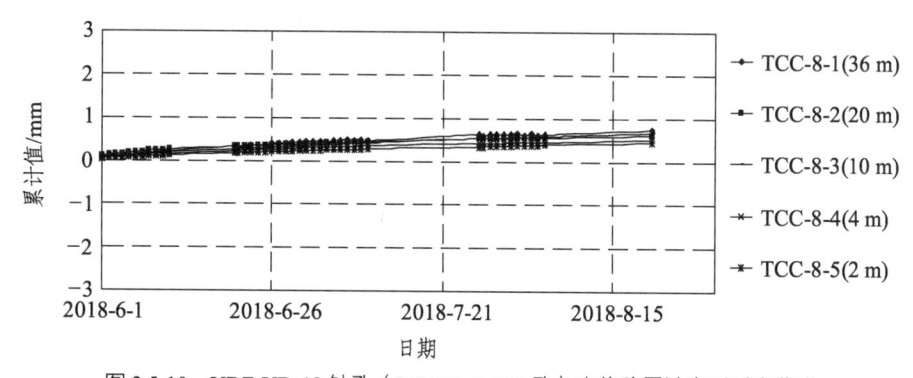

图 2.5-10　YBZ-YD-12 钻孔（DK109＋266 孔）内位移累计变形时态曲线

针对上述 5 个孔内不同深度的位移观测数据,分析如下:

DK106+852（YBZ-YD-04 孔）围岩上拱变形主要集中在孔口以下 10 m 范围内,而 10~16 m 范围岩层相对上拱量有一定变化,但增量相对较小。截至目前,孔口相对上拱变形量累计 0.85 mm。

DK107+652（YBZ-YD-06 孔）围岩上拱变形主要集中在孔口以下 12 m 范围内,截至目前,孔口相对上拱变形量累计 0.30 mm。

DK108+016（YBZ-YD-08 孔）围岩上拱变形主要集中在孔口以下 10 m 范围岩层内,10~36 m 范围岩层相对上拱量有一定变化,但增量相对较小,已呈现一定的规律性。截至目前,孔口相对上拱变形量累计 0.74 mm。

DK108+645（YBZ-YD-09 孔）围岩上拱变形主要集中在孔口以下 10 m 范围岩层,截至目前,孔口相对上拱变形量累计 0.44 mm。

DK109+266（YBZ-YD-12 孔）围岩上拱变形主要集中在孔口以下 14 m 范围岩层内,14~26 m 范围岩层相对上拱量有一定变化,但增量相对较小。截至目前,孔口相对上拱变形量累计 0.54 mm。

根据目前监测数据,随着时间的推移,隧底围岩隆起变形量随之增长,变形处于持续发展中,尚未见收敛趋势。由于目前监测时间周期较短,变形量值小,且部分段落监测数据波动相对较大,离散性较大,数据未呈规律变化,因此,无法准确分析隧底围岩变形规律,需继续进行长期监测和数据采集。

五、隧底底鼓病害原因分析

隧道底鼓病害通常都是隧底结构不足以抵抗隧道开挖后引起的围岩变形导致。一般来说,主要原因有施工质量缺陷（仰拱厚度不足、曲率不够）、围岩具有膨胀性、二次应力调整引起围岩持续变形等。结合本隧道底鼓病害补勘地质勘察成果,我们进行如下分析:

1. 岩石膨胀性

根据两次地质补勘成果资料,病害段岩性主要为泥质粉砂岩、泥岩,属于典型四川红层,根据岩石膨胀指标统计分析：岩石饱和吸水率平均值为 7.48%,自由膨胀率平均值为 21.22%,膨胀力标准值为 62.89 kPa,不属于膨胀岩。根据多年在四川地区从事勘察设计工作的经验,四川红层不属于膨胀岩,仅局部泥岩具有微弱的膨胀性。因此,分析认为本隧道底鼓病害不是岩石膨胀引起的。

2. 地应力引起围岩变形

自然界岩体天然存在地应力,对于龙泉山背斜褶皱带的岩体,经过地应力测试,岩体中残余构造应力普遍较大,最大水平主应力值为 14~16 MPa,隧道洞身岩体处于中等地应力环境。隧道开挖后,引起地应力局部集中及释放,洞室周边应力一般会放大,产生最大压应力、最大拉应力集中现象,如果围岩强度很低,立刻就会产生塑性变形,即通常说的软岩变形。

大量工程实践证明：地下工程围岩的变形破坏通常是累进性发展的,由于围岩内应力分布的不均匀性及岩体结构、强度的不均匀性和各向异性,那些地应力集中程度高,而岩体强度相对较低的部位往往是累进性变形破坏的突破口。在大范围围岩整体稳定性较好的情况下,这些应力-强度关系中薄弱部位就会发生变形甚至破坏。特别是软弱围岩，其在地应力作用下的变形具有蠕变特点，即软岩体内应变能释放相对硬质岩较为缓慢，存在滞后效应。

根据岩样试验资料，隧底泥质粉砂岩、砂质泥岩天然饱和单轴抗压强度可达16.65 MPa，强度应力比 R_c/σ_{max} 为 1～1.16，岩石强度应力比 R_c/σ_{max} 均小于 4，按照国家标准《工程岩体分级标准》（GB/T 50218—2014），软质岩开挖后洞壁发生显著位移、隧道存在底鼓隆起变形特征。但是在本隧道开挖中，围岩相对来说强度较高、无地下水，整体稳定性较好，施工中并没有发生较大的形变，初期支护实施后，围岩变得稳定，拱顶、边墙也未见明显位移。

但是，软岩出现随时间推移的蠕变变形，隧底仰拱结构不足以抵抗软岩变形，于是诱发底鼓病害，底鼓病害呈现出分段、局部的特征。

3. 隧底仰拱结构

根据补充地质钻探成果，隧底仰拱混凝土强度、厚度大部分满足设计要求，但是仰拱曲率却普遍与设计不吻合，结构断面大部分形态较平直，这导致隧底仰拱不能很好地承受地应力导致软岩形变产生的应力，因而出现底鼓病害。因此，隧底仰拱曲率平直也是本隧道底鼓病害产生的原因之一。

六、结语

（1）本隧道底鼓病害产生的主要原因是：隧底软质岩具有一定蠕变特征，蠕变发生后导致岩石强度下降，在较高地应力作用下，软岩持续发生变形，而素混凝土、平直曲率的仰拱结构不足以抵抗岩石形变力，从而产生底鼓病害。

（2）隧道设计中要高度重视区域地应力背景值、岩石强度及其影响因素研究。隧道穿越的龙泉山背斜构造是川东典型的北东向新华夏褶皱带，岩体中残余构造应力还是比较大的，加之红层砂泥岩强度较低，特别是岩石具有显著的蠕变效应，蠕变后强度持续下降，在地应力作用下持续变形。因此，研究岩石强度-应力比及软岩的蠕变效应是非常必要的。

（3）隧道开挖，应力集中及释放必然引起围岩形变，采用适宜的隧底仰拱结构是能够抵抗围岩体形变的。因此，仰拱强度、曲率是设计中必须重点研究的参数。

第六节　西南山区某客运专线隧道底鼓机理探析

西南某客运专线开通运营之际，在2017年3—7月相继发现某隧道隧底出现7处底鼓病害，建设单位组织设计、施工单位开展了补勘、设计及整治处理。2017年12月底客运专线开通营运，但是底鼓病害的段落仍然存在缓慢上拱，对于底鼓病害产生机理众说纷纭。本节结合有关数据资料，深入分析了隧道底鼓病害产生的主要原因，提出了要高度重视特殊地层研究，特别是岩石中含盐矿物分析，对于从事高速铁路建设的广大工程技术人员具有很好的参考借鉴意义。本节由王茂靖撰写。

一、前言

西南某客运专线为设计速度目标值 250 km/h 双线铁路。该铁路于2013年开工建设，

2017年12月开通运营。

在该客运专线上的某隧道于2016年贯通，高铁工务段在2017年3月26日轨道精测时发现部分里程段数据存在异常，反复核实后确认在隧道中部出现隧道底鼓病害，随后陆续发现有7段约500 m长度隧底出现不同程度的底鼓变形，其中K367 + 775左线位置变形最大，整治前轨面上拱最大19 mm。

针对隧道底鼓变形，铁路总公司、建设单位召开了多次专家分析会议，设计院先后进行了3次补充地质勘探及岩样试验分析，施工单位对于底鼓变形较大段落进行了整治，于2017年5月至11月期间，先后分三阶段拆换了三段仰拱及无砟轨道，对其余段落及类似地层岩性段落进行了砂浆长锚杆及预应力锚杆的预加固。

笔者自始至终参加了隧道底鼓病害现场踏勘、地质补勘、专家分析论证会，对于隧道底鼓病害结合既有地质勘察、岩样试验、地应力测试及测量数据进行了深入分析，对于底鼓病害发生机理提出以下探讨。

二、工程概况

隧道位于客运专线朝天至广元区间，进口里程K363 + 384，出口里程K371 + 699，全长8 315 m，中心最大埋深560 m，为双线隧道，进口与斑竹河大桥相接，出口与嘉陵江特大桥相连。

隧道范围设置 + 3‰（4 177 m）、-10.5‰（4 143 m）的人字坡。设置3座单车道横洞辅助坑道，长度分别为95 m、1468 m、910 m。隧道采用CRTS Ⅰ型双块式无砟轨道，内轨顶面至道床底面高度为515 mm。

该隧道于2013年3月开工建设，2016年9月完成隧道贯通，同年10月浇筑无砟轨道。

三、隧址区地质条件

1. 地形地貌

隧道所在区域位于青藏高原与四川盆地过渡地带，跨越大巴山区、四川盆地两个地貌单元，属于米仓山脉构造侵蚀低中山峡谷地貌，出口紧邻嘉陵江，山势陡峻，局部形成悬崖峭壁，冲沟多呈V字形，地面高程为540 ~ 1 100 m，相对高差约560 m，自然坡度为20° ~ 55°，植被发育一般。隧道进口附近有乡村道路相通，出口位于川陕高速公路附近，交通比较方便。隧道埋深200 ~ 560 m。

2. 地层岩性

隧道洞身依次穿越三叠系下统飞仙关组四段（T_1f^4）泥岩、页岩夹泥灰岩、灰岩；一、二段（T_1f^{1+2}）页岩夹泥灰岩、灰岩；铜街子组二段（T_1t^2）页岩、泥灰岩、泥质灰岩；中统雷口坡组（T_2^l）灰岩、白云岩夹页岩、泥灰岩；下统嘉陵江组（T_1j）灰岩、白云质灰岩夹岩溶角砾岩、页岩、泥灰岩三套地层岩性（图2.6-1）。

从上述地质纵断面示意图可以看出：隧道底鼓病害发生地段位于隧道中部三叠系铜街子组薄层页岩、泥质灰岩地段。隧道埋深在350 ~ 550 m左右。

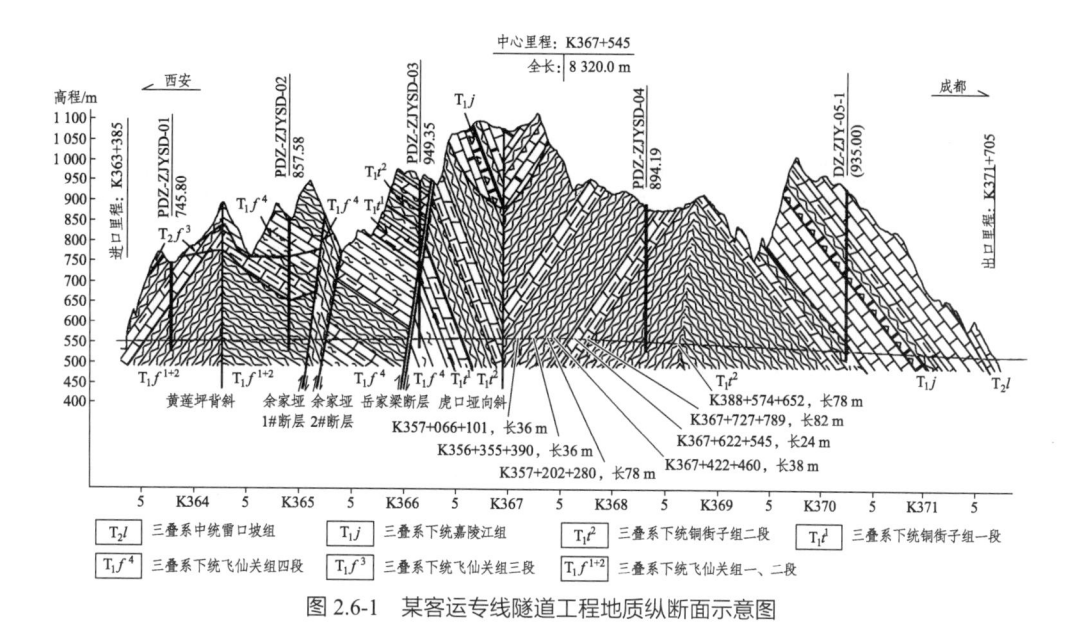

图 2.6-1　某客运专线隧道工程地质纵断面示意图

3. 地质构造及地震动参数

从大地构造单元来讲，隧道位于扬子准地台川北凹陷，距北侧"5·12"汶川地震发震断裂龙门山断裂约 80 km，构造运动强烈。川北凹陷是在龙门山印支褶皱带回返上升以后，在其前缘所形成的一个凹槽——山前拗陷。槽内堆积着巨厚的中生带沉积岩，受区域构造影响，区内褶皱、断裂构造极为发育。

隧址区主要由明月峡背斜、新店子倒转向斜、飞仙关背斜组成，其两翼为一系列相互平行紧密排列的次级褶皱断层；隧道洞身穿越黄莲坪背斜、虎口垭向斜、大塘村背斜三个褶皱及余家垭 1# 断层、余家垭 2# 断层、岳家梁断层三条断层，地质构造复杂，岩体受到强烈挤压，构造应力较大。

测区地震动峰值加速度为 0.10g，地震动反应谱特征周期为 0.40 s，见图 2.6-2。

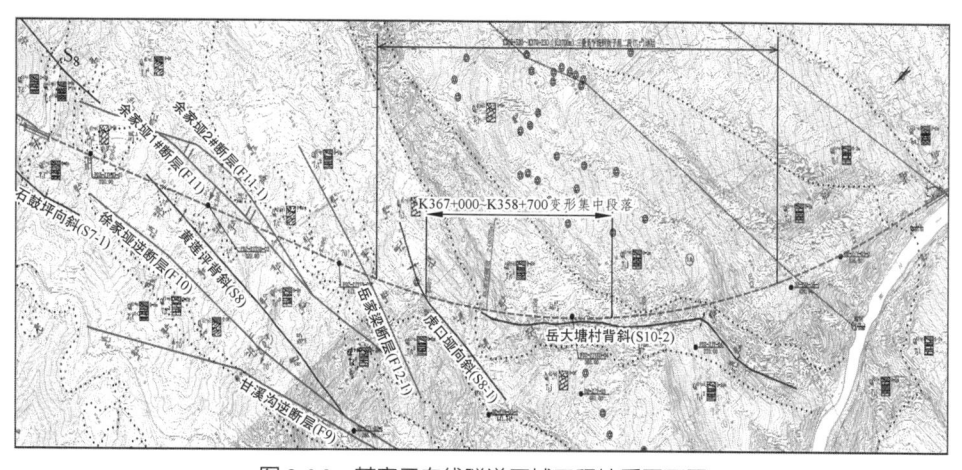

图 2.6-2　某客云专线隧道区域工程地质平面图

根据上述地质构造平面图可知：洞身隧底底鼓病害变形地段紧邻大塘村背斜核部，残余最大水平主应力垂直隧道轴线，对围岩稳定性极为不利。

4. 水文地质条件

隧道进口段（K363+384～K366+530，长3 146 m）、中段（K366+530～K370+230，长3 700 m）地层为泥质页岩夹泥灰岩、灰岩等，赋存基岩裂隙水，由于泥岩、页岩为相对隔水层，基岩裂隙水含量不均，赋存于灰岩、泥灰岩节理、裂隙之中，含水量不大，泥岩、页岩几乎不含地下水。

隧道出口段（K370+230～K371+699，长1 469 m）嘉陵江组、雷口坡组灰岩、白云岩地层中富含岩溶水，但区域侵蚀基准面为460～480 m，隧道洞身标高为519～586 m，高于江面39～73 m，洞身位于岩溶水垂直渗流带，部分位于岩溶水季节变动带与水平循环带之间，岩溶水旱季不甚发育，雨季时可能存在地表入渗形成的岩溶水。

5. 主要工程地质问题

本隧道顺层偏压、地应力、岩溶为主要工程地质问题。

1) 顺层偏压

主要以下有三段：

K363+381～K363+480，埋深小于50 m，基岩产状为E—W/30°N，走向与线路夹角为38°，横断面视倾角为24°，倾向线路右侧，左侧存在顺层偏压问题；

K364+660～K365+530段岩层产状N59°～71°E/21°～60°SE，岩层走向与线位夹角15°～25°，埋深250～340 m，隧道右侧存在顺层偏压，岩性为飞仙关组一、二段（T1f1+2）页岩夹泥灰岩、灰岩；

K367+460～K369+430段岩层产状为N45°～73°E/13°～25°SE，岩层走向与线位夹角6°～35°，埋深250～475 m，隧道左侧存在顺层偏压，岩性为铜街子组二段（T1t2）页岩夹泥灰岩、灰岩。本段也是底鼓病害主要发生地段。

2) 地应力

隧道勘察期间，曾在隧道洞身实施7个深孔勘探，在3个深孔中进行了地应力测试，深孔勘探及测试钻孔如图2.6-3所示。图中SZ-赵-地应力-1为2017年10月在隧道3号横洞中再次进行地应力测试钻孔，测试最大主应力为11.30 MPa，与洞轴线夹角77°。

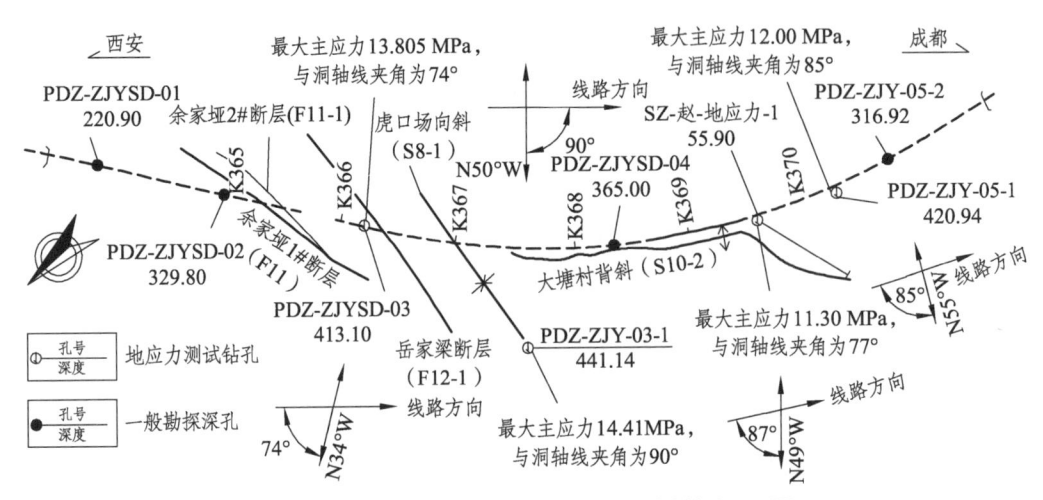

图2.6-3 赵家岩隧道深孔勘探及地应力测试钻孔平面图

3个深孔中进行了地应力测试,其成果见表2.6-1。

表2.6-1 勘察阶段隧道地应力测试数据汇总

测试钻孔	里程	最大水平主应力 SH/MPa	最小水平主应力 Sh/MPa	垂直应力 Sv/MPa	侧压力系数	最大水平主应力优势方向	最大水平主应力与洞轴夹角	应力测点与隧底路基面高差/m
PDZ-ZJYSD-03	K366+170 左10.0 m	13.805	9.020	9.805	1.53	N34°W	74°	1.62
PDZ-ZJY-03-1-03-1	K367+608 左751 m	14.41	10.53	11.33	1.36	N50°W	90°	11.94
PDZ-ZJY-05-1-05-1	K370+278 左70.0 m	12.00	8.29	10.29	1.66	N55°W	85°	4.22
平均值	—	13.405	9.28	10.475	1.52			

区域三向主应力之间的大小关系表现为:$S_H > S_v > S_h$,这表明隧址区仍以残余构造应力为主。最大水平主应力方向为N34~55W,与线路大角度相交。测试深度内最大水平主应力(S_H)值平均值为13.405 MPa,最小水平主应力(S_h)平均值为9.28 MPa,估算出的各测段的垂直应力(S_v)值平均值为10.475 MPa。侧压力系数(最大水平主应力/垂直应力)均值为1.52。

在隧道底鼓病害发生的地段,进行了一个深孔地应力测试,最大主应力达到14.41 MPa,与隧道洞轴线垂直,对隧道围岩极为不利,最大水平地应力似乎是发生底鼓病害的主要原因之一,以下将作详细分析研究。

地应力测试表明,隧道处于中等地应力区域内,施工中局部可能发生软岩变形及硬质岩岩爆的地质病害。

3)岩溶

隧道出口段K370+230~K371+699分布三叠系嘉陵江组(T_1j)及雷口坡组(T_2l)灰岩、白云质灰岩可溶岩地层,地表溶沟、溶槽、漏斗、落水洞等岩溶形态,且多个钻孔揭示溶洞,该段岩溶中等~强烈发育。嘉陵江为测区侵蚀基准面,标高为460~480 m,隧道洞身标高519~532.6 m,高于江面39~73 m,洞身处于为垂直渗流带与水平循环带交替地段。隧道施工过程中,可能会遇到溶洞、暗河等岩溶形态,出现涌水、突泥、坍塌掉块等危害。

四、底鼓病害发生及整治情况

1. 底鼓病害概述

某隧道底鼓变形主要发现在三个阶段,分别在2017年3月、5月、7月。变形范围主要集中在K367+000~K368+700的1.7 km,先后有近500 m线路出现变形。主要情况如下:

1)第一阶段变形

2017年3月16—20日,高铁工务段对某隧道进行轨道精测时,发现隧道K367+730~+786段(长56 m)左、右线数据明显异常,其中K367+730~+786段轨面高程测量值比设计轨面高程最大高19.3 mm,如图2.6-4所示。据施工单位量测数据:在2016年

10 月对 K367 + 727 ~ K367 + 789 段无砟轨道板浇筑后轨检车轨面高程测量值与设计轨面高程值相差均小于 1.4 mm，说明该段在轨道板浇筑后陆续出现底鼓现象，其上拱值超出了高速铁路无砟轨道静态平顺度允许偏差。

图 2.6-4 高铁工务段左、右线测量高程对比图

2) 第二阶段变形

2017 年 5 月 28—30 日，高铁工务段再次进行轨道精测时，发现隧道 K367 + 786 ~ + 837 段（长 51 m）轨面高程测量值比设计轨面高程最大高 14.9 mm，与 2017 年 3 月轨检车数据相比，轨面高程测量值最大变动达 5.1 mm，如图 2.6-5 所示，超出了高速铁路轨道静态平顺度允许偏差。同时，轨道板局部发现裂纹。据施工单位测量资料：本段轨道板于 2016 年 10 月浇筑完成，随后轨检车轨面高程测量值与设计轨面高程相差均小于 1.7mm，2017 年 5 月轨面高程测量值比设计轨面高程最大高 15.2 mm，该段隧底存在底鼓现象。

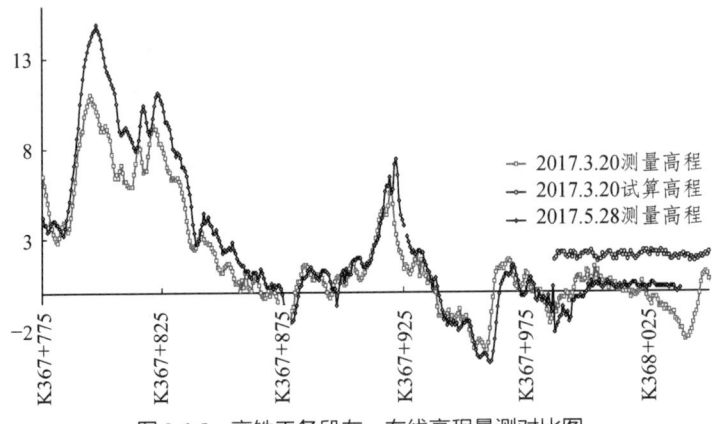

图 2.6-5 高铁工务段左、右线高程量测对比图

3) 第三阶段变形

2017 年 7 月 14—18 日，高铁工务段对隧道内上下行区段进行了第三次轨道精测，发现 K367 + 000 ~ K368 + 700 段有七个区段轨面数据异常，具体段落情况如下：

第一段（36 m）：K367+065～+101，上行线（右线）较 3 月精调试算高程最大上拱 7.3mm，下行线（左线）较 3 月精调试算高程最大上拱 9.5 mm。

第二段（78m）：K367+202～+280，上行线较 3 月精调试算高程最大上拱 4.1 mm，下行线较 3 月精调试算高程最大上拱 2.4 mm。

第三段（35 m）：K367+355～+390，上行线较 3 月精调试算高程最大上拱 8.3 mm，下行线较 3 月精调试算高程最大上拱 4.6 mm。

第四段（38 m）：K367+422～+460，上行线较 3 月精调试算高程最大上拱 2.9 mm，下行线较 3 月精调试算高程最大上拱 4.8 mm。

第五段（24 m）：K367+622～+646，上行线较 3 月精调后最大上拱 3.4 mm。

第六段（62 m）：K367+727～+837（换仰拱段），上行线较 5 月 30 日实测高程最大上拱 3.1 mm，下行线较 5 月 28 日实测高程最大上拱 3.6 mm，本段也是最初的第一阶段、第二阶段变形段，在发现底鼓后，随即在 5 月份对此两段进行了仰拱撤换整治。

第七段（78m）：K368+574～+652，上行线较 3 月精调后最大上拱 2 mm，下行线较 3 月精调后最大上拱 2.3 mm。

2. 底鼓病害整治概况

2017 年 3 月初发现某隧道发生底鼓病害后，为确保西成客专 2017 年年底开通营运，迅即开展了病害的勘察设计及整治工作。概括起来，病害整治分为三个阶段分别进行。

第一阶段：对于 K367+735～+786 底鼓病害段，长 51 m，拆除仰拱，隧底设置 6 m 长锚杆，素混凝土仰拱更换为钢筋混凝土并增大了仰拱曲率，无砟轨道撤除重建；

第二阶段：对于 K367+786～+837.7 段，长 51.7 m，拆除仰拱，素混凝土仰拱更换为钢筋混凝土并增大了仰拱曲率，无砟轨道撤除重建；

第三阶段：由于高铁工务段精测时发现某隧道 K367+000～K368+700 段有 7 个区段（含前两阶段整治段落）轨面数据异常，再次出现底鼓病害，建设单位多次召开专家论证会分析底鼓病害原因、讨论整治措施。本阶段最终整治方案为：针对 K367+065～+101 底鼓段拆换素混凝土仰拱为钢筋混凝土仰拱并配合预应力锚杆对隧底进行加固处理，其余 6 段底鼓病害段采用预应力锚杆加固的方案。

对于前期仰拱拆换段（107 m）的第六段进行结构补强，填充层上一个断面设置 4 根 32 中空注浆预应力锚杆，长度 8 m，纵向间距 2 m。

对于病害集中出现的 1.7 km 范围隧底，除第一、六变形段以外的区域，在中心水沟处设置 2 根 32 中空注浆预应力锚杆，长度 8 m，纵向间距 2 m。

对于病害出现类似地层 3.7 km 范围，除 1.7 km 以外的区域（即 2 km 范围），在中心水沟处设置 2 根 32 中空注浆预应力锚杆，长度 8 m，纵向间距 4 m。

除上述对隧底仰拱、结构加强处理外，对于变形较大的长度约 192 m 的无砟轨道板撤除重建。

底鼓病害整治工程完成后，继续对病害段落进行监控量测。

该客运专线于 2017 年 12 月底开通营运，虽然 7 段底鼓病害都进行了整治，但是，并未彻底消除隧道底鼓病害，第一段、第六段仰拱撤换地段底鼓仍然严重，每月上拱速率可达 1 mm 左右，其余地段底鼓速率较低甚至趋于稳定。

3. 底鼓病害补充地质勘察主要成果

勘察期间，设计单位对隧道进行了区域工程地质调绘、7个深孔勘探及岩样测试试验，基本查清了隧道工程、水文地质条件，施工开挖揭示地质条件与设计基本一致。隧道施工完成后，出现了严重的底鼓病害，设计单位分别在底鼓病害出现的三个时间段即2017年4月2—8日、6月15—24日、7月20—8月1日进场进行了3次地质补充勘察，在8月4—5日开展了与建设单位、施工单位、监理单位等多方见证的病害地段隧底仰拱钻孔验证混凝土厚度、强度验证工作。

地质补充勘察主要采用地质钻探、岩样取样与测试、水样分析、混凝土样强度分析及钻孔孔内电视、地质雷达扫描探测仰拱厚度等方法，共计实施浅孔钻探40孔计295 m，岩样55组、水样12组、混凝土样31组。井中电视34孔，地质雷达测线4条52.7 Km。根据各阶段地质补充勘察报告，主要成果如下：

1) 底鼓病害分布规律

隧底相继发生7段底鼓地质病害的地段位于三叠系铜街子组薄层至中层状钙质页岩、泥灰岩层之中，埋深大致在350～550 m，且紧邻大塘村背斜一翼，岩层倾向右侧，隧道洞身存在左侧偏压，最大水平主应力垂直洞轴线，对围岩未定十分不利，如图2.6-6所示。

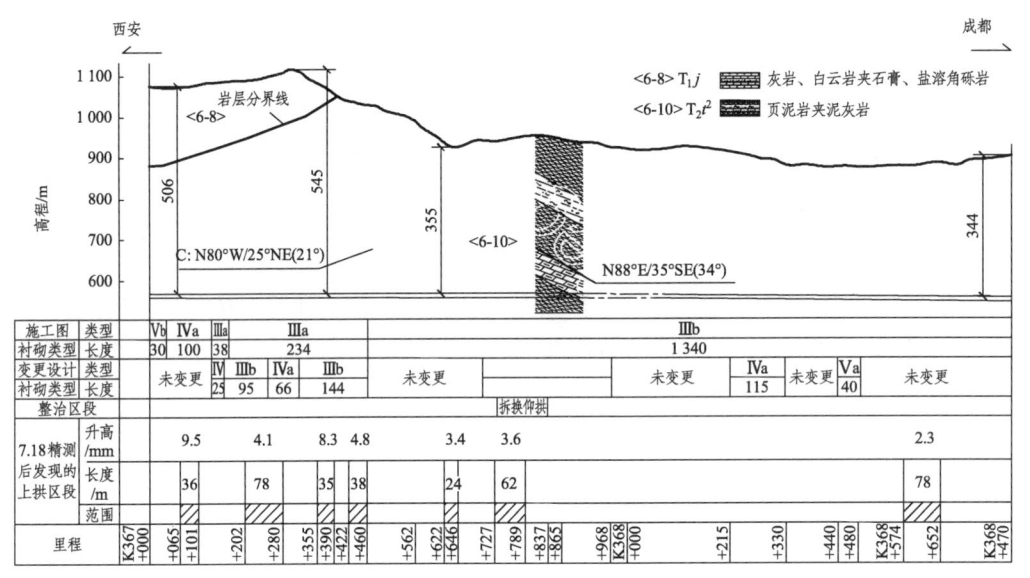

图2.6-6 某客运专线隧道底鼓段落示意图

2) 岩石强度、膨胀性分析

根据补充勘探岩样强度试验、膨胀性试验成果统计分析，隧底钙质页岩、泥质灰岩及泥灰岩主要强度、膨胀性指标统计见表2.6-2～表2.6-4。

表 2.6-2　隧底钙质页岩试验统计汇总

序号	取样孔号	取样深度/m	岩石类别	天然抗压强度/MPa	天然饱和抗压强度/MPa	饱和吸水率/%	自由膨胀率/%	膨胀力/kPa
1	SZ-赵轨变-01	9.3～10.5	页岩	41.1	12.5	2.44	9	—
2	SZ-赵轨变-03	9.6～10.3	页岩	22.63	—	1.48	20	33
3	SZ-赵轨变-06	6.1～7.9	页岩	15.37	9	2.44	20	7
4	SZ-赵轨变-06	15～16	页岩	12.5	—	3.42	—	53
5	SZ-赵轨变-06	16～16.9	页岩	44.1	25.8	4.66	22	20
6	SZ-赵轨变-06	17～18.3	页岩	30.6	16.4	5.55	26	13
7	SZ-赵轨变-06	18.3～18.9	页岩	35.63	12.7	2.05	12	7
8	SZ-赵轨变-11	5～5.2	页岩	27.3	—	3.36	17	94
9	SZ-赵轨变-09	5.5～9.2	页岩	26.87	8.1	3.6	21	7
10	SZ-赵2-01	7～8.52	页岩	13	11.15	1.92	17	20.6
11	SZ-赵2-02	8.1～8.6	页岩	74.5	—	1.3	—	—
12	SZ-赵2-02	14～14.4	页岩	—		3.4	10	
13	SZ-赵2-03	6.7～9.88	页岩	17.6		2.12	—	54.7
14	SZ-赵2-05	8.7～10	页岩	33.3	—	4.74	42	48.2
15	SZ-赵2-05	10.8～11.5	页岩	27.87	18.75	2.22	14	6.94
统计结果			样本数/个	14	8	15	12	12
			最小值	12.50	8.10	1.30	9.00	6.94
			最大值	74.50	25.80	5.55	42.00	94.00
			平均值	30.17	14.30	2.98	19.17	30.37
			标准差	16.13	5.84	1.26	8.82	27.25
			变异系数	0.53	0.41	0.42	0.46	0.90
			标准值	22.44	10.35	3.56	23.79	44.66

表 2.6-3　隧底泥质灰岩试验统计汇总

序号	取样孔号	取样深度/m	岩石类别	天然抗压强度/MPa	天然饱和抗压强度/MPa	饱和吸水率/%	自由膨胀率/%	膨胀力/kPa
1	SZ-赵轨变-01	8.2～9	泥质灰岩	41.20	28.60	1.54	—	37
2	SZ-赵轨变-01	10.5～10.7	泥质灰岩	53.00	14.70	1.51	9	13
3	SZ-赵轨变-03	6～8	泥质灰岩	38.30	15.10	0.79	—	7
4	SZ-赵轨变-06	9～10.2	泥质灰岩	50.70	24.60	1.69	—	—
5	SZ-赵轨变-06	11.3～14.5	泥质灰岩	43.13	23.50	3.01	8	—
6	SZ-赵轨变-11	1.2～2.8	泥质灰岩	52.30	—	0.76	—	—
7	SZ-赵轨变-11	6.5～9.8	泥质灰岩	39.20	23.70	3.01	1	21
8	SZ-赵轨变-11	10.6～11	泥质灰岩	53.20	—	2.29	—	—
9	SZ-赵轨变-09	2.2～4.3	泥质灰岩	73.37	61.40		—	—
10	SZ-赵轨变-09	11.5～16	泥质灰岩	68.73	44.00	2.66	14	34
11	SZ-赵2-01	3.3～4	泥质灰岩	65.30	—	1.79	—	—
12	SZ-赵2-03	5.7～6.57	泥质灰岩	36.65	—	1.18	—	—
13	SZ-赵2-03	6.7～9.88	泥质灰岩	—	—	2.42	—	20
14	SZ-赵2-05	2.7～3.2	泥质灰岩	41.35	—	1.65	0	14
15	SZ-赵2-05	4～7.18	泥质灰岩	67.70	—	1.47	0	7
16	SZ-赵2-02	4.0～4.6	泥质灰岩	42.35	—	2.65	104	11
统计结果		样本数	15	8	15	6	9
统计结果		最小值	36.65	14.70	0.76	0.10	6.84
统计结果		最大值	73.37	61.40	3.01	14.00	37.00
统计结果		平均值	51.10	29.45	1.89	5.37	18.22
统计结果		标准差	12.37	15.81	0.74	5.82	11.01
统计结果		变异系数	0.24	0.54	0.39	1.08	0.60
统计结果		标准值	45.40	18.77	2.24	10.17	25.11

表 2.6-4　隧底泥灰岩试验成果统计汇总

序号	取样孔号	取样深度/m	岩石类别	天然抗压强度/MPa	天然饱和抗压强度/MPa	饱和吸水率/%	自由膨胀率/%	膨胀力/kPa
1	SZ-赵轨变-03	14.2～14.6	泥灰岩	55.50	23.90	3.37	9	—
2	SZ-赵2-01	4.4～4.95	泥灰岩	52.00	—	0.82	—	—
3	SZ-赵2-02	3.6～4.6	泥灰岩	58.10	—	0.93	—	—
4	SZ-赵2-02	11.5～12.9	泥灰岩	58.60	37.97	1.25	—	—
5	SZ-赵2-03	10.2～11.7	泥灰岩	31.50	—	1.75	—	21
6	SZ-赵2-04	2.3～4.3	泥灰岩	47.60	39.13	1.35	0	—
7	SZ-赵2-04	7.65～8.87	泥灰岩	33.00	—	1.14	—	14
8	SZ-赵2-04	7.65～8.87	泥灰岩	10.60	—	4.93	122	21
9	SZ-赵2-05	13.1～15.5	泥灰岩	37.67	25.00	0.96	—	—
10	SZ-赵2-05	15.0～15.5	泥灰岩	74.45	—	1.20	8	—
统计结果	样本数			10	4	10	3	3
统计结果	最小值			10.60	23.90	0.82	0.10	13.70
统计结果	最大值			74.45	39.13	4.93	9.00	20.90
统计结果	平均值			45.90	31.50	1.77	5.70	18.43
统计结果	标准差			18.09		1.33		
统计结果	变异系数			0.39		0.75		
统计结果	标准值			35.31		2.55		

根据上述表中数据统计分析成果，可以看出隧底钙质页岩天然抗压强度为 22.44 MPa，天然饱和抗压强度为 10.35 MPa，饱和吸水率为 3.56%，自由膨胀率为 23.79%，膨胀力为 44.66 kPa。泥灰岩天然抗压强度为 35.31 MPa，天然饱和抗压强度为 31.50 MPa，饱和吸水率为 2.55%，自由膨胀率为 5.70%，膨胀力为 18.43 kPa。泥质灰岩天然抗压强度为 45.40 MPa，天然饱和抗压强度为 18.77 MPa，饱和吸水率为 2.24%，自由膨胀率为 10.17%，膨胀力为 25.11 kPa。膨胀性试验结果表明：饱和吸水率、自由膨胀率、膨胀性指标均未达到膨胀岩标准，岩石膨胀力不大。

3）隧底地质条件

钻探揭示及施工开挖资料显示：隧底仰拱底部岩性主要以钙质页岩、泥质灰岩及泥灰岩为主，薄层至中层状，岩层倾角一般在 10°～20°，局部可达 35°，局部地段岩体揉皱严重，病害段地下水不发育，钻孔中未见明显地下水，施工开挖掌子面干燥。

4) 施工变更

集中发生底鼓病害的 K367 + 000 ~ K368 + 700 的 1.7 km 范围内，施工图设计围岩大部分为Ⅲ、Ⅳ围岩，施工发生了 11 段围岩级别、支护参数及衬砌类型变更，其中两段为Ⅲ围岩变更为Ⅳ围岩，除局部地段仰拱为钢筋混凝土结构外，大部分底鼓地段仰拱为素混凝土结构。但从开挖揭示的掌子面岩性及构造来看，此段受区域背斜影响，局部地段岩体破碎，揉皱严重，如图 2.6-7 和图 2.6-8 所示。

图 2.6-7　K367 + 210 掌子面岩性照片

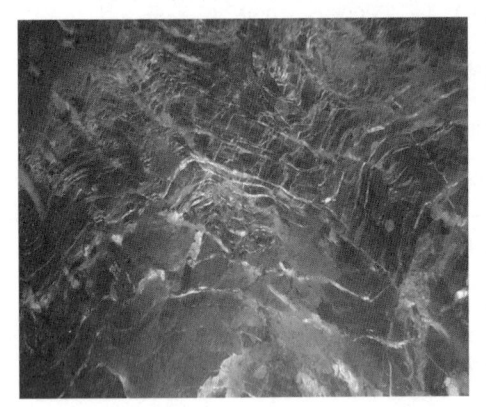

图 2.6-8　K367 + 775 掌子面岩性照片

5) 岩石矿物成分分析

为彻底查清隧鼓变形的原因、机理，对于隧底岩石采取了岩样采用了薄片鉴定、X 衍射分析方法对岩石矿物成分进行鉴定，其主要成果见表 2.6-5、表 2.6-6。

表 2.6-5　薄片鉴定矿物成分及百分含量汇总

序号	试验编号	取样地点	方解石	白云石	（硬）石膏	黏土矿物	陆源碎屑	生物碎屑	铁质	岩石定名
1	C17 西成 J1	K367 + 709	4 ~ 5	70 ~ 75	6 ~ 8	3 ~ 4			7 ~ 9	细晶白云岩
2	C17 西成 J2	K367 + 709	75 ~ 77	8 ~ 10	—	8 ~ 10	1 ~ 2	—	3	泥晶灰岩

续表

序号	试验编号	取样地点	矿物成分及含量百分比 /%							岩石定名
			方解石	白云石	（硬）石膏	黏土矿物	陆源碎屑	生物碎屑	铁质	
3	C17 西成 J3	K367+729	60~62	5~6		15~18	2~3		10	微晶灰岩
4	C17 西成 J4	K367+754	85~88	3~4	—	—	2~3	3	—	微晶灰岩
5	C17 西成 J5	K367+729	70~74				9~11	10~12		微晶灰岩
6	C17 西成 J6	K367+729	7~8	75~80	6~9				3~4	微晶白云岩
7	C17 西成 J7	K367+729	88~95	4		1~2	3			微晶灰岩
8	C17 西成 J15	K366+690	78~80	5~8		10			4	微晶灰岩
9	C17 西成 J18	K367+080	25~28		3	53~56	4	3	4	钙质页岩
10	C17 西成 J20	K367+372		35~40	5~7	45~50	3		3~4	白云质泥岩
11	C17 西成 J22	K367+400	36~41	3~5	15~20	18~23	3	10~15	2~3	灰岩夹石膏

从上述岩石矿物成分鉴定成果来看，隧底岩石主要矿物成分还是以方解石、白云石为主，局部地段富存硬石膏、石膏，最大含量可达 15%~20%，而且主要为硬石膏，这点引起了我们特别注意。钙质页岩、泥岩地段富含黏土矿物，但是试验证明岩石膨胀性较弱。

表 2.6-6　X 射线衍射矿物分析汇总

序号	试验编号	取样地点	矿物成分及含量百分比 /%						岩石定名
			方解石	白云石	硬石膏	石膏	石英	其他矿物铁质	
1	C17 西成 71	K367+905	63	19.3	—	—	9.7	8.3	
2	C17 西成 72	K367+905		5	61			34	
3	C17 西成 73	K367+905	78.3				16.6	5.1	
4	C17 西成 76	K367+919	29.8				4.16	66	
5	C17 西成 77	K367+919	43				31.6	25.4	
6	C17 西成 78	K367+919		2.62	96.8		0.21	0.36	
7	C17 西成 79A	K367+936	66.7				14.3	18.96	
8	C17 西成 81	K367+936	48.7	9.19			7.69	34.4	
9	C17 西成 83	K367+961	74.3				12	13.7	

续表

序号	试验编号	取样地点	矿物成分及含量百分比 /%						岩石定名
			方解石	白云石	硬石膏	石膏	石英	其他矿物铁质	
10	C17 西成 82B	K367 + 961	0.86	5.6	25.77	62.7	3.9	1.2	
11	C17 西成 85	K367 + 974		9.9		69.8	4.7	15.6	
12	C17 西成 88	K367 + 974	2.97	1.02	28.3	64.8		—	

从上述 X 射线衍射矿物成分分析，岩石主要矿物仍然以方解石、白云石为主，岩性应为灰岩、泥质灰岩为主，但是，我们也注意到了局部岩石矿物中石膏、硬石膏含量偏大，存在局部富集现象，这更引起了我们的高度重视。

此外，在施工图设计地质勘察期间，在三叠系下统铜街子组二段（T_1t^2）地层实施 2 个深孔钻探，其中 DZ-ZJY-03（里程 K368 + 370 右 440 m，坐标 N：3603297.00，E：487493.90）孔深 83.48～92.40 m，有裂隙充填石膏，层厚 0.10～0.50 m，另一孔未揭示石膏。

6）仰拱施工质量

为验证仰拱厚度、曲率及强度是否达到设计要求，采用地质钻探、地质雷达扫描及手持浅孔钻机钻探等手段对 K366 + 530～K370 + 230 约 3.7 km 铜街子组地层的隧底仰拱进行了勘探验证。实测砼厚度共 107 处，混凝土厚度达到设计厚度共 48 处，占 45%，59 处未达到设计厚度，占 55%。仰拱混凝土欠厚 59 处平均欠厚 0.21 m。14 处横断面勘探揭示，仰拱曲率未能达到设计要求，此外，还存在局部仰拱底不密实。

五、底鼓机理分析研究

隧道底鼓通常都是隧底结构不足以抵抗隧道开挖后引起的围岩变形导致的。因此，主要原因有施工质量缺陷（仰拱厚度不足、曲率不够），围岩具有膨胀性，二次应力调整引起围岩持续变形等。结合本隧道底鼓病害地质勘察成果资料，我们进行如下分析：

1. 地应力引起围岩形变

本隧道底鼓地段测得的最大主应力为 14.4 MPa，残余构造地应力背景值属于中等，但是底鼓病害集中地段主应力方向垂直隧道轴线，非常不利于隧道开挖后围岩稳定性，底鼓段围岩为钙质页岩、泥灰岩、泥质灰岩，其天然单轴抗压强度分别为 22.44 MPa、35.31 MPa、45.4 MPa，饱和抗压强度分别为 10.35 MPa、31.5 MPa 及 18.77 MPa，强度应力比 R_c/σ_{max} 分别为：天然状态下 1.56、2.45、3.15，含水饱和状态下 0.72、2.19、1.30，岩石强度应力比 R_c/σ_{max} 均小于 4，按照国家标准《工程岩体分级标准》（GB/T 50218—2014），软质岩开挖后洞壁发生显著位移、隧道存在底鼓隆起变形特征。但是本隧道开挖中，围岩相对来说强度较高、无地下水，整体稳定性较好，施工中并没有发生较大的形变，初期支护实施后，围岩变得稳定，拱顶、边墙也未见明显位移，见表 2.6-7。

表 2.6-7　某隧道底鼓地段施工阶段围岩监控量测数据汇总

赵家岩隧道监控量测台账

测段序号	施工里程	运营里程	拱顶下沉A开始时间	结束时间	累积下沉值(mm)	周边收敛S1开始时间	结束时间	累积收敛值(mm)	周边收敛S2开始时间	结束时间	累积收敛值(mm)	围岩级别	备注
第一段	D5K374+040	K367+069	2015/6/16	2015/8/5	8.6	2015/6/16	2015/8/5	11.8	2015/7/3	2015/8/5	3.8	IV级	
	D5K374+050	K367+079	2015/6/20	2015/8/8	12.6	2015/6/20	2015/8/8	9.8	2015/7/6	2015/8/8	5.8	IV级	
	D5K374+060	K367+089	2015/6/23	2015/8/11	11.2	2015/6/23	2015/8/11	11.3	2015/7/9	2015/8/11	8.5	IV级	
	D5K374+070	K367+099	2015/6/27	2015/8/11	10.2	2015/6/27	2015/8/11	8.9	2015/7/14	2015/8/11	5.5	IV级	
第二段	D5K374+185	K367+214	2015/8/8	2015/10/2	8.4	2015/8/8	2015/10/2	8.5	2015/8/17	2015/10/2	9.4	III级	
	D5K374+215	K367+244	2015/8/17	2015/10/10	6.1	2015/8/17	2015/10/10	11.1	2015/8/25	2015/10/10	9.2	IV级	
	D5K374+220	K367+249	2015/8/19	2015/10/18	8.3	2015/8/19	2015/10/18	11.9	2015/8/27	2015/10/10	10.3	IV级	
	D5K374+230	K367+259	2015/8/22	2015/10/13	8.5	2015/8/22	2015/10/13	2.1	2015/9/1	2015/10/18	5.8	IV级	
	D5K374+240	K367+269	2015/8/25	2015/10/18	7.3	2015/8/25	2015/10/18	10.4	2015/9/6	2015/10/18	5.8	IV级	
	D5K374+250	K367+279	2015/8/28	2015/10/18	6.1	2015/8/28	2015/10/18	10.6	2015/9/10	2015/10/18	9.8	IV级	
第三段	D5K374+346	K367+375	2015/9/24	2015/11/27	16.1	2015/9/24	2015/11/27	10.5	2015/10/6	2015/11/27	8.2	III级	
第四段	D5K374+406	K367+435	2015/10/15	2015/12/18	9.4	2015/10/15	2015/12/18	6.8	2015/10/23	2015/12/18	4.7	III级	
第五段	D5K374+616	K367+645	2015/12/19	2016/3/29	7.4	2015/12/19	2016/3/29	12.0	2015/12/26	2016/3/29	7.2	III级	
第六段	D5K374+700	K367+729	2016/1/13	2016/5/4	5.5	2016/1/13	2016/5/4	8.2	2016/1/29	2016/5/4	6.8	IV级	
	D5K374+710	K367+739	2016/1/16	2016/5/8	9.8	2016/1/16	2016/5/8	8.8	2016/2/3	2016/5/8	10.0	IV级	
	D5K374+720	K367+749	2016/1/19	2016/5/10	6.9	2016/1/19	2016/5/10	10.7	2016/2/11	2016/5/10	10.9	IV级	
	D5K374+730	K367+759	2016/1/23	2016/5/13	12.0	2016/1/23	2016/5/13	10.0	2016/2/16	2016/5/13	12.0	IV级	
	D5K374+740	K367+769	2016/1/27	2016/5/16	11.3	2016/1/27	2016/5/16	14.1	2016/2/21	2016/5/16	12.1	IV级	
	D5K374+750	K367+779	2016/1/30	2016/5/16	8.6	2016/1/30	2016/5/16	10.3	2016/2/16	2016/5/16	10.7	IV级	
	D5K374+760	K367+789	2016/2/1	2016/5/19	9.3	2016/2/1	2016/5/19	8.7	2016/3/2	2016/5/19	10.0	IV级	
第七段	D5K375+570	K368+599	2015/12/9	2015/12/9	10.8	2015/10/18	2015/12/9	11.4	2015/11/7	2015/12/9	12.7	III级	
	D5K375+600	K368+629	2015/10/5	2015/11/28	12.0	2015/10/5	2015/11/28	8.61	2015/10/25	2015/11/28	13.4	III级	

在施工过程中，当边墙趋于收敛、拱顶下沉趋于稳定后实施二次衬砌。隧道 2016 年 9 月贯通，10 月无砟轨道浇筑完成后轨道量测数据显示隧底均未出现明显底鼓病害，直至 2017 年 3 月工务部门开展精调量测后，才发现一处底鼓，随后又相继出现 6 段底鼓病害，除了表现为底鼓形变外，边墙及拱顶均未见任何变形迹象，似乎不像地应力引起的围岩形变表象。

是否是软岩持续的蠕变？底鼓共计 7 段，其中第一段、第六段整治时采用了钢筋混凝土仰拱并增大了曲率，但是换拱后，仍然存在持续变形，说明来自隧道底部的压力不仅具有相对较高强度的围岩不能自承，连钢筋混凝土仰拱也难以抵抗。如果是地应力引起软岩蠕变具有滞后效应，但是根据软岩蠕变的类型来说，对于这种钙质页岩、泥灰岩具有较高强度的岩石来说，即便出现软岩蠕变变形特征，那么拱顶、边墙脚等相对薄弱地带也应有相应形变迹象。根据类似隧道埋深、地应力环境及岩石类型等经验来看，地应力引起的隧底软岩蠕变造成的底鼓病害难以自圆其说。

2. 围岩膨胀性

前已述及，底鼓病害主要发生于三叠系铜街子组钙质页岩、泥灰岩及泥质灰岩地层，根据地质补勘岩样膨胀性分析数据，上述岩石膨胀性指标均达不到膨胀岩标准，钙质页岩膨胀力为 45 kPa，泥质灰岩膨胀力为 25.11 kPa，泥灰岩膨胀力为 18.43 kPa，岩石膨胀力也不大，不足以引起隧底岩石发生底鼓病害。

那么对于充填于岩石裂隙中的硬石膏、石膏呢？通过地质勘察成果分析可知：三叠系铜街子地层岩石裂隙中不均匀含硬石膏、石膏，局部地段存在硬石膏富集现象，随机岩样矿物成分分析也表明：局部地段石膏含量 97%，较多部分含量在 15% ~ 25% 之间。尽管铜街子组地层中石膏、硬石膏含量不均且比较小，但是如果溶于水形成硫酸根离子，就可能通过毛细水作用进入隧底仰拱混凝土中，从而产生硫酸盐腐蚀作用。根据相关文献研究可知：当水中硫酸根离子浓度较低时，与混凝土相互作用形成硫铝酸盐侵蚀，化学反应式子如：

$4CaO \cdot Al_2O_3 \cdot 12H_2O + 20H_2O + Ca(OH)_2 + 3Na_2SO_4 \rightarrow 3CaO \cdot Al_2O_3 \cdot 3CaSO_4 \cdot 31H_2O + 6NaOH$

$4CaO \cdot Al_2O_3 \cdot 12H_2O + 20H_2O + 3CaSO_4 \rightarrow 3CaO \cdot Al_2O_3 \cdot 3CaSO_4 \cdot 31H_2O + Ca(OH)_2$

从上述两式可以看出：硫酸盐溶液与混凝土中水泥的固态水化铝酸四钙接触，生成硫酸铝钙（3CaO·Al$_2$O$_3$·3CaSO$_4$·31H$_2$O，简称水泥杆菌，又称钙矾石）。硫酸铝钙溶解度低，生成后将很快呈结晶析出，体积增大 2.2 倍，体积增大将使混凝土结构破坏，特别是当硫酸盐溶液渗入混凝土内部时，将产生更大破坏。

地层中石膏、硬石膏溶入水形成硫酸盐溶液，硫酸盐溶液通过毛细水进入仰拱混凝土地层之中发生水化作用、产生腐蚀、膨胀，这一切必须要有地下水作用，但是施工开挖及钻孔中却未见稳定地下水，石膏又如何溶解于水中呢？

施工揭示本段地下水不发育，钻孔中也未见稳定地下水，但是隧道开挖后围岩表部减压区的形成往往促使水分由内部高地应力区向围岩表部迁移，同时隧道开挖改变了区域地下水径流途径，地下水向隧道临空空间迁移。根据 2017 年 5 月现场调查来看：变形最大的第一段、第六段中心沟均可观察到清澈地下水渗出，这个现象说明隧道空间已经成为围岩周边地下水的排泄通道。因此，隧底围岩裂隙中地下水将岩石裂隙中的石膏溶解于水中形成硫酸盐溶液，进而通过毛细水进入混凝土中产生硫酸盐腐蚀作用，使得仰拱混凝土发生一定量的膨胀，这种体积膨胀量虽然较小，但是对于高速铁路无砟轨道变形要求来讲，已经不满足变形控制要求，属于地质病害范畴，必须进行整治。

某隧道底鼓病害发生后，虽然第一段、第六段严重底鼓段更换了钢筋混凝土仰拱，但是施工中大量施工用水浸入隧底，更加剧了隧底地层石膏溶解于水中形成硫酸盐溶液，部分页岩中黏土矿物吸水也有部分体积膨胀，因此，不难理解为何更换了强大仰拱支护后，两段底鼓段仍然上拱，而且是底鼓严重地段。

综上分析：局部石膏溶解于水形成硫酸盐对混凝土腐蚀作用产生的体积膨胀是引起隧道轨道板底鼓病害的主要原因。

3. 仰拱施工质量的原因

本段隧底仰拱施工质量较差，经过浅孔勘探、地质雷达扫描验证，仰拱的厚度、曲率不满足设计要求，存在严重的质量缺陷，这也是本段隧底发生较多底鼓病害的一个客观外部原因，简单说，如果施工质量完全满足设计要求，或许底鼓段落不会出现那么多，但施工质量不是隧底底鼓病害起决定性因素的原因。

六、结语

（1）某隧道地处中等残余构造地应力背景，特别底鼓病害地段，最大水平主应力垂直隧道洞轴线，不利围岩稳定性，但是分析研究后认为，隧底底鼓病害不应是地应力引起的软质岩变形或蠕变，引起隧道底鼓变形的主要原因是隧底含盐地层的酸性溶液局部对混凝土侵蚀作用产生的膨胀及施工存在仰拱厚度不足、曲率不满足设计要求的质量缺陷。

（2）底鼓病害主要发生在三叠系铜街子组钙质页岩、泥灰岩及泥质灰岩地层，经大量岩样矿物分析，该地层存在不均匀石膏、硬石膏富集，页岩主要为黏土矿物组成，尽管地下水不甚发育，但是隧道开挖改变了地下水径流途径，随着时间的推移，赋存于岩体裂隙中的裂隙水向隧道底部迁移，石膏溶解于水形成硫酸盐溶液进而与混凝土产生侵蚀膨胀使得隧底仰拱发生底鼓变形，导致对于无砟轨道板上拱变形。

（3）根据现场实际情况：铜街子组地层地下水不发育，隧底酸性地下水应该是缓慢聚集后通过毛细作用进入混凝土中，进而缓慢侵蚀混凝土，产生的缓慢膨胀，前已述及，侵蚀混凝土产生的体积膨胀高达2.2倍。因此，不难理解为何两段置换了钢筋混凝土仰拱、曲率加大的底鼓地段，至今仍在持续底鼓，速率基本为1 mm/月。

（4）对于这种含膏盐地层，其发生底鼓病害的主要原因是地层中石膏、硬石膏溶于水中形成硫酸盐溶液，酸溶液通过毛细作用进入仰拱混凝土中，与混凝土发生水化、腐蚀、膨胀作用，从而导致仰拱发生底鼓病害。因此，最为有效的措施是防止含硫酸盐的地下水渗入隧底岩体，因此，设置有效的排水措施或阻断地下水渗入是有效减轻底鼓病害的较好措施，这在成昆铁路百家岭隧道、黑井隧道底鼓病害的整治很有效果。

（5）勘察设计阶段并没有充分认识到石膏、硬石膏对隧道工程危害，尽管深孔钻探中一个钻孔已经鉴定出石膏，但是工程技术人员并未引起充分重视，施工开挖中也没有给予关注，教训是深刻的。某隧道底鼓病害再次提醒我们，在地质勘察中要重视地层中石膏、硬石膏、芒硝等含盐矿物，在设计中采取有效应对工程措施。

第七节 渝黔铁路老周岩隧道上拱病害勘察及整治

重庆至贵阳铁路老周岩隧道在2017年底开通运营之际，局部地段出现无砟轨道上拱病害。建设单位立即组织设计、施工单位开展了补勘、设计及整治处理，确保了铁路顺利开通运营。本案例系统介绍了隧道区域地质环境、地质补勘成果资料，结合上拱病害特点深入分析了隧道无砟轨道上拱病害产生的原因，提出了要高度重视研究区域地应力背景值、岩体强度应力比及围岩级别修正，指出隧底仰拱结构强度及曲率是抵抗岩体变形的重要参数。本案例对于从事铁路建设的广大工程技术人员具有很好的参考借鉴意义。本节由王茂靖、索朗撰写。

一、前言

重庆至贵阳铁路（简称渝黔铁路）为设计速度目标值200 km/h的客货共线双线铁路，老周岩隧道为渝黔铁路上一座单洞双线隧道，该隧道于2016年底全线贯通并全隧浇筑无砟轨道。

2017年4—6月，施工单位对老周岩隧道无砟轨道进行精调前复测，发现部分段落无砟轨道出现变形，经参建单位核查并组织专家会论证，认定老周岩隧道无砟轨道变形系仰拱隆起所致（即隧道仰拱上拱），上拱段落为D2K88 + 120 ~ D2K88 + 834、D2K89 + 521 ~ D2K89 + 677两段共计357 m，其中D2K88 + 496 ~ D2K88 + 600段轨道上拱最严重，上拱值达25 mm，见表2.7-1、表2.7-2和图2.7-1。

表2.7-1 线路左侧无砟轨道上拱情况统计

序号	里程范围	长度/m	上拱范围/mm	轨向变化最大值/mm
1	D2K88 + 122 ~ D2K88 + 130	8	6.0 ~ 10.0	7.5
2	D2K88 + 130 ~ D2K88 + 138	8	10.0 ~ 11.9	7.8
3	D2K88 + 138 ~ D2K88 + 168	30	6.0 ~ 10.0	8.3

续表

序号	里程范围	长度/m	上拱范围/mm	轨向变化最大值/mm
4	D2K88+289~D2K88+320	31	6.0~10.0	8.1
5	D2K88+495~D2K88+499	4	6.0~10.0	7.1
6	D2K88+499~D2K88+600	101	10.0~25.1	11.4
7	D2K88+600~D2K88+608	8	6.0~10.0	合格
8	D2K88+625~D2K88+642	17	6.0~7.5	合格
9	D2K88+754~D2K88+834	80	6.0~10.0	合格
10	D2K89+521~D2K89+572	51	6.0~9.5	3.9
11	D2K89+658~D2K89+677	19	6.0~7.3	5.2
12	合计长度	357		

表 2.7-2　线路右侧无砟轨道上拱情况统计

序号	里程范围	长度/m	上拱范围/mm	轨向变化最大值/mm
1	D2K88+120~D2K88+138	18	6.0~8.5	合格
2	D2K88+150~D2K88+163	13	6.0~8.2	合格
3	D2K88+282~D2K88+298	16	6.0~7.7	合格
4	D2K88+493~D2K88+496	3	6.0~10.0	合格
5	D2K88+496~D2K88+592	96	10.0~24.1	7.1
6	D2K88+592~D2K88+599	7	6.0~10.0	合格
7	D2K88+760~D2K88+804	44	6.0~10.0	合格
8	D2K88+804~D2K88+813	9	10.0~11.1	合格
9	D2K88+813~D2K88+826	13	6.0~10.0	合格
10	合计长度	219		

为查明隧底两段上拱病害原因，设计单位对此开展了病害段补充地质勘察，根据地质勘察成果资料开展了整治设计。

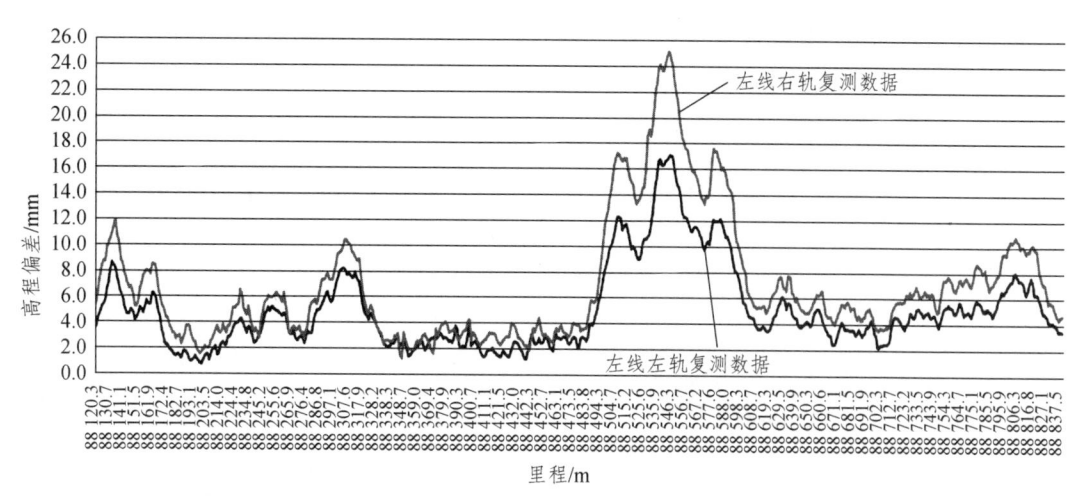

图 2.7-1　D2K88 + 120 ~ D2K88 + 834 段左线无砟轨道高程偏差统计

二、工程概况

老周岩隧道位于重庆市綦江区盖石—赶水镇，全长 7536 m，进口里程为 D2K84 + 703，出口里程为 D2K92 + 239，隧道 D2K84 + 703 ~ D2K88 + 300 段设计坡度为 4.9‰，D2K88 + 300 ~ D2K91 + 950 段设计坡度为 -3.3‰，D2K91 + 950 ~ D2K92 + 239 段设计坡度为 0‰，线路纵坡为人字坡。隧道右侧 35 m 处分别设置进口、出口平导，进口平导全长 3533 m，设 12 个横通道，出口平导全长 3326 m，设 11 个横通道。洞内 D2K84 + 790 ~ D2K91 + 897 设置 CRTS Ⅰ型双块式无砟轨道，轨道结构高度为 515 mm。全隧均采用全封闭复合式衬砌。

三、隧道工程地质条件

1. 地形地貌

隧址区属低山地貌，地形起伏较大，地面高程为 255 ~ 770 m，相对高差约 515 m，坡面植被较发育。

2. 地层岩性

隧道洞身穿越地层为侏罗系中统上沙溪庙组（J_2s），岩性以泥岩和砂岩为主，其中砂岩呈灰、灰紫色，主要为长石石英砂岩，厚层~巨厚层构造，粉~细粒结构，钙质胶结。泥岩呈紫红、褐红色，泥质结构，厚~巨厚层状构造，泥岩有遇水易软化、暴露易风化的特点。

3. 区域地质构造及地震动参数

老周岩隧道穿越东溪背斜南倾伏端（图 2.7-2），该背斜走向为 N25°W，轴部宽缓，两翼岩层产状较平缓，西翼岩层产状为 N10° ~ 20°W/8° ~ 14°SW，东翼岩层产状为 N10° ~ 33°W/7° ~ 16°NE，核部出露最老的地层为侏罗系中下统珍珠冲组，隧道穿过地层为侏罗系中统沙溪庙组。东溪背斜为川东红层东溪气田储气构造，勘察设计阶段线路已经绕避该气田，从边缘通过。老周岩隧道与东溪背斜关系如图 2.7-3 所示。

根据《渝黔线工程场地地震安全性评价报告》，老周岩隧道地震动峰值加速度为 0.05g，地震动反应谱特征周期 0.35 s。

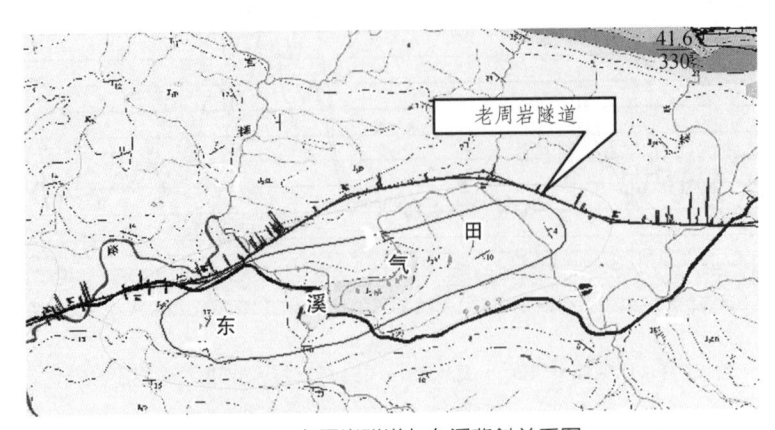

图 2.7-2　老周岩隧道与东溪背斜关系图

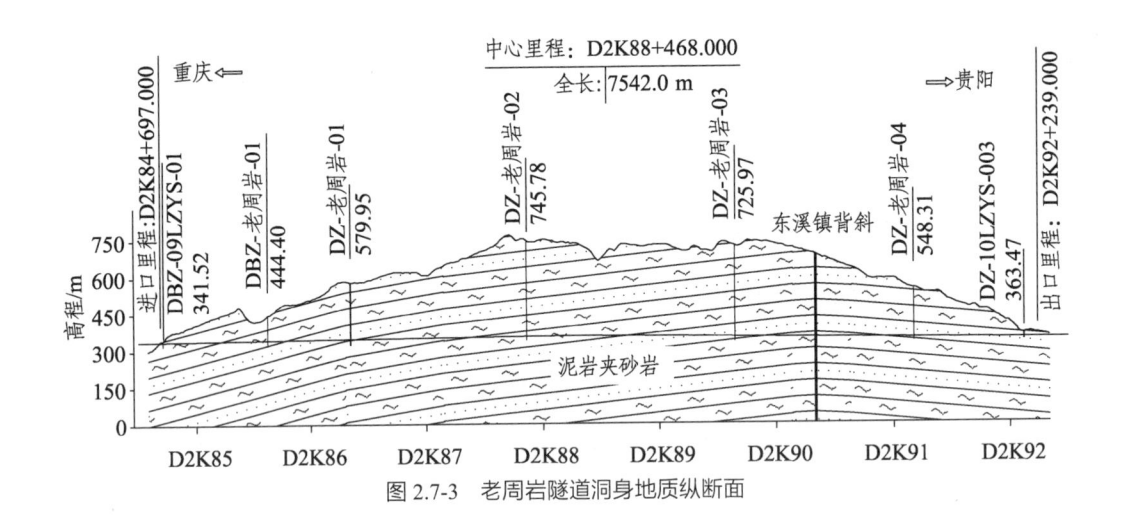

图 2.7-3　老周岩隧道洞身地质纵断面

4. 水文地质特征

隧道穿越地层岩性主要为红层砂岩、泥岩，地下水主要赋存于浅表部基岩强风化裂隙带、构造裂隙带及砂岩孔隙裂隙内，深部地下水主要赋存于砂岩孔隙裂隙中。由于砂岩与泥岩多呈互层状产出，泥岩透水性能力极弱，相对隔水，砂岩层间的水力联系差，无法形成统一的地下水潜水面，独立的砂岩含水层在接受降雨补给后，多在地形低洼的含水岩层出露处以点滴状、潮湿状、浸润状及偶尔的股状裂隙水排泄于地表。总体来说，隧道深部基岩裂隙水不发育，沙溪庙组（J_2s）地层富水性弱。

5. 主要工程地质问题

隧道穿越地层为红层砂泥岩地层，岩质软弱，易风化剥落，进出口边仰坡需加强防护。

根据《渝黔铁路重庆至赶水段隧道钻孔浅层天然气检测研究报告》（西南石油大学2009年9月10日），隧道紧邻东溪气田南侧，位于该气田浸染区，由于隧址区储油气层较多，这些储气层中的天然气有可能顺裂隙向上运移，对隧道施工影响较大。勘察中对隧道深孔进行天然气测试，部分钻孔有天然气溢出。综合地形地貌（临空条件）、地层岩性、构造特征以及天然气测点显气特点等因素考虑，本隧道为高瓦斯隧道，其中D2K86+740～D2K91+710（PDK84+755～PDK91+290）段为高瓦斯段，其他段为低瓦斯段。

四、施工开挖及变更设计

老周岩隧道无砟轨道上拱段D2K88+120～D2K88+834、D2K89+521～D2K89+677施工图设计以Ⅲ级围岩为主，局部为Ⅳ级围岩（表2.7-3），施工开挖揭示岩性为厚～巨厚层泥岩及砂岩，岩层缓倾，倾角约10°，岩体完整性好，节理不发育，仅局部边墙附近有少量渗水润湿岩壁，其他段点未发现地下水出露，如图2.7-4和图2.7-5所示。隧道开挖过程中洞壁岩体无剥离，初支收敛，易成洞，开挖揭示地质条件与施工图设计基本一致，无变更设计。

表2.7-3　隧道无砟轨道上拱段围岩情况

序号	起始里程	终止里程	长度/m	围岩分级	变更设计
1	D2K88+120	D2K88+295	175	Ⅲ	无变更
2	D2K88+295	D2K88+390	95	Ⅳ	无变更
3	D2K88+390	D2K88+805	415	Ⅲ	无变更
4	D2K88+805	D2K88+834	29	Ⅳ	无变更
5	D2K89+521	D2K89+572	51	Ⅲ	无变更
6	D2K89+658	D2K89+677	19	Ⅲ	无变更

隧底仰拱采用素混凝土，设计厚度45 cm。

图2.7-4　D2K88+533掌子面照片　　　　图2.7-5　D2K88+548掌子面照片

五、补勘地质勘察成果

隧道勘察期间，按照规范完成了区域地质调绘、深孔勘探及测试，地质勘察成果满足施工图设计要求。本次隧道上拱地质病害发生后，设计单位于 2017 年 6 月 20 日至 7 月 10 日采用孔内摄影、钻探、岩土测试及地应力测试等方法开展了无砟轨道上拱代表段落的综合地质勘察，同时开展了建设单位、设计单位、监理单位、施工单位四方全程见证验孔实测混凝土厚度工作。补勘主要成果如下：

1. 上拱段岩性

钻探揭示，上拱段隧底仰拱与岩层接触处岩性大部分为紫红色厚层～巨厚层状泥岩为主，局部夹砂岩。砂岩在钻孔揭示岩性中的占比小，多呈夹层状出现，为灰、灰褐、紫褐色，细粒结构，层状构造，薄～中厚层状，颗粒物质主要由石英、长石组成，钙质胶结。岩层倾角基本上为 5°，近水平状。

2. 岩石强度及膨胀性试验

钻探中采取了 75 组岩样进行了单轴抗压强度试验及膨胀性试验，结果见表 2.7-4 和表 2.7-5。

表 2.7-4　上拱段隧底砂岩试验结果统计

砂岩	岩块天然密度 /（g/cm³）	天然抗压强度 /MPa	饱和抗压强度 /MPa	饱和吸水率 /%	自由膨胀率 /%	膨胀力 /kPa
样本数	5	12	2	2	2	2
最大值	2.67	108	54	2	10	0
最小值	2.64	19	20	2	0	0
平均值	2.65	54	37	2	5	0
标准差		28.3				
变异系数		0.52				
标准值		39.3				

表 2.7-5　泥岩试验结果统计

泥岩	岩块天然密度 /（g/cm³）	天然抗压强度 /MPa	饱和抗压强度 /MPa	饱和吸水率 /%	自由膨胀率 /%	膨胀力 /kPa
样本数	29	47	31	14	14	14
最大值	2.71	77.70	41.70	3.74	22	21
最小值	2.65	19.70	16.95	0.56	0	0

续表

泥岩	岩块天然密度/(g/cm³)	天然抗压强度/MPa	饱和抗压强度/MPa	饱和吸水率/%	自由膨胀率/%	膨胀力/kPa
平均值	2.68	39.92	28.78	1.95	2	4
标准差		11.65	6.52			7.1
变异系数		0.29	0.23			1.81
标准值		37.00	26.75			7.4

从表 2.7-4 和表 2.7-5 可以看出，上拱段隧底砂岩、泥岩无一组是膨胀岩，砂岩没有膨胀力，泥岩膨胀力也不大。

3. 隧底地下水

上拱病害段钻探揭示：隧底仰拱底部大部分为厚层泥岩，为相对隔水层，钻孔中少见地下水，仅在 D2K88+475～+620 段钻探揭示仰拱底存在地下水，地下水位于自仰拱填充面以下 1.86～2.1 m 处，根据前期平导和正洞开挖揭示的地下水情况和目前平导内（平导标高低于正洞，采用喷锚支护）渗水贫乏，且正洞侧沟泄水孔无排水等综合情况分析，本次勘察钻孔中地下水应是施工期间用水及本次勘察期间中心水沟储积的钻探用水，不是天然地下水，隧底总体地下水不甚发育。

4. 地应力测试

本次病害发生后，中国科学院武汉岩土力学研究所对病害段岩体地应力进行了测试。测试点位于上拱病害段 D2K88+550 对应的平行导坑内，本段隧道埋深约 330 m，在导坑侧壁布置 30 m 水平钻孔、导坑底部布置 35 m 垂直钻孔，在两孔内采用水压致裂法进行地应力测试。测试结果见表 2.7-6、表 2.7-7。

表 2.7-6　老周岩隧道水平钻孔地应力测试结果

深度/m	破裂压力/MPa	重张压力/MPa	关闭压力/MPa	抗拉强度/MPa	最大主应力/MPa	最小主应力/MPa	最大主应力方向/MPa
27.0	8.50	7.5	6.10	1.00	10.80	6.10	∠03°
24.0	7.83	7.22	6.11	0.61	11.11	6.11	∠00°
21.0	8.35	7.1	6.02	1.25	10.96	6.02	
18.0	7.97	7.02	5.85	0.95	0.53	5.85	∠02°
16.0	7.68	6.88	5.77	0.80	10.43	5.77	
14.0	8.14	6.96	5.69	1.18	10.11	5.69	

表 2.7-7　老周岩隧道垂直钻孔地应力测试结果

深度/m	破裂压力/MPa	重张压力/MPa	关闭压力/MPa	抗拉强度/MPa	最大主应力/MPa	最小主应力/MPa	最大主应力方向/MPa
33.0	9.14	7.85	6.75	1.29	12.40	6.75	
30.0	15.32	10.35	7.70	4.97	12.75	7.70	NW40°
27.0	10.85	8.44	7.35	2.41	13.61	7.35	NW41°
23.0	11.25	8.75	6.80	2.50	11.65	6.80	
19.0	11.08	8.15	6.14	2.93	12.67	6.14	NW42°
16.0	10.85	8.33	6.81	2.52	12.10	6.81	

测试结果表明：水平钻孔测试最大主应力为 11.11 MPa，近于水平向，垂直钻孔测试最大主应力为 13.61 MPa，最大主应力方向为 NW41° 左右，隧道洞轴线约 20°NW，与水平最大主应力呈 20 余度夹角，隧道埋深约 330 m，最大主应力大于垂直应力，反映隧址区岩体地应力以水平构造残余应力为主。

5．隧底仰拱强度及结构

补充钻孔 10 孔，勘探揭示隧道中心沟附近仰拱混凝土厚度共有 6 处与设计相比欠厚，不足比例达 60%，最大欠厚 0.45 m；侧沟附近底板以下混凝土厚度共有 5 处与设计相比欠厚，欠厚比例达 35%，最大欠厚 0.31 m；D2K88＋540 处中心沟仰拱缺失，仰拱曲率反拱，此处对应本次无砟轨道上拱最显著段。

水磨浅孔钻探 14 孔，横断面勘探 8 条，揭示仰拱曲率未能达到设计要求，部分仰拱平直甚至反拱；局部仰拱强度未达到设计要求，未达要求比例占 20%，如图 2.7-6 和图 2.7-7 所示。

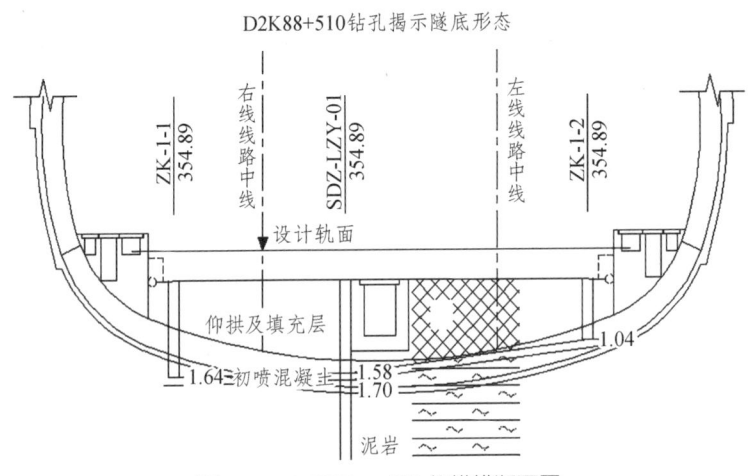

图 2.7-6　D2K88＋550 仰拱横断面图

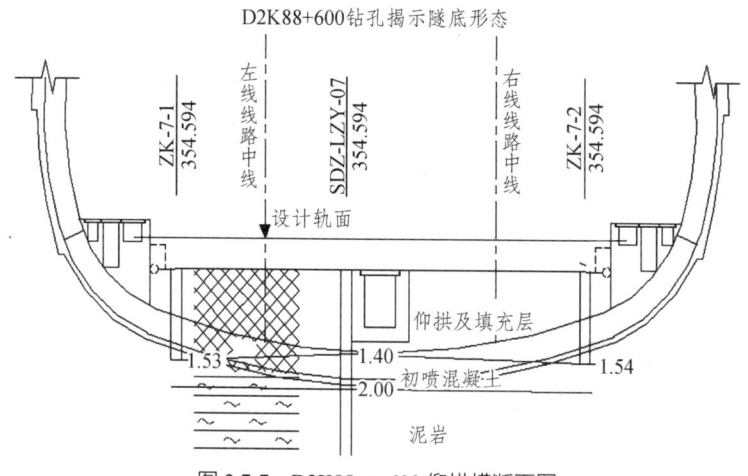

图 2.7-7　D2K88 + 600 仰拱横断面图

隧底仰拱上拱病害地段无论仰拱厚度还是曲率均与设计存在较大差异，施工质量存在一定欠缺，仰拱混凝土质量也有不足。

六、仰拱上拱病害原因分析

隧底仰拱上拱病害主要是隧底结构不足以抵抗隧道开挖后引起的围岩变形导致。一般来说，主要原因有施工质量缺陷（仰拱厚度不足、曲率不够），围岩具有膨胀性，二次应力调整引起围岩持续变形等。本隧道隧底仰拱上拱的主要原因有以下两点：

1. 地应力引起围岩变形

地应力在岩体中是天然存在的，本隧道地应力测试表明：隧道岩体主要以水平残余构造应力为主，最大主应力为 13.61 MPa，方向为 NW41°，与隧道洞轴线夹角约为 20°。隧底泥岩平均单轴饱和抗压强度为 28.78 MPa，根据中科院武汉岩土所地应力测试报告，垂直于洞轴线最大主应力值达 18.6 MPa，洞室横断面最大垂直主应力为 8.17 MPa，强度应力比 R_c/σ_{max} 约为 3.52，岩石强度应力比 R_c/σ_{max} 均小于 4，按照国家标准《工程岩体分级标准》（GB/T 50218—2014），软质岩开挖后洞壁发生显著位移、隧道存在底鼓隆起变形特征。此外，隧道开挖后，围岩会发生二次应力集中及释放，洞室周边会产生较大的切向压应力及最小的切向拉应力，也会进一步加剧软岩变形。

但是在本隧道开挖过程中，围岩相对来说强度较高、无地下水，整体稳定性较好，施工中并没有发生较大的形变，初期支护实施后，围岩变得稳定，拱顶、边墙也未见明显位移。2016 年底隧道贯通，直至 2017 年 4 月发现两段隧底仰拱上拱病害，说明软岩变形存在滞后效应，这与软岩在地应力作用下存在缓慢蠕变效应有关。

在地应力作用下，软岩持续蠕变、岩体强度下降是导致局部地段仰拱上拱病害的内在原因。

2. 隧底仰拱结构

根据补充地质钻探及水磨钻孔探测，发生仰拱上拱病害段，普遍存在仰拱厚度不足、仰拱曲率平直现象，局部仰拱缺失段上拱值最大，这直接导致隧底仰拱不能很好地抵抗地应力导致软岩缓慢蠕变形变产生的应力，出现上拱病害。因此，部分段落隧底厚度不足、仰拱曲率平直是本隧道产生上拱的外部原因。

七、隧道仰拱上拱病害整治

老周岩隧道 D2K88 + 114 ~ + 895 及 D2K89 + 482 ~ + 680 段无砟轨道拆除，隧道整治完成后重新铺设。对老周岩隧道 D2K88 + 120 ~ + 834 及 D2K89 + 521 ~ + 677 无砟轨道隆起段隧底仰拱结构进行拆换，隧底增设 8 m 长的 ϕ32 mm 长锚杆，重新施作仰拱，仰拱改为钢筋混凝土结构，并增加仰拱厚度、加大仰拱曲率。

病害整治后，确保了 2018 年 1 月渝黔铁路顺利开通运营。运营至今，病害段无砟轨道未继续变形，整治效果明显。

八、结语

（1）渝黔铁路老周岩隧道局部地段隧底仰拱上拱病害产生的主要原因是：隧道处于中等地构造地应力环境，岩体中残存较高的构造应力，隧道开挖引起应力二次集中及调整，软岩蠕变效应滞后，软岩持续蠕变、岩体强度持续降低导致变形进一步加大，而素混凝土、平直曲率及厚度不足的隧底仰拱结构不足以抵抗在地应力作用下软岩的蠕变形变，从而产生仰拱上拱病害。

（2）隧道勘察设计中要高度重视研究隧道区地应力背景值、岩石强度等因素，要特别注意软岩在地应力作用下持续蠕变、强度下降的特性，对于无砟轨道来讲，变形控制严格，地质勘察中要严格国家标准《工程岩体分级标准》（GB/T 50218—2014），认真研究隧道岩体的石强度 - 应力比，对围岩级别进行地应力状态修正，提出适宜的岩土设计建议。

（3）隧道开挖后，应力集中及释放必然引起围岩形变，特别是软质围岩，大多具有蠕变—强度降低—持续变形的特征，必须采用适当的隧底仰拱结构才能够抵抗围岩岩体形变，因此，仰拱强度、曲率是设计中必须高度关注的设计参数。

第八节 沪昆客专岗乌隧道底鼓病害原因分析

沪昆客专岗乌深埋特长隧道属于沪昆客专贵州段内重点工程及控制工期隧道之一，于2016 年 12 月建成通车。开通运营后，隧道 K1953 + 600 ~ + 710 段先后两次发生上拱变形，严重影响高铁安全运营。在全面梳理勘察设计、施工、运营阶段的地质、监测资料基础上，从混凝土质量、隧底围岩、地下水、地应力、混凝土碱活性等方面对病害段上拱原因进行了深入研究。其主要原因有：隧底结构内存在局部超静水压力；混凝土中存在较多的水平、竖向缝等缺陷，岩心局部有破损，采取率偏低，钻出岩心成形性差、表面不光滑，统计破损岩心占比在 25% ~ 53% 不等；混凝土骨料局部段落具碱活性。本段上拱段原因的提出为彻底整治该段隧道上拱变形提供了依据。本节由张广泽、毛邦燕撰写。

一、引言

沪昆客专岗乌深埋特长隧道位于贵州省安顺市境内，隧道全长 13174.0 m。隧道进口位于岗乌镇弯腰树一带，进口里程为 K1952 + 400（D1K868 + 428），路肩设计标高为 1177.8 m。

出口位于光照电站下游约 1 km 处，出口里程为 K1965 + 574（D1K881 + 602），设计路肩标高为 868.9 m，设计为一单坡下隧道。隧道设置 4 个横通道，其中 1 号横洞与正线相交于 K1955 + 972（D1K872 + 000），横洞与大里程的夹角为 70°，全长 1595 m。

隧道于 2016 年 12 月建成通车。2017 年 1 月 5 日，隧道 K1953 + 600 ～ + 700 段隧底发生开裂变形，开裂严重段主要集中在 K1953 + 622 ～ + 632 段，轨道上拱最大里程为 K1953 + 625，上行线轨道高程比设计高程值最大高出 13.3 mm，比联调联试期间高程值高 5 mm；下行线轨道高程比设计高程值最大高 7.4 mm，比联调联试期间高程值高 4 mm；轨向未见变化。2017 年 1—3 月对病害段进行了工程地质勘察，并从混凝土质量、隧底围岩、地下水、地应力等方面进行了病害原因分析，根据病害原因分析进行了有针对性的整治，2017 年 12 月完成整治工程。整治工程完成后，通过隧底变形监测情况分析，隧底仍然在持续上拱，上行线变形大于下行线，至 2018 年 1 月，累计上抬 31.7 mm，平均变形月速率为 2.8 mm/月。为了彻底整治该段上拱变形病害，确保高铁安全运营，查明该段上拱变形原因意义重大。

二、隧道岩溶地质环境

1. 地形地貌

岗乌隧道位于云贵高原侵蚀构造中低山区，具有山高谷深坡陡的特点，总体地势北高南低。受北盘江及其支流深切，山高坡陡，沟深窄长。山脉走向呈北东—南西，其走向与构造线走向基本一致，隧道横穿坡脚山体，山脊高程一般为 1100 ～ 1300 m，主峰高程为 1304 m。隧道洞身穿越区域以碳酸盐岩广泛分布为主要特征，具构造剥蚀～溶蚀槽谷地貌特点。

2. 地层岩性

隧道洞身主要穿越三叠系中统杨柳井组（T_2y）块状白云岩夹角砾状白云岩，底部见溶塌角砾岩，顶部为浅灰色灰岩。三叠系中统关岭组二段（T_2g^2）薄至中厚层状灰岩、蠕虫状泥质灰岩，夹少量泥质白云岩、白云岩及白云质黏土岩；泥质灰岩中时具石膏假晶和板柱状石膏晶簇。三叠系中统关岭组一段（T_2g^1）中厚层状泥质白云岩与紫红色、灰绿色泥岩、页岩交互成层，夹灰岩、泥质灰岩及盐溶角砾，局部含薄层石膏，底部为厚 2 ～ 5 m 的碱性玻屑凝灰岩与永宁镇组分界。三叠系下统永宁镇组第三、四段（T_2yn^{3+4}）上部为灰、黄灰色薄至中厚层状泥质白云岩、白云岩、角砾状白云岩，下部为灰、浅灰色中厚层至块状灰岩及深灰色泥质灰岩。

3. 地质构造

隧道区域位于云贵高原东部脊状斜坡南侧向广西丘陵倾斜的斜坡地带，在构造上处于普安旋钮构造变形区之法郎向斜北翼，区内主要以大型复式褶曲构造为主。法郎向斜东段轴向为 290°，西段近东西向。核部地层为三叠系上统赖石科组（T_3ls），倾角在 10° 左右。两翼地层为三叠系中统竹杆坡组（T_2z）、杨柳井组（T_2y）。其中北翼地层倾向南，倾角为 50° ～ 70°，南翼地层倾向北，倾角只有 25° ～ 35°，褶曲呈不对称状，轴面倾向北。隧道区域内主要发育啦戛—河头上断层、啦戛—纸厂正断层、萝卜坡—旧屋基断层、葫芦井—樱桃窝断层、扒煤断层等断裂构造，其中与隧道相交的为葫芦井—樱桃窝断层，如图 2.8-1 所示。

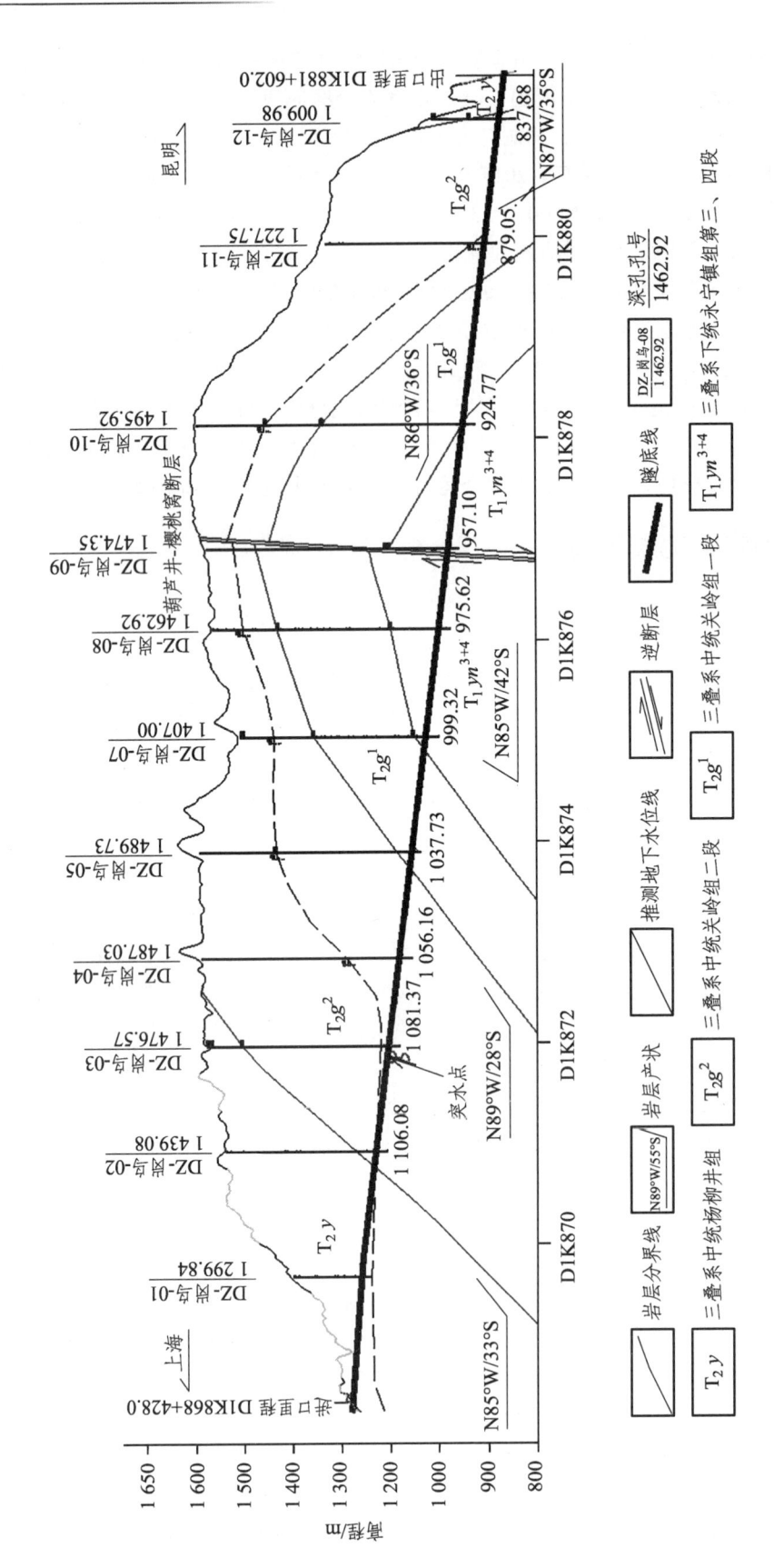

图 2.8-1 岗乌隧道地质纵断面示意图

三、K1953 + 600 ~ + 710 段病害情况

1. 原设计情况

K1953 + 480 ~ + 532、K1953 + 632 ~ + 712 段设计为Ⅲb型复合衬砌，K1953 + 532 ~ + 632 段设计采用Ⅳa型复合衬砌，通过地层为三叠系中统杨柳井组、白云岩夹角砾状白云岩。

2. 施工变更情况

在施工阶段对 K1953 + 480 ~ + 532、K1953 + 632 ~ + 712 段由Ⅲb型复合衬砌调整为Ⅲa型复合衬砌。

3. 整治前变形病害

2017年1月5日，岗乌隧道 K1953 + 600 ~ + 700 段隧底发生开裂变形，开裂段落主要集中在 K1953 + 622 ~ + 632 段，中心水沟左、右侧分别有纵向错台裂纹，长 5 ~ 9 m，裂纹宽 4 ~ 5 mm，错台高 2 ~ 3 mm，中心水沟有上窄下宽的变形特征。通过监测资料分析，上行线轨道高程比设计高程值最大高出 13.3 mm，比联调联试期间高程值高 5 mm；下行线轨道高程比设计高程值最大高 7.4 mm，比联调联试期间高程值高 4 mm；轨向未见变化。

4. 变形上拱病害整治

2017年1月5日发现该段上拱变形，随后进行了上拱病害原因勘察，并根据上拱原因提出了整治措施，主要措施有：

（1）对 K1953 + 610 ~ + 660、K1953 + 685 ~ + 710 段中心水沟进行封闭。
（2）对 K1953 + 610 ~ + 640 段轨道板两侧增设压力型预应力锚杆加固，设计锚固力为 200kN。
（3）对 K1953 + 610 ~ + 640 段隧底开挖轮廓线外不密实的部位进行充填注浆加固。
（4）对 K1953 + 610 ~ + 660、K1953 + 685 ~ + 710 段仰拱及仰拱填充进行充填注浆加固。
（5）对 K1953 + 600 ~ + 710 段增设排水降压孔。
（6）增设泄水洞一座，并于 K1953 + 625 处泄水洞内增设 1 处集水廊道，集水廊道内向正洞方向增设集水钻孔。

2017年7—9月期间，完成了该段整治工程。

5. 整治后变形情况

本段上拱于2017年12月完成整治，根据整治完成后监测数据分析，K1953 + 615 ~ + 650 段上拱变形仍然在持续，且右线变形大于左线，最大上拱值仍然位于 K1953 + 625 里程处。左线累计上拱 14.9 mm，平均变形月速率为 1.3 mm/月；右线累计上拱 31.7 mm，平均变形月速率为 2.8 mm/月。

四、上拱变形段落病害原因研究

1. 现场补充地质勘察成果

1)隧底围岩情况

本段变形先后实施了 3 个较深钻孔(深度大于 10 m)及 6 个浅孔(深度小于 2 m,主要揭示隧底混凝土情况)。根据钻探揭示,该段隧底基岩为白云岩夹角砾状白云岩,弱风化,岩体较完整。

2)地下水情况

2017 年 2 月,终孔 24 h 后孔内采用简易抽水试验抽至孔底,现场观察见岩溶裂隙水在 2.1 ~ 3.3 m 处局部富集,均有小股状水涌入孔内,孔内恢复稳定水位为 0.9 ~ 1.2 m。2018 年 6 月,K1953 + 620 ~ + 630 段 6 个降压孔补充勘探揭示地下水位为 0.13 ~ 1.18 m,SDZ-岗1-2 孔揭示孔内出水深度为 1.2 m 处、岗1-3 孔揭示孔内出水深度为 1.1 m 和 1.6 m 处、岗1-4 孔揭示孔内出水深度为 1.2 m 处,多位于仰拱填充与仰拱间的施工缝中,分析结构中的地下水主要来源于中心水沟及侧沟的长流水补给。

3)物探成果

对于病害上拱段采用了地质雷达、井中摄影、声波测井、井间电磁波层析成像和井间地震波层析成像等 5 种方法进行了综合物探。

(1)隧底结构厚度。

该段隧底结构厚度(素混凝土厚度 + 钢筋混凝土厚度 + 喷射混凝土厚度)为 1.77 ~ 2.15 m。

(2)欠密实带。

在 K1953 + 520.5 ~ + 521.5、K1953 + 574.5 ~ + 575.5、K1953 + 609.5 ~ + 610.7、K1953 + 726 ~ + 727 和 K1953 + 800.4 ~ + 801.4 等 5 段的基岩与隧底交界面附近深度范围存在欠密实带,厚约 0.15 ~ 0.25 m。

(3)岩溶。

根据 SDZ-GW-01 ~ SDZ-GW-02 ~ SDZ-GW-03 孔对井间电磁波层析成像成果资料,在 K1953 + 619、深度约 8 m 位置和 K1953 + 631、深度约 9 m 位置分别存在溶蚀破碎带。

4)钻探揭示隧底砌结构情况

根据该段病害情况,结合施工阶段隧底围岩揭示情况以及上拱情况,在该段有针对性地布置了 3 个钻孔。各孔揭示隧底结构情况见表 2.8-1 所示。

表 2.8-1 深钻孔揭示隧底混凝土情况明细

钻孔编号	设计为 IVa 型衬砌	设计衬砌结构及厚度/cm	钻探揭示厚度/cm	混凝土岩心完整程度	裂缝发育情况	备注
SDZ-GW-1	仰拱填充	125	110	0.25 ~ 1.1 m 竖向贯通裂缝,岩心从中部断开	0.25 ~ 1.1 m 见一竖向缝,1.1 m 施工缝	

续表

钻孔编号	设计为IVa型衬砌	设计衬砌结构及厚度/cm	钻探揭示厚度/cm	混凝土岩心完整程度	裂缝发育情况	备注
SDZ-GW-1	仰拱	55	75	岩心呈柱状、短柱状	1.60 m 水平缝	初支不明显
	初支	10				
SDZ-GW-2	仰拱填充	125	115	0.1~1.0 m 竖向贯通裂缝,岩心从中部断开	0.1~0.7 m 见一竖向缝	
	仰拱	55	75	岩心呈柱状、短柱状	1.15 m 为施工缝、1.58 m 见一水平缝	初支不明显
	初支	10				
SDZ-GW-3	仰拱填充	125	120	0.3~1.2 m 竖向贯通裂缝,岩心从中部断开	0.3~1.2 m 竖向缝,1.2 m 为施工缝	
	仰拱	50	60	岩心呈柱状、短柱状	无	初支不明显

根据本次3孔钻探取心成果资料,岗乌隧道1段混凝土厚1.8~1.9 m,结合井中电视观察,3孔均有竖向裂缝发育,深度分别为0.25~1.1 m、0.1~1.0 m、0.3~1.2 m,其贯通性较好,岩心均从中部断开成两半边状,且井中电视显示0.95~1.58 m不同深度均有多条水平裂缝分布。

该段病害整治结束后上拱变形仍然在继续,而且趋势明显,因此在2018年6月再次对病害段落进行了有针对性的浅孔钻探,主要以揭示隧底混凝土以及排水为主要目的,浅孔揭示情况如表2.8-2所示。

表2.8-2 K1953+620~+630段6个浅孔揭示混凝土情况汇总表

钻孔编号	设计衬砌结构及厚度	钻探揭示厚度/cm	混凝土岩心情况	破损岩心/%
SDZ-岗1-1	IVa型衬砌厚190 cm填充125 cm,仰拱:55 cm,初支10 cm	200	0.4~1.4 m岩心较破碎,采取率偏低,多呈块体状	50
SDZ-岗1-2		200	0.3~0.5 m、0.8~1.0 m及1.55~1.65 m岩心潮湿,含水量较高	25
SDZ-岗1-3		180	0.3~1.0 m岩心潮湿,含水量较高;0.45~0.8 m处岩心破损,采取率偏低,表面不光滑;1.15~1.4 m岩心破碎	53
SDZ-岗1-4		200	0.3~1.1 m岩心潮湿,含水量较高,采取率偏低,表面不光滑	35

续表

钻孔编号	设计衬砌结构及厚度	钻探揭示厚度/cm	混凝土岩心情况	破损岩心/%
SDZ-岗1-5	IVa型衬砌厚190 cm 填充125 cm，仰拱：55 cm，初支10 cm	200	0.3～1.35 m岩心潮湿，含水量较高，采取率偏低，表面不光滑	52
SDZ-岗1-6			岩心潮湿，含水量较高，采取率偏低，表面不光滑	

表2.8-2表明，上拱病害段内混凝土中存在较多的水平、竖向缝等缺陷，岩心局部有破损，采取率偏低，钻出岩心成形性差、表面不光滑，统计破损岩心占比在25%～53%不等。

5）**地应力**

本次采用应力解除法对病害段地应力进行了重新测试，测试点位于1号横洞泄水洞K1957+312左侧约29 m右边墙处，测试结果为：最大主应力值为13.2 MPa，方向为351°，最大主应力方向与隧道轴线的夹角约为62°，最大主应力倾角为29°，以近水平为主，不存在高地应力问题。

6）**混凝土碱活性试验研究**

在该段病害上拱整治工程完成后仍然在持续变形，且趋势加大。为了彻底查明上拱变形原因，在2017年勘察手段基础上增加了混凝土碱活性实验研究。在该段浅孔中取样进行化学分析，结果详见表2.8-3。

表2.8-3 混凝土碱活性试验成果汇总

送样号	取样里程	取样深度/m	SiO_2含量/%	Al_2O_3含量/%	Fe_2O_3含量/%	CaO含量/%	MgO含量/%	K_2O含量/%	Na_2O含量/%	SO_3含量/%	压汞试验孔隙率/%
SDZ右-1-1/2	K1953+622右0.4 m	0.15～1.1	6.62	2.20	3.42	40.30	8.56	0.448	0.097	4.57	28.32
SDZ右-2-1/2	K1953+622右0.4 m	1.6～2.1	15.84	4.07	2.34	34.92	6.66	1.04	0.142	4.59	27.89
SDZ左-1-1/2	K1953+625左0.4 m	0.8～1.15	15.91	2.36	3.66	41.21	9.89	0.76	0.14	4.38	29.02
SDZ左-2-1/2	K1953+625左0.4 m	1.4～1.8	7.12	2.44	4.59	34.94	11.21	0.53	0.142	4.32	28.32

表2.8-3表明：SDZ右-1-1/2、SDZ右-2-1/2、SDZ左-1-1/2、SDZ左-2-1/2混凝土样品中水泥的化学成分稳定性差，水化反应异常，侵蚀性介质对水泥石起到破坏作用较大；压汞试验结果表明试验样品的孔隙率大于20%，水泥在水化反应过程中分解流失和收缩作用明显，造成混凝土孔隙率增大、脆性增强和泥化作用明显。混凝土的病害为水泥、添加剂和混凝土骨料的碱活性反应。

2. 隧底分层监测

为了验证该段上拱病害原因，在隧道 K1953 + 625 处设置了隧底分层沉降观测点，观测点分别设置深度为 0 m（隧道填充层）、1.3 m（隧道仰拱处）、2.3 m（隧底基岩）3 处，并且从 2017 年 2 月 24 日开始观测，至 2018 年 12 月 16 日观测数据如图 2.8-2 所示。

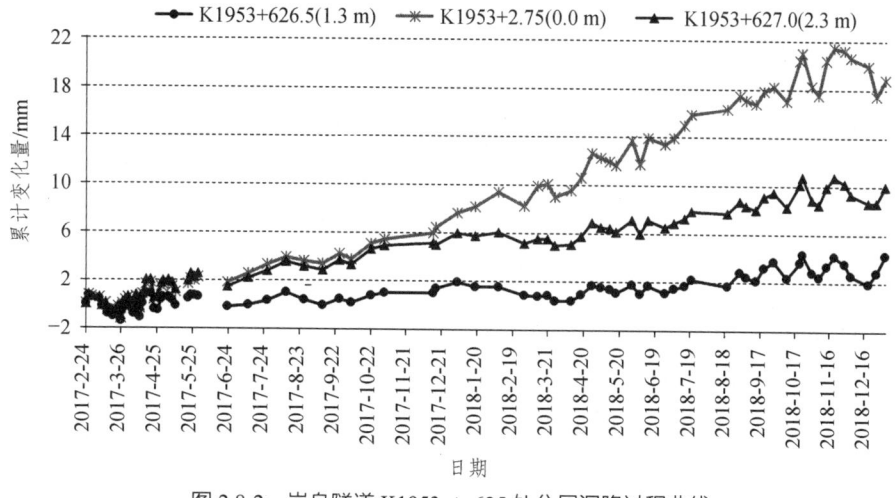

图 2.8-2 岗乌隧道 K1953 + 625 处分层沉降过程曲线

图 2.8-2 表明，在观测期间内仰拱填充层（0 m 观测点）的上拱值一直在持续增加，尤其是从 2018 年 1 月 20 日后，仰拱填充层上拱幅度增大，到 2018 年 12 月 16 日止，累计上拱量为 20.4 mm。仰拱顶（1.3 m 处观测点）上拱一直处于波动状态，累计上拱量为 3.3 mm，表明仰拱未发生上拱变形，上拱值为误差值。基岩点（2.3 m 观测点）的上拱观测值与仰拱顶观测值一致，观测期间一直处于波动变化过程，2018 年 7 月 19 日后略有增加趋势，但由于基岩上拱值大于仰拱上拱值，属于不合理现象，结合现场分析，该种不合理现象可能由观测误差造成。因此，根据隧底分层沉降观测可知，该段上拱变形由仰拱填充的持续上拱造成。

3. 病害原因分析

本段隧道埋深 90 ~ 155 m，地层岩性为三叠系中统杨柳井组中厚层状白云岩夹角砾状白云岩，属硬质岩，单斜构造，勘探揭示地下水位为 0.13 ~ 1.18 m，隐伏岩溶不发育。在该地质环境下，可能引起轨道抬升的主要因素有：

1) 隧底结构内存在局部超静水压力

本次 K1953 + 620 ~ + 630 段补充勘探揭示地下水位为 0.13 ~ 1.18 m，SDZ-岗 1-2 孔揭示孔内出水深度为 1.2 m 处、岗 1-3 孔揭示孔内出水深度为 1.1 m 和 1.6 m 处、岗 1-4 孔揭示孔内出水深度为 1.2 m 处，多位于仰拱填充与仰拱间的施工缝中，分析结构中的地下水主要来源于中心水沟及侧沟的长流水补给。

当混凝土有缺陷时，地下水易进入结构中的各种裂缝，导致地下水通过施工缝进入仰拱与填充层之间，高铁运营后在动荷载反复作用下的超孔隙水压力使施工缝逐渐扩展，在地下水的反复抽吸作用下,将泥沙代入裂缝后难以排走,最终造成无砟轨道抬升,并使仰拱填充层出现纵横向开裂。地下水也同时作用在中心水沟侧壁上,造成局部沟壁向沟心倾斜,沟壁与仰拱填充分离,形成纵向裂缝。

2) 混凝土存在缺陷

(1) 结构中存在水平缝、竖向缝。

本次 K1953 + 620 ~ + 630 段补充降压孔及井中电视揭示:混凝土中存在较多的水平、竖向缝等缺陷,岩心局部有破损,采取率偏低,钻出岩心成形差、表面不光滑,统计破损岩心占比在 25% ~ 53% 不等。

(2) 混凝土骨料局部段落具碱活性。

SDZ- 岗乌 1-622 右 -1-1/2、SDZ- 岗乌 1-622 右 -2-1/2、SDZ 岗乌 1-625 左 -1-1/2、SDZ 岗乌 1-625 左 -2-1/2 混凝土样品中水泥的化学成分稳定性差,水化反应异常,侵蚀性介质对水泥石起到破坏作用较大,混凝土的病害为水泥、添加剂和混凝土骨料的碱活性反应,具有综合病害特征。

五、结论和建议

(1) 在全面梳理勘察设计、施工、运营阶段的地质、监测资料基础上,从混凝土质量、隧底围岩、地下水、地应力、混凝土碱活性等方面对病害段上拱原因进行了深入研究。

(2) 根据现场勘察及实验研究认为该段病害主要原因有为隧底结构内存在局部超静水压力和混凝土本身质量存在缺陷造成。

(3) 本段病害段以硬质岩为主,岩性为白云岩、灰岩、泥质灰岩,基底岩石不会产生变形,但整治后仍持续上拱,且取心揭示混凝土破损严重,采取率偏低,部分骨料具碱活性,建议根据监测资料确定具体段落,采用换拱处理。

第九节　西成客专赵家岩隧道底鼓段孔内位移及岩石蠕变试验分析研究

西成客专赵家岩隧道建设营运中出现了8段隧道底鼓病害,为研究底鼓病害机理,相继开展了典型底鼓段落钻孔位移监测、底鼓段落岩石蠕变试验研究,积累了大量数据资料。本案例根据研究数据资料,对底鼓段落位移、岩石蠕变试验数据进行了归纳分析,认为大部分孔内位移主要来隧底 10 m 以内围岩位移,主要是隧道开挖后地应力调整引起的围岩松动变形所致。岩石蠕变试验显示:只要存在应力差,岩石一定会发生蠕变,但是由于模拟隧道开挖卸荷工况时段较短,岩石蠕变量较小,泥灰岩、泥质灰岩蠕变回归经验公式计算蠕变不收敛,与实际底鼓段落变形数据存在差异,不能很好地拟合底鼓变形的实际情况,分析认为试验工况与隧底岩体所处的复杂地应力环境、岩性、结构、含水率等存在较大出入。本案例归纳分析方法、研究结论对于从事高速铁路建设的广大工程技术人员具有很好的参考借鉴意义。本节由王茂靖撰写。

一、概况

1. 工程概况

西成高铁赵家岩隧道位于西成客运专线朝天至广元区间，进口里程为 K363+384，出口里程为 K371+699，全长 8 315 m，中心最大埋深为 560 m，为单洞双线隧道，进口与斑竹河大桥相接，出口与嘉陵江特大桥相连。

隧道范围设置 +3‰（4 177 m）、−10.5‰（4 143 m）的人字坡。辅助坑道为 3 座单车道横洞，长度分别为 95 m、1 468 m、910 m。隧道采用 CRTS I 型双块式无砟轨道，内轨顶面至道床底面高度为 515 mm。

隧道于 2013 年 3 月开工建设，2016 年 9 月完成隧道贯通，同年 10 月浇筑无砟轨道。2017 年底西成客专开通营运。

2. 底鼓病害概况

高铁工务段在 2017 年 3 月 26 日进行轨道精测时发现部分里程数据存在异常，反复核实后确认在隧道中部出现隧道底鼓病害，随后陆续发现有 8 段约 500 m 长度的隧底出现不同程度底鼓变形，其中 K367+775 左线位置变形最大，整治前轨面上拱最大 19 mm。底鼓病害段集中在 K367+000～K368+700 的 1.7 km 范围，属于三叠系下统铜街子组（T_1t）钙质页岩、泥灰岩、泥质灰岩地层（本隧道 3.7 km 位于该地层），地下水弱发育，靠近大塘村背斜、虎口垭向斜轴部，地应力以水平构造地应力为主，最大水平主应力方向与隧道轴线近于垂直如图 2.9-1 所示。

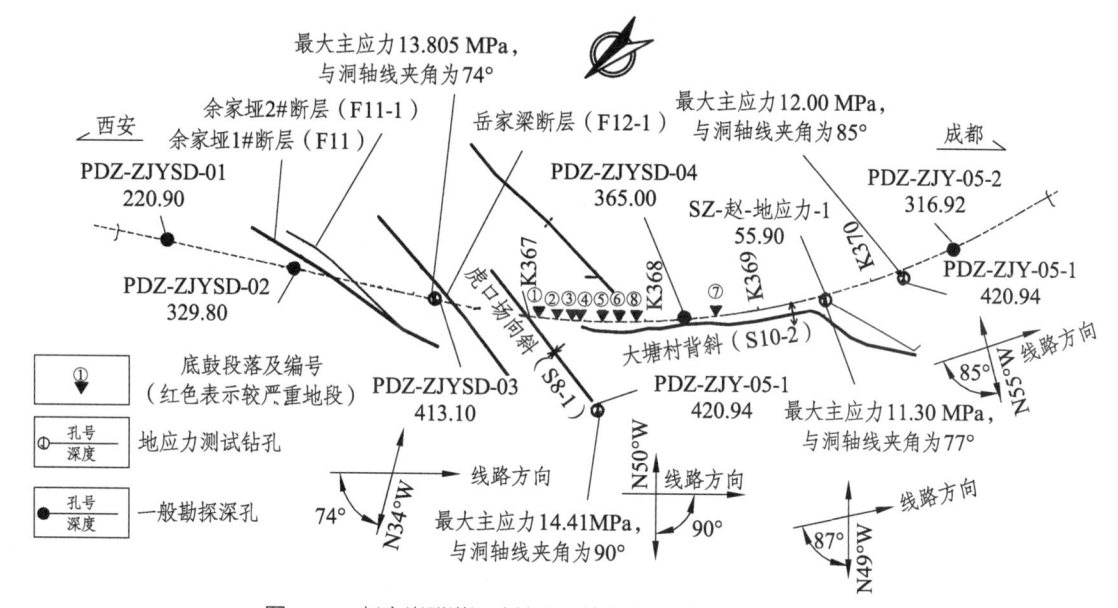

图 2.9-1 赵家岩隧道深孔钻孔、地应力测试及底鼓段落平面示

针对此隧道开通营运前的底鼓变形，铁路总公司、建设单位召开了多次专家分析会议，设计院先后进行了 3 次补充地质勘探及岩样试验分析，施工单位对于底鼓变形较大段落进行

了整治，于2017年5月至11月期间，先后拆换了3段隧道底部仰拱，共计143 m，拆除重建无砟轨道186 m，对其余段落及类似地层岩性段落进行了隧底砂浆长锚杆及预应力锚杆的预加固。

开通营运后，继续对隧道8段底鼓段落进行监测，监测发现隧道底部变形程度不一，除第7段上拱趋势较小外，其余7段上拱趋势较明显，未收敛，特别是已经拆换仰拱的第6段底鼓量大，但有逐渐减缓趋势，如图2.9-2所示。目前列车限速通过此隧道，无砟轨道扣件已调整至极限，需要对底鼓病害再次整治处理后才能解除列车限速运行。

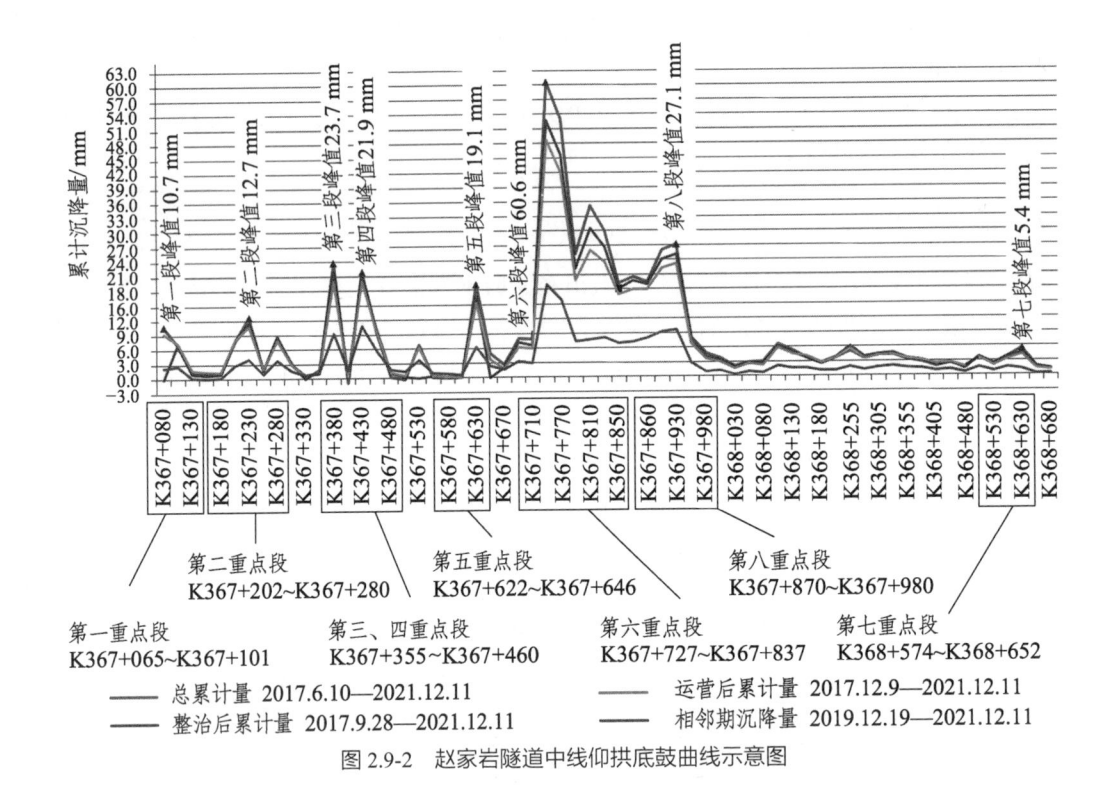

图2.9-2 赵家岩隧道中线仰拱底鼓曲线示意图

针对赵家岩隧道底鼓病害，除了采用常规地质勘察手段外，还进行了隧底钻孔位移监测、隧底岩石蠕变试验等新方法开展隧道底鼓机理研究，这些研究有助于更进一步分析底鼓病害成因。下面重点叙述孔内位移及蠕变试验分析研究成果。

二、隧道开挖松动圈计算

众所周知，由于地球自转、公转运动及地壳板块运动，地球岩石圈内岩体储存着较大的地应力（岩体内力），一定深度岩体处于三维应力状态，大部分地区水平构造应力为最大主应力。在岩体内开挖地下洞室，打破了岩石初始应力平衡状态，导致岩石内应力重新调整、分布，特别是洞室浅表层岩石在地应力作用下，会发生变形破坏，形成一定松动圈。松动圈对隧道结构产生的压力即是围岩压力（又称之为山岩压力），围岩压力决定着隧道支护结构设计。

1. 理论计算

根据弹性力学、莫尔强度理论等，圆形、椭圆形洞室塑性区半径按照下列公式计算：

$$R = \left[\frac{(\sigma_1 + c\cot\varphi((1-\sin\varphi))}{(p_i + c\cot\varphi)(1+\sin\varphi)}\right]^{\frac{1-\sin\varphi}{2\sin\varphi}} \cdot R_0$$

式中：R_0 为洞室半径（m）；σ_1 为最大初始主应力（MPa）；P_i 为支护抗力（MPa）；c、φ 是岩体内聚力（MPa）、内摩擦角（°）。

结合赵家岩隧道实测地应力，岩石强度、初期支护强度等参数，主要取值如下：

R_0 = 14.22 m（取洞室宽度），最大水平主应力 σ_1 = 14.4 MPa，岩石主要为钙质页岩、泥质灰岩互层，c = 50 kPa = 0.05 MPa，φ = 38°，初期支护抗力 P_i = 200 kPa = 0.2 MPa。

将上述取值代入公式计算如下：

$$R = \left[\frac{(14.4 + 0.05\cot 38°((1-\sin 38°))}{(0.2 + 0.05\cot 38°)(1+\sin 38°)}\right]^{\frac{1-\sin 38°}{2\sin 38°}} \times 14.22 = 32.7 \text{ m}$$

一般来讲，对于圆形洞室来讲，塑性区包括松动区、承载区（包含部分应力升高的弹性区），最内圈为洞室开挖后松动圈，概略估算为塑性区的1/3。

根据理论计算松动圈为 10.9 m。

2. 经验公式

我国统计分析了近百座公路、铁路隧道坍方调查资料，得出隧道围岩垂直压力和松动圆半径计算经验公式如下：

$$q = \gamma h$$
$$h = 0.45 \times 2^{(s-1)} w$$

式中：w 为宽度影响系数，w = 1 + i（$B-5$），B 为洞室宽度，m；i 为 B 每增加 1 m 时围岩压力增减率，当 B < 5 m 时，i = 0.2，当 B > 5 m 时，i 取 0.1。h 可近似看作松动圈半径。S 为围岩级别。根据上述经验公式：Ⅳ级围岩松动圈半径为 6.92 m，Ⅴ级围岩为 13.84 m。赵家岩隧道大部分围岩级别施工开挖后确定为Ⅳ级，部分为Ⅴ级，因此，经验公式计算取偏于保守数值，估计应为 10 ~ 12 m。

三、钻孔位移数据分析

1. 概述

受建设单位委托，铁道科学研究院分别在赵家岩隧道底鼓病害最严重的 1、3、6 段代表性断面 K367 + 070、+ 380、+ 770 的中心水沟处施钻了 3 个长 30 m 的钻孔，在孔内进行了相对的位移监测，将孔深 30.0 m 处孔底设定为相对固定点，此点位移为零，在孔口以下深度分别为 3 m、5 m、12 m、15 m、19 m、27 m 埋置观测元件，自动监测各测点相对孔底的位移值。元件测量精度为 1 mm，最大位移量程 100 mm。

监测开始日期为 2017 年 9 月 27 日，目前取得的数据为 2017 年 9 月 27 日至 2019 年 9 月

3日累计706期的监测数据。其中K367+070、+770数据均不完整,尤其是靠近浅部测点数据不完整,只有K367+380数据完整。

2. 位移数据分析

对3个钻孔相同深度测点之间的数据(最上部测点数据与钻孔附近的表面4号测点位移测量数据)进行了比对,比较情况见表2.9-1。

表2.9-1 孔内位移监测数据汇总一览

测点	K367+070 历时/d	K367+070 底鼓量/mm	K367+070 占比/%	K367+380 历时/d	K367+380 底鼓量/mm	K367+380 占比/%	K367+770 历时/d	K367+770 底鼓量/mm	K367+770 累计占比/%	备注
4号(孔口)	745	8.39	100	745	14.51	100	745	37.15	100	4号测点位于中心沟钻孔孔口,基本代表仰拱底鼓量。3 m、5 m…位移量是相对于孔底数值
3 m	61	2.12	25.27	706	13.71	94.48	706	15.95	42.93	
5 m	706	6.19	73.78	706	11.29	77.81	706	7.95	21.40	
12 m	706	3.35	39.94	706	5.76	39.70	706	5.89	15.86	
15 m	706	2.11	25.15	706	5.13	35.35	706	4.97	13.38	
19 m	335	2.04	24.31	706	3.87	26.67	706	4.88	13.14	
27 m	706	0.84	10.01	706	3.11	21.43	706	3.63	9.77	

此外,根据K367+380钻孔孔内位移相对较为完整的数据,作了孔内位移时程曲线,如图2.9-3所示。

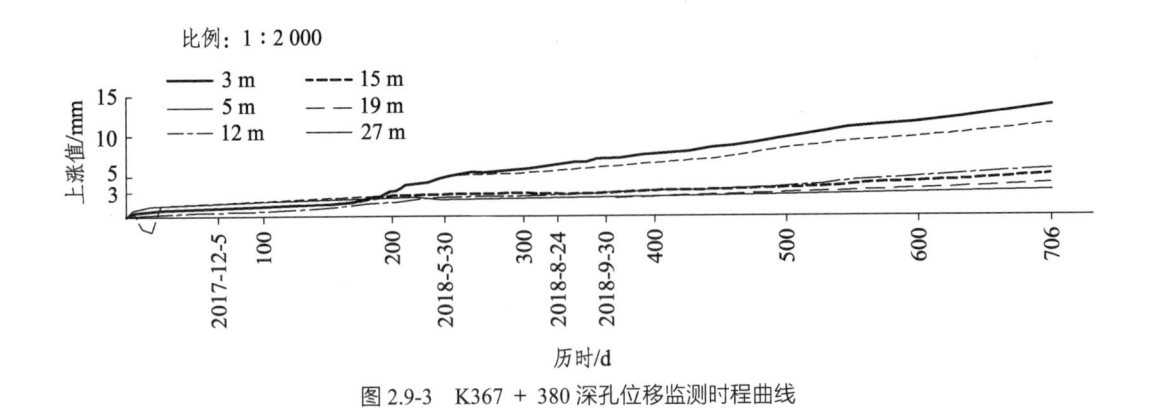

图2.9-3 K367+380深孔位移监测时程曲线

结合3个钻孔孔内位移量测数据及+380钻孔孔内位移时程曲线图,可以得出如下结论:

（1）由于本段底鼓病害孔内位移监测是在底鼓段病害整治后设置的，因此孔口位移数据基本上代表3段底鼓病害段隧底围岩上拱量，但由于测量数据是相对30 m深度孔底的位移量，与人工测量、自动化测量数据存在一定差异。

（2）钻孔监测数据显示：12 m范围内围岩底鼓量占整个隧底底鼓量的80%，12 m以下底鼓量很小，与洞室围岩开挖形成的松动圈基本吻合，符合岩体深埋隧道开挖后围岩变形的基本规律。

（3）监测数据显示：在15 m、19 m甚至27 m处存在围岩底鼓变形，笔者认为应该是测量造成的误差，对于赵家岩这种比较坚硬、岩石强度较高的钙质页岩、泥质灰岩来讲，隧道开挖不太可能引起深度大于15 m以上的围岩发生位移变形。

（4）本次赵家岩隧道孔内位移监测方法属于相对位移测量方法，相对绝对位移测量方法来说比较简单，但是容易产生测量误差，数据分析结论也不太可靠。建议今后类似孔内位移监测，最好采用绝对位移测量法。

四、岩石蠕变试验分析

1. 概述

为深入研究赵家岩隧道底鼓变形机理，西成客专在2017年底开通营运后不久，在隧道3号横洞附近（K369 + 718右373 m）钻了一个深85 m的钻孔，采取与底鼓病害段同一地层的相同岩样，开展相关室内测试，共完成显微镜薄片矿物鉴定22组、化学方法测石膏16组、膨胀性详判试验15组、岩样常规试验12组。同时采取了钙质页岩3组、泥质灰岩3组、泥灰岩3组岩样进行了岩石蠕变试验研究，采用围压模拟最大主应力保持不变、轴压为垂直应力不断变化的试验方案进行岩石蠕变试验研究。蠕变试验工作于2019年底完成并形成初步报告，于2020年2月27日完成了最终报告。

2. 试验结果

按照下述方案试验，测定岩石蠕变试验曲线：

（1）施加控制 $\sigma_1 = 16$ MPa，$\sigma_3 = 8$ MPa（$\sigma_1-\sigma_1 = 8$ MPa）作为初始状态，测出其变形曲线。

（2）保持控制 $\sigma_1 = 16$ MPa、$\sigma_3 = 6$ MPa（$\sigma_1-\sigma_1 = 10$ MPa），测出蠕变曲线。

（3）保持控制 $\sigma_1 = 16$ MPa、$\sigma_3 = 4$ MPa（$\sigma_1-\sigma_3 = 12$ MPa），测出蠕变曲线。

（4）保持控制 $\sigma_1 = 16$ MPa、$\sigma_3 = 2$ MPa（$\sigma_1-\sigma_3 = 14$ MPa），测出蠕变曲线。

（5）保持控制 $\sigma_1 = 16$ MPa、$\sigma_3 = 1$ MPa（$\sigma_1-\sigma_3 = 15$ MPa），测出蠕变曲线。

（6）保持控制 $\sigma_1 = 16$ MPa、$\sigma_3 = 0.5$ MPa（$\sigma_1-\sigma_3 = 15.5$ MPa），测出蠕变曲线。

（7）保持控制 $\sigma_1 = 16$ MPa、$\sigma_3 = 0.2$ MPa（$\sigma_1-\sigma_3 = 15.8$ MPa），测出蠕变曲线。

（8）保持控制 $\sigma_1 = 16$ MPa、$\sigma_3 = 0.5$ MPa（$\sigma_1-\sigma_3 = 15.5$ MPa），测出蠕变曲线。

（9）保持控制 $\sigma_1 = 16$ MPa、$\sigma_3 = 1$ MPa（$\sigma_1-\sigma_3 = 15$ MPa），测出蠕变曲线。

（10）保持控制 $\sigma_1 = 16$ MPa、$\sigma_3 = 1.5$ MPa（$\sigma_1-\sigma_3 = 14.5$ MPa），测出蠕变曲线。

（11）保持控制 $\sigma_1 = 16$ MPa、$\sigma_3 = 2$ MPa（$\sigma_1-\sigma_3 = 14$ MPa），测出蠕变曲线。

主应力作为水平力，σ_1 表示水平方向应力，σ_3 表示垂直方向应力。

隧道开挖类似于逐渐卸荷，对于上述各阶段试验数据，表 2.9-2 主要列出与施工工况较为吻合的 4、5、6、7 卸荷状态蠕变试验获得的轴向应变数据。

表 2.9-2 卸荷蠕变试验轴向应变数据汇总表

样品类别	试验编号	样品状态	卸荷阶段稳定后轴向应变（$\times 10^{-4}$）			
			（16-2）MPa	（16-1）MPa	（16-0.5）MPa	（16-0.2）MPa
钙质页岩	9	天然状态	-4.92（48 h）	-7.10（140 h）	-8.45（48 h）	-10.40（45 h）
	15-1	泡水 1 d	-4.50（48 h）	-8.04（69 h）	-10.50（69 h）	-12.20（69 h）
	14	浸泡 15 d	-3.65（60）	-4.82（60）	-5.62（60）	-11.25（59 h）
泥灰岩	78-2	天然状态	-4.91（53）	-5.64（90 h）	-5.64（95 h）	-6.08（95 h）
	65	泡水 1 d	-6.71（46）	-15.20（48 h）	-22.90（48 h）	-75.10（48 h）
	78-1	浸泡 15 d	-4.34（48）	-24.50（70 h）	-210（48 h）	-560.0（48 h）
泥质灰岩	43	天然状态	-8.38（72 h）	-11.20（78 h）	-12.30（92 h）	-13.10（65 h）
	95	泡水 1 d	-16.5（74 h）	-18.40（72 h）	-14.10（53 h）	-14.70（43 h）
	87	浸泡 15 d	-7.81（73 h）	-19.60（79 h）	-20.206（62 h）	-21.40（72 h）

注：表中数字后括号为试验历时时间（h）。

从比较接近实际开挖工况的几种岩石蠕变特征来看，主要有以下几点：

（1）岩石在一定围岩作用下，存在轴向膨胀拉伸蠕变。

（2）浸泡后岩石的蠕变量较天然状态下的岩石蠕变量大，但是软质岩浸泡时间久了，蠕变量反而下降。

（3）当横向应力不变时，轴向应力越小（应力差越大），岩石蠕变越大。

（4）泥灰岩、泥质灰岩蠕变量较钙质页岩大，且在卸荷状态下不收敛。

3. 隧道围岩蠕变量计算

蠕变是岩石形变与时间存在正相关的一种变形。根据成都理工大学对赵家岩隧底岩石蠕变试验成果资料的分析，比较符合隧道开挖完成后隧底持续发生底鼓形变的工况或者受力环境是应力差比较大的 7 阶段工况（16-0.2 MPa），试验成果采用伯格斯（Burgers）模型公式：

$$\varepsilon = \frac{\sigma_0}{k_2} + \frac{\sigma_0}{\eta_2}t + \frac{\sigma_0}{k_1}(1-e^{-\frac{k_1}{\eta_1}t})$$

结合岩石强度、渗透性，钙质页岩选择天然状态，泥灰岩、泥质灰岩选择浸泡 1d 的饱和状态的卸荷工况下蠕变试验数据。其根据试验数据回归确定的参数见表 2.9-3。

表 2.9-3　最大应力差（16-0.2 MPa）情况下蠕变试验回归参数

岩石类型	试验编号	伯格斯模型参数				R_2	历时时间/h
		K_1	K_2	η_1	η_2		
钙质页岩	9（天然）	−11.2	−0.196	−20.2	4930	0.91	45
泥灰岩	65（饱和）	−1.14	−0.0772	−1.15	−2.35	0.95	48
泥质灰岩	95（饱和）	−8.58	−0.140	−6.86	−457	0.91	43

根据上述回归方程式，可以概略计算隧道最大底鼓量及达到峰值底鼓量的时间，见表 2.9-4。

表 2.9-4　蠕变回归方程计算隧底底鼓段落底鼓量及蠕变持续时间

段落	监测断面	累计底鼓量/mm	松动圈半径/m		稳定应变（×10⁻³）		蠕变持续时间/d	计算最大蠕变量/mm
			页岩	泥灰岩	页岩	泥灰岩		
1	K367+092	36.2	10.0	—	1.038		1054	10.38
2	K367+236	29.2	10.0	—	1.038		1054	10.38
3	K367+374	48.2	10.0	—	1.038		1054	10.38
4	K367+437	29.5	10.0	—	1.038		1054	10.38
5	K367+639	23.0	10.0	—	1.038		1054	10.38
6	K367+757	68.2	7.25	2.75	1.038	不收敛	1054	—
8	K367+920	35.0	6.91	3.09	1.038	不收敛	1054	—
7	K368+638	10.9	7.49	2.51	1.038	不收敛	1054	—

结合以上根据蠕变试验回归方程式计算的隧底底鼓变形量结果，有以下几点说明：

（1）泥质灰岩、泥灰岩回归方程计算：应变不收敛，存在随着时间不断增大趋势。

（2）钙质页岩回归方程计算显示：蠕变是逐渐下降的，最终在 1054 d 后趋零，就是说 1054 d 后，隧底围岩不再有底鼓发生，但是试验结果显示蠕变量很小。

（3）上述隧道建成后，模拟应力环境（16-0.2 MPa）的试验时间偏短，基本上都是在 40 几个小时，回归蠕变计算公式与实际情况存在差异，即以钙质页岩为主的隧底围岩，底鼓量与实际出入较大，实际底鼓量较计算底鼓量大很多。

（4）岩石蠕变试验仅仅作为研究隧底底鼓机理的一种参考，实际隧底围岩所处的地质、地应力状况较试验工况复杂得多，蠕变试验的经验公式、结论不具有计算分析价值。

五、结语

（1）隧道开挖后，一定会伴随着周边围岩松弛变形，形成塑性圈和松动圈，松动圈、塑性圈半径可以采用理论公式及经验公式计算。松动圈半径一般是塑性圈的1/3，其与围岩级别、岩性及强度存在正相关关系。

（2）深孔位移监测数据分析表明：隧底 12 m 范围内围岩位移占比高达 80%，说明隧底围岩位移基本上在隧道开挖形成的松动圈内。

（3）蠕变试验证明，在岩石存在应力差的情况下，轴向拉伸的蠕变是客观存在的。这也说明，隧道开挖后，伴随应力集中、释放在围岩中产生较大的应力差，在此应力差作用下，隧底围岩一定会产生向临空面底鼓的伸张变形。

（4）接近隧道建成后底鼓变形应力环境（16-0.2 MPa）的岩石蠕变试验时间短，拟合的回归方程计算数值与实际量测的底鼓数据存在显著差异，蠕变试验不能很好解释隧底围岩底鼓形变，拟合的回归方程不合理，不能很好地反映隧道所处的复杂地应力、岩性、构造组合环境导致的隧底岩石蠕变；或者赵家岩隧道底鼓变形不一定是由岩石蠕变引起的。

第十节　成渝客专内江北车站路基上拱病害原因研究

重庆至成都客运专线内江北车站在 2015 年 4 月无砟轨道精调期间发现站内咽喉端两段路基存在上拱现象，施工单位对最为严重的上拱地段采取破除轨道板重新浇筑措施。成渝客专自 2015 年 12 月底开通运营以来，内江北车站两端路基上拱一直持续发展，尽管上拱量不大，但绝对上拱值已严重影响了行车安全，目前，通过内江北站的列车已经限速行驶。对于内江北车站上拱病害，建设单位委托科研单位开展了专门的科学研究，召开了多次专家分析会，设计单位针对病害开展了两次补充地质勘察及专项测试，目的在于查清上拱产生的原因、机理，针对性采取病害治理措施，恢复列车运营速度。本案例在充分利用、分析车站上拱科学研究、补充地质勘察成果资料的基础上，结合车站所处的区域地质环境、水文地质条件，阐述了内江北车站路基上拱病害原因的独到见解，提出了需要从中吸取的经验教训，对于从事铁路勘察设计的工程技术人员具有很好的参考借鉴意义。本节由王茂靖、陈明浩、崔建宏撰写。

一、概况

1. 工程概况

成都至重庆客运专线内江北站位于内江市东兴区胜利镇，内江北站最终规模为 4 台 8 线，其中 3 台 7 线经过静态验收、联调联试后交付运营；Ⅰ类变更设计增设的 1 台 1 线已完成站前、站后工程施工，但未开通运营（位于车站左侧）；川南城际铁路引入内江北站预留车站位于本站左侧，站前工程截至 2017 年底已经扩挖完成。

内江北站开通运营的 3 台 7 线中，2 条正线Ⅰ、Ⅱ道及其相邻到发线Ⅲ、Ⅳ道铺设双块式无砟轨道无缝线路，到发线Ⅴ、Ⅵ、Ⅷ道及增设的Ⅶ道为无缝有砟线路。内江北车站平面布置及上拱地如图 2.10-1 所示。

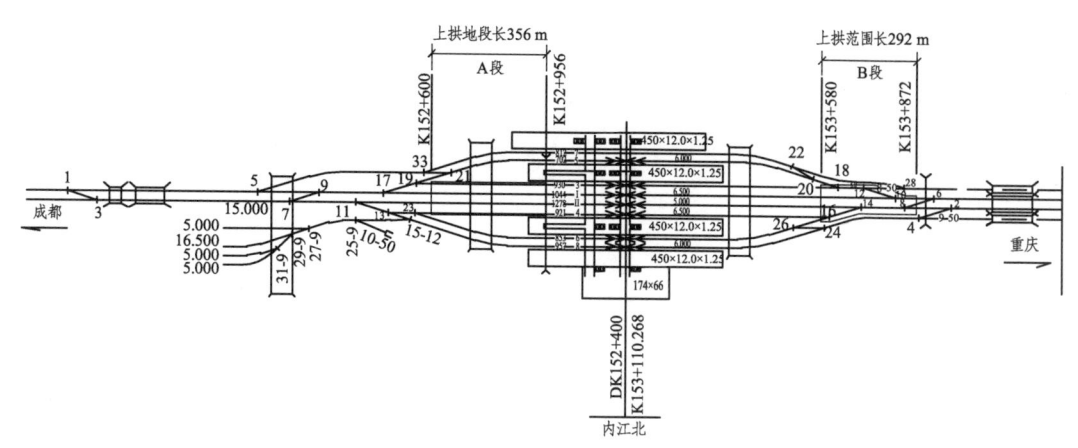

图 2.10-1　内江北车站平面布置及上拱地段

2. 设计施工概况

内江北车站位于川东丘陵地貌区，沟槽相间，地形起伏较大。车站两端两个上拱区段 K152+640~K153+000、K153+587~+710 均为深挖方路基，无砟轨道部分基床表层采用级配碎石（掺3%水泥），基床底层换填 1.0~1.5 m 厚的 A 组填料，换填底部采用 0.05 m 中粗砂+复合防水板+0.05 m 中粗砂，路基填筑排水横坡4%，两侧侧沟下方设置纵向盲沟。

K152+640~K153+000 段从 2012 年 11 月开始开挖，2013 年 4 月开挖完成，开挖深度为 14~48 m，最大挖深为 48 m。2014 年 3 月基床换填施工，至 2014 年 4 月完成，同时完成接触网基础和 CPⅢ观测桩施工；2014 年 6 月无砟轨道施工，2014 年 7 月完成。2015 年 1 月川南城际铁路施工，向左侧扩挖 63~68 m，如图 2.10-2 所示。

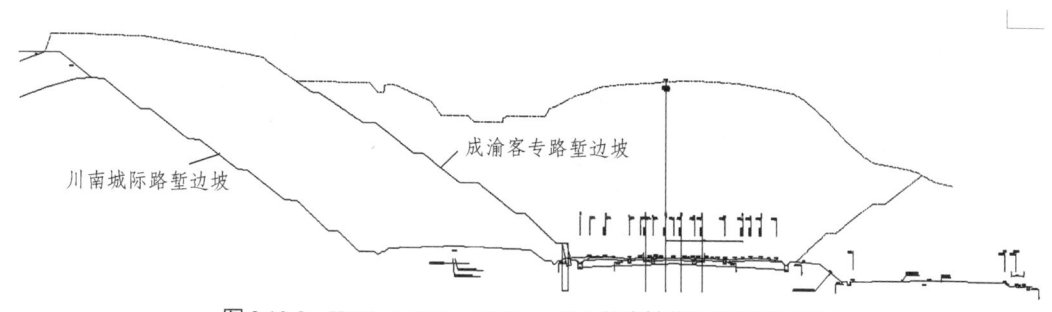

图 2.10-2　K152+160~K152+924 段路基典型横断面示意图

K153+587~+710 区段从 2012 年 11 月开始开挖，2013 年 6 月开挖完成，开挖深度为 15~40 m，最大挖深为 40 m。2014 年 1 月基床换填施工，至 2014 年 2 月完成，2014 年 3 月完成接触网基础和 CPⅢ观测桩施工；2014 年 5 月无砟轨道施工，2014 年 6 月完成。2015 年 1 月开始，川南城际施工，向左侧扩挖 66~73 m，图 2.10-3 所示为本段典型深挖路基横断面示意图。

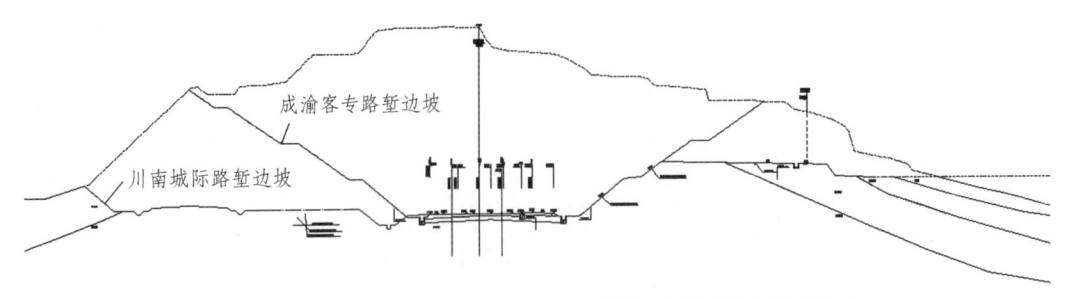

图 2.10-3　K153 + 587 ～ K153 + 700 段代表性路基横断面示意图

3．病害概述

1）病害概况

2015 年 4 月，成渝客专开展了静态验收及联调联试，在内江北站轨道精调过程中发现 K152 + 640 ～ K153 + 000 段（以下简称 A 段）、K153 + 587 ～ + 710（以下简称 B 段）路基无砟轨道高程较设计高程最大上拱约 20 mm。2015 年 6 月施工单位对成渝高速内江北站上下行 K152 + 780 ～ K152 + 850 上拱最严重区段Ⅰ、Ⅱ线正线长约 71 m、65 m 的轨道板进行破除重新浇筑返工，返工后设计单位、第三方监测单位对此两段病害路段开展了 CPⅢ网检测、复测，同时对无砟轨道进行了沉降变形的人工监测及自动监测工作，一直延续至今。

监测成果的对比分析表明：自动监测数据、人工监测数据、工务检测车和安博格小车轨道状态检测数据基本吻合，真实反映了内江北车站两端路基在 2015 年 8 月返工浇筑轨道板实施沉降监测后，仍然以上拱变形为主。下面以第三方监测单位北京大成国测提供的自动监测系统数据为代表，说明 2015 年 8 月 7 日（返工后）—2017 年 8 月 1 日期间变形情况，如图 2.10-4、图 2.10-5 所示。

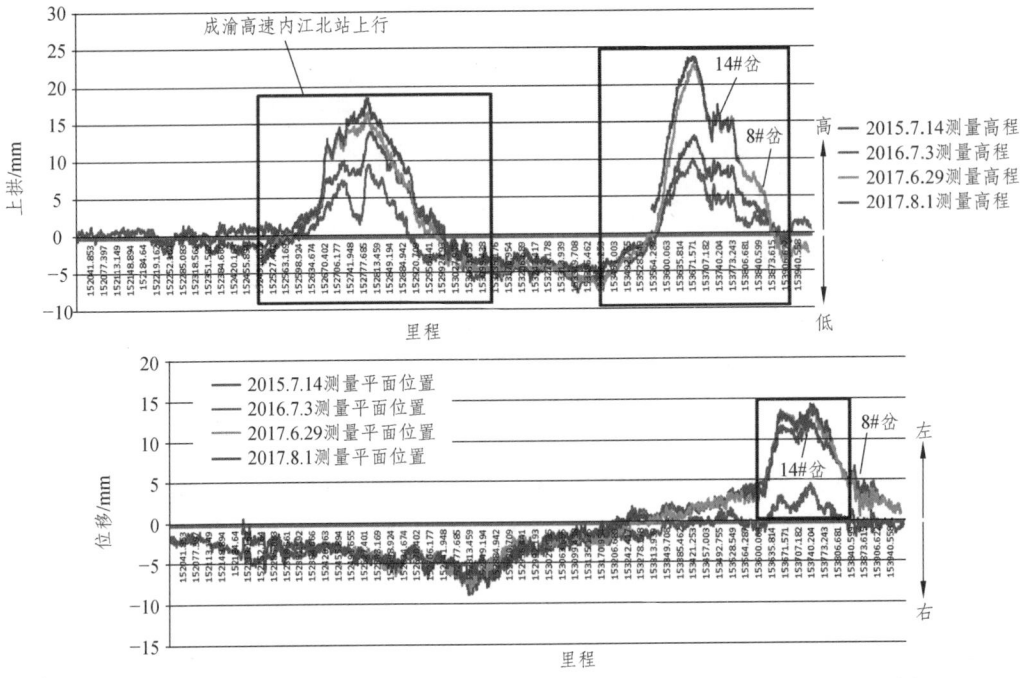

图 2.10-4　内江北车站沿线路方向上拱及平面位移示意图（上图为上拱、下图为位移）

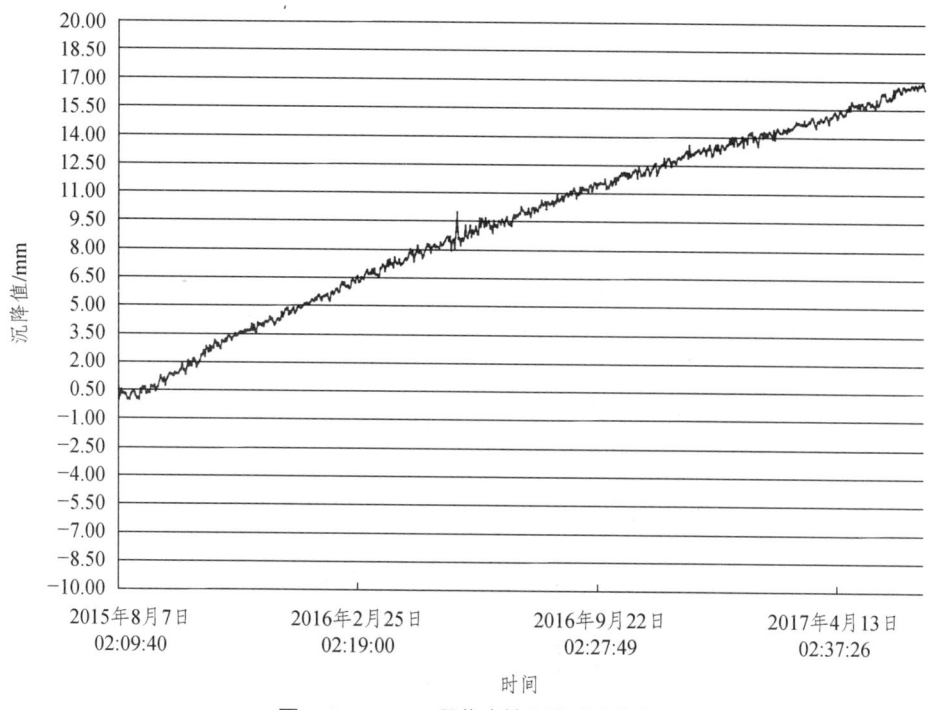

[图表：K153段沉降值/mm 随时间变化曲线，纵轴范围-10.00至20.00 mm，横轴时间从2015年8月7日02:09:40至2017年4月13日02:37:26，曲线整体呈上升趋势]

图 2.10-5　K153 段代表性上拱时程曲线

（1）重点上拱区间为 K152 + 640 ~ K153 + 000、K153 + 587 ~ + 710，上拱区间与 2015 年 4 月精测精调发现的上拱区间一致。

（2）正线（Ⅰ线、Ⅱ线）最大上拱变形位置为：Ⅰ线 K152 + 810.268，变形值 + 26.08 mm。

（3）到发线（Ⅲ线、Ⅳ线）最大上拱变形位置为：Ⅲ线 K153 + 630.268，变形值 + 29.89 mm。

（4）上拱变形未见收敛趋势，平均上拱速率约 1 mm/月，部分点位上拱速率近期有所增大。

（5）两个上拱段之间的站台区间填方路基（2016 年年底—2017 年 8 月底）变形监测数据较小，没有明显的上拱趋势。

（6）K153 + 587 ~ + 710 段上拱的同时，伴随平面变化，根据工务段检测数据，目前平面变化最大位置为 K153 + 663，2017 年 8 月平面较 2015 年 7 月 14 日上行平面向左偏移 10 mm，下行平面向左偏移 9.2 mm，其后水平位移未继续增长。

2）病害特点

研究分析内江北车站内两端路基上拱病害，总结出病害有如下几个特点：

（1）上拱病害发生在车站内两端咽喉端，A 段上拱段位于成都端，B 段位于重庆端。

（2）A、B 两端上拱病害主要发生在深挖方路堑地段，两个病害区段之间的站台区间为填方路基，无上拱病害产生。

（3）两端上拱变形未见收敛趋势，不同断面、不同线位上拱速率约 0.8 ~ 1 mm/月。

（4）上拱变形与季节、降雨无关系，只与时间呈正相关。

（5）两端深挖路堑位于连续山脊处，不是孤立山丘。

（6）两端路堑段上拱值与路堑挖深存在正相关关系，路堑中心挖深越大，上拱值越大。

二、区域地质环境

1. 地形地貌

内江北站属于典型四川盆地丘陵地貌，沟槽相间，地面高程为 325～385 m，相对高差为 45～70 m，车站两端为深路堑工程，中心最大挖深大于 40 m。

从地貌上看，两端深挖方地段为连续山脊，如图 2.10-6 所示。

图 2.10-6 地形地貌及边坡挖方

2. 地层岩性

区内地层岩性单一，地表坡面覆盖第四系坡残积（Q_4^{dl+el}）膨胀土，厚 0～2 m；下伏基岩为侏罗系中统上沙溪庙组（J_2s）泥岩夹砂岩，泥岩为紫红色，中厚层状，泥质胶结，岩质软弱，易风化剥落，具遇水软化崩解、失水收缩开裂等特性；砂岩多为长石石英砂岩，浅灰、紫红色，中～细粒结构，泥质胶结，中厚～厚层状，质稍硬。全风化带（W_4）厚 0～4 m，岩体风化呈土状及粉砂角砾状，手捏易碎；强风化带（W_3）厚 3～10 m，节理裂隙发育，岩质较软；以下为弱风化带（W_2），岩质稍硬。

3. 地质构造及地震动参数

大地构造上四川盆地位于扬子准地台四川台拗，为新华夏系第三沉降带之四川沉降带。站区属于川中丘陵区平缓低褶带，构造形迹微弱，无明显褶皱、断层构造，岩层产状平缓，单斜构造，近水平岩层，产状为 N40°E/3°SE、N58°E/4°SE，主要发育两组节理：N45°E/89°SE 或 N1°W/89°NE、N62°W/84°SW 或 N88°W/84°NE。

测区地震动峰值加速度为 0.05g，地震动反应谱特征周期为 0.35 s。

4. 水文地质条件

站区地表水主要为雨季时坡面暂时性流水，流量受降雨量大小控制。地下水为第四系土层孔隙潜水及基岩裂隙水，第四系土层较薄，孔隙潜水含量较少，基岩中泥岩为相对隔水层，仅风化裂隙中含微弱地下水。地层中砂岩构造节理相对发育，含有一定基岩裂隙水，但是厚度较小且相变大，在泥岩中常常尖灭，地下水不发育。总之，站区地处川中红层，地下水不甚发育。

5. 不良地质、特殊岩土

站区大面积分布泥岩夹砂岩地层,由于岩质软弱,易于风化剥落,路堑边坡需要防护,无其他不良地质。

特殊岩土主要是泥岩夹砂岩风化残积土,具有一定膨胀性,但是土层较薄,对路堑工程影响不大。川中红层泥岩夹砂岩不是属于典型膨胀岩,但是局部有一定膨胀性,设计中针对路堑基床在大气影响范围内换填了 1~1.5 m 厚的 A、B 组填料,对于路堑边坡率结合四川红层特点,没有按照膨胀岩坡率开挖,但是坡面进行了锚杆框架防护。

三、砂泥岩物理力学特性分析

内江北车站大面积分布泥岩夹砂岩地层,砂岩呈透镜状穿插于厚层泥岩之间,为中厚层状,薄片鉴定砂岩为钙质胶结,主要矿物为石英、斜长石,次要矿物为黑云母、方解石,岩块单轴饱和抗压强度一般为 20~25 MPa,个别风化块体小于 20 MPa,强度较高,不具膨胀特性。因此,下面主要分析泥岩的天然含水量、膨胀性及天然抗压强度。

1. 泥岩膨胀性

1) 施工图设计

本阶段勘察期间在上拱第一段 A 段,共实施 12 个钻孔,完成泥岩膨胀性试验 14 组,主要试验结果见表 2.10-1。

表 2.10-1 A 段泥岩膨胀性试验一览

序号	试验编号	取样深度 /m	含水率 /%	饱和吸水率 /%	膨胀力 /kPa	自由膨胀率 /%	判定
1	2009-成渝岩 CQ1662	11.4~12.0	3.10	4.30	14.2	27	非膨胀岩
2	2009-成渝岩 CQ1773	16.4~17.0	4.40	5.80	32.7	22	非膨胀岩
3	2009-成渝岩 CQ1775	17.3~17.9	4.60	5.90	41.5	24	非膨胀岩
4	2009-成渝岩 CQ1666	13.2~14.1	6.10	8.00	46.8	28	非膨胀岩
5	2009-成渝岩 CQ1789	13.0~13.6	4.40	5.80	32.1	21	非膨胀岩
6	2009-成渝岩 CQ1778	16.2~17.0	6.50	8.70	42.3	31	非膨胀岩
7	2009-成渝岩 CQ1670	25.0~25.9	5.10	6.50	37.5	25	非膨胀岩
8	2009-成渝岩 CQ1795	29.2~30.0	3.60	4.80	38.9	21	非膨胀岩
9	2009-成渝岩 CQ1672	12.4~13.2	3.90	5.40	20.7	25	非膨胀岩
10	2009-成渝岩 CQ1794	13.0~14.2	5.10	6.70	48.9	34	非膨胀岩
11	2009-成渝岩 CQ1678	24.9~215.6	3.60	4.90	35.7	21	非膨胀岩
12	2009-成渝岩 CQ1673	21.0~21.9	5.20	6.80	25.9	14	非膨胀岩

续表

序号	试验编号	取样深度/m	含水率/%	饱和吸水率/%	膨胀力/kPa	自由膨胀率/%	判定
13	2009-成渝岩 CQ1676	21.2~22.0	3.10	4.50	28.9	27	非膨胀岩
14	2009-成渝岩 CQ1683	23.0~23.6	5.10	6.70	25.0	19	非膨胀岩
统计结果		样本数	14	14.	14	14	
		极小值	3.10	4.30	14.2	14	
		极大值	6.50	8.70	48.9	34	
		平均值	4.56	6.06	33.6	24.2	非膨胀岩

根据表 2.10-1 可以看出，施工图阶段，泥岩的膨胀性试验表明：A 段没有一组泥岩达到膨胀岩指标。

对于 B 段，勘察阶段共实施 10 孔，取泥岩样品 8 组进行了膨胀性试验，结果见表 2.10-2。

表 2.10-2　B 段泥岩膨胀性试验一览

序号	试验编号	取样深度/m	含水率/%	饱和吸水率/%	膨胀力/kPa	自由膨胀率/%	判定
1	2009-成渝岩 CQ1708	36.7~37.3	2.60	3.80	25.9	18	非膨胀岩
2	2009-成渝岩 CQ1709	20.0~21.0	3.60	4.90	34.2	23	非膨胀岩
3	2009-成渝岩 CQ1712	14.1~14.9	4.90	6.30	47.3	28	非膨胀岩
4	2009-成渝岩 CQ1716	15.0~15.8	5.00	6.50	42.1	24	非膨胀岩
5	2009-成渝岩 CQ1718	28.8~29.5	5.00	6.80	51.9	34	非膨胀岩
6	2009-成渝岩 CQ1731	19.4~20.0	5.00	6.50	31.5	9	非膨胀岩
7	2010-成渝岩-109	24.00~24.69	5.40	22.55	84.0	26	非膨胀岩
8	2009--成渝岩 CQ1735	11.4~12.0	5.00	6.40	27.8	13	非膨胀岩
统计结果		样本数	8	8	8	8	
		极小值	2.60	3.80	25.9	9	
		极大值	5.40	22.55	84.0	34	
		平均值	4.56	7.97	43.09	21.88	非膨胀岩

根据试验结果，B 段也无一组岩样达到膨胀岩指标。

2）补充勘察

内江北车站两段深挖方路基发生上拱后，设计单位于 2015 年 5—6 月再次对两段进行了补充地质勘察，在 A 段上拱较大的 K152+790、K152+830 布置了 8 个钻孔，目的在于查

160

明填土层厚度、物质成分、换填层底面坡度、基底顶面软化情况、有无虚渣、基岩地下水及泥岩膨胀性等，钻孔深度为 10～15 m。

对于填土层，经过勘察证明，填土为 A、B 组填料，压实度、含水量等基本满足设计要求，对于泥岩膨胀性，经取样分析，结果见表 2.10-3。

表 2.10-3 A 段钻孔取泥岩样膨胀性指标统计

序号	试验编号	钻孔编号	取样深度/m	饱和吸水率/%	膨胀力/kPa	自由膨胀率/%	判定
1	C15 成渝岩 10	SZ-内江北站路堑-01	6.0～6.6	22.28	39	23	非膨胀岩
2	C15 成渝岩 11	SZ-内江北站路堑-02	6.0～6.70	26.97	0	28	非膨胀岩
3	C15 成渝岩 12	SZ-内江北站路堑-02	8.30～8.80	20.72	0	28	非膨胀岩
4	C15 成渝岩 19	SZ-内江北站路堑-03	8.00～8.58	11.35	31	27	非膨胀岩
5	C15 成渝岩 15	SZ-内江北站路堑-03	11.5～12.0	20.84	25	38	膨胀岩
6	C15 成渝岩 20	SZ-内江北站路堑-04	6.0～6.60	22.46	8	27	非膨胀岩
7	C15 成渝岩 16	SZ-内江北站路堑-04	8.0～8.57	30.74	31	29	非膨胀岩
8	C15 成渝岩 39	SZ-内江北站路堑-05	6.0～6.5	18.55	136	23	膨胀岩
9	C15 成渝岩 40	SZ-内江北站路堑-06	6.5～7.4	4.22	118	24	非膨胀岩
10	C15 成渝岩 41	SZ-内江北站路堑-06	10.8～11.4	19.51	217	33	膨胀岩
11	C15 成渝岩 42A	SZ-内江北站路堑-06	13.0～14.0	30.22	47	20	非膨胀岩
12	C15 成渝岩 43	SZ-内江北站路堑-07	6.5～7.0	24.49	107.	24	膨胀岩
13	C15 成渝岩 31	SZ-内江北站路堑-08	8.8～9.3	29.11	61	27	非膨胀岩
统计结果			样本数	13	13	13	
			极小值	4.22	0	20	
			极大值	30.74	217	38	
			平均值	21.65	63.1	27	泥岩

综上所述，A 段泥岩的自由膨胀率 F_s = 20%～38%，平均值为 27%；膨胀力 P_p = 0～217 kPa，平均值为 63.1 kPa；饱和吸水率 w_{sa} = 4.22～30.74%，平均值为 21.65%；除 4 个试样具有弱膨胀性外，大部分泥岩无膨胀性，局部有膨胀性。

对于上拱的 B 段，在 K153 + 670、K153 + 730 两个横断面分别布置 3 孔共计 6 个钻孔，孔深 10～15 m，目的同上，填土层物质组成、颗粒粒径、密实度等满足设计要求，在 6 个钻孔不同深度采取泥岩样进行膨胀性试验，其结果见表 2.10-4。

表 2.10-4 B 段钻孔取泥岩样膨胀性指标统计

序号	试验编号	钻孔编号	取样深度 /m	饱和吸水率 /%	膨胀力 /kPa	自由膨胀率 /%	判定
1	C15 成渝岩 22	SZ- 内江北站路堑 -09	5.1 ~ 5.9	9.99	41	16	非膨胀岩
2	C15 成渝岩 23	SZ- 内江北站路堑 -09	8.4 ~ 9.0	8.56	8	19	非膨胀岩
3	C15 成渝岩 37	SZ- 内江北站路堑 -10	5.8 ~ 6.4	15.73	18	22	非膨胀岩
4	C15 成渝岩 38	SZ- 内江北站路堑 -10	9.0 ~ 9.6	25.61	13	25	非膨胀岩
5	C15 成渝岩 24	SZ- 内江北站路堑 -11	3.4 ~ 4.0	32.00	190	24	膨胀岩
6	C15 成渝岩 25	SZ- 内江北站路堑 -11	5.0 ~ 5.7	58.99	28	32	膨胀岩
7	C15 成渝岩 44	SZ- 内江北站路堑 -12	6.7 ~ 7.05	31.74	34	28	非膨胀岩
8	C15 成渝岩 32	SZ- 内江北站路堑 -13	2.1 ~ 2.6	18.62	16	29	非膨胀岩
9	C15 成渝岩 33	SZ- 内江北站路堑 -13	4.0 ~ 4.6	3.07	9	24	非膨胀岩
10	C15 成渝岩 28	SZ- 内江北站路堑 -14	2.1 ~ 2.7	16.59	67	29	非膨胀岩
11	C15 成渝岩 29	SZ- 内江北站路堑 -14	5.0 ~ 5.7	20.47	18	24	非膨胀岩
12	C15 成渝岩 30	SZ- 内江北站路堑 -14	9.7 ~ 10.3	14.03	20	20	非膨胀岩
统计结果			样本数	12	12	12	
			极小值	3.07	8	16	
			极大值	58.99	190	32	
			平均值	21.28	38.5	24.3	非膨胀岩

综上所述，B 段泥岩的自由膨胀率 F_s = 16% ~ 32%，平均值为 24.3%；膨胀力 P_p = 8 ~ 190 kPa，平均值为 38.5 kPa；饱和吸水率 w_{sa} = 3.07% ~ 58.99%，平均值为 21.28%。除 2 个试样具有弱膨胀性外，大部分岩样无膨胀性。

补充地质勘察表明：经统计分析，泥岩的自由膨胀率和膨胀力指标较低，饱和吸水率指标相对较高，仅局部达弱膨胀岩判定标准，本次试验结果和施工图设计地质资料基本相符，表明本段泥岩具有一定膨胀性，不具备明显的膨胀岩特征。

3）成渝客专泥岩膨胀性

在成渝客专勘察期间，为查明红层泥岩的膨胀性，全线共取了 2238 组泥岩样品进行了膨胀性试验，其结果见表 2.10-5。

表 2.10-5　成渝客专全线泥岩膨胀性试验指标分类统计

项目	非膨胀岩	弱膨胀岩	中膨胀岩	强膨胀岩	合计
数量/组	1806	410	22	0	2238
比例/%	80.7	18.3	1%	0	100

在判定为中膨胀岩的22组样品中有5组位于路堑地段，挖方深度为5～12 m，多年来没有发现路基上拱变形。据沿线公路、房屋建筑开挖剖面调查，泥岩夹砂岩临时边坡陡立，虽经日晒雨淋，稳定性一般较好，亦未闻未见有因泥岩膨胀性而致建筑物变形破坏者。综合现场调查及试验结果，四川盆地内的红层泥岩具有一定膨胀性，不具明显的膨胀岩特征。

内江北车站内两端咽喉区深挖方路基泥岩夹砂岩不属于膨胀岩，大部分不具有膨胀性，局部地段岩石具有一定的弱膨胀性，路基上拱不应是泥岩膨胀性引起。

2. 泥岩强度及其他物理指标

1) 施工图设计

勘察期间，在钻孔中采取泥岩样品140余组，主要进行了单轴状态、饱和状态极限抗压强度试验，我们选取代表性样品试验成果10组列于表2.10-6中。

表 2.10-6　泥岩单轴极限抗压强度一览

序号	岩性	含水率/%	单轴天然极限抗压强度/MPa	单轴饱和极限抗压强度/MPa
1	泥岩	4.6	4.97	2.51
2	泥岩	4.2	6.67	3.83
3	泥岩	3.2	6.17	3.18
4	泥岩	5.1	4.93	2.18
5	泥岩	3.8	4.54	1.96
6	泥岩	6.5	4.99	1.83
7	泥岩	5.1	6.55	4.18
8	泥岩	5.1	4.82	2.07
9	泥岩	3.8	6.75	4.32
10	泥岩	3.9	6.39	3.48

从表中可看出，泥岩天然状态单轴抗压强度基本在4～6 MPa，饱和单轴抗压强度基本上降低一半，在2～4 MPa左右，天然含水率在3%～6%。红层泥岩抗压强度比较低，属于软岩类岩石，岩体强度按照完整岩体考虑，天然强度应在2～3 MPa。

2) 补充地质勘察

补充勘察期间，分别在A、B两段钻孔中共取泥岩岩样25组，主要进行了含水率、天然单轴抗压强度试验，结果见表2.10-7。

表 2.10-7 泥岩单轴极限抗压强度一览表

序号	岩性	A 段岩石指标 含水率	A 段岩石指标 天然抗压强度 /MPa	B 段岩石指标 含水率	B 段岩石指标 天然抗压强度 /MPa
1	泥岩	4.6	7.24	3.6	9.21
2		5.8	6.74	4.8	14.03
3		3.5	8.33	4.9	13.25
4		2.4	6.46	3.7	15.50
5		5.0	7.32	6.7	1.89
6		4.6	3.46	13.1	0.31
7		3.3	5.36	3.9	17.60
8		3.9	6.76	5.6	12.47
9		5.5	5.04	5.6	19.10
10		—	10.68	5.8	7.03
11		5.2	8.28	4.9	5.79
12		6.4	4.34	—	18.35
13		6.1	5.14		

从表 2.10-7 中数据可以看出，A 段泥岩天然抗压强度相对 B 段较低，一般在 5 ~ 6 MPa，天然含水率在 4% ~ 6%；B 段泥岩强度相对较高，普遍在 8 ~ 10 MPa，天然含水率在 5% ~ 6%。

从上述表中统计数据分析可看出：施工图勘察期间，泥岩天然抗压强度、含水率与补充勘察期间没有质的变化，B 段强度相对较高，但是局部仍然较低，属于软岩。

3）泥岩矿物成分分析

在补充地质勘察阶段，设计单位还选取了 5 组泥岩岩样送至中国地质科学院矿产综合利用研究所测试中心进行了泥岩矿物的 X 射线衍射分析，其成果见表 2.10-8。

表 2.10-8 内江北泥岩矿物成分及百分含量

序号	方解石	白云石	石英	钠长石	伊利石	绿泥石	钙长石	白云母	水滑石	磷镁铝石	水钠锰矿	钙钛矿	钠镁钒
1	64.1	11.93	3.81	13.3					0.617	6.2			
2			54	7.8	29.0	3.3		4.0			1.22		
3			54	11.4	5.62	3.94		19					
4	1.3		49	11.7	30.1	1.59		1.79				4.1	
5	7.6		28.7	7.3	24.0	10.8	17.1						4.5
6			29.6	41.2	1.5	12.4	3.4	11.9					

根据相关理论及试验分析研究，膨胀岩矿物组成主要有两类：一类为以蒙脱石为主的膨胀岩；一类为不含蒙脱石或含少量蒙脱石，以伊利石及高岭石为主的膨胀岩。从上述泥岩矿物组成及百分含量分析，可以看出内江北站泥岩中具有膨胀性的黏土矿物主要为伊利石及绿泥石，但是相对来说碎屑矿物石英、长石、云母及方解石、长石矿物含量占比较高，因此，可以认为内江北泥岩不是典型意义上的膨胀岩，仅具有弱膨胀性。

四、路基上拱原因研究

一般来讲，路基上拱原因主要有几种，要么基床填土不合格，要么地基土存在膨胀性，或者地基土受到某种外力作用，岩石发生了形变。根据两次地质勘察资料分析，基床填土采用合格的 A、B 组填料，密实度、含水量等都满足设计要求，地基土主要以红层泥岩夹砂岩为主，分析膨胀性不应是上拱的主要原因，结合成渝客专沿线深挖路堑变形特征分析，地基土上拱与挖深存在密切关联，应该是山体中地应力因路堑深挖方导致局部应力集中、释放，坡脚压应力集中致使软岩产生形变——蠕变所致。

1. 内江北站岩体地应力测试

为查明内江北站岩体内地应力大小，在 DK152+100 左侧 50 m、左侧 220 m 布置了两个钻孔 SZ-内江北站路堑-16、17，孔深分别为 52 m、93.6 m，在每个钻孔中采用水压致裂法分别进行了 11、6 段地应力测试，并在钻孔中进行了定向印膜测试，以确定最大主应力方向。测试结果见表 2.10-9、表 2.10-10 和图 2.10-7、图 2.10-8。

表 2.10-9　SZ-内江北站路堑-16 孔水压致裂地应力测量结果

序号	测段深度 /m	压裂参数 /MPa						主应力值 /MPa			破裂方向 / (°)
		P_b	P_r	P_s	P_H	P_0	T	S_H	S_h	S_v	
1	5.40 ~ 6.20	10.45	1.45	0.85	0.05	0.00	9.00	1.11	0.85	0.15	
2	9.20 ~ 10.00	2.69	1.70	0.99	0.09	0.00	0.99	1.27	0.99	0.25	
3	14.10 ~ 14.90	5.24	4.24	2.34	0.14	0.05	1.00	2.73	2.34	0.37	
4	17.30 ~ 18.10	10.17	2.17	1.47	0.17	0.08	8.00	2.16	1.47	0.46	
5	19.70 ~ 20.50	10.99	2.29	1.69	0.19	0.10	8.70	2.68	1.69	0.52	
6	28.71 ~ 29.51	2.79	2.98	1.18	0.28	0.20	0.81	1.36	1.18	0.75	N40°E
7	29.61 ~ 30.41	2.51	2.09	0.79	0.29	0.21	0.62	1.47	1.19	0.77	
8	35.84 ~ 36.64	0.35	1.56	0.65	0.35	0.27	—	1.58	1.15	0.93	N46°E
9	37.34 ~ 38.14	2.27	2.07	0.87	0.37	0.29	0.45	1.69	1.27	0.97	
10	42.38 ~ 43.18	2.63	2.92	1.17	0.42	0.34	0.51	2.09	1.52	1.10	
11	44.38 ~ 45.18	4.53	3.93	1.53	0.43	0.36	1.30	2.48	2.02	1.15	

表 2.10-10 SZ-内江北站路堑-17号钻孔水压致裂地应力测量结果

序号	测段深度 /m	压裂参数 /MPa						主应力值 /MPa			破裂方向 /(°)
		P_b	P_r	P_s	P_H	P_0	T	S_H	S_h	S_v	
1	38.21～38.81	2.27	1.68	0.87	0.37	0.37	0.59	0.87	0.56	1.01	
2	64.50～65.10	2.79	2.30	1.18	0.63	0.63	0.49	1.18	0.61	1.71	
3	69.25～69.85	5.06	2.48	1.35	0.68	0.68	2.58	1.35	0.89	1.84	
4	73.20～73.80	5.34	3.93	1.98	0.72	0.72	1.41	1.98	1.29	1.94	
5	78.60～79.20	5.07	3.67	2.15	0.77	0.77	1.40	2.15	2.01	2.08	N40°E
6	87.20～87.80	6.92	4.22	2.32	0.85	0.85	2.70	2.32	1.89	2.31	N42°E

注：P_b——岩石原位破裂压力；P_r——破裂重张压力；P_s——瞬时闭合压力；P_H——试段深度上的水柱压力；P_0——试段深度上的孔隙压力；T——岩石抗拉强度；S_H——最大水平主应力；S_h——最小水平主应力；S_v——上覆岩石自重计算出的应力（岩石密度为2650kg/m³）。

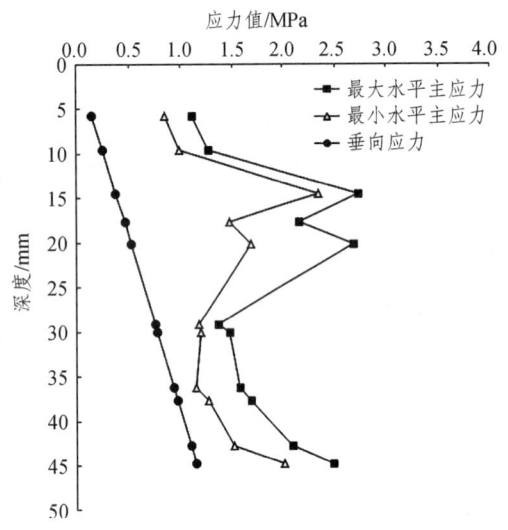

图 2.10-7 SZ-内江北路堑-16孔地应力-深度曲线

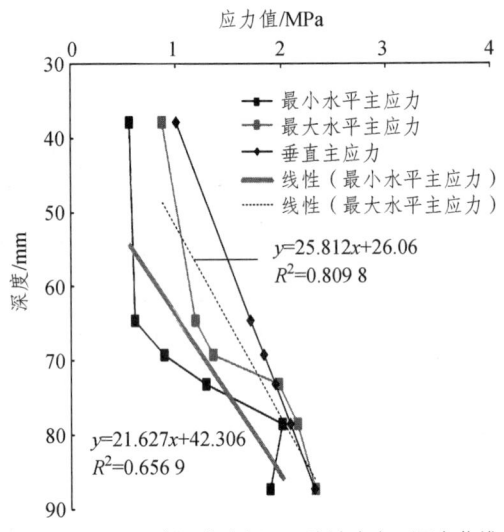

图 2.10-8 SZ-内江北路堑-17孔地应力-深度曲线

从两孔测试结果分析可知，内江北站地应力具有以下特征：

（1）SZ-内江北站-16号孔，在钻孔下部5～50 m内，最大水平主应力值为1.11～2.73 MPa，最小水平主应力值为0.85～2.34 MPa，用岩层密度（约为2.65 g/cm³）估算的相应的垂直应力值为0.15～1.15 MPa，三向主应力值的关系总体为：$S_H > S_h > S_v$。该孔各个测段测量结果表明，主应力值随深度增加而增大，在深度15～22 m，有较明显的应力集中区，最大水平主应力的值达到2.73 MPa，最小水平主应力的值达到2.34 MPa。该孔附近的最大水平主应力优势方向为北东向（即N40°E～N46°E）。

（2）SZ-内江北站-17号孔，在测试的38～90 m深度内，最大水平主应力在0.87～2.32 MPa，在38～65 m深度内，最大水平主应力值比较稳定，在0.87～1.18 MPa。最小水平主应力在0.56～0.61 MPa，垂直应力为1.01～1.71 MPa。3个主应力关系为$S_v > S_H > S_h$，水平主应力方向N40°E，垂直应力与水平应力差异不大。

（3）从钻孔位置来看，17号孔位于路堑坡顶，即原始斜坡顶部，而16号孔位于开挖路堑内，这说明17号孔地应力为原始岩体内的地应力，由于区内岩层近于水平，构造运动微弱，岩体内水平应力与垂直应力差别不大，岩体内原始应力基本处于静止水压力状态。

16号孔地应力测试结果反映了斜坡开挖后，岩体卸荷，地应力重新调整，特别是在斜坡坡脚发生了压应力集中，水平应力增大了许多，坡脚埋深40 m附近达2.09 MPa，45 m深度可达2.48 MPa。水平应力大于垂直应力，应力方向仍然是N40°～45°E。

（4）内江北站路基挖方段方向大致呈N47°W方向，与开挖卸荷后集中的水平最大主应力近于垂直相交，非常不利于岩体稳定性，岩体在此集中水平应力作用下易发生形变。

2. 斜坡应力集中效应

深大路堑开挖，相当于形成一个新的高陡边坡，斜坡临空面周围岩体发生卸荷回弹，引起应力重分布及应力集中效应。相关理论研究表明，斜坡内岩体应力分布及集中具有如下特点：

（1）由于应力重分布，斜坡周围主应力迹线发生明显偏转，越靠近临空面，最大水平主应力越接近平行临空面，最小水平主应力则与临空面正交。

（2）应力分异结果，在临空面附近造成应力集中带，坡脚附近最大主应力（相当于切向应力）显著增高，且越接近临空面越高；最小主应力（相当于径向应力）显著降低，于斜坡表面降为零，甚至转化为拉应力，因此，坡脚一带是斜坡应力差最大或最大剪应力部位，是斜坡最易发生变形及破坏部位，往往产生与坡面或坡底面平行的压致拉裂面，导致底面或基坑隆起、底鼓。

斜坡坡缘附近，坡面的径向应力及坡顶面的切向应力可转化为拉应力，进而在坡顶形成张力带，坡顶部位岩体容易被拉裂形成与坡面平行的拉裂面，或者卸荷裂隙带。

（3）相关研究表明：坡脚的切向应力最大值可达岩体内原始水平应力的3倍，因此，当斜坡中存在较高的原始水平应力时，斜坡变形及破坏更为严重。

3. 岩体形变分析

1) **强度应力比**

根据岩体力学理论：岩体形变与应力是相辅相成的，存在应力就一定发生形变。前面已经分析过，内江北地基岩体膨胀性微弱，地下水不发育，上拱的主要因素不应是岩石膨胀性，那么岩体的形变必然与卸荷开挖后局部地应力集中有关，路堑基坑地基岩体受到集中应力挤压存在必然关系。

根据《工程岩体分级标准》（GB/T 50218—2014），对于软质岩来说，当岩石强度应力比小于7时，开挖基坑就会产生隆起现象，对于内江北站A段，路堑开挖深度达到48 m，B段最大挖深为40 m，深大挖方形成的高陡边坡，开挖后岩体发生较大的应力集中，特别是在坡脚一带，压应力集中明显，最大主应力可达垂直应力的2～2.5倍。泥岩强度如果取6 MPa，采用16号孔测试的最大水平地应力为2.73 MPa，计算两段岩石强度应力比R_c/σ_{max}

为 2.2；如果取泥岩天然单轴抗压强度为 8 MPa，则计算强度应力比（R_c/σ_{max}）为 2.9：均小于 4。在这种强度应力条件下，路堑开挖后产生显著的上拱形变是十分自然的。

2) 岩石流变特征

根据岩石力学理论，岩石具有流变特性，又称为蠕变，特别是对于泥岩这种软质岩，在应力作用下，如果对形变不加以约束，其变形将表现出显著的、持续的蠕变特征。一般来说，蠕变划分为 3 个阶段，如图 2.10-9 所示：减速蠕变或称初期蠕变、等速蠕变及加速蠕变直至岩体破坏。

岩石蠕变有两大类：

Ⅰ类：当 $\sigma \leqslant R_L$（长期强度）时，属于稳定蠕变，如图 2.10-10 中曲线 1。

Ⅱ类：当 $\sigma > R_L$（长期强度）时，属于不稳定蠕变，如图 2.10-10 中的曲线 2～5。

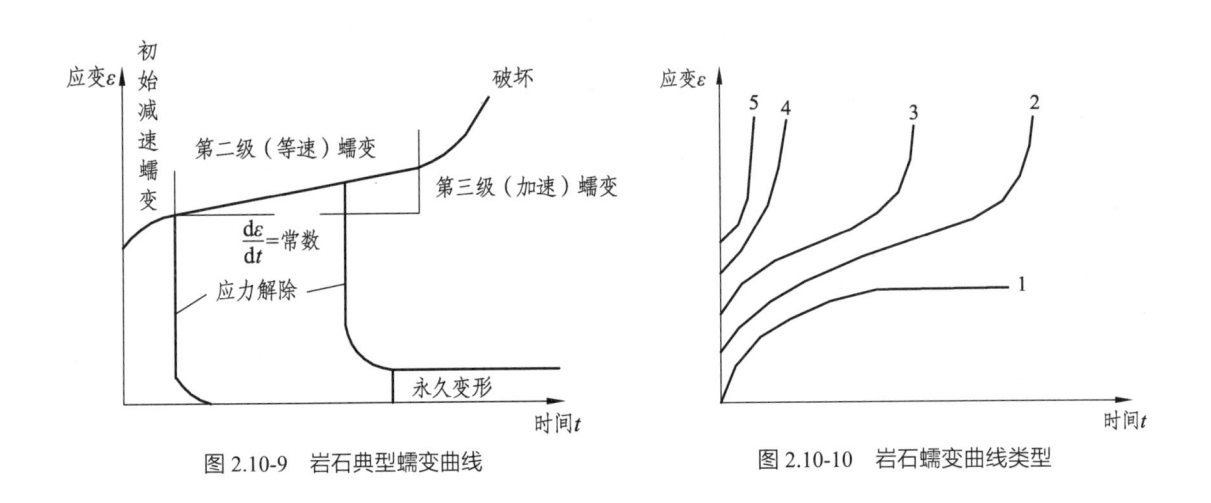

图 2.10-9　岩石典型蠕变曲线

图 2.10-10　岩石蠕变曲线类型

而且在三维应力状态下，蠕变主要考虑偏应力作用，即蠕变产生必须存在应力差作用，在静水应力条件下，材料不产生蠕变。此外，R_L 值为岩石单轴抗压强度的 0.35～0.85，对于软质岩，低于 0.5。

具体到内江北站深大路堑来说，应力集中后地基岩体所受的水平应力大部分小于泥岩的长期强度，少部分大于泥岩长期强度，因此，路堑地基岩体蠕变大部分属于稳定蠕变，变形速率趋于稳定值，岩体的变形最终趋势是处于稳定。但是，部分集中水平应力值大于岩石长期强度，此时岩体蠕变属于不稳定蠕变，地基岩体持续变形。内江北车站实际监测变形数据显示：大部分地段变形处于稳定，局部地段还在持续上拱，上拱速率基本在 1 mm/ 月，这与应力、强度大小比值分析，基本符合其变化规律。

3) 主应力方向与路堑坡向关系

内江北车站平面布置是 N47°W，即深大路堑坡向也是 N47°W，而地应力测试显示的最大主应力方向为 N40°～45°E，基本上路堑坡向与最大主应力近于垂直，不利于地基岩体稳定，在此垂直应力作用下，岩体更加易于变形。

五、结语

（1）成渝客专内江北站深大路堑地基岩石主要为典型川东红色泥岩夹砂岩地层，该套地层岩石不属于膨胀岩石。尽管局部泥岩具有弱膨胀性，对地基岩石上拱有一定贡献，但是，分析认为红层泥岩的弱膨胀性绝不是此段路基上拱的主要原因，更不是主导因素。

（2）导致内江北深挖路堑地段局部地基土上拱的主要原因或者主导因素是路堑深挖方后，引起岩体应力的集中与释放，在斜坡坡脚产生最大主应力集中、最小主应力减小的应力分异现象，从而在坡脚形成较大应力差，产生较高的剪切应力，泥岩强度较低，在较高地应力作用下，地基岩体剪切变形形成蠕变，从而导致站内路基面上拱。

（3）深大路堑开挖因坡脚地应力集中数值差异，可导致地基岩体产生稳定蠕变及不稳定蠕变两种蠕变类型。稳定蠕变变形是本站大部分地基岩体的变形特性，持续一段时间就收敛稳定；少部分不稳定蠕变持续变形上拱，如不加以约束，地基岩体将持续上拱变形直至破坏。这种形变特征与内江北站路堑地基上拱监测数据比较吻合。

（4）对于深大路堑、地下工程，应高度重视岩体开挖卸荷，引起岩体内地应力的重分布（集中及释放），应力分异使得岩体中应力差增大导致岩体变形破坏，要充分研究地应力大小、岩体强度及强度应力比，特别是对于无砟轨道来说，微小的形变都会影响高速列车运营安全，因此，工程地质勘察中应严格执行国家标准《工程岩体质量分级》（GB/T 50218—2014）。

（5）深大路堑开挖，在充分研究岩体应力、岩体强度及比值后，如果地基岩体存在蠕变变形风险，应采取必要的地基岩体加固措施，防止岩体蠕变带来的上拱风险，危及行车安全。加固措施可采取桩板结构、锚杆（索）加固等措施。

第三章

软质岩变形及处理

根据国家标准《工程岩体分级标准》（GB/T 50218—2014）的定义，饱和单轴极限抗压强度小于 30 MPa 的岩石为软质岩，其中 15 ~ 30 MPa 范围内为较软岩，5 ~ 15 MPa 范围为软岩，小于 5 MPa 的岩石为极软岩。在此需要说明的是：由于软质岩多由黏土矿物组成，遇水极易软化崩解，单轴极限抗压强度一般采用天然抗压强度［《高层建筑岩土工程勘察标准》（JGJ/T 72—2017）中有所规定］。

由于软质岩强度低，特别是地下洞室围岩为软质围岩时，极易在洞室开挖后，在调整后的地应力作用下，发生向临空面下沉、底鼓及收敛变形，如果单线隧道围岩绝对变形量大于25 cm 或者相对变形量（绝对变形量与洞室直径之比）大于 1% 时，洞室围岩变形即属于大变形。软质围岩变形及大变形是地下洞室常见的一类地质病害，如支护措施不完善、不及时、不到位，就会引起洞室发生较大的变形，甚至出现初期支护开裂、钢架扭曲变形、混凝土剥落掉块、支护侵限，严重时发生坍方，工程处置极为困难，严重影响洞室施工安全及进度。

软质岩变形一直是岩土工程学界研究的课题，在对此问题的研究中，大家也认识到不仅仅是岩石强度，还有岩石所处的地应力环境、区域构造环境、岩体破碎程度等因素也对软质围岩变形存在较大影响。《工程岩体分级标准》（GB/T 50218—2014）中推荐采用强度应力比确定洞室围岩所处的地应力高低，进而评价软质围岩变形程度。成兰铁路建设中调研了中外地下洞室变形的案例，提出了软质围岩大变形判定标准。这些规范、标准仍在工程地质勘察中广泛使用。需要指出的是：软质围岩大变形判定标准仍需要在工程实践中进一步完善，早日形成标准、规范。

在对软质岩变形案例分析研究中发现，在软质岩变形中，弹性变形远比塑性变形小得多，其塑性变形随时间不断增大，如果不加以约束，变形会持续到岩体破坏，这就是软质岩的蠕变或者流变，是软质岩典型的岩石力学特征。软质岩蠕变很好地解释了隧道底鼓、深大路堑地段上拱现象。

本章汇编了 6 节有关软质岩变形及整治处理的案例，特别是几节成兰铁路软岩变形的案例更为典型。成兰线地处四川盆地向青藏高原的斜坡过渡地带，穿越著名的龙门山活动断裂带，地应力水平高，区域山高谷深、断裂褶皱发育、岩体破碎，崩、滑、流、危岩发育。在线路方案比选阶段，地质选线做了大量工作，绕避了许多高陡崩塌、危岩体、滑坡，但是深埋隧道软质围岩、破碎围岩大变形仍然严重影响施工安全及施工进度，施工掘进十分困难。文章基于区域地质环境、地应力及岩石试验数据，分析了大变形产生的原因、力学机制，提出了变形整治措施，帮助大家理解围岩大变形产生的控制因素，如何在隧道地质勘察中分析围岩变形，划分大变形等级。

《四川红层工程地质特性及工程处理》这节案例主要结合四川盆地地貌、地层岩性、区域地质构造等宏观地质条件，着重分析了四川红层这一特殊地层岩性的工程地质特征、红层易于产生的工程地质问题以及如何采取工程处置措施，特别强调了四川盆地内的红层泥岩夹砂岩本质上属于软质岩类，但不是典型膨胀岩类，对工程地质问题的分析不能从膨胀岩的属性上研究。

第一节 成兰铁路红桥关隧道进口浅埋段变形原因及整治设计

成都至兰州铁路红桥关隧道进口浅埋段在施工期间出现了洞内初期支护严重变形、掌子面土体挤出流失及地表开裂变形的地质病害，给施工造成了极大困难。建设单位组织召开了专家分析会，设计、施工单位对此段变形病害开展了地质补勘、方案设计及病害整治，确保了红桥关隧道施工顺利进行。本案例基于隧道区域地质条件、浅埋段病害补充地质勘察成果及病害特征，分析了此段病害产生的原因，提出了针对性病害整治设计及工程处理措施，总结了经验教训，对于从事山区隧道工程勘察设计的工程技术人员有一定参考借鉴价值。本节由王茂靖、袁传保撰写。

一、前言

成兰铁路红桥关隧道位于岷江峡谷右岸，距岷江 70～800 m，全长 3 169 m，为一单洞合修傍山隧道。进口接川主寺车站，出口邻近东北沟双线桥，轨面标高为 2 960～3 007 m，最大埋深为 410 m，其中 D2K253+710～D2K254+900 约 1.2 km 为浅埋段，此段隧道洞身部分位于松散堆积层内，缓坡上行，埋深为 2～60 m。

进口 1.2 km 埋深浅且围岩极其破碎。施工前对线路两侧地表建(构)筑物进行了拆迁处理。

施工图设计时，针对此浅埋地段，设计 225 m 明洞 + 595 mV 级抗震（H175 钢架、89 管棚、玻纤锚杆）+ 469 m 活动断裂预设计 + 常规设计。

在隧道进口段施工中，出现了较大的洞内变形、掌子面土体挤出及地表开裂变形，给施工推进造成了极大困难。成兰公司组织多次专家论证会，分析原因，商讨整治措施，设计院进行了补充地质勘探，进行了病害的整治设计。

二、隧道工程地质条件

隧道属于四川盆地向青藏高原过渡的斜坡地段，属高中山剥蚀峡谷地貌，岷江位于隧道右侧，岷江河谷深切，两侧横向沟谷发育，地形起伏较大。地面高程为 2950～3510 m，沿线路前进方向地势左高右低，自然横坡为 10°～60°，局部稍陡。进口浅埋段主要位于泥石流堆积扇中，地面标高为 2 953～3 025 m，自然横坡较缓，横坡坡度 3°～15°，局部稍陡。

隧道洞身基岩为三叠系上统新都桥组（T_3x）炭质板岩夹板岩、砂岩，侏倭组（T_3zw）板岩、砂岩夹炭质板岩及断层角砾岩（F_{br}），其中进口浅埋段还穿越第四系全新统冲洪积层（Q_4^{al+pl}）粉质黏土、卵石土、漂石土，泥石流堆积层（Q_4^{sef}）粉质黏土、碎石土，坡崩积层（Q_4^{dl+col}）粉质黏土、碎石土，如图 3.1-1 所示。

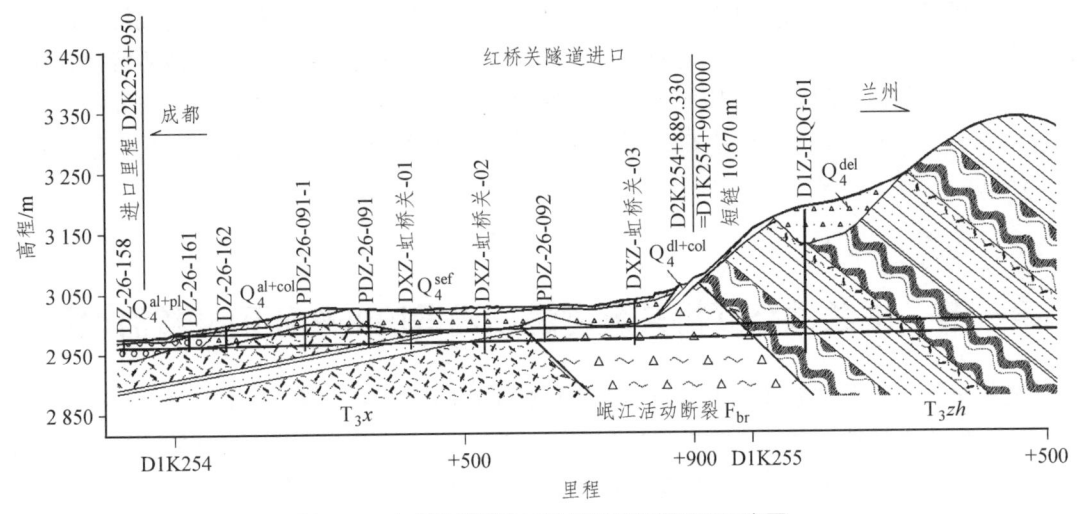

图 3.1-1　红桥关隧道进口浅埋段地质纵断面示意图

进口段发育岷江活动断裂，与隧道洞身交于 D2K254 + 550 ~ D2K255 + 000，地表被第四系土层掩盖，洞身段断层带宽约 450 m，钻孔揭示断层带岩性以炭质板岩角砾为主，岩体挤压较破碎，岩质较软，构造节理发育，强风化带较厚。根据地震安全性评价报告，岷江断裂是岷山断块的西边界，是一条全新世活动断裂，晚第四纪以来的平均垂直滑动速率在 0.37 ~ 0.53 mm/a、平均水平滑动速率在 1 mm/a 左右。断裂未来百年的最大突发位错量为水平位错量为 2.95 m ± 0.88 m，垂直位错量为 3.58 m ± 1.20 m。

历史上岷江断裂北段曾发生过 1748 年 6.5 级地震和 1960 年 6.75 级地震，南段也发生过多次地震，最大地震为 1713 年叠溪 7 级地震和 1933 年叠溪 7.5 级地震。因此，隧址区所在的岷江断裂北段具备发生 7 级左右强震的能力，可能产生突发地表错动。工程场区地震动峰值加速度为 0.20g，地震动反应谱特征周期为 0.40 s。隧道通过岷江活动断裂带时，轨道采用有砟轨道铺设。

进口段地表平缓，通过两条泥石流沟，因此，段内孔隙潜水较为发育，以赋存于第四系冲洪积层漂卵石土、泥石流冲积层碎石土、细砂层中的孔隙潜水为主，受大气降水及地表沟水补给，以地下径流形式向岷江排泄，水量一般，进口浅埋段地下水埋深深浅不一，在 2 ~ 15 m 之间。基岩裂隙水赋存于炭质板岩夹砂岩裂隙中，富水性差。少量的基岩裂隙水主要受构造和软弱夹层的控制，含水量不大。隧道进口浅埋段地形地貌景观如图 3.1-2 所示。

图 3.1-2　隧道进口浅埋段地形地貌景观

地下水主要接受大气降水及地表水补给，同时向线路右侧岷江排泄。

进口段隧道主要不良地质为活动性岷江断裂带、破碎围岩和泥石流及冲积形成的松散堆积体，围岩稳定性差，施工图设计确定为V级围岩。

三、进口段变形病害概况

1. 洞内变形情况

进口浅埋段施工设计为D2K253+710~+950段为明洞，D2K253+950后为矿山法暗洞开挖，明洞开挖施工较为顺利，其后进入暗洞施工，前面一段较为顺利，V级围岩加强支护。其后进入泥石流堆积层施工，地下水相对较多，在2016年7月27日，掌子面D2K254+495上台阶开挖一榀，中台阶左侧两榀，立架过程中于下午5:30发现D2K254+484~+495段初支支护变形严重，局部破坏，洞内地下水渗水量突然变大且局部有黄色泥浆水渗出，变形速率严重超标，在D2K254+493处拱顶最大下沉量达81.8 mm，掌子面D2K254+495前方土体大量向洞内挤出，充填于隧道上半断面。本段发生变形破坏后，施工单位立即撤离作业人员和机械设备，从洞外拉土回填掌子面及变形段，回填至7月28日，自掌子面往洞口方向回填11 m（D2K254+484~+495），将上台阶和中台阶回填后，于回填坡面挂网、喷射15 cm厚混凝土。洞内初支严重变形后，7月29日上午进行地表调查，未见地表开裂变形现象，同时施工单位在地表D2K254+480~+500布设位移监测点。2016年7月29日下午发现线路左侧地表开始出现裂缝并逐渐变形发展。

2. 洞外变形情况

洞内初支严重变形后，7月29日洞内对应进行地表调查，未见地表开裂变形现象，同时施工单位在地表D2K254+480~+500布设位移监测点19处。2016年7月29日下午发现线路左侧地表开始出现裂缝并逐渐变形发展，如图3.1-3所示。

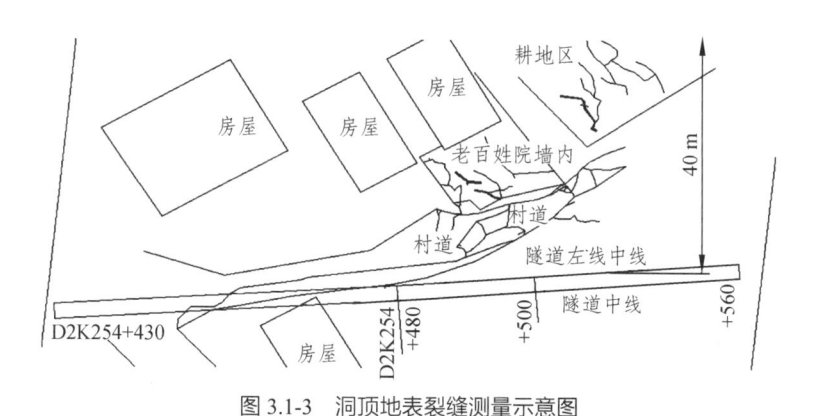

图3.1-3 洞顶地表裂缝测量示意图

地表观测后陆续发现地表出现21条裂缝，呈蜘蛛网分布，最远处距左线40 m。
地表观测到最大下沉18 cm，最大横向位移11 cm，最大纵向位移17 cm。

四、变形病害原因分析

1. 地质补充勘察成果

红桥关隧道进口浅埋段在施工中发生了洞内变形、掌子面土体挤出及地表开裂变形病害后,设计单位再次对进口段进行了地质补充勘察工作,共布置11个钻孔,孔深在50~60 m,同时对浅埋段附近开展了工程地质调绘,主要成果如下:

(1)红桥关隧道进口浅埋段长约1.2 km,变形段地表位于两条泥石流沟交汇扇形缓坡段,泥石流扇体长约245 m,宽约690 m,厚度约10~40 m,邻近线路附近坡度较平缓,堆积区开阔,周围斜坡、山体未见古滑坡,进口段斜坡山体整体稳定。

(2)根据施工开挖及补充钻孔揭示:变形段附近地层结构较勘察阶段发生了微小变化,拱顶部分由原来的炭质板岩地层变为泥石流堆积的碎石类土,与原施工图设计厚度差1~3 m,横向分布变化较大,主要分布于靠河侧(图3.1-4)。

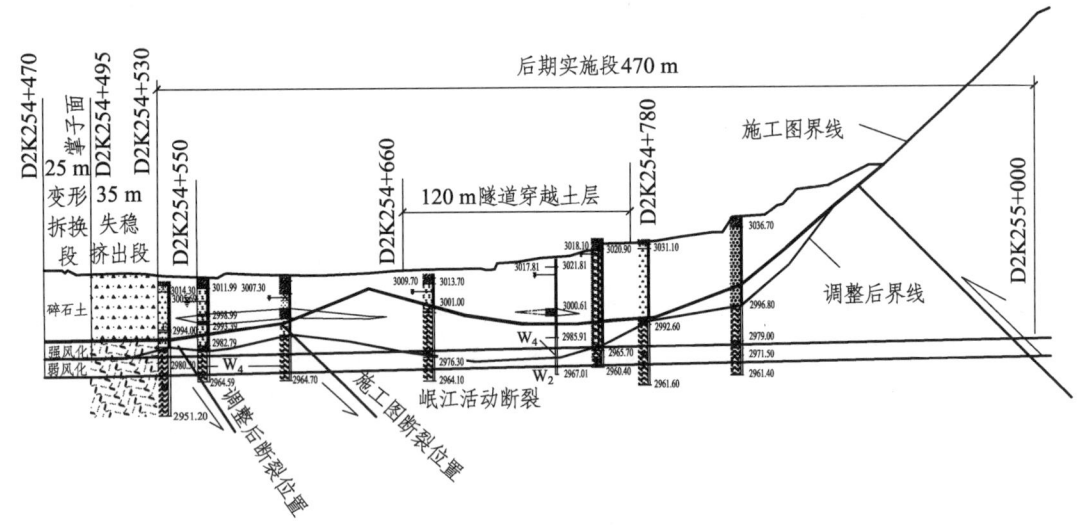

图 3.1-4 进口段土石界线变化示意图

(3)两条泥石流沟长度约1 600 m,堆积区纵坡坡度约3°~15°,局部稍陡。目前处于衰退期,为稀性、低频性泥石流。根据现场调查,两条泥石流沟物源区植被茂密,覆盖较好,物质来源主要为坡面的碎石类土,物源丰富。

浅埋段掌子面坍方挤出、初支变形后,对泥石流沟堆积扇进行了补充钻探及地表调绘、地表监测等,确保堆积扇整体处于天然稳定状态。隧道洞身段泥石流堆积物主要以碎石角砾土为主,分选、磨圆性较差,局部夹透镜状细砂,地下水位较高,富含地下水,围岩自稳性极差。图3.1-5为变形段典型断面。

(4)浅埋段初支变形、掌子面挤出段洞顶普遍为饱水的碎石角砾,两侧边墙为炭质板岩夹砂岩,由于靠近岷江活动断裂,受其影响岩体极为破碎,且受泥石流沟丰富地下水补给,岩体富含地下水。因此,本段围岩破碎、松散,地下水丰富,围岩级别相应调整为Ⅵ。

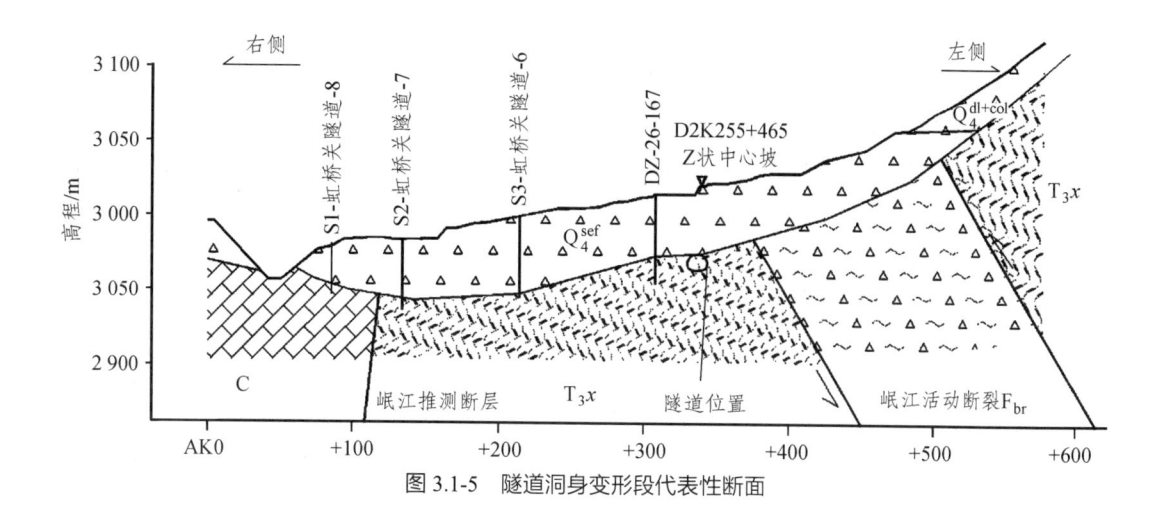

图 3.1-5 隧道洞身变形段代表性断面

2. 浅埋段变形病害原因分析

基于地质补勘资料、监控量测及病害特征，病害发生的主要原因如下：

（1）本段变形段掌子面上部主要为泥石流堆积层黄色角砾土，下部为炭质板岩，黄色角砾土层厚度约1.0~3.0 m，靠山侧土层较薄，远山侧土层较厚，呈月牙形。粗角砾土其透水性好，自稳性差，在开挖扰动时极易朝临空面发生坍塌。

（2）变形段位于地表两泥石流沟交汇地段，泥石流堆积体富含地下水。掌子面开挖揭示：碎石土中地下水丰富，岩体饱水，其下为三叠系炭质板岩，但受邻近岷江断裂影响，岩体十分破碎，节理裂隙发育，产状凌乱，岩体呈粗角砾状、土状，局部遇水即软化成泥状，围岩自稳性极差。

（3）在掌子面发生土体挤出变形破坏后，泥石流碎石角砾土中地下水持续下渗至洞身段，同时携裹上覆土层中的细颗粒冲入隧道排水沟，形成地下水向隧道洞内渗流的排泄通道，在隧道上部形成了一定的架空层，架空层不断失稳沉降，加剧了局部初支的沉降开裂，同时在线路附近地表出现裂缝、开裂及下沉等地表变形现象。

综上所述，本段掌子面发生土体挤出变形破坏、初支下沉、收敛变形及地表开裂变形的主要原因是上方土体饱水、自稳性差，下方基岩受岷江断裂挤压影响，岩体破碎软弱、遇水易软化，强度降低，围岩自承性、稳定性极差，Ⅴ级围岩的初期支护（钢架、管棚、玻纤锚杆）不足以支撑围岩稳定，从而发生此段病害。

五、病害整治

基于地质补勘成果资料，对于此段病害地段，主要采取了以下整治措施：

（1）对于 D2K254+470~+495 段初期支护严重变形地段，必须拆除重建；对于 D2K254+495~+530 掌子面挤出地段，采用隧道弃渣回填封闭，渣体表面采用C20混凝土封闭。

（2）对围岩进行加固处理，地表封闭裂缝后，采用钢花管注浆加固土体，孔深40~45 m。隧道拱顶上注浆固结厚度为20 m。同时在地表采用井点降水，降低碎石土中地下水位，有利于围岩稳定。

（3）对于D2K254+470~+495段初期支护严重段，拱顶采用5 m长ϕ89管棚径向注浆加固后扩挖，施作30 m长ϕ108大管棚，回填体采用5 m长ϕ42钢花管排水固结，在围岩加固后，逐渐撤换变形初支。

（4）对于D2K254+495~+530洞内挤出段，除了采用地表钢花管加固围岩、井点排水外，洞内采用上半断面进行帷幕注浆加固洞室周边围岩，提高围岩强度，然后再进行开挖，如图3.1-6所示。

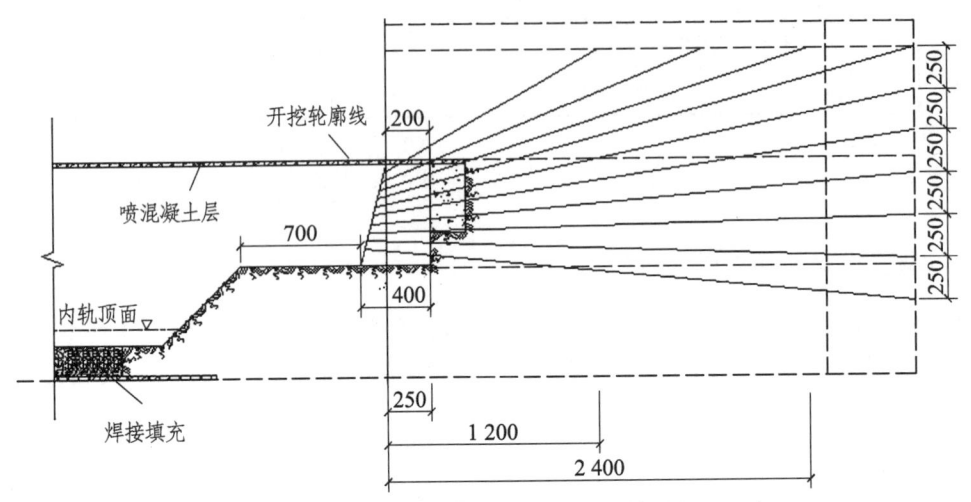

图3.1-6 洞内上半断面帷幕注浆加固示意图（单位：mm）

六、结语

（1）补充地质勘察表明：进口浅埋段地表斜坡平缓，发育两条处于衰退期的稀性泥石流沟，整个斜坡稳定，未见滑坡、错落等不良地质现象，进口段山体斜坡体整体稳定。

（2）红桥关隧道进口浅埋段变形破坏段通过地表两泥石流交汇地段，泥石流堆积体地下水发育，下伏三叠系炭质板岩受邻近岷江大断裂挤压影响，岩体破碎软弱，地下水浸泡后，岩体强度降低明显，Ⅴ级围岩初期支护不足以抵抗围岩变形压力，最终引起本段洞内变形破坏、地表开裂变形的病害。

（3）对于饱和松散土体围岩，开挖后极易发生坍方、挤出病害，并伴随地下水带走土体中细小颗粒，会引起地表开裂变形甚至出现塌陷，围岩应划分为Ⅵ级，初期支护应考虑对于松散围岩体首先进行加固再行开挖。

第二节　成兰铁路茂县隧道局部变形原因分析

成都至兰州铁路茂县隧道左线进口某段在隧道贯通一段时间后，再次出现底板上浮、拱顶下沉及边墙收敛变形的地质病害，同时右线隧道在同一地段也相继出现拱顶下沉、边墙收敛变形等变形病害，给隧道施工造成了较大困难。本案例系统介绍了隧道区域地质环境、区域地应力大小、变形病害段的特征及工程整治措施,分析认为变形病害产生是由较高地应力作用、地下水浸泡导致岩体强度降低、后行洞施工干扰等综合因素引起,提出了针对性工程整治措施,特别指出软质岩具有缓慢蠕变的时效性,岩石强度降低在深埋隧道地应力作用下会再次发生较大的后期变形,针对性采取强有力初期支护是有效防止变形病害的措施。本节由王茂靖、袁传保撰写。

一、前言

成兰铁路茂县隧道位于四川省阿坝藏族羌族自治州茂县境内,成兰铁路茂县车站与核桃沟双线大桥之间,为双线隧道,其中左线(D8K125 + 030 ~ D8K135 + 153.57)长10 010 m,右线(YD8K125 + 030 ~ YD8K135 + 153.57)长9 980 m。进口为合修;出口双线间距30 m,为分修。隧道最大埋深约1656 m,位于D8K130 + 660处。隧道设置5座辅助坑道,平导3座,斜井2座,如图3.2-1所示。

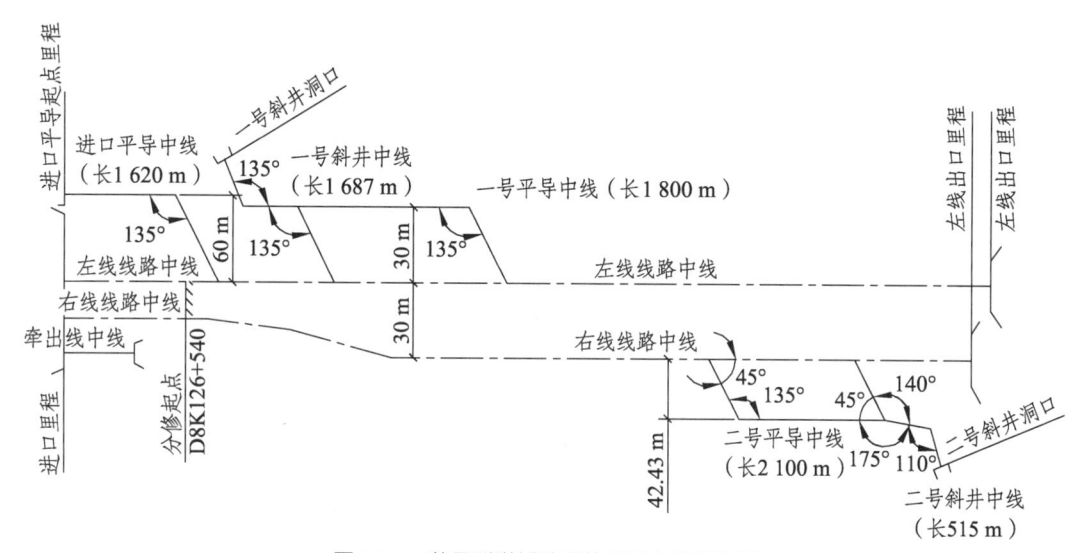

图3.2-1 茂县隧道辅助导坑平面布置示意图

茂县隧道于2013年7月开工修建,左线隧道于2017年10月底初支成环贯通,2018年3月仰拱施工完成。右线本段于2018年5月开始施工,2018年10月初支成环贯通。截至2019年3月底,茂县隧道左线大变形段二衬剩余未施工段落为D8K127 + 671 ~ D8K128 + 060段,共计389 m。左右线施工情况如图3.2-2所示。

左线隧道贯通以后,于2017年11月补充设置了仰拱变形观测,随着右线隧道施工逐渐贯通,左线隧道、右线隧道在茂县活动断裂通过地段均出现了较大的变形,特别是左线隧道在贯通后再次出现了严重仰拱上浮、边墙收敛、拱顶下沉的变形病害,右线也出现了拱顶下沉、边墙收敛变形病害。病害段左右线间距为30 m,采用圆形衬砌后相邻左右线间净岩柱约17 m。

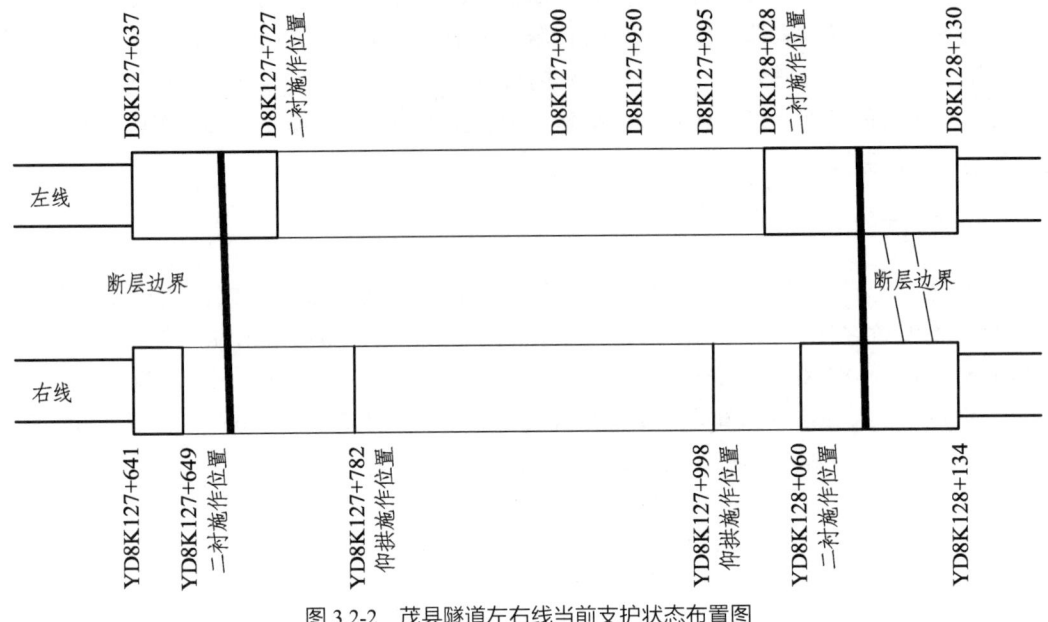

图 3.2-2　茂县隧道左右线当前支护状态布置图

二、隧道工程地质条件

1. 地形地貌

茂县隧道属构造剥蚀深切割高中山地貌，沟谷纵横，地形起伏大，地表高程为 1 575～3 278 m，相对高差为 1 703 m，自然横坡为 15°～65°，局部为陡壁。隧道进口位于茂县光明乡中心村附近，出口位于下核桃沟，隧道横穿多条山间溪沟。进口植被茂盛；出口端植被稀疏，以灌木为主。隧道属于近垂直穿越草坡梁子分水岭的越岭隧道，分水岭位置位于 D8K130+700 附近，地面标高约 3 280 m。

2. 地层岩性

隧道进出口斜坡坡面分布有残坡、崩坡积的粉质黏土、碎角砾土，隧道洞身通过的基岩依次为：志留系茂县群第五组（Smx^5）绢云千枚岩夹灰岩、砂岩，第四组（Smx^4）炭质千枚岩、绢云石英千枚岩夹泥质灰岩，第二组（Smx^2）千枚岩夹炭质千枚岩、灰岩，第一组（Smx^1）炭质千枚岩夹砂岩、灰岩；奥陶系（O）灰岩、大理岩；寒武系（∈）砂岩、泥灰岩、硅质岩、磷质灰岩；断层角砾（F_{br}）等。图 3.2-3 为隧道工程地质纵断面示意图。

3. 地质构造

隧址区域构造为龙门山华夏系构造体系之九顶山华夏系，包括三条 NE 向压扭性大断裂——映秀断裂、茂汶断裂、二王庙断裂。受区域构造影响，褶皱、断层发育，工程主要穿越 NE—SW 向牟托—十里铺复背斜（包括牟托—十里铺背斜、茂县木杷倒转向斜、茂县 2 号倒转背斜等）、茂县 1 号背斜，九顶山断层、茂汶断层。其中，茂汶断层为茂汶断裂带的中心构造，位于复背斜南东翼即隧道进口段，九顶山断层为茂汶断层的一条大分支断层，位于复背斜北西翼即隧道出口段，两断层从两翼（分别为隧道进出口段）切断复背斜。

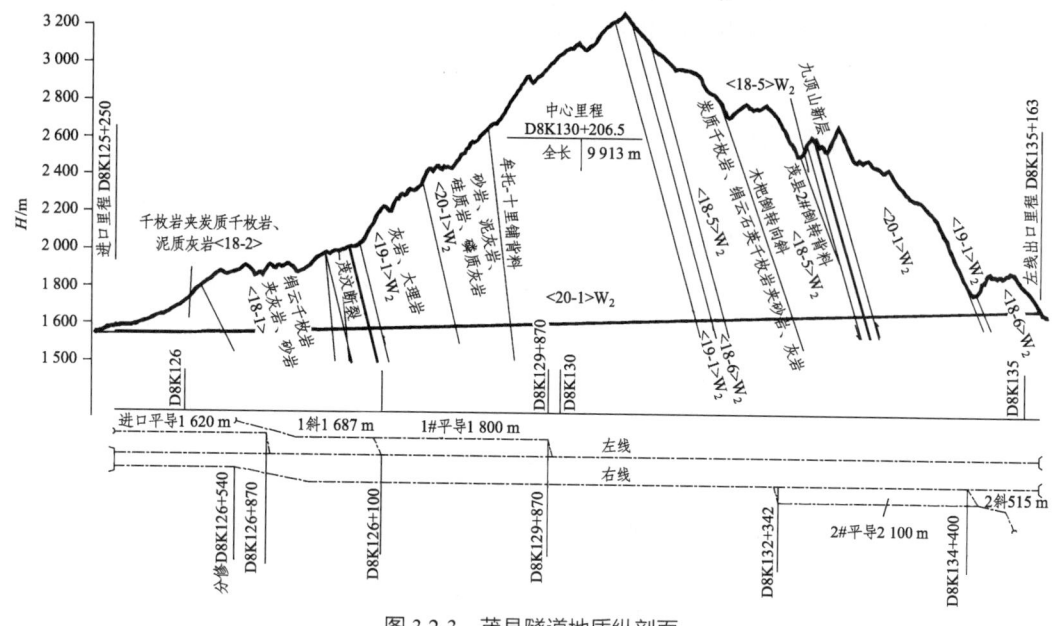

图 3.2-3 茂县隧道地质纵剖面

隧道大角度穿越著名的龙门山后山断裂带（茂汶断裂）北东段，茂汶断裂为一条北东向的压扭性大断裂，破碎带宽度为 300~400 m，局部达 450 m，断裂带产状 N40°~60°E/70°~80°NW，区域断层上盘（NW 盘）为奥陶系（O）灰岩、大理岩，下盘（SE 盘）为志留系茂县群第五组（Smx^5）绢云千枚岩夹灰岩、砂岩，与线路交于里程 D8K127+450~D8K128+100 段附近，呈 75°大角度相交。据《新建成都至兰州铁路重要桥梁工程场地地震安全性评价报告》（2011 年 8 月），该断层为全新世活动性断裂，历史上，该断裂发生过 1657 年汶川 6.5 级地震及多次 5 级左右中强地震，现今小震也沿断裂密集成带分布，显示出一定的近代活动性。晚第四纪以来，断裂平均垂直、水平滑动速率为（1.0±0.1）mm/a，其未来可能发生地震的最大震级为（7.6±0.2）级。未来百年内可能发生的最大垂直位错量为（2.79±0.68）m，水平位错为（3.32±1.11）m，缩短量为（1.47±0.71）m。

隧址区地震动峰值加速度为 0.20g，地震动反应谱特征周期为 0.35 s。

4. 水文地质特征

隧道洞身地下水主要为基岩裂隙水及岩溶水。

受区域构造影响，测区岩体节理发育，基岩裂隙水发育，主要赋存于奥陶系、寒武系等地层的硬质岩石大理岩、砂岩构造裂隙中，富水性相对较强，志留系茂县群千枚岩含少量裂隙水，在断裂带、背斜轴部等段落，受构造影响，节理裂隙发育，存在较大股状地下水。

隧道在 D8K128+100~D8K128+870、D8K131+430~D8K131+620、D8K134+480~D8K134+570 段穿越奥陶系灰岩、大理岩地层，岩溶弱~中等发育，但在茂汶断裂带及九顶山断裂带附近，岩溶局部较发育，遭遇到较大的岩溶裂隙、溶隙水。

隧道洞身通过炭质千枚岩地段，地下水对混凝土结构多具酸性侵蚀，环境作用等级为H1。施工中结合开挖地层岩性，加强水质调查，针对性采取抗侵蚀措施。

根据多种方法计算可知：隧道正常涌水量为 $2.8\times10^4\ m^3/d$，隧道最大涌水量为 $4.2\times10^4\ m^3/d$；茂县隧道1号斜井正常涌水量为 $1\times10^4\ m^3/d$，隧道最大涌水量为 $1.5\times10^4\ m^3/d$；茂县隧道2号斜井正常涌水量为 $0.24\times10^4\ m^3/d$，隧道最大涌水量为 $0.36\times10^4\ m^3/d$。

5. 主要工程地质问题

茂县隧道区域地质构造极为复杂，地处山高坡陡的分水岭地带，主要工程地质问题有活动断裂、高地应力引起的岩爆及大变形、岩溶、高地温、有害气体、放射性、顺层及进出口的危岩落石、泥石流等，施工中揭示的突出工程地质问题为高地应力引起的软岩大变形。

根据勘察期间，在 D8K128 + 500 右 42 m 的 DZ-MXZK-02 深孔中进行了水压致裂法测试地应力，表 3.2-1 为具体测试数值。

表 3.2-1　茂县隧道深孔地应力测量一览

钻孔	里程	测段深度 /m	洞身主应力值 /MPa S_H	S_h	S_v	最大水平主应力方位	岩性
DZ-MXZK-02	D8K128+500 右 42 m	269.12～269.92	8.21	4.94	6.87		灰岩
		274.82～275.62	10.86	6.70	7.01	N36°W	灰岩
		279.82～280.62	11.41	6.75	7.14	N34°W	灰岩
		288.82～289.62	12.00	7.33	7.37		灰岩
		291.12～291.92	13.02	7.86	7.43	N47°W	灰岩

注：S_H 为最大水平主应力；S_h 为最小水平主应力；S_v 为垂直应力。

根据此孔水压致裂法地应力测量结果，可以得到如下结论：

（1）该孔最大水平主应力为 8～13 MPa，最小水平主应力为 4.94～7.86 MPa，用上覆岩层密度（2.60g/cm³）估算的垂直主应力约为 6.87～7.43 MPa。

（2）该孔附近三向主应力值的关系为 $S_H>S_h>S_v$，隧址区以水平构造应力为主，侧压力系数为 1.2～1.75，深度越大侧压力系数越大。

（3）最大主应力方向为 N34°～47°W，与 D8K127 + 560～D8K128 + 200 段线路走向（N57°W）的夹角为 10°～23°。

（4）茂县隧道地应力水平。

茂县隧道最大埋深约 1650 m，最大水平主应力方向与茂县隧道线路走向的夹角约为 10～23°，在埋深 500～1650 m 范围内，根据侧压力系数（取值1.5）推断最大主应力值约为 14～34.81 MPa，最小主应力值为 10～26.7 MPa，垂直应力值为 13～33.02 MPa。结果显示该地区构造地应力较高，隧道埋深较大，区域应力场较高。

本隧道软岩大变形根据岩石强度应力比划分为轻微、中等、严重3个等级，分别为 0.73 km、0.44 km 及 1.31 km。

对于发生变形病害的茂县活动断裂地段，软岩大变形划分为：D8K127＋550～D8K127＋720及D8K127＋950～D8K128＋100两段320 m为严重大变形，D8K127＋720～＋950段230 m为中等大变形段。

三、变形段病害特征

1. 变形段施工揭示地质情况

根据现场施工开挖揭示围岩情况、超前地质预报综合判识、监控量测资料及茂县1号斜井施工情况，茂汶断裂带变形段地质条件概括如下：

（1）确定茂县活动断裂带位置为D8K127＋687～D8K128＋080段，揭示岩性母岩为炭质千枚岩、千枚岩及局部石英岩、大理岩形成的糜棱岩、断层角砾等，构造挤压强烈。岩体极为破碎，围岩呈角砾、粉末状，D8K127＋925～D8K128＋010段局部有渗水、滴水现象，D8K128＋045～D8K128＋080拱部及拱腰局部基岩裂隙水发育，以渗水、滴水为主，地下水主要在断层上盘软硬岩接触部位及硬质岩类中相对较为发育，千枚岩地段地下水较少。

（2）根据对应斜井施工段变形情况及现场开挖揭示、监控量测数据，本段软质围岩大变形调整见表3.2-2。

表3.2-2　开挖揭示大变形段落划分

序号	正洞左线里程	长度/m	大变形等级
1	D8K127＋400～＋620	220	轻微
2	D8K127＋620～＋775	155	中等
3	D8K127＋775～D8K128＋010	235	严重
4	D8K128＋010～＋045	35	中等

（3）D8K127＋560～D8K127＋650段围岩为Ⅳ级围岩，D8K127＋650～D8K128＋080段围岩为Ⅴ级围岩，D8K128＋080～＋200段围岩为奥陶系中厚层状大理岩，受断层影响，节理裂隙发育，岩体破碎，地下水较发育，以滴水、线状水为主，局部为股状水。

结合施工开挖地质变化情况，设计单位进行了变更设计，施工按照设计顺利实施，顺利通过茂汶活动性断裂带。

2. 变形段病害特征

茂县隧道左线进口段活动断裂段于2017年10月底贯通，2018年3月，仰拱施工完成，截至2019年3月，茂县隧道左线活动断裂段二衬剩余未施工段落为D8K127＋727～D8K128＋028段，共计301 m，均位于活动断裂带内。2018年5月，左线对应右线开始施工，发现左线、右线出现仰拱隧底上拱、边墙开裂，拱顶下沉的变形病害，发生上述地质病害段落均位于茂县活动断裂带内，如图3.2-4所示。

图 3.2-4 茂县活动断裂变形病害

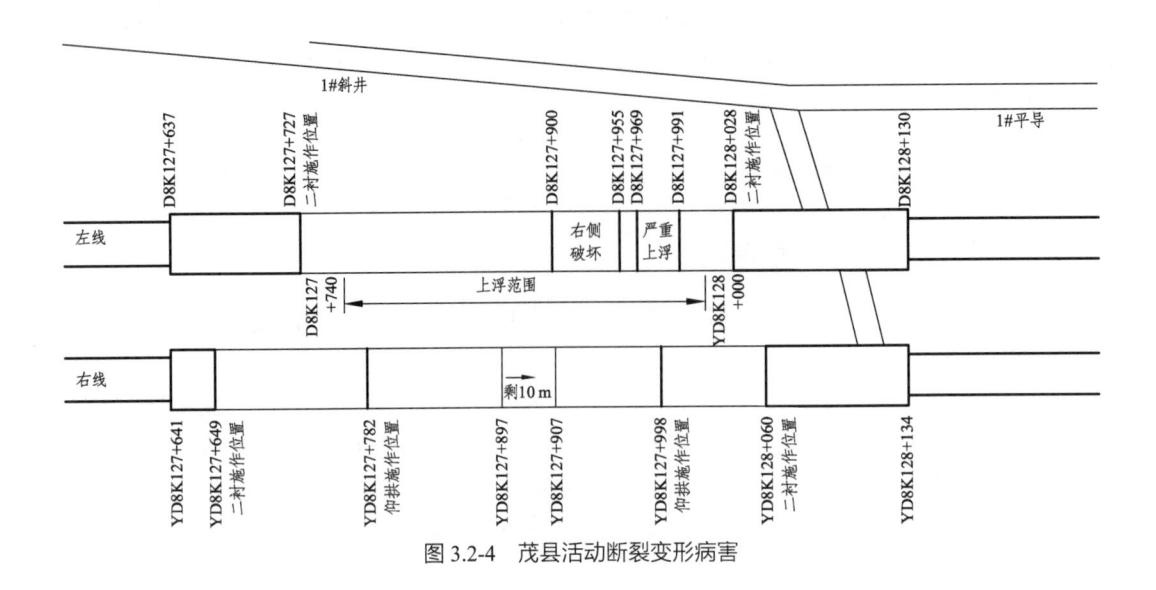

观测变形破坏的地质病害，发现其具有如下几个特征：

1) **左线变形与右线存在明显差异，且左线变形大于右线**

左线仰拱上浮段落位于 D8K127 + 740 ~ D8K128 + 000 段，自 2017 年 11 月 30 日沉降观测以来，D8K127 + 740 ~ 955、D8K127 + 990 ~ D8K128 + 000 段累计值小于 6 cm；D8K127 + 955 ~ + 990 段累计值为 4.9 ~ 32.8 cm。上浮最高断面为 D8K127 + 985 仰拱右侧点，上浮 32.8 cm，观测周期为 302 d，平均上浮速率为 1.09 mm/d。D8K127 + 969 ~ + 986、D8K127 + 975 ~ + 985 段填充上浮侵限，最大侵限断面为 D8K127 + 985，侵限值为 31 cm。

左线剩余未施作二衬段落尚未完全稳定，即变形速率高于 0.2 mm/d。拱顶沉降变化最大断面为 D8K127 + 955，最大沉降为 463.4 mm，变形速率为 4.03 mm/d；边墙净空收敛最大断面为 D8K127 + 890，最大收敛为 669 mm，变形速率为 4.8 mm/d。D8K127 + 935 ~ + 955、D8K127 + 975 ~ + 985 段右侧边墙初支侵限，最大侵限断面为 D8K127 + 980，侵限值为 21 cm。

右线未施作二衬段落尚未完全稳定，即变形速率高于 0.2 mm/d。拱顶沉降变化最大断面为 YD8K127 + 765，最大沉降为 210.7 mm，变形速率为 2.9 mm/d；边墙净空收敛最大断面为 YD8K127 + 855，最大收敛为 447.8 mm，变形速率为 4.62 mm/d，截至 2019 年 3 月底，右线初支未侵限。

2) **群洞效应明显**

左线贯通后，相关单位于 11 月 30 日进行了沉降观测，根据施工组织安排，斜井右线大里程大变形段自 2017 年 11 月 30 日至 2018 年 5 月 20 日未施工，掌子面施工至 YD8K127 + 955 后暂停，对监控量测段落进行拆换处理，变形严重拆换段落发生在 YD8K127 + 955 ~ YD8K128 + 985 段。

监测数据显示：从以下仰拱上浮典型断面来看，2017 年 11 月初发现仰拱上浮，2018 年 5 月 30 日出现收敛趋势，如图 3.2-5 所示。

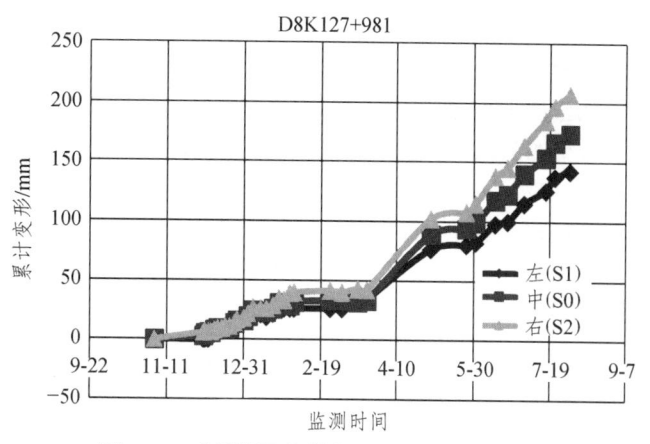

图 3.2-5 典型断面仰拱上浮与时间关系示意图

5月底右线掌子面开始掘进，观测到左线仰拱上浮快速上涨，说明相邻洞室开挖与仰拱上浮存在一定关联关系，右线施工对左线仰拱及边墙变形存在较大影响。

拱墙监控量测数据显示：右洞未施工的部分在2018年5月之前，前期严重仰拱上浮段落整体边墙变形趋于收敛，未出现骤升骤降的特殊现象；5月以后，各测线发生上扬趋势，与仰拱上浮变化情况相一致，受干扰因素相同。

3) **仰拱上浮段落存在显著差异**

左线监测数据显示：随着右线隧道施工，左线在活动断裂分布地段存在不同程度上浮，上浮最大的段落为D8K127+950~D8K128+000段，其余活动断裂带内隧底上浮相对较小，其他边墙、拱顶变形也较小，整个活动断裂带变形段存在显著差异。图3.2-6所示为仰拱左侧测点所示。

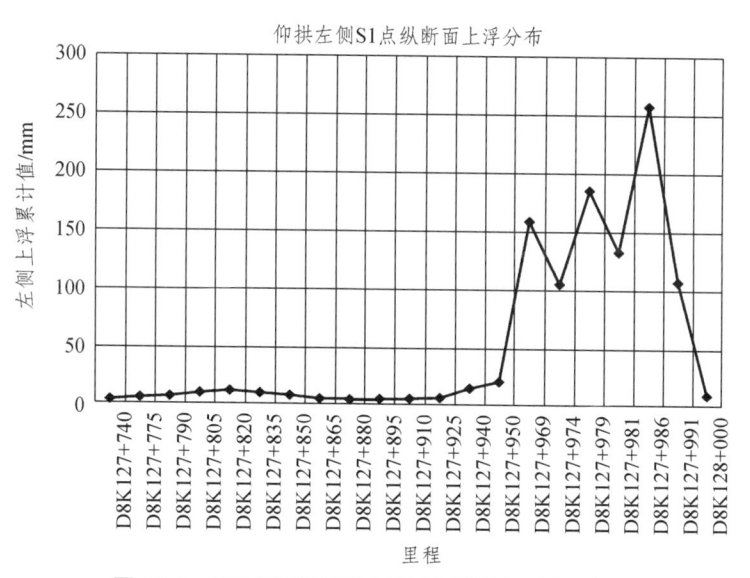

图 3.2-6 茂汶活动断裂带内仰拱左侧测点上浮示意图

左线仰拱上浮严重段邻近断层上盘边界线，也是千枚岩断层角砾岩与奥陶系硬质大理岩、灰岩接触地段，表现为一定的边界效应。

4) 地下水影响

茂汶断裂上盘为奥陶系大理岩，受茂汶断层影响，节理裂隙发育，岩体破碎，地下水较发育，以滴水、线状水为主，局部为股状水，特别是 2018 年 5 月后，随着右线斜井大里程端向小里程开挖，大理岩中地下水呈股状渗出，通过横通道向左线引排，左线仰拱段持续顺坡排水（雨季水量增加接近 2 万立方米），大量地下水渗入仰拱底部，进一步软化了隧底岩体，极大降低了隧底岩体强度，引起仰拱持续上浮。

四、病害机理分析

1. 岩体强度应力比

施工开挖揭示：茂汶断裂位于 D8K127+687～D8K128+080 段，岩性为炭质千枚岩、千枚岩及局部石英岩、大理岩形成的糜棱岩、断层角砾等，构造挤压强烈，岩体极为破碎，围岩呈角砾、粉末状，局部有少量裂隙水渗出，变形地段主要发生在茂汶断裂带内。

施工阶段，在斜井段采用应力解除法测量地应力，测试结果见表 3.2-3。

表 3.2-3　1 号斜井地应力测试结果

测点位置	岩性	地应力参数	最大主应力（σ_1）	中间主应力（σ_2）	最小主应力（σ_3）
茂县 1 号斜井	大理岩	量值 /MPa	27.51	19.29	16.35
		方向 /（°）	N19.3W	N68.9E	N45.42W
		倾角 /（°）	15.18	6.81	73.30
说明		倾角负值表示俯角，正值为仰角，线路走向为 N56°W			

从上述表中测试结果可以看出：测区地应力 $S_H > S_h > S_v$。由于茂汶断裂属于活动性断裂，此构造应力可以理解为现今构造应力水平，主应力高达 27.51 MPa，属于高地应力区。隧道洞轴线走向与主应力交角为 37°，那么垂直于洞轴线的原始最大主应力按照下式计算：

$$\sigma_{max} = \sigma_1 \sin\varphi + \sigma_2 \cos\varphi = 27.52\sin37° + 19.29\cos37° = 31.97 \text{ MPa}$$

式中：φ 为最大主应力与隧道洞轴线之夹角。

在勘察期间及配合施工阶段，取了 48 组千枚岩块进行天然抗压强度及饱和抗压强度试验，统计分析获得的标准值为：天然极限抗压强度为 6.85 MPa，饱和极限抗压强度为 4.7 MPa，对于断层带的角砾状岩块，按照 0.3 折减系数，天然极限抗压强度、饱和极限抗压强度分别是 2.06 MPa、1.41 MPa，强度应力比分别是 0.064、0.044，按照强度应力比对照软质岩大变形判定标准，无论对于天然强度，还是饱和强度，在地应力作用下，均会发生严重大变形。

本段施工中根据现场开挖揭示围岩情况、超前地质预报综合判识、监控量测资料及茂县 1 号斜井施工总结综合分析判断：本段围岩属于中等至严重大变形，并按照严重、中等大变形措施施工。

左线贯通时，相当长一段时间变形较小，甚至变形趋于稳定收敛。但是，其后随着右洞施工及大量地下水通过横通道从左洞排泄，本段发生了严重的隧底仰拱上浮、拱顶下沉掉块及边墙挤出、开裂的变形病害，应与地应力作用下软岩蠕变、地下水作用、右洞干扰等因素相关。

2. 软硬岩地应力差异

左线隧道隧底上浮严重地段出现在 D8K127+969～+991 段，接近茂汶断层边界，也是大理岩硬质岩、千枚岩软质岩交界附近。根据岩石储能的原则，地应力大小与岩体强度存在相关关系，硬质岩类地应力相对较大，软质岩类地应力相对较小，因此，隧道开挖后，软硬围岩交界处地应力二次调整在洞周边形成的压应力也存在显著差异，硬质岩洞室周边压应力比软质岩周边压应力大得多，可以立即在软硬界面附近隧道洞室周边形成局部地应力集中。如果后期地下水软化隧底围岩，岩体强度降低，在较大集中地应力作用下，靠近断层上盘附近隧道上浮变形要严重一些。

3. 群洞效应

变形地段茂县隧道左线、右线间距约 30 m，左线于 2017 年 10 月首先贯通，右线斜井大里程端于 2018 年 5 月开始施工本段，截至 2018 年 10 月贯通。前面已经述及，群洞效应十分明显，左线贯通后，本段变形基本趋于稳定，右线施工开挖再次引起围岩二次引力调整，特别是洞室周边应力叠加增大，加剧左线围岩变形，形成较大范围的围岩松动圈，再次导致左线变形加剧。

4. 地下水作用

左线隧道施工本段期间，由于岩性为炭质千枚岩、千枚岩断层角砾，相对隔水，地下水弱发育，总体为偶见渗滴水现象。但茂汶断层上盘为大理岩、灰岩，富含基岩裂隙水，本段又是单面上坡，贯通后大量地下水通过本段排泄，特别是 2018 年 5 月后，右线正洞从大里程方向施工本段，揭穿大范围大理岩、灰岩硬质岩，地下水十分发育，加之 5 月后正值雨季，降水丰富，地表水大量渗入地下，新开隧道形成新的排水通道，大量地下水渗出，通过横通道向左线排泄，部分地下水渗入本段破碎软质岩体，进一步软化岩体，特别是隧道底部，降低围岩力学强度，在周边应力持续作用下，本段围岩变形进一步加剧。

右线隧道拱顶下沉、边墙收敛变形主要是施工中二次应力调整引起的软岩变形所致。

综上所述，本段左线隧底上浮、拱顶下沉及边墙收敛变形的地质病害是右线后行洞再次开挖引起的应力再次调整，洞室周边应力叠加以及地下水下渗降低岩体强度等综合因素引起的；右线隧道施工中拱顶下沉、边墙不收敛变形则主要是开挖后二次应力调整、围岩软弱及岩体强度低等因素所致。

五、病害工程整治

针对茂汶断裂段左右线隧道施工中出现的变形病害，主要采取以下工程整治措施：

（1）对于左线严重变形地段，对边墙、拱顶外围岩进行注浆加固，提高围岩强度，然后分段拆除初支严重变形侵限地段，按照严重大变形重新施作双层初期支护。

（2）左线严重上浮地段凿除仰拱填充层，重新施作仰拱填充层。

（3）右线边墙、拱顶变形段进一步观测，可采取注浆加固围岩，加快围岩变形稳定。

（4）由于进口变形段左、右线隧道都是上坡，茂汶断裂上盘为含丰富地下水的灰岩、大理岩硬质岩类，做好侧沟、中心沟底板铺砌，防止大量地下水下渗至隧底破碎围岩之中。

（5）右线未施作地段，施工中严格按照严重大变形工程措施进行支护。

六、结语

（1）茂县隧道进口茂汶断层带地段，左线贯通后出现的隧底仰拱上浮、边墙收敛及拱顶下沉病害主要原因是后行洞右线施工造成二次应力调整、地下水下渗降低围岩强度两方面原因引起的。

（2）右线施工过程中出现边墙、拱顶变形是由于二次应力调整、集中作用下软岩大变形，由于本段地处茂汶断裂带，软岩变形属于严重大变形，只有采取针对性工程措施，变形才会逐渐稳定。

（3）隧道通过茂汶断裂地段，埋深在 426～625 m，尽管断层带围岩破碎，强度极低，岩体内部储存的应变能不大，但是段内处于茂汶活动性断裂内，遭受现今构造应力作用强烈。水平构造应力仍然占据主导地位，结合斜井地应力测试结果，最大主应力达 27.52 MPa，垂直于洞轴线的原始地应力达到 31.97 MPa，相对茂汶断裂带内破碎围岩强度，分析计算段内围岩在高地应力作用下发生严重大变形，特别是软质围岩在地应力作用下还存在蠕变特征，具有典型时效性。因此，采用较强的初期支护是抵抗软岩变形的有效措施。

（4）地下水下渗会降低隧底围岩强度，特别是本段断层带破碎围岩，地下水浸泡会极大降低围岩强度，导致软岩在高现代地应力作用下持续缓慢蠕变，如果支护强度不足，就会出现隧底仰拱上浮、隧道拱顶下沉及边墙不收敛等变形特征。因此，防止软质围岩变形加剧，除采取强有力支护外，还应加强地下水引排，防治大量地下水下渗。

第三节　成兰铁路跃龙门隧道越岭深埋段大变形分析

成都至兰州铁路跃龙门隧道在深埋越岭段平行导坑施工开挖中发生严重大变形，在采取有效支护措施后，变形稳定。在对应平行导坑变形段落左线正洞施工开挖贯通后，平导及左线正洞再次发生严重变形。本案例系统介绍了隧道区域地质环境、区域地应力、施工中围岩变形特征以及现场施工对大变形的判定过程，分析认为本段大变形是在高地应力环境下，由岩体软弱破碎引起的，在此特殊地质环境中群洞效应显著，且大变形和岩层走向与洞轴线夹角、地应力最大水平主应力方向与洞轴线夹角有较大关系，可通过回填中部平导、新增较大线间距的外侧平导、增加洞室间距来解决大变形问题。本案例对地质构造运动活跃的山区高地应力软岩环境中的工程建设如川藏铁路选线、施工有参考意义。本节由陶玉敬、王茂靖撰写。

一、前言

跃龙门隧道穿越四川西部龙门山山脉，为双洞分修隧道，左线全长 19 981 m，右线全长 20 042 m，17.8‰ 单面上坡，最大埋深为 1450 m。辅助坑道采用"2 横 + 3 斜 + 1 平 + 2 泄"方案，其中平导段左、右线间距为 60 m，平导位于两线中间，全长 9 679 m，运营期间作为排水通道。辅助坑道布置示意如图 3.3-1 所示。

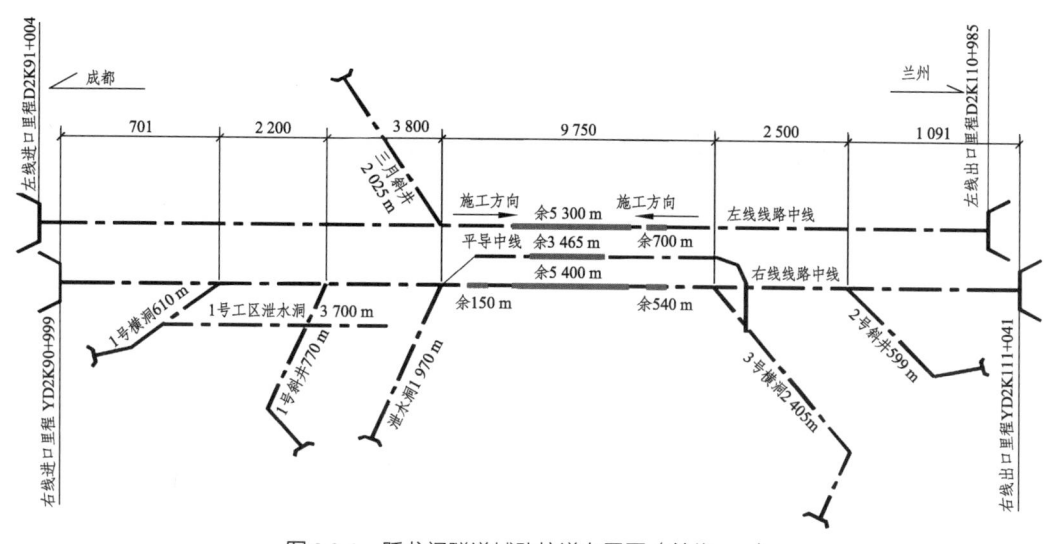

图 3.3-1 跃龙门隧道辅助坑道布置图（单位：m）

3 号斜井工区施工期间，深埋越岭段平导发生严重大变形，在采取有效支护措施后，变形稳定；在 23 号～24 号横通道之间的左线施工开挖贯通后，平导及左线再次发生严重大变形，平导拱顶最大下沉 1.4 m，仰拱上浮 0.8 m，两侧边墙也呈收敛状态；对应左线段右拱腰钢架扭曲错断，压溃初支即将形成塌方。截至 2018 年 3 月，跃龙门隧道 3 号斜井与 3 号横洞工区之间未施工段剩余平导 3 465 m，左线正洞剩余 5 300 m，右线正洞剩余 5 400 m。

二、隧道工程地质条件

1. 地形地貌

跃龙门隧道穿越北东走向的龙门山山脉，龙门山山脉展布于汶川—茂县及其以东的地区，由一系列海拔在 3 000 m 以上的山峰组成，山脉走向约 N40°E，是四川盆地与川西高原的天然屏障，北东接摩天岭，南西止于岷江边，绵延 200 多千米。海拔由盆地边缘 800 m 向西逐渐升高到 3 000 m 以上，主峰九顶山海拔高达 4 984 m。隧道穿越段与山脉交角约 60°。

隧道越岭段发生变形段埋深为 720～1 450 m，地面高程为 1 850～2 650 m。

2. 地层岩性

本段地层岩性为震旦系下统邱家河组（Z_bq）硅质岩、页岩、炭质页岩夹灰岩、白云岩，以及晋宁期（$\beta\mu$）辉绿岩岩脉等。

3. 地质构造

本段隧道位于大屋脊倒转复背斜北西翼，该背斜发育于绵竹市与茂县交界处的鱼洞口至大屋基附近，隧道于 D2K99+460 穿越核部，交角为 43°，轴向近于东西延伸，东段在大屋基一带逐渐转向东南，随即倾没。南东翼地层倒转，北西翼地层正常。轴面倾向北，倾角在 60° 左右。次级褶曲大致平行，呈同斜褶皱，雁行状排列。背斜核部沿构造线有数层辉绿岩岩脉，岩脉侵入时期早于褶皱形成时期。

地震动峰值加速度为 0.20g，地震动反应谱特征周期为 0.40 s。

4. 水文地质特征

本段隧道穿越高川河与土门河的分水岭，洞身地下水主要以基岩裂隙水的形式赋存，储量小，隧道开挖掌子面多呈潮湿状，局部沿辉绿岩蚀变带有线状~股状水出露。

5. 主要工程地质问题

本段不良地质有高地应力、有害气体、高地温。

1) 高地应力

隧址区域地处四川盆地向青藏高原的斜坡过渡地带，受印度板块向欧亚板块碰闯挤压，区域地质构造复杂，为南北向川滇构造带、龙门山北东向断裂带及西秦岭东西构造带复合交接部位，区内活动断裂带发育，地质构造运动强烈，现今仍处于活跃的新构造运动期，为现今构造应力区域，岩体中地应力较高。本隧道地质勘察期间，在隧道的大里程 7~9 km 处两个深孔分别做了两次地应力测试，并运用测试结果反演本段隧道地应力。本隧道施工期间于 3 号斜井工区 D2K100+059.4 处采用水压致裂法做地应力测试，测试结果和勘测期间反演结论基本一致，见表 3.3-1。

表 3.3-1 跃龙门隧道 3 号斜井工区 D2K100+059.4 处地应力测量结果

测试段深度/m	最大水平主应力/MPa	最小水平主应力/MPa	垂直应力/MPa	最大水平主应力方向
29.1	24.62	13.69	27.76	N35.0°E
27.9	21.49	11.67	27.73	
26.8	20.38	10.83	27.70	
25.7	20.17	10.61	27.67	N14.7°E
23.2	19.62	10.32	27.60	N43.5°E

备注：测点处地面标高约 2 133 m，隧道轨面标高约 1 134 m，上覆岩层平均密度取 27 kN/m³。

跃龙门隧道 D2K100+059.4 附近区域最大水平主应力值在 20~25 MPa，最大水平主应力方向优势方向为北北东向。从测试结果来看，最大水平主应力方向平均值为 N31°E，与隧道洞轴线夹角约 81°；该处埋深约 1000 m，垂直应力约为 27 MPa，根据测试结果可判断区域应力场类型为 $\sigma_v > \sigma_H > \sigma_h$ 型应力场，垂直应力为最大主应力，属于高应力值区。

在高地应力环境下，辉绿岩等硬质岩地段产生岩爆的可能性较大，而炭质千枚岩、炭质页岩、片岩、板岩等软岩主要表现为围岩大变形。施工现场辉绿岩段未发现岩爆，而软质岩段发生严重大变形。

2) 有害气体

本段隧道地层属震旦系邱家河组（Z_bq）地层，含炭质页岩或板岩，局部可能产生瓦斯等有害气体聚集，在施工中发现在炭质板岩较多段落，瓦斯含量高，整个工区达到高瓦斯工区标准。

3) 高地温

根据勘测期间深孔测试，隧道区地温梯度为 2.13 ℃/100 m，推算隧道埋深超过 967 m 的岩温将超过 28 ℃，本段埋深为 720～1 450 m，预测洞内温度为 28～38.2 ℃，属低高温带。实测洞内岩温最高达到 34.4 ℃，环境温度为 42 ℃。

三、施工中围岩变形特征

1. 变形段施工揭示地质情况

本段施工时间为 2016 年 7 月至 2018 年 3 月，整个施工过程可以分成 3 个阶段：第一阶段为试验段，2016 年 7 月至 2017 年 4 月施工 PDK99 + 665～PDK100 + 022 段，主要为本工区初次揭示大变形，现场根据围岩变形情况，及时调整支护措施，依据支护变形情况及时施作补强措施，逐步稳定各等级大变形措施，大变形等级根据围岩强度应力比分析、支护措施强度及变形情况进行综合判定；第二阶段为验证段，PDK100 + 160～PDK101 + 120 段根据 PDK99 + 665～PDK100 + 022 段（PDK100 + 022～+ 160 为辉绿岩，未发生大变形）试验分析结果，针对不同围岩施作对应支护措施，现场变形可控；第三阶段为相邻洞室施工段，PDK99 + 665～PDK100 + 022 段对应左线正洞（线间距 30 m，23～24 号横通道之间段落）于 2017 年 4 月开始施工，2018 年 1 月 30 日开挖完成，引发平导再度发生严重大变形，并与左线相互影响，使其变形加剧，支护体系被压溃而即将发生塌方，施工中立即进行了回填处理。

1) 第一阶段：PDK99 + 665～PDK100 + 022 试验段

（1）变形及支护情况。

本段于 2016 年 7 月 12 日至 2017 年 4 月 6 日开挖支护完成，其中 PDK99 + 665～PDK99 + 790 段在初期支护完成后发生变形，主要表现为拱部及右侧拱腰混凝土剥落、钢架扭曲变形、仰拱上浮，采取补强措施后变形趋于稳定。PDK99 + 790～PDK99 + 022 段按大变形措施施工，变形稳定；其中仰拱上浮最大值 753.5 mm。本段初支变形情况如图 3.3-2 所示，支护措施、围岩情况及大变形判定情况见表 3.3-2 所示。

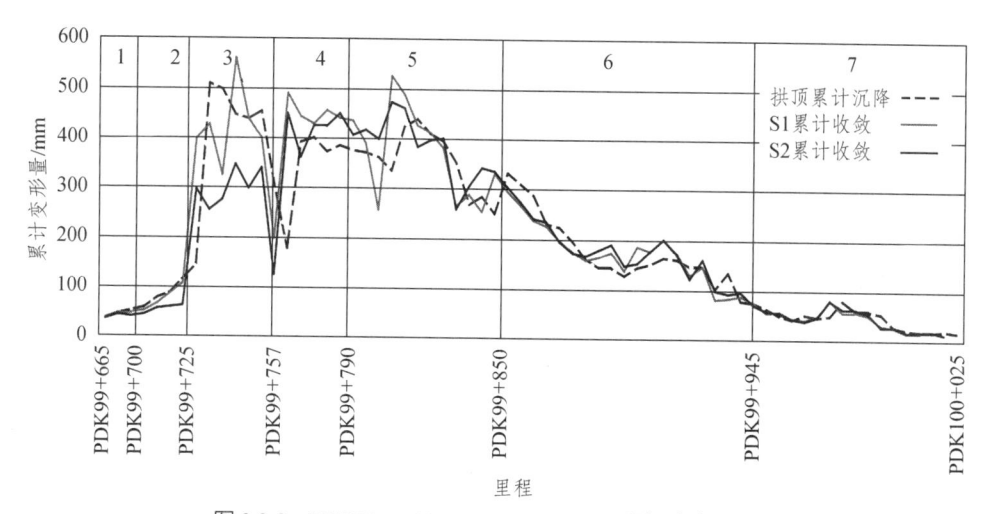

图 3.3-2　PDK99 + 665～PDK100 + 025 段初支变形情况

表 3.3-2　PDK99 + 665 ~ PDK100 + 025 段支护措施、围岩情况一览

序号	起始里程	起始里程	支护措施	地层岩性	变形等级
1	PDK99 + 665	PDK99 + 700	增设仰拱，采用 I14 型钢钢架，拱墙增设 4.5 m 长中空锚杆（大变形措施补强延伸）	晋宁期（βμ）辉绿岩	—
2	PDK99 + 700	PDK99 + 725	初次采用Ⅴ级锚喷衬砌，拱墙设 I16 型钢钢架。发生变形后，增设仰拱，采用 I16 型钢钢架，拱墙增设 4.5 m 长中空锚杆	震旦系邱家河组（Z_bq）炭质板岩、页岩夹砂质板岩	严重
3	PDK99 + 725	PDK99 + 757	初次采用Ⅴ级锚喷衬砌，拱墙设 I16 型钢钢架。发生变形后，增设仰拱，采用 I16 型钢钢架，拱墙增设 4.5 m 长中空锚杆；后期变形增设二次支护，拱墙采用 I20b 型钢钢架	震旦系邱家河组（Z_bq）炭质板岩、页岩夹砂质板岩，以炭质板岩为主	严重
4	PDK99 + 757	PDK99 + 790	初次采用大变形Ⅱ型衬砌，全环设 HW175 型钢钢架，拱墙范围设 4.5 m 长中空注浆锚杆；拱墙初支背后 1.5 m 范围注浆。发生变形后，拱墙增设 HW175 型钢钢架	震旦系邱家河组（Z_bq）炭质板岩、页岩夹砂质板岩	严重
5	PDK99 + 790	PDK99 + 850	采用大变形Ⅲ型衬砌，全环设双层 HW175 型钢钢架，拱墙范围设 6 m 长中空注浆锚杆。拱墙初支背后 1.5 m 范围注浆	震旦系邱家河组（Z_bq）炭质板岩、页岩夹砂质板岩	严重
6	PDK99 + 850	PDK99 + 945	采用大变形Ⅱ型衬砌，全环设 HW175 型钢钢架，拱墙范围设 4.5 m 长中空注浆锚杆。拱墙初支背后 1.5 m 范围注浆	震旦系邱家河组（Z_bq）炭质板岩、页岩夹砂质板岩	中等
7	PDK99 + 945	PDK100 + 022	采用大变形Ⅰ型衬砌，全环设 I20b 型钢钢架，拱墙范围设 3.5 m 长中空注浆锚杆；拱墙初支背后 1.5 m 范围注浆	震旦系邱家河组（Z_bq）炭质板岩、页岩夹砂质板岩	轻微

（2）围岩情况。

通过分析对比各变形段及非变形段地层岩性、地应力等地质条件，PDK99 + 665 ~ PDK100 + 022 段大变形地应力环境属于高地应力区，其大变形的发生和围岩中软弱岩体含量相关性极大：围岩含炭质板岩、页岩软弱岩体较多，则发生严重大变形；砂质板岩、硅质板岩等较硬岩质增多，岩体强度增加时，则大变形强度降低；在无或少软弱夹层带，地应力稍低段，以及辉绿岩段落，未发生大变形。各变形等级典型围岩如图 3.3-3 所示。

通过对 PDK99 + 665 ~ PDK100 + 022 段大变形的分析，预测后续段落的大变形情况，

其埋深已经超过或接近本段，在软弱岩层（炭质页岩、炭质板岩）含量较高时，发生大变形风险就较高，并以此判定后续段落大变形情况。

（a）严重大变形掌子面围岩：炭质页岩、板岩夹砂质、硅质板岩

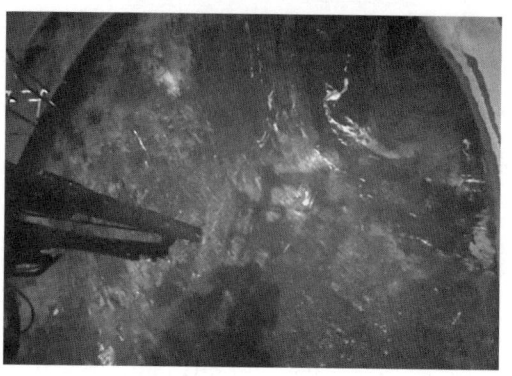

（b）中等大变形掌子面围岩：炭质板岩夹砂质板岩

（c）轻微大变形掌子面围岩：薄层砂质钙质板岩夹炭质板岩

（d）相同地层未发生大变形掌子面围岩：硅质岩（硅质化灰岩），薄层状，岩质硬，Ⅳ级复合锚喷支护，无大变形现象

图 3.3-3　各等级大变形及未变形段典型掌子面照片

2）**第二阶段：PDK100 + 160 ~ PDK101 + 120 段**

利用 PDK99 + 665 ~ PDK100 + 022 段大变形的总结，分析判定 PDK100 + 160 ~ PDK101 + 120 段大变形情况，其结果见表 3.3-3，采取相应大变形措施后，变形可控，变形情况如图 3.3-4 所示。

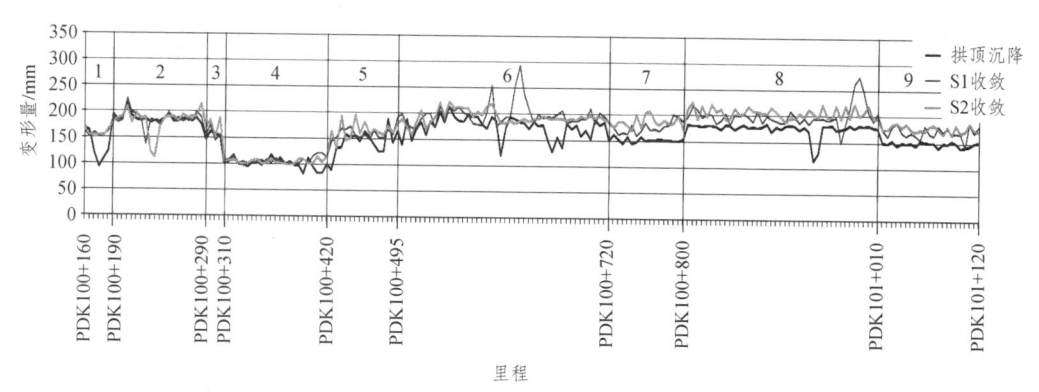

图 3.3-4　PDK100 + 160 ~ PDK101 + 120 段初支变形情况

表 3.3-3　PDK100 + 160 ~ PDK101 + 120 段变形及围岩情况一览

序号	起始里程	终止里程	地层岩性	变形等级
1	PDK100 + 160	PDK100 + 190	震旦系邱家河组（Z_bq）炭质板岩、页岩夹砂质板岩，以炭质板岩为主	中等
2	PDK100 + 190	PDK100 + 290	震旦系邱家河组（Z_bq）炭质板岩、页岩夹砂质板岩，以炭质板岩为主	严重
3	PDK100 + 290	PDK100 + 310	震旦系邱家河组（Z_bq）炭质板岩、页岩夹砂质板岩，以炭质板岩为主	中等
4	PDK100 + 310	PDK100 + 420	震旦系邱家河组（Z_bq）炭质板岩、页岩夹砂质板岩	轻微
5	PDK100 + 420	PDK100 + 495	震旦系邱家河组（Z_bq）炭质板岩、页岩夹砂质板岩，以炭质板岩为主	中等
6	PDK100 + 495	PDK100 + 720	震旦系邱家河组（Z_bq）炭质板岩、页岩夹砂质板岩，以炭质板岩为主	严重
7	PDK100 + 720	PDK100 + 800	震旦系邱家河组（Z_bq）炭质板岩、页岩夹砂质板岩，以炭质板岩为主	中等
8	PDK100 + 800	PDK101 + 010	震旦系邱家河组（Z_bq）炭质板岩、页岩夹砂质板岩，以炭质板岩为主	严重
9	PDK101 + 010	PDK101 + 120	震旦系邱家河组（Z_bq）炭质板岩、页岩夹砂质板岩，以炭质板岩为主	中等

仰拱变形情况：PDK100 + 160 ~ PDK101 + 120 段在施工中仰拱上浮最大值为 452 mm，其余断面变形累积量在 101.5 ~ 452 mm，如图 3.3-5 所示。

（a）PDK100 + 235　　　　　　（b）PDK100 + 595

图 3.3-5　PDK100 + 160 ~ PDK100 + 120 段仰拱上浮

3) 第三阶段：PDK99 + 665 ~ PDK100 + 022 段对应左线正洞施工阶段

对应左线段落于 2017 年 4 月 6 日在 D2K99 + 665 开始向大里程施工，于 2017 年 9 月 14 日在 D2K99 + 985 开始向小里程施工，至 2018 年 1 月 30 日贯通。本段平导在正洞施工至对应里程段时，再次发生变形，且变形逐渐加剧，变形主要表现在左侧及仰拱处，PDK99 + 740 ~ PDK99 + 900 段变形严重，其余段落次之；对应左线段落于 2018 年 1 月 30 日开挖及初支完成，本段平导变形加剧，变形主要表现在洞身四周，PDK99 + 740 ~ PDK99 + 900 段变形严重，其余段落次之，PDK99 + 855 处沉降最大，累计沉降值为 823.5 m（图 3.3-6），PDK99 + 855 处收敛最大，累加收敛值为 1229 mm，仰拱上浮最大断面为 PDK99 + 855，变形累积量为 1452 mm。在增加临时支撑措施后，变形趋缓；平导断面收敛严重，已经无法作为施工通道使用。左线在 D2K99 + 880 ~ + 940 贯通附近，在贯通 3 ~ 5 d 后发生严重大变形，初支压溃即将形成塌方，并牵引沿隧道纵向前后段落变形加剧，现场及时回填，并局部增加临时支撑。PDK99 + 855 变形曲线如图 3.3-7 所示。

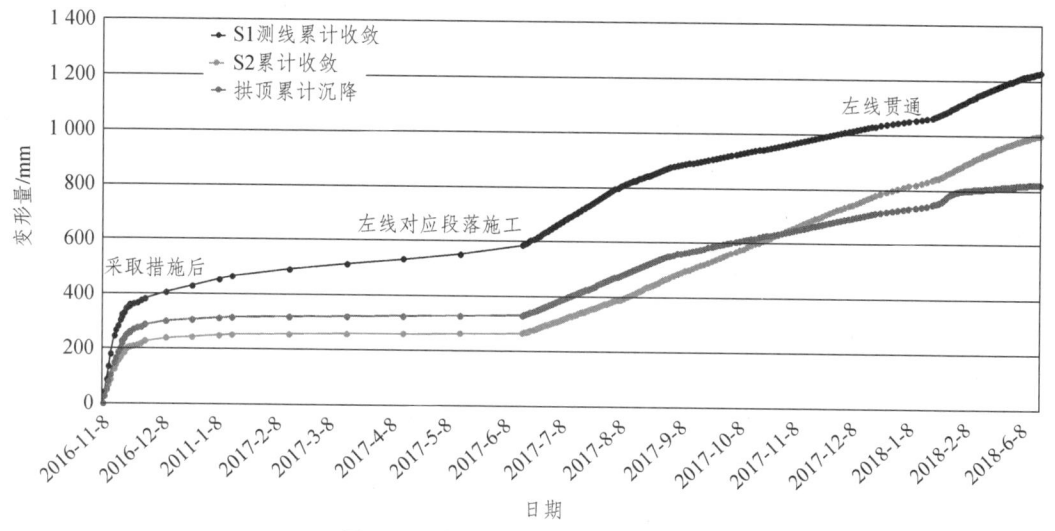

图 3.3-6 断面 PDK99 + 855 变形曲线

（a）圆形断面变形呈椭圆形　　　　　　　（b）初支基本失效

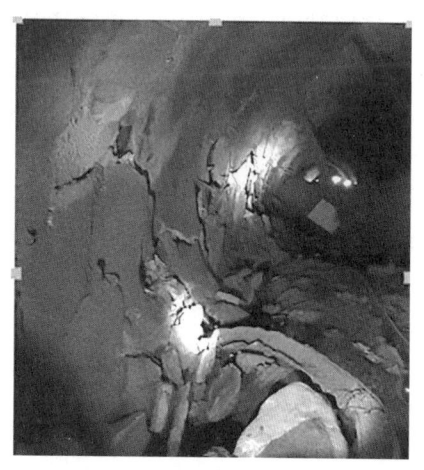

图 3.3-7　PDK99 + 710 ~ PDK99 + 945 初支变形情况

2. 围岩大变形特征

（1）变形趋势呈断面四周向内收敛，且变形量大。PDK99＋725～PDK99＋757段经多次补强，变形收敛仍达560 mm，仰拱上浮达到753.5 mm，相对变形量超过10%。

（2）仰拱上浮变形明显。

（3）围岩越软弱，大变形越强烈。本段隧道地质环境相近，大变形受岩体强度控制，岩体强度与岩性相关性极大，围岩中夹杂炭质板岩等软弱岩体越多，其岩体强度越低，大变形表现就越严重。且随着围岩炭质含量增加，瓦斯等有害气体含量也增加。

（4）隧道走向方向的洞室变形严重，垂直或者与之大角度相交的横通道变形较弱。

（5）辉绿岩蚀变带也发生变形。本段隧道揭示蚀变带一般为几厘米宽，一侧为岩质坚硬的辉绿岩，另一侧多为岩质软弱破碎的炭质板岩，洞室开挖后炭质板岩侧多发生较大变形量，且局部掌子面全为辉绿岩，但在开挖轮廓外辉绿岩较薄段落也发生边墙挤入侵限变形。

（6）群洞效应明显。平导PDK99＋665～PDK100＋022段在施工稳定后，左侧对应左线段落施工再度引发平导变形，两洞相互影响，变形加剧，形成破坏性后果。

四、大变形机理分析

本段开挖揭示围岩为炭质板岩、页岩夹砂质板岩（Z_bq）夹辉绿岩（$\beta\mu$）岩脉，在炭质板岩、页岩地层中发生严重大变形。其变形类型为挤压性大变形，主要受围岩强度、高地应力环境等因素控制，与隧道开挖不同工况下的应力调整关系很大。

1. 强度应力比分析

1）软弱破碎的围岩条件

本段位于大屋基倒转背斜北西翼，距离核部约300 m，且有辉绿岩岩脉侵入，邻近蚀变带，围岩受岩浆热液侵蚀改造、褶皱扭曲等多次构造影响，开挖掌子面围岩多扭曲变形，岩体极其破碎。

变形段开挖揭示围岩为炭质板岩、页岩夹砂质板岩（Z_bq），薄层～片状，岩质软。现场取岩样做力学参数分析，其中炭质页岩、炭质板岩岩质软弱，岩体破碎，取样不成功，无法实施室内试验（如图3.3-3掌子面所示）；对砂质板岩等较硬岩体取样试验，结果显示其各向异性较大，垂直层面抗压强度为18.4 MPa，平行层面方向抗压强度仅为8.91 MPa。故围岩强度采用经验值约5 MPa，按0.54的折减系数，其强度为2.7 MPa。

2）高地应力

该段埋深720～1150 m，最大水平主应力值在20-25 MPa之间，垂直应力约为31 MPa，根据测试结果可判断区域应力场类型为$S_v > S_H > S_h$型应力场，垂直应力为最大主应力，属于高应力值区。

3）强度应力比分析

根据以上强度和应力，其比值最小达到0.088，属于严重大变形。

2. 围岩环境与变形关系分析

（1）大变形的发生和围岩走向与隧道洞轴线夹角及地应力方向关系较大。在隧道走向方向，岩层走向与洞轴线夹角为10°～20°，多数为小角度相交，地应力最大水平主应力与洞轴线呈81°大角度相交，变形情况严重；在正洞及平导之间连接横通道处，岩层走向与洞轴线大角度相交，地应力最大水平主应力与洞轴线小角度相交，开挖多表现为拱部失稳掉块、溜坍，变形较小。

（2）在围岩软硬相接处为应力集中处，在软质岩侧易发生大变形，硬质岩侧变形很小。

3. 群洞效应显著

平导位于左右线之间，洞室净距约22 m，平导超前先行，施工中发生大变形，导致洞周松动圈较大，在采取相应措施后，变形稳定；当对应正洞段施工开挖时，围岩应力环境再次调整，引发平导再次发生变形，二者松动圈相互影响并扩大，使得两个洞室变形加剧，形成群洞效应。

综上所述，本段隧道埋深720～1150 m，位于大屋基倒转背斜核部附近，有岩浆热液侵入、多次褶曲等构造活动，处于高地应力环境场中，且地应力最大水平主应力与洞轴线大角度相交，岩层走向与洞轴线小角度相交；岩体以炭质板岩、页岩为主，岩质软，岩体破碎，强度低，引起大变形，且受相邻洞室施工影响，群洞效应显著，再次加剧变形。

五、主要工程措施

针对跃龙门隧道深埋越岭段大变形特征，主要采取以下工程整治措施：

（1）对于左线中等～严重变形地段，隧道断面改为圆形，改善结构受力；增加初支强度；加强仰拱支护强度，降低运营期仰拱上浮风险；施工中，优化施工工序，及时施作锚杆，使得各种支护措施能够及时有效发挥效能。

（2）将发生大变形的长约1.5 km中间平导回填，变形严重段落用混凝土回填后，再开挖两侧正线洞室。

（3）在回填平导段落右线右侧70 m（即原中间平导右侧100 m）增设新平导，用以超前揭示前方地质情况，便于施工组织，加快施工进度，以及作为运营期的排水、防灾救援通道。

六、结论及建议

（1）大变形等级判定。

施工期间大变形的判定目前是一个难题，现行规范主要采用强度应力比分析判定，但软弱围岩强度不易获得，地质环境复杂，掌子面开挖圈围岩与开挖轮廓外围岩也存在差异，鉴于施工连续性问题，现场缺乏一个简便快捷的判定方法。

本段隧道施工过程中的大变形，在前期勘测利用强度应力比分析的基础上，结合现场支护措施强度与对应变形情况，综合分析判定；通过一段试验段分析，在地质环境未发生较大变化即地应力环境类似的情况，大变形等级主要受围岩强度控制，通过类比新开挖揭示掌子面与典型大变形等级掌子面围岩，初步确定大变形级别，采取相应措施，并及时根据监控量测资料进行分析评判。

（2）高地应力软岩环境中洞室布置。

本段隧道显示在高地应力软岩环境中，30 m的洞室线间距（约2倍洞径）已经发生显著的群洞效应，先、后行洞多次开挖，应力调整对洞室稳定性影响很大，在这种地质环境中加大洞室间距很有必要。后期采用约70 m线间距新增平导，未发生明显群洞效应。

（3）在高地应力环境下，控制软岩大变形最有效的方法是加强初期支护措施，特别是中空注浆锚杆的使用效果明显，一方面注浆加固软弱围岩，提高其强度；另一方面锚杆可以加强层状围岩相互连接，提高围岩稳定性。此外，增加隧道仰拱强度、曲率及厚度可以有效防止隧底上浮。

第四节 成兰铁路隧道软岩大变形特征及成因机制探析

成兰铁路软岩隧道大变形具有衬砌开裂、钢架扭曲、隧道断面缩小等一般大变形的特点，更具有其区域特殊性，即成兰铁路穿越龙门山构造带、松潘甘孜褶皱构造带及西秦岭褶皱构造带三大构造单元的10条活动断裂，构造条件极为复杂活跃；全线70%的地层岩性为板岩、千枚岩、片岩及炭质板岩等软质岩，受构造影响，多表现为强烈的揉皱变形和挤压破碎，地层岩性条件极为软弱破碎；穿越汶川"5·12"强震区，地震波对岩体震裂损伤作用进一步降低了软岩岩体的完整性、增强了其透水性，汶川地震效应极为显著；构造应力环境极其复杂，高地壳应力的构造应力场特征明显。成兰铁路呈现出以复杂的构造应力条件、软弱破碎的地层岩性条件、不利结构面组合的偏压现象及地下水软化效应等相互作用为主的大变形成因机制，可概括为应力作用下的松散型大变形、挤压型大变形及软岩结构型变形3种类型。本案例研究结论对在建成兰铁路及类似工程地质条件下的隧道工程建设具有重要的指导意义。本节由宋章、蒋良文、杜宇本撰写。

一、引言

在建成兰铁路起于成都市青白江区，经汶川"5·12"强震区什邡市、绵竹市、安县至阿坝州茂县、松潘县、九寨沟县，之后穿岷山至甘肃省宕昌县连接在建的兰渝铁路哈达铺站。全线跨越了龙门山构造带、松潘甘孜褶皱构造带及西秦岭褶皱构造带三大构造单元，共涉及12条区域性活动断裂，线路10次穿越活动断裂，其构造条件极为复杂活跃。全线地层岩性主要以千枚岩、板岩为主，夹砂岩、灰岩、页岩（含煤层），零星分布花岗闪长岩，占线路长度约70%的段落岩体为板岩、炭质板岩、片岩、千枚岩，受构造影响，多表现为强烈的揉皱变形和挤压破碎，岩性条件极为软弱破碎；全线软岩地层隧道多达26座，占全线隧道总长的53%，且千枚岩地层主要分布于成兰线南段的杨家坪—松潘段。成兰铁路穿越汶川"5·12"地震区，地震效应极为显著，水平构造应力场特征明显。前期研究表明：成兰线南段长大隧道洞轴线附近的最大水平主应力优势方向均在N20°～75°W之间，即NW向，与区域构造应力方向一致；而北段最大水平主应力优势方向为N20°E～N48°W，受西秦岭构造带影响，变化较大。

已有的工程实践表明：软岩地层修建隧道时常会遇到衬砌开裂、钢架扭曲甚至隧道断面缩小等软岩大变形破坏现象，给工程造成极大危害。目前成兰铁路试验段成都至川主寺段隧道在修建过程中，也遇到了较多的变形开裂破坏等现象，其具有软岩大变形的一般特点，更具有区域特性，即极为复杂活跃的构造条件、极为软弱破碎的地层岩性条件、显著的汶川地震效应及以高水平构造应力为特点的地质条件。本案例作者在分析成兰铁路试验段当前施工中已出现的多处不同类型的大变形现象的基础上，对于穿越强震区的软岩隧道大变形破坏特征及其成因机制进行探讨，以便指导设计与施工，同时也可为今后震区类似工程建设提供借鉴。

二、软岩隧道变形破坏特征

在建成兰铁路试验段成都至川主寺段,在隧道施工中多处出现了不同程度的软岩变形破坏现象,主要表现为变形量大、变形不收敛等变形特征;其岩体的强度应力比大部分介于 0.15~0.5 之间,为轻微至中等大变形,少数强度应力比小于 0.15,表现为严重大变形特征。在建成兰铁路隧道软岩变形特征归纳如下:

1. 松潘隧道变形现象及破坏特征

隧道 D3K243+823~D3K243+859 段在初支完成后出现了不同程度的变形现象,监测资料显示 D3K243+839.52 断面最大变形为 538 mm,侵限 288 mm,变形特征主要表现为隧道右侧中上台阶出现不同程度的初支侵限及掉块现象;随后对此段采取回填反压、设置临时横、斜撑,打设自进式锚杆及径向注浆等措施,拱顶下沉及围岩收敛数据控制在 5 mm/d 之内。

隧道 D3K244+200~D3K244+240 段监控量测数据显示变形速率超标,其中 D3K244+225 断面变形量最大,收敛变形速率为 11.80 mm/d,累计收敛变形量为 145.5 mm,拱顶下沉变化速率为 4.8 mm/d,累计沉降量为 16.7 mm;且最后收敛变形累计为 226.6 mm。变形主要发生在拱腰部位,变形特征主要表现为钢架扭曲,初支表面开裂、掉块。

2. 榴桐寨隧道变形现象及破坏特征

榴桐寨隧道 1 号横洞工区右线 YD8K136+389~YD8K136+514 段在初支完成后出现了不同程度的变形现象,监控量测显示拱顶下沉 36.8~68.5 cm,边墙侵限 50.8~69.4 cm;变形特征表现为拱部及边墙出现纵向贯通裂缝,拱部喷混凝土开裂、剥落,局部钢架扭曲变形等现象。

榴桐寨隧道 3 号横洞工区右线 YD8K147+415~YD8K147+455 段拱顶累计下沉 14.1~43.1 mm,边墙侵限 32.1~68.8 mm;变形特征表现为拱顶下沉纵向开裂、边墙侵限初支剥落、掉块等现象。

3. 茂县隧道变形破坏现象及特征

茂县隧道 1 号斜井 XJ1K0+628~XJ1K0+042 段共计 586 m 发生不同程度的软岩大变形现象;据监控量测,XJ1K0+628~+466 段(共 162 m),底板隆起,最大隆起高度为 22~27 cm;XJ1K0+466~+275 段拱顶沉降最大值为 317.7 mm,上台阶收敛最大值为 321.7 mm,下台阶最大收敛值为 347.6 mm;XJ1K0+628~+466 段最大拱顶沉降为 214.8 mm,上台阶最大收敛为 255.8 mm,下台阶最大收敛为 362.2 mm,均发生在 XJ1K0+480 断面。

茂县隧道 1 号斜井变形特征主要表现为:隧道净空收敛和拱顶沉降量增大具有突发性,且发生变形突变之后,累计变形量增长时间长,在采取加固补强之前,变形收敛缓慢或无收敛迹象;隧道存在偏压现象,大里程方向右侧变形普遍大于左侧;变形主要以拱腰向隧道中线挤压隆起,局部钢架扭曲变形,初喷混凝土龟裂,裂缝纵向发展贯通,最大纵向贯通长度为 9 m;掌子面挤出明显,封闭的掌子面喷射混凝土开裂,裂缝从底部逐步向拱顶发展。变形特征总体呈现为变形滞后性和不收敛性。

4. 杨家坪隧道变形现象及破坏特征

杨家坪隧道右线 YD2K111+877~+892 二衬段左边路肩面上约 2 m 处沿线路方向产生了一道水平裂缝，长 15 m，最宽处约 3 mm。变形特征呈现为裂缝纵向贯通，裂缝表面形成错台，裂缝上缘较下缘高出约 2 mm，并伴生有 2 道环向裂缝，呈树枝状分布。此外，在 YD2K111+734、YD2K111+786 及 YD2K111+862 三处右边路肩面上 0.6~0.7 m 处均发现长 2~3.5 m、宽 0.2~0.8 mm 的斜向裂纹。

距开挖掌子面 6.4~44.4 m 的隧道 YD2K111+990~YD2K112+036.4 初支段，拱顶、左右两侧边墙出现纵向裂缝，环向沿钢架出现多条环向裂缝，裂缝处初支混凝土剥落，型钢变形弯曲，现场采取了在拱腰上增加钢管横撑、在两侧边墙裂缝处增加锚杆等措施以减小变形速度。从监控量测数据来看，两侧往内水平收敛日变形速率大，为 20~40 mm/d，累计收敛为 202.1 mm，两侧边墙围岩向洞内挤压变形趋势；拱顶下沉速率小，下沉速率为 1~3 mm/d，累计下沉为 38.5 mm。

5. 柿子园隧道变形现象及破坏特征

柿子园隧道 4 号横洞工区二衬及初支均出现开裂变形，左线 D3K87+353~D3K87+500 段仰拱沿隧道纵向张性开裂，宽度为 3~15 mm 不等，其中 D3K87+365~D3K87+415 段表现尤为严重，呈网状；D3K87+373 右侧 2.5 m 处量累计上浮 3~6.2 mm，错台 15~18 mm，表现为错缝线左侧升高；拱顶开裂集中在 D3K87+365~D3K87+390 段（拱部）及 D3K87+420~D3K87+445 段（右拱腰），沿隧道纵向开裂，表现为张性开裂，开裂宽度为 0.2~1.5 mm；此外，隧道右线 YD3K87+410~YD3K87+490 段也出现底板开裂现象。

柿子园隧道进口 D2K77+075~D2K77+320 段拱顶下沉及收敛变形较大；D2K77+075~+175 段变形侵限，拱顶下沉累计最大为 430 mm，最大收敛累计达 560 mm，表现为上台阶左侧边墙先行变形，右侧随后变形，仰拱填充施工后，两侧边墙出现较大变形，拱顶下沉累计最大为 180 mm，最大收敛累计达 350 mm；变形特征表现为初期支护出现变形侵限，拱顶喷射混凝土开裂掉块，个别钢架发生扭曲、断裂，初期支护局部侵入二次衬砌结构。

三、软岩隧道工程地质环境分析

1. 复杂活跃的地质构造特征

成兰铁路通过龙门山构造带、松潘甘孜褶皱构造带、西秦岭褶皱构造带三大构造带单元；由 NE 向展布的龙门山断裂带、近 E—W 的西秦岭构造带二级构造单元迭部—白龙江断裂、近 S—N 向的松潘甘孜褶皱构造带二级构造岷江断裂带组成呈由西向东逐渐收敛的平卧"A"形地质构造格架（图 3.4-1）。具有强震发震历史，历史上发生过多次特大地震，最近发生的如东昆仑断裂与 2000 年昆仑山口西 8 级地震相关，龙门山断裂及其支断裂等断层曾在 2008 年 5 月 12 日活动过，为"5·12"汶川大地震的发震断裂，至今余震仍在持续。成兰铁路受复杂大地构造尤其是活动断裂构造控制，全线大小断裂褶皱密集，线路共涉及 12 条区域性活动断裂，10 次穿越活动断裂，向斜 37 处，背斜 34 处；区域构造极其复杂活跃。

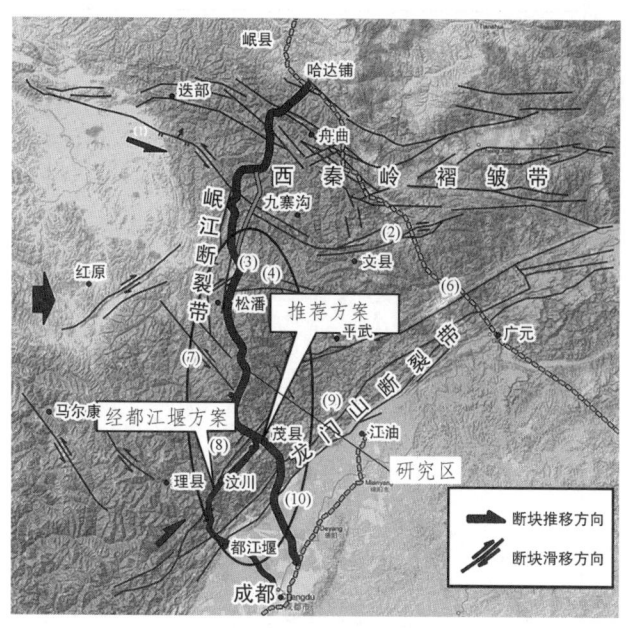

图 3.4-1 成兰线地质构造格架

2. 软弱破碎的地层岩性特征

全线以千枚岩、炭质千枚岩、炭质板岩等软质岩为代表的软岩广泛分布，占线路长度约 70% 的段落；其中成兰铁路试验段成都至川主寺段隧道软质岩长约 106 km，占隧道总长的 60%。受构造影响强烈，岩体多表现出强烈的揉皱变形和挤压破碎，呈现出地层岩性极为软弱破碎的地质特征，高应力作用下软岩大变形现象突出，发生大变形的上述工点岩性均软弱破碎。

3. 显著的汶川地震效应

成兰铁路穿越汶川"5·12"强震影响龙门山地区，对软岩隧道而言，除受岩体自身因素影响外，地震波作用对岩体产生震裂损伤，使得岩体构造节理裂隙更加发育，层间结合更差，导致软岩岩体的完整性降低、透水性增强，从而使得软岩岩体物理力学性状进一步恶化，软质岩体产生体积式松弛变形，如处于龙门山地区的柿子园隧道大变形及茂县隧道大变形，施工开挖掌子面揭示围岩产状清晰，但隐蔽型节理裂隙非常发育，开挖的隧道弃渣基本成碎裂散粒状，呈现出受地震效应显著的特征。

4. 高地应力场特征

成兰铁路因其复杂的地质构造环境，区域构造应力特征明显。通过地震震源机制解对区域内现代构造应力场特征进行了反演分析（图 3.4-2）可知，成兰铁路区域现代构造应力场特征总体以北西西—北西向的主压应力为主，线路东北部现代构造应力场以北东向的主压应力为主，并且在部分构造部位，局部应力场方向发生改变。

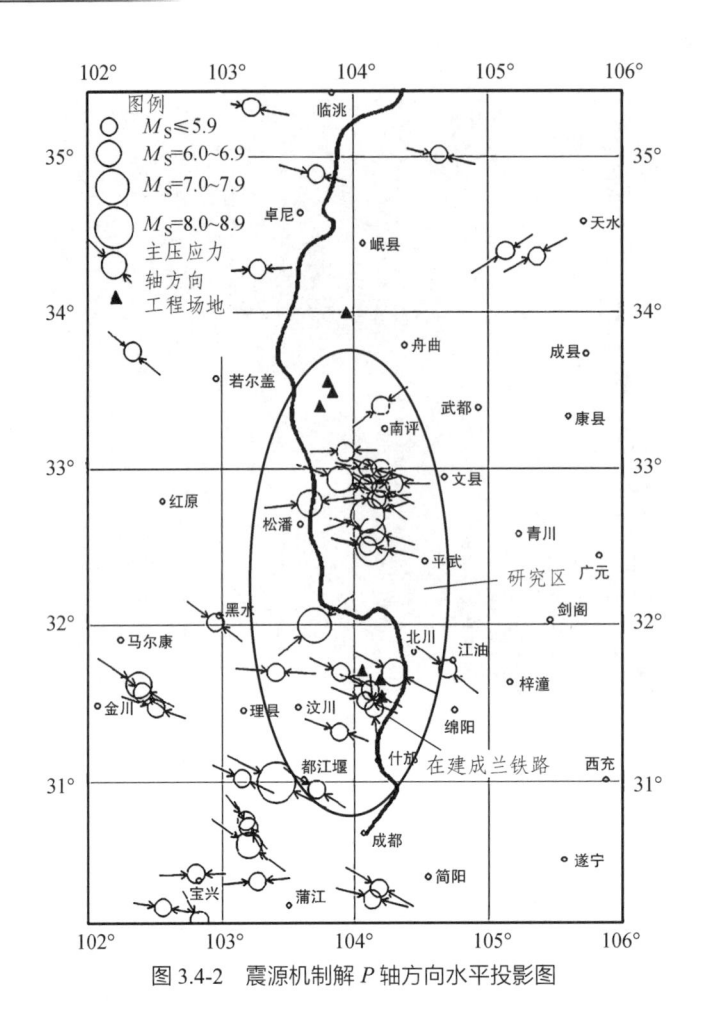

图 3.4-2 震源机制解 P 轴方向水平投影图

通过对成兰铁路沿线地质构造特征及 32 个深孔、186 个测段的水压致裂法地应力实测数据的统计分析，成兰铁路工程区南段地应力特征表现为最大水平主应力 S_H > 垂直主应力 S_v > 最小水平主应力 S_h，以构造应力场为主，最大水平主应力 S_H 优势方向均在 N20°～75°W 之间，即 NW 向，与区域构造应力方向基本一致；而北段地应力特征表现为最大水平主应力 S_H > 最小水平主应力 S_h > 垂直主应力 S_v，构造应力场更为发育，最大水平主应力 S_H 优势方向为 N20°E～N48°W，受西秦岭构造带影响，变化较大。

通过统计分析，成兰铁路沿线最大主应力 S_H 与垂直主应力 S_h 的比值，即侧压力系数为 1.12～1.77，平均值约 1.33，说明区域构造应力场特征明显。

四、软岩隧道大变形破坏成因机制探析

软岩隧道大变形是一个多因素相互作用的过程，根据现场大变形特征，成兰铁路大变形其成因机制主要呈现为复杂的构造应力、软弱破碎的地层岩性、不利结构面的偏压、地下水软化、工程结构及施工因素等几方面的共同作用。

1. 复杂的构造应力条件

松潘隧道大变形段处于岷江活动断裂影响带，榴桐寨隧道大变形处于薛城—卧龙 S 形构

造带北东段与石大关弧形构造带东段复合部位，茂县隧道大变形段处于龙门山后山断裂茂汶断裂带内，杨家坪隧道大变形段处于杨家坪向斜及千佛山斜冲断层影响范围，柿子园隧道大变形处于龙门山前山断裂彭县—灌县活动断裂及王家坪断层带内。目前，成兰铁路施工中产生的大变形段，均发育有褶曲断层等构造，构造应力环境十分复杂；而隧道开挖后围岩应力的重分布作用，进一步加剧了应力分布的不均匀性，据隧道内实测地应力统计，S_H/S_v 侧压力系数为 1.68 ~ 2.48，最大水平主应力为 15.66 ~ 24.6 MPa，而茂县隧道最大主应力高达 27.5 MPa。因此，复杂的构造地应力场特征为大变形的力学条件。

2. 软弱破碎的地层岩性条件

产生大变形的段落，其地层岩性主要为三叠系炭质板岩、板岩（松潘隧道）、三叠系泥岩、泥灰岩夹泥质砂岩（柿子园隧道）、志留系炭质千枚岩、千枚岩（榴桐寨及茂县隧道）、志留系绿泥石千枚岩、千枚岩（杨家坪隧道）；岩体强度低，为 1.75 ~ 2.5 MPa。受构造影响，岩体节理裂隙发育，围岩软弱破碎。因此，软弱破碎的地层岩性条件为大变形的物质基础。

3. 不利结构面组合的偏压现象

受褶曲及断层等构造影响，变形段岩层及节理产状具有多变性。如榴桐寨隧道发育的节理 N53°W/57°SW，与隧道轴线夹角约 9°，视倾角约 15°，存在节理偏压现象；柿子园隧道岩层产状 N20° ~ 45°E，与隧道走向（N11°E）夹角为 9° ~ 34°，倾向 NW（掌子面左侧），倾角 30° ~ 50°，围岩产状与隧道走向不利组合形成顺层偏压现象；杨家坪隧道岩层走向、构造轴线基本与线路平行，掌子面开挖揭示岩层倾角（N75°E/85°NW）近于直立，呈薄片状，隧道开挖后侧边墙挤压严重，在洞室地应力重分布情况下，易于出现弯折压溃变形。不利结构面组合的偏压现象加剧了大变形的发生。

4. 地下水的软化及应力场效应

一般来说，高应力场区因其具有压密作用，岩体中地下水弱发育，以少量的基岩裂隙水为主，成兰铁路大变形段也揭示了这一特性；但隧道开挖后形成了新的地下水排泄基准面，有利于地下水后期的运移和排泄。而作为赋存环境，一方面地下水可以与岩体中的某些矿物质和结构面充填物发生长期的水岩作用，致使岩体的物理力学性能降低；另一方面地下水产生的动静水压力作用，影响和改变着岩体的应力场状态。因此地下水一是物理化学作用降低岩体物理力学性能，二是力学作用导致岩体应力场改变。

5. 其他影响因素

对双线隧道而言，小间距结构隧道施工的相互影响、施组顺序及左右两线支护措施不对等成因也是引起大变形不可忽视的因素。如杨家坪隧道 1 号横洞工区及柿子园隧道 4 号横洞工区大变形段为隧道小间距段，净岩柱宽度由 24.9 m 渐变至 1.66 m；线路上，隧道开挖围岩扰动范围半径大，在应力不断重新分布作用下导致围岩强度降低，出现塑性变形，表层甚至出现松动区。此外，隧道左右两线施工的相互影响及支护措施差异性，进一步加剧了应力的重分布和变形。

五、结语

根据成兰铁路沿线的地质构造、地层岩性、地下水及地应力等特点,结合大变形特性,分析了成兰铁路软岩隧道大变形的成因机制,主要结论如下:

(1) 成兰铁路南段应力特征为 $S_H > S_v > S_h$,以构造应力场为主,S_H 优势方向均在 N20°~75°W 之间,即 NW 向,北段应力特征为 $S_H > S_h > S_v$,受西秦岭构造带影响,S_H 优势方向为 N20°E~N48°W,高地壳应力的构造应力场特征明显。

(2) 成兰铁路软岩隧道大变形具有其特殊的工程地质环境,即构造条件极为复杂活跃、地层岩性极为软弱破碎、汶川地震效应极为显著、高地应力的构造应力场特征。

(3) 成兰铁路软岩隧道大变形以复杂的构造应力条件、软弱破碎的地层岩性条件、不利结构面组合的偏压现象、地下水的软化和应力场效应等相互作用为主的大变形成因机制。

(4) 根据成兰铁路地质构造、地层岩性、地下水及应力场等特征,大变形类型主要有以下 3 种: 应力作用下的松散型大变形(松潘隧道、柿子园隧道)、应力作用下的挤压性大变形(茂县隧道)及应力作用下的软岩结构变形(杨家坪隧道)。

第五节 成贵高铁高坡隧道软岩变形机理及整治

成都至贵阳高速铁路高坡隧道施工中出现了较长段落煤系地层软质岩大变形病害,给隧道施工造成了较大困难。建设单位组织设计、施工单位对此段变形病害段开展了岩样取样分析、地质分析、整治设计及工程处理,确保了高坡隧道施工顺利进行。本案例系统介绍了隧道区域地质环境、变形病害段的特征及工程整治措施,分析认为变形段病害产生是由于地应力作用、软质岩强度低、围岩膨胀性、地下水、群洞效应及部分施工质量差等综合原因,提出了软质岩具有缓慢蠕变的时效性,应重视深埋隧道地应力、岩石强度的研究,加强深埋段软质岩初期支护是有效防止变形病害的措施。本节由王茂靖、丁浩江撰写。

一、前言

新建高坡隧道位于成贵铁路镇雄至毕节区间,为单洞双线隧道,全长 7939 m。进口里程为 D3K338+601,出口里程为 D3K346+540,为高瓦斯隧道,最大埋深约 445 m,大部分埋深在 200~300 m。线路纵坡为 25‰(6699 m)、7.5‰(1240 m)的单面上坡。设置"2 横洞+主副斜井+洞身平导+1 通风竖井"辅助坑道施工方案。按 1 号横洞、2 号横洞、主副斜井及出口 4 个工区组织施工。如图 3.5-1 所示。

隧道于 2014 年 3 月 1 日开工建设,并于 2018 年 1 月 4 日贯通,施工期间开挖至煤系地层段落时,曾在平行导坑发生隧底严重底鼓、初支开裂变形现象,随后对平导进行了加强处理。开通后,正洞、平导再次发生隧底底鼓、拱顶混凝土剥落、二衬开裂等变形病害。变形病害集中发生在 D3K342+750~D3K343+200 段。

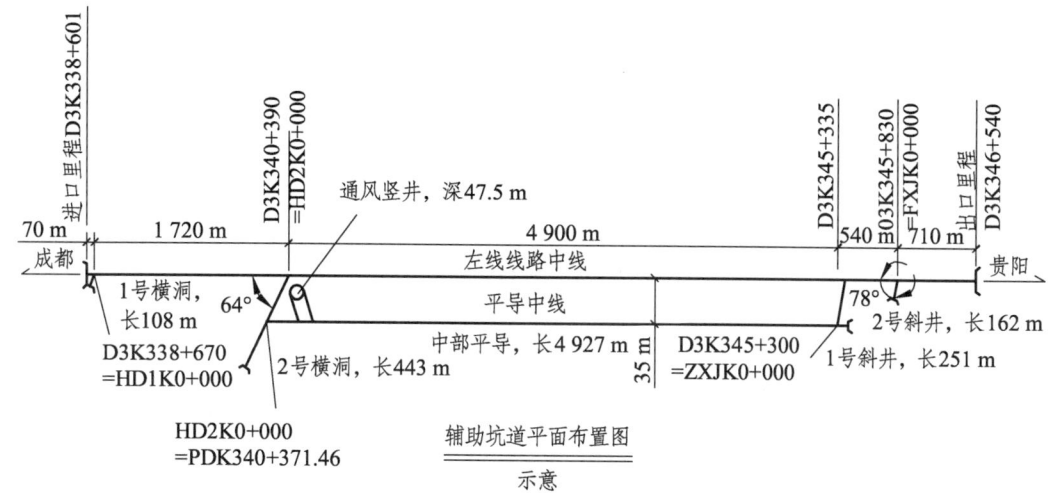

图 3.5-1 高坡隧道施工坑道示意图

二、隧道工程地质条件

1. 地形地貌

隧道横穿云南、贵州省界及赤水河、乌江分水岭，属构造剥蚀中山地貌，地形连绵起伏，沟壑纵横，隧区绝对高程为 1500～2040 m，相对高差为 100～600 m。地貌受构造及岩性控制，沿断层破碎带多形成侵蚀沟槽，软岩地段，地表多形成小槽沟、缓坡地形。区内地面坡度为 20°～70°，局部有陡坡、陡崖。隧道进出口处位于沟谷内，植被一般发育，多为灌木及少量旱地。隧道洞身段多为林场、旱地，植被发育。

2. 地层岩性

隧道洞身穿越地层依次为：三叠系下统飞仙关组（T_1f）中厚层状灰岩、白云岩夹砂泥岩、泥质砂岩、泥岩；二叠系上统长兴组（P_2c）中厚层灰岩、瘤状灰岩；二叠系上统龙潭组（P_2l）灰、黑灰色薄层到中层状泥质砂岩、泥岩、铝土质泥岩夹页岩、煤层；二叠系上统峨眉山玄武岩组（$P_2\beta$）凝灰岩、火山角砾岩；二叠系下统茅口组（P_1m）厚层、巨厚层灰岩，该层岩溶极为发育。断层带为断层角砾岩、糜棱岩。

隧道中部 D3K342+060～D3K345+015 段（长度 2955 m）穿越 P_2l 煤系地层，为隧址区主要含煤建造地层，总厚度约 120～180 m，含煤 5～31 层，岩性主要为砂岩、泥岩、炭质页岩、铝土岩夹煤层，以软质岩类为主。隧道施工中在不同段落共 44 次穿 17 层煤，单层厚度最大约 1.55 m。图 3.5-2 所示为隧道煤系地层段工程地质纵断面示意图。

3. 地质构造

隧址区位于云贵高原北部扬子准地台滇东台褶带，地质构造复杂，断裂、褶曲均比较发育，以东西向构造为主，线路多大角度穿越构造线。隧道在区域上位于三眼井向斜北部翘起端，次一级断裂、褶曲相当发育。隧道洞身穿越高坡1号背斜、高坡2号背斜、高坡向斜、上扬塘断层、茶木树断层、监羊箐断层及2处大型构造节理密集带。

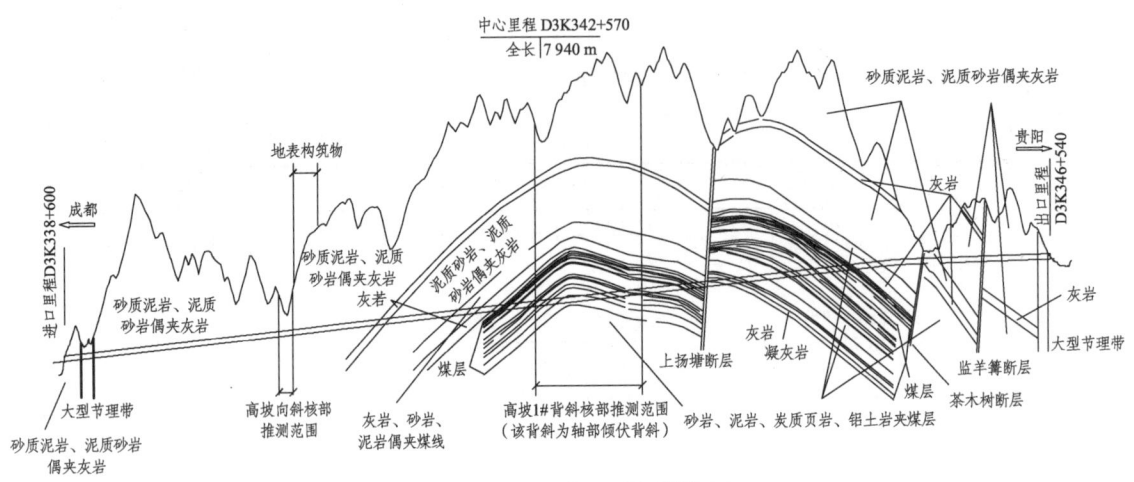

图3.5-2 高坡隧道工程地质纵断面

其中变形段位于高坡1号背斜核部附近，主要为二叠系龙潭组煤系地层，施工揭示岩层产状平缓，此段最大埋深为445 m。

4. 水文地质特征

地下水类型主要为基岩裂隙水，孔隙水及岩溶水发育较少。因受构造影响程度不同导致裂隙发育程度不同，富水条件差异较大。隧道区地下水总的运动方向除大部分由北东向南西径流向深部径流储积外（即线路左侧向右侧径流），另一部分以泉的形式泄出地表，形成地表、地下水相互补给的关系。

变形段落属于泥岩、泥质砂岩夹煤层软质岩，地下水微弱，施工中未见明显地下水。

估算隧道平常涌水量为13 479 m^3/d，最大涌水量为22 775 m^3/d。

5. 主要工程地质问题

隧道主要工程地质问题为岩溶、煤层瓦斯、危岩落石、膨胀岩及软岩大变形。针对隧道主要工程地质问题，相关单位进行了详细地质勘察、分析研究，施工图设计针对性采取了工程措施。施工开挖揭示与设计吻合，在此不再赘述。

以下针对软岩变形病害进行详细分析。

三、变形病害特征

1. 变形地段及时间

该隧道于2014年3月1日开工，2015年3月25日出口工区进入煤系地层，至2016年5月，平导 PDK344 + 485 ~ + 800 段有 315 m 断续发生素混凝土底板底鼓现象，出现多段纵向裂缝，局部初支有开裂，钢架扭曲折断；2016 年 7 月 17 日，发现 PDK342 + 130 ~ PDK342 + 350 段底板出现开裂上拱；2016 年 10 月 26 日，PDK342 + 390 ~ PDK342 + 780 段底板出现开裂上拱，其中 PD3K342 + 390 ~ PD3K342 + 620 段底板隆起较明显（6 号横通道附近 PD3K342 + 425 ~ PD3K342 + 480 段最大变形约 15 cm），PD3K342 + 620 ~ PD3K342 + 780 段底板部分开裂，如图 3.5-3 和图 3.5-4 所示。

图 3.5-3　平导底板纵向底鼓开裂

图 3.5-4　平导初支混凝土剥落、钢筋扭曲

与此同时，正洞 D3K344 + 596 ~ D3K344 + 550 段施工仰拱时，发现拱部初支线路中线位置出现纵向开裂，并有少量掉块现象，格栅钢架局部扭曲变形，拱顶沉降最大为 16.7 mm。

为确保煤系地层结构安全，解决缓倾岩层拱顶下沉、隧底上鼓问题，现场进行了试验，对平导增设仰拱，设置全环钢架，封闭成环；对正洞加深仰拱，增设隧底锚杆，按施工图要求布设监测断面，自动采集监测数据。

2018 年 1 月 24 日全隧贯通，贯通前煤系地层段均按照优化后措施进行了加强，各项监测数据均在安全范围内，现场平导局部地段有底鼓现象，但未有持续发展。

2018 年 3 月 7 日，现场对高坡隧道春节后复工排查时，发现正洞 D3K342 + 750 ~ D3K343 + 169 段及对应平导范围出现仰拱开裂、底鼓和初支、二衬变形情况，平导仰拱最大上鼓达到 80.34 cm（与春节停工前观测数据比较上鼓 77.12 cm），靠正洞侧变形内鼓，如图 3.5-5 和图 3.5-6 所示。正洞衬砌边墙开裂、拱顶混凝土剥落掉块、钢筋弯曲，仰拱填充面纵向裂缝最宽 50 mm，仰拱填充面上鼓 5.9 ~ 39.54 mm，且还在持续发展。该段位于高坡隧道 1 号背斜核部附近，地层为煤系地层，初步判定为挤压性软岩大变形。

2018 年 4 月 22 日，平导上鼓最大为 80.34 mm，正洞仰拱填充面上鼓 45.88 mm。

图 3.5-5　平导底板隆起十分明显 　　　　图 3.5-6　D3K342+970 附近隧底纵向开裂

2. 变形病害特点

观察分析隧道正洞、平导病害段变形现象后，发现具有如下几个特点：

（1）变形段发生在隧道中部 P_2l 龙潭煤系软质岩地层段，且靠近隧道中部高坡 1 号背斜核部，埋深相对较大，大致在 350～445 m。

（2）洞内变形主要为拱顶沉降和仰拱底鼓，沿缓倾岩层法向方向变形，裂缝基本为纵张裂纹，同时两侧向内收敛，表现为典型高地应力作用下的软岩变形特征。

（3）2018 年 1 月 24 日隧道贯通之前，正洞、平导底鼓变形经过整治处理后，逐渐变得稳定，隧道贯通 1 个多月后的 3 月初发现隧道变形再次启动，表现为隧底底鼓变形加大、拱顶下沉，变形持续发展，未出现稳定趋势，如图 3.5-7 和图 3.5-8 所示。

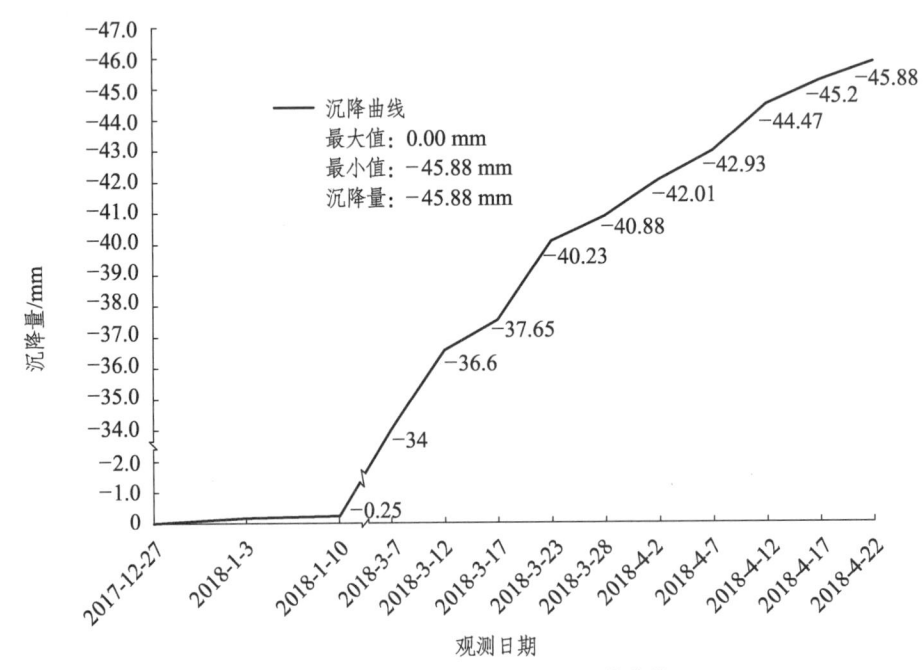

图 3.5-7　D3K342+985 横断面上拱曲线

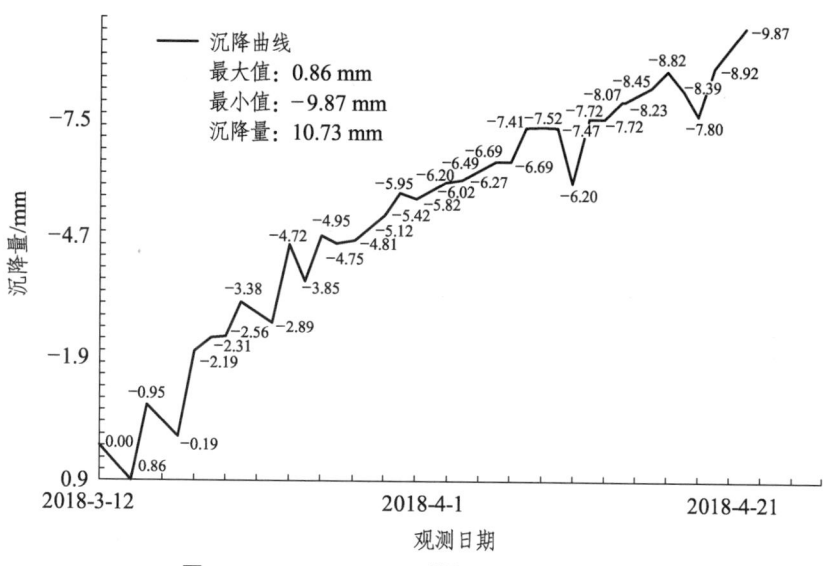

图 3.5-8　D3K342+865 横断面 3 月后上拱曲线

（4）变形地段较长，范围较大。

正洞约 400 m、平导约 700 m 段落以及 7 号横通道内均出现不同程度的底鼓、开裂、混凝土掉块、钢筋扭曲等软岩变形病害。分布情况如图 3.5-9 所示。

（5）群洞效应影响明显。

平导、正洞间距 21 m，平导靠近横通道附近钢架扭曲变形，仰拱底鼓严重；7 号横通道附近平导最大上鼓达到 80.34 cm，靠正洞侧变形内鼓最大约 1.8 m；正洞靠近横通道附近上鼓 5.9~39.54 mm，二衬拱部掉块，综合洞室开裂，与正洞二衬交接处二衬钢筋变形，如图 3.5-10 所示。

上述变形显示：群洞效应十分明显，平导作为先行洞室，正洞随后开挖，开挖后二次应力释放与集中对先行洞再次影响，因此平导变形明显较正洞严重。

四、软岩变形机理分析

本隧道变形特征表现为地应力作用下软岩变形特点，其产生的主要机理分析如下：

1. 变形段岩石强度应力比分析

隧道在勘察设计阶段，在深孔 DZ-高坡-05 号孔（钻孔位置为 DK342+220 右 13 m，孔深 472.25 m）内 278.0~450.0 m 深度范围内共成功进行 6 段水压致裂地应力测量。结果见表 3.5-1。

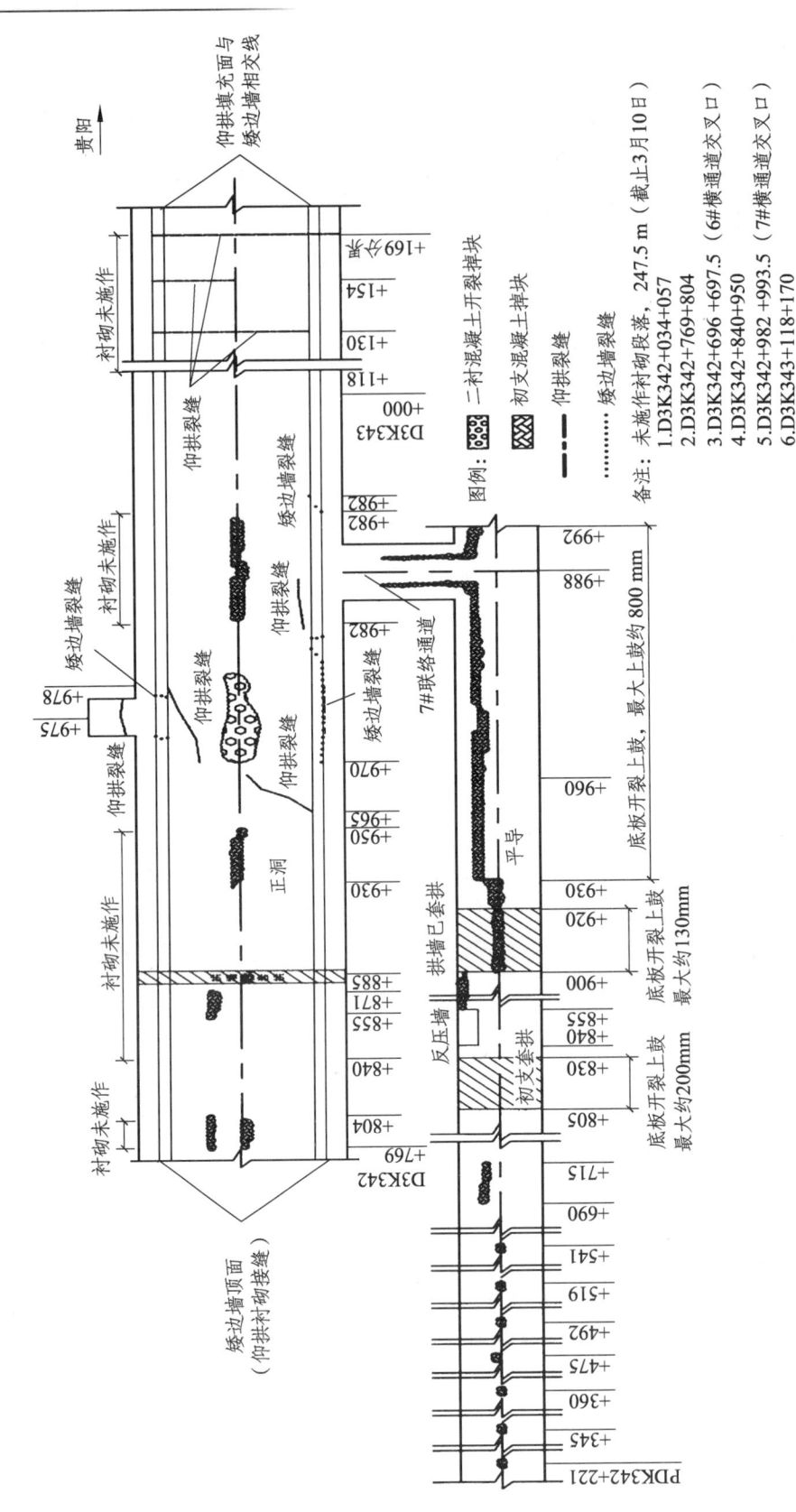

图 3.5-9 平导、正洞变形病害平面示意图

群洞断面图

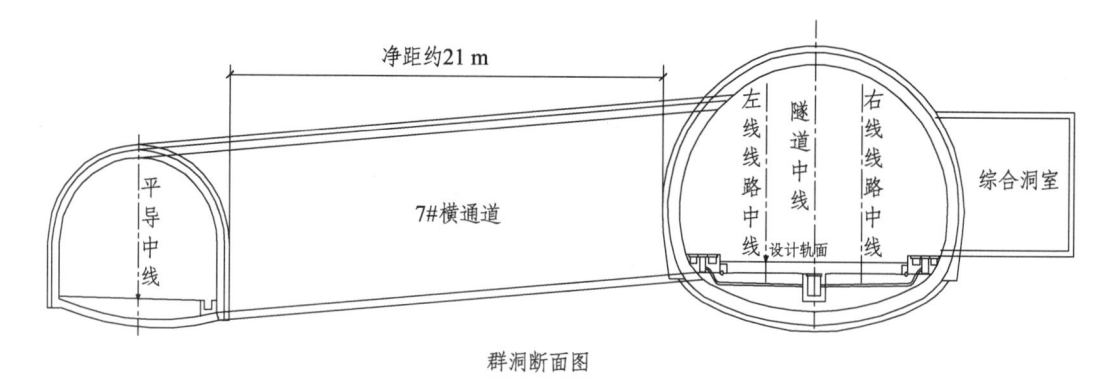

图 3.5-10　正洞、平导与 7 号横通道平面关系示意图

表 3.5-1　DZ- 高坡 - 深 -05 孔水压致裂原地应力测量结果

序号	测试段深度 /m	压裂参数 /MPa						应力值 /MPa			S_H 方向 / (°)
		P_b	P_r	P_s	P_H	P_0	T	S_H	S_h	S_v	
1	278.50 ~ 279.10	8.53	5.23	4.73	2.73	1.77	3.30	7.19	4.73	7.37	
2	295.00 ~ 295.60	14.69	7.69	6.69	2.89	1.93	7.00	10.45	6.69	7.81	
3	358.50 ~ 359.10	16.11	11.01	9.31	3.51	2.55	5.10	14.37	9.31	10.20	NW50°
4	387.80 ~ 388.40	11.40	8.30	7.80	3.80	2.84	3.10	12.26	7.80	10.26	NW42°
5	425.40 ~ 426.00	—	7.97	7.77	4.17	3.21	—	12.13	7.77	11.26	
6	448.60 ~ 449.20	11.80	9.20	8.40	4.40	3.44	2.60	12.56	8.40	11.87	NW54°

注：① P_b—岩石原地破裂压力；P_r—破裂面重张压力；P_s—破裂面瞬时闭合压力；P_H—静水柱压力；P_0—孔隙压力；T—岩石抗拉强度；S_h—水平最小主应力；S_H—水平最大主应力；S_v—垂直主应力。② 垂直主应力 S_v 的计算取上覆岩石的密度为 2.70 g/cm³。

变形段埋深在 350 ~ 445 m，对应的最大主应力值（S_H）为 14.37 ~ 12.56 MPa，最小水平主应力（S_h）为 9.31 ~ 8.40 MPa，垂直应力（S_v）为 10.20 ~ 11.87 MPa，最大主应力方向为 NW50° ~ 54°，隧道洞轴线方向为 NW51°，最大主应力与洞轴线近于平行，有利于围岩稳定性。

对于主应力方向平行于洞轴线的洞室，如图 3.5-11 所示：洞室开挖，二次应力释放与集中，洞室 B、B'、A、A' 切向应力根据弹性力学理论公式推导，可以按下式计算：

$$\sigma_{\theta \max} = \begin{cases} 3\sigma_{横} - \sigma_v & \sigma_{横} \geqslant \sigma_v \\ 3\sigma_v - \sigma_{横} & \sigma_{横} < \sigma_v \end{cases}$$

式中：$\sigma_{横}$ 为最小水平主应力（MPa）。

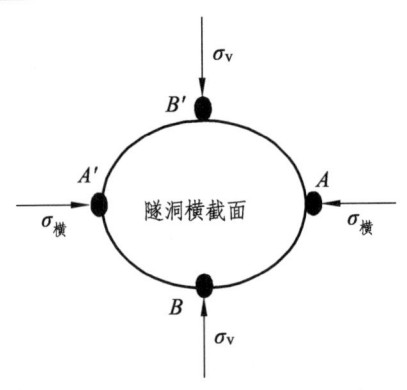

图 3.5-11　隧道洞室受力横断面示意图

如果按照此隧道埋深最大处地应力数值计算，垂直应力大于最小水平主应力值，最大压应力应位于 A、A′点边墙，为 29.28 MPa，说明边墙处承受的压应力最大；最大拉应力应在 B、B′点，隧底、拱顶承受的拉应力最大，根据上式计算，最大拉应力应为 12.7 MPa。

变形段落开挖揭示情况显示：围岩主要岩性为泥岩、泥质粉砂岩、页岩、铝土岩夹煤层，属于软质岩类。根据勘察期间大量岩石单轴极限抗压强度数据统计，砂岩（W_2）单轴饱和抗压强度为 39 MPa，页岩、铝土岩天然单轴抗压强度为 6～8 MPa，砂质泥岩约 8～16 MPa，其中软质页岩、铝土岩占较大比例。

隧底泥岩、页岩平均单轴天然抗压强度取 10 MPa，垂直于洞轴线最大应力应为测试的最小主应力，取值为 8.4 MPa，此时洞室岩石强度应力比 R_c/σ_{max} 约为 1.19，岩石强度应力比 R_c/σ_{max} 均小于 4；如果按照垂直应力计算，取值为 11.87 MPa，洞室岩石强度应力比 R_c/σ_{max} 应为 0.71，远小于 4；按照国家标准《工程岩体分级标准》（GB/T 50218—2014），软质岩开挖后在垂直应力、水平最小主应力作用下，如果洞室支护强度不足，洞壁围岩发生显著位移、隧道存在底鼓隆起变形特征。

此外，隧道开挖后围岩会发生二次应力集中及释放，洞室周边会产生较大的切向压应力及最大的切向拉应力。根据以上计算，最大切向应力集中在两侧边墙，可达 29.28 MPa；最大拉应力出现在隧道拱顶、隧底，为 12.7 MPa。由此可见，洞室开挖二次应力调整形成的切向压应力、拉应力值均较原始垂直洞轴线的最小主应力值、垂直地应力大，岩石强度应力比更小。因此，在集中切向压应力、拉应力作用下，如果洞室支护强度不足，隧底、拱顶、洞室边墙软岩均易产生显著形变。

2. 岩石膨胀性

开挖揭示变形段穿越二叠系龙潭煤系地层，主要岩性为泥质砂岩、泥岩、炭质页岩、铝土岩夹煤层，属于极软岩，根据正洞及平导段取样 32 组岩样进行膨胀岩室内试验，取样岩性包括泥岩、炭质页岩、砂质泥岩、泥质砂岩、铝土岩。试验成果显示，共 16 组判定为膨胀岩，主要为弱膨胀，少数为中等膨胀。其中：泥岩、炭质页岩、铝土岩为膨胀岩的比例略高，约占 54%。铝土岩取样 8 组，5 组为弱至强膨胀；页岩 2 组，均为中等膨胀；泥岩、泥质砂岩 22 组，约有 9 组有膨胀性；砂岩基本无膨胀性。由于变形段主要以泥岩、页岩、铝土岩夹煤层、砂岩为主，膨胀岩占比较高。因此，本段在地下水的作用下岩石存在显著的膨胀特性。

3. 地下水作用

施工开挖期间,由于岩性相对隔水,本段地下水整体弱发育,总体为偶见渗滴水现象,仅在 D3K343 + 058 ~ + 065 段曾发生过线状至股状出水,随后衰减。但由于隧道施工开挖后,应力释放,岩体裂隙逐步扩展,形成有利导水通道,因地下水渗入岩体,进一步软化岩体,特别是隧道底部,围岩力学强度降低,加之本段为膨胀岩石,遇水后发生膨胀,引起隧底隆起,且隧道为单面下坡,贯通后,隧道进口灰岩段地下水整体排向出口。在 2018 年 3 月,进洞查看变形段病害时,发现进口地下水大量排向变形地段。因此,地下水渗入隧底引起隧底围岩强度降低、膨胀底鼓也是本段隧底隆起变形较为严重的原因。

4. 群洞效应

正洞与平导线间距为 35 m、净距为 21 m。变形段位于正洞与 7 号横通道交叉口前后 50 m 范围,在该段较短段落形成了 H 形洞群结构,多个洞室近距离的先、后施工扰动作用,特别是后行洞开挖会引起围岩二次引力调整,从而形成了较大范围的围岩松动圈,平导内变形明显较正洞严重。

5. 施工因素

对于本段变形段现场查看后,专家认为施工中也存在部分质量控制不严问题,如部分锚杆未按设计施作,与岩层大角度相交,未起到加固岩体作用;交叉段无模筑衬砌,同时锚杆未发挥作用,导致塑性区未有效控制,持续发展,特别是对于小净距的正洞和平导,支护一旦失效,塑性区将叠加,变形加大;隧道贯通后,中心水沟未及时施作,造成上游向出口散流漫水,大量地下水渗入隧底造成围岩有软化、膨胀,加剧病害发展;二衬施作时初支变形未稳定,监控量测工作不到位。

五、病害整治措施

1. 正洞段处理措施

结合现场查看调查情况,对有变形病害段落进行处理,确定初支及二衬变形段落为 D3K342 + 750 ~ D3K343 + 200 段长 450 m,采取如下整治措施:

1) **围岩注浆加固**

正洞变形段拱墙范围采取 ϕ50 mm 开孔注浆,每孔长 5 m,间距为 1.2 m(环)× 1.2 m(纵),浆液类型以硫铝酸盐水泥为主,普通水泥水玻璃双液浆为辅,注浆压力 1.0 ~ 2.0 MPa。

2) **拆除及扩挖**

利用台车逐榀拆除,拆除过程采用机械开挖,由于拆换可能切割、焊接钢架,在切割、焊接等工作地点前后各 20 m 范围内,进行瓦斯监测,风流中瓦斯体积分数不得大于 0.4%,并不得有可燃物,两端应各设一个供水阀门和灭火器。扩挖同样需采用机械开挖,并且采用逐榀扩挖。同时对开挖面增加射流风机,预防瓦斯聚集。

3) 支护体系及衬砌结构

初支采用双层支护体系，衬砌结构采用圆形断面，全环为厚 60 cm 钢筋混凝土。为控制变形，当初支变形量达到 1/2 预留变形量或有钢架扭曲现象时，应及时施作二支。二衬施作时机为待初支变形稳定后，仰拱待全环衬砌施作完成后才能回填。

4) 正洞部分段落调整为有砟轨道

由于本隧煤系地层地质条件、构造作用复杂，围岩以平缓薄至中层状软质岩为主，目前现场 D3K342＋750～D3K343＋200 段已出现软岩大变形病害，考虑到隧道开挖后应力重分布及软岩变形规律的不确定性，为确保运营安全，将隧道过煤系地层及与上覆可溶岩接触带段落共计 3680 m 调整为有砟轨道。

2. 平导段整治措施

由于平导段支护较弱，断续出现变形病害，本次整治范围为整个煤系地层段，约 3 km。主要采取下述措施：

1) 平导洞身加强

为避免平导变形对正洞的影响，对平导位于煤系地层段范围均采取增设套衬结构进行加强，根据变形现状分类实施，变形轻微段，增设 35 cm 厚钢筋混凝土套衬；变形较大地段，增设 2 m 厚钢筋混凝土套衬。

2) 横通道回填

煤系地层段横通道采用混凝土进行封堵，靠近正洞 5 m 段采用 C25 气密性混凝土封堵，剩余段落分段（不大于 5 m）采用 C25 混凝土封堵，拱顶埋设注浆管及排气管，分段进行拱顶回填压浆，保证封堵效果。

3) 施工期间排水

隧道为单面上坡，大里程端地下水向小里程端汇集，变形段为处理段，原则上应尽量避免地下水影响，因此上游段需采取反坡抽水措施，由 11 号横通道引排至平导。

六、结语

（1）隧道洞身中部严重变形病害是由埋深大（垂直应力大）、岩质软弱强度低、具有膨胀性、地下水作用、群洞效应及施工原因等多因素综合引起的。

（2）隧区最大主应力方向近于平行隧道中轴线，有利于围岩稳定，但是隧道中部埋深大、垂直应力较大，隧道开挖引起的二次应力集中在洞身周边切向应力增大，软质围岩强度低，在二次较高切向应力作用下，会发生显著的塑性变形。因此，研究岩石强度、应力比十分必要。

（3）变形段软质岩强度低且具膨胀性，在地下水作用下，具有强度衰减快、膨胀变形的特点，无论平导、正洞围岩变形均较大。变更设计采用拆换严重变形段初支、衬砌，加固围岩，双层支护，圆形衬砌，软弱地层段调整为有砟轨道及平导套衬等措施是十分必要的。

（4）对于深埋软岩、极软岩隧道来说，隧道开挖后软弱围岩易发生缓慢蠕变，且具一定滞后的时效特点，特别是隧底、拱顶易出现围岩较大变形，采用加强型初期支护是抵抗软岩变形的有效措施。

第六节　四川红层工程地质特性及工程处理

　　四川盆地广泛分布侏罗系、白垩系紫红色、暗紫色泥岩、泥质砂岩地层，近年来，随着高速铁路在四川盆地修建，铁路工程建设中出现了一些工程地质问题，引起了各方高度关注，出现了对于该套红层工程地质特征的争议及不同观点。本案例作者基于四川盆地的地质构造背景及大量的岩土试验数据，系统论述了红层工程地质特征，对于出现的特殊工程地质问题提出了自己的观点，对于深入认识四川红层工程地质特性，采取科学合理的工程措施有一定的借鉴参考价值。本节由王茂靖、赵平撰写。

一、前言

　　四川盆地广泛分布侏罗系、白垩系紫红色、红色薄～中厚层泥岩、砂质泥岩及砂岩地层，俗称"四川红层"。近年来，随着高速铁路在四川盆地内修建，铁路工程建设中陆续出现了既往普速铁路不曾遇见或不曾重视的工程地质问题，如隧道底鼓、深挖路堑上拱等地质病害，对变形有极其严格要求的无砟轨道影响很大，导致不断调整扣件高差，有的已超出可调范围而限速，影响到铁路运营和安全，为此需花费较大的代价处理。病害产生的机理、原因一度困扰广大工程技术人员，对于红层的工程地质特性、病害成因存在不同的观点和争议，笔者曾参与四川盆地内多条铁路地质勘察，积累了丰富资料，对于盆地红层有独到认识。本文系统总结了红层工程地质特征，提出了工程处理建议，现以案例分析形式总结于下，以飨读者，相互交流，加深对于四川盆地红层工程地质性质的认识，在工程建设中采取科学合理的工程处置措施。

二、四川盆地区域地质环境

1. 盆地地形地貌特征

　　四川盆地囊括四川省中东部和重庆大部，又称信封盆地、紫色盆地，面积约20万平方千米，占四川省面积的46%。盆底内地势低矮，海拔200～750 m，盆地周围山地海拔多在1 000～3 000 m之间；西临青藏高原横断山脉之邛崃山及龙门山；北近秦岭米仓山、大巴山，与黄土高原相望；东接湘鄂西巫山，东南边缘相望于武陵山；南连云贵高原边缘大娄山及西南边缘大凉山。四川盆地地形地貌如图3.6-1所示。

　　盆地西部的龙门山中高山脉、中部龙泉山中低山及东部华蓥山脉将盆地内地形地貌形态分为以下3个部分：

　　（1）在龙泉山和龙门山、邛崃山之间的盆西平原，界于龙门山隆褶带山前江油—灌县区域性断裂和龙泉山褶皱带之间，为一断陷盆地，系断裂下陷由河流冲积而成，面积约8 000 km²，为我国西南最大的平原，因成都位于平原之中，故称成都平原。成都平原海拔460～750 m，地势由西北向东南倾斜，地表平坦，相对高差一般不超过50 m。它由岷江、沱江、涪江、青衣江等8条河流冲积连缀而成，土壤肥沃，河渠稠密，有著名的都江堰自流灌溉，素有"天府之国"之美称。

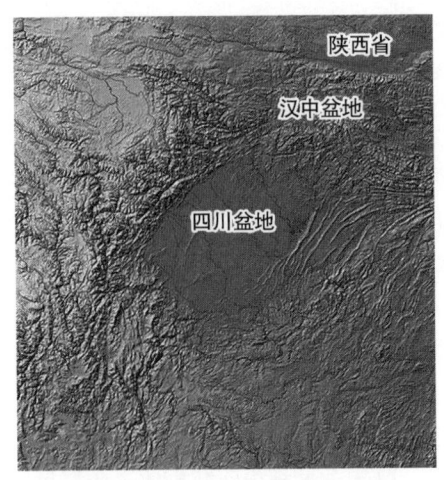

图 3.6-1　四川盆地地形地貌示意图

（2）在龙泉山和华蓥山之间的盆中丘陵，地势低矮，构造形迹微弱，产状平缓，区内海拔大多在 300～500 m 之间，相对高差为 50～150 m，地势由北向南倾斜，岩层近于水平，在流水的长期侵蚀切割作用下，形成台阶状的方山丘陵，南部多浅丘，北部多深丘。丘陵地表软硬相间的紫红色泥岩、砂岩极易风化为紫色土，富含磷钾，自然肥力较高，宜种性广，是四川全省粮食、经济作物主产区。

（3）华蓥山以东为盆东平行岭谷区，由多条近北东—南西走向的条状背斜山地与向斜宽谷组成，又称川东帚状褶皱束构造或川东南弧形构造，背斜狭窄，向斜宽阔，背斜山地陡而窄，高 700～1 000 m，其中，华蓥山高 1705 m，为盆地底部最高峰。山地顶部的石灰岩被雨水溶蚀后，常成凹槽，故山地大多具有"一山二岭一槽"或"一山三岭二槽"的笔架形地貌特色。山岭间的向斜谷地宽而缓，海拔为 300～500 m，其间丘陵、平坝交错分布，是平行岭谷区工农业生产主要地区。

2. 区域地质构造及构造应力场

从区域地质构造来讲，震旦纪以来四川盆地就是地壳运动比较稳定的大型拗陷区，它在晚三叠纪的印支运动中成为一个内陆湖盆，但范围要比今日的四川大得多，中生代堆积了厚达 3000～4000 m 的紫红色砂岩和泥岩，因此，人们又称它为"红色盆地"或"紫色盆地"。中生代末期的燕山期四川运动使盆地周围褶皱成山，中间相对下陷，轮廓基本形成。盆地内部地层也发生大规模的变形，盆地东部出现一组北东向的褶皱，称盆东褶皱带；中部形成穹窿构造，称盆中穹窿带；西部表现为盆地沉陷带。地质历史时期的构造运动为今天盆地内三大地貌单元奠定了基础。新生代的喜马拉雅运动使周围山地再次上升，盆地再次相对下陷，成都一带下陷更深。按照地质力学观点，四川盆地构造属于扬子准地台四川中台拗，为北北东向的新华夏系第三沉降带之四川沉降带，属于典型断陷盆地。四川盆地依据构造形迹特点划分为以下 4 个构造分区（图 3.6-2）：

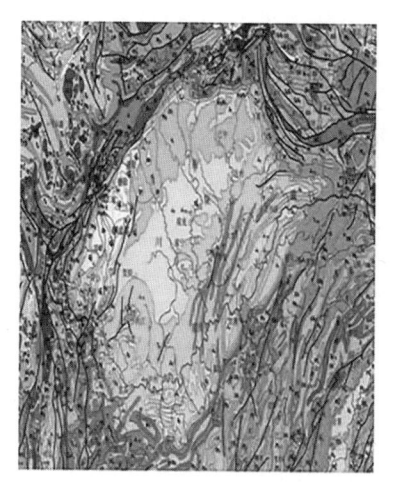

图 3.6-2　四川盆地区域地质构造示意图

1) **成都断陷平原**

从图 3.6-2 所示来看，成都平原西部龙门山脉为四川盆地西部边界，以西的龙门山高山峡谷区域属于四川盆地向青藏高原过渡地带，是印度板块向北挤压欧亚板块的活跃地区，边界断裂龙门山断裂带属于典型深大活动断裂，由前山断裂、中央断裂、后山断裂组成，2008 年汶川 8 级大地震即沿龙门山中央断裂破裂发震。因此，龙门山以西地区为板块挤压的构造活跃区域，山高谷深，内外地质作用十分强烈，不但崩、滑、流重力不良地质发育，新构造运动也十分强烈，岩体处于现今构造应力场中，构造应力背景值高。

龙门山以东至龙泉山复式箱状背斜之间为断陷盆地（又称之为成都凹陷），地质历史时期，它不断下陷，除在新生代时期沉积巨厚的红色砂泥岩地层外，第四系以来还广泛沉积了岷江及其支流的河流冲积层，形成典型被第四系砂卵砾石、黏土覆盖的冲积平原，厚度几十至数百米。成都凹陷呈不对称状分布，西陡东缓，西部沉积最厚近 300 m，东南部最薄厚度仅十余米，直至龙泉山脚基岩裸露，出露白垩系红色砂泥岩地层，产状近于水平。

2) **龙泉山箱状背斜**

中部的龙泉山脉南起仁寿，北达中江，全长约 130 km，宽 15～20 km，历史时期遭遇强烈的构造挤压，构造形迹规模宏大，形成北东向展布的复式箱状背斜，形成以龙泉山箱状背斜为骨干，包括一系列走向为 N20°～30°E 的褶皱、冲断层等的压性、压扭性结构面。龙泉山箱状背斜轴部宽阔平缓，两翼陡然下降，延伸不远复又变平，为典型的箱状背斜，西端发育有卧龙寺向斜，东端发育有贾夹场向斜，两侧发育压扭性走向逆断层，如马鞍山断层、尖尖山断层等。核部最老地层为侏罗系上沙溪庙组（J_2s），两翼依次为遂宁组（J_3s）和蓬莱镇组（J_3p）。因此，龙泉山脉岩体中残存较高的构造残余应力，隧道工程应充分研究残余构造应力及岩体强度，分析软岩变形的可能。

3) **川东低褶带**

龙泉山脉以东属于川东低褶带，地表广泛出露白垩系、侏罗系大片基岩，构造形迹微弱，无明显线性构造，多为鼻状背斜、短轴背斜等低平穹状构造，方向散漫不定，又称之为川东穹窿构造。总体上其褶皱、断裂、裂隙特点为：展布方向多为北东东—北东；断裂不发育，主要由褶皱组成，且褶皱平缓，两翼对称，多为鼻状、低平穹状的短轴背斜和箕状向斜；构造形迹呈雁行排列；断裂少见，仅在个别地段发育两组北西、北东向的共轭裂隙而组成新华夏系配套的扭性结构面；褶皱多是表层构造，至深部三叠系（T）地层以下则构造形迹消失；卷入该带的地层是侏罗系（J）、白垩系（K）与下第三系地层且为连续沉积，故推断定型于喜马拉雅造山运动时期。由于构造运动微弱，岩体中残存构造应力不大，岩体相对完整，但是深挖方工程也应注意重力应力场引起的坡脚应力集中对岩体的变形破坏。此外，砂泥岩差异风化形成的高陡危岩落石也应高度重视。

4）川东南弧形构造带——华蓥山断裂之川东褶皱束区

以华蓥山断裂为界，西部为川中丘陵区块体，东部由一系列北东—北北东向近乎平行的高背斜山脉组成，地形高差达数百米，由西往东依次为西山背斜、沥鼻峡背斜、温塘峡背斜、观音峡背斜，区内构造形迹是喜山运动早期的产物。其主要特征如下：由一系列北东—北北东向狭长不对称且近乎平行的褶皱组成，背斜成山较狭窄，向斜成谷较开阔，有隔挡式褶皱的特点；背斜轴部一般较平缓，翼部陡峻，背斜轴面往往反复扭曲，一般东翼较西翼陡；背斜轴部一般为三叠纪地层；向斜轴部多为中侏罗统上沙溪庙组；断层主要发育在背斜轴部和倾覆端，以及轴线弯曲和轴面扭曲地带，且集中发育在构造高点附近，多为高角度走向逆冲断层且多为南东东向北西西逆冲，压性特征明显；次级褶皱往往发育在背斜陡翼、褶皱间或地面岭谷陡缓交界附近。

三、红层工程地质特征

1. 红层地层岩性

四川盆地内出露红层主要为中生界白垩系、侏罗系、三叠系地层，尤以侏罗系上统遂宁组（J_3s）、中统上沙溪庙组（J_2s）为主，岩性为紫红色薄~中厚层泥岩夹砂岩，局部含石膏，广泛分布于川中平缓低褶带，即龙泉山与华蓥山之间丘陵区；白垩系地层主要分布于成都平原及龙泉山背斜两翼；三叠系地层主要分布于川东平行岭谷低山背斜区，岩性为灰岩、白云岩、砂泥岩等，构造挤压强烈，岩体破碎，其中三叠系上统须家河组（T_3xj）砂泥岩地层中含有可开采煤层，在背斜两翼形成许多小煤窑、煤矿，使工程建设地质环境更加复杂。

2. 工程地质特性

1）一般工程地质特性

结合成渝客专、成自铁路、内宜铁路工程地质勘察岩石试验数据，统计分析泥岩、砂质泥岩及砂岩一般物理力学指标见表3.6-1。

表3.6-1 红层砂泥岩主要物理力学指标一览

岩性	天然密度/（g/cm³）	颗粒密度/（g/cm³）	天然单轴抗压强度/MPa	饱和单轴抗压强度/MPa	天然含水率/%	饱和吸水率/%
泥岩	2.4~2.5	2.65~2.72	3~10	2~5	3~6	6~15
砂质泥岩	2.5~2.55	2.65~2.75	8~20	6~15	4~6	5~15
砂岩	2.4~2.55	2.65~2.75	10~35	6~30	4~8	6~10

从上述结果可以看出：红层泥岩天然单轴抗压强度一般都不高，大部分小于 10 MPa，天然含水量一般小于 6%，具有一定的吸水性。泥岩饱和单轴极限抗压强度一般小于 5 MPa，多属极软岩。砂质泥岩、砂岩饱和单轴极限抗压强度一般大于 5 MPa，多属软岩。

2）砂泥岩矿物成分

针对盆地红层砂泥岩工程特性，结合内江北车站路基上拱工点，中铁二院采集了不同深度 5 块泥岩、砂质泥岩岩样（侏罗系中统沙溪庙组地层 J_2s）送中国地质科学院矿产综合利用研究所测试中心，采用 X 射线衍射法对岩石进行矿物成分分析，结果见表 3.6-2。

表 3.6-2　内江北泥岩矿物成分及百分含量

序号	泥岩矿物组成及含量百分比 /%										
	方解石	白云石	石英	钠长石	伊利石	绿泥石	钙长石	白云母	水钠锰矿	钙钛矿	钠镁钒
1			54	7.8	29.0	3.3		4.0	1.22		
2			54	11.4	5.62	3.94		19			
3	1.3		49	11.7	30.1	1.59		1.79		4.1	
4	7.6		28.7	7.3	24.0	10.8	17.1				4.5
5			29.6	41.2	1.5	12.4	3.4	11.9			

从表 3.6-2 来看，内江北站泥岩中具有膨胀性的黏土矿物主要为伊利石及绿泥石，但是相对来说碎屑矿物石英、长石、云母及方解石、长石矿物含量占比较高，因此，可以认为内江北泥岩不是典型意义上的膨胀岩，仅具有弱膨胀性。

在对达成铁路云顶隧道底鼓机理研究中，相关单位取了 7 组侏罗系上统蓬莱镇组泥质粉砂岩岩样进行了 X 射线衍射法矿物成分分析，结果见表 3.6-3。

表 3.6-3　遂渝铁路云顶隧道泥质粉砂岩矿物成分及百分比含量（%）

取样里程	伊利石	石英	绿泥石	方解石	斜长石	硬石膏
K106 + 326（变形段）	31.08	31.65	17.13	9.33	7.87	
K107 + 652（未变形段）	37.27	23.53	19.11	8.52	6.34	2.78
K106 + 852（未变形段）	31.12	26.00	19.41	14.43	2.43	
K108 + 645（变形段）	26.19	31.00	15.01	9.83	8.11	6.99
K109 + 266（变形段）	30.34	31.33	17.13	7.17	6.98	

从上述两处红层泥岩、泥质粉砂岩 X 射线衍射试验结果来看，试验岩样中含有中等膨胀性矿物伊利石，含量大部分占比在 20%～30% 之间，但是强膨胀性矿物蒙脱石在红层泥岩、泥质粉砂岩中基本未检出，这是四川盆地红层的一个显著特点，不含强膨胀性黏土矿物蒙脱石，也反映出岩石不具强膨胀性特点，具有一定潜在膨胀潜势。

3) **红层泥岩膨胀性**

在成渝客专勘察期间，为查明红层泥岩的膨胀性，全线共取了 2238 组泥岩样品进行了膨胀性试验，其结果见表 3.6-4。

表 3.6-4 成渝客专全线泥岩膨胀性试验指标分类统计

项目	非膨胀岩	弱膨胀岩	中膨胀岩	强膨胀岩	合计
数量/组	1806	410	22	0	2238
比例/%	80.7	18.3	1	0	100

在判定为中膨胀岩的 22 组样品中有 5 组位于路堑地段，挖方深度为 5～12 m，多年来没有发现路基上拱变形。

对于上拱变形比较明显的成渝客专内江北车站两端深挖路堑地段，勘察设计及补充勘察阶段，两段共取 47 组岩样进行膨胀性试验，结果仅 6 组具有弱膨胀性，占比为 12%。

自贡至宜宾客专勘察期间共取 865 组泥岩样本进行膨胀性试验，结果 112 组岩样具有弱膨胀性，仅个别具有中等膨胀性，占比为 12.9%。

成都至贵阳铁路在红层中取了 132 组泥岩样本进行膨胀性试验，其中仅 35 组具有弱膨胀性，占比为 26%。

成自客专在地质勘察中共取泥岩样本 552 组，其中按照自由膨胀率判定，占比 84% 的岩石属于非膨胀岩石，弱至中等以上的膨胀岩仅占比 16%，但是按照饱和吸水率及膨胀力来看，属于膨胀岩的占比可达 50%，但是大部分属于弱膨胀岩。

根据上述各条线的地质勘察数据及四川盆地内工程建设实践，盆地内的红层泥岩具有一定膨胀性，不具备明显的膨胀岩特征，不属于膨胀岩。

四川盆地内已经建成的公路、房屋建筑开挖剖面，泥岩夹砂岩临时边坡陡立，虽经日晒雨淋，稳定性一般较好，亦未闻未见有因泥岩膨胀性而致建筑物变形破坏者。

4) **红层砂泥岩完整性**

四川盆地属于扬子准地台一部分，长期以来，处于地壳相对稳定板块，地质构造运动不显著，盆地中岩体挤压不强烈，除去龙泉山褶皱带、华蓥山帚状褶皱带构造挤压强烈、岩体倾角陡倾、节理裂隙发育外，其余川中低褶带、宽阔向斜带，岩层倾角平缓，未受到严重挤压，构造节理裂隙不太发育，岩体相对完整，岩体内构造残余应力不大，一定埋深的岩体内主要是重力场作用下的岩体应力场。

5) **岩层差异风化**

红层泥岩夹砂岩由于岩石强度差异，加之岩层节理主要以垂直节理发育为主，因此，差异风化较为严重，特别是陡坡、斜坡地段，出露地表的岩层由于差异风化常形成陡崖、陡坎，泥岩呈空腔，砂岩多呈危岩耸立，陡崖下多见落石形成的岩堆。斜坡地表以下由于存在陡倾节理，常常发育风化透镜体、风化囊等差异风化现象，影响基础工程持力层及基础埋置深度。这点需要特别引起重视。

四、主要工程地质问题

根据上述分析的四川盆地红层砂泥岩的工程地质特性，结合盆地所处的区域地质构造部位，红层砂泥岩主要存在以下工程地质问题：

1. 危岩落石

由于砂泥岩强度差异，岩体存在差异风化，软质泥页岩易于风化剥落，在砂岩底部形成空腔，当砂岩处于较高地势之上时，受重力作用、节理切割，加之临空卸荷，陡崖上砂岩形成危岩易落石，发生崩塌、落石，直接威胁其下的工程建设。工程建设中务必高度重视，采取清除、支顶、嵌补、挂网等工程措施对危岩块体进行加固处理。

2. 风化剥落

泥岩多属于软质岩，易于风化剥蚀，遇水容易软化，降低岩体强度，对工程边坡、基坑承载力存在影响，所以，工程建设中要对泥页岩边坡进行及时防护，基坑底部及时封闭、及时下基。

3. 滑坡坍塌

砂泥岩地层属于易滑地层，滑坡、坍塌较为发育，工程建设中首先识别滑坡崩塌，应绕避大型崩塌滑坡，不能绕避的要采取工程措施进行加固整治。

4. 囊状风化、风化透镜体

由于红层泥岩夹砂岩具有垂直节理发育特征，因此，地表覆盖土下的岩层由于岩石软硬不均、垂直节理发育，在地表水下渗浸润作用下，常常出现中风化中夹强风化透镜状、风化囊，或者短距离平面位置上出现强风化带急剧下降特点，有时勘探点不足时引起风化界线出现错误判定，影响基础持力层及埋置深度。这种地表下岩层差异风化曾引起两处大桥持力层承载力不足，产生桥墩下沉偏移病害。

5. 软岩蠕变

泥岩属于极软岩，前已述及，四川盆地红层泥岩天然单轴抗压强度大部分小于 10 MPa，遇水后强度还会进一步降低，在较高地应力（埋深大的自重应力场或构造挤压强烈的水平应力场）作用下，岩体会出现长期缓慢蠕变变形。因此，对于穿越龙泉山、华蓥山帚状背斜地段的深埋隧道，除了埋深较大，形成较大自重应力场外，由于这些背斜山体本身在地质历史时期遭受了强烈构造挤压作用，岩体中残存较高的构造残余应力，开挖隧道会引起较高地应力二次集中调整，如果隧道初期支护措施不足以抵抗围岩在地应力作用下的缓慢蠕变，就会出现隧底底鼓病害。这在穿越龙泉山隧道的达成铁路云顶隧道、渝黔铁路老周岩隧道中已经产生。

此外，对于川中低褶带的工程建设，也需要注意软岩的蠕变，尽管该区域岩层水平，构造残余应力不大，但是在重力场作用下，长大深挖路堑（挖方深度一般大于30 m）也会出现自重应力作用下的卸荷回弹、软岩蠕变引起的缓慢上拱变形，典型的就是内江北车站两端咽喉区深挖方地段，开通运营后一直持续上拱。因此，对于红层泥岩的长大深挖路堑，需要在勘察阶段查明软岩工程地质条件、物理力学参数，划分易于产生上拱的区段，采用锚固桩、桩板结构等工程措施对底部岩体进行加固处理，抑制底部岩体的蠕变形变。

五、结语

（1）大量地质勘察试验数据及工程实践表明：四川盆地内的砂泥岩红层不是典型膨胀岩，盆地内大量工程建设均未把红层砂泥岩当成膨胀岩处理，如边坡率仍然采用1∶0.75～1∶1的砂泥岩坡率。但是，泥岩含量高的地段局部存在弱膨胀性，具有一定的膨胀潜势。对于高速铁路无砟轨道来说，沉降变形要求高，对于地质勘察确定的弱膨胀泥岩地段，需要采取一定工程措施处理。

（2）红层泥岩属于软质岩类，特别是遇水浸泡后，岩体强度下降显著，在受力条件下，易于产生持续蠕变，具有典型软岩流变特征。因此，对于长大深挖方路堑、深埋隧道，必须采取一定的工程措施避免软岩蠕变对工程及无砟轨道产生的不利影响，防治隧底底鼓、路基轨面上拱等病害发生。

（3）尽管四川盆地处于稳定的扬子准地台区，区内构造运动相对轻微，但是盆地内的龙泉山脉、华蓥山系仍然受到强烈挤压，形成显著山脉，把四川盆地分为不同的地形地貌单元。山体岩体中赋存较高残余构造应力及较高自重应力，穿越这些地段的隧道、路堑要认真研究工程所在场地的地应力及岩石强度，计算强度应力比，分析判断是否会因较高地应力二次集中调整引起岩石蠕变形变，及时提出抵抗变形的工程措施。

（4）川中低褶带区域内的红色砂泥岩，构造运动微弱，岩体产状近于水平，岩体中残存的构造残余应力较低，岩体节理裂隙不发育，相对完整，按照岩体质量指标分级，工程岩体基本质量等级划分为Ⅳ、Ⅴ级，局部砂岩占比较大地段，岩体基本质量级别可划分为Ⅲ级。

（5）川东红层泥岩夹砂岩地层岩体总体完整性较好，但是垂直节理较为发育且岩石软硬不均，岩石差异风化较为强烈，容易出现危岩落石、岩堆及地下风化囊、风化透镜体，给工程造成一定影响，勘察设计中要高度重视。

第四章

岩溶及岩溶水

西部山区可溶岩地层广泛分布、岩溶极为发育，岩溶及岩溶水是高速铁路建设及营运中经常遇到的重大工程地质问题，认识不到位、处置不恰当都会给铁路建设及运营带来极大危害。对于地表岩溶极发育地段，如洼地、落水洞、竖井、岩溶谷地等岩溶形态，一般高速铁路线路方案及工程设置应尽量避免穿越或走行；但是隐伏于地下的岩溶、岩溶水，由于其发育具有不均一性、隐蔽性、复杂性的特点，岩溶发育的空间分布、岩溶水赋存、涌突水地段勘察起来仍有难度，很难在勘察设计阶段精准查明，工程地质学界普遍认为岩溶及岩溶水属于世界性勘察难题。

西部山区十余年高速铁路建设中，遇到了大量的岩溶及岩溶水问题，给铁路建设带来了极大困难与新的挑战，如地下大型溶洞整治处理、岩溶桥墩成桩困难、墩台沉降及沉浮、突发的涌突水危害等等，广大地质工作者面对建设运营中出现的这些复杂岩溶及岩溶水问题，一方面积极应对、科学分析、正确处置，同时也在不断思考分析、归纳总结，获得了许多宝贵的经验，丰富了岩溶地质勘察理论与方法，对于指导高速铁路岩溶地质勘察工作都具有客观现实的指导价值。概括起来，主要有以下几条：一是针对地下大型溶洞，勘察期间应采取多种物探方法结合钻探验证来提高溶洞勘察精度，尽可能在勘察期间精准查明地下大型溶洞的空间分布及其与铁路工程的关系；二是山岭岩溶隧道勘察时，应明确划分岩溶水的垂直分带，提出隧道工程所处的岩溶分带类型，施工中应加强地质超前预测预报，防治涌水突泥灾害发生；三是岩溶极为发育的山岭隧道，特别是施工中揭示多处溶洞的岩溶隧道，应辅助正洞设置排泄通道（平行导坑、泄水廊道等）疏排雨季大量下渗的地下水，以减轻地下水对正洞影响；四是岩溶隧道如果施工中揭示干溶洞、空溶洞，不应采取混凝土或水泥砂浆封闭堵塞溶洞，应在溶洞中埋设排水管，使岩溶地下水径流畅通；五是对于岩溶发育的山岭隧道，如果采用大气降雨入渗法计算隧道涌水量，宜采用地区日最大降雨量计算隧道最大涌水量；六是对于处于季节变动带或者水平循环带的岩溶隧道，如果岩溶不是特别发育，主要以岩溶裂隙水为主，应在边墙或者隧底设置一定的泄水孔，排泄岩溶裂隙水，降低岩溶水导致边墙开裂或隧道底板底鼓风险。

本章汇编收入了 13 节有关岩溶、岩溶水工程地质问题的具体案例文章，有的是隧道发生特大涌水的原因分析，有的是桥梁墩台沉浮机理探索，还有的是地下大型溶洞整治处理及经验教训总结，也有隧道建成后渗漏水原因分析等等。这些文章都是工程建设、开通运营中发生的具体工程实例，可读性强，同时还有不少经验总结，对于加强工程地质学界技术交流、提高广大地质工作者技术水平具有重要的参考价值和现实指导意义。

第一节　郑万高铁小山峡隧道特大岩溶涌水分析研究

正在施工建设的郑万铁路小山峡隧道在2020年雨季发生$450 \times 10^4 \text{ m}^3/\text{d}$的特大涌水,平导、横洞及正洞中心沟、侧沟被水流溢出淹没,产生严重水害事故。尽管随着降雨减少,隧道涌水量也逐渐减小,但是如此巨大的短时涌水量对隧道工程产生的危害是显而易见的,必须增设新的排水措施排泄巨大涌水量,才能保证隧道工程及今后运营安全。本案例在隧道区域水文地质、工程地质条件基础上,结合隧道内岩溶发育、分布特征及涌水情况,分析了隧道发生如此巨大涌水量的来源组成、特大涌水的原因,针对岩溶隧道的涌水量计算提出了预测方法、参数选取及措施建议。文章对从事土建工程勘察设计、施工的工程技术人员有一定的参考指导意义。本节由王茂靖、张毅撰写。

一、概　况

1. 工程概况

郑万高铁上的小三峡隧道地处长江以北重庆市奉节县与巫山县交界处,位于巫山车站和奉节车站区间,进口里程为D1K664+992.50,出口里程为D1K683+964.77,全长18.972 km,为单洞双线隧道,设计为人字坡,隧道最大埋深位于齐跃山背斜核部附近,约890 m。

由于全隧进口段大部分穿越可溶岩地层,为全线Ⅰ级风险隧道。隧道进出口不具备施工条件,设计采用"3横洞+2斜井+3平导"辅助导坑方案,其中,1号平导长6 323 m,2号平导长413 m,3号平导长406 m,1号横洞长1985 m,2号横洞长1480 m,3号横洞长189 m,1号斜井长1 626 m,2号斜井长2 005 m,辅助坑道合计全长15.439 km,如图4.1-1所示。

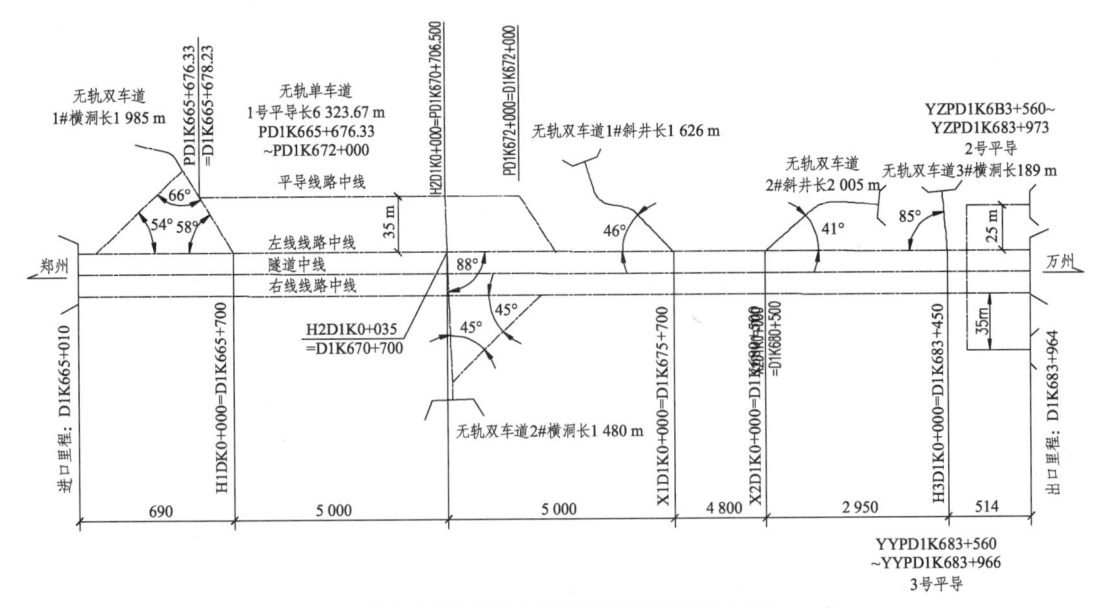

图4.1-1　辅助坑道与隧道正洞位置关系示意图(单位:m)

2. 水害概况

小三峡隧道于2017年初开工建设，2020年7月26日顺利贯通。施工期间，进口可溶岩地段（D1K665+000～D1K672+000）累计揭示溶洞20处，其中正洞14处，平导6处。岩溶形态以溶洞、溶缝、岩溶管道为主，岩溶较发育，涌水段落主要发生在1号横洞工区、进口平导段及2号横洞工区。其中：8处溶洞为干溶洞；7处旱季无水雨季涌水；5处出现涌水，雨季水量增大。出口可溶岩地段（D1K683+600～D1K683+964.77）未揭示溶洞，施工期间未出现较大涌水。

2020年7月25日，小山峡地区遭遇特大暴雨，最大日降雨量达到71.3 mm，7月26日上午小山峡隧道平导、横洞及正洞多处溶洞出现涌水，水流开始沿平导水沟顺坡排泄，后来流量增大，沿平导、横洞整个路面冲出，1号横洞淹没路面高度达64 cm，涌水量测算峰值为283.2×10^4 m³/d，2号横洞淹没路面高度达37 cm，涌水量测算峰值为167.3×10^4 m³/d，合计涌水量约为450×10^4 m³/d，平导、横洞及正洞既有中心沟、侧沟被水流溢出淹没，不能正常排泄如此巨大涌水，整个涌水持续到2020年7月27日12:30，后逐渐减少至水沟正常排泄。

小山峡隧道出现如此巨大的涌水，既有排水设施远远不能排泄，必须增设新的排泄通道满足排水需要，保障隧道营运安全。图4.1-2所示为特大涌水景象。

（a）1号横洞口涌水情况 　　　　（b）2号横洞口涌水情况

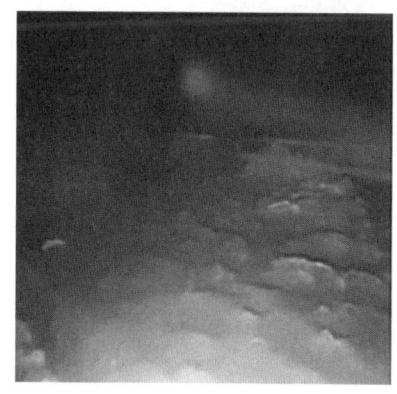

（c）1号横洞内涌水情况 　　　　（d）1号平导内涌水情况

图4.1-2　小山峡隧道涌水现场照片

二、隧道区域自然地质条件

1. 地形地貌及气象特征

隧址区为中~低山构造~剥蚀、侵蚀地貌，总体上山势呈 NE—SW 向展布，最高处标高约 1770 m，处于隧道中部齐跃山背斜轴部山脊，最低处为隧道进口大宁河，标高 165 m，相对高差约 1605 m。中洞河以东隧道进口段（D1K665 + 000 ~ D1K672 + 000 段）为岩溶侵蚀地貌，山顶宽缓，峰丛、洼地、落水洞、槽谷等岩溶地貌形态发育。中洞河以西隧道出口段（即 D1K672 + 000 ~ 隧道出口段）为构造侵蚀-剥蚀地貌，坡顶宽缓，斜坡区较平缓，坡度一般为 15°~20°，局部有陡坡或陡崖；沟谷岸坡地形陡峻，坡度一般为 40°~60°。

测区村庄零星分布，隧道进口位于大宁河右岸斜坡地带，无公路相通，交通不便；隧道出口有村道与 S103 相通，交通较方便；洞身段线路附近区域在巫山县龙务坝以西"村村通"已基本完成，交通较方便，龙务坝以东现居住人员稀少，植被较茂密，仅局部有村道通过，其交通条件较差。

测区属温湿的中亚热带气候，冬季温和，夏季炎热，雨量充沛，四季分明。年平均气温 18.4 ℃，最冷的 1 月份平均气温为 7.1 ℃，最热的 7 月份平均气温为 29.3 ℃；年平均降雨量在 1 026.7 ~ 1 423.7 mm 之间，月最大降雨量为 343.8 ~ 453.1 mm，降雨量分布不均，多集中于 5—9 月，12 月和 1 月、2 月降雨量较少。据气象局资料统计，自 1959 年至 2019 年间，巫山县城最大峰值日降雨量发生在 1998 年，为 163.3 mm。

2. 地层岩性及地质构造

隧道除进出口斜坡上覆盖有残坡积粉质黏土、碎石角砾土外，洞身主要通过三叠系中下统巴东组、嘉陵江组、大冶组地层，其中巴东组四段、二段为砂岩夹泥岩、泥灰岩岩性，岩溶不发育，其余岩性为中厚层的灰岩、泥质灰岩、白云岩盐岩溶角砾岩，岩溶发育，尤其以下统嘉陵江组、大冶组可溶岩岩溶极为发育，地表存在洼地、漏斗、谷底及地下暗河岩溶景观。地层岩性见表 4.1-1。

表 4.1-1 隧址区地层岩性一览表

系	统	组	地层代号	岩性描述	沉积相	厚度/m
第四系	全新统		Q_4	灰、黄灰色粉质黏土、粉砂土，角砾碎石土及块石土	—	0 ~ 50
三叠系	中统	巴东组	T_2b^4	中厚层紫红色、浅灰色粉砂岩、粉质泥岩夹泥灰岩，顶部为浅灰黄色白云岩夹泥岩	潮坪、潟湖相、三角洲相	254
			T_2b^3	上部为泥灰岩夹白云岩；中部为浅灰色泥灰岩、泥质灰岩夹少量钙质泥岩、粉砂岩；下部为浅灰色灰岩、泥质灰岩夹泥灰岩，薄至中厚层状		301

系	统	组	地层代号	岩性描述	沉积相	厚度/m
三叠系	中统	巴东组	T_2b^2	薄至中厚层紫红色夹浅灰色粉砂岩、粉砂质泥岩、泥岩夹细砂岩，下部及顶部为泥质灰岩，中下部夹角砾岩。本层部分地段含硬石膏	潮坪、潟湖相、三角洲相	320
			T_2b^1	薄至中厚层浅灰色、灰黄色泥质灰岩、白云岩夹钙质泥岩。部分地段底部含硬石膏		71
		嘉陵江组	T_2j^4	中厚层灰、浅灰色白云岩夹多层盐溶角砾岩，中上部夹泥质灰岩、灰岩。本层含石膏	局限海台地	425~1041
			T_2j^3	中至厚层状浅灰色泥灰岩，底部为鲕状砂屑颗粒灰岩，下部夹白云岩，中部夹稳定的含燧石条带灰泥灰岩		
			T_2j^2	厚层状浅灰色白云岩夹灰质白云岩、藻纹层白云岩、盐溶角砾岩组合，含石膏假晶		
			T_2j^1	底部白云岩（局部夹盐溶角砾岩），其上为浅灰色瘤状灰岩、泥灰岩等，顶部为白云岩化核形石泥粒灰岩，中至厚层状		
	下统	大冶组	T_1d	浅灰色粒屑、砂屑颗粒灰岩、鲕粒灰岩、泥粒灰岩及灰泥灰岩夹钙质粉砂质页岩，薄至中厚层状	海台地、浅海陆棚	341~771

在大地构造上，隧址区处于新华夏系第三隆起带与沉降带的结合部位，构造形迹北北东向展布，齐跃山基底大断裂通过本区，形成齐跃山背斜，在背斜两侧形成"人"字形构造体系，齐跃山背斜南东侧形成北东向构造，齐跃山背斜北西侧形成弧形构造，其构造形式以褶皱变形为主，而断裂较少见。背斜形态以箱形为主，相间狭窄的向斜，组成隔槽式褶皱。

隧道主要穿越北北东向的齐跃山背斜及弧形构造巴务河向斜及其伴生的次级构造，如图4.1-3和图4.1-4所示。

齐跃山背斜呈北东—南西向斜穿忠县和奉节地区，长度大于226 km，两翼不对称，沿走向轴面有倾向北西、南东或直立之扭转现象，轴面略成弧形，由N20°E渐转为N75°E，微突向北西。

巴务河向斜位于齐跃山背斜北西侧，长度大于55 km，轴向N60°~80°E，北西翼岩层倾角为12°~51°，南东翼为40°~68°，为斜歪长轴向斜。向斜北西翼发育多组长轴低缓背斜、向斜褶皱，组成长约50 km、宽约6 km、平行于齐跃山背斜的窄长褶皱带。

区域内晚近时期，新构造运动主要表现为间歇性上升隆起，未见活动断裂。测区地震动峰值加速度为0.05g，地震动反应谱特征周期为0.35 s。

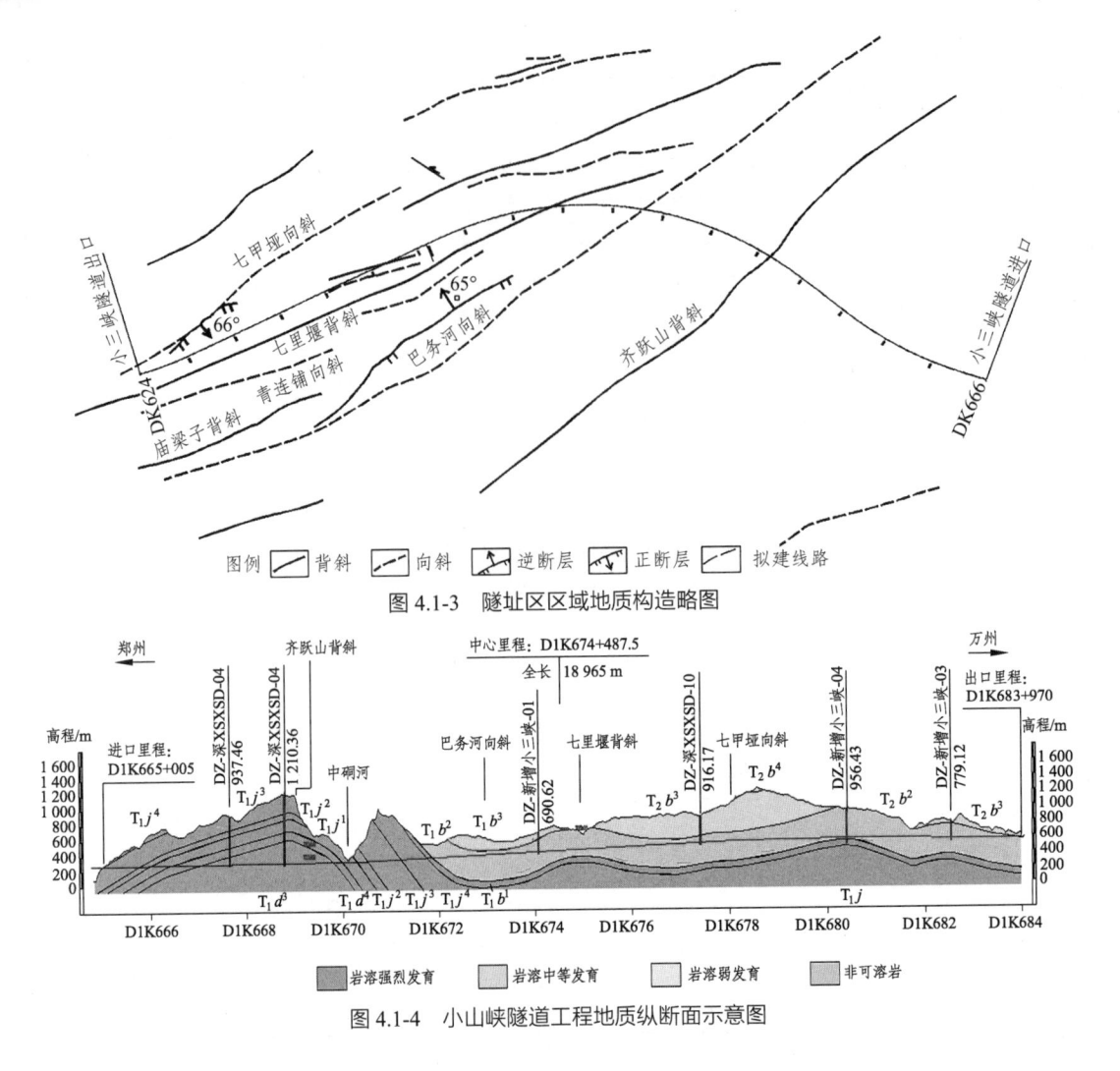

图 4.1-3 隧址区区域地质构造略图

图 4.1-4 小山峡隧道工程地质纵断面示意图

3. 地下水及主要工程地质问题

隧址区地下水主要为基岩裂隙水及岩溶水，其中基岩裂隙水赋存于测区巴东组二段（T_2b^2）的砂岩、粉砂岩的节理裂隙、层理间隙和岩体孔隙中，由于地层中泥岩为相对隔水层，因此，此类地下水不甚发育，且彼此之间无水力联系，对于丰富的岩溶地下水起到了阻隔作用。测区可溶岩广泛分布且岩溶发育，岩溶地下水水量大，径流活跃，是隧址区主要的地下水，在后面重点叙述。

小山峡隧道在勘察设计中被评估为Ⅰ级风险隧道，主要存在进出口危岩落石、深部天然气、盐溶角砾岩、顺层偏压、岩溶及岩溶水涌水等风险。其中岩溶及岩溶水是隧道施工及安全运营的重大风险隐患。

三、隧道岩溶水文地质特征

1. 岩溶含水岩组

三叠系中统巴东组三段（T_2b^3）、一段（T_2b^1）、下统嘉陵江组（T_1j）和大冶组（T_1d）

中厚层灰岩、泥质灰岩、白云岩、白云质灰岩碳酸盐岩构成了隧道洞身穿越的主要岩溶含水岩组，由于受巴东组二段泥岩、砂岩阻隔，测区含水岩组可分为上统巴东组三段含水岩组（Ⅰ）及巴东组一段、下统嘉陵江 - 大冶组含水岩组（Ⅱ）两个含水岩组，其中尤以嘉陵江组、大冶组可溶岩岩溶最为发育，地表洼地、漏斗、谷地、落水洞十分发育，岩溶大泉、暗河等岩溶水发育于此地层之中，是隧道主要的岩溶含水岩组。根据野外调查，大的暗河流量可达 150 L/s，小泉点的流量则只有 0.1 L/s。岩溶水露头多分布于可溶岩与非可溶岩的接触带、背斜和向斜轴部、地形低洼地带和地下水排泄基准面附近。

2. 岩溶水补、径、排条件

隧址区岩溶地下水主要接受大气降水补给，区域降雨丰沛，多年平均降雨量在 1026.7 ~ 1423.7 mm 之间，为地下水提供了充足的来源。除降雨外，地下水补给程度还与地形地貌、地质构造、地表节理裂隙与岩溶发育程度、含水层出露面积和浅层储水空间等因素密切相关。据地质调绘，测区北部出露大量巴东组二段（T_2b^2）、四段（T_2b^4）紫红色泥岩、砂岩夹灰岩地层，岩溶发育程度相对较弱，大气降水形成的地表水沿地表风化裂隙、构造节理、溶蚀裂缝、溶沟和少量溶洞、溶穴等进行入渗补给；测区南部由于可溶岩大面积出露，地质构造复杂，植被较发育，碳酸岩盐岩溶蚀程度高，大气降水多沿齐跃山背斜轴部一带密集分布的溶洞、溶蚀洼地、落水洞等通道进行注入式补给，加之含水层出露面积大，为大气降水的入渗创造了有利条件，岩溶地下水十分丰富，雨季时节岩溶大泉、暗河流量猛增。

岩溶泉点、暗河等岩溶地下水主要沿河流、溪沟、峡谷两岸、可溶与非可溶岩接触带排泄。测区地层岩性、地形地貌对地下水径流与排泄起控制作用，地质构造和含水岩组空间组合特征更是直接影响地下水运动方向和排泄。

前已述及，测区发育齐跃山背斜、巴务河向斜及其间伴生的许多次级褶皱，褶皱轴部沿 NE—SW 向展布，两端被长江及其一级支流大宁河与草堂河切割，两河与长江共同形成研究区地下水排泄基准面。区内含水岩组Ⅰ（T_2b^3）沿走向分布于背斜翼部、向斜核部，含水岩组Ⅱ（T_2b^1、T_1j、T_1d）顺轴向分布于背斜核部、向斜两翼，两套含水岩组被一套相对隔水层（T_2b^2）所分隔，含水岩组Ⅰ上覆巴东组四段（T_2b^4）相对隔水层。总体上，褶皱区形成典型的箱形隔挡式构造，受隔水层夹持，地下水更容易顺着构造线方向顺层面、轴向运动，而难以越过隔水层与地下分水岭流动与排泄，加之褶皱核部应力集中，节理裂隙垂直于层面发育，使得地下水运动沿轴向于褶皱核部流动通畅。

综上所述，测区岩溶地下水主要是沿层面走向、褶皱轴向向长江、草堂河、大宁河流动和排泄，在丰水期，大量降雨沿分水岭向两翼入渗补给地下水，在流动过程中，局部地下水以泉点或散流形式排泄，大部分地下水（暗河）沿构造线方向流动与排泄。在贫水期和枯水期，局部地下水径流减弱，近东西向径流加强。

3. 水文地质单元

根据区域地质调绘，结合测区地形地貌、地质构造、含水岩组、岩溶发育状况、岩溶水赋存、地下水补径排条件，隧址区可以划分为石马河水文地质单元（Ⅰ）、长江—大宁河水文地质单元（Ⅱ）两个 1 级单元，其中长江—大宁河 1 级单元结合地表分水岭及巴东组二段（T_2b^2）隔水边界划分为 4 个二级单元分区。隧道主要通过石马河水文地质单元（Ⅰ）、中洞河水文地质单元（Ⅱ-2）、大宁河水文地质单元（Ⅱ-3），如图4.1-5所示。

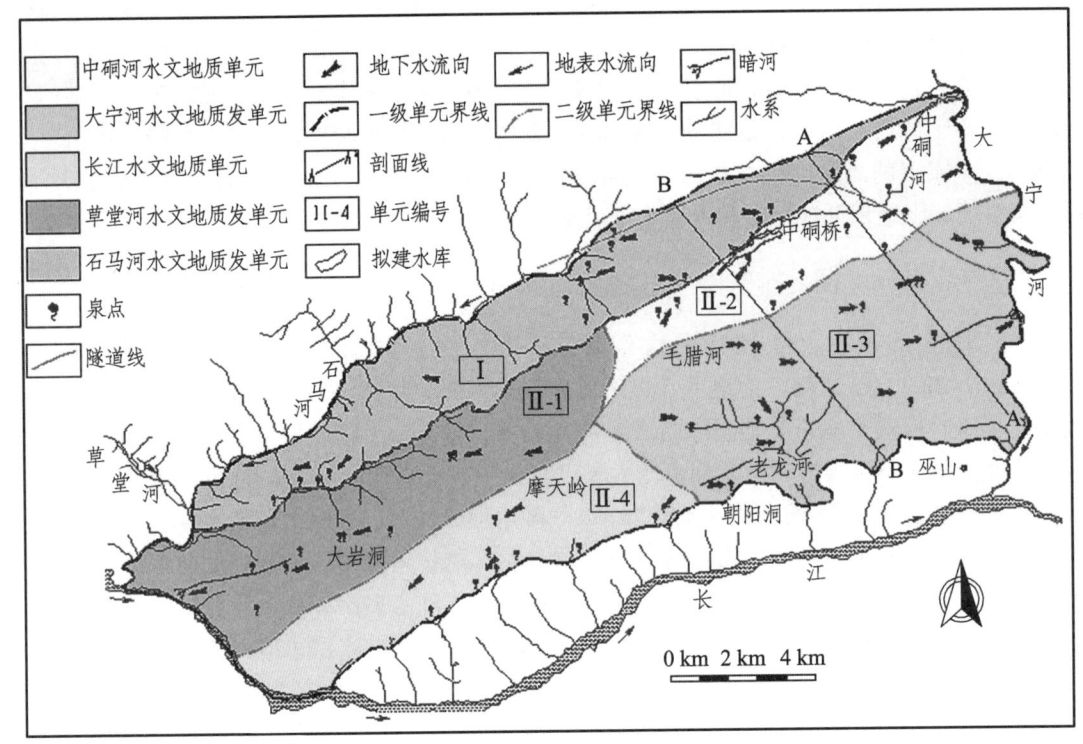

图4.1-5 隧址区水文地质单元划分示意图

隧道通过的水文地质单元特征分述于下：

石马河水文地质单元（Ⅰ）该单元南北两侧以巴务河向斜南北翼巴东组二段泥页岩（T_2b^2）作为隔水边界，西部以草堂河、石马河作为单元的排泄边界，东部以大宁河作为单元的排泄边界。单元主要地质构造为巴务河复式向斜，主要岩溶含水岩组为T_2b^3（含水岩组Ⅰ），地表负地形较为发育，下部含水岩组Ⅱ被T_2b^2泥岩、砂岩阻隔。地下水接受大气降雨补给，沿地表溶蚀地貌、裂隙下渗补给，单元内以石马河、草堂河为排泄基准面，发育大量支沟，加之单元内出露大量T_2b^2隔水层且主要含水岩组T_2b^3沿构造线分布不连续，在汇水构造作用下，地下水向低处流动，最终以集中、散点形式分别排泄于溪沟和单元东、西两侧的大宁河、草堂河与石马河中。垂向上，含水岩组Ⅱ（T_2b^1、T_1j、T_1d）受T_2b^2阻隔，含水岩组Ⅰ与含水岩组Ⅱ很难发生水力联系。含水岩组Ⅱ中岩溶地下水通过水文地质单元Ⅱ进行径流补给，顺着构造线方向向两侧流动，并最终排泄于大宁河与草堂河中。值得注意的是，拟建隧道在水文地质单元Ⅰ中主要穿越T_2b^2砂泥岩地层，因此水文地质单元内含水岩组Ⅰ中岩溶地下水对隧道工程影响不大。

中硐河水文地质单元（Ⅱ-2）北部以与长江—大宁河水文地质单元的物理隔水边界为界，南部以齐跃山分水岭为隔水边界，西部以与草堂河水文地质单元（Ⅱ-1）的分水岭为界，东部以大宁河作为排泄边界，主要为含水岩组Ⅰ（T_2b^1、T_1j、T_1d），地表岩溶发育，大气降雨入渗补给，在南部齐跃山背斜、西部分水岭、北部T_2b^2隔水边界作用下，地下水沿构造线方向运动，以泉点排泄和散点排泄。此单元内可见洼地、落水洞共19个，主要沿构造线、溪沟与河流展布，高程分布在1400～1700 m、800～1100 m；单元内一共出露6条暗河，37

个泉点。800 m以下排泄点：共有20个，4条暗河沿大宁河分布，流量达150 L/s，泉点流量为19.25～40 L/s，分布高程分别在100 m、200 m、500 m和700 m，可见地下水水位较高，且呈多层次分布，其余流量为0.015～2 L/s；800～900 m：5个，发育一个31.79L/s大泉，高程为826 m，其余流量在1 L/s左右；1 000～1 200 m：10个，可见一流量为40L/s的大泉，分布高程为1 020 m，其余流量在0.05～0.5 L/s；1 300～1 600 m：4个，流量不到0.2L/s。拟建隧道近垂直穿越该单元，穿越地层主要为T_1j、T_1d^4、T_1d^3。

大宁河水文地质单元（Ⅱ-3）北部以与中洞河水文地质单元（Ⅱ-2）地表分水岭作为隔水边界，南部以T_2b^2为隔水边界，西部以胡枣树——大路槽——碗水沿线的分水岭作为隔水边界，东部以大宁河为排泄边界，主要出露含水岩组Ⅰ（地层为T_2b^1、T_1j、T_1d和少量T_2b^3），地表岩溶发育，主要接受大气降雨补给，地下水沿构造线偏南方向运动，以泉点和大型暗河排泄于长江支流、大宁河和长江中。单元内可见洼地、落水洞28个，分带性明显，主要沿SW—NE、近N—E向展布，高程分布为1 100～1 400 m、700～900 m左右；单元内一共出露7条暗河，43个泉点。800 m以下排泄点：29个，其中4条暗河分布于大宁河，流量在120L/s左右，老龙洞暗河为50 L/s，且随季节变化大，暗河分布高程在70～290 m，多数泉点流量在0.005～2.5 L/s，另可见3个大型泉点，流量分别为30 L/s、24 L/s、9 L/s，分布高程均在500～600 m；800～900 m：2个，流量偏小；1 000～1 200 m：7个，流量在0.005～0.006 L/s；1 300～1 600 m：10个，流量在0.008～0.8 L/s。隧道进口段斜穿该单元，穿越地层主要为T_1j、T_1d^4可溶岩地层，其单元内丰富地下水是隧道主要涌水量来源。沿隧道轴线的水文地质单元剖面如图4.1-6所示。

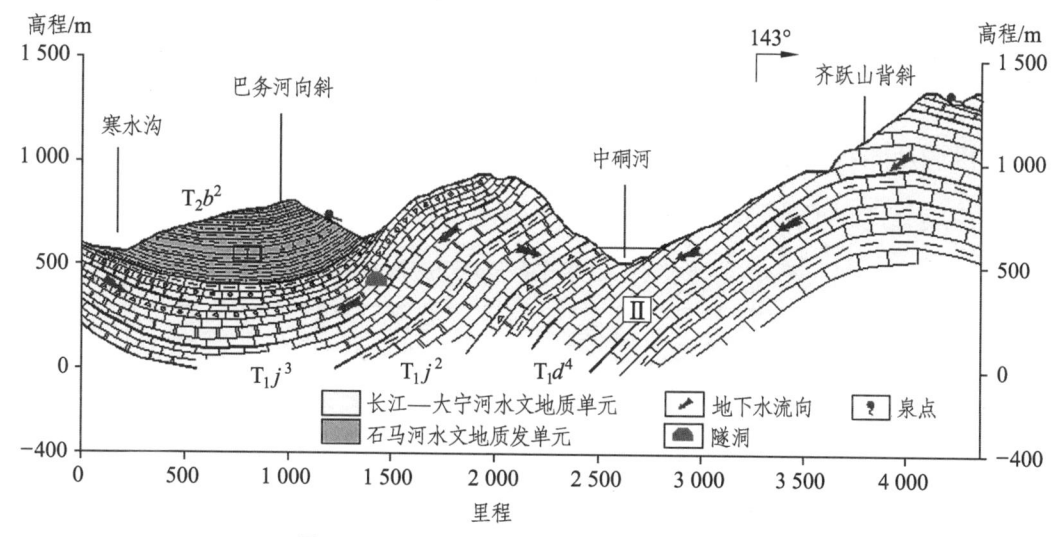

图4.1-6 沿隧道轴线的水文地质单元剖面示意图

4. 隧道岩溶水垂直分带

根据深孔地质钻探成果，隧道穿越可溶岩地层，隧道洞身通过岩溶水垂直分带如下：

进口至D1K672+00段隧道洞身穿越可溶岩含水岩组Ⅰ（T_2b^1、T_1j、T_1d和少量T_2b^3），构造上为齐跃山背斜，段内地表岩溶极为发育，岩溶水丰富。进口段至D1K669+500隧道洞身处于岩溶水水平循环带内，施工中可能会揭示较多的溶洞、溶腔及岩溶管道，存在较大涌水突泥风险；D1K669+500～D1K672+000隧道处于岩溶水的垂直循环带上，施工中可能遇到溶洞、溶腔，旱季地下水不发育，雨季存在地下水涌出。

D1K672+000～D1K683+600段，洞身通过巴东组二段泥岩、砂岩地层，属于相对隔水层，除砂岩中含少许基岩裂隙水外，地下水不发育。

出口地段（D1K683+600～D1K683+964.77）通过巴东组三段（T_1b^3）可溶岩，处于岩溶水季节变动带内。

5. 隧道涌水量估算

本隧道采用大气降雨入渗法、地下水径流模数法及地下水动力学法对隧道涌水量进行了预测计算，正常涌水量为107000 m³/d，最大涌水量为160458 m³/d。

四、施工揭示岩溶、岩溶涌水特征

1. 概述

小山峡隧道岩溶段落主要分布进口段，涉及的岩溶段落主要包括平导（长度为6326 m）及正洞D1K664+992.50～D1K671+980段（长度为6987.5 m）。该区间施工由2017年初开工建设，2019年底完成贯通，施工过程中开挖揭示溶洞累计20处（含平导及进口段）。

通过对隧道开挖揭示的20处溶洞进行一段时间水文观测，20处溶洞中：有8处从开挖揭示至截至"7·26"特大涌水期间，不管是旱季或雨季，均无地下水渗出（涌出），溶洞编号为1#、4#、9#、10#、11#、13#、14#、19#；有5处有地下水渗出（涌出），且在雨季期间，水量明显增加，其溶洞编号为12#、16#、17#、18#、20#；有7处旱季无地下水渗出（涌出），但降雨后，有地下渗出（涌出），其对应溶洞编号为2#、3#、5号、6#、7#、8#、15#。

2. 溶洞及涌水特征

小山峡隧道进口可溶岩地段溶洞及涌水情况见表4.1-2。

表4.1-2 隧道进口段施工揭示溶洞及涌水情况一览

序号	里程段落	溶洞形态	涌水情况/（m³/d）		
			旱季	雨季	"7·26"特大涌水
1	D1K665+07～+108	左右拱腰两处溶洞。左侧6 m×4 m，沿中线延长9.5 m；右侧2×4.5 m，沿中线延长2 m，黏土充填			
2	D1K665+36～+388	隧底溶槽，5 m×0.5～0.7 m，可见深度9 m，无充填，槽壁附着黏土、块石，深不见底	无	271	693.6
3	D1K665+509	隧底溶槽，长4 m，宽0.4 m，可见深度7 m，与线路夹角60°，槽壁附着黏土、块石，有凉风溢出	无	91.2	91.2
4	D1K665+808	右侧拱腰，高11 m，宽9 m，向上洞口变狭小，长2.5 m，与线路交角73°，无充填	无	无	无

续表

序号	里程段落	溶洞形态	涌水情况 / (m^3/d)		
5	D1K666+998	全掌子面溶洞,充填黏土夹碎块石,掌子面左侧底板上约2.5 m处有股状地下水沿超前地质钻孔流出	无	696	1 197.6
6	P1D1K667+187	溶洞发育于隧底左侧至拱顶,半充填黏土夹碎块石,延伸方向与线路夹角约73°,溶洞下口纵向长约7.2 m,拱顶纵向长12.5 m,可见宽约4.0~5.5 m,高28 m	无	327	552
7	P1D1K667+227	发育于底板中部,无充填溶洞,直径约1 m,可见深度10 m,溶洞延伸方向与线路交角60°,侧壁溶蚀严重,洞内有凉风吹出	无	132	192
8	D1K668+10~+183	大型溶洞,贯穿平导及正洞,正洞掌子面及平导右侧大部分位于溶洞之中,充填黏土夹碎块石,局部可见小空洞,有凉风逸出	无	812	1 530
	P1D1K668+105~187				
9	D1K668+404	发育于右侧拱腰的溶槽,半充填黏土,垂直于线路方向,可见长度为1~1.2 m,环向长2 m,深1 m	无	无	无
10	D1K668+483	发育右侧边墙2 m处,半充填黏土溶洞,向下延伸至隧底,纵向长1.2~2 m,横向宽3.5 m,向下深度18 m	无	无	无
11	P1D1K668+500	左侧拱腰一空溶洞,沿线路长5 m,环向宽3.5 m,与线路交角为75°,洞壁溶蚀严重,底部有黏土	无	无	无
	P1D1K668+525	掌子面隧底一空溶洞,沿线路长2 m,环向宽1.5 m,与线路交角为75°,可见深度4.5 m,洞壁溶蚀严重,少许黏土充填	无	无	无
	P1D1K668+580	掌子面左侧隧底见一溶洞,与线路交角为95°,可见深度大于20 m,洞内见块石坍塌物,洞壁溶蚀严重	无	无	无
12	8号横通道	左侧边墙至拱顶,开挖揭示一充填溶洞,出现股状涌水突泥	1 200	15 648	15 648
13	D1K669+537~P1D1K668+542	掌子面右侧边墙拱脚,溶洞直径为0.8~1 m,延至隧底深不见底,与平导此处溶洞连通	无	无	无

续表

序号	里程段落	溶洞形态	涌水情况 / (m³/d)		
14	D1K669+567~P1D1K669+592	掌子面右侧边墙及拱顶,为溶槽,宽1.2~1.5 m,自右向左延伸,与平导此处溶洞连通	无	无	无
15	P1D1K669+828	左侧边墙揭示溶洞,直径1.5 m,竖向发展,深不见底	无	2 798 160	2 798 160
	D1K669+790	左侧边墙下部,溶洞口高1.5 m,宽1 m,垂直于线路延伸至平导,可见高5 m,宽3 m,底部有水声	无	无	无
	D1K669+821	右侧隧底,直径为2 m的椭圆形溶洞,可见深度为4 m,自上台阶底板向左下方延伸	无	45.6	45.6
16	D1K670+080	掌子面右侧拱腰有一环向溶缝,缝宽40 cm,长4 m,向拱顶延伸约1 m,向前方延伸,深不见底	46	360	360
17	D1K670+136	右侧边墙上方3 m发育一溶缝,有股状水涌出	2 688	5 088	5 088
18	D1K670+194	拱顶右侧3 m处发育溶洞,半充填,洞口宽0.8 m,长1.4 m,与线路交角为60°,可见高度为3 m	1 800	13 752	13 752
19	D1K671+327	右侧边墙上3 m,发育溶腔长2 m,宽1.5 m,可见高4 m,少量黏土充填	无	无	无
20	D1K671+670~+695	右边墙上3 m,溶腔,直径为3 m,长4 m,可见高4.5 m,有少量黏土、碎石充填,壁上发育直径为1 m的溶蚀管道,向上延伸不见底,下延伸至+695处,股状涌水	29 376	569 280	569 280
	Y2D1K0+041	出现溶腔及涌水后,此处增设一处泄水洞,此溶腔继续延伸至泄水洞底板以下,宽1.75 m,可见深5.5 m,充填有黏土夹碎石,底部有水声	无	838 860	1 028 856

根据小山峡隧道施工中揭示岩溶及涌水情况,岩溶及岩溶水发育具有如下特征:

(1)小山峡隧道岩溶极为发育,除正洞及平导施工中揭示有20处溶洞、溶腔外,在1号横洞、2号横洞及泄水洞还分别揭示有12处溶洞、溶腔或溶缝。

(2)溶洞、溶腔大部分是干溶洞、溶腔,充填黏土夹碎块石,部分溶洞刚揭穿时出现股状涌水,随即水量慢慢变小直至干枯,应该是残留于溶洞中地下水静储量;但是雨季时节,大部分溶洞都出现涌水,有的水量很大,反映出溶洞与地表连通性极好,说明小山峡隧道整体处于岩溶水垂直渗流带内。

(3)溶洞及溶腔都是地质历史时期地下水在可溶岩地层中流动且与岩石化学反应的产物,

应是地下水径流通道，这些通道应与地表存在较好连通。

（4）通过对洞内溶洞雨季观测发现：小山峡隧道溶洞、溶腔与地表连通性较好，雨季大量表水通过溶洞、溶腔排泄进入隧道正洞、横洞及平导，特别是"7·26"特大涌水，淹没了正洞、横洞及平导排水沟，造成严重水害。

五、隧道特大涌水量来源分析

小山峡隧道发生"7·26"特大涌水后，现场测量隧道通过1号、2号横洞共涌出水量$450×10^4$ m³/d的地下水。依据调查资料，1号横洞涌水点主要由1#~17#溶洞、1号横洞本身揭示的5处溶洞组成，其水量总和为$284.5×10^4$ m³/d；2号横洞涌水点主要由18#~20#溶洞、2#横洞本身揭示的5处溶洞、1#泄水洞揭示的2处溶洞及2#横洞工区正洞砂泥岩向斜富水构造段组成，其水量总和为$165.9×10^4$ m³/d。通过对隧道内各个涌水点的涌水量测量及地表水文地质调查分析，认为隧道本次特大涌水量的来源主要由以下3部分组成，即：大气降雨入渗补给+出口段砂泥岩基岩裂隙水+地表河流的"灌入式"补给。计算分析如下：

1. 大气降雨入渗补给

小山峡隧道通过可溶岩长度约7 km，隧道区域地表圈定的汇水面积为88 km²，其中碳酸岩（可溶岩）出露面积约65.3 km²，占比为74.2%，砂泥岩非可溶岩面积约22.7 km²，占比约25.8%，可溶岩入渗系数取0.5，砂泥岩取0.15，"7·26"极端日降雨量为71.3 mm，采用大气入渗法公式计算降雨后隧道日涌水量如下：

$$Q = AW\alpha = 88×0.258×0.15×71.3×1\,000 + 88×0.742×0.5×71.3×1\,000$$
$$= 257×10^4 \text{ m}^4/\text{d}$$

式中：　A——汇水面积（km）；

　　　　W——日降雨量（mm）；

　　　　α——入渗系数。

2. 出口段基岩裂隙水

隧道出口段约11 km通过巴东组二段砂泥岩地层，地质构造为复式向斜，由于砂泥岩地层中赋存少量基岩裂隙水，根据计算这部分水量约为$3.0×10^4$ m⁴/d，砂泥岩地下水流量比较稳定，不受雨季旱季影响，因此，"7·26"特大涌水中这部分地下水量贡献比较小。

3. 地表河流"灌入式"补给

"7·26"隧道特大涌水发生后，先后对隧道穿越的中硐河床、隧道左侧15 km的龙雾河床进行了地表调查，发现在河床内存在多个溶洞消水洞，旱季河水流量很小，消水洞高于河床，无地下水灌入补给溶洞，进而在隧道旱季施工时，揭露的溶洞多为干溶洞。在雨季情况下且出现极端暴雨时，河床水位急剧壅高抬升，河水位漫过两侧发育的溶洞后，就会在短时间"灌入式"补给地下水形成岩溶管道水，最后在隧道揭示出的溶洞、溶腔处集中涌出，根据表4.1-2可以看出，15#溶洞、20#处泄水洞溶腔都出现了几十万至上百万立方米每天地下水涌出，充分反映出河床内消水洞与地下岩溶管道存在极好的连通性。

考虑到隧道出口约 11 km 通过砂泥岩地层，存在部分基岩裂隙水，经过测量，这部分水量比较稳定，约 3×10^4 m³，扣减这部分水量及岩溶入渗地下水量，可以得出河床水位抬升导致的河水"灌入式"补给隧道涌水量为 190×10^4 m³/d。占比还是很大的。雨季龙雾河暴涨的洪水如图 4.1-7 所示，中硐河雨季流水痕迹如图 4.1-8 所示。

图 4.1-7　雨季龙雾河暴涨的洪水　　　　图 4.1-8　中硐河雨季流水痕迹

综上分析，7 月 26 日隧道涌水水量来源及大小主要由以下 3 部分组成：
(1) 大气降雨入渗补给约 256×10^4 m³/d。
(2) 非可溶岩向斜富水构造涌水约 3×10^4 m³/d。
(3) 河流短时间的"灌入式"补给约 190×10^4 m³/d。

六、结论

(1) 小山峡隧道"7·26"特大涌水属于雨季特大暴雨引起的降水入渗地下，形成丰富的岩溶地下水，沿地表与隧道相互连通的岩溶管道岩溶、溶洞、溶腔涌入隧道形成的短时急促特大涌水，随着降雨减少，隧道涌水逐渐减小直至无水。

(2) 隧道涌水主要由大气降雨入渗、洞顶河流沿消水洞补给及出口砂泥岩基岩裂隙水 3 部分组成，其中砂泥岩基岩裂隙水占比很小，降雨入渗及河床水位上升沿落水洞注入式补给形成的岩溶管道水是隧道特大涌水的主要来源。

(3) 小山峡隧道进口段约 7 km 穿越可溶岩地层，地质构造为齐跃山背斜构造，地质调查及开挖揭示岩溶极为发育，但是溶洞、溶腔大都是干溶洞，隧道处于岩溶水垂直渗流带内，进一步说明长江、大宁河区域侵蚀基准面控制着隧道岩溶水的循环径流，勘察期间钻孔揭示的地下水位仅为局部的封存管道水，属于上层滞水，不代表隧道区域岩溶水位。

(4) 岩溶及岩溶水是最为复杂的工程地质问题，具有隐蔽性、非均质性及复杂多变性，很难在勘察期间准确查明地下岩溶发育规律、预测隧道涌水量，特别是雨季时节暴雨形成的短时集中涌水量更难预测。对于岩溶极为发育的隧道，应分析区域内日最大降雨量，采用日最大降雨量的大气降雨入渗法预算隧道最大日涌水量，岩溶发育地区地表入渗系数一般不应小于 0.5。

(5) 对于处于岩溶水垂直渗流带内的岩溶隧道，尽管旱季或者施工期间地下水不发育，甚至施工中无地下水，但是只要揭示出较大的溶洞、溶腔，应给予高度重视，因为溶洞、溶腔毕竟是地质历史时期地下水径流通道，与地表岩溶管道、溶隙系统相互连通的，因此，对于岩溶水以排为主的岩溶隧道，施工揭示的溶洞、溶腔不应采用混凝土封堵，应埋设排水管道并在雨季期间观测和实测溶洞、溶腔中流出的地下水流量，必要时增设泄水孔及泄水洞，确保隧道工程及运营安全。

第二节　郑万高铁汉江特大桥覆盖型岩溶地质特征及处理措施研究

本案例结合郑万高铁汉江特大桥工程实践，通过对覆盖型岩溶覆盖层物质成分、结构、岩溶发育规律进行研究，对工程范围内岩溶地面塌陷进行评价、预测，在勘察设计过程中规避、减少岩溶对结构工程的影响；针对汉江特大桥下伏岩溶发育特征，制定了岩溶处理措施，总结了防止施工引起的岩溶地面塌陷的方法，其措施方法实际有效可行，可供类似工程借鉴和参考。本节由曾德建、王茂靖撰写。

一、引言

按可溶岩的埋藏条件，一般可将岩溶划分为裸露型岩溶、覆盖型岩溶和埋藏型岩溶3种类型，其中覆盖型岩溶地区受到人为干扰，如抽排水、爆破、加载、振动等作用时常常容易产生地面塌陷，造成重大经济损失，严重危害人民的生命和财产安全。在铁路建设中，人们对岩溶塌陷影响深度的认识也是逐步加强的：建设南昆铁路时，覆土厚度大于15 m则不考虑岩溶塌陷影响；在内昆、株六铁路建设期间，原则上，覆土厚度大于20 m时不考虑岩溶塌陷影响；在郑万铁路建设期间，覆土厚度达30 m的地段施工过程中发生了岩溶塌陷。本案例结合汉江特大桥覆盖型岩溶发育特征以及桩基开挖过程中出现的地面塌陷现象，总结了该类工程地质桥梁桩基勘察设计的一些原则、思路方法、注意事项以及工程处理措施，为覆盖型岩溶桥梁桩基施工地面塌陷的防治提供依据。

二、工程与地质概况

1. 工程概况

郑万高铁汉江特大桥全长28.3 km，最大跨为跨越汉江主桥的220 m钢管混凝土拱。该桥起于襄阳盆地与大洪山交界处，延伸于襄阳盆地，属典型冲积平原区厚覆盖层地带，绝对高程为55～75 m，地形平坦开阔，起伏较小，植被较发育。

2. 地质概况

本案例研究的主要范围为大桥起点至汉江边小里程，共85个墩台，长3.1 km，该段范围内上覆5～10 m厚第四系冲洪积层（Q_4^{al+pl}）中密粉细砂，中间夹含15～20 m厚中密状细圆砾土，下伏基岩为震旦系上统灯影组（Z_2dn）白云质灰岩夹绿泥石片岩。桥址其余地段出露地层为襄阳盆地冲洪积层（Q_4^{al+pl}）粉细砂、中密状圆砾土等，厚度大于100 m。

桥址范围内地表水为汉江河水，河流较宽，流量受季节变化影响较大，为常年流水河流。地下水以孔隙水、岩溶水为主，孔隙水赋存于第四系全新统覆盖层砂卵石土层中，砂卵石土层为主要含水层，其透水性强，地下水与汉江地表水连通性较好。地下水水位埋深7～8 m，地下水位与汉江水位基本齐平，汉江地表水对地下水补给及时，地下水发育。

三、岩溶发育规律

汉江特大桥小里程段前85个墩台范围内勘察期间共完成地质钻孔406个，揭示各种溶洞1100个，勘察资料揭示该段范围内岩溶强烈发育，岩溶为该桥梁的主要不良地质，岩溶对桥梁工程影响较大。

1. 岩溶发育规律

汉江特大桥小里程段上覆20～30 m透水性强的粉细砂、砂砾石覆盖层。受汉江影响，该段范围内地下水发育，基岩上覆圆砾土透水性较强，该段范围内岩溶主要发育深度位于覆盖层与基岩接触带之间，局部地段岩溶发育较深，属覆盖性岩溶，详见图4.2-1。

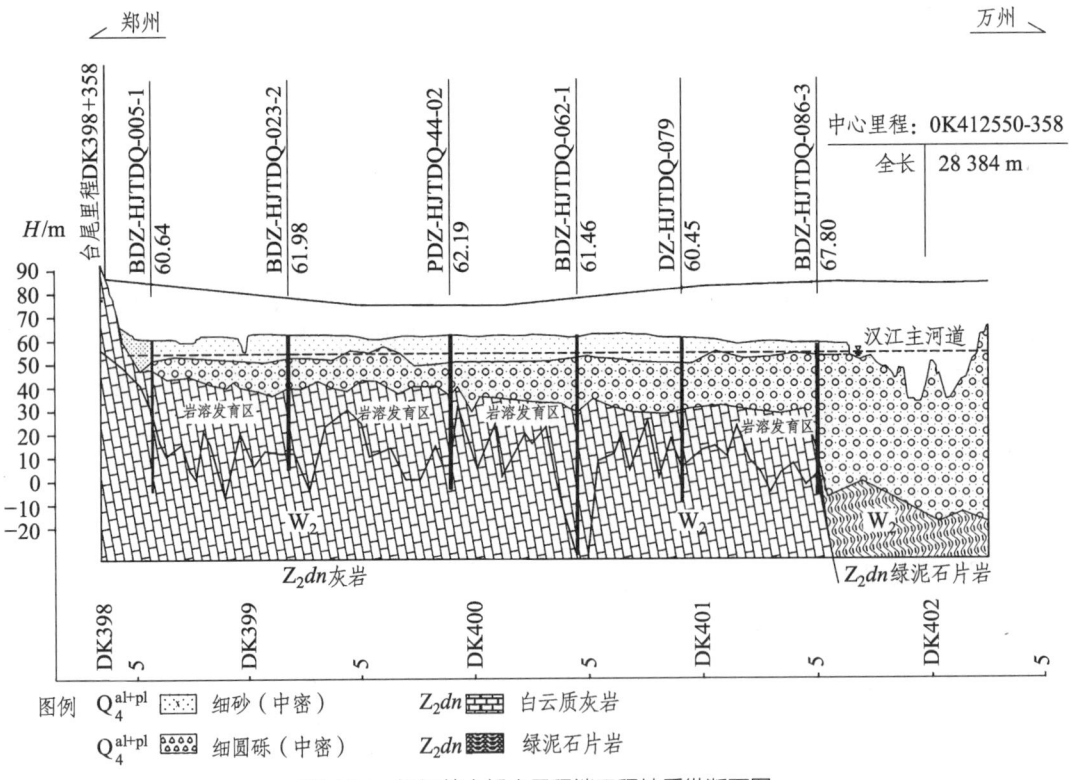

图4.2-1　汉江特大桥小里程端工程地质纵断面图

岩溶以多层串珠状溶洞的形式发育，溶洞主要以充填型为主，充填物主要以圆砾、砂层为主，局部充填有黏土，溶洞充填物质来源主要为基岩上覆盖层物，洞内充填物密实度差，钻探揭示充填物采取率较低，一般在30%～40%之间，见表4.2-1。

表 4.2-1　揭示溶洞数量统计

钻孔总数	遇溶洞钻孔个数	溶洞个数	钻孔见溶洞率/%	串珠状溶洞个数	充填溶洞		空洞	
					个数	充填率/%	个数	空洞率/%
406	345	1 100	84.98	268	956	86.91	144	13.09

研究段下伏基岩内岩溶发育，其钻孔见洞率高达84.98%，部分以多层串珠状形式发育，绝大多数溶洞为充填型溶洞，岩溶强烈发育，见表4.2-2。

表 4.2-2　溶洞充填物质成分统计

溶洞总数	砂		圆砾土		黏土		空洞	
	个数	占比/%	个数	占比/%	个数	占比/%	个数	占比/%
1 100	245	22.27	643	58.45	68	6.18	144	13.09

统计分析，溶洞内充填物主要为砂层及圆砾土，部分为空洞。由于基岩上覆盖层为圆砾土，圆砾间由细砂充填，圆砾土自稳能力差，在溶洞形溶洞通道后，圆砾土能较好地通过溶洞通道，充填整个溶腔，造成溶腔内主要由圆砾土充填，空洞较少见表4.2-3。

表 4.2-3　不同规模溶洞个数及分布频率

溶洞个数/个	溶洞尺寸													
	≤0.5 m		0.5~1.0 m（含）		1.0~2.0 m（含）		2.0~4.0 m（含）		4.0~6.0 m（含）		6.0~8.0 m（含）		>8.0 m	
	个数	频率/%	个数	频率/%	个数	频率/%	个数	频率/%	个数	频率/%	个数	频率/%	个数	频率/%
1 100	75	6.82	168	15.27	316	28.73	310	28.18	115	10.45	69	6.27	47	4.27

从表4.2-3中可以看出，该段范围内溶洞尺寸大小主要集中在1~4 m，随着溶洞规模的增大，溶洞数量减小。根据钻孔揭示，最大腔溶洞顶底板达12 m，结合相邻钻孔分析，该溶洞可能为溶缝，不属于大型溶厅，整体塌陷的风险较小。溶洞垂向发育特征统计见表4.2-4。

表 4.2-4　溶洞垂向发育特征统计

溶洞总数（个）	溶洞埋深													
	≤10.0 m		10.0~20.0 m（含）		20.0~30.0 m（含）		30.0~40.0 m（含）		40.0~50.0 m（含）		50.0~60.0 m（含）		>60.0 m	
	个数	频率/%	个数	频率/%	个数	频率/%	个数	频率/%	个数	频率/%	个数	频率/%	个数	频率/%
1 100	4	0.36	46	4.18	367	33.36	387	35.18	189	17.18	61	5.55	46	4.18

对岩溶垂向发育统计分析发现，研究范围内岩溶垂向发育埋深主要为 20～50 m，岩溶向深部发育相对较少。由于该段范围内基岩上覆土层厚 20～30 m，分析得出，下伏基岩受地下水影响，岩溶发育深度主要位于基岩面以下 0～20 m 范围内，局部地段岩溶发育较深。

受汉江地表水影响，研究段范围内地下水补给及时，流动性强，发育的地下水及强透水性覆盖层造成了下伏灰岩与覆盖层接触带范围内岩溶强烈发育。统计分析该段范围内溶洞大小、深度不一，其中溶洞尺寸集中在 1～4 m 范围内，岩溶发育范围主要位于基岩面以下 0～20 m，溶洞内主要由细圆砾土充填，岩溶对桥梁桩基础影响较大。典型岩溶地质纵断面见图 4.2-2。

2. 岩溶评价

根据可溶岩的埋藏条件分类，研究范围内岩溶属覆盖性岩溶，覆盖物质成分为粉细砂、砂砾石土，地下水发育，按《铁路工程不良地质勘察规程》（TB 10027—2012）地面塌陷评价体系，对该段范围岩溶塌陷进行评价，得出该岩溶塌陷指标为 75，属易塌陷区，存在地面塌陷的可能。

覆盖型岩溶地面塌陷主要涉及三方面的内容：土体变形及其地面效应、岩溶（主要是岩溶通道和溶洞）和触发因素（包括自然因素和人为因素）。

结合研究范围内岩溶发育规律，分析该范围内岩溶桩基施工过程中可能引发沙漏型岩溶地面塌陷。

覆盖型岩溶地区，当覆盖层为松散的砂性土时，溶蚀裂隙、落水洞等为砂性土颗粒的漏失提供通道，各种规模的溶洞及地下暗河系统则提供了砂颗粒的储存空间，在外部因素（桩基施工冲积荷载）的触发下，砂颗粒逐渐漏失，随着砂颗粒漏失量的增大，在地表逐渐形成规模较大的塌陷坑，即发生岩溶地面塌陷，如图 4.2-3 所示。

四、岩溶勘察设计

1. 岩溶勘察

岩溶勘察主要以钻探为主。钻探根据场地地质条件和桥跨设置，以能探明地基各岩土层分布、岩溶发育程度和地基强度，满足场地稳定性评价要求为度，结合基础类型及岩溶发育程度进行钻孔布置，钻探按分序进行。

每个墩台首先布置 1～2 孔，采取对角线桩位布置形式，然后根据钻孔揭示岩溶发育情况逐步加孔。当钻探发现 ≥ 0.5 m 的溶洞或溶隙时：若揭示溶洞底板深度小于 9 m 且溶洞高度小于 5 m 则不增加钻孔（揭洞深度小于 9 m 且溶洞 ≥ 5 m 时另行研究）；若溶洞底板深度大于 9 m，则一般在墩台另外一条对角线上增加 2 孔并在其相邻桩位增加 1 孔（合计增加 3 孔），新增钻孔再遇底板深度大于 9 m 的溶洞（≥ 0.5 m）时，则再于相应的相邻桩位增加 2 孔，依次类推，直至逐桩。钻孔遇溶洞相邻桩位增加钻孔代表性布置如图 4.2-4 所示。

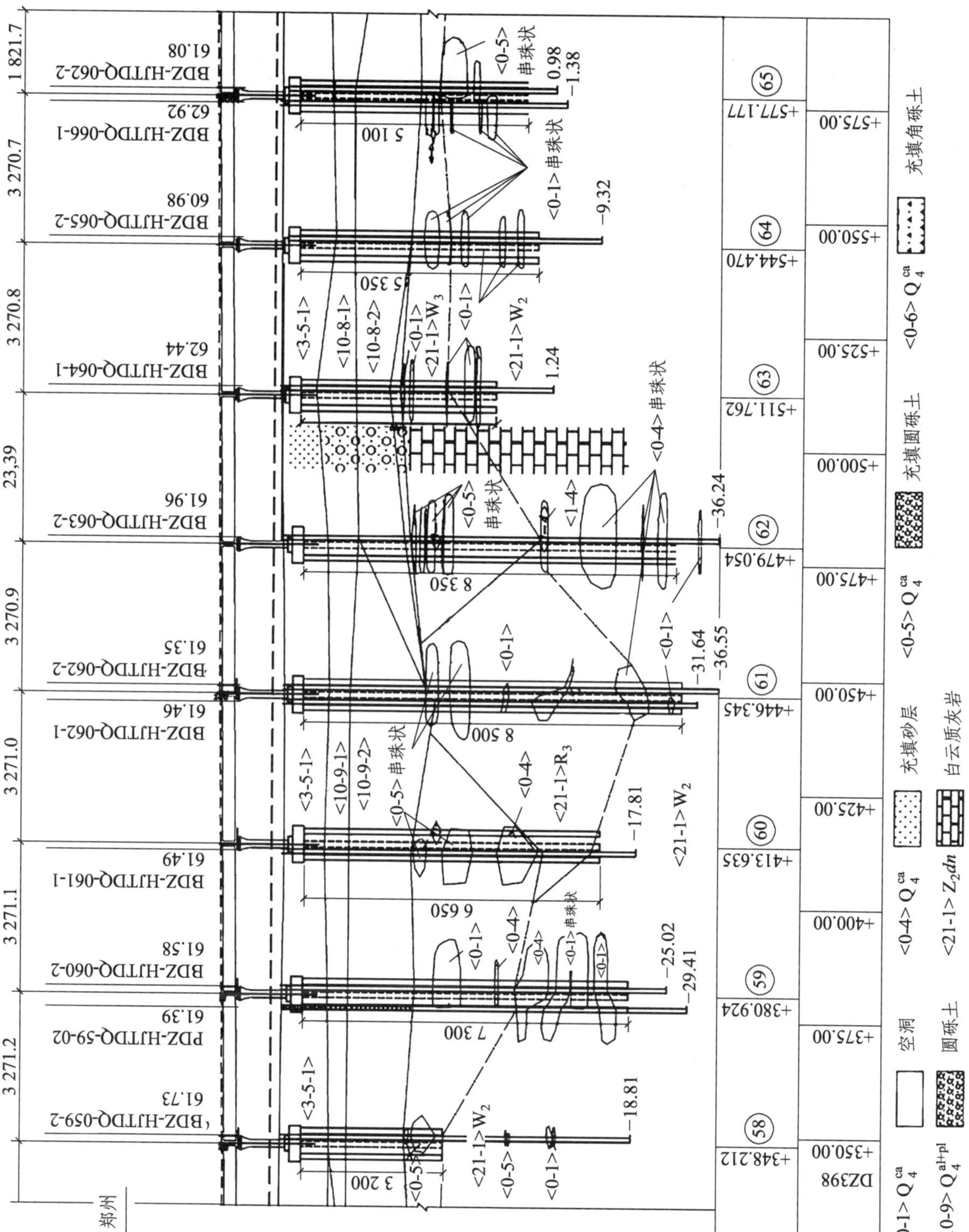

图 4.2-2 汉江特大桥小里程端典型岩溶地质纵断面图

(a)　　　　　　　　(b)　　　　　　　　(c)

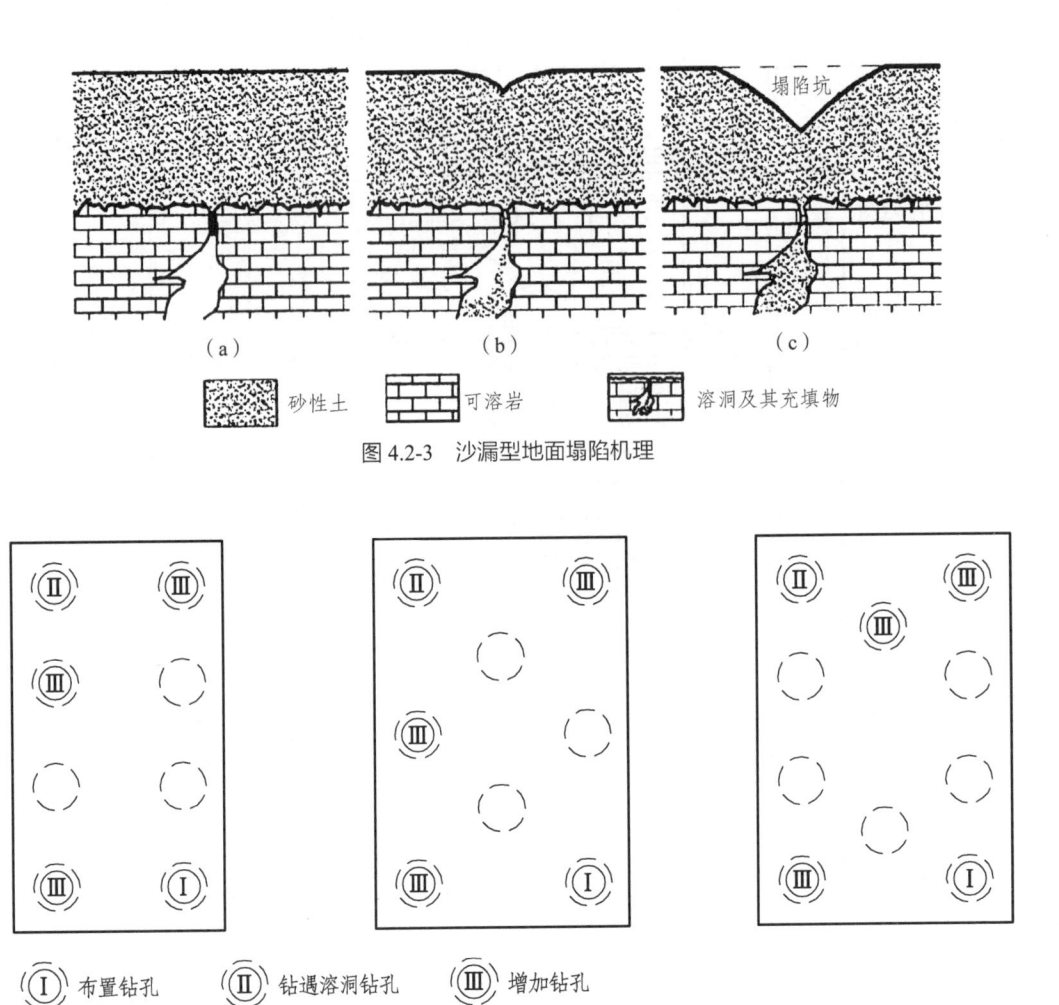

砂性土　　可溶岩　　溶洞及其充填物

图 4.2-3　沙漏型地面塌陷机理

Ⅰ 布置钻孔　　Ⅱ 钻遇溶洞钻孔　　Ⅲ 增加钻孔

图 4.2-4　钻孔遇溶洞相邻桩位增加钻孔代表性布置示意图

2. 岩溶桩设计

针对覆盖型岩溶发育规律，结合西南地区铁路岩溶桥梁桩基设计经验，在岩溶发育地区，根据钻探揭示的溶洞情况，尽量采用桩基础，采取合理桩基类型，选取合理桩长，满足高速铁路对桥梁桩基础的沉降及变形要求。根据不同的地质条件、覆盖层厚度及岩溶特征，将桩基础设计分为 3 种类型。

（1）岩溶弱发育或溶洞层数少，有完整的岩溶支承顶板厚度，桩基设计可为不等桩长的柱桩基础，桩底必须嵌入岩层一定深度。

（2）发育多层串珠状溶洞且发育较深，各层溶洞顶板较薄，无稳定基岩作为桩的持力层，此时桩身连续穿透几个溶洞（槽），其累计岩壁厚度达到一定数值，可按摩擦桩设计，但桩端应置于一定厚度的岩溶顶板中。同时应考虑基础的不均匀沉降，必要时对桩基以下的溶洞进行注浆加固处理。

（3）覆盖层较厚，岩溶埋藏较深，溶洞内有填充物，则设计为短桩大承台基础，桩支承在覆盖层内，群桩按摩擦桩计算，但应首先对场地稳定性进行评价，对于岩溶塌陷高风险区、极高风险区，不宜采用摩擦桩基础。

汉江特大桥小里程段岩溶发育范围内的 85 个桥基础均采用钻孔桩柱桩基础，桩底均嵌入岩层一定深度，桩基础形式按端承桩考虑，最大桩长达 85.5 m。岩溶桩典型设计布置如图 4.2-5 所示。

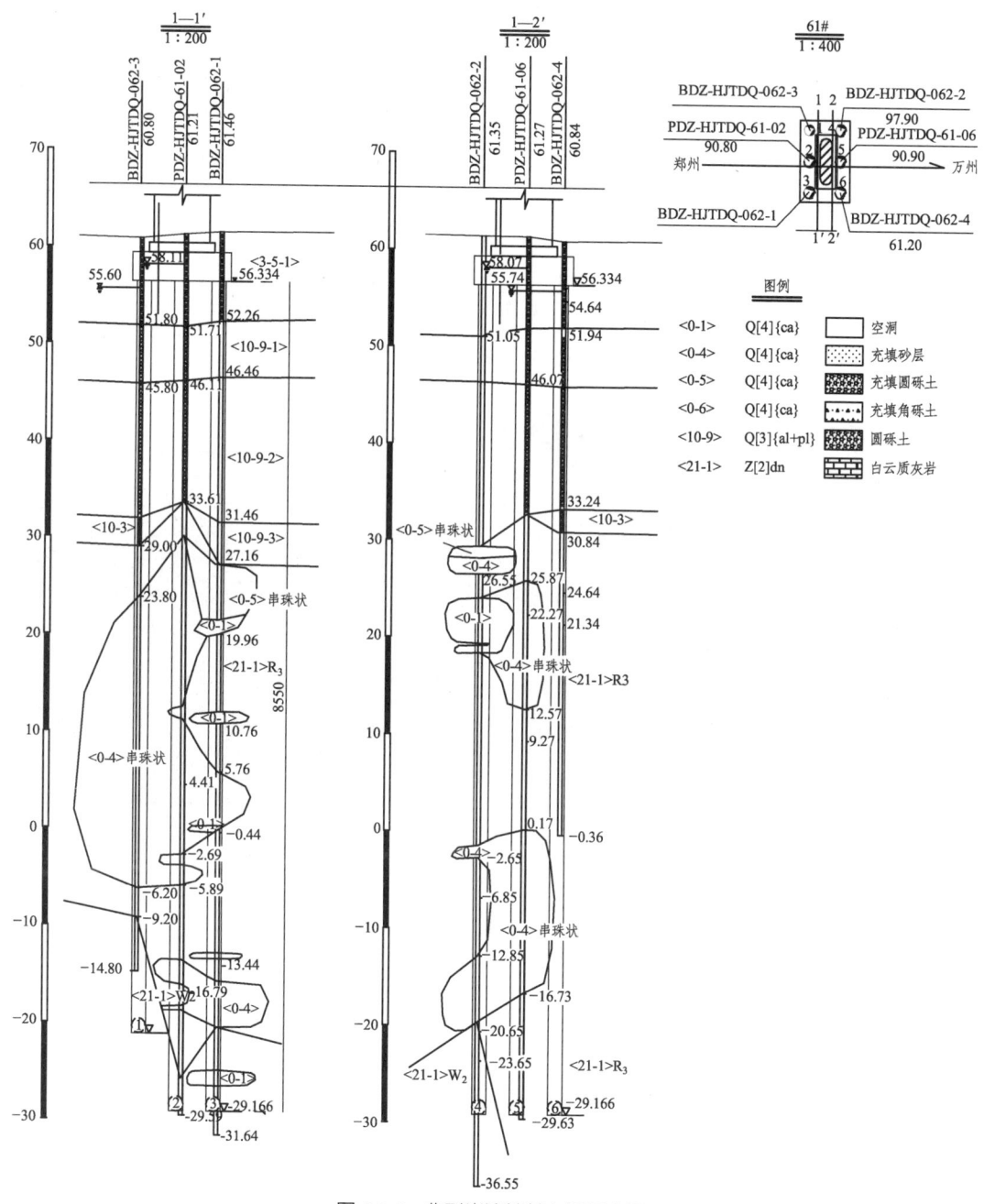

图 4.2-5　典型岩溶桩基布置示意图

五、岩溶工程处理措施

1. 桥梁桩基施工现场

针对汉江特大桥小里程段发育岩溶特征，桥梁桩基础施工过程中主要采用的处理措施有钢护筒跟进、抛填黄泥片石、局部地段注浆加固等。

桥梁桩基础施工主要采用冲击钻进行施工，施工过程中多次出现地面塌陷现象，严重影响了现场施工人员、设备以及主体结构的安全。

结合该段范围内岩溶发育规律以及施工出现的地面塌陷，分析判断塌陷符合沙漏型塌陷的规律，成孔过程中产生的动荷载和岩溶提供的有效空间形成了产生沙漏型塌陷的必要条件。

桩基施工产生地面塌陷（图 4.2-6）的主要原因：由于基岩上覆的粉细砂、砂砾石层凝聚力很小或等于零、多孔隙、透水性强，其土颗粒运动的阻力主要是粒间摩擦力，由于桥址区地下水水位较高，致使上覆盖层饱水，桥桩基施工过程中在冲击钻的动荷载作用下地下水位上下频繁波动，砂砾石层中形成孔隙水压力，其有效应力降低，粒间摩阻力减小，在重力的作用下，土颗粒发生位移的自由度增大，当冲击钻击穿溶洞顶板后，覆盖层与溶腔的连通通道形成，覆盖层顺通道进入溶腔，从而造成了地面塌陷。

图 4.2-6　汉江特大桥桩基施工引起地面塌陷照片

针对该处岩溶发育特征，施工方制订了详细的岩溶工程处理方案。

2. 岩溶工程处理措施

针对汉江出现的岩溶塌陷现象，为了保证成孔过程安全和成桩质量，相关单位进行了岩溶桩基处理方案研究。根据各墩台详勘后的岩溶发育情况，选取不同的处理方法进行处理，具体有回填黏土、抛填片石、回填素混凝土、钢护筒跟进、地层注浆、空洞压浆或压注素混凝土等方法见表 4.2-5。

表 4.2-5　桩基施工岩溶处理方法

序号	处理方法	适用范围	处理工艺	备注
1	常规成孔方案	溶洞有填充物，为可塑或软塑黏土，且溶洞不漏水	采用常规冲击钻成孔工艺	这四种施工方法均为在基桩施工过程中进行实施
2	片石回填方案	适用于较小溶洞（溶洞高度小于5 m），无填充物或半填充物，施工方法简单	采用正常成孔方法施工，当钻穿溶洞漏浆时，反复投入黄土和片石，利用钻头冲击将黄土和片石挤入溶洞和岩溶裂隙中，还可掺入水泥、烧碱和锯末，以增大孔壁的自稳能力	
3	素混凝土回填	适用于中、小溶洞（含倾斜岩面溶洞），有无填充物均可采用此方案。施工方法简单，造价相对较高	采取正常成孔方法施工，当钻穿溶洞漏浆时或遇到倾斜岩面时填入低强度等级混凝土，间隔一定时间后采用冲击成孔	
4	钢护筒跟进法	适用于特大溶洞（溶洞高度大于4 m）、无填充溶洞、半填充溶洞或溶洞上方有较厚的砂砾层，极易塌孔时	采用钢护筒跟进法：一边冲孔，一边接长钢护筒，并且将其压到或震动下沉至已钻成的孔内，或穿过易塌层	
5	注浆加固（双浆液）	多适用于小型（高度小于1 m）或多层溶洞（多层串珠状小溶洞），也可用于各种有填充物的溶洞，但造价较高	注浆加固处理工艺是通过地质柱状图，在基桩成孔施工前，对将要穿过的溶洞进行事前填充和加固处理	这3种施工方法均为基桩施工前进行预先实施
6	灌砂、压浆法	灌砂压浆是溶洞预处理方案之一，一般适用于高6～10 m的无填充溶洞的处理	通过灌砂填塞溶洞空间，采用压浆将洞内砂砾、凝固成坚实混合体，防止在钻孔过程中出现漏浆、塌孔等现象	
7	灌注混凝土填充法	厚度在1.0～3.0 m之间、无填充物的溶洞	利用超前钻孔向孔内灌注混凝土干料，填满溶洞，在固结体达到一定强度（2.5 MPa）后即可进行冲孔施工，遇溶洞空间容积大、导水性强时，则在混凝土干料中添加一定量水玻璃	

3. 防地面塌陷对策

根据现场施工情况，笔者总结了防止岩溶地面塌陷的几点措施意见：

（1）根据地质勘察资料，对在施工过程中可能引发地面塌陷的桩基础进行预判。对桩基施工过程中震动及地下水位的变化可能引起面塌陷的区域，桩基施工前可对覆盖土层和基岩影响范围内进行注浆加固处理，能有效防止地面塌陷。

（2）桩基影响范围内尽量减小地下水的抽排，减小水位波动。

（3）对可能存在沙漏型地陷的覆盖型岩溶地区桩基础施工时，应尽量采用对周围土体扰动较小的机械设备进行施工（如大功率旋挖钻施工等），减少施工过程对溶洞周围土体的扰动。

六、结语

（1）覆盖型岩溶为一特殊的不良工程地质，由于其具有复杂性、隐蔽性和发育不均一性，常给勘察、设计、施工带来意想不到的困难。勘察过程中应对覆盖型岩溶的覆盖层地质结构、物质组成、地下水发育情况、岩溶发育特征进行充分的地质勘察，特别是下伏可溶岩岩溶特别发育时，应实施足够的钻孔查明隐伏岩溶发育特征，分析岩溶发育规律，提出科学合理的工程措施。

（2）结合覆盖层地质结构及岩溶发育特征，对整个岩溶地区施工过程中是否会发生岩溶塌陷进行评价。为保证工程质量安全，桥梁桩基设计过程中应充分考虑覆盖型岩溶特征，岩溶桩基础按要求嵌入一定的基岩范围内，以保证主体工程安全。

（3）为防止施工过程中产生地面塌陷，针对汉江特大桥范围内岩溶发育特征，制定岩溶处理工程措施，同时为防止施工开挖引起的地面塌陷，建议尽量减少施工开挖对岩溶周围土体的扰动，减少施工开挖引起的地下水水位上下波动。

第三节　成兰铁路柿子园隧道 2020 年雨季特大涌水成因分析

成兰铁路柿子园隧道在 2020 年雨季期间发生了 $227 \times 10^4 \, m^3/d$ 的特大涌水，造成隧道正洞、横洞水沟淹没漫流，洞顶股状出水，边墙施工缝股状喷水，部分底板抬升、开裂及损毁，产生严重水害事故。尽管随着降雨减少，隧道涌水量也逐渐减小，但是如此巨大的短时涌水量对隧道工程产生的危害是显而易见的，必须采取新的排水措施排泄巨大涌水量，才能保证隧道工程及今后运营安全。本案例在隧道区域水文地质、工程地质条件基础上，结合隧道内涌水段落、涌水量，分析了隧道发生如此巨大涌水量的原因，采用大气降雨入渗法及比拟法预测了隧道在更加极端暴雨条件下，可能产生的最大涌水量，最后针对本次特大涌水提出了岩溶隧道涌水量估算的几点体会及建议。文章对从事隧道工程勘察设计、施工的工程技术人员有一定的参考指导意义。本节由王茂靖、袁传保撰写。

一、概　况

1. 工程概况

成兰铁路柿子园隧道位于安县站至高川站区间，进口里程为 D2K76 + 696，左线出口里程为 D2K90 + 765。隧道全长 14.069 km，进口端 10.65 km 为单洞双线（合修），出口端 3.415 km 为双洞单线（分修），单面上坡，设计坡度为 17.8‰，最大埋深约 680 m。

该隧道大部分穿越可溶岩地层，为全线极高风险隧道之一。辅助坑道采用"6个横洞"施工方案。施工过程中对辅助坑道及排水设施进行调整，最终采用"5横洞 + 2泄水洞"方案，1～5号横洞作为运营排水通道，1横、3横兼作防灾救援紧急出口，如图4.3-1所示。

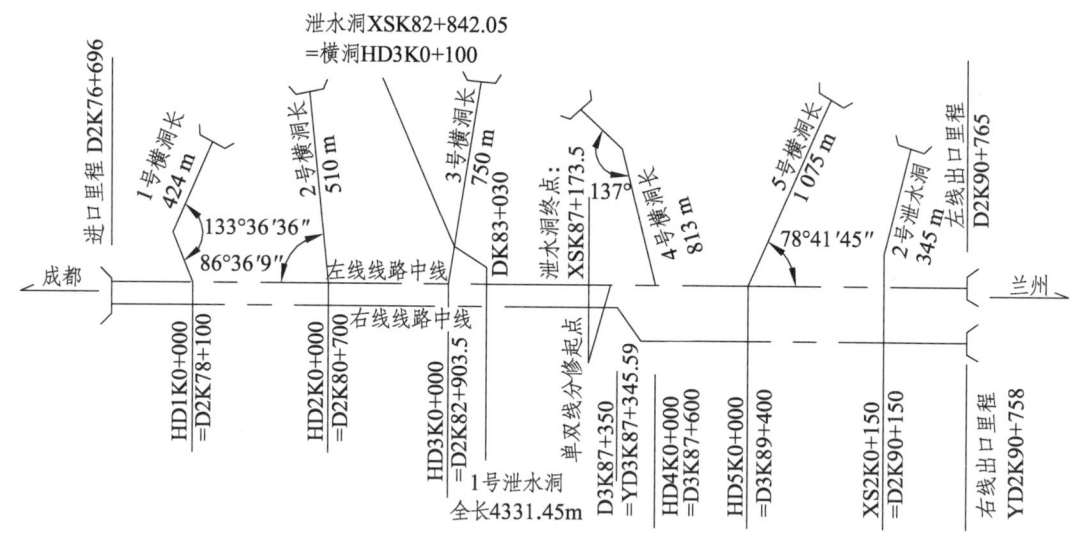

图4.3-1 柿子园隧道辅助坑道及泄水洞平面示意

2. 水害概况

隧道于2013年开工建设，2017年12月贯通。施工开挖揭示地下水总体较为发育但分布不均，其中2号横洞至3号横洞之间因为出现隧底冒水，仰拱渗水，施工中增设了泄水孔。3号横洞至4号横洞之间、5号横洞至2号泄水洞正洞施工中揭示溶洞、溶腔等岩溶管道，雨季时涌水量较大，施工中增设了两段泄水洞，如图4.3-1所示。施工过程中通过增设泄水洞、泄水孔、注浆堵水和加强防排水等措施确保施工和衬砌结构的安全，使得本隧道顺利贯通。隧道部分处于岩溶水垂直渗流带内，其余处于季节变动带内、水平径流带内，因此，贯通后雨季隧道涌水量较大，一般在$5\sim15\times10^4 \mathrm{m}^3/\mathrm{d}$，通过泄水孔、两处泄水洞基本能够满足正洞排水，未出现淹没正洞的严重水害。

2020年8月雨季，多个工区出现洞内水沟漫流、拱顶股状漏水、衬砌施工缝渗漏水及洞内外水沟排水能力不足等问题，在8月16日特大暴雨后，17日在现场对隧道涌水量进行实测，实测隧道内涌水量共计约$227\times10^4 \mathrm{m}^3/\mathrm{d}$，为隧道贯通3年来雨季隧道洞内出现的最大涌水量。正洞内侧沟、泄水孔已经不能满足隧道正常排水，形成严重水害，必须增设新的泄水洞消排雨季集中涌水，才能确保隧道开通运营安全。

二、隧道区域自然地质条件

1. 地形地貌及气象特征

柿子园隧道位于四川省安县境内，地处四川盆地西北边缘的龙门山脉，沿睢水河左岸傍河通过，隧道路基面高于河床 40~80 m。隧址区属中低山构造侵蚀地貌，沟槽相间，由于构造侵蚀下切作用，地形高差较大，局部地段为厚~巨厚层灰岩形成的陡峭山峰，呈几十米至百米的陡壁绝崖。地面高程为 760~1 834 m，相对高差 20~1 000 m，自然坡度一般为 20°~60°。隧道洞身穿越 9 条沟谷，埋深 11~362 m，横沟沟床、坡面有较厚的第四系土层覆盖，局部基岩出露，地表生长杂木、杉树等植被，较平缓处、沟槽等低洼地带被垦为旱地或经济林木。

隧址区气候属于亚热带季风气候类型，冬冷夏热，春暖秋凉，四季分明，年平均气温约 16.2 ℃，1 月最冷，均温为 3~8 ℃，7 月最热，温度一般为 25°~28°。全年无霜期长达 10 个月，区内云雾多、湿度大、日照少，年降水量丰沛，平均在 1 200 mm，季节分布不均，雨季多集中在 5—8 月且多暴雨，秋季降水不多，细雨纷飞，绵绵少晴，冬春两季少雨。

2. 地层岩性及地质构造

除隧道进出口边仰坡覆盖有第四系粉质黏土、碎块石土外，洞身依次穿越三叠系上统须家河组（T_3x）中厚层状泥灰岩夹砂岩、煤线，中统嘉陵江组和雷口坡组（T_2j+l）薄至厚层状灰岩夹白云质灰岩，下统飞仙关组和铜街子组（T_1f+t）中厚层状泥岩、砂岩夹白云质灰岩；二叠系上统（P_2）中厚层状灰岩夹炭质页岩、煤层，下统（P_1）中厚层状灰岩夹泥质灰岩、白云岩；石炭系下统总长沟群（C_1zn）薄至中厚层状灰岩夹砂页岩；泥盆系上统唐王寨群（D_3tn）厚层状白云质灰岩夹灰岩、白云岩，中统观雾山组（D_2gn）中厚层状灰岩、白云质灰岩夹石英砂岩；断层带处的破碎状断层角砾岩（F_{br}），如图 4.3-2 所示。

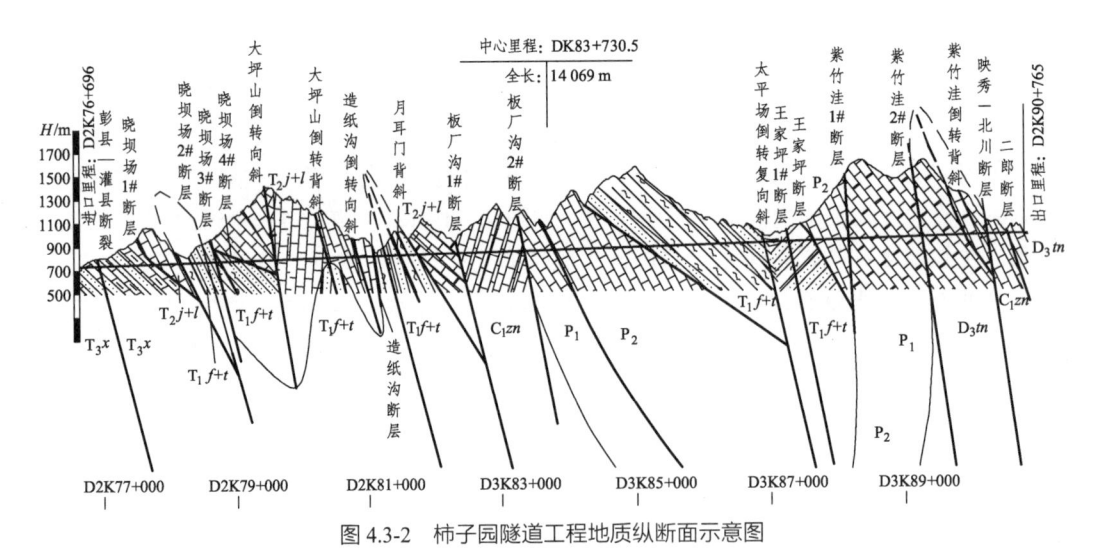

图 4.3-2 柿子园隧道工程地质纵断面示意图

隧址区属于北东南西走向的龙门山复式褶皱构造带，该构造带历经多次构造挤压运动，背斜、向斜呈叠瓦状倒转，区域内局部可见复杂构造成因的推覆构造，被断层切割分解，背向斜无完整形式展布。如图 4.3-2 所示，柿子园隧道穿越龙门山前山断裂带、太平场倒转复式向斜构造带、龙门山中央断裂带三大构造体系之中的 13 条断层、8 个背向斜褶皱，岩层多陡倾、直立或倒转，地质构造十分复杂，隧道洞身岩体构造节理发育，十分破碎。

隧道进出口穿越的龙门山前山断裂——彭县-灌县断裂以及龙门山中央断裂——映秀-北川断裂都属于活动断裂，在2008年"5·12"汶川8级大地震中曾发生明显错断位移。

隧址区地震动峰值加速度为0.20g，地震动反应谱特征周期为0.40 s。

3. 地下水及主要工程地质问题

柿子园隧道地下水主要是砂泥岩地层、断层带中的基岩裂隙水，灰岩、白云岩地层中的岩溶裂隙水，以及岩溶管道水，勘察期间地表调查未发现地表存在明显的岩溶洼地及管道暗河存在。

隧道主要工程地质问题是泥岩大变形、岩溶及局部涌水突泥。针对该隧道可溶岩大面积分布，岩溶及岩溶水具体在下面分析。

三、隧道岩溶水文地质特征

1. 地表水系

柿子园隧道范围内雎水河、茶坪河为隧址区最大两地表地表河流，常年流水，属于涪江水系。隧道主要傍雎水河走行，属于傍山隧道，距离雎水河左岸0.3~1.5 km，距离与北东向茶坪河（金溪沟）分水岭3.5~5 km（图4.3-3）。隧道洞身通过9条地表冲沟，均为间歇性水沟，旱季大多为干沟，雨季沟谷中存在季节性流水，9条横向沟谷中进出口各有两条浅埋沟谷，隧道埋深仅10~30 m，其余7条沟谷高于隧道轨面130~500 m。

2. 岩溶水补、径、排条件

隧道洞身穿越地层主要为中生代和古生代（T~D）沉积岩，可溶岩主要为三叠系嘉陵江雷口坡组、二叠系中下统、石炭系下统、泥盆系中上统中厚层灰岩、白云岩、泥灰岩可溶岩，段落长约9.5 km，岩溶弱~中等发育，局部强烈发育。其余为三叠系上统须家河组（T_3x）、三叠系下统飞仙关与铜街子组（T_1f+t）砂泥岩地层，段落长约为3.57 km。

如图4.3-3所示，柿子园隧道设置于雎河左岸，属于傍河隧道，雎河基本上属于地方岩溶排泄基准面。根据隧道勘察期间实施的13个深孔及大地音频电磁法探测成果，隧址区岩溶不甚发育：隧道D2K77+690~D2K7+150、D2K78+560~D2K81+070段主要通过三叠系嘉陵江、雷口坡组灰岩、白云岩，隧道处于岩溶水垂直渗流带及季节变动带；D2K81+740~D2K82+290、D2K82+300~D2K85+070、D2K87+615~D2K90+765三段通过三叠系、二叠系、石炭系灰岩、白云质灰岩，岩溶较为发育，隧道处于岩溶水季节变动带内；进出口可溶岩地段基本上位于垂直渗流带内，中部可溶岩段处于岩溶水季节变动带中，施工中可能会遇到较大涌水，特别是隧道通过浅埋沟谷段、断层带地段地下水涌出量较大。勘察期间，地质调绘表明，部分横向沟谷中见有少量岩溶泉出露，水量较少，大部分溪沟旱季多为干沟。地表少见岩溶洼地、漏斗、落水洞等岩溶形态，反映出隧址区山高坡陡，大量降水通过横向沟谷排泄于雎河之中，地下水径流途径短，岩溶发育不充分，未见存在大的地下暗河管道系统。

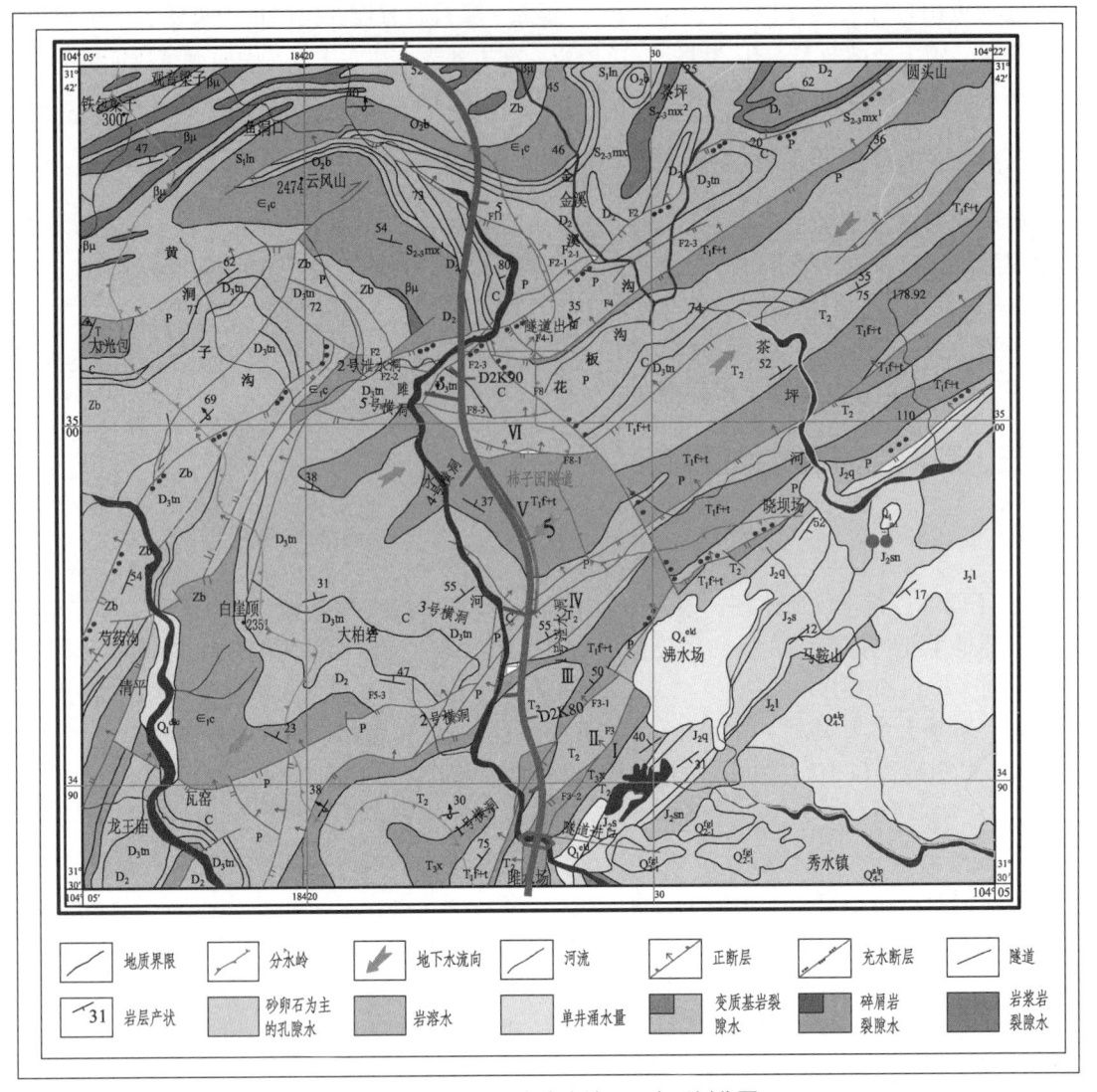

图 4.3-3　柿子园隧道含水地层及水系划分图

隧址区岩溶地下水主要接受大气降雨入渗、睢河左岸山体地下水侧向径流补给，地下岩溶水径流途径较短，局部以下降泉形式排泄于横向沟谷及睢河河谷之内，但是睢河两岸地表调绘时未见明显岩溶下降泉出露，主要以线状水流排泄。

3. 隧道涌水量预测

勘察设计阶段，分别采用了大气降雨入渗法、地下水径流模数法及地下水动力学3种方法预测了隧道分段涌水量及总涌水量，正常总涌水量分别是 $7.6 \times 10^4 \ m^3/d$、$7.9 \times 10^4 \ m^3/d$ 及 $8.6 \times 10^4 \ m^3/d$，推荐设计采用值正常涌水量为 $8.6 \times 10^4 \ m^4/d$，雨季最大涌水量为 $12.9 \times 10^4 \ m^4/d$。

在此需要说明的是隧道涌水量预测的是隧道施工期间可能出现的正常涌水量及雨季期间最大涌水量，并且假设隧道洞身围岩基本处于均质裂隙岩体中，降雨量采用的是地区年平均降雨量，预测中未考虑岩溶管道涌水及极端暴雨工况下的短时隧道涌水量。

四、施工揭示岩溶、岩溶涌水特征及极端水量预测

1. 施工开挖揭示岩溶情况

柿子园隧道于2013年开工建设，2017年底全隧贯通，设置了6个横洞作为辅助坑道进行施工，进口至板厂沟2号断层（D2K82+290）之间的三叠系、石炭系灰岩、白云质灰岩夹砂页岩地层之中，未揭示溶洞、溶腔、溶隙等岩溶形态，地下水为基岩裂隙水，总体不甚发育，部分隧底底板出现冒水，施工中增设了泄水孔。岩溶比较发育地段主要集中出现在板厂沟2号断层（D2K82+290）的隧道后半段的二叠系、泥盆系灰岩、白云质灰岩间夹砂岩地层中，总计揭示出8处充填性溶洞，大部分干溶洞，个别有滴水现象，主要位于3号、5号横洞工区，见表4.3-1。

表4.3-1 柿子园隧道施工揭示溶洞情况一览

序号	工区	里程段落	溶洞形态及地下水	地层岩性
1	3号横工区	D3K83+580~+593	左侧拱腰，溶洞大小为3m×2m，黏土充填，无水	P_1中厚层灰岩
2	3号横工区	D3K84+417~+430	右侧拱部1.5m处发育一处溶洞，黏土充填，无水；左侧边墙上台阶3m范围内有一溶蚀破碎带	P_2中厚层灰岩
3	3号横工区	D3K84+504~+517	左侧边墙至拱顶，呈椭圆形，溶洞大小为4m×8m，黏土充填，无水	P_2中厚层灰岩
4	3号横工区	D3K84+523~+540	拱顶至拱腰，溶洞直径约1~3.5m，黏土充填，无水	P_2中厚层灰岩
5	5号横工区	D3K89+993~+996	拱腰见一2m溶洞，黏土充填，无水，掌子面局部滴水	D_3tn中厚层白云质灰岩
		D3K90+090~+120	溶蚀破碎，沿层面发育一宽2~3mm的溶缝	D_3tn中厚层白云质灰岩
6	5号横工区	YD2K90+58~+100	见6处溶洞及溶缝，溶洞直径为0.5~1.5m，半充填黏土，无水，部分溶洞揭示后有凉风透出	D_3tn中厚层白云质灰岩
7	5号横工区	D3K90+157	见一直径约1.5m管状溶洞，沿层面发育，直至右线拱腰到底部，滴水，半充填黏土，雨季有水流出	D_3tn中厚层白云质灰岩
8		YD2K90+131		D_3tn中厚层白云质灰岩

由于隧道后半段施工揭示多个溶洞及溶蚀破碎带，部分溶洞揭露后出现透风现象，显示出与地表较好的连通性。3号、4号横洞工区施工中揭示4处岩溶发育段，开挖时无水，溶洞原为全充填型，流水不畅，在施工开挖后，经流水冲刷，将溶洞充填物逐步带走，增大连通性，

暴雨后涌水量越来越大，2016年雨季观测此段涌水量达 11×10^4 m³/d，因此于左线右侧35 m 靠山一侧处增设泄水洞，长度为4 331.45 m，泄水洞与左线之间设置14处横向引水廊道。5号横洞工区在施工中揭示 D2K90+90～+120 为溶蚀破碎带，D2K90+157、YD2K90+131 揭示贯穿性溶洞，2015年雨季时，此段岩溶涌水量达 2×10^4 m³/d，涌水与地表连通较好，因此，施工期间将6号横洞调整为2号泄水洞。

施工期间揭示岩溶主要为充填、半充填干溶洞，基本无水，但是雨季时部分溶洞出现较大涌水。

2. 隧道涌水量实测情况

本隧道于2017年全线贯通，开挖揭示隧道可溶岩段落有4段，长8 925 m，占全隧的64%，非可溶岩有4段，长5 144 m，占全隧的36%。除2013年至2019年施工期间观测3号～5号横洞工区存在溶洞现象且雨季涌水量大并采用增设泄水洞外，其余段落未见溶洞现象且观测涌水量不大，满足水沟排水能力。

2020年8月柿子园隧道区域内突降特大暴雨。8月15日20时—16日20时，隧区日降雨量达257.7 mm，17日隧道横洞、正洞合计涌水量达到 227×10^4 m³/d，正洞、横洞内排水沟四溢，远远不能满足排水要求，如图4.3-4所示。

（a）进口排水状况 　　　　　（b）2号横洞排水情况

（c）正洞拱顶渗水情况 　　　（d）3号横洞排水情况

图4.3-4　柿子园隧道2020年8月特大暴雨引起的水害

表 4.3-2 为 8 月 16 日特大暴雨后，17 日隧道出现特大涌水，各个横洞、进口及正洞实际测量的涌水量，正洞中心沟、侧沟均出现水流溢出漫流现象，隧道正洞较多地段隧顶出现渗流、股状滴水。

表 4.3-2　柿子园隧道 8 月 17 日特大涌水量实测水量一览

工区	过水断面/（m²）	流速/（m/s）	涌水量/（m³/d）	合计/（m³/d）	备注（水流来源）
进口	8×0.2 + 0.6×0.8	3.8	682 560	1 879 027	3 号横洞小里程至进口段中心沟、侧沟
1 号横洞	0.6×0.8 + 1×0.1	3.1	155 520		上游中心沟漫流至横洞本身涌水
2 号横洞	0.6×0.7	1.9	68 947.2		上游中心沟漫流至横洞本身涌水
3 号横洞	7×0.4 + 0.4×0.4	3.8	972 000		1 号泄水洞及横洞本身出水，部分为 4 号、3 号之间中心沟
4 号横单双线交界处	4.4×0.05 + 0.4×2	1	32 832	390 528	正洞排水
左线正洞	0.4×0.1	2	13 824		出口至 5 号横
右线正洞	0.4×0.35	2	48 384		出口至 5 号横
5 号横洞口	7.5×0.1 + 0.4×0.4	2	95 040		左右线正洞
2 号泄水洞	5×0.2 + 0.4×0.4	2	200 448		2 号泄水洞属于独立排水系统
合计	—			2 269 555	

17 日出现的隧道特大涌水量与大气降雨存在显著正相关关系，隧道涌水具有短时集中特点，由于隧道 2020 年 8 月通过地段大部分为灰岩、白云岩可溶岩地层，隧道洞身存在与地表连通的岩溶裂隙管道。隧道区域内整个 8 月都是雨季，8 月 16 日后，该地区持续降雨，日降雨量一直在 50 ~ 160 mm 之间，9 月 1 日实测隧道涌水量仍然达到 22.1×10⁴ m³/d。

10 月初隧址区域内降雨较少，现场人员在 10 月 8 日、10 日、13 日实测 3 次隧道涌水量，分别是 $8.37×10^4$ m³/d、$9.99×10^4$ m³/d 及 $8.61×10^4$ m³/d，较降雨期间，水量大幅减少。

图 4.3-5 是根据 2020 年 8 月 9 日至 10 月 10 日雨季期间现场实测隧道涌水量与收集当地大气降雨量数据绘制的关系曲线图。此图显示：隧道涌水量与大气降雨量呈现正相关关系。

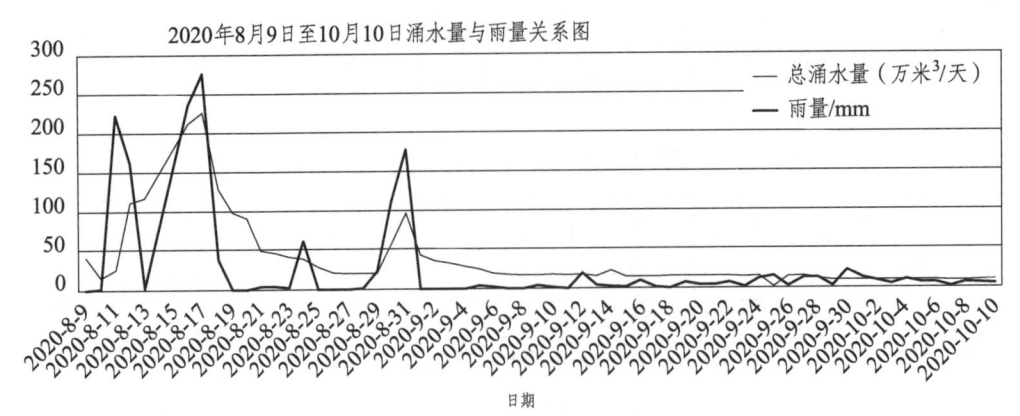

图 4.3-5　大气降雨量与隧道涌水量关系曲线

8月17特大水害除了淹没横洞、正洞排水沟，隧道路基面外，因为较大的动水压力还造成部分正洞、横洞底板抬升、开裂、损毁，见表4.3-3。

表 4.3-3　柿子园隧道正洞仰拱填充开裂统计

里程	长度/m	开挖揭示岩性	破坏特征
D2K80 + 560 ~ + 590	30	灰岩	仰拱填充裂纹
D2K80 + 630 ~ + 660	30	灰岩	仰拱填充裂纹
D3K85 + 200 ~ + 300	100	砂岩、泥岩	仰拱填充裂纹
XSK0 + 032 ~ + 058	26	灰岩	底板抬升开裂
XSK0 + 153 ~ + 196	43	灰岩	底板抬升开裂
XSK85 + 035 ~ + 065	30	灰岩	底板抬升开裂
XSK87 + 040 ~ + 070	30	灰岩	底板抬升开裂

隧道正洞仰拱、泄水洞底板开裂典型照片如图4.3-6所示。

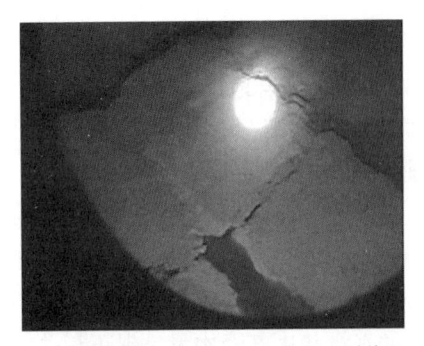

（a）D2K82 + 635 ~ + 660 仰拱开裂情况 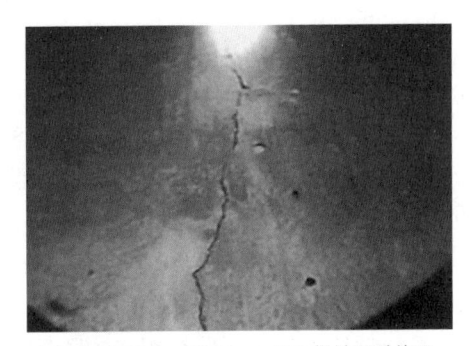　　（b）D3K85 + 200 ~ + 300 仰拱开裂情况

（c）1号泄水洞 XSK85+035~+065 底板开裂情况　（d）1号泄水洞 XSK87+040~+070 底板开裂情况

（e）2号泄水洞 XSK0+032~+058 底板开裂情况　（f）2号泄水洞 XSK0+153~+196 底板开裂情况

图 4.3-6　隧道正洞仰拱、泄水洞底板开裂情况

3. 极端涌水量预测

原设计预计隧道涌水量最大为 $13\times10^4\ m^3/d$，施工期间3号、4号横洞工区因为出现溶洞，且在雨季出现了较大的岩溶涌水，因此在两工区之间已经增设了一段长约4 km的泄水洞。但是2020年雨季期间，已经贯通的隧道突发特大涌水 $227\times10^4\ m^3/d$，既有设施不能满足隧道排水能力，必须设置新的泄水洞。此外，对于岩溶管道水及浅埋段断层带涌水，采用年降雨量的大气入渗法显然不能正确估算雨季期间隧道短时涌水量，对此，采用区域内历史最大日降雨量估算雨季短时涌水量是合理的，另外，采用了隧道区域内历史最大降雨量与今年降雨量下的隧道涌水量相比拟的方法估算了隧道最大涌水量，以此作为隧道泄水洞增设的依据。

隧址区域内自1952年建气象站以来，该地区观测到的最大日降雨量为495 mm，采用大气降雨入渗法公式 $Q=1\ 000\alpha WA$［式中：α 为降雨入渗系数，W 为日降雨量（mm），A 为不同段落隧道汇水面积（m^2）］，在此需要说明的是：对于砂泥岩入渗系数取值为 0.1~0.2，岩溶化灰岩、白云岩取值大于 0.5（各个段落入渗系数根据今年雨季最大涌水量反算确定，段落汇水面积根据小比例尺地形图上隧道汇水面积确定），断层带取值 0.5~0.65，分段计算涌水量后汇总隧道总计涌水量为 $470\times10^4\ m^3/d$。

此外，在8月17日降雨量为 257.7 mm 时，实测隧道内最大涌水量为 $227\times10^4\ m^3/d$，采用比拟法计算在隧区极端日降雨量为 495 mm 时，隧道最大涌水量为 $457\times10^4\ m^3/d$。

因此，推荐在极端最大日降雨情况下，隧道最大涌水量按照 $470\times10^4\ m^3/d$ 计算，建议隧道据此增设必要的泄水洞，以保障隧道运营安全。

五、突发特大涌水量原因分析

柿子园隧道2017年底贯通后，2018年、2019年雨季均未出现异常特大涌水，隧道既有泄水洞、正洞侧沟、中心沟、横洞侧沟均满足隧道排水要求，但是2020年雨季出现一次 $227 \times 10^4 \, m^3/d$ 的特大涌水，造成隧道正洞、横洞大水漫流，拱顶、边墙股状渗水，局部隧道底板上拱开裂变形，产生严重水害，隧道排水能力严重不足。发生本次水害主要原因有以下几点：

（1）柿子园隧道正处龙门山构造带，洞身穿越龙门山复式背斜，构造挤压严重，洞身通过13条断层、8个背向斜褶皱，岩层产状多陡倾、直立或倒转，岩体构造节理发育，十分破碎，特别是隧道洞身穿越的横向沟谷多达9条，其中4条埋深小于30 m，并且沟谷地段多是断层带，因此，浅埋破碎岩体裂隙率高，渗透系数大，降雨入渗系数大，地表降雨可迅速渗入地下排泄于隧道之中。

（2）隧道全长14 km，约6.5 km通过灰岩、白云质灰岩可溶岩地层，特别是D2K82+290（板厂沟1号断层）后的二叠系、石炭系、泥盆系可溶岩中发育溶洞、溶缝等岩溶管道系统，这些溶洞、溶缝都是地质历史时期中的岩溶水过水通道。尽管施工揭示溶洞、溶隙多有黏土充填，但是隧道贯通后改变了地下水径流途径，历经2018年、2019年雨季地下水的冲洗，岩溶管道再次被地下水疏通且与地表连通，大气降雨后地表水可以迅速通过这些岩溶管道排入隧道之中，而且入渗系数很大。

（3）柿子园隧道区域2020年遭遇罕见特大暴雨，2010年8月15、16日降雨量都在250 mm左右，大量降雨渗入地下通过柿子园隧道发育的破碎岩体裂隙系统、岩溶管道系统排入隧道之内，由于短时降雨量大，形成丰富地下水，水位也不断抬高，因此，造成隧道涌水量剧增，产生严重水害。

综上所述，极端降雨通过发育的裂隙、岩溶管道系统大量入渗地下通过隧道排泄是本次集中短时特大水害的主要原因。

六、结论及建议

（1）柿子园隧道2020年雨季出现的特大涌水产生的水害属于暴雨大量下渗形成的集中短时涌水，对隧道工程造成一定损害，如不采取必要排水措施，类似水害将危及隧道工程及今后列车安全营运。研究分析认为1号横洞后在隧道右侧靠山侧增设至出口的泄水洞对于隧道工程及今后运营安全是完全必要的。

（2）柿子园隧道洞身穿越多条断层且在地表形成沟谷，岩体十分破碎。本次水害表明：破碎岩体入渗系数及渗透系数很大且断层带导水能力也很大，加之又是沟谷地貌，大量表水很容易汇集渗入地下形成大的隧道涌水。应吸取经验教训，今后类似通过断层带沟谷段的隧道，涌水量计算时应取较大入渗系数及渗透系数。

（3）对于岩溶管道发育的复杂岩溶隧道，计算隧道涌水量时，大气降雨入渗法采用年降雨量计算隧道平常涌水量、雨季最大涌水量的方法是不合理的，采用隧址区日最大降雨量计算比较合理。

（4）对于存在隐伏岩溶管道的岩溶隧道，很难准确计算隧道涌水量，特别是雨季短时集中涌水。大气降雨入渗法应该说是比较合理的一种方法。因此，今后岩溶隧道涌水量计算应首选此方法，但是降雨入渗系数可根据隧址区岩溶发育情况合理选取，一般不应小于 0.5。

（5）对于处于岩溶水垂直渗流带内的岩溶隧道，尽管旱季或者施工期间地下水不发育，甚至施工中无地下水，但是只要揭示出较大的溶洞、溶腔，应给予高度重视，因为溶洞、溶腔毕竟是地质历史时期地下水径流通道，与地表岩溶管道、溶隙系统相互连通的，因此，应在雨季期间观测并实测溶洞、溶腔中流出的地下水流量，必要时增设泄水孔及泄水洞，确保隧道工程及运营安全。

第四节　贵广高铁尖山营特大桥桥墩沉浮机理

贵阳至广州高速铁路尖山营特大桥自开通运营以来，多个桥墩异常沉浮，对高铁运营产生了较大影响，铁路运输部门对通过此桥列车进行限速。建设单位组织专家对沉浮病害原因进行了分析，设计部门对此桥进行了地质补充勘察，目的是查明桥墩异常升降产生机理。本案例针对此桥地质背景条件，结合地质补充勘察资料，分析了桥墩沉浮机理，提出了总结性意见，对于从事铁路勘察设计的工程技术人员具有很好的参考借鉴意义。本节由王茂靖、付开隆撰写。

一、概况

1. 工程概况

贵阳至广州高速铁路尖山营特大桥桥长 738.107 m，最大墩高 8.5 m，桥梁中心里程为 D3K72 + 737.846，孔跨布置为 3×32 m +（32 + 48 + 32）m 连续梁 + 15×32 m + 1×24 m 简支梁；主跨下部采用矩形实体墩、桩基础；引桥梁部采用 24 m、32 m 预应力混凝土简支组合箱梁，下部结构采用矩形实体墩、T 形空心桥台、桩基础。全桥 5 号~11 号、16 号、17 号墩采用摩擦桩基础，其余为柱桩，各墩台桩基础设计情况见表 4.4-1。

表 4.4-1　墩台桩基设计统计

墩台号	墩台高 /m	桩基布置 /m	桩长 /m	备注
0	5	9ϕ1.25	55	柱桩
1	6.5	8ϕ1.25	14	柱桩
2	7	8ϕ1.25	31	柱桩、不等长
3	7	8ϕ1.25	30	柱桩
4	6.5	8ϕ1.25	51	柱桩
5	6.5	8ϕ1.25	24	摩擦桩
6	7	8ϕ1.00	19	摩擦桩
7	7.5	8ϕ1.00	20	摩擦桩

续表

墩台号	墩台高 /m	桩基布置 /m	桩长 /m	备注
8	7.5	8ϕ1.00	20	摩擦桩
9	7.5	8ϕ1.00	20	摩擦桩
10	7.5	8ϕ1.00	20	摩擦桩
11	7.5	8ϕ1.00	20	摩擦桩
12	8	8ϕ1.25	49	柱桩
13	8	8ϕ1.25	73	柱桩
14	8	8ϕ1.25	53	柱桩
15	8	8ϕ1.25	54	柱桩
16	8	8ϕ1.00	26	摩擦桩
17	8.5	8ϕ1.00	21	摩擦桩
18	8.5	8ϕ1.25	63.5	柱桩
19	8.5	8ϕ1.25	65.5	柱桩
20	8.5	8ϕ1.25	49.5	柱桩、不等长
21	6.5	8ϕ1.25	44.5	柱桩
22	5	9ϕ1.25	54	柱桩

该桥从 2010 年 3 月 23 日开始施工，2012 年 9 月完工，2012 年 10 月架梁结束，2014 年 12 月开通运营。

2. 病害概况

该桥施工结束后，中铁二局贵广铁路工程指挥部从 2010 年 9 月开始对全桥墩台沉降进行监控量测，量测数据显示桥墩存在较大的异常升降。

针对该桥桥墩升降异常情况，2012 年 10 月开始，中铁二院济南分院对桥墩沉降情况进行了平行观测。沉降观测结果显示，桥墩在一年中某段时间异常上升，其余时间则下降。对 2012 年 10 月至 2013 年 8 月进行统计分析，各桥墩（台）采用高程为 2012 年 10 月开始观测的时间为基准高程。其结果见表 4.4-2。

表 4.4-2 尖山营双线特大桥桥梁观测数据统计

序号	桥台桥墩编号		下沉量 /m	上浮量 /mm	总上浮量 /mm	备注
1	0 号桥台	左侧	5.22	2.08	3.14	①下沉量：桥墩（台）观测的最低高程与第一次观测高程的差值；
		右侧	5.22	1.21	4.01	

续表

序号	桥台桥墩编号		下沉量/m	上浮量/mm	总上浮量/mm	备注
2	1号桥墩	左侧	7.25	3.16	4.09	
		右侧	7.69	3.11	4.58	
3	2号桥墩	左侧	7.89	2.87	5.02	
		右侧	7.84	3.03	4.81	
4	3号桥墩	左侧	8.52	3.33	5.19	②上浮量：桥墩（台）观测的最高高程与第一次观测高程的差值；
		右侧	7.76	2.19	5.57	
5	4号桥墩	左侧	8.90	1.1	7.80	③总上浮量：桥墩（台）观测的最大下沉高程与上浮高程之间的差值；
		右侧	8.37	0.41	7.96	
6	5号桥墩	左侧	11.53	−7.04	18.57	④观测时间：2012-10-21—2013-08-04
		右侧	10.96	−6.90	17.86	
7	6号桥墩	左侧	11.94	−8.84	20.78	
		右侧	11.71	—	20.31	
8	7号桥墩	左侧	12.82	−11.04	23.86	
		右侧	11.75	−11.62	23.37	
9	8号桥墩	左侧	13.14	−14.75	27.89	
		右侧	12.34	−14.53	26.87	
10	9号桥墩	左侧	14.35	−16.29	30.64	
		右侧	13.07	−17.26	30.33	
11	10号桥墩	左侧	15.59	−15.58	31.17	①下沉量：桥墩（台）观测的最低高程与第一次观测高程的差值；
		右侧	14.40	−16.39	30.79	
12	11号桥墩	左侧	18.88	−15.37	34.25	②上浮量：指桥墩（台）观测的最高高程与第一次观测高程的差值；
		右侧	17.96	−15.71	33.67	
13	12号桥墩	左侧	18.98	−16.36	35.34	
		右侧	18.51	−16.08	34.59	
14	13号桥墩	左侧	15.81	−16.85	32.66	
		右侧	15.32	−17.18	32.50	

续表

序号	桥台桥墩编号		下沉量/m	上浮量/mm	总上浮量/mm	备注
15	14号桥墩	左侧	14.18	−18.04	32.22	
		右侧	14.14	−19.00	33.14	
16	15号桥墩	左侧	14.26	−18.02	32.28	
		右侧	14.09	−19.02	33.11	
17	16号桥墩	左侧	15.83	−22.75	38.58	
		右侧	14.79	−23.05	37.84	
18	17号桥墩	左侧	16.01	−21.25	37.26	③总上浮量：指桥墩（台）观测的最大下沉高程与上浮高程之间的差值；
		右侧	14.81	−21.00	35.81	
19	18号桥墩	左侧	14.43	−12.93	27.36	④观测时间：2012-10-21—2013-08-04
		右侧	13.79	−12.91	26.70	
20	19号桥墩	左侧	12.54	−11.11	23.65	
		右侧	12.50	−10.98	23.48	
21	20号桥墩	左侧	11.94	−9.14	21.08	
		右侧	11.29	−9.12	20.41	
22	21号桥墩	左侧	11.25	−7.28	18.53	
		右侧	10.84	−7.19	18.03	
23	22号桥台	左侧	10.63	−8.17	18.80	
		右侧	10.47	−8.32	18.79	

从桥梁观测数据统计表可以看出，从0号桥台至4号桥墩的数据变化较小，5号桥墩至22号桥台各月桥墩标高出现较大的下沉、上浮变化。

桥墩（台）下沉阶段：观测数据显示，从2012年10月至2013年3月初和2013年6月下旬至10月墩（台）呈下沉趋势，其中从0号桥台至4号桥墩下沉量在10 mm范围内，其他桥墩（台）大于10 mm，其中下沉最大的桥墩为12号桥墩，下沉量为18.98 mm。

桥墩（台）上浮阶段：观测数据显示，从2013年3月中旬至6月中旬，桥墩（台）呈上浮趋势，在6月中旬达到最高值，其中9号桥墩至17号桥墩总上浮量大于30 mm，最大的总上浮量为38.58 mm，为16号桥墩。

全桥所有墩台的升降与雨季、旱季时间关系一致，即与该地区雨季、旱季存在时间上吻合，与地区地下水位升降存在一致性关系。

二、地质背景条件

1. 地形地貌

图 4.4-1 尖山营特大桥桥址地形地貌远景

桥址位于黔南布依族苗族自治州贵定县境内，属低山岩溶谷地地貌，桥位跨越溶蚀谷地，谷地平缓开阔，地表多为水田，地面高程为 1027～1060 m。11～12 号墩之间跨越一条小河，河岸宽 10～20 m，深 3 m，属于山间沟谷汇水形成的支流，如图 4.4-1 所示。

2. 地层岩性及地质构造

桥址区上覆厚层第四系全新统冲洪积（Q_4^{al+pl}）松软土、黏土、砂土、卵石土及坡残积（Q_4^{dl+el}）红黏土。黏性土一般位于表层，厚 1～7 m，下伏卵石土厚度差异大，4 号～12 号墩厚 41～57 m，向桥两端延伸卵石土层变薄。下伏基岩为二叠系上统吴家坪、长兴组（P_2w+c）和茅口组（P_1m）地层。岩性分为非可溶岩及可溶岩两类，其整体分布规律如下：0～7号墩台基岩为灰岩，岩体完整性较好，但岩溶发育；8～22 号墩台为页岩、硅质岩夹炭质页岩的杂合岩类，风化程度较严重，全、强风化层厚总厚为 20～40 m。

桥址区位于昌明向斜核部，昌明向斜是南北向川黔经向构造体系内的一条紧密状向斜构造。昌明向斜轴向近南北向延伸，与线路方向的夹角约 70°。其南部延伸到贵州与广西交界处，向北则延伸到开阳县附近与贵阳向斜合并后进一步向北延伸，长度大于 50 km。在线路附近，昌明向斜核部为飞仙关组（T_1f）地层，两翼地层由新到老分别为长兴组（P_2c）、吴家坪组（P_2w）、茅口组（P_1m）、栖霞组（P_1q）、梁山组（P_1l）、黄龙组（C_2hn）地层，岩层倾角为 20°～70°，区域性虎场正断层由桥址通过，断层产状为 N45°E/45°SE，断层破碎带及影响带宽 100～300 m，由断层角砾、断层角砾岩、压碎岩组成，影响范围为 D3K72+520～+760。

桥址区地震动峰值加速度等于 0.05g，场地地震动反应谱特征周期为 0.35 s。尖山营特大桥工程地质纵断面如图 4.4-2 所示。

3. 水文地质特征

桥址区地下水主要为第四系孔隙潜水、基岩裂隙水及岩溶水。孔隙潜水主要赋存于桥区砂层及卵、砾石层中，含水量较丰富，由地表及大气降水补给。基岩裂隙水主要赋存于硅质岩、页岩地层之中，岩溶水赋存于下伏灰岩溶隙、溶洞中，基岩裂隙水、岩溶水含水量中等。地下水受大气降水及表水补给，斜坡处基岩裂隙水、岩溶水在谷底低洼处排泄。桥址处谷地雨季时地下水位于地表下 2～8 m，旱季深达 30～40 余米，表明桥址处地下水接受大气降雨补给明显，接受周围远距离地下水补给有限，地下水位波动幅度较大，也说明下伏岩溶水径流途径通畅。

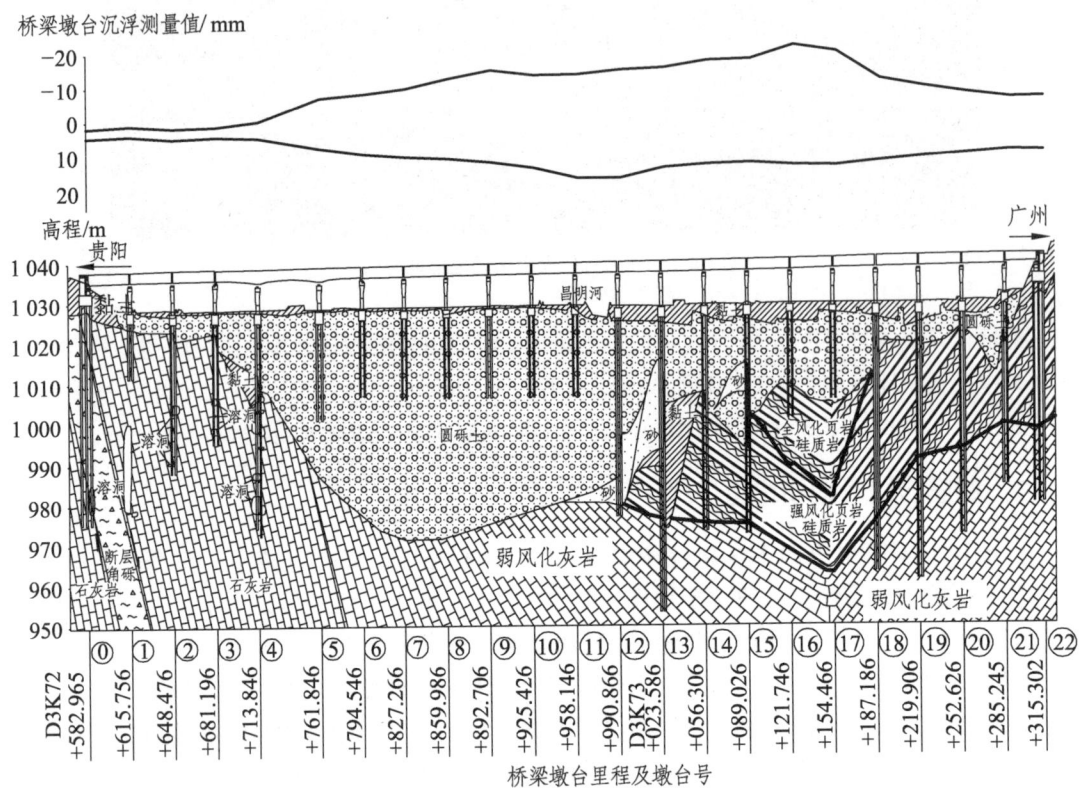

图 4.4-2　尖山营特大桥工程地质纵断面示意图（上部为对应墩台的沉浮曲线）

4. 主要不良地质、特殊岩土

桥址区地处岩溶谷地，主要不良地质为隐伏岩溶，据钻孔揭示：下伏栖霞茅口灰岩岩溶极为发育，多个墩、台溶洞发育，分布规律性差，洞径大小不一，揭示最大溶洞高达 21.6 m，多数为充填溶洞，底板最低高程为 954.89 m。

特殊岩土为松软地基土，呈透镜状分布于桥址区地表，厚度较薄，对桥梁桩基础影响不大。

三、地质补勘及主要成果

1. 地质补勘情况

针对此桥墩台异常沉浮地质病害，设计单位先后对进行了地质补勘，2013 年 3 月在异常升降数值较大的桥墩 6 号、12 号墩附近进行了补充钻探，钻孔布置于 D3K72 + 778 中心（钻孔编号为SD3Z-尖山营-1）及D3K73+007中心（钻孔编号为SD3Z-尖山营-2），钻孔深度分别是70.7 m、60.1 m。钻探揭示土石结构、岩溶发育情况等与勘察阶段揭示并提交设计的成果资料一致，如图4-4-3所示。

2013年8月13日，贵广公司在贵阳组织专家对该桥墩台测量显示异常升降问题进行探讨，专家意见如下："初步分析认为，沉降异常与桥址的地层结构、地下水活动有关，可能存在深层承压水作用"。

设计单位于2013年8月再次对该桥进行了地质补勘，分别在D3K72+827处7号墩右侧30 m附近、D3K73+154处16号墩右侧50 m施钻两孔，孔号为SD3Z-尖山营Q观察孔-4、SD3Z-尖山营Q观察孔-6，如图4.4-4所示。

图4.4-3　SD3Z-尖山营-1钻孔揭示巨厚卵石土　　图4.4-4　尖山营Q观察孔-6揭示破碎的硅质岩

2013年9月15日完成SD3Z-尖山营Q观察孔-4钻孔，孔深90.10 m，终孔时水位埋深18.2 m。钻探揭示：0~40 m为卵石土；40~57.8 m为漂石土；57.8~77.5 m为灰岩；77.5~81.8 m为溶洞，全充填细砂及卵石；81.8~82.3 m为溶蚀破碎带；82.3~85.3 m为溶洞，全充填黄色黏土夹细砂；85.3~90.10 m为灰岩。

2013年10月2日，完成SD3Z-尖山营Q观察孔-6，孔深90.5，终孔时水位埋深29.8 m。钻探揭示：0~5 m为粉质黏土；5~23.2 m为卵石土；23.2~36.3 m为页岩，呈全风化状；36.3~48 m为硅质岩，弱风化夹强风化透镜体，岩体极破碎，棱角锋利；48~90.4 m为硅质岩、灰岩弱风化层，岩体较破碎。

钻孔结束后，在SD3Z-尖山营Q观察孔-4、SD3Z-尖山营Q观察孔-6钻孔中分别对砂卵石层、基岩裂隙水进行了稳定流、非稳定流抽水试验，同时在SD3Z-尖山营-1、SD3Z-尖山营Q观察孔-4、SD3Z-尖山营Q观察孔-6共3个钻孔中埋置花管进行长期地下水位变化观测，观测时间根据当地的降雨情况动态设置，在丰水期一般2次/7d，在枯水期一般1次/7d。

为查明桥址区一定深度范围岩层完整性、地下水发育情况等，设计单位针对性地开展了大地电磁法物探工作。现场区完成3条物探剖面，其中大角度与桥位相交的1条，自桥位左侧至右侧贯通槽谷，长度为1 930 m。平行于桥位的物探剖面2条，分别位于线路左侧5.6 m和右侧9.3 m处，长度共1 560 m。同时，在桥址区开展了磁法勘探，测定桥区磁场强度，分析桥区是否存在磁异常现象。

为分析桥址区水文地质特征、地下水变化规律，设计单位还开展了区域水文地质调绘，基本查明了桥址区水文地质单元及地下水补、径、排条件，为分析桥址区地下水位变幅打下了良好基础。

2. 地质补勘的主要成果

（1）地层岩性。

钻孔揭示桥址区覆盖土厚度较大，松散土层厚度超过 60 m，下伏基岩为硅质岩、页岩及厚层灰岩，桥址区处于向斜核部，受向斜构造及断层作用，岩体节理裂隙发育，致使灰岩岩溶极为发育，多见溶洞，硅质岩十分破碎，呈散体结构、碎石类土状。上覆卵砾石土，据颗粒分析，粒径大于 2 mm 的土样占总质量比例为 56% ~ 90%，平均值为 76%；粒径小于 2 mm 而大于 0.075 mm 的颗粒占总质量的比例 5% ~ 37%，平均值为 13%；粒径小于 0.075 mm 的细粒土占 3% ~ 38%，平均值为 11%。通过统计可以看出，桥址土层主要分为卵石土和粗圆砾土两类，其中粗粒土占的比例较高。

（2）抽水试验成果。

按两孔不同的水文地质条件，分别采用非稳定流和稳定流计算方法，主要结果如下：SD3Z-尖山营 Q 观察孔-4 孔按潜水完整井非稳定流抽水试验，采用相距 57 m 的 SD3Z-尖山营-1 观测孔资料进行直线解析法计算，卵石层的渗透系数 K = 0.177 m/d；SD3Z-尖山营 Q 观察孔-6 孔按潜水非完整井稳定流抽水试验，采用单孔 2 个落程观测资料按裘布依、库萨金公式计算，岩层的渗透系数 K = 0.597 m/d。

从抽水试验结果来看，桥址区卵砾石土层渗透系数较小，说明卵石土层较为密实且含有黏土，与勘察阶段实施的超重型动力触探结果吻合。硅质岩的渗透系数较卵石土层渗透系数大，这与桥址区处于紧密状昌明向斜核部的构造部位有关，核部岩层受挤压明显，岩体破碎，因而渗透系数较大。

（3）水位观测成果。

现场补充钻探结束后，在 3 个钻孔中进行了水文观测，观测自 2013 年 9 月开始，持续至 2014 年 2 月，基本观测了一个枯水季节，如图 4.4-5 所示。

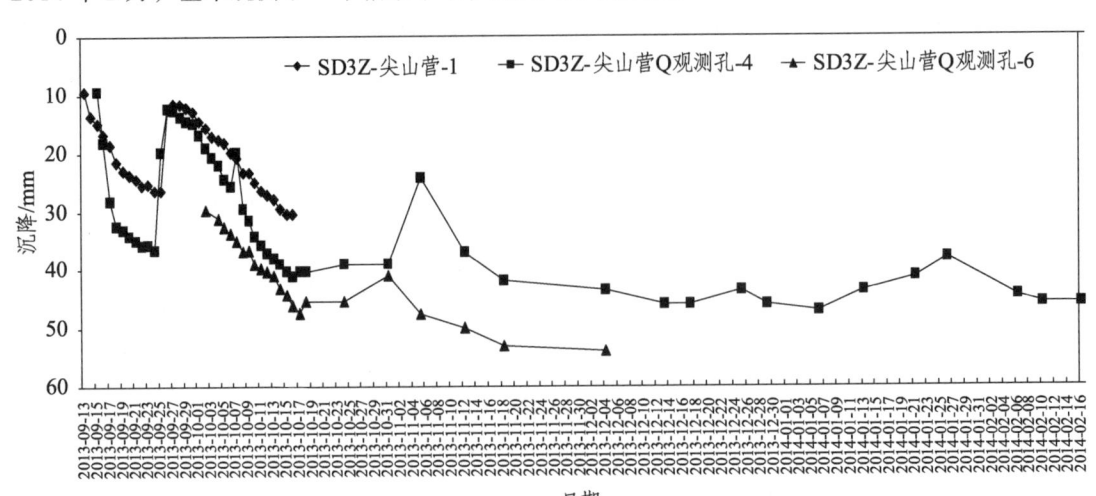

图 4.4-5 尖山营特大桥钻孔地下水位观测升降曲线图

从各孔水位与时间的关系来看：随着现场降雨量的增减，钻孔水位随之变化，即降雨后水位明显升高，而数天不下雨后水位下降。测量到各孔的水位起伏最大的是：SD3Z-尖山营Q观察孔-4孔，变幅达到35 m，SD3Z-尖山营-1孔变幅次之，达到25 m；SD3Z-尖山营Q观察孔-6孔变幅最小，仅23 m。需要说明的是，SD3Z-尖山营Q观察孔-6孔由于水位观测时间较晚，所以其变化幅度可能受此影响。

从各孔钻进过程中揭露地下水的情况来看：每个观测孔的深度均达到完整基岩内，最深的孔钻入完整基岩深度达30 m，各孔钻至土层与基岩风化层间的界线、基岩风化层与完整基岩间的界线、土层与完整基岩的界线等3种界线时，均未观察到水位的突然变化情况，即揭穿完整灰岩后未见到有承压水的情况，各孔所揭露的各层地下水均表现出潜水的特点。

从各孔观察到的潜水位起伏情况与相应位置的墩台升降测量数值对比来看，似乎墩台的升降时间、幅度与孔隙潜水的升降有一定的相关性。

（4）桥址区水文地质单元划分。

桥区附近，受南北向的构造格局控制，地貌整体呈南北向的山岭与槽谷相间分布的特点。地表水主体流向为顺槽谷流动的南北向。同时，受横向断裂控制，存在一系列切穿主构造线的横向沟谷，本桥所跨过的昌明河（桥位跨越小河处地面高程为1030 m），即为顺横向断裂发育并切穿南北向主构造线的横向沟谷。据区域水文地质单元分析，昌明河属于长江水系乌江支流堡子河上游补给水源；自该桥位往南方向的向斜谷内所有沟谷，其河水均属于珠江水系红水河的支流老面河上游补给源；昌明河往北方向的向斜谷内所有沟谷，其河水均属于长江水系乌江的支流堡子河上游补给源。尖山营特大桥实际上处于长江水系与珠江水系分水岭附近，南北分属两个水文地质单元，分界区域内地表水、地下水活动频繁剧烈，地下水位变幅巨大。

（5）桥址区地下水承压性。

桥区下伏含水层主要有两部分。一部分为卵砾石土层中的孔隙潜水，另一部分是赋存于二叠系下统栖霞组、茅口组灰岩中的岩溶水，灰岩上部为含水微弱的二叠系上统吴家坪组、长兴组硅质页岩、页岩夹灰岩、煤层，可视为顶部隔水盖层，底部隔水层为二叠系下统梁山组砂页岩夹煤层。从此桥勘探揭示的地质剖面来看，顶部隔水层并未形成一连贯的盖层，灰岩层直接"开口"于凹地内，即其内所含岩溶水与桥址所跨越的覆土内潜水相通，再者，桥址区还发育虎场断层，破碎影响带宽度达300 m，断层也使孔隙潜水与岩溶水有了水力联系，下伏岩溶水不具备形成独立水力系统的条件，桥址区没有形成高于地面或者潜水面的承压水条件。同时根据现场调查，尖山营所在区域的落水洞具备"消水"性质，雨季时大量降水灌入落水洞迅速补给地下水，造成地下水位抬高，而在旱季时，由于桥址区地处地下水分水岭区域，下伏可溶岩岩溶十分发育，地下水径流畅通，无表水、孔隙潜水补给时，地下水位迅速下降。

（6）桥址区覆盖土下伏灰岩，隐伏岩溶十分发育，多个钻孔揭示，灰岩中存在较多溶洞、溶隙，多为充填、半充填溶洞，揭示最大洞高达21.6 m，多数为充填溶洞，说明隐伏岩溶地下水径流畅通，为桥址区地下水位易涨易落创造了条件。

（7）桥址区进行了天然场音频大地电磁法（AMT）物探、磁法勘探。音频大地电磁法成果表明：区内岩溶强烈发育、岩体破碎软弱；页岩、硅质岩夹炭质页岩等地层岩性显示为低阻特征，反映页岩地层岩体破碎，完整程度差；下伏基岩层内未显示存在连续承压含水层位。

磁法成果表明：磁力仪在磁测剖面观测中，各测点磁总量值、剖面磁测曲线形态基本一致，桥址区无明显磁异常。磁测剖面显示曲线起伏较大，部分测点有明显的异常，多为地表建筑、废弃的含金属建筑垃圾、空中电线、金属广告牌等影响。

（8）特殊的水文地质部位。

前已述及，尖山营特大桥处于长江水系与珠江水系分水岭附近，南北分属两个水文地质单元，分界区域属于地下水强烈补给区，属于贵州地区典型峰丛洼地地貌，桥址区落水洞发育，降雨迅速通过落水洞补给地下水，水位上升，旱季无表水补给时，大量地下水通过下伏强烈岩溶洞隙排走，水位下降。如图4.4-6所示，谷底区发育4个落水洞，3号、4号落水洞位于昌明河谷中，4个落水洞具有较强消水能力，在雨季时，3号、4号落水洞水位与谷底河水齐平，旱季河水干枯。因而，3号、4号落水洞的存在并具备消泄作用，导致昌明段河道大多数时间为干枯状态。

图 4.4-6　尖山营特大桥落水位置洞平面示意图

因此，桥址区这种特殊的水文地质部位导致区内地下水活动频繁剧烈，地下水位波动幅度大。

四、桥墩沉降机理分析

根据桥址区补充地质勘察成果资料分析，尖山营特大桥桥墩异常沉浮与桥址区雨季、旱季地下水位剧烈波动存在明显正相关关系，分析认为桥址区特殊的水文地质部位是引起地下水位剧烈波动的地质因素，孔隙潜水的地下水变幅是引起桥墩异常沉浮的主要原因，下面进一步分析。

1. 地下水渗流对桥墩桩基础的作用

由于桥址区雨季、旱季地下水变幅很大，普遍为25～45 m，地下水渗流会产生渗透压力，这种渗透压力与水流方向一致，水位上升时，产生向上的渗透力，向下时产生向下的渗透压力，同时，地下水上升后，桩基会承受一定浮力，这种地下水流动产生的渗透压力及浮力能否克服桥桩基摩擦力，主导桥墩台沉浮呢？

我们以7号摩擦桩基进行计算。

根据上述地下水水位观测，7号墩附近在9月初时地下水水位埋深10 m，次年2月地下水水位降低至45 m，水位变幅达35 m。如果考虑雨季时期，地下水位在6月达到峰值，水位埋深推测约2 m，那么从2月最低水位到6月最高水位，地下水位变幅达43 m。

7号桥墩设置8个直径为1 m的摩擦桩，置于卵石土层中（见桥址地质纵剖面），桩长20 m。该桥在水位变幅较大的时段内，桥墩相对上升值为11.33 mm，沉降相对值为12.29 mm，绝对上升值为23.62 mm。水位上升时，单根桩侧壁摩阻力，卵石土水中取160 kPa，水上取220 kPa，桩基产生的侧摩阻力计算为：

$$P = \frac{1}{2}U\sum f_i l_i$$

式中：U——桩身截面周长（m）；

F_i——各土层极限摩阻力（kPa）；

l_i——各土层厚度（m）。

代入取值计算得：

$$P = 1/2 \times 3.14 \times 1 \times (220 \times 2 + 160 \times 18) = 5\,213 \text{kN}$$

由于地下水属于孔隙潜水，其上升、下降产生的渗透压力大小一致，方向相反，其单位渗透力计算公式为：

$$J = \gamma_w i = \gamma_w \Delta h/h = 10 \times 43/43 = 10 \text{ kPa}$$

式中：γ_w——水容重（kN/m³）；

i——地下水变幅的水力坡度。

作用于桩身侧壁的渗透压力应为：

$$P_W = JUl = 10 \times 3.14 \times 1 \times 18 = 565.2 \text{kN}$$

同时，地下水上升到达一定高度后，设置于饱和土体中的桩基会承受一定的浮力，那么浮力大小如何？会不会引起桩基上浮？我们仍然以7号墩中一根桩基计算浮力如下：

高水位时，地下水位位于地面下2 m，桩基长20 m，淹没长度为18 m，桩基直径为1 m，浮力为：

$$F_{浮} = \rho_w g V_{液} = 1 \times 10 \times 3.14 \times 0.5^2 \times 18 = 141.3 \text{kN}$$

此时，桩基所承受的向上压力为渗透压力与浮力之和，即：

$$F_{上} = P_W + F_{浮} = 565.2 + 141.3 = 706.5 \text{ kN}$$

由此可以看出，地下水位变动对桩基产生的渗透压力及浮力，远小于桩基侧壁摩阻力。桩基沉浮不能用渗透压力及浮力进行解释，这只有一种可能，地下水渗流引起了土体的压缩与回弹，从而导致了置于土体中的桥桩基一块沉浮。

2. 渗流引起土体沉浮定性分析

根据土力学原理，土体是一种固相、液相、气相的三相物体，土体中固体颗粒是土的主要组成部分，为土体骨架，水、气体充填于颗粒孔隙之间，土体的工程地质性质主要由颗粒、液体决定，土体颗粒间被水充满时，土体为饱和土体。

根据饱和土体相关理论，土体中任一平面上所受的总应力可分为以下两部分：

$$\sigma = \sigma' + u$$

式中：σ'为有效应力；u为孔隙水压力。

随着地下水位或水头变动，土层中的孔隙水压力会发生变化，其有效应力也会随之改变。土体的变形和强度只取决于有效应力。对于土体中地下水来说，水位上升，渗流向上，此时，对于土体来说有效应力可由下式计算：

$$\sigma' = \sigma - u = \gamma H - \gamma_W \Delta h$$

有效应力减小，土体颗粒间空隙充满了孔隙潜水，土体颗粒间由于有效应力减小，土体发生扩容膨胀，饱和土体积增大，因而导致地基土发生向上回弹、上升，进而带动设置于土体中的摩擦桩基础一并上升。

当土体中地下水位下降时，饱和土中渗流向下，此时，土体有效应力计算变为：

$$\sigma' = \sigma - u = \gamma H - \gamma_W \Delta h$$

土体中地下水向下渗流时，颗粒间地下水逐渐排出，土体有效应力增加，导致土体发生渗流压密，地基土由此发生下沉，并带动设置于土体之间的摩擦桩基础下沉。

根据上述饱和土渗流变形理论，土体之间的地下水是不可压缩的，伴随着地下水位的上升与下降，由于土体承受的有效应力增大及减小，土体颗粒空间的压密及扩容，产生地基土的上升及下沉。饱和地基土这种因地下水波动的变形实际上是地下水引起的弹性变形。

尖山营特大桥桥址厚层覆盖土及岩层风化层已形成了很多年，地下水的大幅波动现象也已存在了很多年。因地下水大幅波动对覆土及风化层造成的土体有效应力的增大与减小循环往复，使得桥址厚层覆盖土颗粒之间地下水不断注入与排出，由于水是不可压缩的，因此，导致颗粒间空隙压密与扩容，这种因地下水波动造成的土体变形属于可完全恢复的弹性变形。地下水位下降时，土层及风化层有效应力增加，土体颗粒之间空隙压密减小，地基土整体下沉；地下水上升时，颗粒间充满地下水，引起土体渗流变形，土体及风化层有效应力减小。颗粒空间扩容增大，土层及风化层体积增大后整体上浮。

从土层及风化层结构、成分、力学性质来看，土层及风化层与桥梁基桩之间的较大的侧壁摩阻力，足以保证土层及风化层同桥墩之间沉浮规律相同，沉浮同步发生，幅度基本一致，因而发生了本案例所述墩台与周边土层及风化层同时等幅度沉浮的现象。

3. 代表性墩台地基土沉浮值计算

选取覆盖层以圆砾土为主地段的 7 号墩（该墩近旁有水位观测孔 SD3Z- 尖山营 Q 观察孔 -4）进行计算。

7 号墩处覆土全部为圆砾土，土层厚度为 57 m，SD3Z- 尖山营 Q 观察孔 -4 测得最低水位为地面下 45 m，最高水位为地面下 2 m，能够在地下水波动下产生弹性变形的土层深度范围为 2～45 m。该桥勘察期间在 7 号墩处实施了 2 个超重型动力触探测试孔，自地表试验深度分别为 21.7 m 和 23.2 m，所测动探锤击数值随深度增加呈线性增加，最大锤击数为 93 击。参考《成都地区建筑地基基础设计规范》利用卵石土的载荷试验与超重型动力触探击数进行的对比分析结果，变形模量与超重型动力触探值之间关系式为：

$$E_0 = 15 + 2.7 N_{120}$$

由此计算得到 23 m 深度处变形模量为：

$$E_0 = 15 + 2.7 \times 93 = 266 \text{ MPa}$$

由于超重型动力触探试验揭示出圆砾土层锤击数与深度呈线性关系，因此变形模量与深度也呈线性关系。由此计算出 57 m 计算深度范围内变形模量的平均值为：

$$E_{0平均} = 266×57/(2×23) = 330 \text{ MPa}$$

进而采用积分法计算 2 ~ 45 m 深度范围内因地下水涨落所导致的地基土弹性变形量：

$$\varepsilon = 10×(45×45-2×2)/(2×330×1\,000) = 0.031 \text{ m}$$

可以看出，计算出的地基土弹性变形量与 7 号墩测量的变形总量基本为一个数量级，略大于 7 号墩变形量（7 号墩变形总量是 0.023 m），分析其原因是采用变形模量的平均值计算较粗略所致。

4. 桥墩沉浮规律分析

综上所述，尖山营特大桥墩台沉浮机理与桥址区处于特殊的水文地质部位及地下水位剧烈波动存在密切关系，雨季、枯水期地下水位升降达 30 ~ 50 m，水位升降对桥墩台所处的饱和地基土产生渗流变形，地下水在土体颗粒空隙之间的注入及排除引起地基土产生弹性变形，从而引起设置于地基土中的摩擦桩基一同产生沉浮。通过对各墩台沉浮数值的曲线分析，发现两端 0 号台、1 ~ 4 墩，18 ~ 21 号墩、22 号台，因为是柱桩基础，沉浮数值相对较小，并且柱桩嵌入基岩锚固端越长，沉浮量越小。12 ~ 16 号墩虽然也是柱桩基础，但是嵌入完整灰岩的锚固段实在太短，且两边都是摩擦桩基础，因此，不足以克服饱和地基土因地下水渗透压力产生的沉浮，因此，柱桩基础的 12 ~ 16 号墩仍然沉浮较大。特大桥各墩台沉浮最大值对比曲线如图 4.4-7 所示。

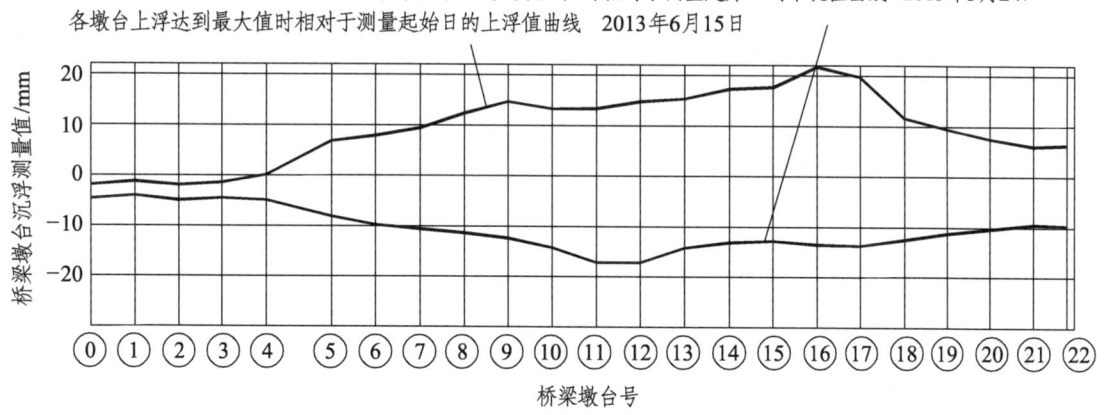

图 4.4-7 特大桥各墩台沉浮最大值对比曲线

五、结论

（1）本桥址区地下水动水位变幅达 30 ~ 50 m，多数为摩擦桩基础且桩长也较短，在 20 m 左右，部分柱桩基础虽然嵌入了相对完整的基岩，但是锚固段实在太短，设置于饱和土体中的这些桩不足以抵抗地基土因地下水升降产生的弹性变形，只有随地基土一同沉浮。

（2）本桥由于处于特殊的水文地质部位，加之沟谷周围存在 4 个岩溶落水洞、下伏基岩岩溶发育，这些条件十分有利于地下水的汇聚及消散，加剧了地下水波动。因此，认真分析桥址谷地区地下水存在较大波动的可能性、产生波动的原因就显得十分重要。

（3）对于厚覆盖层地区桥梁基础，如果覆盖土中地下水变幅较大，要高度重视地下水渗流引起的地基土弹性变形，正确计算地基土在地下水流渗流作用下的弹性变形量，分析弹性变形对桥梁桩基础的影响程度。

（4）跨越山区沟谷的桥梁，要充分研究桥址区水文、水文地质条件，特别要查清地下水补、径、排条件，确定桥址区水文年度区地下水波动幅度，即最高地下水位及最低地下水位，应分析评价地下水动水位波动在土层中形成的渗透压力、地下水浮力等对桥梁桩基础产生的影响。

第五节　贵广高铁甘棠江特大桥桥墩下沉病害分析

贵阳至广州高速铁路甘棠江特大桥在高铁即将开通运营前夕，19号、20号桥墩发生严重沉降，设计单位对此桥进行了地质补充勘察，查明了桥墩沉降产生的原因，并对沉降桥墩及类似桥墩一并进行了整治设计，在建设单位、施工单位的共同努力下，完成了桥墩的工程整治，按期开通了贵广高铁。本案例针对此桥墩沉降病害，介绍了桥址区地质背景条件，结合地质补勘成果资料，分析了桥墩沉降产生的原因，提出了应该从中吸取的经验教训，对于广大工程技术人员具有很好的参考借鉴意义。本节由王茂靖、付开隆撰写。

一、概况

1. 工程概况

贵广高铁甘棠江特大桥位于桂林市北部典型溶蚀平原区，跨越漓江支流甘棠江，河面宽阔，四季流水，流量受季节影响，雨季河水猛涨，流速快、流量大，旱季河水量较小，河面狭窄。甘棠江特大桥长 2 988.351 m，最大墩高 19.5 m，中心里程为 D3K420 + 619.16，孔跨布置为 26 × 32 m + 2 × 24 m + 1 × 32 m +（48 + 80 + 48）m 连续梁 + 53 × 32 m + 1 × 24 m + 2 × 32 m + 2 × 24 m 简支梁，共计 91 个墩台，均采用钻孔桩基础，69 个墩台采用柱桩基础置于下伏完整灰岩之上，22 个桥墩采用摩擦桩基础，其中 17 个桥墩桩尖置于粗圆砾土中，最短桩长仅 18 m，见表 4.5-1。

表 4.5-1　本桥采用摩擦桩基桥墩及桩长一览

序号	墩台高 /m	桩基布置 /m	桩长 /m	备注
1	19	13	10ϕ1.0	
2	20	13.5	10ϕ1.0	
3	21	13.5	10ϕ1.0	基础置于粗圆砾土内
4	24	12.5	10ϕ1.0	
5	27	14	10ϕ1.0	
6	28	14	10ϕ1.0	

续表

序号	墩台高 /m	桩基布置 /m	桩长 /m	备注
7	29	14	10ϕ1.0	基础置于粗圆砾土内
8	30	14	10ϕ1.0	
9	31	14.5	10ϕ1.0	
10	32	14.5	10ϕ1.0	
11	33	14.5	10ϕ1.0	
12	35	13.5	10ϕ1.0	
13	36	13.5	10ϕ1.0	
14	37	13	10ϕ1.0	
15	39	13.5	10ϕ1.0	
16	40	13.5	10ϕ1.0	
17	50	12.5	10ϕ1.0	
18	52	13	10ϕ1.0	嵌入页岩、炭质页岩夹硅质岩强风化层内
19	53	13.5	10ϕ1.0	
20	54	13.5	10ϕ1.0	
21	64	5.5	8ϕ1.0	
22	65	5.5	8ϕ1.0	

2. 病害概况

贵广高铁甘棠江特大桥从2008年8月开始施工，2011年11月完成墩身施工，2012年9月完成梁体架设，2013年6月完成无砟轨道板施工，2014年6月完成轨道铺设工作，2014年9月开始轨道精调工作。

2014年9月1日，南宁铁路局高铁段对甘棠江特大桥右线无砟轨道进行轨道精调数据采集时发现，18~21号墩区间无砟轨道的标高出现不同程度的变化，最大比设计标高低46 mm。当天下午由测量人员对墩身进行沉降测量，发现与前次数据相比较，19号墩19-1（左侧）下沉52.2 mm，19-2（右侧）下沉50.6 mm；20号墩20-1（左侧）下沉12.4 mm，20-2（右侧）下沉16.3 mm。至10月23日，19号墩累计沉降量为103 mm，20号墩累计沉降量为62 mm。

除19、20号墩外，其余墩台（包括采用摩擦桩基础的墩台及采用柱桩基础的墩台）的沉降观测值均在规范允许范围内，未见异常沉降现象。

病害发生后，设计单位进行了及时补充地质勘察，查明原因后，对下沉的19号、20号桩及类似类型桩基采取了补强措施，确保了贵广高铁于2014年12月开通运营。

二、工程地质条件简述

桥址位于桂林市北部，属典型溶蚀平原区，地表覆盖深厚第四系土层，地表高程为 150～180 m，相对高差为 5～30 m。地形平坦开阔，起伏小，地表多为水田、旱地及居民区，植被较少，漓江支流甘棠江河流穿越而过。

覆土为第四系全新统人工填筑土（Q_4^{ml}），冲洪积（Q_4^{al+pl}）粉质黏土、粉砂、粗砂、细圆砾土、粗圆砾土。勘察期间，钻探揭示第四系覆盖土厚度为 5～60 m，部分钻孔未揭穿覆盖层。下伏基岩主要为石炭纪下统（C_1lz）页岩、炭质页岩夹硅质岩、灰岩、中厚层状灰岩、白云质灰岩，其中灰岩、白云质灰岩中岩溶发育，多个钻孔钻到空溶洞及充填性溶洞。

桥址区地下水以孔隙水、岩溶水为主，孔隙水赋存于第四系全新统冲洪积土层中，水位埋深为 0～5 m，其中砂和圆砾土为主要含水层，地下水丰富。黏性土透水性差，地下水微弱。下伏基岩灰岩、白云质灰岩中岩溶水丰富，地下水发育极不均一，岩溶水丰富，接受大气降雨及地表河水补给。桥址区砂卵砾石层中地下水位波动较大，与下伏基岩存在水力联系。

隐伏岩溶较为发育，据钻探揭示，有 31 个墩台勘探揭示见溶洞发育，分布规律性差，洞径大小不一，多数为充填溶洞，综合判定区域内岩溶中等～强烈发育。

三、补充地质勘察及主要结论

1. 补充勘察概况

本桥严重下沉的 19 号、20 号墩在定测阶段分别施钻（图 4.5-1）：19 号墩完成钻孔 178.6 m/3 孔，孔内动探 18 次 1.8 m，标贯 1 次，钻孔鉴定表层 3.8～4.1 m 为粉质黏土，其下 38.5～43.8 m 为粗圆砾土，粗圆砾土之下为灰岩、白云质灰岩，未见溶洞；20 号墩完成钻孔 185.3 m/3 孔，孔内动探 18 次 1.8 m，标贯 1 次，钻孔鉴定表层 2.8～4.1 m 为粉质黏土，其下为粗圆砾土。各孔钻至 60 m 未见基岩。

其余采用摩擦桩基础置于圆砾土中的 15 个桥墩完成钻孔 2 395.8 m/49 孔，钻孔鉴定表层 2.8～4.1 m 为粉质黏土，其下粗圆砾土厚 35～60 m，粗圆砾土之下为灰岩、白云质灰岩。

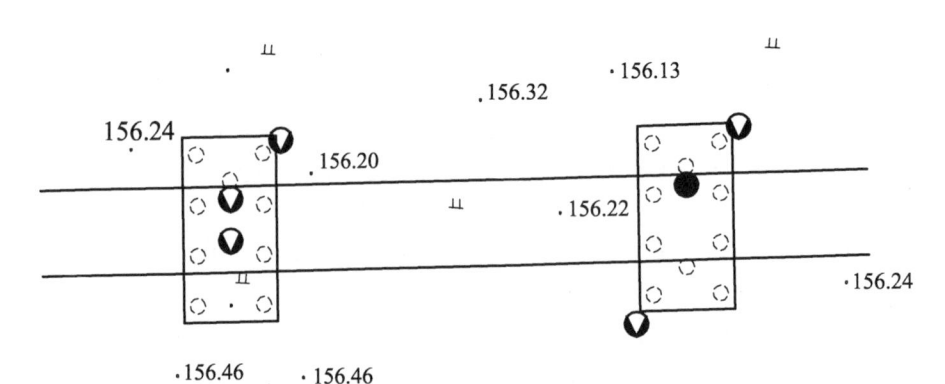

图 4.5-1　19 号、20 号墩施工图阶段钻孔勘探示意图

19号、20号墩在贵广高铁开通运营前发生严重沉降病害后，各方高度重视，建设单位组织多次专家论证会，根据会议纪要中的专家意见，设计院积极努力，查找原因，并及时进行病害补充地质勘察及整治设计。设计院地勘单位于2014年9月7日开始地质补勘，共调集27台钻机进行了补充地质钻探，其中严重下沉的19号墩共计施钻13孔、20号墩补钻10孔，对具有类似地质条件的摩擦桩21、24、27、28、29、30、31、32、33、35、36、37、39、40、50号桩进行了逐桩钻探，对基础置于页岩、炭质页岩风化层的54、64号墩地质条件进行核查，每个墩施钻1孔。本次补充勘察时间为2014年9月7日—2014年12月4日，完成钻孔7 179.9 m/133孔，动探384.86 m/282次，标准贯入试验20次，取土样试验23组。

2. 补充勘察主要结论

1) 19、20号墩岩性定测与补勘差异

从上述表中对比可以看出，定测勘察揭示的岩性较为单一，19号、20号墩揭示的岩性上部为0～5 m厚的粉质黏土，下部主要为粗圆砾土，土层覆盖之下为溶蚀灰岩，19号墩3个钻孔未揭示溶洞，20号墩3孔未钻至下伏灰岩，见表4.5-2。补充勘察揭示：岩性变化较大，桩身及桩底分布有含圆砾软塑状粉质黏土，下伏灰岩面起伏较大，岩溶十分发育，多个钻孔揭示溶洞，地质纵断面岩性差异比较如图4.5-2、图4.5-3所示。

表4.5-2 甘棠江特大桥19、20号墩岩性对比

桩号	19号墩		20号墩	
	定测	补勘	定测	补勘
岩性	土层厚26～46 m，地下水埋深4 m。 （1）0～5 m，软塑状粉质黏土。 （2）粗圆砾土，中密～密实。 （3）灰岩，基岩面起伏小，未见溶洞	土层厚度26.4～46.4 m，地下水埋深4.3～4.8 m。 （1）0～5 m，硬塑状粉质黏土。 （2）粗圆砾土间夹透镜状的含圆砾粉质黏土（含25%～40%的圆砾）。 （3）微含圆砾粉质黏土（含5%～25%的圆砾）。 （4）细砂、细圆砾土、软粉质黏土。 （5）灰岩，岩溶强烈发育，7个钻孔中6个钻孔揭示多处溶洞，最大者达23 m，充填软塑黏土、粉砂	土层厚50～60 m，地下水埋深1.2～4.7 m。 （1）0～5 m，软塑状粉质黏土。 （2）粗圆砾土，中密～密实	土层厚度49.8～61.6 m，地下水埋深1.2～4.7 m。 （1）0～5 m，硬塑状黏性土。 （2）粗圆砾土间夹透镜状的含圆砾软塑状粉质黏土（含25%～40%的圆砾）。 （3）微含圆砾粉质黏土（含5%～25%的圆砾）及粉细砂，厚10～18 m。 （4）含圆砾粉质黏土，软塑状。 （5）灰岩，基岩面起伏较大，岩溶强烈发育，揭示5个溶洞，最大高度为6 m，充填砂、黏土

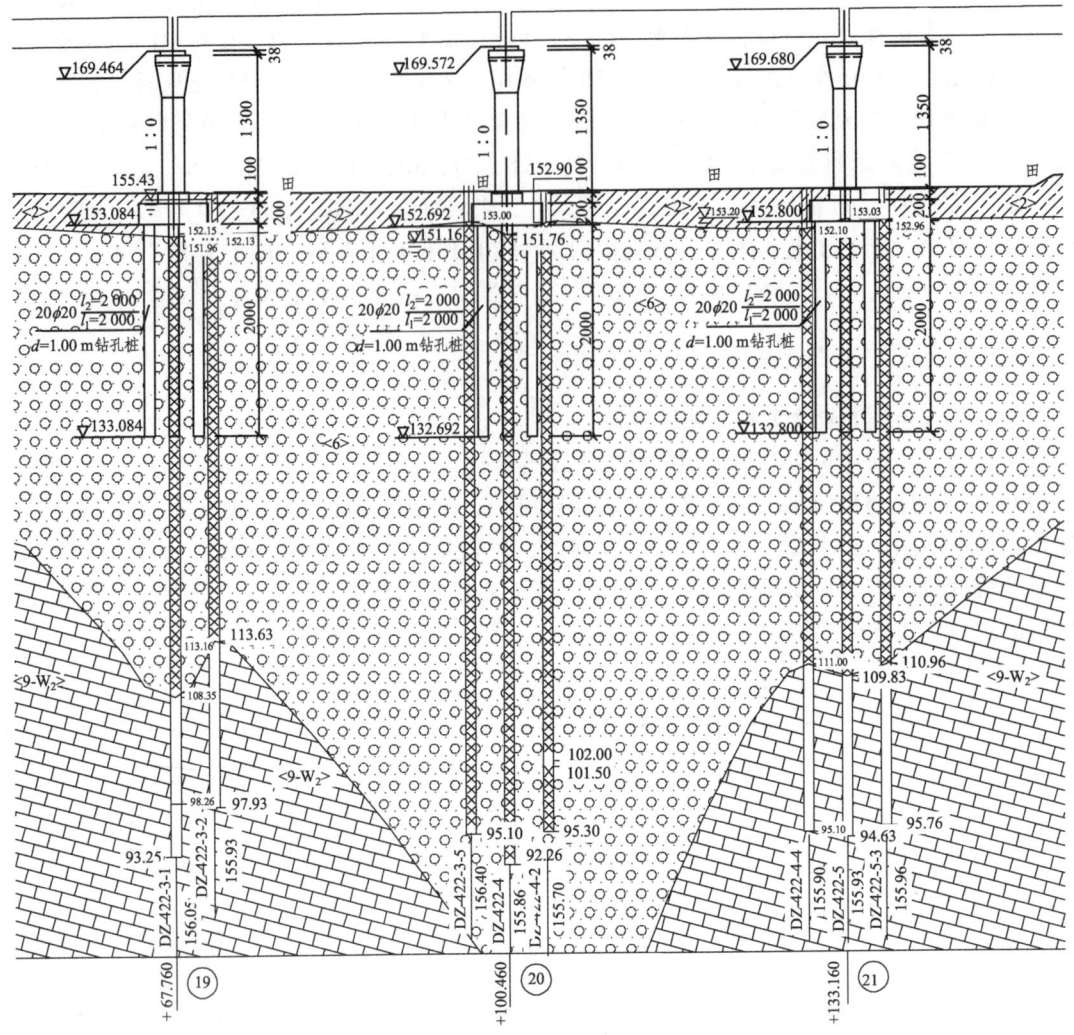

图 4.5-2　定测阶段 19～21 号墩地质纵断面示意图

2）下伏基岩岩溶化程度

定测地质勘察，19 号、20 号墩分别实施了 3 个钻孔。钻孔揭示：19 号墩下伏基岩为石炭系下统灰岩、白云岩，岩溶不发育，未见溶洞、溶隙发育；20 号墩 3 孔均未钻探至下伏基岩。补充勘察中钻孔揭示：下伏基岩面起伏较大，溶沟溶槽发育，19 号墩施钻 13 孔，有 6 个钻孔揭示有溶洞，最大溶洞垂直高度达 23 m，洞内充填松散的砂、圆砾、卵石及软塑～流塑状黏土，另外 SDZ-甘棠江-19-6（里程 D3K421+74.20 右 6.36 m）的粗圆砾土中揭示一个高 2.1 m 的土洞（高程 135.53～133.43 m）。20 号墩实施 10 个钻孔，就有 5 孔揭示有 5 个溶洞，最大垂直高度为 6 m，充填松散的砂、圆砾及软塑～流塑状黏土。

3）岩土力学性质比较

定测阶段，19、20 号墩台均进行了 18 次共计 1.8 m 的孔内动探，未发现粗圆砾土力学性能差异变化。

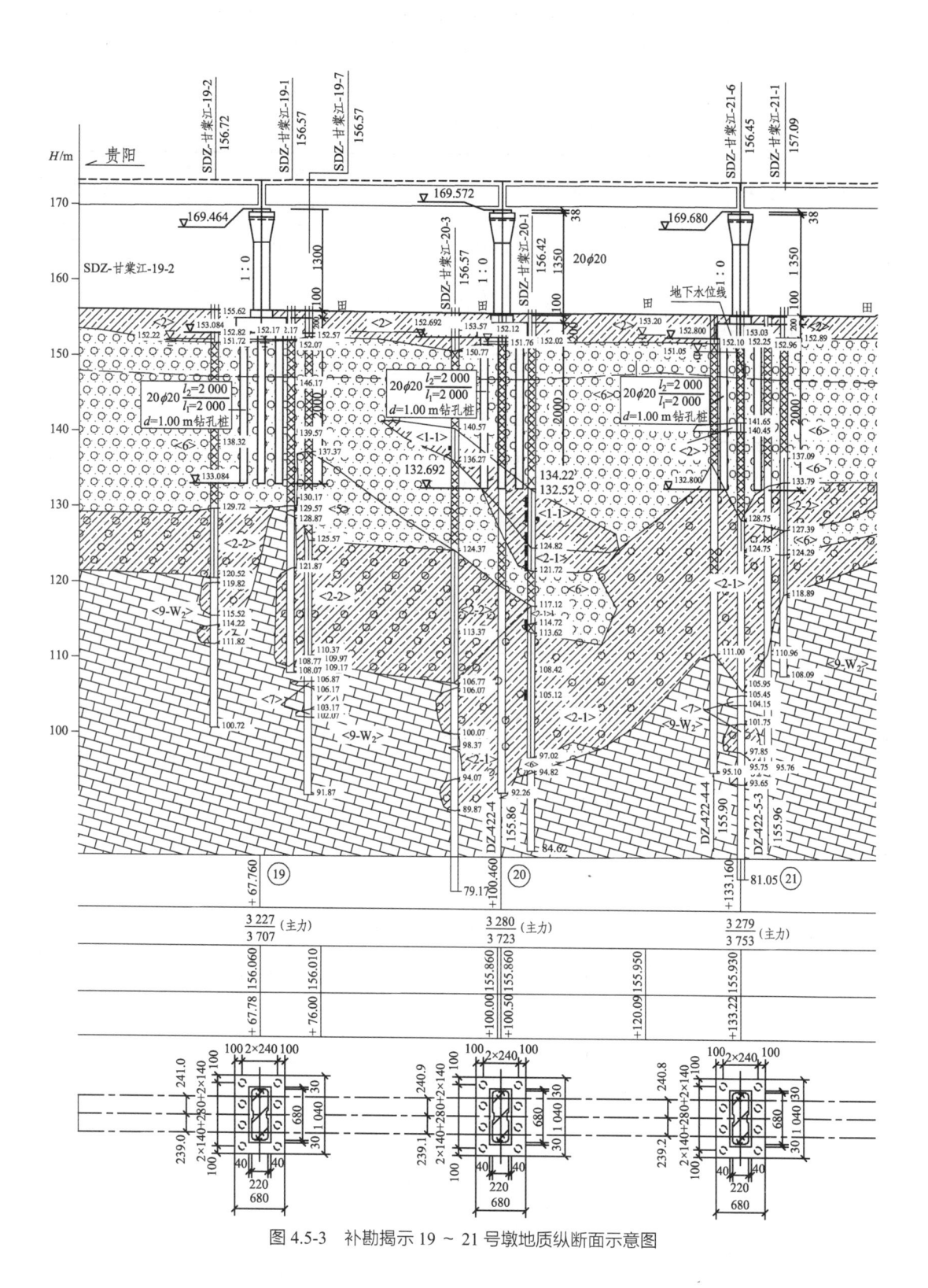

图 4.5-3 补勘揭示 19～21 号墩地质纵断面示意图

病害发生后的地质补勘中，加强了对粗圆砾土及黏性土的现场原位测试试验，在粗粒土中实施了动探、黏性土内进行了标准贯入试验，粗圆砾土中的动探成果见表 4.5-3、表 4.5-4。

表 4.5-3　19 号墩粗圆砾土动探试验成果汇总

墩台	钻孔编号	层深 /m	标高 /m	动探平均	基本承载力	变形模量	密实度
19 号	SDZ- 甘棠江 -19-1	6	150.57	12.62	498.46	32.57	中密
		10.8	145.77	10.67	426.98	28.09	中密
		16	140.57	9.03	361.16	23.92	稍密
		21	135.57	7.88	313.88	20.99	稍密
		26	130.57	6.85	262.48	18.37	稍密
	SDZ- 甘棠江 -19-2	7.3	149.42	9.28	371.13	24.56	稍密
		11.6	145.12	8.02	320.61	21.34	稍密
		19.4	137.32	5.68	227.09	15.39	稍密
	SDZ- 甘棠江 -19-3	12.05	144.87	5.5	219.94	14.95	稍密
		18.55	138.37	5.09	203.69	13.93	稍密
	SDZ- 甘棠江 -19-4	5.8	150.92	10.17	406.81	26.83	中密
		11.1	145.62	6.63	251.34	17.8	稍密
		20.4	136.32	6.67	253.47	17.91	稍密
	SDZ- 甘棠江 -19-5	6.65	149.87	11.05	441.93	29.02	中密
		12.25	144.27	4.86	195.95	13.44	松散
		27.55	128.97	5.33	213.24	14.53	稍密
	SDZ- 甘棠江 -19-6	6	150.43	13.41	522.27	34.08	中密
		12.62	143.83	10.45	417.99	27.52	中密
		18	138.43	9.56	382.39	25.28	稍密
		26	130.43	3.42	152.59	10.7	松散
		31	125.43	4.08	172.33	11.95	松散
	SDZ- 甘棠江 -19-7	6	150.57	10.67	426.6	28.06	中密
		11	145.57	9.88	395.08	26.09	稍密
		16.2	140.37	7.89	314.62	21.03	稍密
	样本数 /个			24.00	24.00	24.00	

续表

墩台	钻孔编号	层深/m	标高/m	动探平均	基本承载力	变形模量	密实度
	最大值			13.41	522.27	34.08	
	最小值			3.42	152.59	10.70	
	平均值			8.11	323.00	21.60	
	标准差			2.73	106.83	6.71	
	变异系数			0.34	0.33	0.31	
	统计修正系数 R_s			0.88	0.88	0.89	
	标准值			7.14	284.97	19.21	

表 4.5-4　20号墩粗圆砾土动探试验成果汇总

墩台	钻孔编号	层深/m	标高/m	动探平均	基本承载力	变形模量	密实度
20号	SDZ-甘棠江-20-1	5.75	150.67	12.83	504.78	32.97	中密
		11.25	145.17	10.5	420.01	27.65	中密
		16.85	139.57	11.96	478.2	31.29	中密
		21.45	134.97	9.53	381.31	25.21	稍密
		61.66	94.76	6.99	269.34	18.72	稍密
	SDZ-甘棠江-20-2	7.2	149.61	11.98	479.09	31.34	中密
		11.3	145.51	5.39	215.5	14.67	稍密
		20.4	136.41	6.07	223.49	16.38	稍密
		26.6	130.21	7.04	272.18	18.86	稍密
		30.8	126.01	5.21	208.43	14.23	稍密
	SDZ-甘棠江-20-3	7.9	148.67	10.96	438.26	28.79	中密
		11.9	144.67	7.63	301.5	20.36	稍密
		32.1	124.47	5.26	210.31	14.34	稍密
	SDZ-甘棠江-20-5	6.8	149.73	10.84	433.77	28.51	中密
		12.3	144.23	6.98	268.8	18.69	稍密
		18	138.54	6.59	249.61	17.71	稍密
		25.6	130.94	7.53	296.57	20.1	稍密
		38.2	118.33	6.31	235.37	16.98	稍密

续表

墩台	钻孔编号	层深/m	标高/m	动探平均	基本承载力	变形模量	密实度
20号	SDZ-甘棠江-20-6	6.55	149.79	10.39	415.74	27.38	中密
		12.45	143.89	8.25	330.05	21.94	稍密
		16.55	139.79	11.93	477.05	31.22	中密
		21.45	134.89	9.54	381.45	25.22	稍密
		33.35	122.99	6.35	237.37	17.09	稍密
样本数/个				23.00	23.00	23.00	
最大值				12.83	504.78	32.97	
最小值				5.21	208.43	14.23	
平均值				8.52	336.01	22.59	
标准差				2.47	102.03	6.22	
变异系数				0.29	0.30	0.28	
统计修正系数 R_s				0.89	0.89	0.90	
标准值				7.62	298.85	20.33	

从上述两个桥墩数个钻孔内动探成果来看：19号、20号墩土层上部的承载力地400~500 kPa，向下承载力逐步降低，最低承载力仅150 kPa。这反映出一个客观规律：粗圆砾土层上部可达中密~密实，向下则密实度渐渐变差，变为稍密、松散，在与基岩接触带土层密实度最低，总体上表现为"上紧下松、上硬下软"的"土层土力学特征反律"的特殊地质现象。这一现象或者规律，与圆砾土下伏岩溶强烈发育的灰岩有很大关系。根据地质复查期间的监测，桥址地下水（孔隙水和岩溶水）之间存在较大的水头差，土层孔隙水位普遍在地表下1~5 m左右，而根据19号墩旁完成的基岩水位观测结果，岩溶水水位为地表下8~10 m。这说明受下部透镜状[（微）含圆砾]黏性土阻隔，土层内孔隙水与可溶岩内岩溶水具有不同的地下水头（岩溶水头普遍低于土层内潜水水头），从而存在土层内孔隙水补给基岩内岩溶水的渗流过程，渗流作用可以使土石界面处的圆砾土中细小颗粒持续流失，渗流至下伏溶洞、溶隙之中，导致下部土层变得更加松散、软弱，甚至在土石界面形成土洞，这是可溶岩地区的一个普遍规律。

四、病害原因分析

该桥位于典型覆盖性岩溶平原区，覆盖土厚度大，下伏石炭纪下统（C_1lz）薄层状页岩、炭质页岩夹硅质岩、灰岩及中厚层状灰岩、白云质灰岩，基岩面起伏大，其中中厚层状灰岩、白云质灰岩岩溶极为发育，桥址区地下水位埋深较浅，为1~5 m，且厚层圆砾土层中夹透镜状黏土层，透水性能差。受其阻隔，与下伏灰岩岩溶裂隙水存在一定水头差，孔隙水位相

对较高,孔隙水向下渗流至灰岩溶洞、溶隙中。在这样的地质条件背景下,分析19号、20号桥墩沉降的原因主要有以下几点:

(1)桥址区地层结构较为复杂,沉积相变较大,定测地质勘察钻孔工艺较差,未能充分查明地层中软黏性土、含圆砾黏性土及粉细砂层,同时岩溶区钻孔数量偏少,仅3孔,19号墩未揭示下伏基岩中严重发育的溶洞、溶隙,20号墩钻孔未钻至基岩。19号、20号墩采用摩擦桩置于粗圆砾土中,桩长仅20 m,桩尖下存在软弱含圆砾黏性土未揭示出来,摩擦桩基承载力不足。

(2)经钻探揭示:圆砾土中孔隙潜水丰富,水位高于下伏基岩岩溶水,下部灰岩中岩溶发育,存在溶洞、溶隙,在水头差作用下,上部孔隙潜水向下渗流至基岩裂隙水,且雨季、旱季地下水位反复升降,地下水潜蚀作用强烈,细颗粒不断带走,形成了"上紧下松"的复杂土体结构特征,土石界面附近还因潜蚀作用形成较多土洞。从土层结构看,上部约20 m范围以圆砾土为主,下部则存在黏性土夹层,局部存在软土夹层;从动探成果看,上部约20 m内土层承载力为400~500 kPa,向下承载力逐步降低,不足200 kPa,水位波动导致土体流失,致使摩擦桩基承载力不足,伴随土体压密,桩基沉降加大。对于同样采用摩擦桩基的52、53、54、64、65号,由于下伏基岩为页岩、炭质页岩且无细小颗粒流失,桩端、桩身承载力未降低,因此未发生桩基下沉。

(3)2014年桂林地区经历了连续长时间大量降雨(4—8月总降雨量达1533 mm,远大于多年平均降雨量),桥址经历了地下水位强烈快速升降过程,加之厚覆盖土下伏灰岩岩溶发育,岩溶水径流途径较为通畅,导致桥墩基础之下细粒土快速流失,圆砾土力学强度急剧降低,桩基土承载力下降导致桩身发生沉降。

(4)桥址补勘过程中揭示土层内有岩溶原因形成的"土洞",桥址附近还在雨季后出现了新的岩溶塌陷坑,说明桥墩基础受岩溶塌陷的影响较严重,土体结构可在较短时间内变疏松。

图4.5-4所示为11月18日,现场调查人员在21号墩右侧约80 m处的旱地内发现的一处近方形塌陷坑,塌坑长约6 m,深约2.5 m。调查了解到:本处地面塌陷发生于10月下旬(当时桥位处正对19、20号墩实施注浆处理)。

图4.5-4 21号墩附近地面岩溶塌陷坑

这也说明，桥址区属于岩溶极易塌陷区，在极易塌陷区桥墩台设置摩擦桩基础是十分不合适的。

五、病害整治

尽管桥墩下沉病害主要为 19 号、20 号墩，但是采取钢花管注浆临时加固时，类似桩基也不同程度有沉降发生。根据地质补勘资料，对类似桩基置于圆砾土中的其余 15 个桥墩，也存在今后沉降进一步加剧的隐患，因此，对于类似桩基全部进行整治处理。

病害整治方案在充分利用原桥墩基础承载力的基础上，对桥墩承载力或沉降控制不足部分采用桩基础补强。受施工机械高度控制，在桥墩横向加桩，第一批 19、20、30、33、35 号 5 个桥墩采用增设 6 根直径 1.5 m 混凝土灌注桩进行补强，桥墩加桩布置如图 4.5-5 所示。

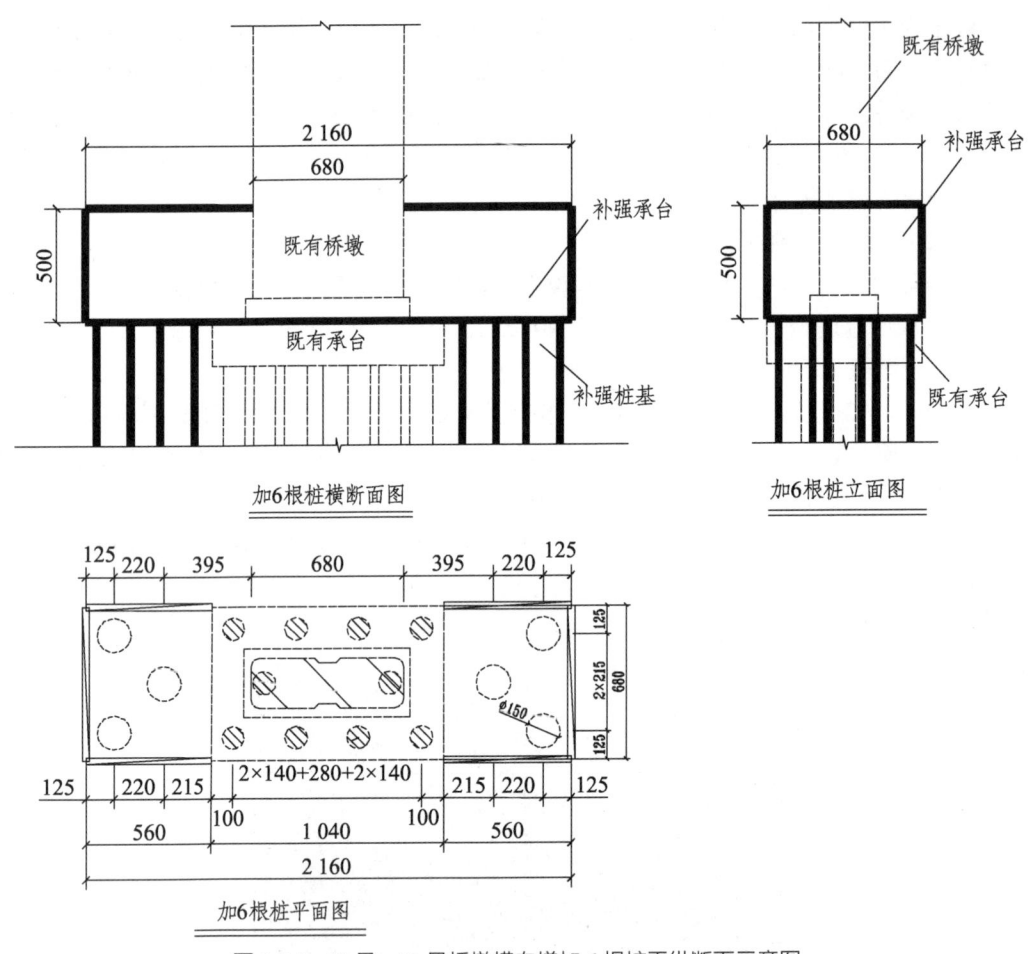

图 4.5-5　19 号、20 号桥墩横向增加 6 根桩平纵断面示意图

第二批 21、24、27～29、31、32、36、37、39、40、50 号等 12 个类似地基桥墩，采用增设 4 根直径 1.5 m 或 6 根直径 1.5 m 混凝土灌注桩进行补强。

为减少对原桥墩沉降的影响，灌注桩采用全回转钻机成孔、钢护筒先行的施工工艺，钢护筒不拔出，新桩与既有桥墩和承台通过预应力混凝土承台连接。

补强的混凝土灌注桩基础采用柱桩穿越松散土层置于下伏较完整可溶岩之中。

病害整治方案共计 17 个桥墩，78 根桩基，于 2014 年 12 月 20 日全部完成，确保了贵广高铁按计划于 12 月 26 日开通运营。

六、结语

（1）对于存在深厚覆盖土的桥梁墩台基础，地质钻探必须采取特殊工艺提高岩心采取率。

甘棠江特大桥定测阶段地质钻探工艺不尽合理，钻探岩心采心率较低，遗漏了桩端、桩身透镜状软弱黏性土、粉细砂层，桩基础设计不合理。

对于类似深厚覆盖土地区，为查明地层结构，应采取植物胶、双管取心等特殊钻探工艺，提高钻孔岩心采取率，确保不遗漏岩土层、地质工程师能够正确鉴定地层结构。

（2）应加强现场原位测试试验，查明覆盖土力学特性。

本桥定测地质勘察阶段，虽在钻孔内进行了动力触探、标准贯入试验等原位试验工作，但是数量偏少，并没有准确查明桥墩地基土力学特性。地质补充勘察中，采用大量动力触探试验，查明了桥墩地基土具有上紧下松的特点，并且靠近基岩面土体较为松散、软弱，但这种岩土力学特征通过岩心鉴定是难以确定的，而通过动探测试、标准贯入试验对粗粒土、黏性土力学特征具有好的效果。因而，在深厚覆盖土地区地质勘察工作中，必须加强原位测试工作，较好把握岩土力学特征。

（3）对于覆盖型岩溶区，应采用综合地质勘察手段对岩溶塌陷进行判定。如果判定为岩溶易塌陷区域，桥墩台基础就不应采用摩擦桩基础置于易塌陷的土层之中，应采用柱桩基础置于完整基岩中。

甘棠江特大桥地质勘察中对桥址处于易塌陷的岩溶区并未引起高度重视，约 17 个桥墩采用摩擦桩基础置于圆砾土之中，最终导致桥墩下沉的严重病害。幸运的是，在开通运营之前，及时整治了沉降严重的 19 号、20 号墩并一并整治了存在沉降隐患的其余 15 个桥墩。

（4）岩溶发育具有极大的不均一性、隐蔽性及复杂多变的特点，对岩溶地区的桥墩台地质钻探必须高度重视，应结合覆盖土下部岩溶发育程度逐墩台、逐桩实施钻探，查明基础岩溶发育特征，针对性地提出基础类型及设置深度建议或意见。

第六节　西成客专小安隧道拱顶漏水病害原因分析

2018 年 7 月雨季西安至成都高速铁路小安隧道可溶岩地段发生了渗漏水危害，造成临时中断行车的安全事故。本案例结合该隧道工程地质勘察、施工开挖揭示地质条件及变更设计以及水害发生后开展的航测遥感解释资料，深入分析了小安隧道发生水害的主要原因，提出了山区岩溶隧道勘察设计施工应吸取的经验教训，对于从事高速铁路建设的广大工程技术人员具有很好的参考借鉴意义，也有利于提高高速铁路岩溶隧道设计、施工的水平。本节由王茂靖、陈建发撰写。

一、概 况

1. 工程概况

小安隧道位于广元市朝天区。隧道起止里程为 D5K353 + 398 ~ D5K366 + 828，全长 13 430 m，中心最大埋深为 808 m，设计为人字坡，变坡点位于 D5K358 + 619，坡度分别为 3‰、−15.3‰，进口与五里村中桥相接，出口与东沟河大桥相连。

隧道洞身设置斜井 1 座，与正洞相交于 D5K356 + 400，长 1 420 m；设置横洞 2 座，1 号横洞与正洞相交于 D5K360 + 600，长 2 580 m，2 号横洞与正洞相交于 DK363 + 800，长 1 320 m，2 号横洞连接洞身平导，原设计与正洞相交于 DK361 + 608，长 2 192 m（实际施工 1 542 m）。小安隧道辅助坑道布置如图 4.6-1 所示。

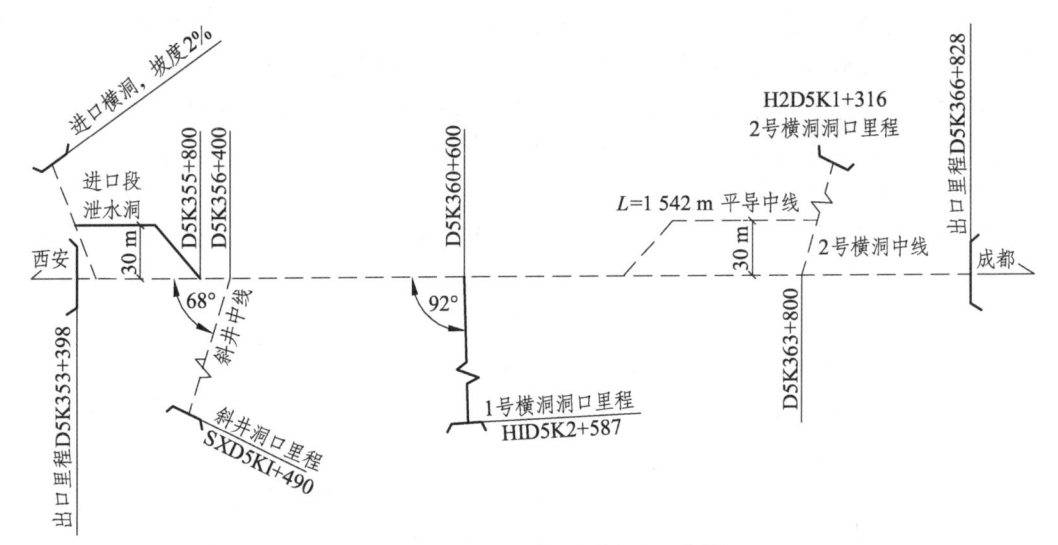

图 4.6-1 小安隧道辅助坑道布置示意图

小安隧道于 2013 年 3 月施工，2017 年 6 月贯通，西成客专于 2017 年 12 月底开通营运。

2017 年雨季未出现水害，仅两条边墙施工缝有局部渗水，设计单位提出了施作泄水孔、外覆溜水槽的整治方案，施工单位按此进行了边墙泄水孔处置。

2. 病害概况

2018 年 6 月底至 7 月初西成客专四川段广元市出现大面积区域性暴雨，局部大暴雨，日均降雨量为 70 ~ 112.8 mm，至 7 月 2 日 6 时 14 分气象部门再次发布暴雨橙色预警，雨量达 112.8 mm，8 时嘉陵江朝天站流量为 2 400 m³/s，水位涨幅达 3.2 m。7 月 2—3 日上午小安隧道 K354 + 914 附近 3 条施工缝及隧道拱顶发生渗漏水，造成 6 h 中断行车。由于西成客专为成都北出四川的大通道，临时短时中断行车产生了一定的影响。得到建设单位通知后，设计院立即赶往现场，与西成客专公司、施工单位、工务部门一起查看了隧道水害段落，提出了整治措施（图 4.6-2）。

图 4.6-2　小安隧道渗漏水地段临时整治示意图

隧道发生水害的段落是 K354 + 896 ~ + 932（D5K361 + 367 ~ + 403），此段位于隧道中部靠近成都方向，位于 1 号横洞和洞身平导之间，地表为构造侵蚀低中山峡谷地貌，地形起伏大，埋深约 370 m。工务部门按照设计院临时措施在此段边墙脚施作了 51 个减压泄水孔和在拱顶安设了 8 块引流板的应急处理措施，确保了行车安全。

二、隧道工程地质条件

1. 地形地貌

隧道区域属构造侵蚀低中山峡谷地貌，地形起伏大，地面高程为 550 ~ 1 626 m，自然坡度为 20° ~ 55°，山势险峻，局部形成悬崖峭壁，冲沟多呈 V 字形；植被发育一般；隧道进出口附近均有便道相通，交通比较方便，洞身段交通条件较差。

2. 地层岩性

隧道进出口边仰坡面覆盖厚度较薄的第四系全新统坡崩积（Q_4^{dl+col}）块石土、坡残积（Q_4^{dl+el}）粉质黏土，隧道洞身依次穿越三叠系飞仙关组四段（T_1f^4）泥岩、页岩、灰岩夹泥灰岩，飞仙关组三段（T_1f^3）灰岩、泥质灰岩夹泥岩，飞仙关组一二段（T_1f^{1+2}）页岩、泥质灰岩、泥灰岩夹灰岩，二叠系上统（P_2）灰岩夹页岩、炭质灰岩、煤层（线），下统（P_1）灰岩、白云质灰岩夹炭质灰岩、煤层（线），志留系中上统（S_{2+3}）页岩夹灰岩。其中二叠系地层主要为石灰岩、白云岩地层，岩溶极为发育，水害段落即位于灰岩地段。

3. 地质构造及地震动参数

隧道区域属于扬子准地台西北边缘地带，位于近东西向的米仓山台穹西缘，处于北东向与东西向两构造的结合部位，即龙门山褶皱带和大巴山褶皱带的交接地带。隧道区域内发育褶皱 3 条，即明月峡背斜（S_1）、五里村背斜、王家湾向斜（S_2），其两翼多发育次级褶皱及小挠曲；断层 4 条，即魏家坪逆断层（F_{4-1}）、孙家沟逆断层（F_{12}）、牛峰包逆断层（F_4）及板凳垭逆断层（F_7）。其中隧道穿越王家湾向斜、通过牛峰包逆断层（F_4）及板凳垭逆断层（F_7），灰岩、白云岩可溶岩地层刚好被两条断层夹持，两侧以飞仙关砂泥岩地层为主，如图 4.6-3 所示。

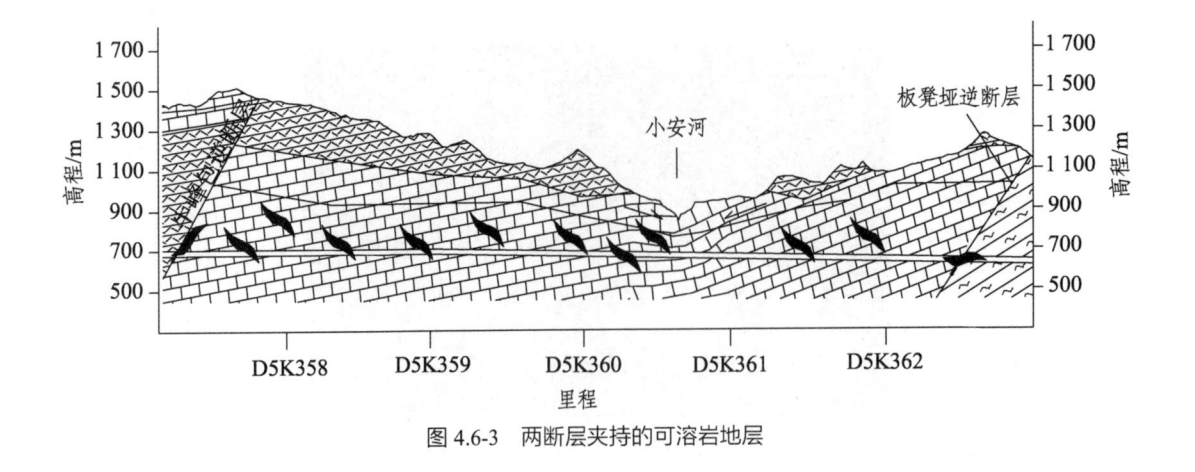

图 4.6-3 两断层夹持的可溶岩地层

隧址区地震动峰值加速度为 0.10g，地震动反应谱特征周期为 0.40 s。

4. 水文地质特征

1) 地表水

地表水主要为隧道进口之望江河及隧道出口后之东沟河，常年有水，流量受大气降水控制，雨季水量较大，旱季相对较小。2012 年 4 月至 5 月进行隧道区域地质调绘时，隧道洞身仅 D5K365+500 附近的小安河沟有小股水流，流量约 3L/s，主要为上游局部岩溶泉点补给，洞身其余冲沟及沟谷多为干枯状态。

2) 地下水

基岩裂隙水赋存于三叠系飞仙关组（T_1f）及志留系中统（S_{2+3}）页岩、粉砂岩、泥灰岩夹泥质灰岩、灰岩地层中，含水量较小，对隧道工程影响较小。下面主要分析岩溶水。

岩溶水赋存于二叠系（P）灰岩、白云质灰岩、白云岩偶夹碎屑岩类及三叠系飞仙关组三段（T_1f^3）灰岩、泥灰岩夹泥岩主要可溶岩地层中，其中尤以二叠系灰岩、白云岩岩溶相对发育。根据区域地质调绘，地表切割剧烈，冲沟发育，但线路中线附近未见明显的岩溶洼地、落水洞、漏斗地表岩溶形态，洞身灰岩地段基本上呈现一单面斜坡地貌特征。隧道右侧约 10 km 为区域最大河流——嘉陵江，为隧道区岩溶侵蚀基准面，局部的支流小安河、进出口的东沟河、潜溪河为岩溶水局部排泄基面。

隧道区域内岩溶水根据地下水循环特征可以分为两种情况。一种为局部的浅表循环岩溶水：大气降水在补给区渗入地下后主要在浅表循环，在小安河等支沟附近排泄，排泄高程为 700～900 m，运移距离较短，最长约几千米，循环深度较浅，水量有限，主要接受大气降雨补给；另一种为深部循环地下水：大气降水在补给区渗入地表后，经过深部循环，一直到 10 km 外的嘉陵江排泄，排泄高程为 480～500 m，运移时间较长，循环深度较深。

根据区测地质资料，隧道洞身通过可溶岩地段为 D5K357+270～D5K362+570，本段岩溶水总体沿着水力坡度向最低溶蚀基准面排泄，即向嘉陵江河（490 m）、小安河（750～850 m）排泄，途中又以集中点状（泉点）排泄为主，如图 4.6-4 所示。研究区小安河沿岸和嘉陵江边都有泉点出露，且泉点流量较大。

本段线位距离右侧嘉陵江的距离约 10 km，嘉陵江的标高为 490 m，由于本段地形为溶蚀台地，推测水力坡度较缓，为1‰~2‰，因此估计线路处水位线高程约为500 m。而隧道轨面高程为550 m，根据勘察期间深孔勘探揭示，本段钻孔中未见明显稳定地下水位，因此分析认为本段可溶岩地下水位于岩溶水垂直渗流带内，可能不会遇见岩溶管道水及大型突水突泥灾害，但是施工中可能遇见局部岩溶洞穴、岩溶裂隙水，特别是雨季可能遭遇较大的涌水，需要加强地质超前预测预报。设计中此段仍属于岩溶风险极高段落。

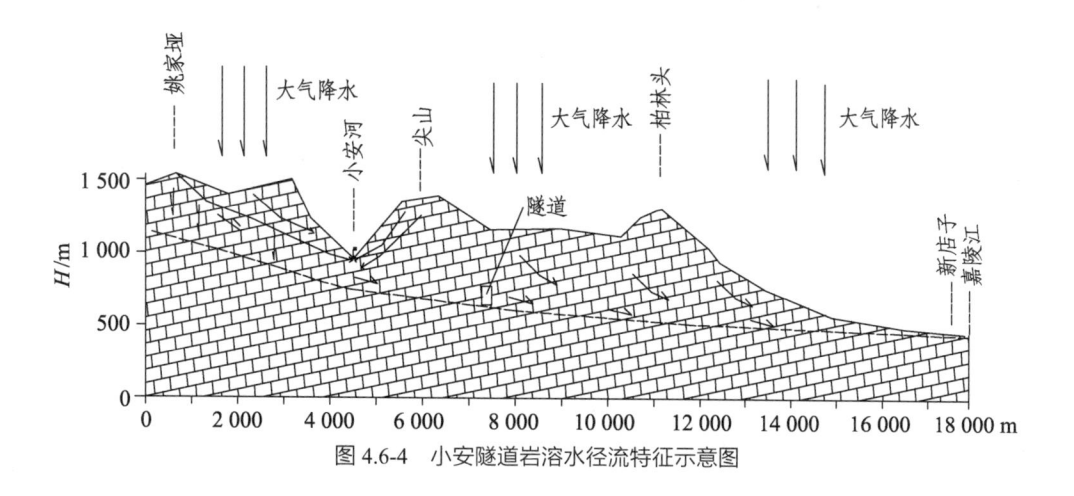

图4.6-4 小安隧道岩溶水径流特征示意图

勘察设计阶段计算本段岩溶水采用了大气降水入渗法计算，具体如下：

正常涌水量为43 785 m³/d，雨季最大涌水量为65 678 m³/d。

5. 不良地质及特殊岩土

隧道主要不良地质为岩溶、顺层、有害气体、高地应力，特殊岩土为含煤地层及含石膏地层。

岩溶发育情况：隧道洞身地表小安河一带二叠系灰岩、白云岩直接出露地表，洞身D5K357+270~D5K362+560段穿越此段地层。区域地质调绘显示此段地表岩溶形态不发育，但是地表物探显示洞身地段岩溶发育，施工可能遇到大的岩溶形态及局部岩溶涌水突泥。板凳垭逆断层（F_7）为可溶岩与非可溶岩接触，隧道埋深大，地下水补给范围大，隧道施工遇突水（泥）可能性较大。其他可溶岩与非可溶岩接触带可能遇到岩溶较发育、突水（泥）的情况。

本次水害发生后，设计院再次对小安隧道洞顶进行了无人机航测，获得了航测正射影像图（DOM），分辨率为8 cm，并在此图基础上进行了渗漏水地段的地貌岩性解释（图4.6-5），主要结论是隧道地处低中山峡谷地貌，水害段次一级地貌为单面斜坡地貌，遥感解释在水害段附近地表未发现岩溶洼地、落水洞、漏斗等岩溶形态，也未见大的断裂裂隙带。

三、施工中变更设计

勘察设计阶段根据地质勘察资料分析预计通过可溶岩地段岩溶水处于垂直渗流带内，局部位于季节变动带内。D5K361+367~+385（K354+896~+914）段施工开挖揭示：通过此段无地下水，但是此段岩溶发育，揭示出充填溶洞、岩溶空腔，施工中进行了变更设计并进行了岩溶整治处理，具体如下：

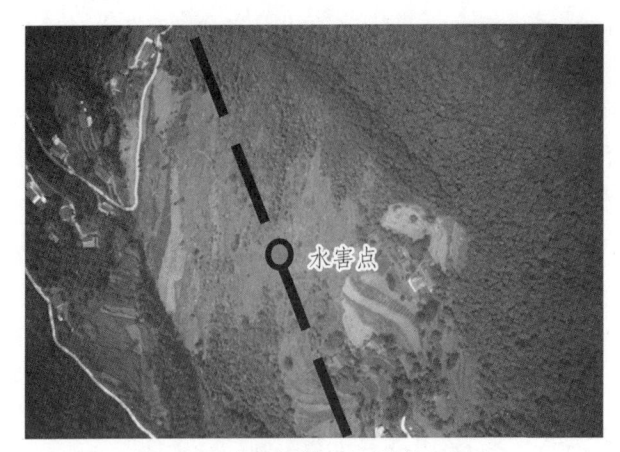

图 4.6-5 水害点附近地形地貌示意图

2016年5月22日—6月24日开挖及洞周岩溶物探探测揭示：D5K361+345~373（营运里程K354+874~+902）段范围右侧边墙揭示岩溶空腔，空腔从右侧起拱线及边墙开始，向开挖轮廓线外扩大，实测纵向长度为18 m，腔顶距轨顶高度为6~9 m，腔底距轨顶高度为3~9 m，腔体边界距边墙轮廓线7~8 m，无充填物，无水；D5K361+369~385（K354+898~+914）段左侧边墙拱腰处也揭示出一黏性土充填型溶洞。随后设计院对隧底进行了地质补充勘探，在10月25日钻探揭示：D5K361+342~+390（K354+871~+919）段范围基底发育有黏性土及角砾土充填的溶洞，溶洞最大高度为20.3 m，洞底距轨顶最大深度为27.5 m。

D5K361+367~+385（K354+896~+914）段围岩级别由Ⅳ级调整为Ⅴ级，采用Ve型复合式衬砌（拱墙55 cm厚、底板100 cm厚C40钢筋混凝土），初期支护设置全环I22a型钢钢架，间距0.6 m。

基底岩溶处理段落为D5K361+350~+390（K354+879~+919）段，采用桩基托梁与钢花管注浆加固相结合方式进行处理。其中：K354+890~+914段长24 m基底（主要为填充型溶洞）采用桩基托梁结构，桩径2×2 m，桩长9~30 m；其余段基底（主要为溶蚀破碎的灰岩）采用ϕ42钢花管注浆加固处理，间距为2 m×2 m，长度为3~8 m。

右侧空腔D5K361+345~+373（K354+874~+902）段处理：拱墙外侧空腔段落采用C20混凝土回填。

前已述及，小安隧道于2017年6月贯通后的第一个雨季，此段边墙施工缝存在局部渗水，施工单位按照设计院处理方案增补了泄水孔。

2018年的水害同样发生在此段，即D5K361+367~+403（K354+896~+932）附近，但是地下水渗漏却更为严重，拱顶、边墙均出现股状渗水，影响行车安全，导致西成高铁临时中断6 h安全事故。

四、病害原因分析

本次小安隧道发生水害的主要原因分析为以下几点：

（1）2018年7月初该地区正处雨季时节，降雨量极大，据当地气象资料，7月1日降雨量52.6 mm，7月2日降雨量67.6 mm，大量降雨迅速渗入地下，特别是可溶岩地段在小安河一带出露地表，且隧道在此段通过可溶岩层，大量降雨渗入地下后形成丰富岩溶地下水，地下水沿岩溶裂隙管道向下渗流。一般来讲，地下水渗流最终会流向左侧嘉陵江排泄，但是隧道改变了地下水径流途径，大量地下水沿岩溶裂隙管道向隧道内渗流（图4.6-6）。

图4.6-6　2018年7月2日施工缝渗水现象

（2）对于岩溶来说，岩溶管道、溶隙是地下水渗流的通道，发生水害的地段刚好发育溶洞、空腔，因此，此段应为地下水径流通道，但是对于此段岩溶处理来讲，施工中对空腔采取了混凝土回填封闭，没有在岩溶空腔中预留排水管，导致岩溶地下水渗流不畅，形成水位局部壅高现象，在较高水头压力作用下，隧道的防水层、施工缝止水带不能很好堵水，高动水压力的地下水最终击穿隧道防水层、止水带，沿本段隧道施工缝渗漏形成危及行车安全的水害，这可能也是一个次要原因，或者说存在一定影响。

五、经验教训

（1）岩溶管道、溶隙是地下水排水通道，施工中遇到岩溶空腔、溶洞，一定不能采取完全封堵措施，至少应在溶洞中埋设排水管，使岩溶地下水径流畅通，确保隧道不发生渗漏水，保证行车安全。

（2）岩溶地下管道系统十分复杂，很难通过有效地质勘察准确查明。本次水害发生地段，2017年雨季仅出现十分轻微渗水，但是2018年却出现较大股状渗流，通过现场施作泄水孔发现，隧道背面形成了高压岩溶水。本隧道原设计中，有一条平行导坑通过此段，但是，施工中因为没有遭遇地下水未再继续施作平导通过此岩溶段。现在来看，教训还是深刻的。本次事故发生后，建设单位组织专家论证会，大家一致建议把原设计的平行导坑继续施作完成，通过此段，有效减轻雨季岩溶地下水对隧道工程危害，确保高铁营运安全。

（3）对于岩溶隧道，当隧道处于岩溶水季节性变动带及水平循环带内时，施工及营运中可能会遭遇较大涌突水，平行导坑是一个很有效的减轻岩溶水危害的工程措施。对于隧道处于垂直渗流带内的情况，平行导坑设计及施作要根据开挖揭示岩溶发育程度确定，如果揭示有溶洞、岩溶空腔，还是应该施作平行导坑通过岩溶发育地段，这样可有效减轻雨季岩溶水大量渗入隧道带来的危害。

第七节　成贵高铁上高山隧道隧底溶洞整治处理

成都至贵阳高速铁路上高山隧道施工中在进出口工区分别揭示两处溶洞，规模较大，溶洞底部为垮塌溶洞灰岩块石、沉积黏性土、圆砾相互夹杂的松散堆积物，厚度为 30～50 m，堆积物松散、不均一，承载力较低，既不能满足隧道结构对地基土承载力的要求，也不能满足高速铁路无砟轨道变形控制要求，需要对隧底松散体进行加固整治。经地质补充钻探，在查明隧底充填物其空间分布、物质成分及力学性质的基础上，进行了隧底岩溶工程整治方案比选，最终确定采用桩基筏板的刚性结构形式处理，满足了高速铁路沉降变形控制要求。本节由王茂靖、丁浩江、方振华撰写。

一、前言

成贵高铁上高山隧道施工中在 D3K489+381～574 段遇到两个大溶洞。地质补勘揭示：两处溶洞隧底均为溶洞垮塌块石土夹软塑、流塑状黏性土、淤泥质土，松散，最厚处超过 50 m，隧底地基土承载力不足，不能满足沉降检算要求，必须对隧底溶洞及填充物进行加固处理。在地质补充勘察查明隧底溶洞及填充物物质成分、密实程度等资料的基础上，上高山隧道隧底采用了桩基筏板整治加固措施，保证了隧底结构稳定性，无砟轨道沉降变形的高要求也得到保障。溶洞平面位置如图 4.7-1 所示。

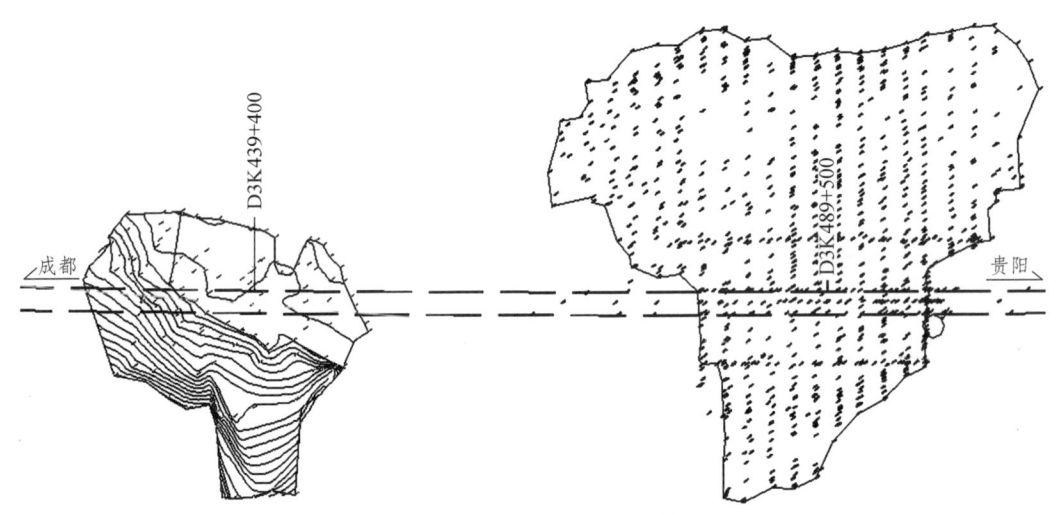

图 4.7-1　溶洞平面位置示意图

二、概　况

1. 工程概况

上高山隧道全长 2400 m，起止里程为 D3K488+530～D3K490+930，双线隧道，单面下坡，最大埋深约 135 m。

2. 隧道工程地质概述

隧址区为云贵高原峰丛谷地地貌，地形起伏大，线路穿山体海拔高程为 1 180～1 340 m，丘包与槽谷相间分布，基岩大片裸露。隧道洞身穿越二叠系下统栖霞组与茅口组（$P_1q + m$）中厚层灰岩夹薄层状泥灰岩、硅质岩页岩；梁山组（P_1l）中薄层状泥岩、炭质页岩、砂岩夹硅质岩、煤层，石炭系下统大塘-摆佐组（$C_1d + b$）中厚层状灰岩、白云岩以及中薄层状泥岩、铝土质泥岩、石英砂岩、页岩夹铝土矿、赤铁矿、煤线，寒武系中上统娄山关群（$\in_{2-3}ls$）、寒武系中统石冷水组（$\in_2s$）中厚层夹薄层白云岩、泥质白云岩地层。其中 D3K489 + 185～D3K490 + 930 段长 1745 m 穿越二叠系栖霞及茅口组地层，该套地层岩溶强烈发育，地表漏斗、洼地星罗棋布，勘察设计阶段深孔 D3K489 + 500 左 8 m 揭示于隧底附近有 2 个溶洞，规模分别为 13 m、6 m，地下岩溶也十分发育。

隧道洞身通过上背躬 1 号正断层、2 号正断层及 3 号性质不明断层，地震动峰值加速度为 0.05g，地震动反应谱特征周期为 0.35 s。

隧道区地下水主要为基岩裂隙水及岩溶水，其中岩溶水较为发育，全隧道预计正常涌水量为 7 453 m³/d，最大涌水量为 18 632 m³/d，根据隧址区地下水补、径、排条件分析，隧道处于岩溶地下水季节变动带，雨季可能遭遇较大涌水。煤系地层地下水具有侵蚀性。

隧道主要工程地质问题是岩溶及岩溶水、煤层瓦斯，页岩、泥岩、铝土岩膨胀岩及小煤窑采空区。

三、隧底溶洞勘察及形态

1. 进口段溶洞

2016 年 6 月 13 日，隧道进口工区掌子面施工至 D3K489 + 381，拱部揭示一岩溶大厅，高约 30 m，宽约 50 m，岩溶大厅向小里程发育至 D3K489 + 362，往大里程发育至 D3K489 + 431，线路方向长约 69 m。溶洞大厅发育于二叠系下统栖霞茅口组（$P_1q + m$）中厚～巨厚层状灰岩，岩层平缓，倾角一般为 10°～15°。大厅顶部少见钟乳石，洞顶大部分范围岩面新鲜；大厅底部为堆积体，堆积大量块石夹少量黏土，最大块石体积约 10 m³，说明发生过岩体坍塌、掉块，大厅周边岩体较为稳定。岩溶大厅内目前未见明显地下水或地下水通道。图 4.7-2 所示为岩溶大厅照片。

隧道开挖后揭示溶洞大厅 D3K489 + 362～+ 431 段隧底主要为溶洞堆积体，地质补充勘察对此段隧底共完成钻孔 25 孔，揭示隧底堆积体厚度一般为 10～45 m，主要成分为灰岩（大）块石、溶蚀破碎岩体（或岩块）、空洞及少量流塑、软塑状黏土，局部夹少量圆砾、角砾。堆积体以下为较为完整的基岩，岩性为灰岩夹泥灰岩、硅质岩，岩体局部溶蚀发育，有 1 个钻孔揭示有溶洞发育，竖向规模为 9.3 m，半充填黏土夹碎石。地下水位一般位于隧底以下 13～33 m（高程为 1 187.91～1 167.98 m），如图 4.7-3 所示。

图 4.7-2　进口岩溶大厅照片

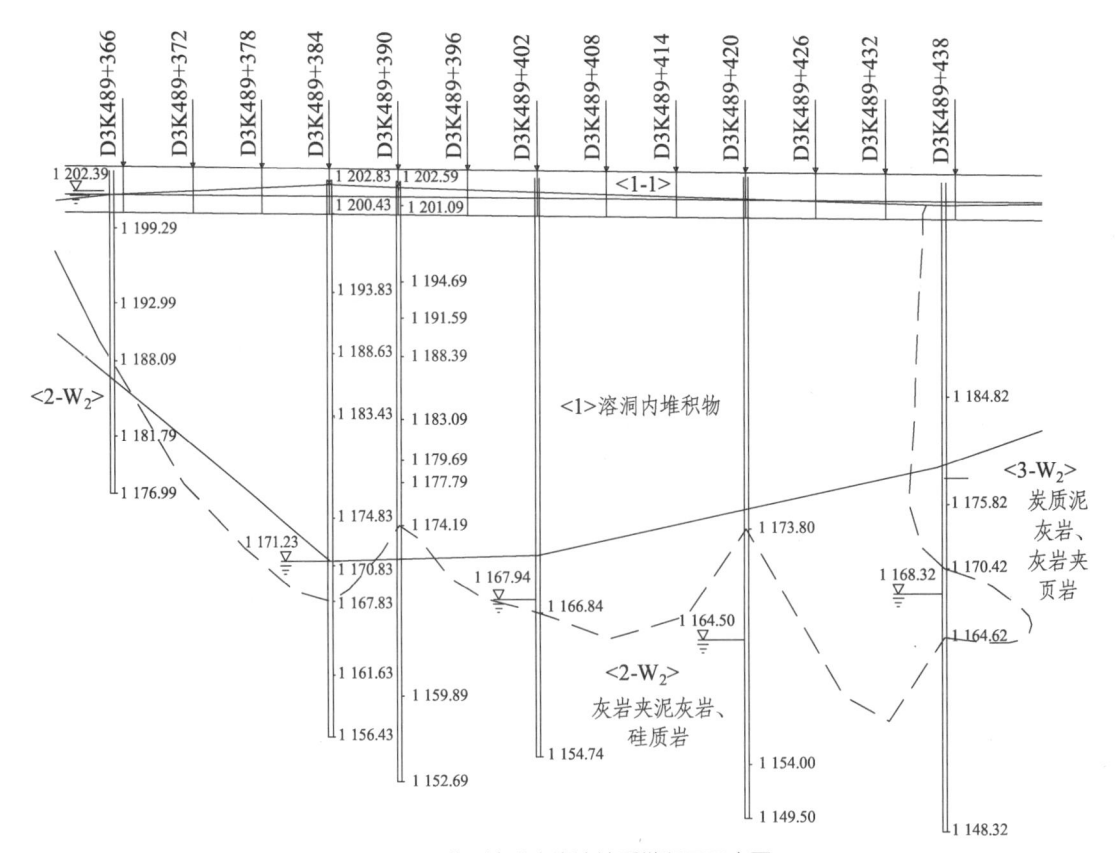

图 4.7-3　进口端隧底岩溶地质纵断面示意图

2. 出口段溶洞

2016年9月12日,隧道出口工区施工至D3K489+563.8时揭示一岩溶大厅(图4.7-4),岩溶大厅主要位于隧道洞身偏左侧,最高处约45 m,宽约60 m,岩溶大厅向小里程发育至D3K489+496,向大里程方向发育至D3K489+574,线路方向长约78 m,形成一个78 m(长)×58~74 m(宽)×10~45 m(高)的溶洞大厅,隧底主要为大块石堆积体及溶蚀破碎岩体,岩溶大厅顶板高出隧底约15~20 m。据调查:D3K489+496左30 m有一处水潭,水潭大致呈圆形,直径约8 m,水深估测约3 m,一般水质清澈,水位不上涨,现场补勘过程中用水泵抽水水位不下降(抽水功率大致为10 m³/h),水面高程大致为1187 m(约隧底以下13 m)。结合隧区水文、地形、地质条件。该水位基本为目前该区域稳定地下水位,位于地下水季节变动带附近,雨季降雨时地下水可能上涌对隧道安全产生影响,尤其暴雨情况对隧道威胁更大。

图4.7-4 出口段岩溶大厅照片

D3K489+485~+574段隧底为岩溶堆积体。地质补勘共完成钻孔29孔,揭示隧底堆积体最深至隧底下约50 m,成分主要为灰岩、炭质泥灰岩(大)块石、溶蚀破碎岩体(或岩块)、空腔及少量流塑、软塑状黏土,局部夹少量圆砾、角砾。堆积体以下为基岩W_2,主要为灰岩夹泥灰岩、硅质岩及炭质泥灰岩、灰岩夹页岩,有15个钻孔揭示有溶洞、溶蚀破碎带发育,溶洞竖向规模为0.7~12 m,充填形式不一,全充填、半充填、无充填均有,岩溶整体强烈发育。该段地下水位一般位于隧底以下13~40 m(高程为1 187.01~1 160.84 m)。出口端隧底岩溶地质纵断面如图4.7-5所示。

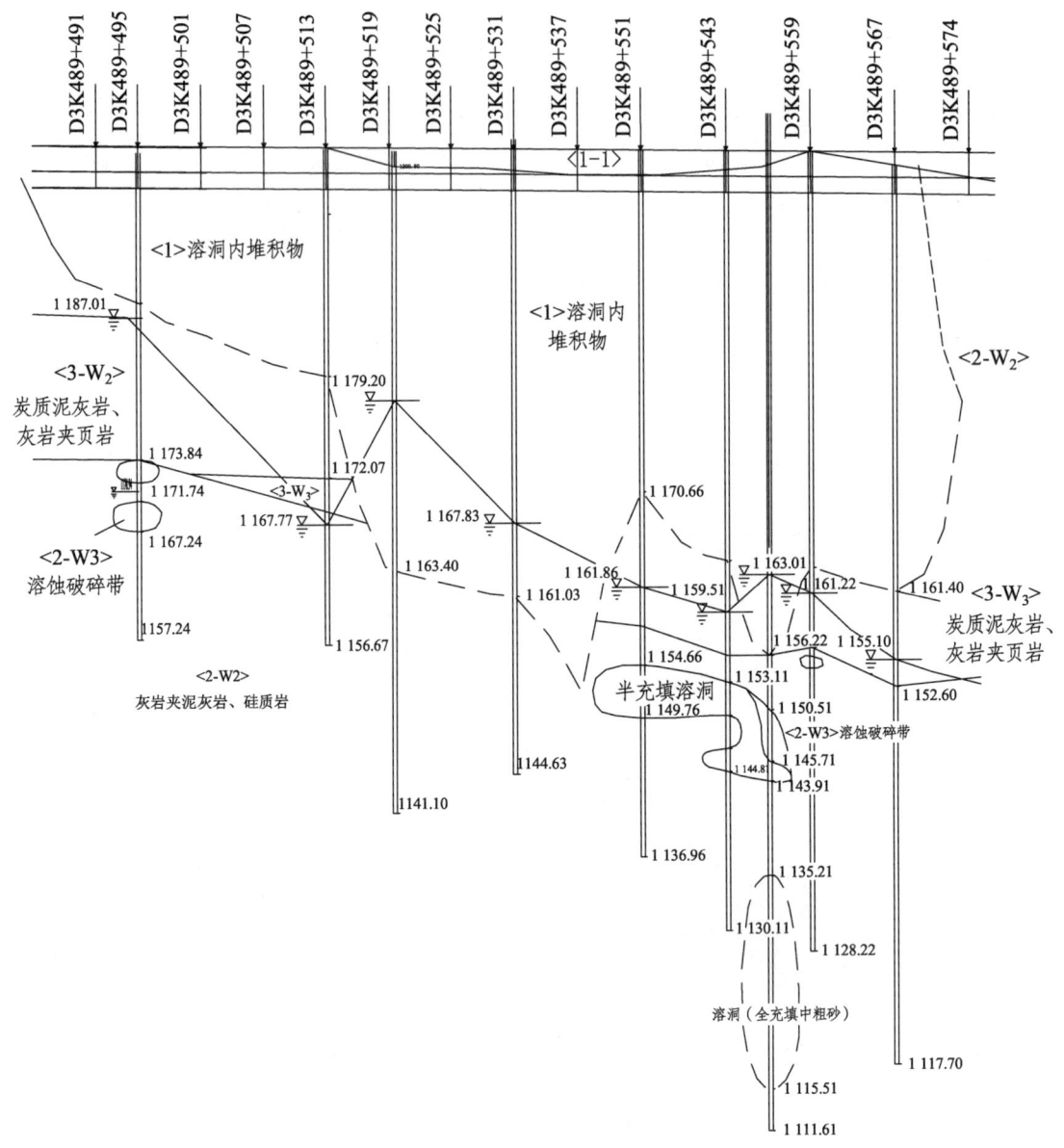

图 4.7-5　出口端隧底岩溶地质纵断面示意图

四、隧底岩溶整治设计及处理

1. 方案研究

针对两段隧底岩溶，设计单位作了桩筏结构、钢花管注浆加固及桥梁跨越 3 个加固处理方案，现将优缺点列于表 4.7-1 中。

表 4.7-1　隧底松散堆积体加固方案比较研究

方案	设计要点	优点	缺点
桩筏结构	隧底实施桩径 2～2.5 m 的钻孔桩，桩间距 4.5 m（横）×6 m（8 m）（纵），桩基嵌入基岩不小于 1 m，桩顶施作厚 1.5 m、宽 14.5 m 的钢筋混凝土筏板	桩基础穿过松散堆积体、基岩溶洞，置于完整基岩之中，结构安全性好，稳定性好，能确保无砟轨道变形要求，保障后期运营安全	隧底为堆积体，施工中易漏浆，成桩较一般地层条件困难，可能影响工期
钢花管注浆	钢花管桩径为 ϕ108 mm，纵、横向间距为 0.6 m，桩端嵌入 W_2 深度不小于 1 m，注浆采用水泥砂浆，水灰比 1∶1，注浆终压 3 MPa	投资相对较小，工艺成熟，机械设备较小，易于现场施工	隧底大块石较多，钢花管施工困难；由于注浆加固效果难以保证及地下水影响，运营期间存在沉降的可能
桥梁	采用 3×32 m 简支梁跨越，基础采用直径 1.25 m 的钻孔桩基础，梁体采用运架施工	桥梁桩基穿越松散堆积体及溶洞，置于完整基岩内，结构安全，稳定性好，沉降可控	需要继续扩挖；隧道场地狭小，施工难度大；投资较大

根据研究后方案的优缺点，最终选择桩筏结构穿越两段隧底松散堆积层及溶洞，确保了隧道结构稳定，满足无砟轨道沉降要求。

2. 桩筏结构

隧底 D3K489+361～+465、D3K489+486～+595 两段为溶洞堆积体，方案比选后最终采用桩基筏板结构通过，其中 D3K489+361～+465、D3K489+486～+514、D3K489+569～+595 段桩基采用桩径 2 m 的钻孔桩，桩间距为 4.5 m（横）×6 m（纵），D3K489+514～+569 段桩基采用桩径 2.5 m 的钻孔桩，桩间距 4.5 m（横）×8 m（纵），桩基嵌入基岩不小于 1 m。共计桩基 85 根，最长 55 m，大部分达 40 m。

桩基施工完成后，在桩顶施作筏板工程，D3K489+361～+464（图 4.7-6）、D3K489+486～+514、D3K489+569～+595（图 4.7-7）段筏板厚 1.5 m、宽 14.48 m；D3K489+514～+569 段筏板厚 1.5 m、宽 14.42 m，筏板采用现场浇筑钢筋混凝土。

溶洞大厅的隧道结构采用明洞形式，边墙、拱顶空洞之处，采用弃渣及素混凝土回填，如图 4.7-8 所示。

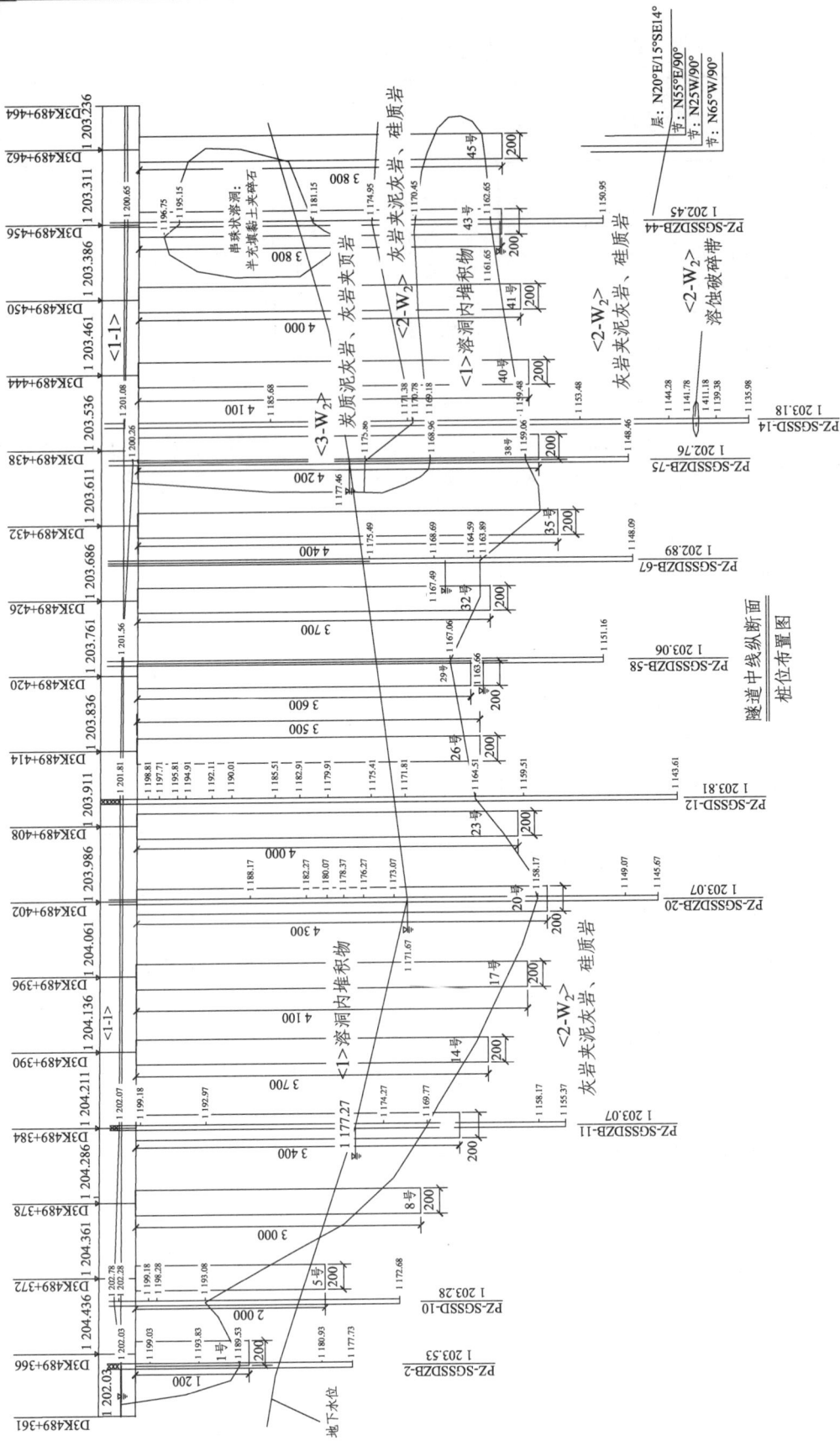

图 4.7-6　D3K489+361～+464 段隧底桩基筏板结构示意图

图 4.7-7 D3K489+486～+595段隧底桩基筏板结构示意图

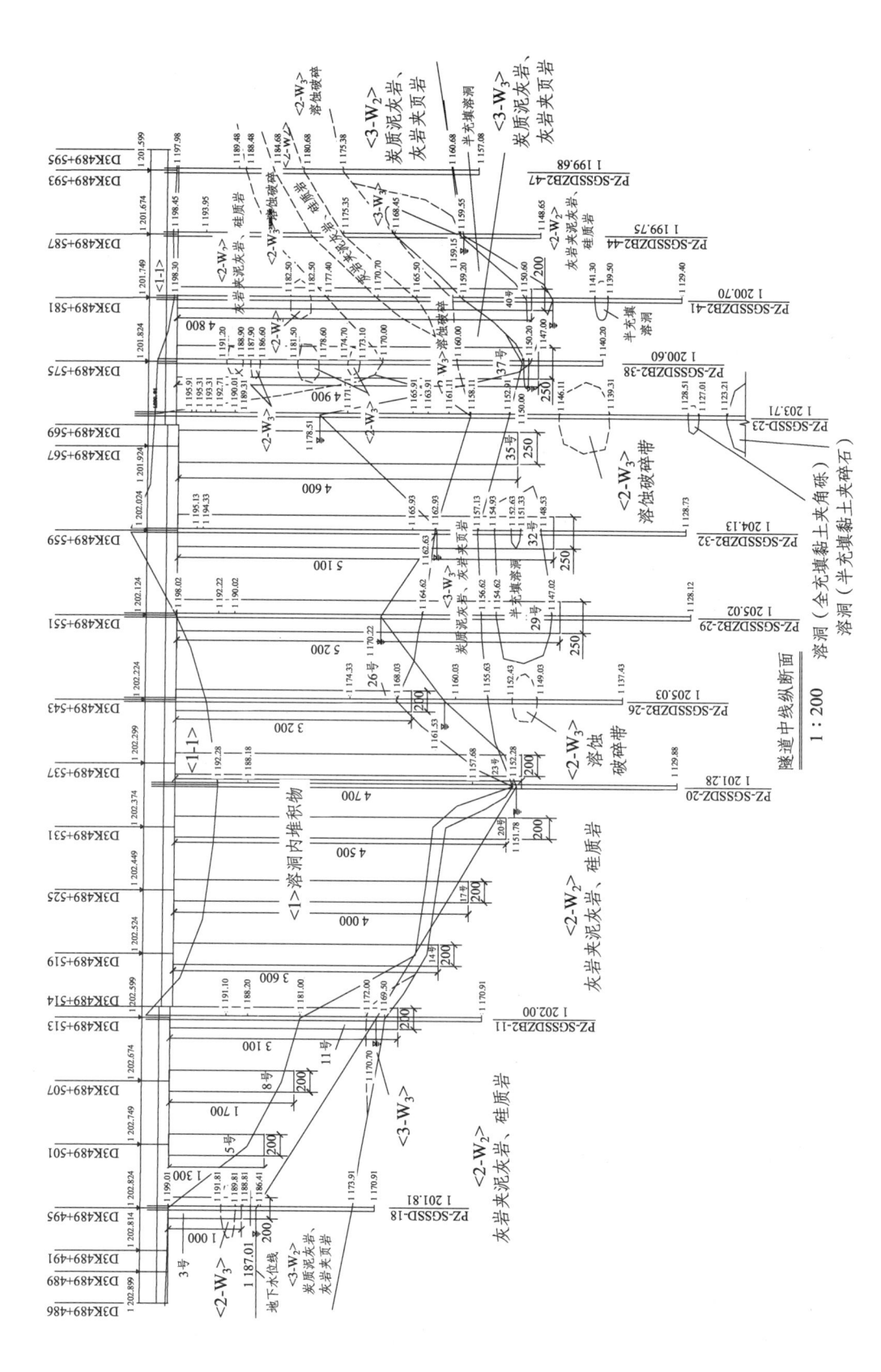

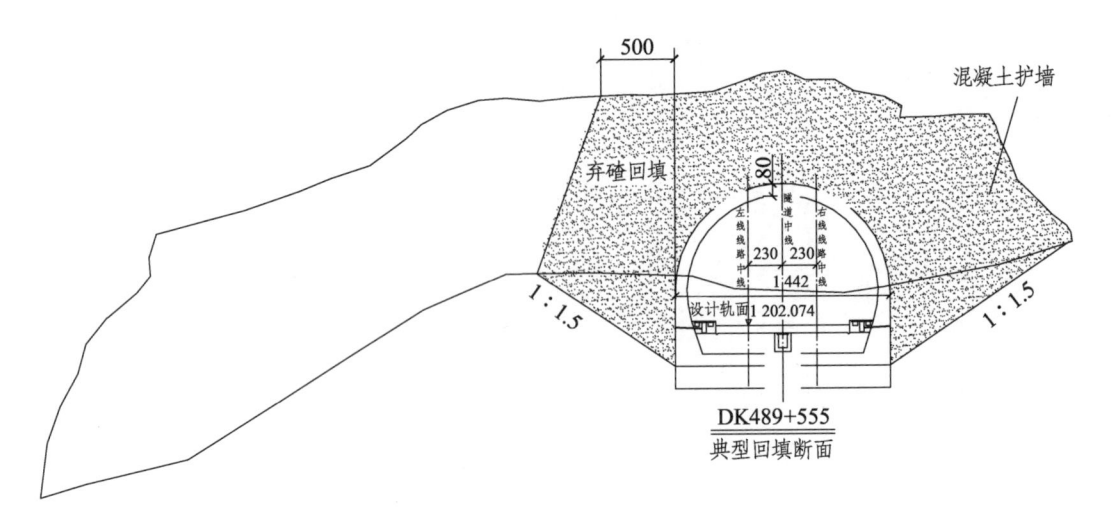

图 4.7-8　溶洞大厅隧道结构形式及回填断面示意图

3. 岩溶整治施工

根据桩基筏板设计图，现场施工总计投入冲击钻机 16 台（单侧最大限度值，每段 8 台，钻机隔桩布置）、泥浆箱 16 个，历时 451 d 完成钻孔桩基施工，历时 50 d 完成桩顶筏板施工。整个两段隧底岩溶整治历时 501 d 完成。

五、结语

（1）上高山隧道施工中揭示两处溶洞大厅，隧底均为溶洞坍塌堆积块石土及地下水静水冲积软黏土夹圆砾堆积物，结构松散，承载力较低，不能满足隧道结构及无砟轨道变形控制要求，经过多个方案比选，采用桩基筏板结构是合理的。

（2）溶洞一般都是地下水的过水通道，尽管隧道处于岩溶水的季节变动带，施工期间未遇见股状地下水流，但应防止雨季大量降水补给地下水，通过溶洞管道涌入隧道，跨溶洞段隧底采用桩基结构形式既满足了隧底承载力要求，又未封堵溶洞既有排水通道，起到了排水泄压的作用，确保了隧道结构安全。

（3）两段隧底溶洞充填物长 200 余米，厚度普遍达 30～50 m，桩基整治工程规模大、工期长、投资大，再次说明岩溶发育的不确定性，施工阶段需进一步加强隧道隐伏岩溶探测工作。

第八节　成贵高铁玉京山隧道大型溶洞勘察设计及整治研究

成都至贵阳高速铁路玉京山隧道施工中遇到的玉京山巨型溶洞，被称为中国高铁第一洞。该溶洞从勘察设计至溶洞整治历时近 3 年，工程十分艰巨。本案例全面系统介绍了玉京山巨型溶洞的勘察及整治设计方案，提出了复杂岩溶区隧道工程应避免穿越大（巨）型溶洞，隧道工程地质勘察需采用多种物探方法、多孔钻探相互验证以确定隧道穿越可溶岩地层的最佳部位的建设性意见。文章对岩溶隧道穿越大（巨）型溶洞整治设计有很好的参考借鉴价值，对复杂岩溶区隧道地质勘察设计也具有重要指导意义。本节由王茂靖、丁浩江撰写。

一、概况

成都至贵阳高速铁路玉京山隧道位于云南省威信县境内，全长 6 306 m，为双线隧道，30‰ 单面上坡，最大埋深为 350 m。洞身主要通过煤系地层及可溶岩地层，其中二叠系下统栖霞茅口组（P_1m+q）灰岩，岩溶强烈发育，地表洼地、漏斗广泛分布，呈串珠状发育展布，在施工图地质勘察期间，勘察设计单位调绘出在该地层中发育玉京山暗河，长约 18 km，推测与线路相交于 D3K279 + 990，与大里程方向交角为 58°，由线路右侧向左侧排泄，暗河标高位于轨面以下 71 m 处。

隧道设计采用"进口平导 + 1 个横洞"辅助坑道施工方案，按进口、横洞及出口 3 个工区组织施工，其中进口工区为瓦斯突出工区，横洞工区为低瓦斯工区，出口工区为非瓦斯工区，如图 4.8-1 所示。

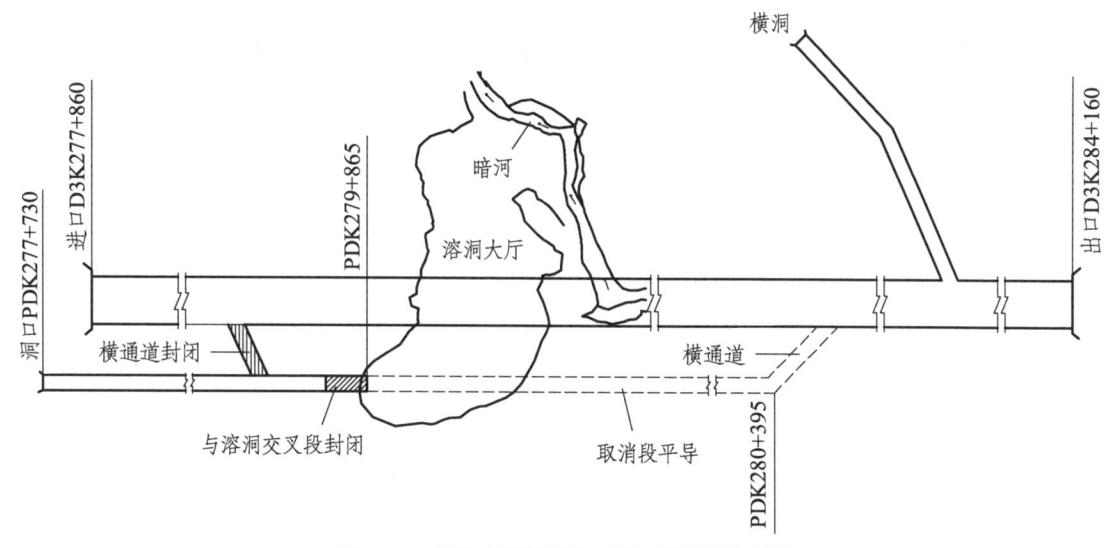

图 4.8-1　玉京山隧道辅助坑道布置平面示意图

2016 年 7 月 23 日，横洞工区小里程端 D3K279 + 948 正洞上台阶掌子面爆破后揭示溶洞口，发现了巨型岩溶大厅及玉京山暗河。随后对溶洞口进行安全防护、安装升降及照明设备、开展气体检测等工作。在 9 月上旬具备进入溶洞大厅条件后，勘察单位进行了多次岩溶形态勘测、暗河水量观测、地质补充勘察等工作。

二、隧道工程地质条件

1. 自然地理特征

隧址区处于云贵高原北部之大娄山系西缘地段，山势陡峻、沟谷纵横，相对高差为 50 ~ 650 m，坡度为 5° ~ 50°，山脉谷地多呈南西—北东走向，与构造线方向基本一致，属剥蚀中低山地貌，覆盖层较薄，基岩大片裸露，坡面植被发育，部分沟谷中土层较厚，水系为长江支流南广河上游的顺河流域区。地表多为季节性冲沟，灰岩段地表多发育有漏斗、溶洞和暗河天窗，局部发育有暗河进出口。

区内属亚热带与暖温带过渡季风性气候区，冬季寒冷、夏季凉爽，降雨充沛，具高原气候的特点。5月至9月为丰水期，12月至次年3月为枯水期，4月、10—11月为平水期，多年平均降水量在751.8～1 217.96 mm，最大日降雨量66.2 mm，多年平均蒸发量为998～1 051 mm，多年平均相对湿度为76%～78%，多年平均气温在11.2～19.2 °C，极端最高气温36 °C，多出现在7月，极端气温最低 –11.9 °C，多出现在1月，全年阴雨绵绵，最多雨天可达230 d。

隧道进口位于簸火村坡附近，有乡村便道可以到达，交通便利；出口位于威信县县城边公路旁，交通便利。

2. 地质构造及地层岩性

1) 区域地质构造

从区域地质构造上来看，隧址区地处川滇经向构造带和川黔经向构造带间，南与南岭纬向构造体系西段最北的鹤庆—东川—黔中复背斜带接壤，北同中国新华夏系构造体系第3个一级沉降带四川盆地毗连。

隧道位于天堂山背斜的北西翼，大角度穿越构造线，总体呈单斜岩层，岩层倾向小里程端，段内发育4条断层，从小里程到大里程端依次为：牛耳坡1号平移断层、牛耳坡2号断层、威信断层（区域大断层）、张家边断层（区域大断层）。

发育大型溶洞大厅一段地层为单斜中厚层灰岩，未见有明显构造迹象，岩层产状为N75°E/55°NW，主要发育两组控制性裂面，产状为N37°W/80°SW和N52°E/48°SE。

2) 地层岩性

隧道洞身从进口到出口依次穿越的地层为三叠系茅草铺组（T_1m）、三叠系飞仙关组（T_1f）、二叠系长兴组（P_2c）、二叠系龙潭组（P_2l）、二叠系下统梁山组（P_1l）、二叠系茅口组（P_1m）、二叠系栖霞组（P_1q）、志留系中下统韩家店群（$S_{1-2}h$）、志留系石牛栏组（S_1s）、志留系龙马溪组（S_1l）、奥陶系五峰组（O_3w）、奥陶系临湘组（O_3l）、奥陶系宝塔组（O_2b）、奥陶系中统铺组（O_2s）、奥陶系湄潭组（O_1m）、寒武系中上统娄山群上段（$\in_{2-3}ls^2$）及寒武系中上统娄关山组（$\in_{2-3}ls^1$）。岩性较复杂，主要有砂岩、泥岩、页岩、煤层、盐溶角砾岩、灰岩、白云岩和火山碎屑岩，局部有硬石膏分布。

隧道洞身揭示岩溶大厅段，位于二叠系茅口组（P_1m）和栖霞组（P_1q）地层内，如图4.8-2所示。

3. 水文地质特征

隧道区主要存在三大类地下水，分别是孔隙水、基岩裂隙水及岩溶水。其中对隧道存在较大影响的为岩溶水。详细叙述于下：

隧道区广泛发育可溶岩地层，洞身先后穿越三叠系下统、二叠系、志留系、奥陶系及寒武系灰岩、白云岩可溶岩地层；其中三叠系飞仙关组、二叠系长兴组、志留系、奥陶系灰岩为夹层状灰岩，岩溶弱发育，地质调绘中未在此地层中发现大的岩溶形态；寒武系娄山关群

（∈$_{2+3}$ls）地层主要为白云岩、白云质灰岩，地表岩溶形态主要为沿构造节理裂隙发育的溶沟、溶缝及溶孔等，无大的岩溶形态，岩溶弱发育；三叠系下统茅草铺组（T$_1$m）、志留系下统石牛栏组（S$_1$s）、奥陶系地层（O$_2$、O$_1$h+t）分布的灰岩夹非可溶岩，勘探及调绘中岩溶形态主要为溶洞、溶沟、溶缝及少量漏斗、落水洞、岩溶管道，岩溶中等发育，为隧道岩溶水的主要补给区；二叠系下统栖霞茅口组（P$_1$m+q）灰岩在地表线路方向出露面积大，岩溶强烈发育，地表岩溶洼地、漏斗、竖井、落水洞、暗河广泛分布，为隧道岩溶水主要的补给区。其中，玉京山暗河及其上的巨型溶洞发育于此套地层之中。

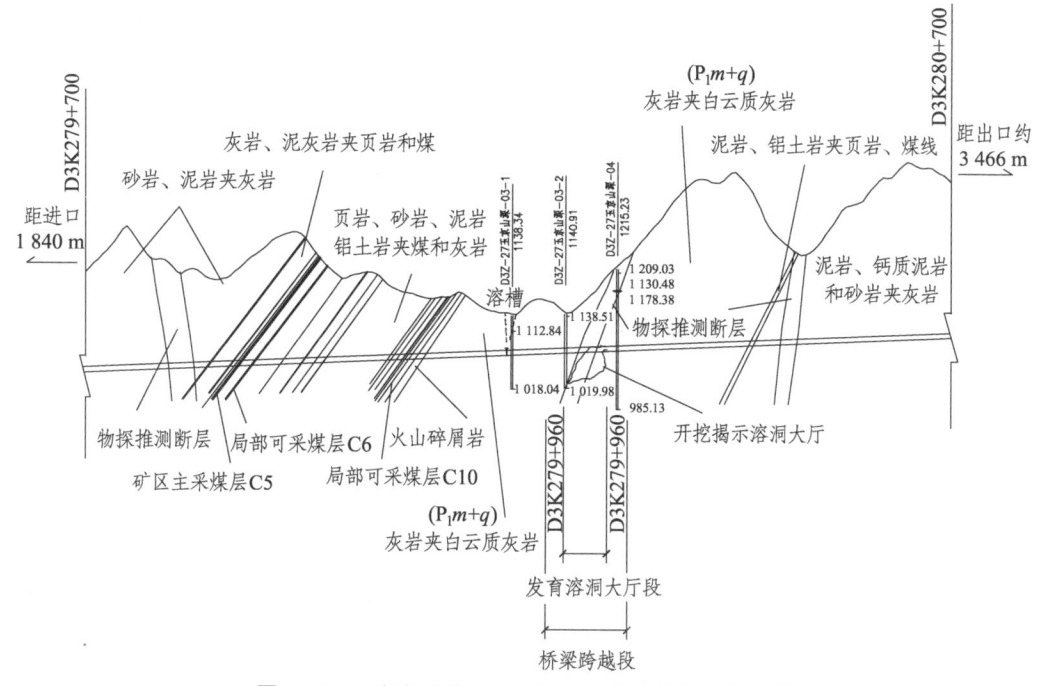

图 4.8-2 玉京山隧道巨型溶洞段工程地质纵断面示意图

勘察期间隧道区域地质调绘发现：隧址区发育一条玉京山暗河，全长约 18 km，暗河管道和线路大角度相交于 D3K279+990，和大里程方向的交角为 58°，由线路右侧向线路左侧径流排泄。根据调查及钻探揭示（共完成深孔 471.33 m/3 孔）推算，暗河标高应位于线路轨面下 71 m 以下如图 4.8-3 所示。

暗河进口位于 D1K285+650 m 右侧 7.4 km 外锅底塘、子反坝、烂坝口、清水洞等地，该段为一片 14 km² 峰丛洼地。2010 年 6 月调查时，共发现有 5 个暗河入口，其入口流量一共为 1.2 m³/s；出口位于 D3K273+118 左侧 4 164 m 的鱼井村的鱼井电站旁，大小共有 9 个出水口，2010 年 6 月量测出口流量约为 5 m³/s。在暗河流通的沿途中还有众多的暗河天窗补给口：① D3K280+270 右侧 205 m、D3K280+430 右侧 335 m、D3K280+430 右侧 275 m 发现有 3 处落水洞发育，3 个落水洞均为该段溶蚀洼地表水的排泄管道入口，标高为 1220 m；② D3K280+755 右侧 430 m 和 540 m 有暗河管道入口发育，为 D3K280+755~D3K281+200 段右侧 550 m 溶蚀洼地表水的排泄管道入口，标高为 1235 m；③ D3K279+740 左侧发育一暗河支管道口，直径约为 30 cm，标高为 1 090 m；④ D3K280+358 左侧 350 m 发

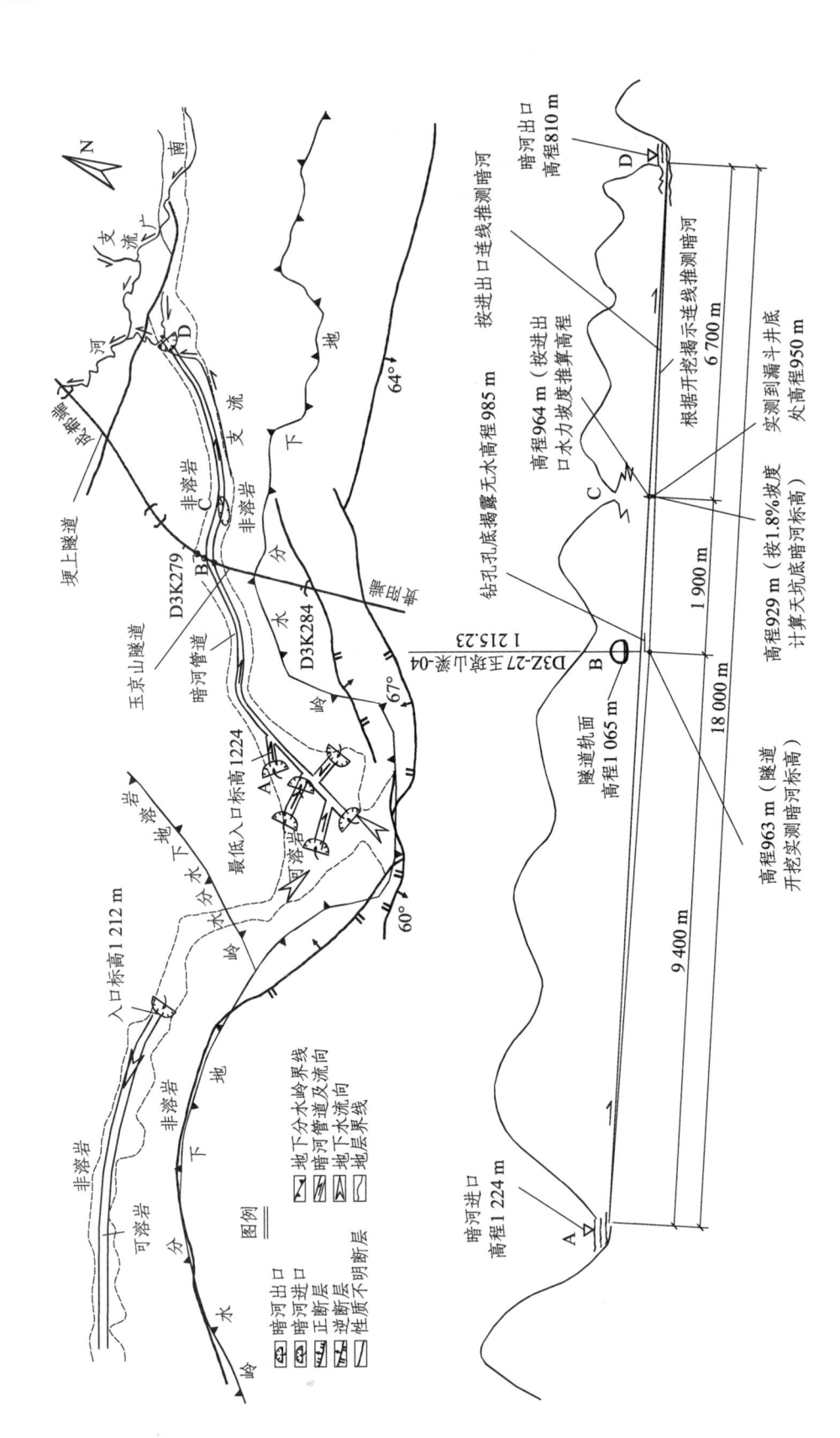

图 4.8-3　玉京山隧道岩溶暗河水系平纵示意图

育两个落水洞，洞口标高为 1 260 m；⑤ D3K279 + 766 左侧 1 331 m 发育一落水洞，洞口标高为 1 080 m。⑥ D3K279 + 378 左侧 1 885 m 发育一大型岩溶漏斗，漏斗呈椭圆状，长轴方向长约 100 m，短轴方向宽约 40 m，根据调查和测量实测，该漏斗分为两级，漏斗口标高为 1 150 m，实测到洞底下 950 m 处标高仍未见底。

根据暗河入口段区域汇水面积圈绘，流域面积 $F = 40.8 \text{ km}^2$，根据公式 $Q = 1\,000aFA$，取 $a = 0.5$，按威信县历史日最大降雨量 144 mm（2008 年 7 月 1 日）计算，暗河入口百年一遇的流量为 33.66 m³/s，隧道洞身暗河上游段总的流域面积 $F = 57.93 \text{ km}^2$，则该段总的百年一遇流量为 47.7 m³/s；暗河总的汇水面积为 85 km²，暗河百年一遇的流量为 70.12 m³/s。玉京山暗河出入口如图 4.8-4 和图 4.8-5 所示。

图 4.8-4　玉京山暗河入口　　　　图 4.8-5　玉京山暗河出口

根据区域岩溶水排泄基准面分析，隧道通过岩溶地段大部分位于岩溶水垂直渗流带内，无稳定的地下水位，施工中揭示地下水大部分为上层滞水，雨季时大量地表水入渗形成丰富的过路地下水。可能会遇到较大股状或管道流地下水，依据大气降水入渗法计算，本段可溶岩隧道雨季最大涌水量约为 20 000 m³/d。

4. 主要工程地质问题

隧道主要工程地质问题是煤层瓦斯、盐溶角砾岩及石膏、铝土岩膨胀性、岩溶及岩溶水。地质勘察均对上述工程地质问题进行了详细勘察及分析，其中对隧道岩溶及岩溶水勘察成果分析概述于下：

隧道洞身在以下地段通过可溶岩地段：D3K277 + 745 ~ D3K278 + 050、D3K278 + 175 ~ D3K278 + 340、D3K279 + 010 ~ D3K279 + 075、D3K279 + 515 ~ D3K280 + 310、D3K280 + 820 ~ D3K280 + 940、D3K281 + 640 ~ D3K281 + 730、D3K282 + 155 ~ D3K284 + 134 段。其中：D3K279 + 515 ~ D3K280 + 310 段为二叠系栖霞组和茅口组的灰岩，岩溶强烈发育；D3K282 + 445 ~ D3K284 + 655 段以白云岩为主，岩溶弱发育；其余段落中等发育。揭露可溶岩地层长度约为 4314 m，约占隧道全长的 67.6%。

根据《铁路工程水文地质勘察规程》（TB 10049—2004）对隧道岩溶段落涌水灾害严重等级进行评价，见表 4.8-1。

表 4.8-1 隧道可溶岩段落岩溶发育程度及涌水灾害等级评价

序号	段落里程	地层岩性及构造	岩溶发育程度	涌水灾害等级
1	D3K277+745~D3K278+050、D3K278+175~+340	T_1m灰岩夹泥、页岩及盐溶角砾岩之内发育有牛耳坡1号、2号断层，溶缝、溶孔发育，部分地段钻孔揭示地下水位高于路肩	中等发育	C
2	D3K279+010~+075	P_2c灰岩夹泥岩地层，偶见小型溶洞，勘探岩心偶见细小的溶孔、溶隙，岩溶弱~中等发育	弱~中等发育	C
3	D3K279+515~D3K280+310	P_1q+m灰岩，地表岩溶强烈发育，暗河、落水洞、漏斗、溶蚀洼地、溶洞等均有发育，隧道处于垂直循环带内	强烈发育	B
4	D3K280+820~+940	S_1s灰岩夹泥灰岩，地表可见漏斗、落水洞、暗河出口，推测岩溶管道水高于路肩90 m，隧道处于水平径流带内	中~强烈发育	B
5	D3K281+640~+730	O_2灰岩夹页岩，地表岩溶形态主要为沿构造节理裂隙发育的溶沟、溶缝及溶孔等，钻孔中分别在上、下与非可溶岩接触面附近遇到溶洞，存在岩溶裂隙水、管道水	中等发育	B
6	D3K282+155~+580	O_1h、O_1t灰岩、白云岩、泥质白云岩夹页岩，底部夹15 m左右厚的页岩，层位稳定。地表岩溶形态主要为沿构造节理裂隙发育的溶沟、溶缝及溶孔等，局部见有顺层溶洞发育	弱~中等发育	C
7	D3K282+580~D3K284+134	$\in_{2+3}ls$白云岩、白云质灰岩夹砂岩和泥岩，发育威信断层，岩体节理裂隙较发育，地表岩溶形态主要为沿构造节理裂隙发育的小型溶洞、溶沟、溶缝及溶孔等	弱发育	C

D3K279+515~D3K280+310段出露的二叠系下统栖霞茅口组中厚层灰岩，为西南地区强烈岩溶发育岩组，玉京山暗河即发育于该地层之中。为查明暗河及岩溶管道与隧道空间关系，勘察期间结合物探测试结果，共布置3个深孔，在钻探过程和钻孔完成后的测试中均未见有稳定水位，其中D3Z-27玉京山深-03-2号孔在终孔后，进行了孔底爆破，但在爆破后的24 h内，均未见孔底有水出现。此暗河管道发育地层为单斜岩层，区域地质调绘未发现存在明显的断裂、褶皱构造，可溶岩组上覆、下伏地层均为隔水层。

综合以上地质调绘、现场实测、勘探和区域水文资料综合分析，暗河进出口应由该暗河管道连通。暗河和线路大致相交于D3K279+840附近，从暗河进口到相交位置距离约为9.4 km，位于暗河的中下游部位，从暗河进口到实测大型岩溶漏斗距离为11.3 km，该漏斗位于隧道左侧。隧道在该段可溶岩的标高为1 065~1 090 m。根据实测，大型岩溶漏斗口标高为1 150 m，实测200 m未见底，推测该暗河在岩溶漏斗位置处标高应低于

950 m，根据暗河进出口直接连线的水力坡度推算，暗河在大型岩溶漏斗处发育标高应低于线路处暗河管道标高 44 m，则在线路附近暗河的标高应低于 994 m。该段 3 个勘探钻孔的最低标高分别为 1 018 m、1 019 m 和 985 m，根据测试均未见到稳定地下水水位。综上所述，玉京山暗河在隧道交叉处应位于隧道路基面下 71 m。隧道处于岩溶水垂直渗流带之中，暗河水对隧道施工影响较小，但是由于该暗河管道发育，隧道开挖中可能遇到对该暗河进行补给的岩溶支管道和大型溶洞。

应该说地质勘察成果对于岩溶水及溶洞的判定还是比较准确的，实施 3 个钻孔均没有揭示出玉京山巨型空溶洞，同时从物探剖面上看，对此巨型空溶洞也没有明显物探异常，而仅在附近解译可能存在断层，如图 4.8-6 和图 4.8-7 所示。这从另一个层面反映出岩溶发育极为复杂，在地质勘察期间很难准确查清。

三、巨型溶洞勘察及评价

1. 巨型溶洞及暗河勘察

施工单位于 2016 年 7 月 23 日揭示玉京山巨型溶洞后，设计院在施工单位做好相关安全措施、升降设备及岩溶大厅内的照明后，于 2016 年 9 月 16 日—9 月 18 日、10 月 14 日—12 月 30 日，在施工单位配合下，多次进入岩溶大厅及暗河延伸方向进行了详细调绘，并采用了洞内测量、地质钻探、物探及原位测试、暗河水位计流量观测等方法，查明了此巨型溶洞及暗河的空间分布、与隧道的关系、暗河水位和水量及溶洞充填物厚度、物质成分、岩性组合、工程物理力学性质，为溶洞整治设计提供了详细地质数据。

地表补充地质调绘表明：隧道洞身开挖揭示的暗河即为原勘察阶段推测和隧道相交于 D3K279 + 990 的玉京山暗河，岩溶大厅推测为可能存在，基本与原勘察资料吻合。

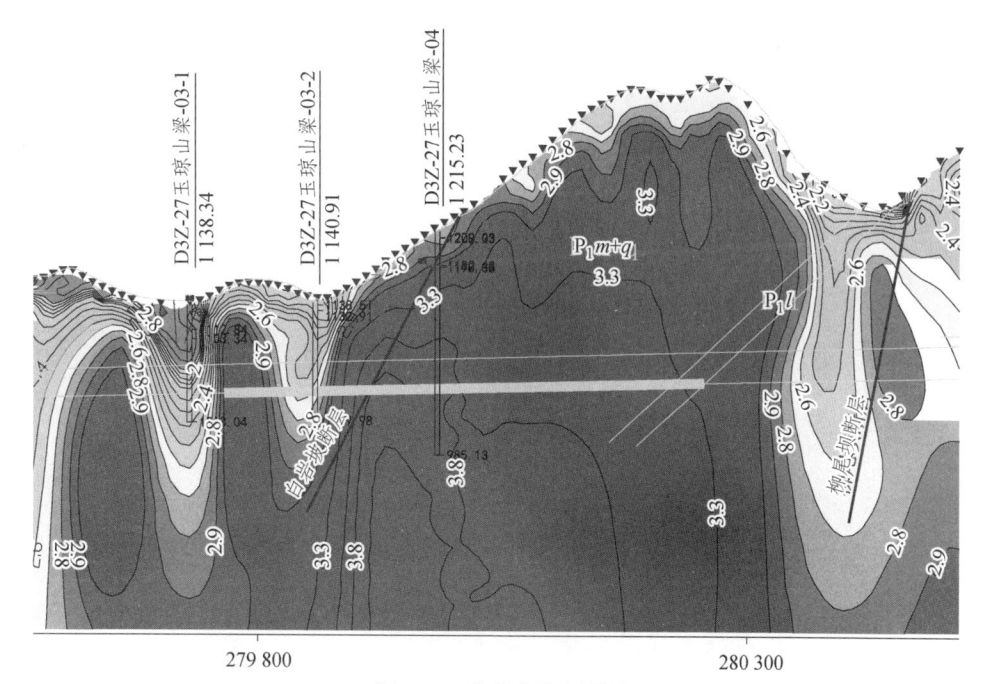

图 4.8-6 物探电阻率彩图

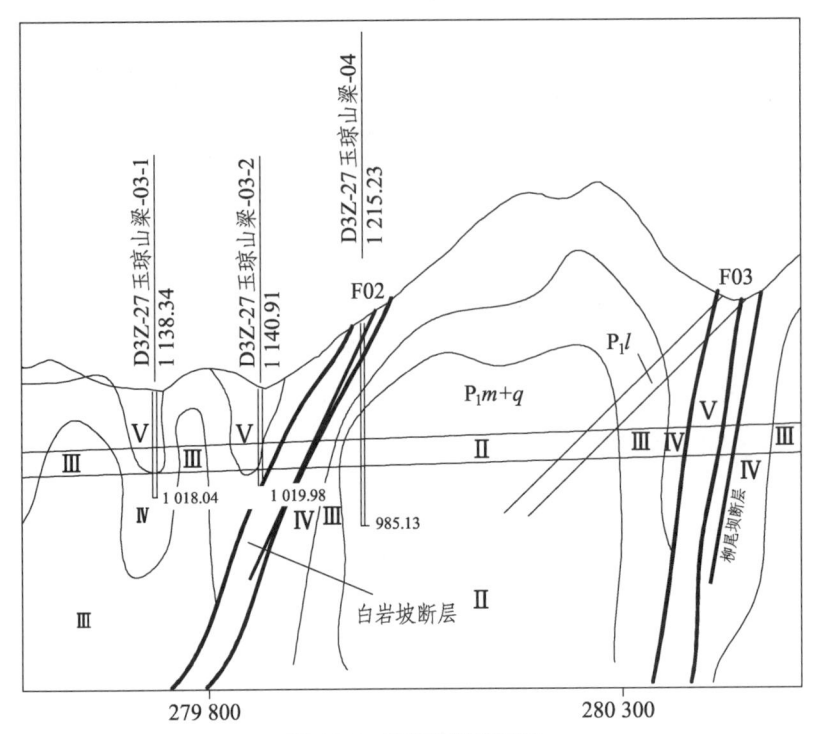

图 4.8-7 物探解译成果图

1）溶洞大厅调绘及测量

溶洞大厅内地层岩性为二叠系栖霞茅口组厚层～巨厚层状灰岩，产状为N75°E/55°NW，单斜构造，主要发育两组控制性节理，产状为N37°W/80°SW和N52°E/48°SE。岩溶大厅横向长约230 m，宽约93 m，大致呈一长方形，溶洞顶部呈穹隆状，大厅垂直高度在50～90 m不等（图4.8-8）。隧道在D3K279+865～D3K279+956段穿越岩溶大厅顶部，线路大里程方向和岩溶大厅主轴呈80°大角度相交，距离其右边界约70 m（面对线路大里程方向），隧道顶部位于大厅顶板附近。

图 4.8-8 玉京山隧道巨型溶洞景观

岩溶大厅底部为洞穴堆积物，表层土为黄色黏土，其下为碎块石堆积层。其中在D3K279+877左侧95 m（标高为990 m），堆积层表层有明显的静水沉积物——板结的灰褐色黏土。在岩溶大厅斜坡堆积物左侧底部（面对线路大里程方向）发育一暗河。

2）暗河测量

（1）主暗河管道发育情况。

玉京山暗河位于岩溶大厅左侧底部，水面高程约为961 m，位于隧道基底以下约114 m，河面宽度约5~15 m，暗河与线路大致呈70°相交，由线路右侧向左侧径流排泄，呈S形发育，总体径流方向为N64°E，沿岩层层面发育，可测量段落长度为739 m。在D3K280+175右侧160 m处，由于主暗河管道在该处向上游延伸段管道狭窄，水流湍急，无法进行仪器测量，采用罗盘和皮尺进行了量测。在D3K280+125右侧35 m处暗河发育一支流，水量小，通过该支流测量到了和主暗河相交的位置，相交处为巨型块石堆积。玉京山隧道溶洞大厅入口如图4.8-9所示。

图4.8-9 玉京山隧道溶洞大厅入口

D3K279+976~D3K280+100段，暗河位于线路的正下方，高度为3~25 m，暗河通道顶板位于隧道基底以下约68~108 m。该段暗河多次和线路相交，在D3K280+100后，暗河继续向上游远离线路方向，向线路右侧发育，和大里程方向交角为56°，可测量的暗河最上游端位于D3K280+237右侧260 m；在D3K279+976之前（小里程方向）暗河继续向下游远离线路方向，向线路左侧发育，和小里程方向的交角为72°，可测量的暗河最下游端，位于D3K279+895左侧281 m。

（2）暗河上方二层溶洞及岩溶大厅暗河出入口发育情况。

在D3K280+066~+127段线路右侧0~13 m暗河上部发育第二层溶洞，溶洞底部有卵砾石堆积，推测为目前暗河的古暗河通道。该溶洞总体呈哑铃状发育，中间窄，两侧宽，纵向上和线路大里程方向呈66°相交，能实测的长度约为150 m，横向宽约10~50 m、高10~40 m，根据现场实测横剖面显示隧道基底和二层溶洞顶板的距离为51~80 m。发育于巨型溶洞底部的暗河如图4.8-10所示。

图 4.8-10　发育于巨型溶洞底部的暗河

暗河上游在 D3K279 + 985 左侧 30 m 进入岩溶大厅，该处暗河入口呈近矩形，宽约 13.2 m，高 2.2 m；暗河下游在 D3K279 + 895 左侧 281 m 流出岩溶大厅，该处为一深潭，在停止下雨 3 d 后于 2016 年 10 月 26 日可见该暗河入口露出其顶板，宽约 8 m，位于水面以上约 30 cm。

（3）暗河支管道发育情况。

1 号支管道出口：根据洞内调绘，在 D3K279 + 875 左侧 101 m，标高 985 m 处，位于洞壁和碎块石堆积层间发育有小暗河出口，水流从碎块石堆积层内流出，流量为 1 L/s，底部可见 0.5 ~ 5 cm 的圆砾和砾砂分布。

2 号支管道出口：在 D3K279 + 975 左侧 36 m 发育一暗河出口，洞口为不规则的溶洞口，在 2016 年 10 月 30 日观测时，水量约为 4 L/s。

3 号支管道出口：在 D3K279 + 966 左侧 123 m 在主暗河边发育一小暗河出口，洞口直径约 20 cm，水量约为 3 L/s，该出口处下面为一深潭。

4 号支管道出口：在 D3K279 + 863 右侧 70 m，在洞壁发育一竖直向上的管状溶洞，洞口宽约 1.5 m，高约 3 m，向上可见高度为 7 m，在洞口底部为圆砾土和砂土堆积，洞壁干净，有线状滴水，水量约为 0.3 L/s。

暗河支流：主暗河管道在 D3K280 + 125 右侧 35 m 时发育出一暗河支管道，该管道目前水量极小，约为 2 L/s，但该管道发育宽约 10 ~ 25 m，发育高度为 10 ~ 20 m，向上游发育长度约为 270 m，洞底为圆砾和砂土堆积，在和主暗河管道相交处为巨型碎块石堆积。

季节性裂隙水：在线路 D3K279 + 913 左侧 70 m 岩溶大厅洞顶，发育两股季节性裂隙水，在大雨过后，有股状水从大厅顶板跌落到洞底。

地质工程师通过多次对此溶洞大厅及其暗河、支流、出水点的调绘及测量，基本查清了此岩溶大厅、管道及暗河的空间分布，绘制出了详细的展布示意图，如图 4.8-11 所示。

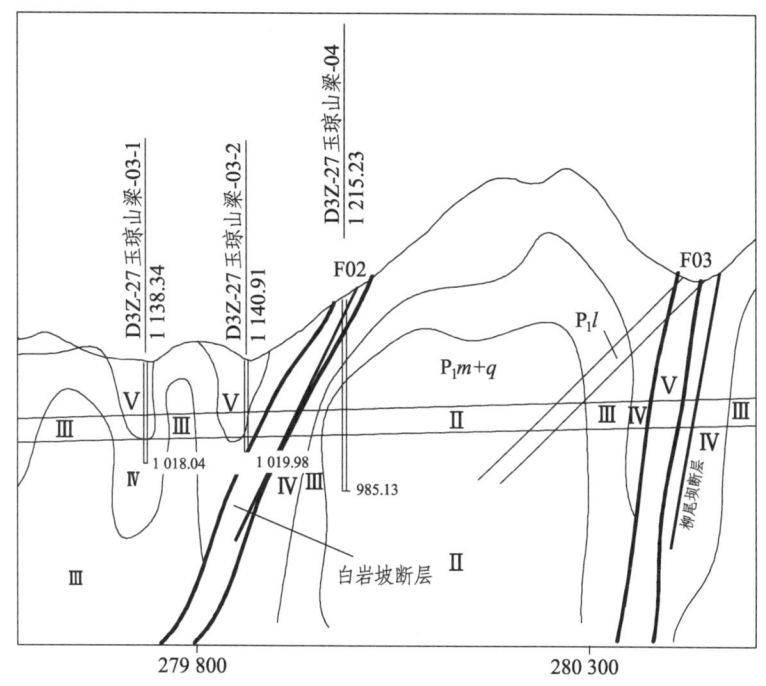

图 4.8-11　溶洞大厅与暗河平面发育示意图

2. 巨型溶洞洞壁稳定性评价

1) 岩溶大厅洞壁情况

溶洞大厅周围出露地层为二叠系下统栖霞茅口组（P_1q+m）厚层~巨厚层夹中厚层层状灰岩，层间结合好，岩层走向和大厅长轴走向夹角为31°，现场实测裂隙呈闭合状，有利于洞壁稳定。洞底多处为小丘状的坍塌物堆积体，表层为大小不一的碎块石，偶见有小型石笋发育，局部有钙化现象，且表层还有坍落块石的残留滑痕，洞顶部分段落岩面较新鲜，说明在岩溶大厅内近期发生过坍塌，应属于隧道施工爆破震动发生的掉块。在D3K279+856右侧63 m附近洞顶和洞壁有竖向发育岩溶管道，为季节性过水通道，底部有卵砾石堆积，在D3K279+920左侧80 m洞顶附近有两股季节性裂隙水，大厅顶部季节性地下水发育，对围岩稳定性有一定影响。

总体来看，岩溶大厅中部的小里程端洞壁岩面呈土黄色，且有石钟乳发育，底部表层堆积的落石较少，洞壁相对较稳定，为稳定性相对较好区，其余部分为洞壁和洞顶，岩面相对较新鲜，且有季节性裂隙水的作用，稳定性相对较差，为稳定性相对较差区；大里程端洞顶部分受炮损影响大，稳定性差，易产生掉块，为洞壁稳定性差区。在线路D3K279+860左侧50 m发育一宽1~4 cm的层间裂缝，无充填，进一步说明该溶洞洞壁存在掉块风险。

洞室岩体主要受岩层层面和一组陡倾节理及一组缓倾节理切割形成楔形体，在自重和爆破震动等因素作用下产生掉块。

2) 暗河管道和二层溶洞洞壁稳定性评价

暗河进出口管道及二层溶洞调绘显示：溶洞洞壁为中到厚层状灰岩，岩体完整性好，管道洞壁稳定性较好，局部地段岩体较破碎，底部有灰岩巨型块石和大块石堆积，最大的块石约有 10 m。

3) 溶洞大厅稳定性评价

（1）定性分析。

根据对溶洞大厅周围岩层层理及裂隙的量测，共量测了 9 组层理和 27 组裂隙产状，通过等密度赤平投影分析，得出一组控制性层理 N75°W/55°SW，两组控制性裂隙面 N37°W/80°SW 和 N52°E/48°SE。岩体主要受岩层层面和一组陡倾裂面及一组缓倾裂面的组合形成楔形体，在自重和爆破等因素作用下局部产生掉块。

岩溶大厅洞壁整体稳定性好，不会发生大规模洞壁垮塌。

洞顶部分段落岩面较新鲜，原始状态下近期有掉块现象（推测为爆破震动所致），由于洞壁围岩受层理、节理结构面切割，岩体呈楔形体，在爆破震动影响或基岩裂隙水作用下，仍然存在局部掉块风险，根据洞底单个孤石实测，最大块石块径为 8 m×4 m×15 m，综合分析洞周岩体主要以楔形体产生掉块，其塌落径向高度可能达 15 m。

根据洞壁围岩完整性、新鲜程度、裂隙发育程度、地下水渗流情况等因素，将岩溶大厅划分为稳定性差、稳定性较差及稳定性好 3 个区，为整治设计提供地质依据，如图 4.8-12 所示。

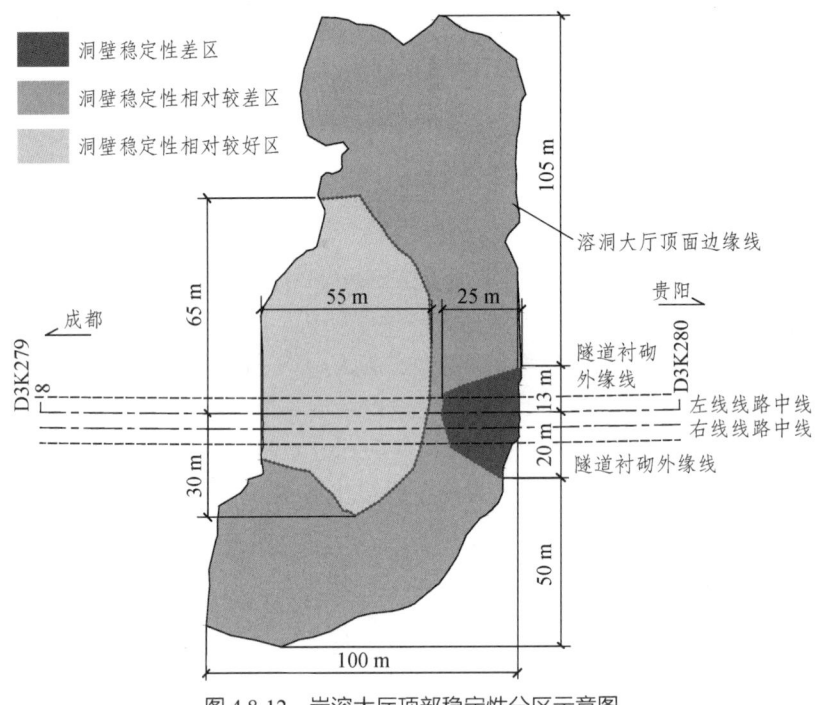

图 4.8-12 岩溶大厅顶部稳定性分区示意图

（2）定量评价。

天然溶洞稳定性评价比较复杂，方法也比较多，这里采用简单的厚跨比定量评价此溶洞顶板整体稳定性。

根据勘察资料，溶洞大厅沿线路长度约 93 m，其顶板为巨厚～厚层石灰岩，溶洞埋深此段大致在 78.5～98.9 m，保守确定顶板厚度为 78.5 m，溶洞大厅顶板厚跨比约为 0.84，大于硬质岩类厚跨比 0.5（软质岩类为 0.8）。因此，此巨型溶洞顶板整体处于稳定状态，不会发生溶洞顶板大型坍塌，仅局部存在节理、层理切割形成的小型掉块。

3. 溶洞充填物工程地质特性

1) **溶洞充填物勘察**

玉京山巨型溶洞大厅中堆积厚层的溶洞坍塌物及暗河冲积沉积物，为查明堆积物厚度及物理力学性质，于 2016 年 9 月中旬至 12 月底对 D3K279 + 865 ~ D3K279 + 956 段岩溶大厅堆积物施作了钻探，共完成钻探 721.1 m/9 孔，其中在 1 孔中进行了原位旁压试验孔，取得 11 组有效原位试数据。在钻孔中采取土样 11 组、岩样 9 组、暗河水样 2 组、动力触探探测 13 组。此外，针对拱桥方案还在拱桥基座位置完成钻探 301.7 m/4 孔。

在 D3K279 + 865 ~ D3K280 + 020 分别采用了瞬变电磁法（TEM）、地质雷达、地震影像法、主动源面波法和天然源面波法对岩溶大厅的和已开挖的隧道基底进行了物探。在 D3K279 + 865 ~ D3K279 + 956 岩溶大厅内完成物探测线共 4 条，D3K279 + 956 ~ D3K280 + 020 段隧道基底完成物探测线 3 条。

2) **充填物空间分布及工程地质特性**

根据钻探及物探资料分析，溶洞大厅堆积物厚 30 ~ 90 m，堆积物表层为 0 ~ 15 m 厚的硬塑状黏土，其下主要为溶洞洞壁坍落形成的碎块石土，其间局部夹厚约 0 ~ 15 m 的暗河冲积形成的软塑状黏土，土质不纯，其间夹 5% ~ 40% 的灰岩质碎块石，局部为 2 ~ 5 m 厚饱和状粉砂（图 4.8-13）。

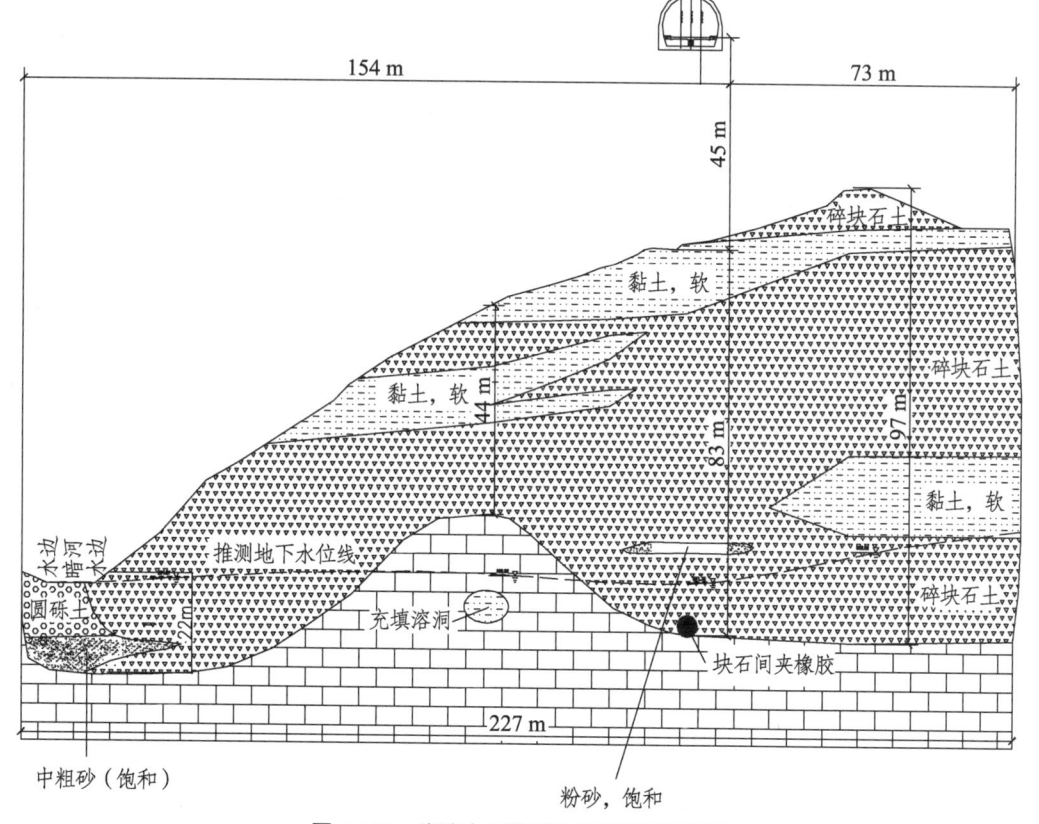

图 4.8-13 岩溶大厅堆积物地质剖面示意图

如图 4.8-13 所示：堆积物从线路右侧顶部到暗河底部呈一斜面，坡度为 30°～35°，目前处于稳定状态。根据钻探揭示，大厅底部碎石堆积物中有橡胶皮存在，分析推测在堆积层底部和周边可能还有岩溶支管道发育，雨季支管道水对堆积层不断地冲蚀，对稳定性有一定的破坏作用；坡脚为主暗河，且雨季水量大，对坡脚的反复冲刷和侵蚀可能使坡脚失稳，对整体稳定性产生较大破坏作用，可能使堆积层出现整体失稳；若再在该堆积层上加载，则极有可能破坏现有的稳定性，产生工程滑坡。

溶洞大厅主要堆积物为碎块石，表层较为松散，一般深度大于 7 m 后，变得密实。根据动探资料，碎石土内摩擦角一般为 36°～38°，变形模量为 27～65 MPa，基本承载力为 280～400 kPa。但是夹于其中的饱和软黏土及透镜状饱和粉细砂物理力学性质比较差，属于软弱地基土，根据原位旁压试验及土工试验资料，其黏聚力为 17 kPa，内摩擦角约为 7°，压缩模量约为 3.5 MPa，基本承载力为 100 kPa。

4. 暗河流量测量及估算

1) **暗河水流量实测数据**

揭示岩溶大厅后，为掌握大厅下部暗河水流量，设计单位在 2016 年 9—12 月在暗河出口及大厅内设置了断面进行测量。暗河出口的水流汇入一人工水渠，用于下游电站发电，水渠宽 2.15 m，水位深 1.6～2.15 m，沟床纵坡为 0.047 17，糙壁系数取 0.011。岩溶大厅内取 D3K279+938 左 130 m 处作为观测断面，该段水面宽 10.9 m，水深约 0.54～0.7 m，沟床纵坡为 0.02，糙壁系数取 0.035。玉京山暗河流量观测数据统计见表 4.8-2。

表 4.8-2　玉京山暗河流量观测数据统计

序号	观测日期	隧道内暗河流量 /（m³/s）	暗河出口流量 /（m³/s）	降雨情况 /mm
1	2016-09-15	20.16	68.75	10.0
2	2016-09-21	18.17	62.95	6.8
3	2016-09-26	18.66	62.95	1.6
4	2016-10-02	16.26	59.54	0.0
5	2016-10-10	17.68	63.1	5.6
6	2016-10-16	18.66	62.95	15.3
7	2016-10-20	15.33	56.14	0.0
8	2016-10-24	13.55	51.12	0.3
9	2016-11-05	5.26	51.37	0
10	2016-11-12	5.26	54.03	0.8
11	2016-11-17	4.91	52.96	0
12	2016-12-06	4.07	53.65	0
13	2016-12-13	4.4	55.02	0.5
14	2016-12-20	4.4	53.24	0

根据上述水文观测资料可以看出，出口水量远远大于岩溶大厅内暗河水量。该暗河总长 18 km，岩溶大厅揭示处距暗河进口约 9.4 km，整个暗河的流域根据 1：5 万地形图进行圈汇，总汇水面积为 85 km²，岩溶大厅上游段的汇水面积为 58 km²，约占其总汇水面积 68%。根据 14 个同一天观测的水量数据，大厅内暗河流量约占出口处暗河流量的 10%～30%，说明在岩溶大厅揭示暗河之外还有支暗河汇入出口处的主暗河管道。

2）岩溶大厅内暗河水量计算

根据现场实测，暗河进入岩溶大厅入口最小断面积为 29 m²，呈近矩形状，宽约 13 m，高约 2.23 m，该段的纵坡为 2%，现场观测进水口洞壁有明显和强烈的冲刷痕迹，说明雨季该进水口肯定被暗河水充满，根据公式 $Q = wc(Ri)^{1/2}$（其中，w 为过水断面面积，c 为谢才系数，R 为水力半径，i 为坡度）计算，该岩溶大厅暗河主管道进水口的最大进水量 $Q = 338$ m³/s，出水口为一深潭，根据目前的观测暗河水量最大 $Q = 20.16$ m³/s，未出现排水不畅现象，说明该出水口的排水能力 $Q \geq 20.16$ m³/s。

现场调查发现：岩溶大厅内的暗河进水口断面较出水口断面大许多，目前出水口在旱季时水位已上涨到顶板附近。因此，雨季时暗河出水口消水能力明显不足，溶洞大厅段内暗河水位必定出现较大上涨，结合洞内堆积物表层的静水沉积物判断，大厅暗河水位曾经从暗河底的 961 m 上涨到 990 m 板结黏土的高程，暗河通道的流通性存在极大不确定因素，极有可能在管道中出现坍塌堵塞河道的情况，从而进一步加剧岩溶大厅暗河水的上涨幅度。因此，在对溶洞进行整治设计时，应考虑对溶洞大厅暗河通道进行改道设计，留足排水通道，在雨季河水上涨时可直接将暗河水排出洞外，保证铁路工程安全。

四、大型溶洞整治方案

玉京山巨型溶洞由于跨度大、洞顶局部存在掉块，同时还有巨厚的溶洞冲积及坍塌堆积物及一条暗河，隧道路基面位于大厅顶部，还需要在洞顶内凿槽扩挖，工程处置难度较大。设计单位据此研究了改线方案、路堤填筑及桥跨方案三大方案，同时对于溶洞大厅内的暗河水，也研究了涵洞及新施工泄水洞引排两方案。现分述于下：

1. 改线方案

如图 4.8-14 所示，线路向右侧方向偏移，绕避溶洞大厅，改线长度为 5.5 km，工期不小于 2 年；废弃工程 4.31 亿元人民币，新增投资 4.45 亿元人民币，需再次揭煤，应预防瓦斯突出及爆炸危害；同时也要穿越岩溶强烈发育的二叠系栖霞茅口组灰岩，并不能完全排除遇到类似岩溶大厅的情况。因此，从工期、投资及风险各方面评估，改线方案不合理，研究后放弃此方案。

2. 路堤填筑方案

1）天然地基填筑方案

天然地基填筑方案即对溶洞堆积物不加固处理，直接采用合格填料分层填筑至隧道路基标高，需要填筑约 45 m 长路堤。但是，堆积物从线路右侧顶部到暗河底部呈一斜面，上缓下陡，坡度为 15°～35°，结合目前观测及天然状态稳定性检算分析，稳定性系数在 0.9～1 之间，处于临界稳定状态。斜坡底部暗河和周边支管道水反复波动、冲刷，对稳定性影响巨大，存在整体失稳风险，如果在堆积层上不加载，后期易发生沿软弱土层界面滑动危险（图4.8-15）。

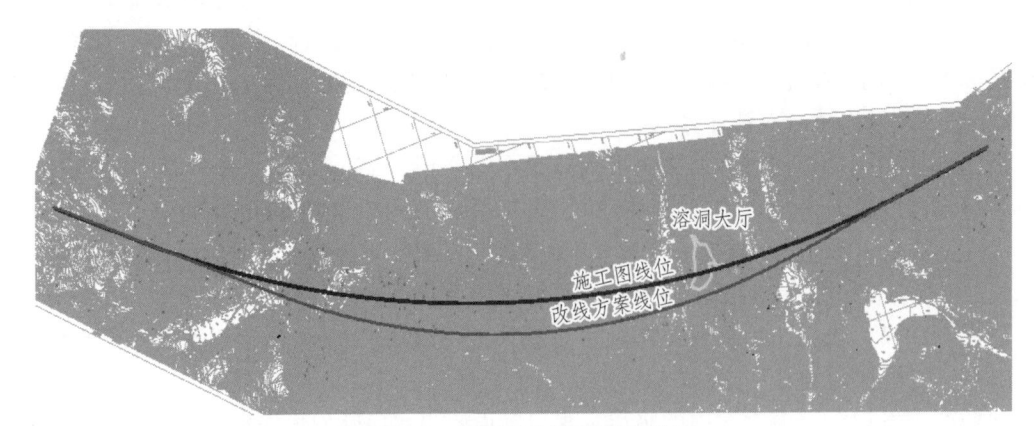

图 4.8-14 绕避溶洞大厅的改线方案

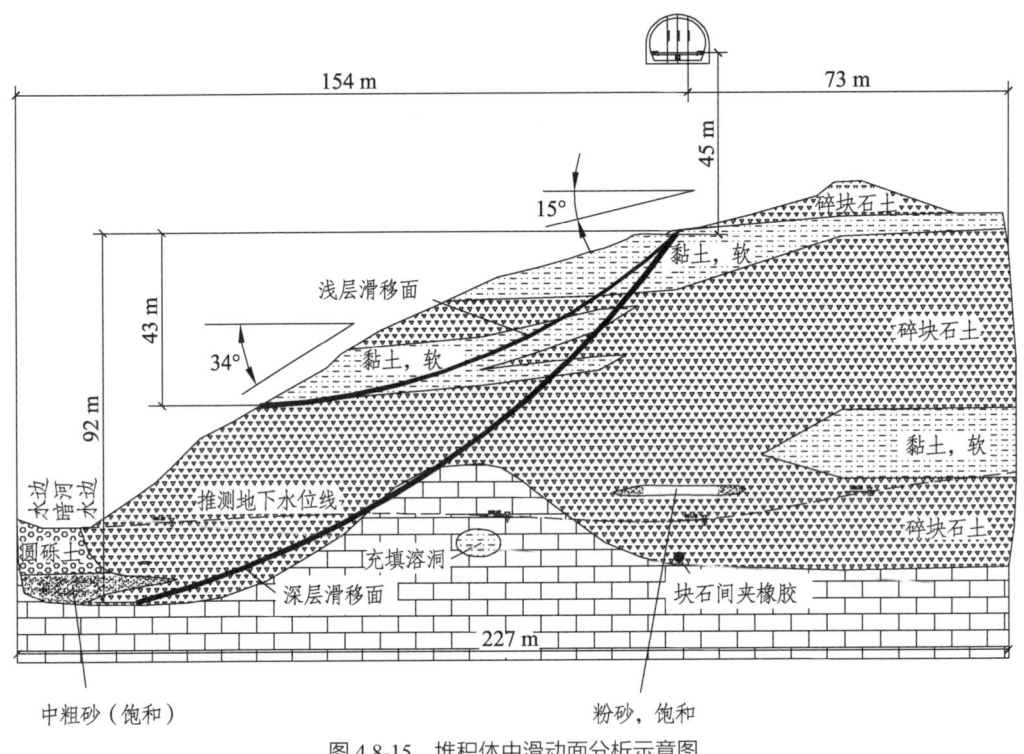

图 4.8-15 堆积体中滑动面分析示意图

此外，由于溶洞碎块石堆积物中夹数层软塑状黏性土，力学指标较低，经过沉降计算，路堤工后沉降达 2.9 m。

综上所述，天然地基路堤填筑方案沉降及稳定性均不能满足高铁设计标准要求，研究后放弃此方案。

2) 复合地基填筑方案

由于溶洞堆积物作为天然地基，直接填筑不能满足路堤沉降及稳定性要求，因此，采用桩基对下部堆积物进行加固处理后，采用级配碎石与水泥混合填料进行路堤填筑，如图4.8-16所示。计算加固桩基约450根，桩长3.2万米。但是此方案主要是桩基施工过程中，人员密集，受上部掉块影响，安全风险极大；此外，由于溶洞堆积体成分复杂，成桩极其困难，工期不可控。研究后放弃此方案。

复合地基填筑方案还研究了桩筏结构加固堆积物，上部采用混凝土坝支顶的方案，即：下部堆积物用桩基筏板处理，上部用混凝土高坝支顶，计算需要施作桩基260根，桩长1.6万米，如图4.8-17所示。该方案同样存在施工中，人员易受上部掉块影响，安全风险极大，堆积体成分复杂，成桩极其困难，工期不可控的风险，研究后放弃。

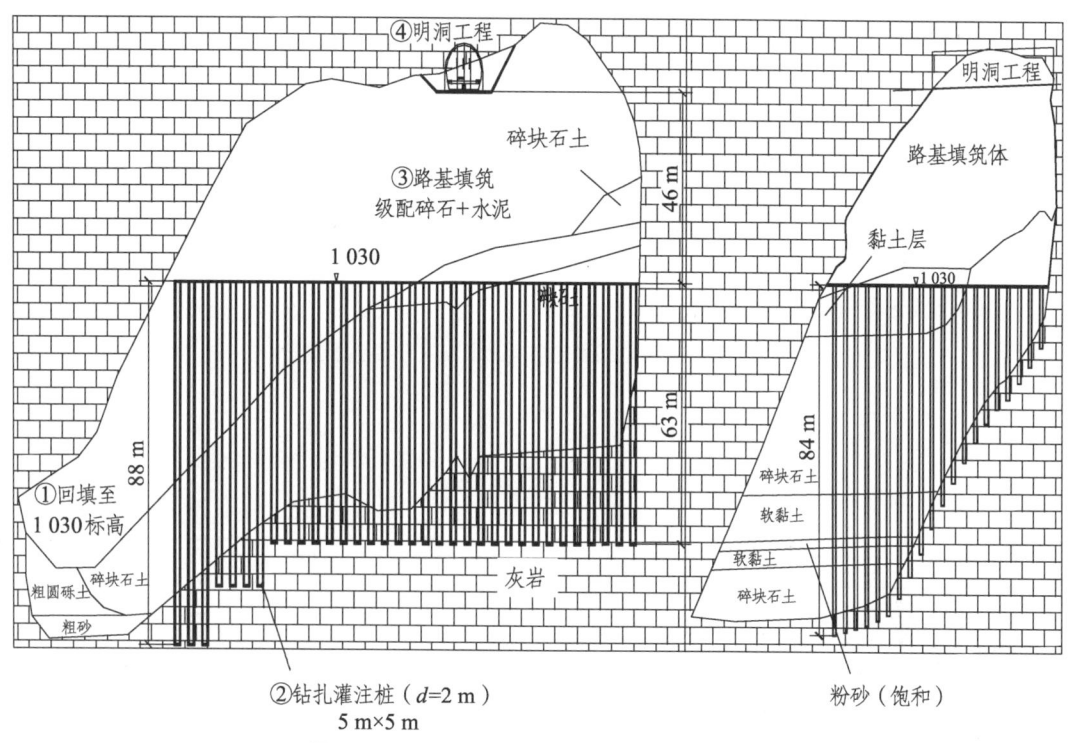

图4.8-16 桩基加固与级配碎石填筑方案示意图

综上所述，复合地基加固处理填筑方案研究后均不成立。

3. 桥跨方案

采用桥梁跨越玉京山巨型溶洞是相对合理的，设计单位先后研究了小跨钢构、简支梁桥及拱桥3个方案。现分述于后：

1) 小跨钢构桥方案

为保证溶洞堆积物稳定性，首先采用洞渣回填至1030 m标高，然后施作钻孔桩基础，上部采用小跨度钢筋混凝土板形式刚构桥。如图4.8-18所示。此方案主要是在施工桩基础时，洞顶掉块风险巨大，同时在隧道内施做作钻孔桩，桩长达130 m，实施困难，研究后舍弃。

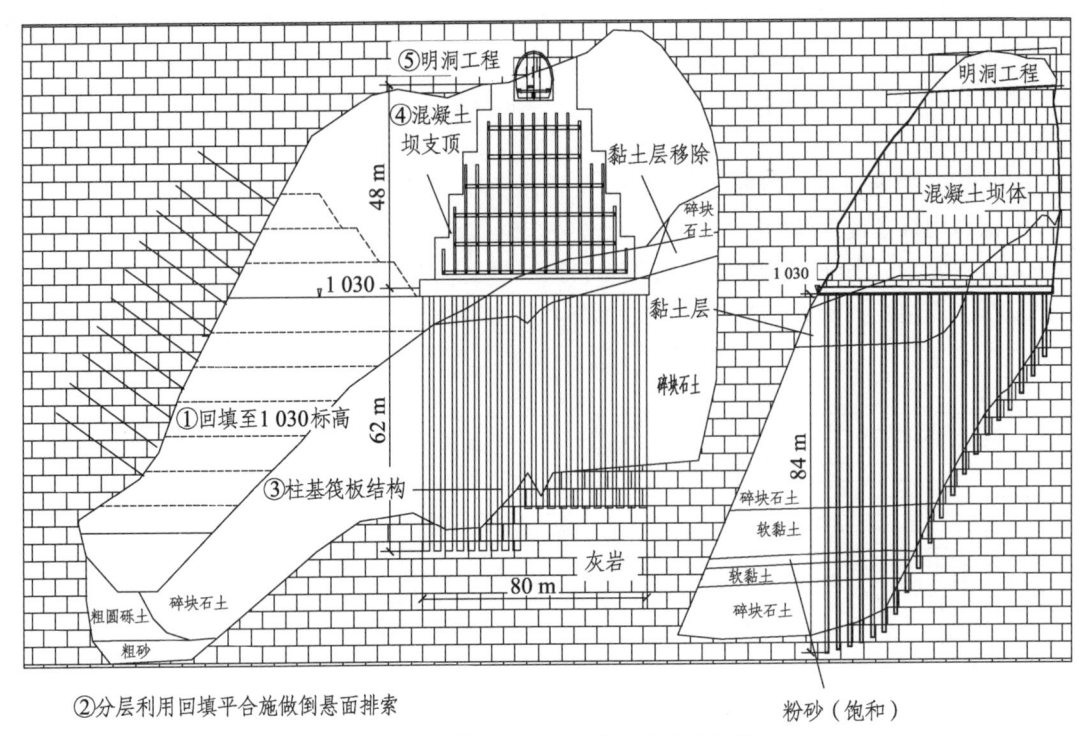

图 4.8-17　桩基加固与混凝土坝支顶方案示意图

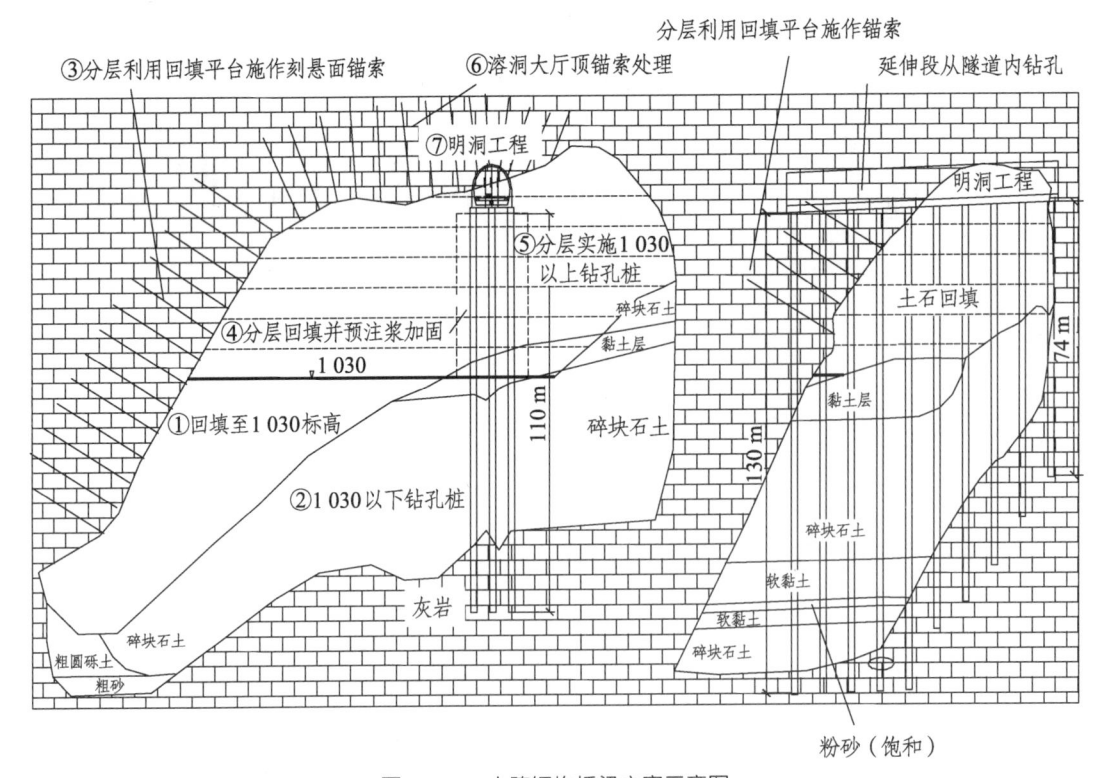

图 4.8-18　小跨钢构桥梁方案示意图

2）拱跨结构

如图 4.8-19 所示，首先还是对溶洞分层回填，并利用回填平台对洞顶进行锚索加固以确保洞顶稳定，最后清除部分回填土，施作拱桥基础及梁部，拱桥基座主要受水平推力，倒悬岩体竖向影响小，拱跨结构能保证结构及运营安全。但是拱桥结构较为复杂，实施难度较大，研究后放弃。

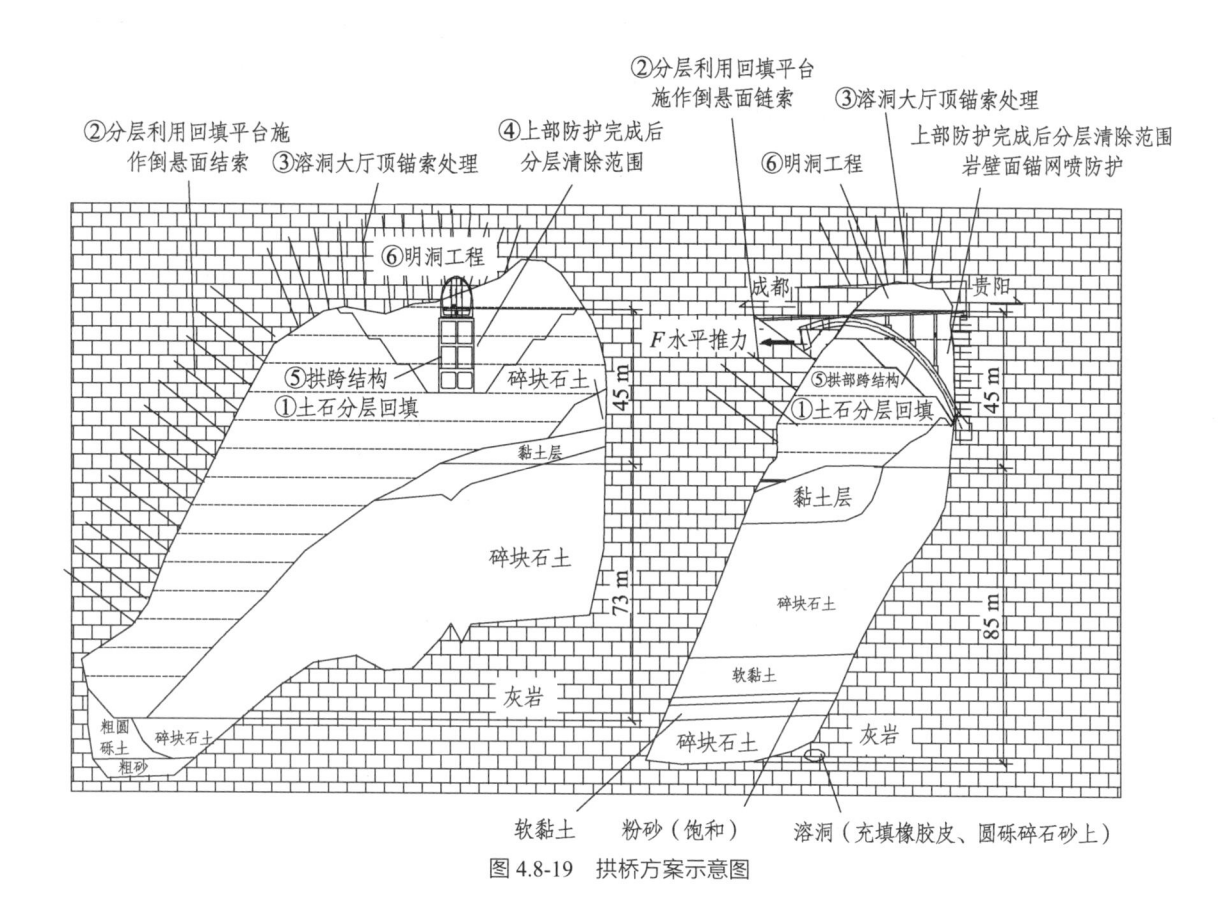

图 4.8-19 拱桥方案示意图

3）简支梁桥结构

如图 4.8-20 所示，采用 3 片连续梁结构，动静荷载分开，两侧悬臂端影响隧道段落长，横向宽度大于隧道宽度，隧道需扩挖及落底的段落长，但是结构简单，易于施作，简支梁支座深入隧道较长，但是基础简单。

该方案施工工艺还是首先分层回填溶洞，利用分层平台实施洞顶锚索，确保顶板不发生掉块风险，最后在溶洞两端灰岩地段扩挖隧道，施作简支梁支座基础，其后搭建 3 片连续梁，最后在桥梁上安装轻型防护棚洞。

3 种桥梁跨越结构比较后，以简支梁结构更为简单，易于实施，推荐采用此结构跨越。

4. 暗河改排

巨型溶洞大厅内的暗河水对施工、结构及运营安全影响大，且溶洞大厅回填将阻塞其左侧坡脚暗河排水通道，为保持暗河既有生态系统，避免影响暗河下游出水口处电站的正常使用，对溶洞大厅范围段暗河进行改道。暗河改道为溶洞大厅处理方案中的第一阶段工程，包含泄水洞及暗河上下游封堵工程，如图4.8-21所示。

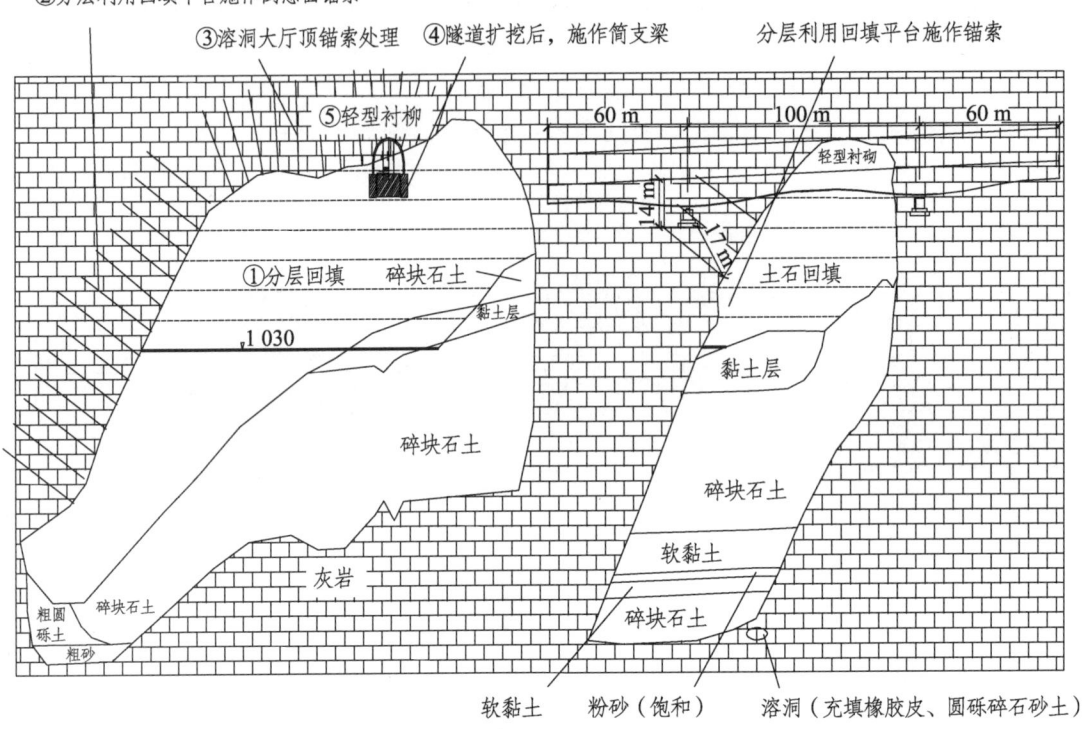

图4.8-20 连续简支梁桥跨越溶洞示意图

图4.8-21 暗河水采用泄水洞引排及上下游封堵平面示意图

为引排溶洞大厅段暗河水，于溶洞大厅坡脚顺暗河水流方向距其右侧洞壁30～50 m距离，设迂回泄水洞，对溶洞大厅范围暗河段进行改道，将暗河上游水引排至下游。泄水洞长约450 m，采用无轨运输，净空尺寸为7.2 m（宽）×6.0 m（高）。暗河上游采用块石土及混凝土进行封堵，下游为便于雨季少量裂隙水排出大厅，采用块石土封堵。

五、结语

（1）玉京山隧道巨型溶洞勘察设计及整治时间长，自2016年7月揭示，直至2019年6月整治完成，历时近3年，整治费用近3亿元人民币。此溶洞整治工程再次说明，隧道中揭示巨型溶洞的补充勘察、变更设计及整治是十分复杂且浩大的工程。因此，山区岩溶隧道不仅应规避岩溶管道水的涌水突泥影响，也应规避穿越巨型溶洞的风险。

（2）山区岩溶发育存在极大的不均匀性、隐蔽性及复杂多变的特点，地质勘察准确查明深埋地下的岩溶形态难度较大。尽管玉京山隧道岩溶暗河系统在勘察期间已经初步查明，并对隧道标高进行了抬高以从岩溶水垂直渗流带通过，规避了岩溶涌水突泥带来的风险，同时为避免隧道遭遇较大溶洞，在暗河径流途径上实施了物探及3个深孔勘探，成功避开了主暗河管道及大厅，但由于玉京山溶洞发育极为复杂，溶腔规模和形态极其不规则，致其侧向岩溶大厅未能准确探明。

（3）玉京山巨型溶洞整治工程带给我们的经验教训是：隧道要尽量规避穿越大、巨型溶洞，因此在勘察设计阶段对穿越大型暗河系统的隧道应通过多种物探方法查明洞身及周边一定范围内的岩溶发育规模及形态，再辅以足够的钻孔验证，尽可能绕避大、巨型溶洞。

第九节　成贵高铁铁盔山隧道出口段不良地质成因分析

成都至贵阳高速铁路铁盔山隧道施工中在隧道中部遇到松散堆积不良地质体，给施工造成了较大困难。建设单位组织设计、施工单位对此不良地质体开展了地质补勘、设计及整治处理，确保了铁盔山隧道施工顺利进行。本案例系统介绍了隧道区域地质环境、不良地质体的特征，结合施工开挖、地质补勘资料分析了隧道中部出现松散堆积体的成因及其形成的力学机制，提出了岩溶发育具有极大不均一性、隐蔽性及复杂性特点，勘察设计中要采用多种物探方法探测、钻探验证，施工中需特别加强超前地质预报，防范岩溶涌水突泥、坍塌等重大地质灾害风险。本节由王茂靖、丁浩江撰写。

一、前言

成都至贵阳高速铁路上的铁盔山隧道全长5227 m，起止里程为D4K466 + 785～DK472 + 012，中心里程为DK469 + 398.5，为单面下坡，最大埋深为380 m。设置进出口平行导坑辅助施工，其中进口平导长1 609.5 m，出口平导长1 485 m。

2017年2月28日，出口新增超前平导施工至PDK469 + 395，掌子面遇松散堆积不良地质体并出现涌水，现场初步采用超前注浆＋管棚超前支护的技术方案，但效果不佳，施工困难，至2017年3月25日，掌子面出水量达4 000 m³/d。在平导掌子面及后方施作7个超前地质钻孔，初步探明了掌子面前方地质情况及松散不良地质体范围。2017年4月27日，为降低超前平导及正洞施工风险，确保施工安全，根据超前探测资料，决定在 PDK469 + 435 线路右侧实施迁回导坑，绕避不良地质体。

2017 年 9 月 7 日，迁回导坑施工至 YHK0 + 215，转入原平导线位，相交里程为 PDK469 + 245，成功绕避不良地质体段落，为正洞施工开挖通过该段起到了超前探测、排水降压的作用，效果良好。

二、隧道工程地质条件

1. 地形地貌

铁盔山隧址区属于云贵高原峰丛谷地地貌，线路穿越山体高程为 1 140 ~ 1 490 m，隧道最大埋深为 380 m。隧道进口在黔西县（现黔西市）铁石乡刘家寨村，地面坡度一般，自然坡度在 15° 左右，地表基岩裸露，植被稀少，为零星分布的灌木林，隧道进口附近是大面积的旱地。隧道出口在黔西县铁石乡六棱山村，地面坡度也较缓，地面自然坡度为 15° 左右，植被一般，为零星松林和灌木树。隧道洞身段地形相对较高，总体来说植被发育一般，局部可见大面积的松林，隧道在隧道顶部几次穿越冲沟和铁塔高压线。

2. 地层岩性

隧道除进出口斜坡地带上覆第四系全新统坡洪积（Q_4^{dl+pl}）黏土、坡残积（Q_4^{dl+el}）松散堆积粉质黏土夹碎石角砾外，洞身穿越基岩为三叠系中统狮子山组（T_2sh）薄至中厚层状灰岩、泥质灰岩、泥质白云岩夹薄层页岩、溶塌角砾岩，三叠系中统松子坎组（T_2s）薄至中厚层状页岩、泥质白云岩、灰岩、白云岩、泥岩、泥质灰岩夹石膏，三叠系下统毛草铺组（T_1m）薄至中厚层状泥质白云岩、白云岩、泥质灰岩、灰岩夹页岩、溶塌角砾岩；另外，洞身穿越断层带主要由断层角砾岩、断层泥、压碎岩等组成。铁盔山隧道工程地质纵断面如图 4.9-1 所示。

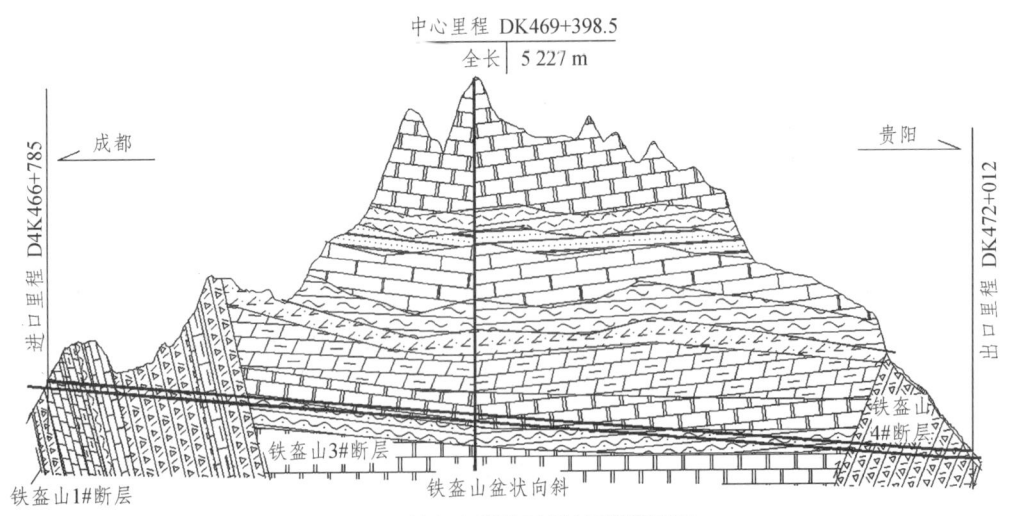

图 4.9-1 铁盔山隧道工程地质纵断面图

3. 地质构造

隧道区构造体系主要属新华夏系，隧道通过的假角山—马场复式背斜形成于燕山构造旋回期，主要由多个北北东向褶曲组成，其中隧道穿越了该复式背斜的次级褶曲——铁盔山向斜。受构造应力影响，铁盔山向斜核部新地层上升，翼部老地层下降，在铁盔山的东西两侧各形成一个北东东向的压扭性逆冲断层，断距可达数百米，中部向斜亦同时形成，进而形成最大高差近 500 m 的铁盔山。

铁盔山隧道洞身穿越铁盔山箱状向斜，DK468 + 750 ~ DK469 + 350 段向斜核部近似盆状，有 4 条断层带，如图 4.9-1 所示，受构造作用影响，铁盔山隧道洞身岩体较为破碎。

4. 水文地质特征

鸭池河是隧道附近最大的地表水系，于隧道出口前方通过，线路附近河底高程约 750 m，河面宽 100 ~ 200 m，是该段最低的岩溶侵蚀基准面，沿途接受众多支沟、暗河等的补给，水量颇丰。另外，铁盔山周围分布多条小型沟槽，雨季水量较大，最终均向鸭池河排泄，其中最重要的支沟有野哪沟及老校沟。老校沟于隧道进口前通过，与线路相交里程为 DK466 + 530，旱季可能断流，雨季水量较大，为隧道进口端的侵蚀基准面，高程在 1 060 m 附近；野哪沟位于进口段线路右侧约 1000 m 位置，雨季水量大，四季不干。

隧道洞身主要通过灰岩、白云岩，属于可溶岩，发育丰富岩溶水。其中狮子山组地层岩溶极为发育，洞顶分布洼地、漏斗、落水洞等岩溶形态，特别是铁盔山顶部盆状向斜易于富集岩溶水，未见排泄迅速的大型河谷，地表水流较少。因此，大量降水渗入地下，形成丰富岩溶水，且三叠系中统松子坎组（T_2s）中泥、页岩为隔水层，盆状向斜中部具有储水作用，大量的水汇集后在该段汇集，形成地下水的分水岭，从而沿着线路轴线向两端呈"人"字坡向沟谷、河谷内排泄，进口端排泄基准面为老校沟沟谷，出口端为鸭池河，隧道中部局部地下水由线路左侧向右侧鸭池河流动。

隧道进出口各有一处破碎带较宽大的断层，且断层穿过鸭池河，这两处断层带为相对富水构造，导水性强，往往成为联系各岩组的良好通道，地下水在此汇集后最可能沿着断层走向向鸭池河（线路右侧）排泄；周围的沟谷水流和地下水也互成补给关系，泉井中渗流而出的岩溶水、裂隙水补给了沟水，而同时一部分沟水在径流过程中也可能沿着渗流管道下渗补给地下水。

根据深孔勘探资料及地表井泉调查分析，隧道除进出口位于地下水垂直渗流带外，中部地段隧道位于地下水水平径流带之下，施工可能遭遇较大岩溶洞穴及岩溶水，估算隧道正常涌水量为 34 908 m³/d，最大涌水量取值为 82 376 m³/d。

5. 主要工程地质问题

根据工程地质勘察资料，隧址区不良地质主要为岩溶、危岩落石、石膏、溶塌角砾岩、有毒有害气体，特殊岩土为分布于进出口斜坡上的粉质黏土，具有弱膨胀性。

其中，三叠系中下统茅草铺组、狮子山组岩溶最为发育，岩溶水及溶洞应是隧道施工中可能遇到的最大地质问题。

三、不良地质体概述

1. 空间分布特征

铁盔山隧道出口平导施工至 PDK469 + 395 时遇到了松散堆积体，为了查明掌子面前方不良地质体发育范围，现场于正洞、平导、迂回导坑共实施 23 个超前水平钻孔，合计深度为 974.5 m，其中取心 439 m/10 孔。通过对钻孔情况、心样分析，结合现场隧道超前地震（TSP）报告，基本探明该不良地质体的发育范围。

铁盔山隧道不良地质体大致位于隧道中部，不良地质体为破碎的盐溶角砾、碎块石夹黏土，其平面位置为平导 PDK469 + 341 ~ + 395 段线左 32 m 至线右 27 m，侵入正洞范围主要为 DK469 + 353 ~ DK469 + 392 段线右 2.8 m 至右边墙，如图 4.9-2 所示。

对此不良地质堆积体实施的超前地质钻孔及正洞隧底实施的 16 个钻孔揭示：其不良地质体长度约 54 m，宽度约 60 m，隧底钻探 60 ~ 90 m 仍然为灰岩、白云岩夹页岩碎石角砾，隧顶也未见完整灰岩，仍由灰岩碎石块体组成。由此可见，此灰岩碎石堆积体呈现柱桩分布，向隧顶、隧底延伸。

2. 不良地质体物质组成

通过在平导掌子面实施超前水平地质探孔，揭露掌子面前方松散堆积体主要为碎块石堆积层，物质成分以碎块石夹黏土为主，为泥质白云岩、页岩、灰岩等岩石碎石，结构紊乱，具有一定胶结性，岩块棱角分明，块径在 0.2 ~ 2 m 不等，自稳性差，如图 4.9-3 和图 4.9-4 所示。由于岩体松散、出水量较大，平导施工停止继续掘进，改由迂回导坑绕避此堆积体，最后再对堆积体进行处理，如图 4.9-3 所示。

3. 堆积体水文地质特征

平导施工刚揭示堆积体时，地下水流量为 131 m^3/d，随后地下水流量稳定在 4 000 m^3/d。根据现场水文观测，雨季期间 PDK469 + 395 掌子面出水量最大可达 36 000 m^3/d，可见该岩溶堆积体属于典型岩溶水径流通道，大量地下水径流汇集于溶洞堆积物中。

另外，在溶洞垮塌过程中，周边围岩因卸荷、松动、撞击形成了一个以溶洞堆积物为中心的不规则环状破碎裂隙带，加之本段位于向斜核部富水段落，大量地下水沿层面、垂直张节理带向隧道临空面涌入，隧道开挖的二次应力集中释放又会导致洞室围岩裂隙进一步扩展、贯通。因此，此段堆积体附近地下水十分发育，存在涌水突泥风险，施工中果断停止在堆积体中继续掘进而实施迂回坑道是十分正确的，消除了施工中涌水突泥地质灾害风险。结合现场施工实际情况，隧道出口工区施工至 DK469 + 918 之后，洞室内逐渐出现裂隙出（涌）水的情况，最大出水量达 12 000 m^3/d，这种裂隙出（涌）水的情况与溶洞堆积体周边围岩裂隙带导水的分析基本吻合。

四、不良地质体成因分析

铁盔山隧道施工中遇到的松散堆积体应属于发育向斜核部溶洞塌陷堆积体。其形成成因分析如下：

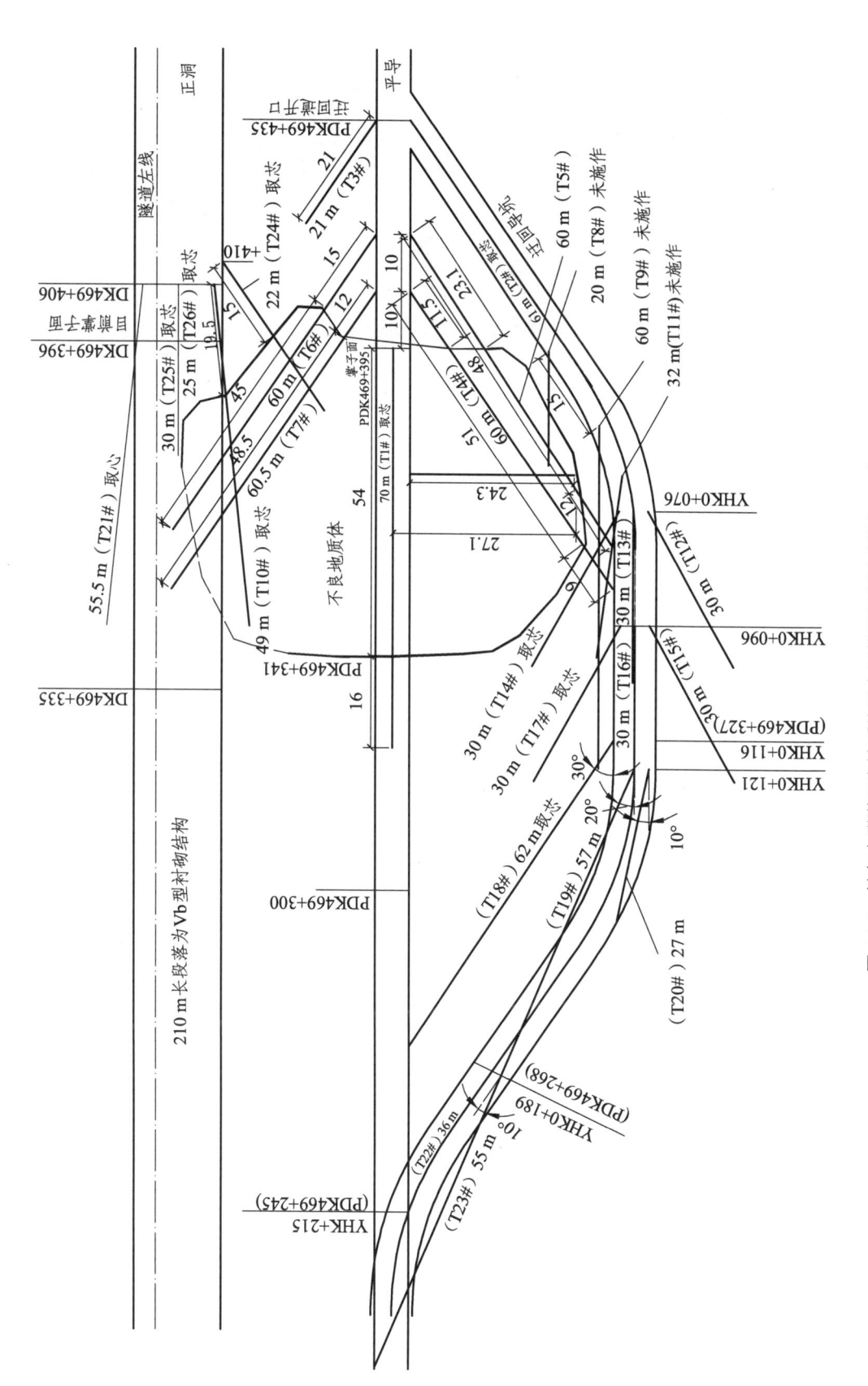

图 4.9-2 铁盔山隧道不良地质体形态及范围示意图（单位：m）

图 4.9-3　PDK469+395 平导掌子面松散堆积体 　　图 4.9-4　DK469+377 正洞掌子面右侧堆积体

1. 特殊构造部位

如图 4.9-5 所示，铁盔山松散堆积体发育于隧道中部地段，而此段刚好位于铁盔山盆状向斜核部附近。根据褶皱形成的力学机制，褶曲受水平应力挤压形成，对于岩层来说，受水平应力作用时，岩层弯曲时曲率最大的核部产生拉张及挤压，形成张裂缝及剪切裂缝，褶曲中部有一个既不受张力也不受挤压的面称之为中和面。对于向斜来说，核部中和面上部属于挤压区，中和面下部属于拉张区，因此，向斜核部深部或者下部竖向张节理或竖向张裂隙较为发育，这种拉张节理往往会切穿岩层沿核部竖向延伸，受挤压应力作用，核部岩层还存在沿层面脱空现象。核部为可溶岩地层时，自然界便出现与常识相反的现象：一般来说，在构造应力作用下的造山运动会形成背斜成山、向斜成谷的正常地貌现象；但是，可溶岩区正相反，背斜核部由于纵张裂缝发育，在地表水、地下水作用下，往往成溶蚀谷地，如川东典型的隔挡式构造，背斜核部普遍为岩溶槽谷。向斜由于核部下部发育纵张裂隙，因此，上部岩体相对完整，往往形成山岭地貌。

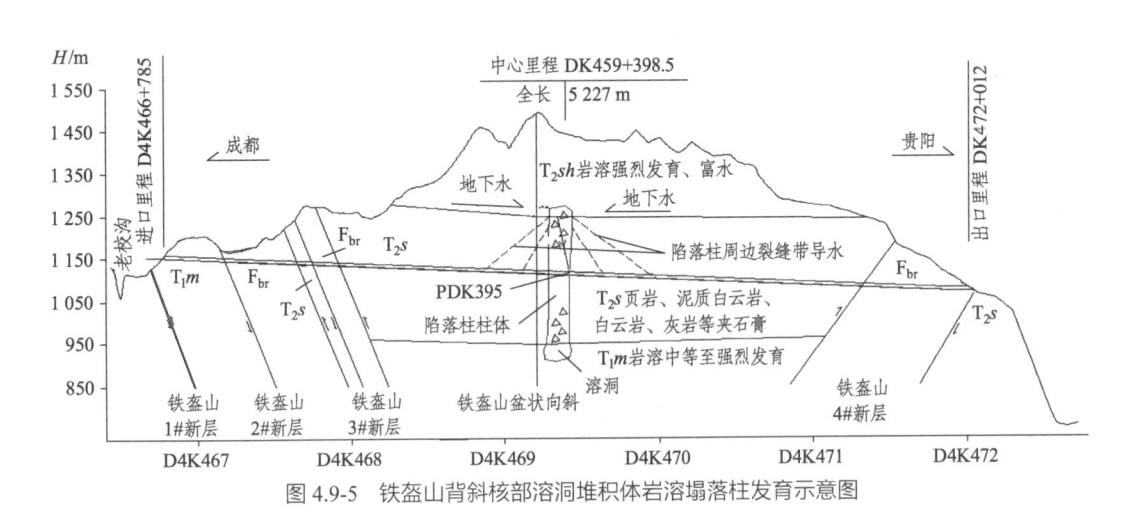

图 4.9-5　铁盔山背斜核部溶洞堆积体岩溶塌落柱发育示意图

隧道洞身所穿的铁盔山恰恰就是一个典型的向斜山岭，其核部下部纵张裂隙发育，岩性以三叠系中统松子坎组（T_2s）地层薄至中厚层状泥灰岩、白云岩、夹页岩的可溶岩为主，受

张节理切割，岩体呈大大小小的块体状。因此，在向斜核部张应力作用下，核部张节理、裂隙发育，局部存在沿层面脱空现象，这为岩溶洞穴发育创造了条件。

2. 活跃的地下水运动

向斜构造往往是地下水储水构造，大量地表水渗入地下后，地下水沿层面运动向核部汇集，因此，铁盔山向斜核部地下水发育。隧址区侵蚀基准面为鸭池河，其河面标高大致为840 m，平导 PDK469 + 395 底面标高为 1 108 m，地表标高大致为 1 400 ~ 1 450 m，存在较大的落差，地下水在向斜核部汇集后沿核部竖向张裂缝向下运动，最终向鸭池河排泄。地下水竖向运动使得岩溶竖向发育成为可能。

3. 可溶岩地层

可溶性岩层是岩溶洞穴发育的前提条件，也是岩溶塌陷发生的始发层位。前已述及，铁盔山隧道洞身穿越可溶岩地层，溶洞塌陷堆积体发育于三叠系中统松子坎组（T_2s）地层之中，向下穿越三叠系下统毛草铺组（T_1m）地层，两套地层均为灰岩、白云岩夹页岩，尽管有地层中夹有页岩相对隔水岩组，但是，由于核部受构造挤压严重，发育竖向张节理、张裂缝，核部地段沿张节理带岩溶十分发育。在地质历史时期，岩溶发育在核部形成溶洞，后随地壳抬升，岩溶向下进一步发育，上部溶洞垮塌形成溶洞堆积体，核部地下水与可溶岩相互作用，随着地壳抬升运动，不断形成溶蚀 - 溶洞 - 垮塌堆积循环往复，最终在铁盔山向斜核部沿张裂缝带形成了垂直向发育的柱状溶洞堆积体，也可称之为岩溶塌落柱。

4. 地下水侵蚀性

如图 4.9-5 所示，溶洞堆积体所在地层为三叠系中统松子坎组（T_2s）地层，该地层中富含石膏。取水样分析可知：地下水中的 SO_4^{2-} 离子对混凝土结构的环境作用等级为 H3，存在较强硫酸盐侵蚀，地下水侵蚀性越强，越有利于岩溶发育。

五、结论

（1）铁盔山隧道施工中在隧道中部揭示的松散堆积体是沿向斜核部竖向纵张裂隙发育的溶洞垮塌堆积物，是在地质历史时期，由于云贵高原地壳不断抬升，向斜核部可溶岩地层中不断形成溶蚀 - 溶洞 - 垮塌堆积的循环往复作用的产物，最终形成岩溶塌落柱。

（2）由于铁盔山向斜属于富水构造，隧道中部地带处于向斜核部，纵张节理、裂隙十分发育，加之隧道处于岩溶水的水平循环带，平导、正洞开挖揭示的岩溶塌落柱堆积物为地下水径流通道，隧道开挖后形成新的地下水排泄基面，雨季时，以此岩溶塌落柱堆积物为中心的出水量达到 36000 m³/d。施工中刚揭示岩溶塌落柱堆积物后就果断停止隧道在岩溶塌落柱堆积物中进一步掘进是十分正确的做法，同时也避免了高压涌水突泥地质灾害。

（3）铁盔山隧道中部发育的岩溶塌落柱堆积物，富水且松散，给工程建设带来了一定危害，处理过程不仅增加了工程建设费用，还延误了工期。因此，在勘察设计阶段对此类成因的不良地质体应足够重视，建议进行综合水文地质分析、采取多种地面物探方法探测并辅以钻探验证，查明岩溶不良地质体。

（4）由于岩溶发育的复杂性、不均一性、隐蔽性，勘察设计阶段很难准确查明地下岩溶发育形态、规模及富水情况等，在可溶岩隧道施工中，切实加强超前地质预报、防范岩溶涌水突泥重大地质风险十分必要。

第十节　济南至莱芜城际铁路建设对济南泉群的影响分析

山东省省会城市济南市以泉水众多、甘美而闻名于世，有"济南泉水甲天下"和"泉城"之美誉。济南至莱芜城际铁路穿越济南白泉、玉河泉泉群流域，城际高速铁路建设是否会影响济南白泉、玉河泉泉群？如何规避对济南白泉、玉河泉群的影响？本案例基于济莱城际铁路岩溶水文地质专题研究、岩溶隧道地质勘察资料，阐述了济南至莱芜城际铁路通过地段的岩溶水发育特征，岩溶水补、径、排条件，划分了沿线岩溶含水岩组及水文地质单元，分析了济南泉群形成机理，评价了铁路工程对济南泉群的影响，指出济莱城际铁路济南段工程地质线路方案选线、工程设置比选较好规避了铁路工程建设对济南著名泉点的影响。本节由王茂靖、吴洋撰写。

一、概述

1. 工程概况

济南至莱芜高速铁路位于山东省中部，线路西起济南市济南东客站，向东经章丘区，而后向南经莱芜市雪野镇、莱城区、高新区，终于钢城区钢城站，线路长度为 116 km。西端连接济滨、济青高速铁路，南端远期延伸至鲁南高铁，是山东省城际铁路的重要组成部分，线路起于济南东客运站，设置济南东、港沟、章丘南、雪野、莱芜北、钢城东 6 个车站，桥梁 58 座、长 44.98 km，隧道 26 座、长 46.07 km，桥隧占比 78.68%，全线较长的桥梁为济南东特大桥长 7 765 m、港沟特大桥长 4 170 m，较长的隧道有马家庄隧道长 3 021 m、寨山隧道长 4 812 m、南山寨隧道长 4 790 m。

2. 济南泉群概况

山东省会城市济南市以泉水众多、甘美而闻名于世，有"济南泉水甲天下"和"泉城"之美誉，趵突泉、黑虎泉、珍珠泉、五龙潭四大名泉喷涌千年，"家家泉水、户户垂杨"的景象绵延万代，泉水是济南的"灵魂"。济南市辖区范围内共有泉水 645 处，2004 年 4 月 2 日，济南名泉研究会、济南市名泉保护管理办公室评选了济南新 72 名泉，划分了十大泉群，分别为趵突泉泉群、黑虎泉泉群、珍珠泉泉群、五龙潭泉群、白泉泉群、涌泉泉群、玉河泉泉群、百脉泉泉群、袈裟泉泉群、洪范池泉群。

根据济南泉域的界线范围结合济莱城际铁路推荐线路方案，济莱高铁济南段全部位于白泉泉域内，如图 4.10-1 所示。

济南泉群是典型的南部山区岩溶地下水在由南向北径流过程中，遇到阻水断裂、隔水岩组后上升形成的，济南南部山区为济南市泉水的主要补给区。

新建济南至莱芜城际铁路通过济南南部山区，铁路工程建设是否会严重影响济南泉群流量？如何减少对济南泉群的影响？为此，设计单位在线路方案的研究阶段，专门开展了结合线路方案的岩溶水专题研究，基本查明了济南至莱芜城际铁路通过地段的岩溶和岩溶水的发育特征、岩溶水的补径排条件，分析了铁路工程对济南泉群岩溶地下水的补径排条件、环境水文工程地质的影响，稳定了线路方案，设置了合理的铁路工程，避免了济莱高铁建设对济南泉群的影响。

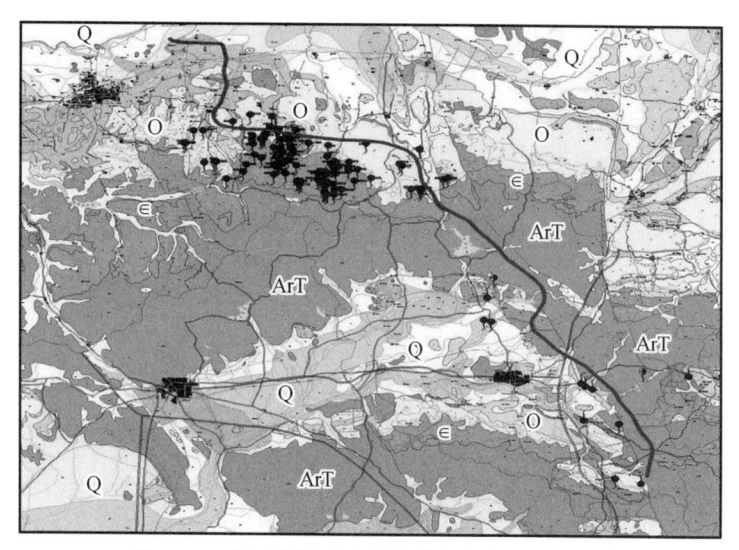

图 4.10-1　济南至莱芜高铁沿线岩溶泉分布示意图

二、自然地理特征

1. 气象

线路通过济南市、莱芜市，属暖温带大陆性湿润、半湿润季风气候，光照充足，四季分明。春季干旱多风，夏季高温多雨，秋季天高气爽，冬季干冷少雪，主要气象指标见表4.10-1。

表 4.10-1　主要气象指标一览

区县名		济南市	章丘区	莱芜市
里程		D4K2＋215.11 ～DK33＋500	DK33＋500 ～DK55＋600	DK55＋600 ～DK118＋845
气温 / ℃	年平均	14.8	14.0	13.3
	极端最高	41.2	41.1	39.9
	极端最低	−26.8	−26.8	−19.3
	最冷月平均气温	−1.4	−1.4	−1.9
降水量 /mm	年平均	719.3	709.2	760.9
	年最大	1 253.9	1 121.6	1 369.6
	月最大	421.8	403.3	408.5

续表

区县名		济南市	章丘区	莱芜市
降水量 /mm	日最大	143.8	152.5	228.3
蒸发量 /mm	年平均	1 420.7	1 839.0	1 646.9
	年最大	1 900.1	2 165.2	1 915.4
最大季节冻土深度 /cm		50	50	50
近年最大积雪厚度 /mm		22.7	23	23

2. 地形地貌

济莱高铁经过鲁中隆起区、泰莱凹陷东侧外缘，北部地势平坦开阔，中部地势起伏较大，南部莱芜境内地势略有起伏。沿线地形地貌复杂，地貌单元可分为北部山前倾斜平原区，中部低山丘陵区，南部剥蚀丘陵区，如图 4.10-2 所示。

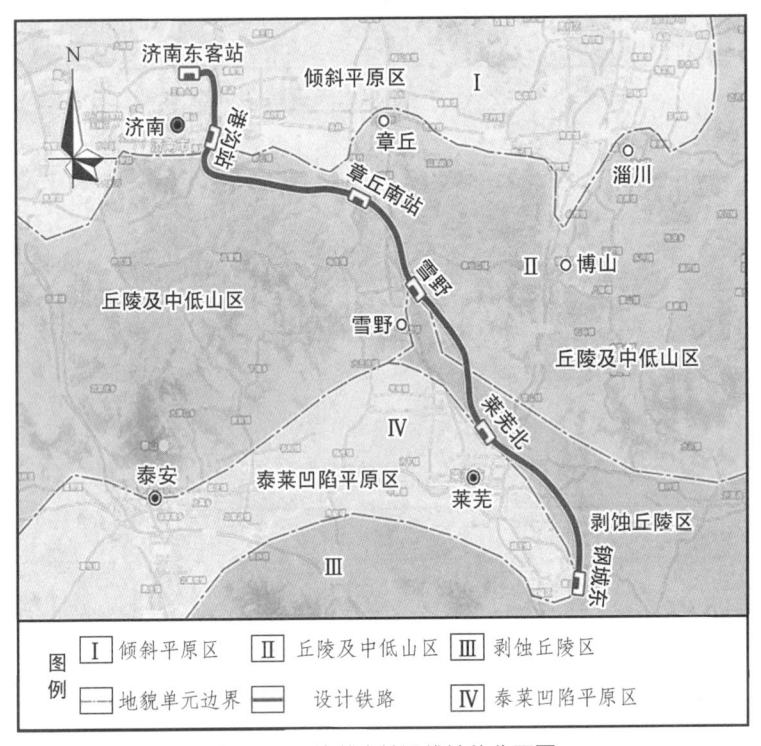

图 4.10-2 济莱高铁沿线地貌分区图

1) 山前倾斜平原区-Ⅰ (D4K2 + 215.11 ~ DK16 + 500)

该区围绕山地前缘，呈放射状分布。总体地势南高北低，地面坡度一般为 0 ~ 5°，个别地段为 5° ~ 10°。地面标高为 27 ~ 55 m，地表岩性主要为黄土状土、粉质黏土等，下伏砂砾石层，具二元结构。山地前缘地带冲沟发育，自东向西分布有众多剥蚀残丘，地形变化较大。

北部山前平原地形略微起伏，地势平坦开阔。济南市位于此地貌单元内，来自中部地山丘陵区的岩溶地下水在此受阻于覆盖土下的花岗岩岩体而沿第四系覆盖土以上升泉群的形式涌出,泉城济南由此美名天下。

2) **丘陵及中低山区-Ⅱ** (DK16 + 500 ~ DK78 + 500)

(1)丘陵区主要分布在济南市中北部,莱芜市北部、东北部,地处山前倾斜平原与低山过渡地带,地面标高一般小于 200 m,切割深度在 50 m 左右,属剥蚀堆积区。山体多呈浑圆状,沟谷发育,形态多为 U 字形,山体分布地层主要为寒武系的石灰岩、页岩及燕山期闪长岩、早元古代二长花岗岩等。

(2)低山区主要分布于济南市中南部,大部为寒武系灰岩及白云岩、早元古代二长花岗岩地层分布区,地层在西部呈南南西—北北东向,东部转为南东—北西向条带状展布,海拔为 200 ~ 500 m。山体多陡峻尖峭,坡角一般为 15°~40°。

3) **剥蚀丘陵区-Ⅲ** (DK78 + 500 ~ DK118 + 845)

该区主要分布于莱芜市东部、东南部,泰莱凹陷东缘。大部为早元古代吕梁期二长花岗岩及其少量变质片麻岩,中粗粒结构,风化层厚。海拔一般小于 300 m,浑圆状,沟谷发育,形态多为 U 字形,坡角一般为 6°~15°,地表风化、水土流失较发育。

3. 水文

位于线路中部近东西走向的泰山山脉之长城岭为区域内地表水分水岭,也是区域内岩溶地下水的分水岭,如图 4.10-3 所示。

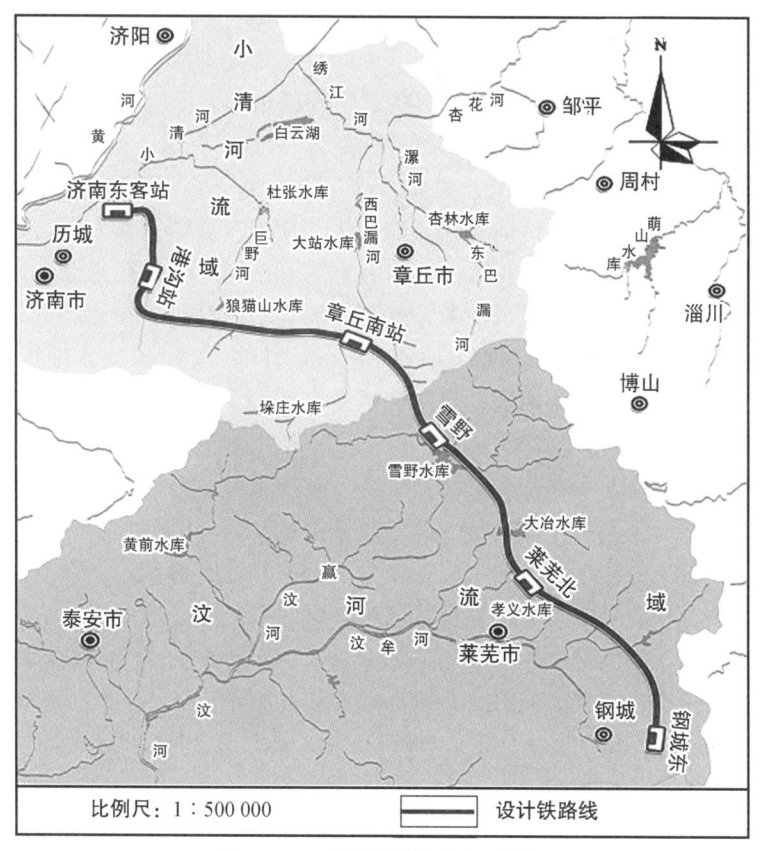

图 4.10-3 线路沿线地表水系略图

长城岭以北区域属于属小清河水系，以南区域属于汶河水系。小清河是山东省的主要河流之一，位于黄河之南，发源于济南西郊的睦里村，流向东北方向，至寿光县羊角沟入莱州湾，主要河流为西巴漏河、巨野河、龙脊河、通天河、港沟河。

汶河发源于山东旋崮山北麓沂源县境内，汇泰山山脉、蒙山支脉诸水，自东向西流经莱芜、新泰、泰安、肥城、宁阳、汶上、东平等地汇注东平湖，出陈山口后入黄河，主要河流为瀛汶河、方下河、牟汶河、盘龙河、辛庄河等。

济南段岩溶地下水主要指长城岭以北地段。

三、济南段水文地质条件

济莱高铁沿线地层岩性出露复杂，沉积岩、火成岩均有出露，平原及沟谷地段普遍覆盖第四系覆土层。其中可溶岩分布广泛，年代以寒武系至奥陶系为主，岩性包括灰岩、白云岩、泥质白云岩、泥灰岩、页岩夹灰岩等，全长 57.263 km，占全线的 49.39%。本案例讨论的济南段主要岩性以灰岩、白云岩等可溶岩为主，间夹砂泥岩、煤系地层。此外，济南市北部地区下伏燕山期侵入的辉长岩体，又称济南岩体。

1. 主要含水岩组

济南段内岩溶含水层（组）由寒武—奥陶系九龙群张夏组（$\in_2 jz$）、炒米店组（$\in_3 jc$）、三山子组（$O_1 js$）及马家沟群东黄山组（$O_1 md$）、北庵庄组（$O_1 mb$）、土峪组（$O_1 mt$）、五阳山组（$O_1 mw$）、阁庄组（$O_2 mg$）、八陡组地层（$O_2 mb$）各组，地层岩性均为可溶性较强的灰岩、白云质灰岩、灰质白云岩及白云岩，中间没有稳定的隔水地层，形成统一连续的巨厚碳酸盐岩类裂隙岩溶含水岩组；张夏组鲕状灰岩因其顶部崮山组（$\in_3 jg$）页岩、底部馒头组（$\in_1 msh$）页岩皆为隔水地层，形成单独的裂隙 - 岩溶含水岩组。

1）九龙群炒米店组至马家沟群含水岩组

九龙群炒米店组至马家沟群八陡组地层岩性为厚层纯灰岩、灰质白云岩、白云质灰岩、白云岩和泥质灰岩，且分布于区域北部，地貌多为低山丘陵区，山谷多为 U 形谷，地表地下裂隙、岩溶发育，且彼此连通，导水性强，有利于地下水的补给、径流和富集，形成具有统一水面的含水体。但因分布位置及构造、地形、埋藏条件的影响，其富水性相差悬殊。

在低山丘陵区灰岩直接裸露地表，岩溶裂隙发育有利于大气降水的渗入补给，为岩溶地下水的补给径流区，地下水交替作用强烈，但不利于地下水的储存富集，单井出水量一般小于 100 m³/d。在地形、构造及地表水补给有利处，单井涌水量也有大于 500 m³/d 的。地下水位埋深为 50～100 m，甚至大于 100 m。水位年变幅为 20～50 m。

在丘陵及部分岛状山分布区，含水层主要为奥陶系马家沟群灰岩。部分裸露，部分隐伏在 10～20 m 的第四系松散层之下，呈带状北东—南西向分布，浅部岩溶裂隙发育，多以溶孔、溶穴、岩溶漏斗、落水洞等形式存在，此带形成了岩溶水的多个渗漏带或河流的显著渗漏段。地下水主要接受大气降水补给及上覆松散岩类孔隙水的渗入补给，局部接受地表水的补给，富水性中等，单井出水量为 500～1 000 m³/d，局部由于构造控水，单井出水量可大于 1 000 m³/d。

山前倾斜平原以及单斜构造前缘，含水层为奥陶系马家沟群灰岩，部分隐伏于第四系松散层以下，部分被辉长岩体、石炭系碎屑岩覆盖，顶板埋深一般小于 400 m。岩溶裂隙发育，多以溶孔、溶穴、大小溶洞为主要存在形式。地下水储存于裂隙溶洞中，渗透系数一般大于 50 m/d。济南市东郊、明水一带钻孔单井出水量一般为 3 000 ~ 5 000 m³/d，局部地区大于 10 000 m³/d。在杨家屯—济钢—武家庄—黄土崖—章丘市区—贺套庄一带形成岩溶水富水区，水位埋深一般小于 10 m，局部地区自流，水位动态稳定，年变幅小于 10 m，单井涌水量一般大于 5 000 m³/d，成井条件好，可形成大型岩溶水集中供水水源地。

裂隙岩溶含水岩组前沿，地下水在循环过程中或受到岩体阻挡，或受到石炭系碎屑岩阻挡，在地势有利位置或因为岩溶特别发育，或因为断裂构造产生的通道，往往形成大型岩溶泉群白泉泉群、百脉泉泉群。

2）九龙群张夏组碳酸盐岩含水岩组

该含水层组由寒武系九龙群张夏组（$\in_2 jz$）地层组成，呈不连续的东西条带状分布于南部山区，地貌单元多为中低山，河谷多为 V 形谷，地层岩性为中厚层鲕状灰岩夹页岩。张夏组鲕状灰岩因其顶部为崮山组页岩、底部为馒头组页岩所隔，形成单独含水层。

在南部，张夏组鲕状灰岩裸露地表，以北隐伏于地下；在章丘南部山区则分布在分水岭两侧，含水层顶、底板分别为具有相对隔水作用的崮山组、馒头组页岩。灰岩顶部及底部岩溶发育，富水性中等，裸露区单井涌水量小于 100 m³/d，水位埋深及水位动态变化较大，埋深数米至数十米，如崔马村 2011 年枯水期水位埋深为 42.53 m，丰水期为 18.37 m，地下水水位年变幅达 24.16 m；隐伏区单井涌水量为 500 ~ 1 000 m³/d。在南沙河、北沙河、玉符河、巨野河两岸及构造与地形有利地段，富水性增强，单井涌水量可大于 1 000 m³/d，且局部承压自流，该地段具有供水意义。

张夏组灰岩中部夹数层页岩，其底部为馒头组页岩，地下水在循环过程中容易受到阻挡而溢出成泉。泉水一般为下降泉，流量较小，且层位较高；但在张夏灰岩隐伏区的低洼地段也可形成流量较大的上升泉群，如位于济南市历城区柳埠的玉河泉、涌泉泉群和长清万德灵岩寺的袈裟泉群。

3）碳酸盐岩夹碎屑岩裂隙—岩溶含水岩组

该层由寒武系长清群朱砂洞组（$\in_1 zd$）及九龙群崮山组（$\in_3 jg$）的薄层灰岩组成，含水层灰岩与页岩成夹层或互层，故裂隙不发育，富水性差，单井出水量一般小于 100 m³/d。在构造、地形适宜的地段，单井出水量也可达 100 ~ 500 m³/d。该含水岩层分布的地势一般较高，且有页岩隔水相互无水力联系，因此地下水无一的水面形态。在沟谷切割或构造的控制下，往往出现阶梯水位。地下水流向受地层倾向及地形坡度控制。地下水水位埋深变化很大，一般为 5 ~ 10 m，局部由于构造影响而自流。

2. 水文地质单元划分

济莱高铁位于鲁中隆起区，该隆起区总体上是一个以新太古代泰山岩群为基底，以古生代地层为主体的向北倾斜的单斜构造。单斜构造单元中发育多组断裂构造，将其分割成相对独立的单斜断块。结合济莱高铁济南段沉积环境、可溶岩地层分布、岩性组合特征和空间展布、地下水补径排条件以及地质构造因素，济南段可划分为一个单独的水文地质单元，即郭店单斜水文地质单元（白泉岩溶水系统）。

济莱高铁济南段（DK000 ~ DK55 + 500）位于郭店单斜岩溶水文地质单元（系统），又称白泉岩溶水系统，单元内出露地层主要为 $\in$—O 地层，在北段山前平原区为第四系覆盖，其中寒武系张夏组、崮山组、炒米店组、三山子组、奥陶系马家沟为富水性可溶岩，岩性主要为灰岩、泥质灰岩、白云质灰岩和白云岩；寒武系炒米店、三山子组及奥陶系马家沟为富水性强～中的可溶岩，张夏组、崮山为富水性中～弱的碎屑岩、碳酸盐岩互层岩组，馒头组为富水性弱的以泥岩、页岩为主的地层。

白泉泉域岩溶水系统东边界为文祖断裂；西边界为东坞断裂，南边界为地表地下分水岭；南边界的西部为晚太古代以花岗岩为主的侵入岩及变质岩，东部为寒武系碳酸盐岩夹碎屑岩；北边界为碳酸盐岩与石炭系煤系地层接触带，以灰岩顶板埋深 400～500 m 为界线，总面积为 731.38 km²，其中西南分水岭地带晚太古代侵入岩及变质岩分布区面积为 41.82 km²，寒武系碳酸盐岩夹碎屑岩分布区面积为 205.20 km²，北部奥陶系碳酸盐岩裸露和隐伏区面积为 394.76 km²，东北条带状奥陶系灰岩被石炭系覆盖区面积为 89.60 km²。系统东边界文祖断裂为阻水断裂，形成隔水边界；西边界东坞断裂在义和庄以北段具有一定透水性，在自然状态下，与济南市区岩溶水子系统不发生水力联系，在强烈的人工干预下，可发生一定水力联系，产生水量交换；南部边界为隔水边界；北部为流量边界，碳酸盐岩深埋于石炭—二叠系碎屑岩之下，向北产生较缓慢的深循环，在断裂带或燕山期侵入岩体附近形成浅部地热异常。

单元内部地层受到港沟断裂、孙村断裂、曹范断裂等北北西和北北东向断裂的切割，断块之间在平面上产生平推，总体来看，断层西侧地层北移，西侧地层老，东侧地层新，其结果是增大了断块内奥陶系灰岩的范围，增强了含水层的导水性和储水空间，使得奥陶系灰岩与石炭—二叠系碎屑岩的接触带拉长并呈北西向展布，如图 4.10-4 所示。

3. 济南段泉水分布及其形成

济南段主要位于郭店单斜水文地质单元（系统内），该系统集中出露两大岩溶泉群，一是白泉泉群，二是玉河泉泉群。

1）白泉泉群

在白泉泉群出露核心保护区内出露有白泉、冷泉、惠泉、漂泉、团泉、李家泉、漫泉、张家泉、唐家泉、麻泉、葫芦头泉、灰泉、柳叶泉、草泉、当道泉等 15 处泉。如图 4.10-5 所示。

白泉泉群形成的成因，主要还是岩溶地下水在南部山区接受补给后，向北沿可溶岩岩层层间流动，在济南山前平原地带第四系覆土下受到阻水断裂、二叠系砂泥岩及燕山期侵入辉绿岩体阻隔，在平原区形成丰富的高压岩溶水，高压岩溶水向上顶托补给第四系土层，形成系列白泉泉群及特有的湿地景观。

2）玉河泉泉群

泉群内有玉河泉、淌豆泉、玉漏泉、东流泉、老玉河泉、响呼噜泉、东泉、黄路泉、猪拱泉、虎门泉、忠泉、响泉、黄歇泉、卢井泉、义和泉、黑虎泉等泉点，均为下降泉，如图 4.10-6 所示。

玉泉河泉群区域主要分布寒武系地层。寒武系下统馒头组、上统崮山组以页岩为主，夹薄层或中层灰岩，灰岩接受大气降水后，一部分向深部运动，一部分受构造或地形影响以裂隙下降泉形式排泄补给地表水。寒武系中统张夏组鲕状石灰岩，厚度较大，岩溶发育，故其富水性较好，除接受大气降水补给外，还接受流经张夏组石灰岩分布区的河流河水的补给。由于其顶部和底部分别受上统崮山组和馒头组页岩的阻隔，地下水一部分受构造和地形的影响呈裂隙下降泉出流，另一部分地下水向深部运动，通过断裂及裂隙补给奥陶系裂隙岩溶水。

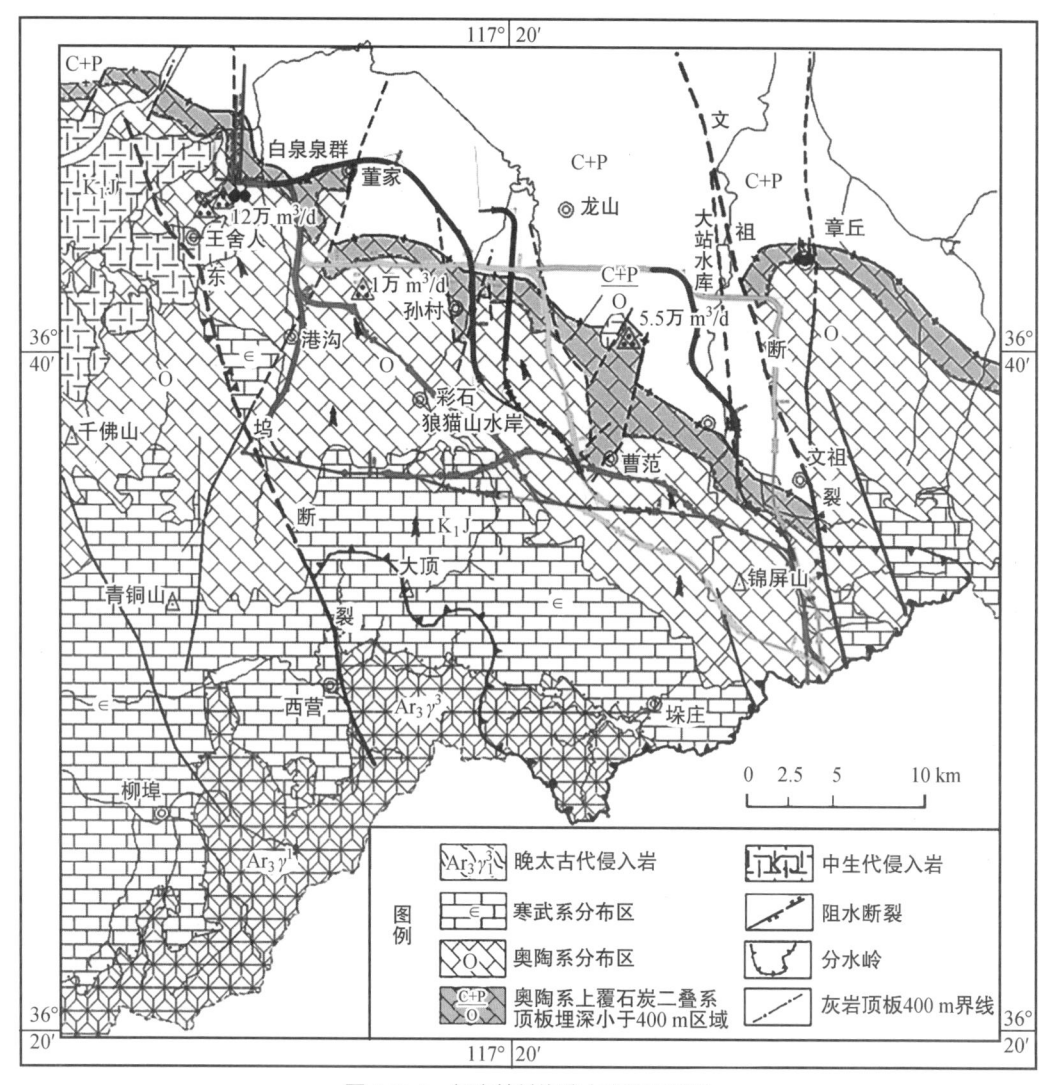

图 4.10-4　郭店单斜构造水文地质略图

大气降水入渗和小清河水系各条河流沿途渗漏是岩溶水的主要补给来源，南部山区地形切割严重、灰岩裸露，沟谷和地表岩溶发育，极有利于地表水的入渗，地表水、地下水流向与地层倾向基本一致，这些都是岩溶水形成、径流的有利条件。系统内有多条河流流过，西巴漏河、巨野河、港沟河等均发育于分水岭一带的泰山群地层中，流经寒武—奥陶系地层。河流中下游河床碳酸盐岩裸露或第四系厚度较薄，河水渗漏严重，多数在枯水季节成为干谷。建于港沟河上游的狼猫山水库，库区位于奥陶系灰岩之上，水库水渗漏成为岩溶水的补给来源之一。尤其是在枯水季节，水库对岩溶水产生持续补给，岩溶水总补给资源量为 $33 \times 10^4 \sim 35 \times 10^4 \text{ m}^3/\text{d}$。

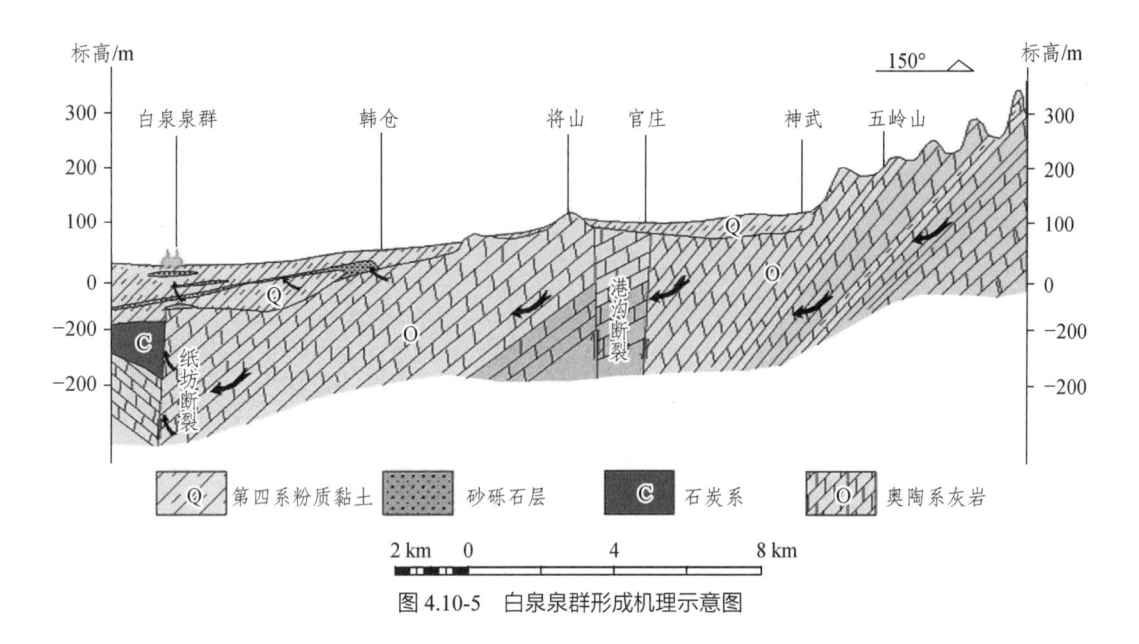

图 4.10-5 白泉泉群形成机理示意图

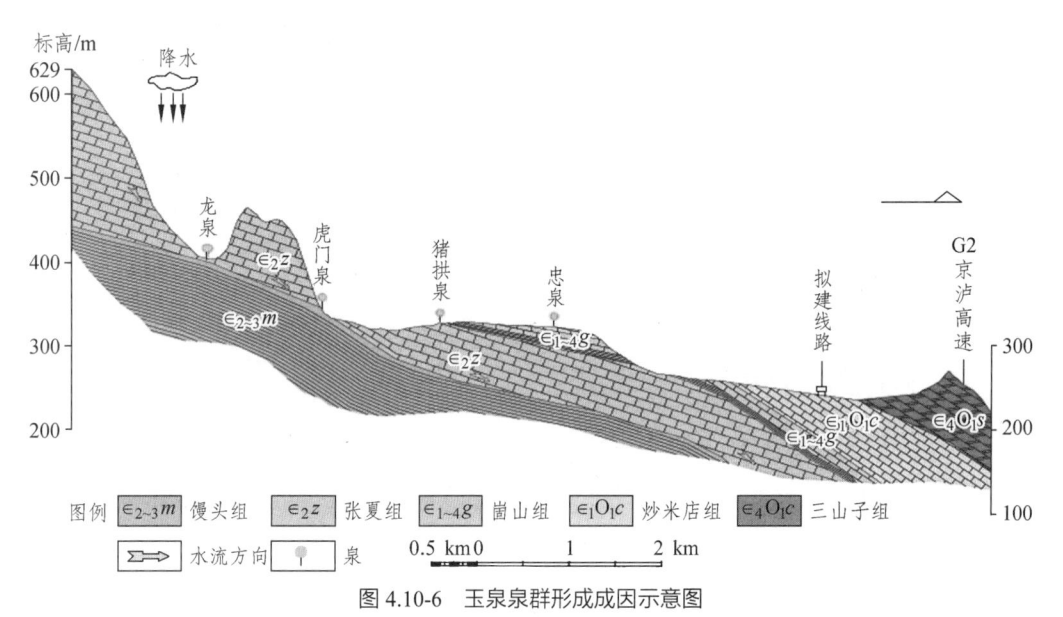

图 4.10-6 玉泉泉群形成成因示意图

郭店水文地质单元（系统）北部西有济南侵入岩体、东有石炭—二叠系碎屑岩等隔水地层阻挡，岩溶水在南部山区接受补给后，沿地层倾向和地势由南向北流至此，由于受到东坞断裂、济南岩体、石炭—二叠系碎屑岩的阻挡，形成高水头富水区，受阻的岩溶地下水，沿断裂带裂隙岩溶通道上升，溢出地表，进入第四系，使第四系孔隙水水位上升，形成湿地，在低洼地带溢出地表，形成白泉泉群。

此外，岩溶水在流动过程中，局部受地形切割、砂泥岩地层阻隔，也会呈下降泉排泄，如玉泉河泉群就是寒武系张夏组灰岩中地下水受阻于崮山组和馒头组泥页岩阻隔或局部地形切割形成的数量众多的下降泉群。

在自然状态下,岩溶水部分通过白泉泉群、玉泉河泉群排泄、部分顶托补给第四系孔隙水。目前,岩溶水排泄方式包括泉水排泄、顶托排泄和人工开采排泄。20世纪50年代末60年代初,岩溶水开采量较小,不足 $8 \times 10^4 \mathrm{~m^3/d}$,白泉泉群溢流的地下水流入附近的4条河流,流量达到 $18 \times 10^4 \mathrm{~m^3/d}$,顶托补给孔隙水,使孔隙水水位大幅度抬升,形成湿地。随着工农业发展和城市扩张,白泉岩溶子系统排泄区内先后建起自来水公司多处水源地以及济钢、济南化肥厂、章丘电厂等多处自备水源地,大量开采岩溶水。开采量不断增加,白泉泉群流量逐渐减小,于1975年诸泉先后断流,甚至连泉口都找不到。20世纪90年代至21世纪初,岩溶水开采量最大达 $33 \times 10^4 \mathrm{~m^3/d}$,平均在 $24 \times 10^4 \mathrm{~m^3/d}$ 左右。目前,济南东郊东联供水工程的实施,减少了大型企业自备水源地对岩溶水的开采,东郊水厂李家庄、宿家及白泉3个水源地2012年开采量为 $2 \times 10^4 \mathrm{~m^3/d}$,武家水源地开采量 $2 \times 10^4 \mathrm{~m^3/d}$,圣井水源地(原黄土崖水源地)开采量 $5.52 \times 10^4 \mathrm{~m^3/d}$,系统岩溶水总开采量控制在为 $20 \times 10^4 \mathrm{~m^3/d}$ 以内。从2003年开始,白泉泉群部分泉开始出流,湿地逐渐得到恢复。

岩溶水补给径流区,地下水位随季节变化明显,升降幅度较大,一般为 10~30 m。山前排泄区水位变化幅度小,一般为 5~10 m,如图4.10-7所示。

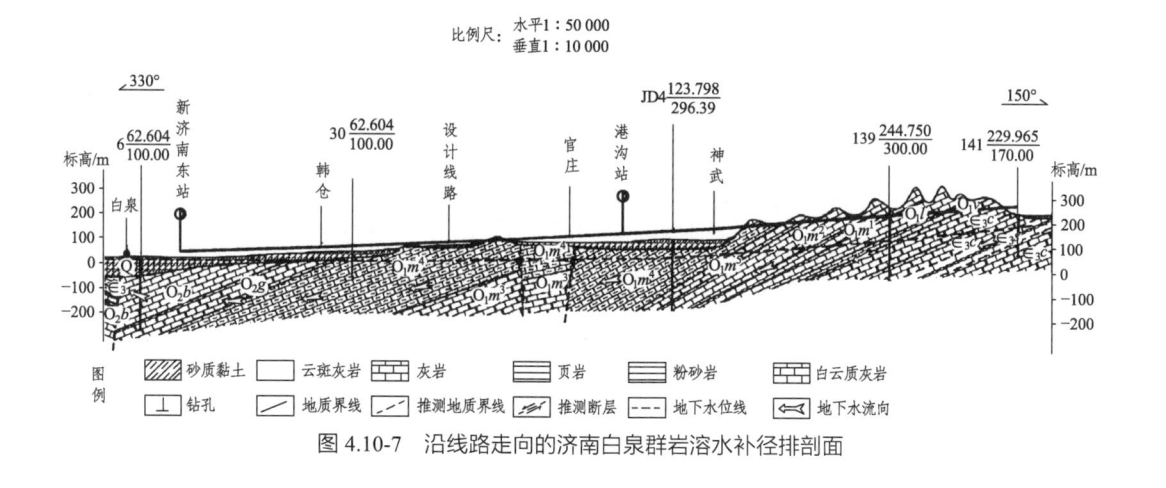

图4.10-7 沿线路走向的济南白泉群岩溶水补径排剖面

四、沿线工程对济南泉群的影响分析

济南泉城名扬天下,济莱高铁呈北西南东走向,全线穿越济南泉群的排泄、径流、补给区,为尽可能减少铁路建设对济南泉群的影响,在铁路建设前期的方案研究阶段,建设单位作了多方案比选,采用"绕避、抬高、靠河、接近、人字坡"等岩溶地区线路方案及按工程设置原则对济莱高铁济南段线路方案及工程设置进行了大量比选及优化,尽可能减少了工程建设对泉群的干扰和影响,如在排泄区,绕避了有影响的历史名泉,南部山区补给区尽可能抬高线路标高、隧道标高,使隧道工程位于岩溶地下水水平径流带之上,不截断、不影响补给区岩溶地下水的流向及流量。

尽管线路及工程设置作了大量比选优化工作,但是线路还是通过了白泉、玉泉河泉群,补给区存在大量隧道工程,究竟这些工程对济南泉群有何影响,下面分别进行分析评价。

1. 对白泉泉群影响分析

济莱高铁通过白泉泉域的间接补给区、直接补给区、汇集排泄区。

在间接补给区，站场硬化面对补给区的降雨入渗量存在一定影响。路基、桥梁、隧道对降雨入渗量影响微弱；拟建线路建设对间接补给区径流通道的影响轻微。

在直接补给区，桩基施工对直接补给区地下水径流影响较小。

在汇集排泄区，如图 4.10-8 所示，拟建线路距离白泉最近约 250 m，距最近泉点惠泉约 80 m，距离规划湿地公园 110 m，工程建设对岩溶水水量无影响，对第四系松散岩类孔隙水的径流通道有一定影响，应采取措施消除影响；工程建设对泉水水质有一定影响，在工程施工期，应加强管理，处理好污染源。

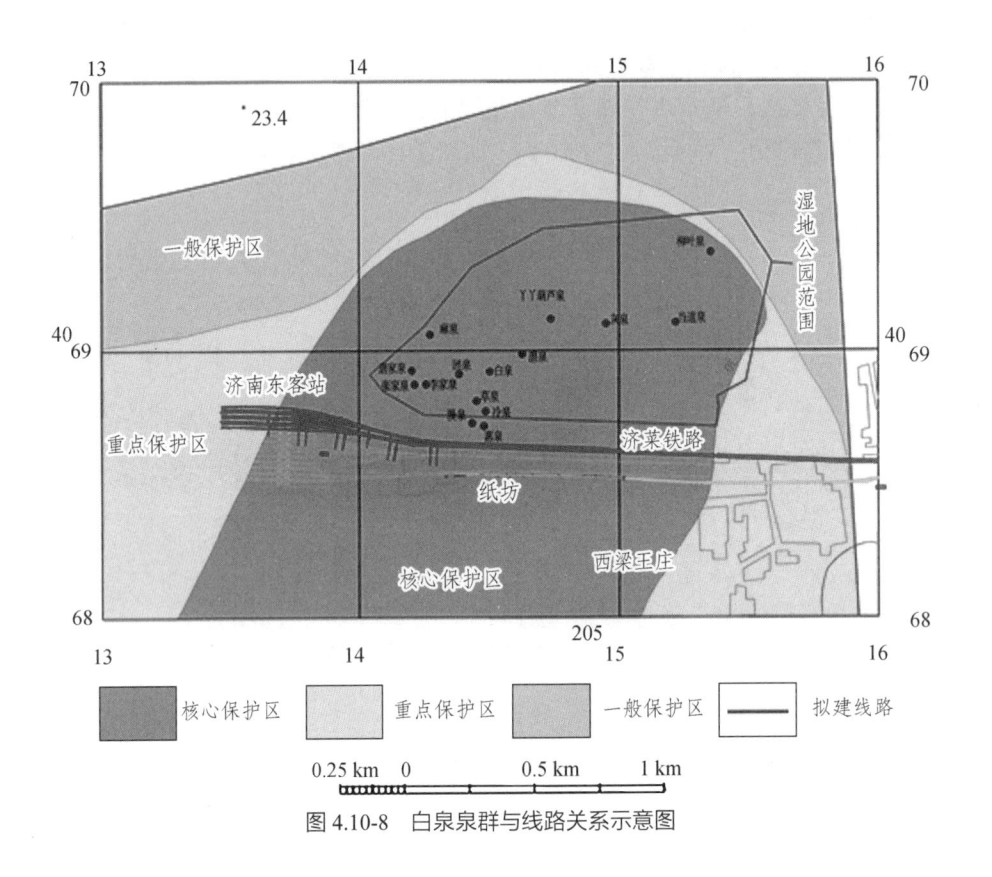

图 4.10-8 白泉泉群与线路关系示意图

综上所述，线路建设对白泉泉域的补给影响不大，对白泉泉群的影响小。

2. 对玉泉河泉群影响分析

线路穿越玉河泉泉群流域约 9 km。玉河泉泉群泉点众多，玉河泉泉域含水层为张夏组灰岩，岩溶地下水径流过程中受阻于含水层上下泥页岩阻隔，在地形低洼处形成大量下降泉，如图 4.10-9 所示。

线路以桥梁的形式进入玉河泉泉域的最北侧，含水层隐伏于第四系下，线路建设对玉河泉泉域中的泉水流量影响小。

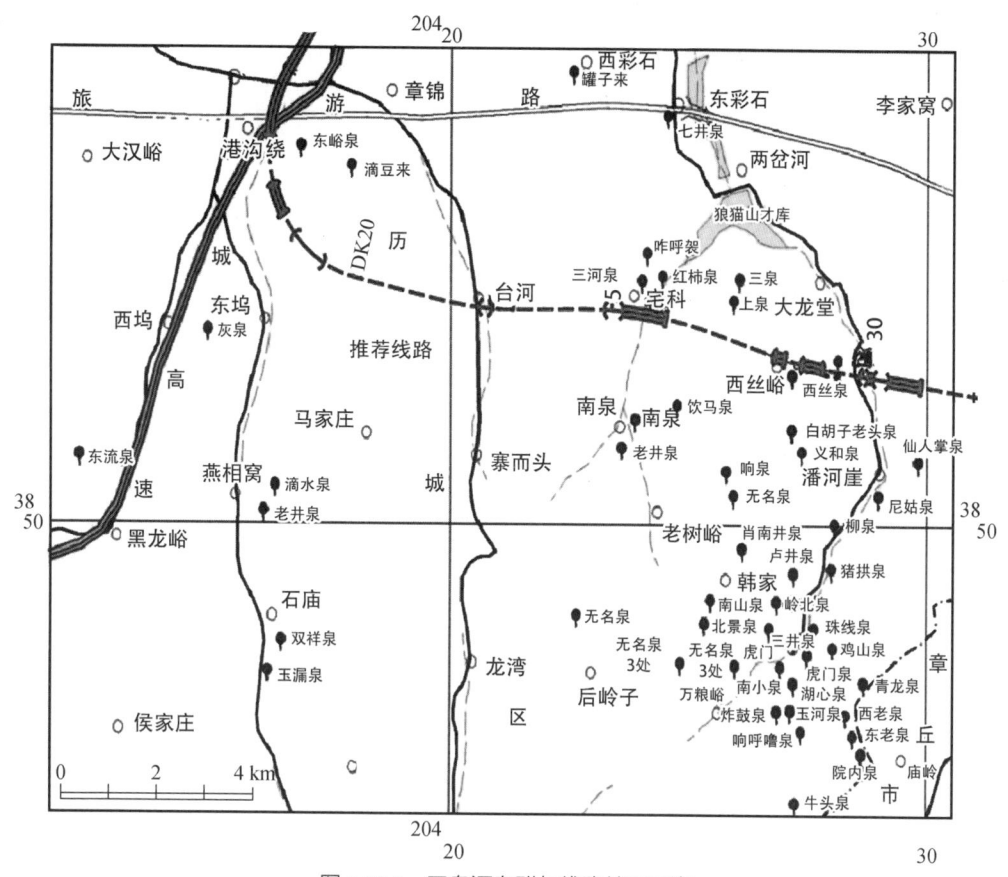

图 4.10-9 玉泉河泉群与线路关系示意

位于线路以南的独立小泉点，线路建设对其无影响；位于线路以北的个别独立小泉点，线路以隧道穿越其泉域范围，隧道建设对其补给径流有一定影响；隧道建设一般不会完全破坏页岩的隔水层，因此对其影响较小。

3. 线路通过补给区对白泉、玉河泉群影响分析

前述通过对济南泉群的补、径、排条件分析，南部山区大量出露可溶岩地层，是岩溶地下水 R 重要补给区，然而济莱高铁线路走向必须通过南部山区，如果不充分认识、认真比选，铁路工程建设势必会严重影响济南泉群。铁路工程主要为桥梁、路基及隧道工程，桥梁桩基施工、路基工程施工对岩溶地下水存在短暂水质影响，不会产生长期不可逆的水量及地下水径流途径影响，进而也不会对白泉、玉河泉群产生严重影响。

南部山区地形高低起伏，隧道工程必不可少。一般来讲隧道工程设置标高过低，就会截断地下水，引起地下水径流途径改变，进而减少泉水流量甚至使泉水消失。为尽可能减少隧道工程建设对济南泉群的影响，在线路方案优化及比选阶段，尽可能抬高了线路标高，使隧道工程位于岩溶地下水水平径流带之上，这样就保证了铁路工程建设不会对白泉、玉泉河泉群产生实质性影响。表 4.10-2 为岩溶隧道与岩溶水关系。

表 4.10-2 济南段岩溶隧道与岩溶地下水关系一览

序号	名称	里程	长度/m	穿越地层岩性	隧道岩溶水分带
1	有栏峪隧道	DK17+635~DK18+325	690	O_1mb 中厚层灰岩、白云岩	垂直渗流带
2	东村隧道	DK18+865~DK19+195	330	O_1mb 中厚层灰岩、白云岩	垂直渗流带
3	马家庄隧道	DK19+930~DK22+92	3 021	ϵ_3jc、O_1js 泥晶灰岩、白云岩、白云岩灰质	垂直渗流带
4	黑峪山隧道	DK23+325~DK25+400	2 075	O_1js、O_1md、O_1mb 灰岩、白云岩	垂直渗流带
5	宅科隧道	DK26+635~DK28+860	2 225	ϵ_3jc、O_1js、O_1md、O_1mb 灰岩、白云岩	垂直渗流带
6	西丝峪隧道	DK29+070~DK29+380	310	ϵ_3jz、ϵ_3jg 灰岩、白云质灰岩,泥岩、页岩	垂直渗流带
7	王家峪隧道	DK29+810~DK30+530	720	ϵ_3jz、ϵ_3jg 灰岩、白云质灰岩,泥岩、页岩	垂直渗流带
8	寨山隧道	DK31+810~DK36+622	4 812	ϵ、O 中厚层灰岩、白云岩、泥页岩	垂直渗流带
9	石磨顶隧道	DK39+540~DK40+250	710	O 中厚层灰岩、白云岩	垂直渗流带
10	围子岭隧道	DK40+540~DK40+860	320	O 中厚层灰岩、白云岩	垂直渗流带
11	辛庄隧道	DK41+315~DK41+660	345	O 中厚层灰岩、白云岩	垂直渗流带
12	长青隧道	DK42+730~DK43+540	810	O 中厚层白云质灰岩、泥质白云岩	垂直渗流带
13	文祖隧道	DK45+480~DK48+020	2 540	O 中厚层灰质白云岩、灰岩	垂直渗流带
14	南山寨隧道	DK54+025~DK58+855	4 790	进口段ϵ白云岩、灰岩、页岩,出口段泰山群花岗岩	垂直渗流带、中部季节变动带

五、结语

（1）济南是山东省省会城市、著名的历史文化名城，以泉水闻名于天下，素有"泉城"美誉，济南至莱芜城际高铁建设，线路方案比选、铁路工程设置必须充分考虑对济南泉群的影响。济莱高铁前期进行了水文地质专题研究，从岩溶水发育规律、补径排条件、泉点分布及出露规律、影响因素等方面进行了充分的线路方案、工程设置比选，最终实施的济莱高铁工程建设方案较好地规避了对济南著名泉点白泉、玉河泉群的影响。

（2）通过对济南泉群流域范围内水文地质条件的分析，济莱高铁济南段全段位于郭店单斜构造水文地质单元内，九龙群炒米店组至马家沟群含水岩组属于一个独立含水岩组，岩溶地下水在由南向北流动过程中，在北部西端、东端分别遭遇到济南侵入辉长岩体、石炭—二叠系碎屑岩等隔水地层阻挡，导致岩溶水自溢上升，形成白泉泉群。

在郭店单斜构造水文地质单元中，寒武系张夏组岩溶含水岩组上下均有崮山组和馒头组泥页岩隔水岩层分布，形成单独的裂隙-岩溶含水岩组，岩溶水流动过程中受顶部和底部页岩阻隔，在构造有利、地形低洼处以下降泉形式大量出露，形成玉泉河泉群。

（3）济莱高铁济南段主要通过白泉、玉河泉泉群流域，在泉群出露区及径流地段，线路工程以桥梁、路基工程通过，局部桩基施工可能对岩溶泉水水质存在短暂影响，长期来看对泉水基本无影响。南部山区可溶岩大量出露，广泛接受大气降雨及地表溪流补给，铁路工程以众多隧道工程通过补给山区。为防止隧道建设截断岩溶地下水径流，减少对白泉、玉泉河泉群影响，线路尽可能抬高爬升，隧道工程处于岩溶水垂直渗流带内，除局部对山区部分小型泉点有影响外，对出露于排泄区的白泉、径流区的玉河泉泉群基本无影响。

第十一节　鲁南高铁岩溶发育规律及对策处理

鲁南高速铁路临沂至曲阜段沿线可溶岩分布广泛，岩溶是影响本线工程安全的主要因素。本案例总结了临沂至曲阜段可溶岩的分布及岩溶发育特征，并从岩性、地质构造、可溶岩与非可溶岩的接触关系、地表水及岩溶水运动特征等方面入手，分析了临沂至曲阜段岩溶的发育规律，结合本线主要的岩溶工程地质问题及其对铁路工程的危害，提出了合理的勘察设计对策和工程措施，降低了施工和运营风险。本节由穆秀明、王茂靖撰写。

一、引言

拟建鲁南高速铁路东起日照，向西贯穿临沂、曲阜、济宁、菏泽，与郑徐客运专线兰考南站接轨，正线长度为494 km。临沂至曲阜段是鲁南高铁的一部分，正线全长127.5 km。本段线路走行于丘陵区、冲积平原区，地质条件复杂。沿线地层中可溶岩占比较大，岩溶发育，是控制线路方案、影响铁路工程的主要工程地质问题。在遥感判释的基础上，勘察设计单位通过大面积地质调绘，并结合物探、钻探及试验测试等方法，查明了沿线岩溶发育特征及分布规律，并结合岩溶对铁路工程的影响，确定了合理线路方案，针对铁路工程类别提出了合理的勘察对策及工程措施。

二、概述

线路地处鲁南丘陵、平原区，地势波状起伏，地形地质条件复杂。本段地貌单元可分为丘陵区、冲积平原区。丘陵区地势起伏较大，大部分地段覆盖层较薄，局部基岩出露；冲积平原区地势平坦开阔，多分布有农田、村庄，道路通达，交通便利。

本区地处鲁西断块，主要构造线方向、紧密线型褶皱的轴向大都为北西向。临沂至曲阜段线路总体走向为近东西向，与构造方向交角近45°。沿线地层主要为第四系黏性土、砂类土，第三系泥岩、砂岩、砾岩，白垩系粗安斑岩、砂岩，侏罗系砾岩，石炭系泥岩，奥陶系灰岩、白云岩，寒武系白云岩、灰岩、页岩，早元古代、晚太古代侵入岩。

工程区域属暖温带半湿润季风气候区，四季分明，雨量较充沛，气候温和，雨热同季。年平均气温为13.6°～13.9°，极端最低气温为－17.8 ℃，极端最高气温为42.5 ℃；年平均降水量为685.7～832.9 mm，主要集中在6—8月，占全年降水的63.7%，年最大降水量为1 236.4 mm；年平均蒸发量为1587.2～1 720.3 mm，年最大蒸发量为2 132.9 mm；最大风速为22.1 m/s。

沿线河流主要为大沂河、浚河、祊河；附近水库主要有龙湾套水库、尼山水库、唐村水库、昌里水库、安靖水库、上冶水库、石岚水库。地下水主要为第四系孔隙潜水、基岩裂隙水、岩溶水。

三、沿线可溶岩分布及岩溶发育特征

1. 可溶岩的时代、岩性及分布范围

本线可溶岩地层岩性主要为：奥陶系中统马家沟组八陡段泥晶灰岩、中统马家沟组阁庄段白云岩、下统马家沟组五阳山段灰岩、下统马家沟组土峪段白云岩、下统马家沟组北庵庄段泥晶灰岩、下统马家沟组东黄山段白云岩、下统三山子组a段白云岩、下统三山子组b段白云岩，寒武系上统三山子组C段白云岩、上统炒米店组灰岩、上统崮山组灰岩、中统张夏组灰岩、下统朱砂洞组上灰岩段灰岩。

可溶岩分布较为广泛，正线可溶岩长度约43.1 km，占正线长度的33.8%。其中路基可溶岩段落长度为9.1 km，隧道可溶岩段落长度为2.43 km，桥梁可溶岩段落长度为31.57 km。全线地层构成饼状如图4.11-1所示。

2. 岩溶地貌形态

本线岩溶的地貌形态主要为溶痕、溶隙、溶沟、溶槽、石芽、溶洞，未见明显的落水洞、溶蚀洼地及暗河等。

1) 溶痕、溶隙

本线大部分可溶岩段落覆盖层较薄，局部基岩裸露。沿可溶岩浅层裂隙发育有溶蚀小形态即溶痕、溶隙，平面上呈网格状，宽几厘米至几十厘米，长几厘米至数米。在地面平缓处，如剥蚀残丘坡面、山麓、山前、丘陵间谷地等处这种形态随处可见。

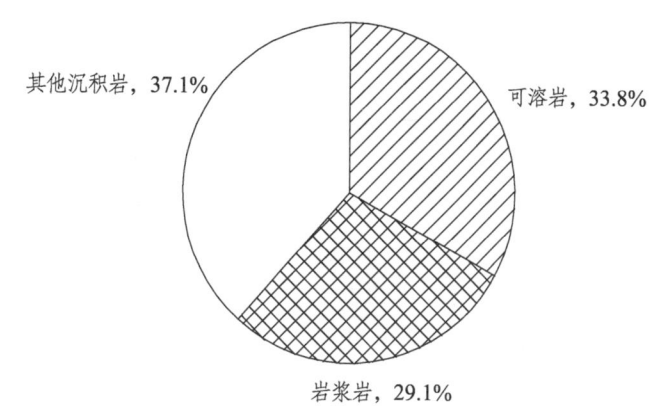

图4.11-1 全线地层构成饼状图

其他沉积岩，37.1%
可溶岩，33.8%
岩浆岩，29.1%

2）溶沟、溶槽、石芽

溶沟、溶槽及石芽在本线可溶岩段落普遍发育。溶沟、溶槽宽度几十厘米至数米，普遍深度在 2～10 m，局部可深达几十米；石芽以棱边圆滑的平顶状为主，经常可见大片石芽构成的棋盘状地面。这种岩溶地貌形态使得费县、平邑一带形成了特色的产业——"开采奇石"。可以说，溶沟、溶槽及石芽是本线最常见、最具代表性的地表岩溶形态，如图4.11-2和图4.11-3所示。

图4.11-2 费县车站附近溶沟、溶槽及石芽发育

图4.11-3 费县奇石城

3）溶洞

本区溶洞的洞穴形态特征主要为裂隙式形态，且多为顺竖向裂隙形成的竖向溶洞。钻探揭示溶洞多为长 1～3 m 的小型溶洞，个别溶洞长大于 5 m，本线揭露最大溶洞为长 13 m。本线溶洞 80% 为半充填、满充填溶洞，溶洞充填物多为黏性土，少部分为砂类土。

3. 岩溶的埋藏条件分类

临沂至曲阜段沿线地表大多被第四系黏性土层所覆盖，覆盖层厚度一般 0.5～5 m，局部大于 10 m；曲阜境内的第四系覆盖层较厚，可达 60～90 m。岩溶以覆盖型岩溶为主，局部存在裸露型岩溶、埋藏型岩溶。其中：DK125+000～DK247+600 段内的可溶岩区域，主要为覆盖型岩溶，局部存在裸露型岩溶；DK247+600～DK252+300、曲阜联络线段内的可溶岩区域，主要为埋藏型岩溶。

4. 岩溶发育程度及垂直发育特征

1) 岩溶的发育程度

岩溶的发育程度，与岩层的可溶程度和构造节理发育情况等有着直接的关系，这些是岩溶发育的内在因素。气候条件是岩溶发育的重要外在因素，它影响岩溶的规模。本线位于鲁南地区，有着基本相同的气候因素，因此本线从岩性、节理裂隙程度分析，根据溶沟及溶槽的发育密度、钻探揭示的溶洞的密度及大小，将全段岩溶发育程度划分为弱发育、中等发育、强烈发育三级。

岩溶弱发育：主要分布于DK189+050～DK190+800、DK195+000～DK196+700、DK243+000～DK247+600段，长度约8.05 km；岩性主要以奥陶系、寒武系白云岩为主；仅见少量溶沟溶槽、小型溶洞发育。

岩溶中等发育：主要分布于DK158+600～DK175+600、DK190+800～DK195+000、DK196+700～DK201+800段，长度约26.3 km；岩性主要以奥陶系灰岩为主；溶沟溶槽发育、中小型溶洞发育。

岩溶强烈发育：主要分布于DK201+800～DK205+850、DK247+600～DK252+300段，长度约8.75 km；岩性主要以奥陶系、寒武系灰岩为主；溶沟溶槽密集发育、溶洞呈串珠状发育。

2) 岩溶的垂直发育特征

根据区域资料及勘探资料揭示，本段岩溶在垂直方向分为3层，浅层在岩面下0～20 m，中层在岩面下30～50 m，深层在岩面下90～150 m。局部地段受地质构造等因素影响，岩溶自岩面下0～150 m呈串珠状发育。

四、岩溶发育规律

1. 岩性对岩溶的影响

在收集区域资料的基础上，通过大面积的地面调绘，钻探、物探等勘探手段发现：本段岩溶化程度最强的为灰岩，次为白云质灰岩、白云岩，再次为泥质灰岩。本段勘察过程中揭露的溶洞统计资料表明：在灰岩中的钻孔岩溶揭露率约50%，在白云质灰岩和白云岩中的钻孔岩溶揭露率约20%，在泥质灰岩中的钻孔岩溶揭露率仅为5%。

2. 岩石结构、岩层构造对岩溶的影响

总结本段勘察资料分析可知，就可溶岩的结构来说，一般晶粒越粗，溶解度就越大，岩溶发育也就越强烈。因为粗粒结构的岩石孔隙大，岩石的吸水率高，抗侵蚀能力弱，有利于溶蚀。

就可溶岩的成层构造而言，一般岩层越厚，岩溶就越发育。这是因为厚层可溶岩含有不溶物较少，溶解度越大；薄层可溶岩常含较多泥质，溶解度较小，故岩溶化程度较弱。就团月山隧道来说，根据施工过程中的统计，中厚层状灰岩段落揭示溶槽、溶洞是薄层状灰岩段落的近5倍。

3. 构造运动对岩溶的影响

1) 区域构造对岩溶发育的影响

大地构造上,工程区域属鲁西断块。鲁西断块的地壳表层属典型的地台式结构,结晶基底由太古代下部的泰山群组成,是一套变质较深的片麻岩、片岩、变粒岩,混合岩化强烈,形成条带状混合岩类,形成年代距今约 25 亿年。主要构造线方向、片麻理走向以及紧密线型褶皱的轴向一致,大都为北西向。基底之上古生代沉积盖层,主要由寒武系、奥陶系、石炭系和二叠系地层组成,中、新生代地层主要沉积于北西向长条形中、新生代沉积盆地之中。

受区域构造的影响,曲阜、平邑、费县三段可溶岩沉积层,呈走向北西、倾向北东的单斜式构造。大气降水、河水等地表水顺竖向节理裂隙下渗,沿层理面径流,形成了本区岩溶发育"竖向溶沟、溶槽发育,溶洞顺层理面发育、发展"的特点,如图 4.11-4 和图 4.11-5 所示。

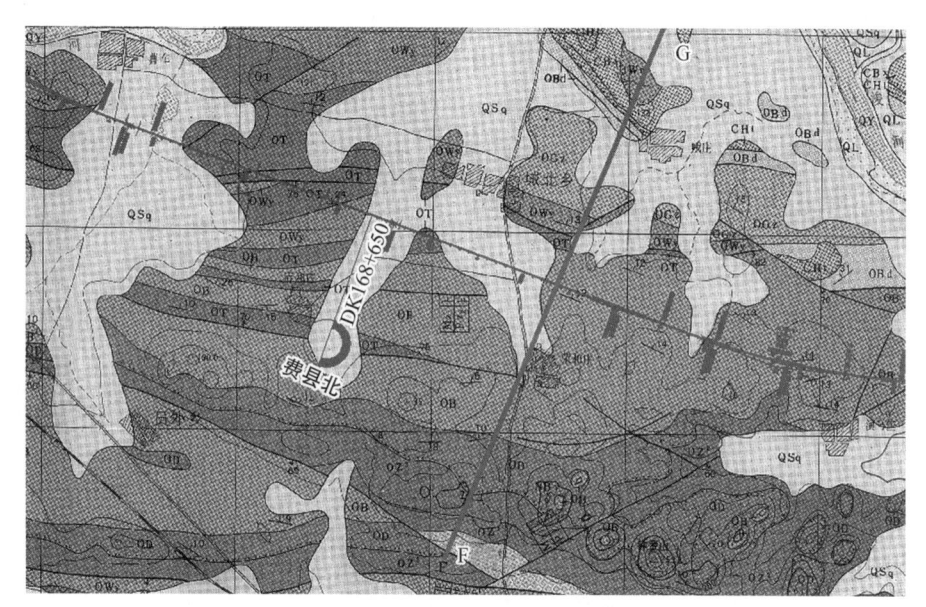

图 4.11-4 费县北站附近地质图

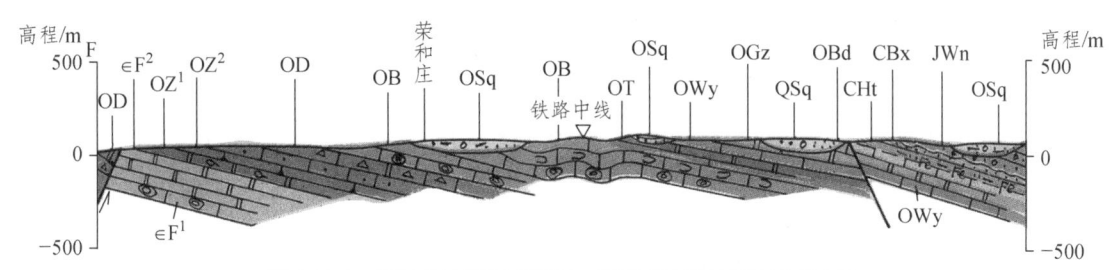

图 4.11-5 费县北站附近奥陶系、寒武系地层单斜构造示意图

2) 断裂构造对岩溶的影响

区内断裂多为北西向张性断裂,受张拉应力作用,一般破碎带的宽度不大,但张裂程度较大,张裂面粗糙不平,断层破碎带结构疏松、裂隙多,为岩溶水的有利通道,岩溶作用最为强烈。如本线三和特大桥范围内大角度穿过的万家庄断裂即为一张性断裂,断裂带附近岩溶强烈发育,且具有连通性,施工过程中漏浆严重。

3) 新构造运动对岩溶的影响

（1）新构造运动与岩溶类型的关系。

山东位于华北构造区的东南部，新构造期地壳运动的性质、强度等特征具有明显的分区性。据地壳升降运动的特点，划分为鲁中南—鲁南上升山地区和鲁西—鲁北沉降平原区两个一级新构造区。

本线位于鲁南地区，从新构造运动单元划分，DK125+000~DK247+600段位于鲁中南—鲁南上升山地区（Ⅰ级）的鲁中南较强烈断块上升区（Ⅱ级），以覆盖型为主，局部地段为裸露型岩溶；DK247+600~DK252+300、曲阜联络线段位于鲁西—鲁北沉降平原区（Ⅰ级）的鲁西缓慢倾斜沉降平原区（Ⅱ级），以埋藏型岩溶为主。

（2）区域沉降对岩溶发育的影响。

鲁西缓慢倾斜沉降平原区处于鲁中南较强烈断块上升区与东明—渤海强烈沉降平原区的过渡地带，据新第三系与第四系不同时期的沉积物分布及厚度分析，该区由东向西不断超覆扩展，其边缘不受断裂构造控制，具有由西向东拗陷沉降的特点，沉降幅度由西向东加大，东部近1000 m。本线DK247+600~DK252+300、曲阜联络线段沉降幅度从几米至100多米。

DK247+600~DK252+300、曲阜联络线段上覆第四系黏性土、砂类土，最厚可达90 m，下伏寒武系灰岩。灰岩岩溶中等发育、局部强烈发育，溶蚀基准面标高约为 −50~50 m。溶蚀基准面具有随第四系覆盖层厚度增大，即地面沉降的幅度增大而降低的特征。本区域最近的河流为泗河，现地面标高约为60 m。本段岩溶发育最大深度在河流侵蚀基准面以下100~150 m。

综合区域资料及本线勘察资料判定，DK247+600~DK252+300、曲阜联络线段内岩溶为古岩溶，区域沉降是本段埋藏型岩溶形成的主要原因。

4. 可溶岩与非可溶岩接触带对岩溶发育的影响

可溶岩透水性强，碎屑岩或岩浆岩为不透水层或弱透水层。因此他们在空间位置上的不同排列组合关系，就构成了不同的水径流条件与不同的岩溶发育规律。若可溶岩上覆非可溶岩，则因受非可溶岩的阻隔，灰岩不能从垂直方向得到降水的直接补给，只能从水平方向得到地下水补给，一般岩溶不发育；若可溶岩下伏非可溶岩，则可溶岩与非可溶岩的接触面多为岩溶水向深部运动的下限，控制着岩溶发育的深度；若可溶岩与非可溶岩大角度不整合接触，则由于非可溶岩对岩溶水的相对隔水作用，相对隔水层对岩溶水起着限制、汇集、导向的作用，因此在可溶岩与非可溶岩接触带附近岩溶往往强烈发育。

5. 地表水、岩溶水对岩溶的影响

1) 地表水的运动特征对岩溶的影响

对本线可溶岩段落内的地表河流位置及岩溶发育程度对比分析显示：赵庄特大桥在DK205+000附近穿越古河道、西余村特大桥在DK248+500附近穿越大沂河，穿越河流附近的岩溶均强烈发育。因此，河流等地表水下渗是本线岩溶发育的一个主要因素。

另外，大气降水直接补给岩溶水也是本线各岩溶发育区的普遍现象。各岩溶区分布有大量的竖向溶沟、溶槽，其形成即大气降水顺可溶岩的竖向节理、裂隙下渗而产生。

2）岩溶水的运动特征对岩溶的影响

本线可溶岩分布的曲阜、平邑、费县三段，均呈走向北西、倾向北东的单斜式构造。岩溶水顺单斜构造的岩层层理面径流，带走了岩石中的碳酸盐等可溶性物质，形成溶洞。地表水下渗携带的泥沙等物质，随着岩溶水径流，在溶洞中沉积，形成了半充填、满充填溶洞。因本区地表第四系残积土、冲洪积土砂层分布较广泛，沿线溶洞以半充填、满充填溶洞为主，空洞较少。

五、主要岩溶工程地质问题

1. 岩溶水的危害

本线仅有的两座可溶岩隧道为团月山隧道、王庄隧道。其汇水面积均较小，且隧道洞身均处于垂直渗流带内，隧道施工涌水、突水的可能性较小，不是主要危害。但勘察揭示，团月山隧道、王庄隧道均发育有较多的竖向溶槽、溶洞，雨季岩溶水水量增大，在溶槽、溶洞内汇聚，对隧道排水的影响以及水压增大对隧道支护的影响是本线岩溶水的主要危害。

2. 岩溶洞穴对工程的危害

溶沟、溶槽及溶洞等岩溶洞穴对铁路工程的危害主要表现为：使建筑物基础悬空；洞穴顶板过薄，不能承受负荷而发生突然坍塌，引起建筑物的破坏。

3. 洞穴充填物及可溶岩风化层对工程的危害

沿线溶沟、溶槽、溶洞的充填物及可溶岩的风化残积土均具有膨胀土的特征：富含亲水矿物，吸水显著膨胀、软化、崩解，失水急剧收缩开裂，具往复胀缩变形的特性。如不经处理，几经收缩、膨胀，土结构受到破坏，物理力学指标降低，易造成地基下沉、上拱等变形或边坡失稳等。

4. 岩溶区地面塌陷对工程的危害

铁路工程由于岩溶区地面塌陷造成的严重破坏案例较多，局部塌陷造成铁路断道、停运等事例屡见不鲜。因此，岩溶地面塌陷是岩溶区铁路工程严重的地质灾害。位于鲁南高铁曲阜联络线及既有京沪高铁附近的山东省曲阜市息陬乡刘家庄就曾发生过岩溶塌陷，塌陷区与鲁南高铁、既有京沪高铁的位置关系如图 4.11-6 所示。

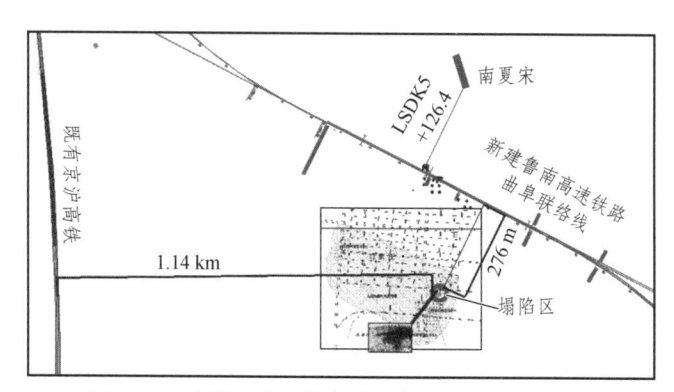

图 4.11-6　塌陷区与京沪高铁、鲁南高铁位置关系图

刘家庄塌陷区附近上覆第四系黏性土、砂类土，呈互层沉积，厚 37~50 m，下伏寒武系灰岩。塌陷主要原因为：① 受防山断裂及其次级断裂影响，岩溶裂隙发育强烈，局部地段已形成较大规模溶洞及破碎带，具备了形成岩溶塌陷的基础条件；② 该区灰岩上覆第四系松散层主要为山前倾斜平原堆积物，含水砂层集中富集，且砂层与灰岩之间无稳定连续的隔水层，容易因水位上下波动产生上部泥土流失，具备岩溶塌陷上部形成土洞的前提条件；③ 受近年干旱影响，加之村民农灌用水，地下水位下降，浅层孔隙水和岩溶水有一定水力联系，为产生岩溶塌陷提供了必要的水动力条件。

六、勘察设计对策及工程措施

1. 岩溶水危害的勘察设计对策及工程措施

在勘察设计阶段通过地质调绘、钻探、物探等综合勘探手段，详细查明了团月山隧道、王庄隧道的岩溶发育特征；在施工阶段进行了超前地质预报、洞周及隧底的隐伏岩溶探测工作，对揭露的溶槽、溶洞进行了回填、跨越及加强支护等处理，并采取了合理的防排水措施。

2. 岩溶路基的勘察设计对策及工程措施

地质勘察阶段通过综合勘察方法基本查明了可溶岩路基段岩溶发育的地质背景和形成条件；岩溶的分布规律、岩溶的形态特征、规模和类型，岩溶水补给、径流、排泄条件，岩溶塌陷形成的原因、过程、规模、密度、分布规律以及对工程的影响程度，岩溶处理设计的物理力学参数，等。针对不同的岩溶发育类型进行了岩溶整治，处理措施如下：

1) 整治范围

（1）正线路堑地段一般整治至两侧路堑侧沟平台外侧边缘。

（2）正线路堤地段一般整治至两侧路堤坡脚外 5 m；车站站线和联络线路堤，整治至路堤坡脚外 5 m。

（3）设置路肩挡土墙、路堤挡土墙的地段，整治加固宽度至墙趾以外 5 m。

2) 整治措施

（1）开口型岩溶。

浅层（覆盖土层小于 3 m）及开口型溶洞一般采取揭盖回填浆砌片石、低强度等级号混凝土处理。

（2）裸露型岩溶。

裸露型岩溶一般处理至路肩高程下 5 m。当基底出现溶洞且顶跨不满足要求时加固至洞底以下不小于 2 m。

（3）覆盖型岩溶。

国内铁路工程的岩溶区地面塌陷研究结论为：当溶蚀平原岩溶区覆盖层厚度大于 30 m 一般可不作整治。但因本线附近存在刘家庄地面塌陷的案例，所以整治深度原则调整如下：

溶蚀平原岩溶区覆盖层厚度大于 50 m 不作整治；地表覆盖土厚度小于 50 m 地段，以钻孔压密注浆封闭土石界面（基岩面上 3 m、下 5 m），形成隔水帷幕；在加固深度范围有溶洞时，则钻孔注浆至溶洞底板以下 2 m。

（4）桩板结构。

串珠状溶洞地段路基采用桩板结构通过。

鲁南高铁岩溶路基整治处理措施如图 4.11-7 所示。

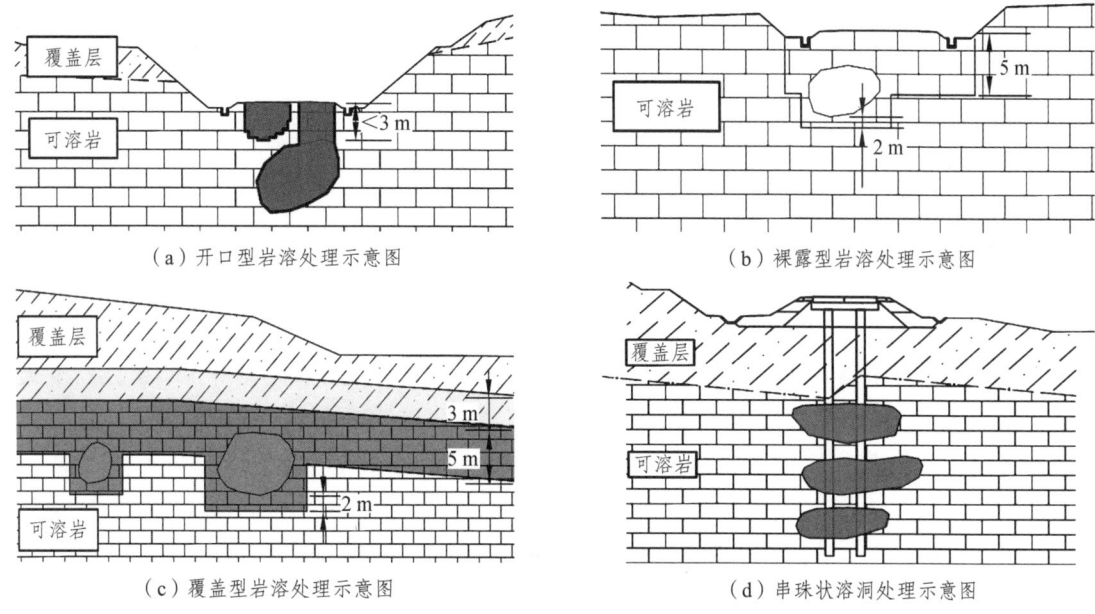

（a）开口型岩溶处理示意图

（b）裸露型岩溶处理示意图

（c）覆盖型岩溶处理示意图

（d）串珠状溶洞处理示意图

图 4.11-7　鲁南高铁岩溶路基整治处理措施示意图

3. 岩溶区桥梁的勘察设计对策及工程措施

（1）根据基础类型及岩溶发育程度布置勘探点，岩溶弱发育、中等发育区桥梁，每墩台布置 1～5 个勘探点，高墩、大跨等桩基数量较多的墩台应适当增加勘探点数量，岩溶强烈发育区桥梁逐桩钻探。

（2）勘探深度：勘探孔应钻至基底以下完整基岩不小于 10 m，在此深度内如遇溶洞，勘探深度应专门研究确定，必要时辅以孔内或孔间物探查明墩台基础以下空洞或溶洞发育情况，提出处理建议。

（3）根据岩溶桥梁展示图进行设计，必要时采用长短桩，确保桩底无溶洞发育或溶洞顶板厚度满足上部荷载要求。

4. 洞穴充填物及可溶岩风化层的勘察设计对策及工程措施

勘察过程中详细查明了洞穴充填物及可溶岩风化层的膨胀性，大部分地段具有膨胀土的特性，对桥梁桩基影响不大，主要为路基地段的处理，处理措施如下：

（1）完全清除低矮路堤、路堑基床底层范围内（正线无砟轨道基床底层厚度为 2.3 m，站线有砟轨道基床底层厚度为 1.9 m）膨胀土，并清除溶沟溶槽两侧、基底开挖后风化严重的岩层至灰岩弱风化层，基底采用 C25 混凝土回填找平。

（2）低矮路堤、路堑基底 C25 混凝土找平面距基床表层底面厚度大于 0.6 m，则其上采用级配碎石掺加 5% 的水泥填筑；厚度不大于 0.6 m 地段，采用同强度等级的 C25 混凝土回填至基床表层底面。

(3)基床表层采用级配碎石或 A 组填料填筑。

(4)当出现以下情况时,拟按照如下原则进行处理:

溶沟溶槽缝隙较窄难以清理的,于回填混凝土顶面内铺设钢筋网一层。

路堑基底溶沟溶槽较彩且难以清理的,于回填混凝土顶面内铺设钢筋网一层或于回填混凝土层上增设钢筋混凝土筏板。

回填混凝土面积较大处,于回填混凝土顶面内铺设钢筋网一层。

钢筋网铺设要求:HPB300 钢筋直径为 10 mm,纵横向间距为 100 mm,保护层厚度为 35 mm;回填混凝土强度等级采用 C35。

5. 岩溶塌陷的工程措施

勘察设计单位在勘察设计过程中对本线的岩溶塌陷进行了详细的调查、分析,并进行了岩溶塌陷评价预测。针对不同的工程类别,采用了合理的工程措施:路基段根据岩溶发育程度及岩溶塌陷评价预测标准,采用了岩溶注浆、形成隔水帷幕或桩板结构等工程措施;桥梁桩基础置于完整基岩一定深度内,确保桩底无溶洞发育或溶洞顶板厚度满足荷载要求;此外,高铁附近严禁开采地下水。

七、结语

可溶岩地区地质勘察一直是工程地质界的难题。岩溶的分布规律影响因素极多,且一般埋藏较深、不均匀性强,因此表现出偶然性大、"表里不一"等特点,其分布规律难以掌握。鲁南高速铁路临沂至曲阜段通过大规模岩溶区,通过多种勘察手段的应用,对岩溶发育特征进行汇总,总结岩溶发育规律主要受岩性、构造、可溶岩及非可溶岩的接触关系、地表水及岩溶水的运动特征等因素控制。本文通过分析本线主要的岩溶工程地质问题及其对铁路工程的危害,有针对性地提出了勘察设计对策及工程措施,保证了铁路施工及运营安全,并对其他岩溶地区铁路工程地质工作具有较好的参考价值。

第十二节　沪昆客专岗乌隧道 1 号横洞突水机制分析

沪昆客专岗乌深埋特长隧道属于沪昆客专贵州段内重点工程及控制工期隧道之一,穿越区域岩溶强烈发育,隧道施工过程中揭示多处大型溶洞,部分伴有突水、突泥现象,其中 1 号横洞工区 D1K871 + 775 ～ + 809 段突水、突泥规模之大、危害之强,严重影响了隧道的正常施工。本案例针对 1 号横洞发生的突发涌水突泥事故,分析了隧道区溶洞 - 暗河系统发育高程、与隧道关系、涌水突泥与大气降雨关系,提出了突水事故发生的机制、原因,强调位于垂直循环带内的可溶岩隧道,如果隧道内存在较大的溶洞 - 支洞系统,雨季时仍有突水突泥风险,施工及运营中要高度重视。本节由毛邦燕、张广泽、喻洪平撰写。

一、概况

沪昆客专岗乌深埋特长隧道位于贵州省安顺市境内,隧道全长 13 174.0 m。隧道进口位于岗乌镇弯腰树一带,进口里程为 D1K868 + 428,路肩设计标高为 1 177.8 m。出口位于光照电站下游约 1 km 处，出口里程为 D1K881+602，设计路肩标高为 868.9 m，设计为一单面下坡隧道。隧道设置 4 个横洞，其中 1 号横洞与正线相交于 D1K872+000，横洞与大里程的夹角为 70°，全长 1 595 m。

隧道位于云贵高原东部脊状斜坡南侧向广西丘陵倾斜的斜坡地带，属于长江水系珠江支流的北盘江水系。受北盘江及其支流深切，山高坡陡，沟深窄长。区内最高点岗乌镇南侧埋头山，标高为 1 592.2 m，最低点为北盘江河谷，标高为 585.4 m，相对高差为 1 006.8 m。隧道穿越区域主要以碳酸盐岩为主，具构造剥蚀~溶蚀槽谷地貌特点。槽谷的发育多与地层走向线一致，在可溶岩、非可溶岩交界边缘发育，呈线状分布。

隧道于 2012 年 4 月 25 日施工至 D1K871+805 时揭示一大型空溶洞，溶洞揭示初期地下水不发育，仅溶洞壁有少量地下水渗出。在等待溶洞处理方案的过程中，隧道于 2012 年 7 月 12 日大暴雨后发生突水、突泥事故，所幸并未造成人员伤亡。突水事故引起 1 号横洞洞口最大水流速度为 3.5 m/s，最大突水量为 5.7×10^4 m³/h，本次总计突水量为 2.28×10^5 m³。隧道突水于次日晚 9 时左右断流，只有溶洞远端有少许地下水流出。

值得注意的是，在隧道揭示空溶洞至突水期间该地区曾下过多次暴雨，降雨量比 7 月 12 日暴雨稍小，但溶洞处并未发生突水突泥现象；7 月 13 日突降暴雨发生突水事故至 10 月中旬，这期间该地区也曾降暴雨，溶洞处地下水均无明显增大现象，只有少量地下水流出。那么，为何会在施工一段时间后发生突水、突泥事故？而发生突水、突泥事故的机制是什么呢？本案例将对此进行探讨。

二、隧道岩溶地质环境

1. 地层岩性

隧道洞身主要穿越三叠系中统杨柳井组（T_2y）块状白云岩夹角砾状白云岩，底部见溶塌角砾岩，顶部为浅灰色灰岩。三叠系中统关岭组二段（T_2g^2）薄至中厚层状灰岩、蠕虫状泥质灰岩，夹少量泥质白云岩、白云岩及白云质黏土岩；泥质灰岩中时具石膏假晶和板柱状石膏晶簇。三叠系中统关岭组一段（T_2g^1）中厚层状泥质白云岩与紫红色、灰绿色泥岩、页岩交互成层，夹灰岩、泥质灰岩及盐溶角砾，局部含薄层石膏，底部为厚 2~5 m 的碱性玻屑凝灰岩与永宁镇组分界。三叠系下统永宁镇组第三、四段（T_1yn^{3+4}）上部为灰、黄灰色薄至中厚层状泥质白云岩、白云岩、角砾状白云岩，下部为灰、浅灰色中厚层至块状灰岩及深灰色泥质灰岩。

2. 地质构造

隧道区域位于云贵高原东部脊状斜坡南侧向广西丘陵倾斜的斜坡地带，隧道洞身穿越法郎向斜北翼，区内主要以大型复式褶曲构造为主。法郎向斜东段轴向为 290°，西段近东西向。核部地层为三叠系上统赖石科组（T_3ls），倾角在 10° 左右。两翼地层为三叠系中统竹杆坡组（T_2z）、杨柳井组（T_2y）。其中北翼地层倾向南，倾角为 50°~70°，南翼地层倾向北，倾角只有 25°~35°，褶曲呈不对称状，轴面倾向北。隧道区域内主要发育啦戛—河头上断层、啦戛—纸厂正断层、萝卜坡—旧屋基断层、葫芦井—樱桃窝断层、扒煤断层等断裂构造，其中与隧道相交的为葫芦井—樱桃窝断层，如图 4.12-1 所示。

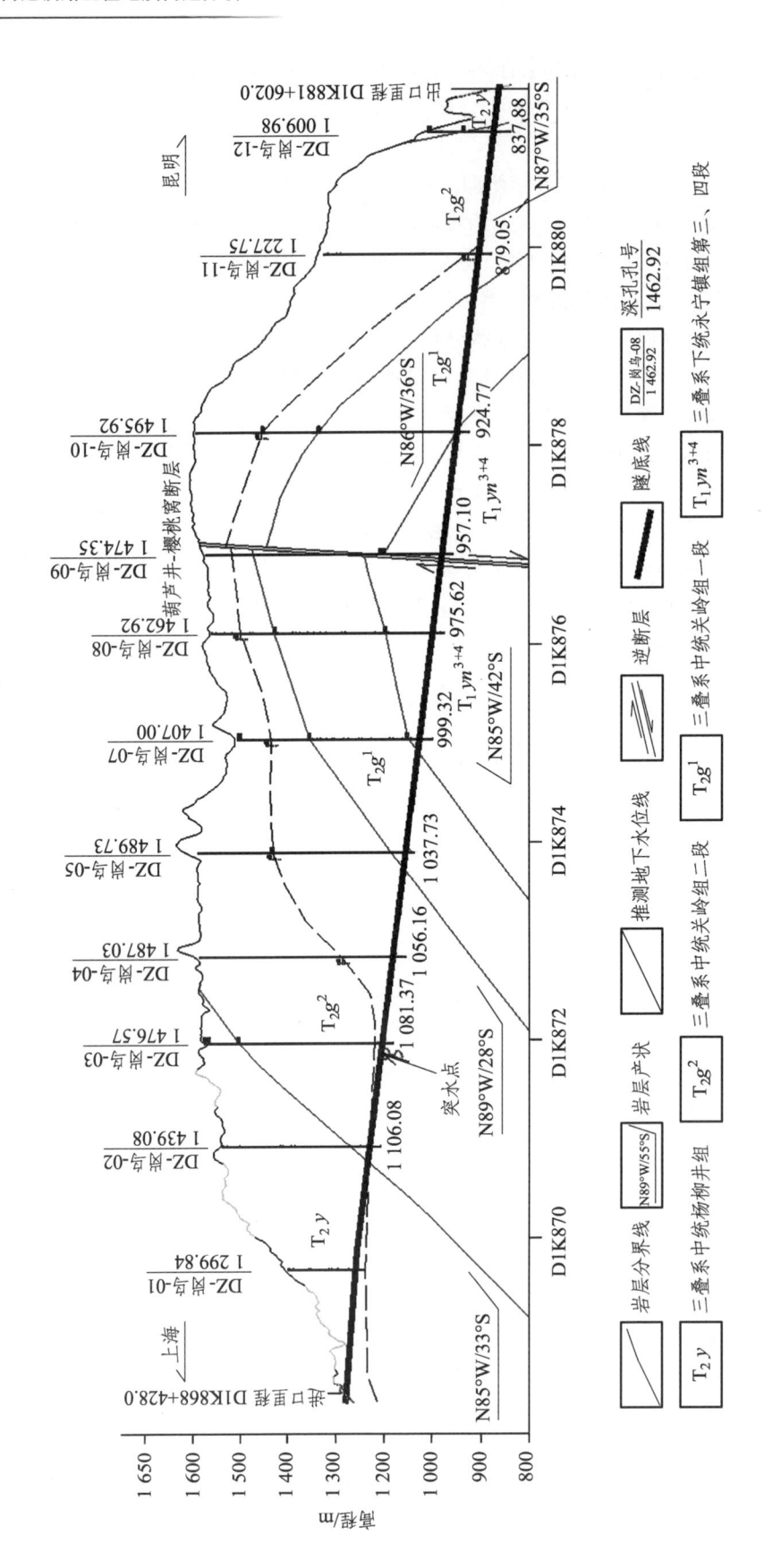

图 4.12-1 岗乌隧道纵断面图

三、岩溶发育特征及岩溶突水过程

1. 开挖及钻探揭示岩溶发育特征

2012 年 4 月 25 日上台阶掌子面里程 D1K871 + 805，上台阶线路左侧揭示横向发育一半充填溶洞，溶洞主要发育在隧底及线路右侧边墙及以外，左低右高，左侧发育至隧底以下 8 m，右侧发育至边墙外 55 m，并逐渐上升至隧道拱顶以上 5 m，溶洞底部充填洞壁坍塌堆积的块石及黏土，深度不详，地下水不发育，远处洞壁有滴渗水，在溶洞底部发现 D1K871 + 778 附近存在一个消水洞。经对该段隧底进行补充钻探及物探电磁波计算机断层扫描（CT），查明在 D1K871 + 773 和 D1K871 + 798 隧底 10～22 m 发育横穿线路的空溶洞，溶洞最高约 12 m，宽 2～5 m。根据资料推测，在该突水段落连接消水洞必有一个干的暗河系统存在，表明该段岩溶强烈发育，且主要以大型溶蚀空洞、干暗河系统等溶蚀现象为主，如图 4.12-2 所示。

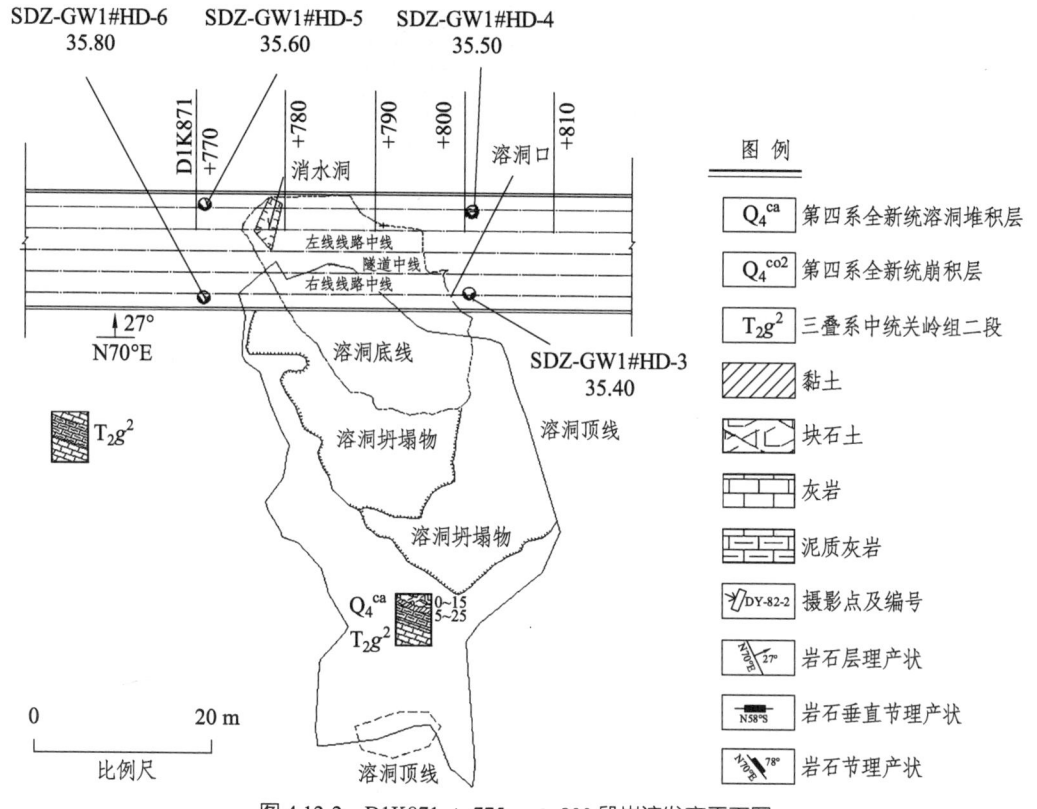

图 4.12-2 D1K871 + 775～+ 800 段岩溶发育平面图

2. 突水过程

2012 年 7 月 12 日晚 11 时开始降雨，由于降雨停电，洞内一直暂停施工。洞内值班人员在巡视过程中发现 D1K871 + 775～+ 809 段揭示溶洞内有少量水渗出，且不断增大。7 月 13 日凌晨 6 时出水量约 100 m³/h，至 6 时 50 分横洞内突然涌水，经测横洞洞口路面水深约 60 cm，流速为 3.5 m/s，出水量约 5.7×10^4 m³/h，造成洞口施工场地被冲毁，并将一辆出渣车冲至沟底（图 4.12-3）。上午 8 时 10 分，施工队采用装载机运输人员进洞查看情况，但在主洞和横洞交叉处（线路里程D1K872+700）由于水太深装载机已无法开进，上午9时20分，施工队再次用装载机运输人员进洞查看情况，但开至横洞H1D1K1+090处时，装载机无法前行。上午11时经测横洞洞口路面水深约30 cm，流速为1.85 m/s，出水量约1.5×10^4 m^3/h，出水量趋于稳定。至14日晚9时左右断流，突水点几乎断流，只有溶洞远端有少许地下水流出（图4.12-4）。根据推算，本次总涌水量约为3.4×10^5 m^3，且携带大量泥沙。

图4.12-3　洞口出渣车冲至沟底

图4.12-4　D1K871+809~+775段溶洞突水后情景

3. 雨季突水段地下水情况

隧道D1K871+775~+809段于2012年7月13日发生突水事件后，经过一个水文年的观察，目前突水段落在雨季时能听到充填物（碎石、块石堆积）底部有细小的流水声，但突水点无明显地下水流出。

四、岩溶突水类型及机制研究

1. 岩溶突水段水动力特征

勘察期间于D1K871+970右20 m处施工了深孔钻探，钻孔揭示地下水位为1 103.43 m（枯季），地下水位位于隧道洞身附近，如图4.12-1所示。由此可以判断，隧道突水段落D1K871+775~+809位于季节变动带与水平径流带的交接部位，该带内岩溶地下水动力特征复杂多变，地下水的水平流动和垂直流动呈间歇性交替变换，枯季岩溶地下水以垂直运动为主，雨季岩溶地下水以水平运动为主。

2. 岩溶突水来源

根据区域资料，结合对岗乌隧道区域岩溶发育情况调查表明，隧道区域内干溶洞在垂向上的分布主要集中在3个高程带，且与充水溶洞（地下河）的分布标高大致对应，充水溶洞（地下河）标高略低150~200 m。区域内第一个干溶洞分布高程为1 300~1 400 m，充水溶洞高程为1 150~1 300 m；第二个干溶洞分布高程为1 100~1 200 m，充水溶洞分布高程为900~1 000 m；第3个干溶洞分布高程为750~950 m，充水溶洞高程为550~750 m。突水段落隧底标高为1 106.661~1 107.286 m，可以推测隧道突水段落岩溶水水源主要来源于区域内第一个充水溶洞（地下河）标高段，即 1 150 ～ 1 300 m 范围内。

3. 突水模式及成因机理分析

1) 突水量与时间延续之间的关系

本次突水初期只有少量的地下水渗出，之后水量不断增大，7 h 后水量达到最大（表现为突水），随着时间的推移，涌（突）水量慢慢衰减，44 h 后原始出水点基本断流，局部渗水。从本次突水过程来看，其涌水量与时间之间的对应关系符合图 4.12-5 中曲线 b 类型，表明该次突水与消耗静储量岩溶地下水关系密切。

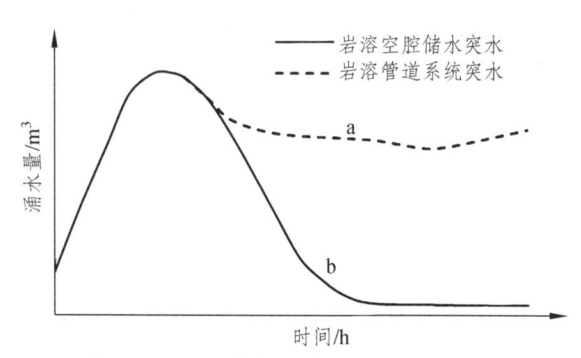

图 4.12-5　隧道突水量动态变化对比示意图

2) 突水量与降雨量之间的关系

本次突水发生在暴雨后的 6 ～ 7 h 之内，根据资料显示，7 月 12 日晚 6 点开始降雨，日降雨量为 92.4 mm（图 4.12-6），虽然突水具有滞后性，但突水与暴雨密切相关。暴雨导致岩溶地下水水位迅速抬升，尤其是储水溶腔中的水位上升，使隧道洞身以上静水水压迅速增大，当静水压力达到一定程度时，可以突破隧道壁薄弱部位（劈裂作用）或者疏通隧道与储水溶腔之间的充填管道，而引起突水。由图 4.12-6 可知，本次突水前 5、6 月均有不同程度的降雨，其中最大为 5 月 18 日，日降雨量为 85.6 mm，均未发生突水，但 7 月 12 日降雨量为 92.4 mm 时即发生突水事故，表明该次突水的临界日降雨量在 85.6 ～ 92.6 mm 之间。

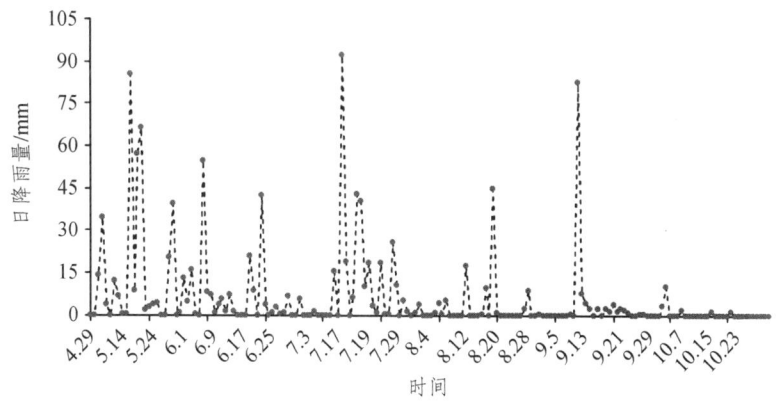

图 4.12-6　关岭地区日降雨量统计图（2012-4-29—2012-10-31）

注意：资料来源于贵州省人民政府防汛抗旱指挥部办公室（http://www.gzfxb.gov.cn/）。

另外，根据对涌水量的监测，本次总涌水量约 $Q = 3.4 \times 10^5 \, \text{m}^3$。D1K871 + 775 ~ D1K874 + 000 段地表洼地、落水洞发育，采用洼地入渗法对该溶洞涌水量进行估算。根据调查，引起隧道涌突水汇水面积约为 2.86 km²，该段地表洼地、落水洞发育，入渗系数取 0.75，降雨持续 7 h，估算涌水量 $Q = 1.93 \times 10^5 \, \text{m}^3$，对比实际涌水量与计算涌水量，两者之间相差 $1.47 \times 10^5 \, \text{m}^3$，表明本次突水消耗了 $1.47 \times 10^5 \, \text{m}^3$ 的静储量。

综上，该种类型的突水主要是在开挖隧道上方一定高度范围内存在一大型的溶蚀空间，溶蚀空间内储存有大量的岩溶水，溶蚀空间与隧道之间的裂隙、管道均被充填，在突降暴雨静水压力剧增及隧道施工开挖爆破双重影响下，隧道与静储量溶蚀空间之间的薄弱（充填裂隙、古岩溶管道）部位被击穿，形成静储量-暴雨型岩溶涌突水。该种突水模式主要特点为地点的不确定性、时间的偶然性，但突水均与降雨密切相关。隧道施工中如遇大型溶蚀空间，且明显发育有消水洞的干、潮湿型溶洞，很可能发生该种类型的突水突泥，在处理溶洞时不能随便回填通过，须尽可能考虑足够的排水措施。若处理不当，在施工阶段及运营阶段都将可能发生严重的事故。

五、结论和建议

（1）沪昆客专岗乌深埋特长隧道属于沪昆客专贵州段内重点工程及主要控制工期隧道之一，隧道工程地质、水文地质条件比较复杂，隧道穿越区域岩溶强烈发育，隧道施工过程极易发生岩溶水突水突泥事故。

（2）岗乌隧道1号横洞 D1K871 + 775 ~ + 809 段发生突水突泥事故主要在突降暴雨静水压力剧增及隧道施工开挖爆破双重影响下，隧道与静储量溶蚀空间之间的薄弱（充填裂隙、古岩溶管道）部位被击穿，形成静储量-暴雨性岩溶涌突水。其特点主要为地点的不确定性、时间的偶然性、突水与降雨关系密切。

（3）对于隧道开挖过程中揭示有大型溶蚀空间，且明显发育有消水洞的干、潮湿型溶洞，在工程处理措施上要非常谨慎，不能随便回填通过，要进行详细调查、分析，并计算溶洞可能存在的最大涌水量，设置足够的排水措施，防止在施工及运营过程中发生静储量-暴雨型岩溶涌突水事故。

（4）之前广泛认为隧道处于岩溶垂直循环带内时出现突水突泥的可能性较小，岗乌1号横洞突水突泥事故表明，在施工及运营期间如遭遇百年一遇的突降暴雨，隧顶之上静水压力陡增，可能发生突水突泥事故，严重影响施工及铁路运营安全。

第十三节 贵南高铁朝阳隧道出口平导突水原因及后续风险分析

2018年6月10日，朝阳隧道出口平导暴发大规模岩溶突水突泥，持续时间约1 h，突出泥水约 $1.6 \times 10^6 \, \text{m}^3$。施工单位需要在突水原因分析的基础上，完成后续施工风险预测及排水方案研究。突水突泥掌子面前方有水头高达87 m的巨型溶腔及管道系统，平导开挖揭穿溶腔底部后，大量有压水流携带泥沙快速涌入平导并以较大动能冲出洞外。隧道出口段岩溶水系统接受降雨入渗补给且径流通畅，长时间的降雨-涌水量关系监测成果显示极端暴雨后平导最大涌水量为 5×10^4 m³/h。地下水位已降至平导底板高程，在排水通畅的前提下，后续施工中再遭遇突水突泥的风险低。本节由付开隆、周羽、韦正雄撰写。

一、前言

岩溶系统的发育与分布在很大程度上受地层、构造、地形和地貌条件等因素的综合控制与影响。在我国西部强岩溶发育地区，越来越多的长大深埋隧道存在突水突泥的风险。由于隐伏岩溶水体位置、规模以及体量具有不确定性，突水模式与类型异常复杂，隧道掌子面的突水风险系数极高。

突水突泥灾害的形成和发生，必须具备4个基本条件：一是特殊的地质构造基础，二是足够的填充物质条件，三是丰富的地下水源影响，四是人为的开挖扰动激活。隧道突水灾害由灾害源、突水通道与隔水阻泥结构3部分组成：① 灾害源是原动力，即由一定空间内的水体、堆积体及空腔构成的混合体，具有明显的储能特征，灾害源是突水灾害发生的首要因素；② 突水通道是灾害源的优势运移通道，即地下水、泥沙等混合体耦合演化的运移途经场所，突水通道是突涌水灾害发生的必要条件；③ 隔水阻泥结构是灾害源进入隧道的最后屏障，即最终突水破裂口所在结构，其破裂突水是由前端灾害源运移和掌子面施工扰动共同诱发的动力破坏过程。根据岩溶发育形态和规模不同，岩溶类致灾构造可分为3种形式，即溶蚀裂隙型、溶洞溶腔型、管道及地下暗河型。

二、概况

1. 工程概况

贵南高铁为连接贵阳与南宁之间的双线电气化高速铁路，设计速度目标值为 350 km/h，线间距为 5 m。朝阳隧道位于贵州省东南部，为双线单洞隧道，进口里程为 DK159+802，出口里程为 DK172+536，全长 12 734 m，最大埋深为 386 m，隧道净空面积为 100 m²。隧道轨面高程为 782～468 m，由进口到出口逐渐下降，采用 22.7‰～25‰ 的单面下坡。全隧采用"2横洞+2平行导坑+1斜井"的辅助坑道施工方案，平导位于正洞左侧，平导中线与左线线路相距 30 m，低于正洞 3 m，采用无轨单车道运输，内净空尺寸为 5.0 m（宽）×6.0 m（高）。隧道于2016年初开工建设，2021年贯通。隧道辅助坑道设置如图4.13-1所示。

2. 地质概况

1) 地形地貌

朝阳隧道位于贵州荔波县城以西，地处贵州高原南部向广西盆地过渡的斜坡地带，大地构造单元为扬子准地台，地势总体东北高、西南低。隧道区域为北北东向背斜、向斜的相间排列，对地貌类型的空间分布起着控制作用，山脉和水系均顺应褶皱构造走向呈北北东向发育，地貌整体呈山岭与槽谷相间分布的特点；同时，受横张裂隙控制，存在一系列切穿主构造线的横向沟谷。

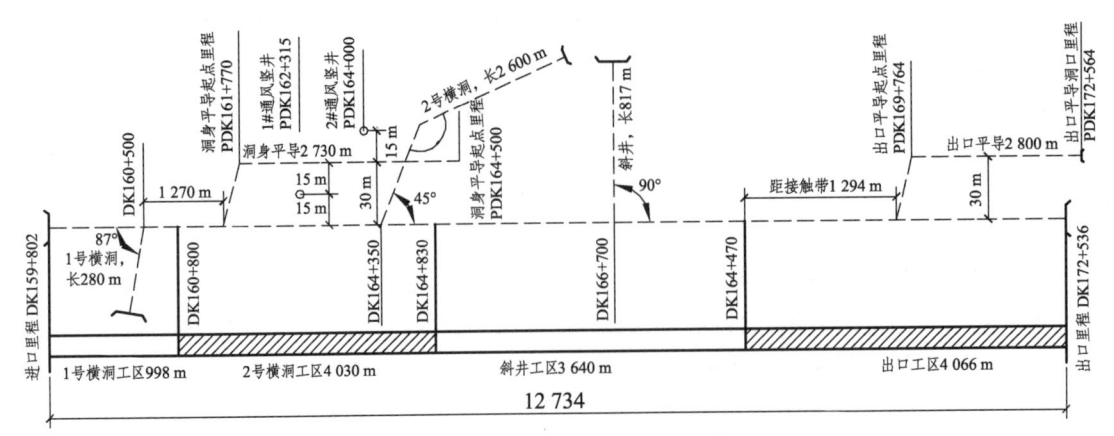

图 4.13-1　朝阳隧道辅助坑道设置示意图

隧道出口段为倾斜状中低山溶蚀峰丛地貌区，地形起伏较大，山顶高程为 1 105 m，相对高差最大达 700 m，自然坡度一般为 20°~55°，局部形成陡崖，植被较发育。地表洼地、落水洞、溶洞极为发育。隧道出口外为荔波县城所在的樟江向斜谷地区，樟江高程约 400 m，谷地延伸方向为 N30°E，宽约 4 km，谷底平缓。

2）地质构造及地层岩性

隧道穿越区域性的宽缓对称背斜——水利背斜，背斜轴向为 N30°E，同隧道方向交角约 70°，隧道的进出口分别位于水利背斜的北西翼和南东翼。背斜轴部地带形成分水岭，位于隧道中部，岩性为石炭系下统大塘阶旧司段（C_1d^1）泥灰岩夹页岩、炭质页岩、砂岩。两翼分别为大塘阶上司段（C_1d^2）厚层灰岩、石炭系中统黄龙组（C_2hn）灰岩、上统马平组（C_3mp）灰岩，二叠系下统梁山组（P_1l）石英砂岩、砂岩、页岩夹煤层，下统栖霞组（P_1q）中厚层状灰岩，下统茅口组（P_1m）厚~巨厚层状灰岩，上统长兴+吴家坪组（P_2w+c）中厚层状灰岩、硅质岩、页岩夹煤层，如图 4.13-2 所示。

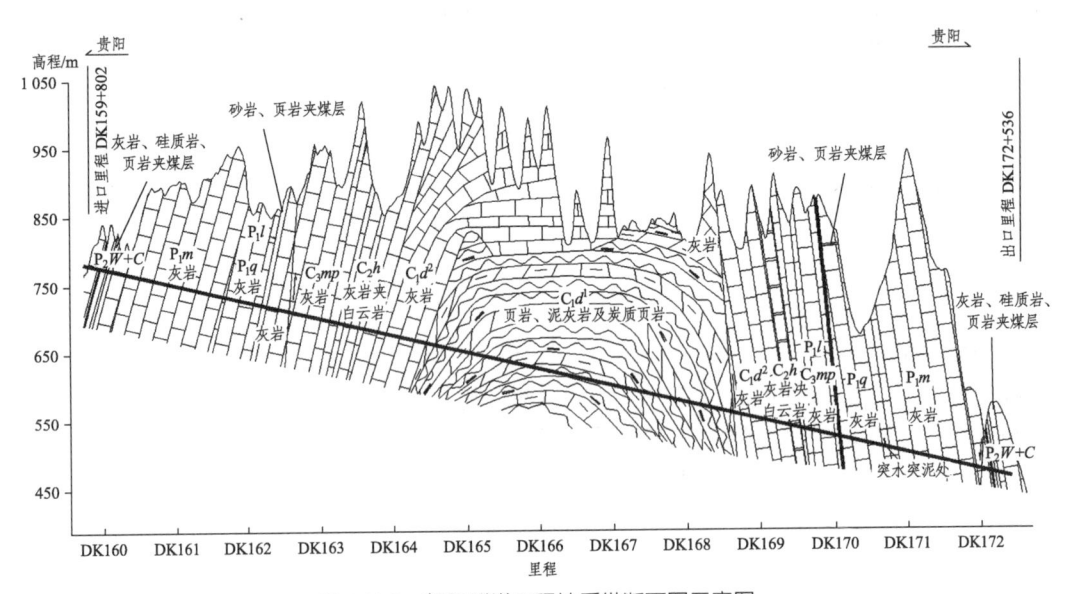

图 4.13-2　朝阳隧道工程地质纵断面图示意图

3) 水文地质条件

大塘阶旧司段（C_1d^1）和梁山组（P_1l）均为非可溶岩地层：大塘阶旧司段（C_1d^1）位于背斜核部，地层巨厚，具备充分的隔水能力，加之岩层缓倾，形成了天然的地表及地下分水岭；梁山组（P_1l）岩层厚度较薄，受横向构造切割影响，局部位置不具备隔水能力，因而地下暗河系统可局部穿过该地层。

长兴+吴家坪组（P_2w+c）的岩性可分上下两段：下段以灰岩为主，与茅口组（P_1m）灰岩接触；上段岩性为硅质岩、页岩夹煤层，岩层较厚，具备隔水能力。由背斜核部流向樟江的地下水一般于长兴+吴家坪组（P_2w+c）上、下段接触带以泉或暗河的形式排泄于地表。

背斜两翼广泛分布的大塘阶上司段（C_1d^2）、黄龙组（C_2hn）、马平组（C_3mp）、栖霞组（P_1q）、茅口组（P_1m）厚~巨厚层状灰岩，岩质纯，地表漏斗、洼地、落水洞、溶洞等岩溶现象极为发育，为表水下渗汇集径流提供了非常有利的条件，可溶岩段无长流地表水系。

降雨发生后，非可溶岩段的汇水主要通过可溶岩与非可溶岩接触带入渗，可溶岩段的汇水则直接通过地表负地形下渗进入地下岩溶系统。受地形地貌及横向断裂控制，除局部地段地下水渗流方向是顺构造线方向以外，入渗地下水以基本垂直于背斜轴向并分别向北西翼（隧道进口端）的地莪河和南东翼（隧道出口端）的樟江排泄为主，因而形成了一系列切穿主构造线的横向沟谷及地下暗河。地莪河及樟江分别为隧道进、出口端地下水的排泄基准面。隧道出口端水文地质平面图如图4.13-3所示。

图 4.13-3 朝阳隧道出口端水文地质平面图

三、突水突泥过程

1. 掌子面探查情况

2018年5月30日，出口平导开挖到PDK170+674处。掌子面超前钻孔发现前方存在异常情况，便暂停掘进，开展了 10 余天的加强超前探查。具体情况见表 4.13-1。

表 4.13-1 突水突泥前掌子面异常情况及探查过程

序号	日期	时间	降雨情况	勘探情况	预报结论及异常情况
1	5月24日			地震法物探	PDK170+724 掌子面实施隧道超前地震（TSP）法超前地质预报：PDK170+707、PDK170+683 及 PDK170+656 附近、PDK170+624~+610 段裂隙较发育或溶蚀夹泥，局部含水
2	5月26日			超前钻探	PDK170+709 掌子面进行超前地质钻探作业，施作钻孔1个，总钻长30 m；冲洗液呈灰白色，流量无变化，冲击声清脆，钻进时无卡钻、突进现象，无水，岩性主要为灰岩，岩质硬
3	5月30日	4:30—8:30	无	超前炮孔	PDK170+674 掌子面实施超前炮孔：底板中心钻孔出现浑浊水流，压力逐渐增大，喷射约10 m，6时许水由浊变清，8时30分停止出水
4	5月30日	9:00—12:00	无	超前炮孔	PDK170+674 掌子面补钻剩余超前炮孔：底板中心偏右及右侧2个钻孔出现浑浊水流，喷射约10 m，至12时，水色变清但水量、水压一直未减；之后又在出水点上方水平钻孔探测，共钻孔8个，其中3个孔在底板上约40 cm处出现浑浊水流，喷射距离为15~20 m，涌水量为744 m³/h，水量未见减小但有变清趋势
5	5月31日		持续降雨	地质雷达	PDK170+674 掌子面实施了地质雷达探测：PDK170+669.5~+667 段裂隙或溶蚀较发育~发育，含水；PDK170+662 附近及 PDK170+652~+649 段掌子面右侧裂隙或溶蚀较发育
6	5月31日—6月1日		持续降雨	无	PDK170+674 掌子面：5月31日上午，洞内流量为570 m³/h；至6月1日，逐步增大至1 100 m³/h后趋于稳定
7	6月3日	0:50	无	无	PDK170+674 掌子面：所有出水孔全部停止出水，近段时间总出水量估算大约10×10⁴ m³
8	6月3日	11:40—15:40	无	爆破开挖	现场实施爆破开挖，开挖进尺为3 m，掌子面推进至 PDK170+671；13时50分出渣结束时突发涌水涌泥（2 h内涌水涌泥约3×10⁴ m³），15时40分停止涌水涌泥，仅剩少量水缓慢流出，水量、水质稳定
9	6月5—7日		无	清淤	PDK170+671 掌子面：6月5日12时开始清淤，6月7日清出掌子面，在底板右侧见一宽约2 m、高约0.5 m的溶洞，有少量水缓慢流出，无压力

续表

序号	日期	时间	降雨情况	勘探情况	预报结论及异常情况
10	6月8日		无	地质雷达	PDK170＋671掌子面：预报里程范围为PDK170＋671～＋641，PDK170＋667～＋663段及PDK170＋660附近裂隙或溶蚀较发育，局部含水
11	6月9日	21:12	无	超前钻孔	PDK170＋671掌子面：在底板上1 m位置进行超前水平地质钻孔，向正洞方向夹角45°钻孔至5.5 m时，夹钻无法继续钻进；在边墙位置向正洞方向钻孔，钻至9 m时，夹钻无法继续钻进
12	6月10日	8:30	无		PDK170＋671掌子面：进洞观察掌子面出水点，出水点缓缓流水，水量水质未发生变化，无压力

5月30日，平导PDK170＋674掌子面实施超前炮孔后，底板附近的1个炮孔先喷射浑浊水流后停止出水，在1号孔近旁补充钻孔继续喷出浑水，喷射距离为15～20 m，持续流水至6月3日凌晨后全部钻孔都停止出水。超前炮孔探查距离为5～6 m，掌子面上部未出水而下部涌出有压泥水，说明掌子面上部距溶腔较下部远。掌子面底部的第1个超前炮孔停止出水后，在其旁边补充实施的超前炮孔却涌出泥水且喷射距离达20 m，说明第1个炮孔停止出水的原因不是水流干了，而是炮孔被泥土或碎块石堵住了。6月3日上午爆破开挖后涌水情况说明，在掌子面补充实施的炮孔中所存在的先喷出有压泥水而后停止出水现象，原因也是炮孔被泥土或碎块石堵住了。

6月3日上午，现场实施爆破开挖，掌子面里程推进至PDK170＋671处。开挖后，在掌子面底部见到小溶洞并涌水涌泥，至当日下午却又停止涌水涌泥。分析其原因为在爆破开挖将掌子推进至PDK170＋671后，掌子面底部已揭示了前方大溶腔底部的极小区域，前方溶腔内的泥水快速涌出并淤积在平导内。6月5日平导内清淤结束不再涌水涌泥，有可能是前方溶腔内的泥水已流干，也有可能是因为溶腔内所充填的卵石、碎石等较大颗粒物堵住了爆破揭示的小规模溶洞口，后续爆破开挖后的突水突泥过程证明实际情况属于后者。

2. 突水突泥过程

6月10日9时56分，在PDK170＋671掌子面左下角实施爆破后，平导内暴发了突水突泥。伴随着空气压缩后推移的飕飕声和泥土与洞壁摩擦的隆隆声，大量的水夹泥以巨大能量喷涌而出。平导洞内开挖台架（距离洞口1 800 m）、二衬台车（距离洞口716 m）均被泥水冲出洞外，洞口3台风机、应急物资库及值班房被整体冲毁，钢构件库房及挡墙部分损毁。下游损毁耕地约3.3 hm³，污染下游群众住房约20户，污染道路约3 km。持续大约1 h后出水量下降，平导内水（泥）痕高度为2.5 m，涌出含泥水总量约$160×10^4$ m³。正洞较平洞高3 m，所以正洞内的设施未受影响。突水突泥后洞口施工场地毁损及下游河道淤积情况如图4.13-4和图4.13-5所示。

分析6月10日于PDK170＋671掌子面的爆破，由于掌子面下部已接近前方大溶腔底部，加之用药量较大，爆破揭露的空间直径超过了前方溶腔下部卵石、块石直径，在高水头水压力的作用下前方溶腔内的大量泥水涌入平导的速度快、能量大，卵石及碎块石不再能堵住洞口，突水突泥不可避免。

图 4.13-4　下游河道淤积情况

图 4.13-5　洞口施工现场毁损情况

四、突水突泥原因分析

1. 洞内调查及分析

在连续多日未降雨、出口平导涌水量趋于稳定后，现场组织人员进洞勘察。除平导出口附近存在少量的淤积土外，整个平导范围内泥沙淤积极少，尤其是靠近掌子面附近的平导底板及洞壁被冲刷得干干净净，说明掌子面前方溶腔内的泥沙类充填物位于溶腔下部，突水突泥发生后，底部含泥沙量较大的泥水先涌出，之后溶腔周边岩溶系统内的储集岩溶水快速补充进入溶腔后，水变得越来越清，冲刷力越来越强，把之前淤积在洞壁及底部的淤泥冲刷干净了。在 PDK170+671 掌子面左下角顺爆破小洞前行约 2 m 即可进入导致突水的岩溶大厅。该岩溶大厅整体顺岩层层理发育（层理走向与平导方向大角度相交，倾向隧道出口端），PDK170+671 掌子面爆破后揭穿了溶腔底部。溶腔顺层理倾向方向延伸约 60 m，左右侧宽约 40 m，平均高度约 5 m，可见容积约 12 000 m³。在溶腔顶部，可以见到较多的溶蚀空洞或裂隙向上延伸，部分充填淤泥，部分为空洞。在溶腔两侧，可以看到厚约 4 m 的充填溶蚀带，在平导左、右两侧顺着层理走向延伸。在溶腔底部，残存着厚 0.5~2 m 的淤泥，洞壁局部位置也残存少量淤泥夹碎块石。除向平导左右两侧延伸的溶缝及顶部的支洞外，溶腔洞壁整体完整性较好，未见规模较大的危岩体。溶腔内残存少量淤泥夹碎块石的情况，进一步证实了隧道未开挖揭示前溶腔下部充满流塑状淤泥，PDK170+674 掌子面实施的超前炮孔及爆破开挖，均揭穿了底部流塑状淤泥层，在较高水头的作用下发生了水夹带淤泥涌出的现象，一旦溶腔内的碎块石等堵住了钻孔或揭示的小溶洞口，则涌水涌泥现象停止。

大厅后缘底部（小里程端）见一处水潭，潭水清澈，水深 1~2 m，有水流自水潭后部的陡壁下流出，在流量 500 m³/h 左右。经过后续观察，水潭后缘流出的水在雨后变浑，流量随降雨量增大而增加。在发生较大规模的降雨后，隧道顶部及周边的空溶洞也存在水流涌入平导的现象，说明雨季隧道周边整体补给范围很大，岩溶系统贯通性很好，这进一步解释了突水突泥排泄体积（$160 \times 10^4 \text{ m}^3$）远远大于掌子面前方溶腔容积（$1.2 \times 10^4 \text{ m}^3$）的情况。

2. 地表调查及分析

出口平导于PDK170 + 671掌子面突水突泥发生后，图4.13-3标注的各条暗河水量未受影响，说明涌入隧道的水流对应的地下水系统独立于各条暗河，其补、径、排条件与各条暗河互不相干。而位于DK171 + 520左侧828 m（距突水突泥掌子面1 196 m）的鱼胆水库水源大泉（泉点高程490 m）则发生了水流量大大减少甚至干涸的现象。在隧道开工前，该泉点水量具有随降雨量变化暴涨暴跌的特征：2016年1月旱季测得泉水流量为108 m³/h，水质清澈；雨季暴雨后每小时流量达到数万立方米，且水质浑浊。泉点下方为1964年1月修建的鱼胆水库，水库拦水用作饮用水源及灌溉，水库容量为$12.5 \times 10^4 \text{ m}^3$。

分析隧道出口段开挖前，对应于发生突水突泥处的地下水系统排泄点就在鱼胆水库水源大泉处。故在原勘察阶段认识到的暗河的基础上还存在以鱼胆水库水源大泉为排泄点的地下水系统，该系统汇水及径流、排泄条件直接与出口平导开挖过程中发生的突水突泥相关联。该地下水系统属于分散补给后集中排泄的类型，源头的补给点位于可溶岩与非可溶岩分界线处，为非可溶岩段表水汇集后的集中入渗点，有长年汇水流入（图4.13-3）。

平导发生突水灾害后，大泉水流量大大减少，平时基本上没有水流出，雨后也仅有少量浑水。这说明平导涌出的地下水，实际上是截流了鱼胆水库水源大泉的补给源，原来长期于大泉流出的岩溶水，隧道施工后直接从平导内流出。

3. 突水突泥原因

勘察阶段在PDK170 + 640处深孔内测得雨季地下水稳定水位高程为577 m，地下水位高于平导掌子面底面84 m，溶腔底部静水压力达到0.84 MPa。平导开挖至PDK170 + 671掌子面后，超前钻孔遇到了前方溶腔底部的高压含泥水，因此涌出含大量泥沙的浑水并喷射较远。由于超前钻孔孔径较小，溶腔底部充填的泥沙及碎块石容易堵塞钻孔，故掌子面钻探穿过溶腔后存在先涌浑水，再涌清水，最后不再涌水的情况。当补充钻孔进入涌腔后，重复了打通—部分堵塞—全部堵塞的过程。由于现场分析不细，麻痹大意，以为不再出水的原因是钻孔前方溶腔不再有水，在准备不充分的情况下贸然放炮揭开溶腔，造成较大事故。

本次灾害属于溶腔型致灾，属于在隧道开挖过程中逐渐靠近致灾构造并最终直接将其揭露的情况。致灾构造内水体和充填介质在重力和水压力作用下喷射而出，涌入隧道发生突水突泥灾害，属于直接揭露型突水突泥。

掌子面前方所揭示的溶腔容积约$1.2 \times 10^4 \text{ m}^3$，而突水后1 h内涌出水量达到$1.6 \times 10^6 \text{ m}^3$。突水后短时间内涌出水量体积远大于溶腔容积，说明突水水源不是仅限于掌子面前方的溶腔，而是来源于整个与溶腔相关联的岩溶水系统。掌子面前方岩溶极为发育，溶腔、管道之间彼此相通，掌子面开挖揭示溶腔并降低水位后，周边岩溶系统中的地下水迅速补充进入溶腔，周边溶腔系统中的地下水位下降到与掌子面溶腔水位基本一致后，平导内的涌水量才能基本稳定下来。

五、后续施工风险分析

1. 出口平导对应地表汇水面积

岩溶地区洼地是流水溶蚀、侵蚀共同作用的产物。位于径流形成区的洼地,以圆形小洼地居多,其底部高程是流域中最高的,称为"高洼地带";处于地表径流汇集和排泄带的洼地,规模一般较上游及两侧为大,多形成为长条形,其底部高程较低,称为"低洼地带"。许多实例表明,高洼地带的分布与地下分水岭相关,其主峰连线表示地下水系的分水岭,而低洼地带的分布则与地下暗河相关,表示地下暗河所在。根据以上边界条件分析方法,确定隧道出口端平导对应地表汇水面积为 6.423 km^2,具体汇水范围如图 4.13-3 所示。

2. 出口平导涌水量观察

为进行隧道出口涌水量观测,施工单位专门在隧道出口采用半自动涌水量监测仪,原则上每隔 2 h 监测一次。监测时间自 2018 年 7 月 6 日开始,至 2019 年 12 月 31 日结束。出口平导雨季涌水量一般为 500 ~ 5 000 m^3/h,暴雨后极端最大涌水量达 38 329 m^3/h;旱季一般涌水量为 100 ~ 500 m^3/h,最小涌水量为 50 m^3/h。经统计,2018 年 7 月 6 日—2019 年 12 月 31 日累计涌水量 689.7 × 10^4 m^3。

为进行降雨观测,施工单位专门在隧道顶部架设了雨量自动监测系统。降雨量每隔 1 h 自动监测一次,监测时间自 2018 年 7 月 6 日开始,至 2019 年 12 月 31 日结束。监测期间累计降雨量为 2 138.93 mm,小时最大降雨量为 41.2 mm,日最大降雨量为 91.4 mm。结合隧道出口端对应的地表汇水面积 6.423 km^2 考虑,监测期间出口平导汇水对应实际降雨体积为 1 373.8 × 10^4 m^3。结合相同时间内出口平导累计涌水量分析,降雨入渗后转化为地下径流并经出口平导排出洞外的水量占降水总量比重为 689.7/1 373.8 = 0.5,这里可以理解为本区域降雨入渗系数为 0.5。

3. 后续施工突水风险分析

在为期 1 年的观察周期内,雨季一般涌水量为 500 ~ 5 000 m^3/h,旱季一般涌水量为 100 ~ 500 m^3/h;暴雨后测量到的极端最大涌水量达 38 329 m^3/h,长时间未降雨后测量到的最小涌水量为 50 m^3/h。

隧道出口段属于基本上没有覆盖层的岩溶地下水系统,地表漏斗、落水洞及地表河流与地下暗河连通性好,雨后降水通过落水洞直接灌入地下暗河,管道流响应快速,流量在雨后骤然增大数倍至数十倍。短时间内的集中降雨输入对于含水系统来说就是一个脉冲信号,它必然会引起系统的快速响应,通过连续数月的降雨量及出口平导涌水量加密观测(每小时 1 次)资料分析,主要管道流对暴雨响应的滞后时间一般仅 10 ~ 24 h(图 4.13-6)。

突水后山体内的静储量已得到充分释放,掌子面地下水位已降至平导底板高程。在后续隧道开挖过程中,所遭遇的地下水水头较小,因而隧道开挖风险较低,在保证排水通畅的前提下不会再遭遇大规模涌突水灾害。

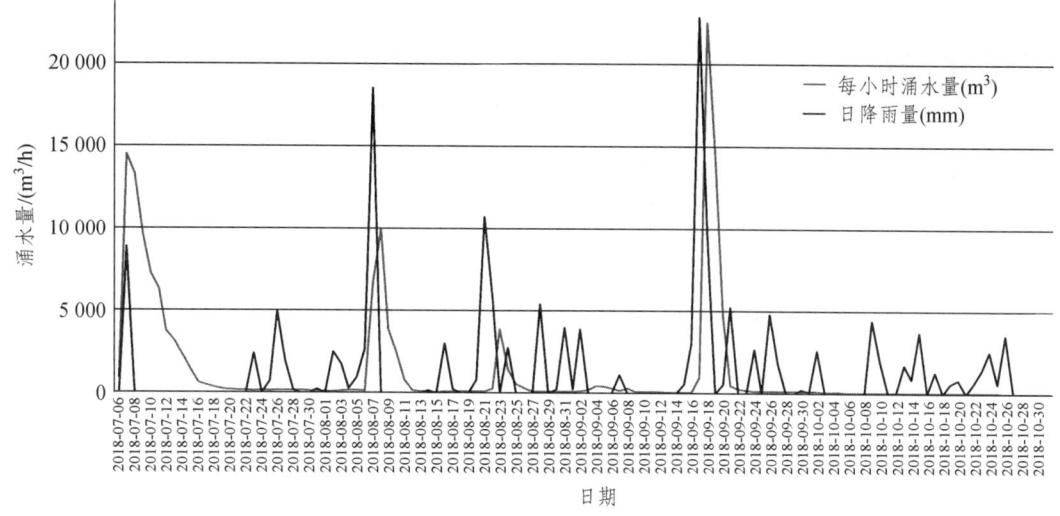

图 4.13-6 降雨后隧道出口涌水量随时间响应曲线图

六、结语

（1）朝阳隧道出口平导突水属于以溶腔型为主的突水灾害，突水过程得到了周边岩溶水系统的及时补给，突水量达 $160 \times 10^4 \text{ m}^3$，远大于掌子面附近的大溶腔容积。

（2）出口平导开挖至 PDK170 + 671 处时，揭示了半充填型饱水溶腔，地下水面与平导底部高差达 84 m，岩溶系统含水量大，水头高差较大，所以突水规模大，破坏严重。

（3）在平导掌子面超前钻孔钻至含泥饱水溶腔后多次出现涌水—堵水—疏通后再涌水—再堵水的过程，说明溶腔下部淤积很严重，排水不通畅。在饱水溶腔地下水未有效排放的情况下贸然爆破开挖，势必会产生严重的突水灾害。

（4）通过分析研究隧道出口端水文地质条件，明确隧道出口段地下水汇水面积为 6.423 km^2。突水后山体内的静储量已得到充分释放，掌子面地下水位已降至平导底板高程。在后续隧道开挖过程中，所遭遇的地下水水头较小，因而隧道开挖风险较低，在保证排水通畅的前提下不会再遭遇大规模涌突水灾害。

（5）根据隧道出口段降雨 - 流量观测数据计算分析，出口岩溶强烈发育段降雨入渗系数为 0.5，对于岩溶强烈发育地区的岩溶隧道涌水量计算，该数据具有重要的参考意义。

（6）出口段平导涌水量的静储量、动储量分析表明：隧道主要涌水量还是来源于地下岩溶水的径流量，特别是地下岩溶管道水，即或是处于垂直渗流带的隧道，雨季大量降雨渗入地下会形成丰富岩溶水，对隧道工程造成潜在危害，因此，岩溶发育区的岩溶隧道设置排泄通道是十分必要的。

第五章

采空区及有害气体

采空区与有害气体是西南山区一类常见的不良地质现象，开采煤矿、金属矿或者石材都可以形成地下采空区，特别是一些古老的采空区，如年代久远的小煤窑采空区，往往没有规划开采图，其地下采空巷道空间分布杂乱无章，会对铁路工程造成潜在危害。一般来说，铁路工程应绕避大型、重要矿区或规划矿区，宜绕避密集分布的小窑采空区、时间久远难以查明的古窑或其他人为坑洞密集分布区域。如果铁路工程必须通过采空区，为确保工程安全，应采用多种物探方法结合地质钻探手段查明采空巷道的空间分布、与铁路工程的关系，划分采空区在地表形成的移动盆地，进行出采空区稳定性评价，提出线路通过位置、工程设置方案及针对性处理措施。

有害气体按其成因可划分为三大类：一类与煤层共生的煤层瓦斯——甲烷（CH_4）；二是天然气，特别是四川盆地，天然气富集，存在较多天然气短轴背斜储气构造，经过四川盆地的几条高速铁路均进行了天然气储气构造专题研究论证，较好地绕避了正在开采的天然气田；三是沿着深大断裂带、裂隙密集带或者地下热液体溢出的硫化氢、甲烷、一氧化碳、二氧化硫、氨气等，这类气体往往富集于裂隙空腔、节理密集带等部位，压力极大，施工揭穿后容易发生燃烧爆炸，危及施工人员生命及财产安全，对铁路建设产生极大危害。

通过采空区及有害气体进行高速铁路建设应该说积累了丰富的经验，成功的案例很多：如成贵铁路沿线煤矿采空区密集分布，通过详细勘察，铁路工程安全通过了众多煤矿采空区；又如四川盆地分布大量天然气田，无论成都至宜宾高铁，还是重庆至贵阳高铁，都进行了天然气专题论证研究，绕避了天然气田分布区；此外，成贵高铁隧道工程通过大量的煤矿区域，都进行了瓦斯专题勘察，科学划分了瓦斯等级，提出了瓦斯隧道防治措施，总体上来看，煤层瓦斯隧道勘察是成功的。当然，部分采空区及有害气体事故给铁路工程建设带来的危害也是显著的，教训也是深刻的。例如：内昆铁路二道桥桥基下伏人为开采煤层导致墩台下沉开裂；沪昆高铁何家地隧道开通运营后地方煤企业越界盗采煤层引起隧道二衬开裂、隧底下沉等严重病害，列车运行不得不限速通过；再有，成贵高铁七扇岩隧道在建设中，施工单位由于不重视通风引起严重的瓦斯爆炸，发生导致12人死亡的重大安全事故；还有大临铁路红豆山隧道1号斜井工区施工中突然揭穿充满硫化氢、一氧化碳的囊状空腔，引起爆炸事故，造成6名施工人员死亡。

本章汇编案例4节，有害气体文章3节，1节是石材采空区勘察与评价。尽管汇编文章不多，但是文章还是有些特点，可以帮助广大工程技术人员深刻理解采空区及有害气体对铁路工程危害的严重性，深刻认识到在地质勘察中应高度重视采空区及有害气体勘察，真正确保高速铁路建设百年大计工程安全可靠。

第一节　成贵高铁有害气体地质特征及分布规律研究

成都至贵阳高速铁路途经 3 个地貌单元，工程地质问题极为突出。线路工程所经区域有害气体不良地质极发育，主要类型为气田气、煤层气两大类，分布范围广泛。受其影响，全线不同区段共有 117 座瓦斯隧道，为铁路建设史上之最。有害气体严重威胁着铁路工程的施工及运营安全，因此研究成贵铁路不同类型有害气体的地质特征及分布规律，对有害气体的防治具有重要意义。本案例基于对铁路沿线区域地貌单元、大地构造背景、地层特性、储气构造、有害气体类型的地质分析，结合综合勘探、气体测试等验证，总结出成贵铁路工程有害气体发育的地质特征；基本查明气田气、煤层气的分布范围及分区规律，划分了隧道瓦斯等级，可供类似工程建设借鉴。本节由丁浩江、王茂靖撰写。

一、概况

成贵高铁为在建国家重点工程，正线长 515 km，西起四川乐山，向南经宜宾市、兴文县后进入云南省境内威信县、镇雄县，过贵州省毕节市，终于贵州省会城市贵阳市，全线穿越云贵川三省，设计为双线高速铁路，行车速度 250 km/h，为西部出海快速大通道。铁路沿线穿过部分含油气田、含油气构造、含煤地层，有害气体是控制线路隧道工程施工及运营安全的重要因素。

沿线天然气主要成分为烷烃，其中甲烷占绝大多数，乙烷、丙烷和丁烷含量较少，一般还含有硫化氢、二氧化碳、氮及少量一氧化碳和微量的稀有气体，施工时突然遭遇将可能发生严重事故，危及人身或工程安全。

二、区域地质特征

1. 工程地质条件

成贵铁路呈西北—东南走向，由海拔高程为 260 ~ 800 m 的四川盆地过渡到海拔高程为 800 ~ 2 400 m 的云贵高原，总体为西北低东南渐高的趋势，经过四川盆地丘陵区、低中山区、云贵高原区 3 个地貌单元。沿线含煤地层主要为三叠系须家河（T_3xj），二叠系龙潭组（P_2l）、长兴组（P_2c）、梁山组（P_1l），侏罗系自流井组（J_1z），沿线主要有 41 座隧道穿过煤层，其中有 20 座隧道经过较好煤层地段，即主要为须家河组煤层和龙潭组煤层。产气层位于四川红层之下三叠系、二叠系、震旦系地层中，川南气田区共发现 11 个，工业气藏埋深 806 ~ 2358 m。

2. 地质构造特征

线路通过区域地质构造复杂，处于川滇黔南北向构造带及北东向构造带交接复合部位。其主要构造体系有：南北向构造体系：分布于乐山—宜宾、兴文一带，以低陡褶皱带为主，为扬子准地台上的次一级构造单元，呈线状弧形特征，断裂不甚发育；北东向构造体系：分布于兴文—贵阳一带，处于古蔺山字形、黔西山字形构造带及北东向构造带交接复合部位，不同时期的断裂互相交叉切割、断层密集，褶曲发育。

三、有害气体地质特征

1. 线路区主要有害气体类型

根据线路区收集资料、现场勘察分析及施工验证,沿线主要发育的有害气体类型为气田气及煤层气两大类。乐山、宜宾为四川重要油气产区,主产地层为三叠系下统嘉陵江组,属碳酸盐岩裂隙性油气藏,在古隆起区富积,但拗陷区也保存了大量油气,在五通桥区、犍为县、屏山县、宜宾县、云南省水富县一带有开采。浅层天然气(埋深为 806 ~ 2 358 m)在五通桥、犍为、宜宾有沿废弃矿井、构造裂隙溢出地表的现象。

煤层气从乐山至贵阳全线均有分布,以二叠系煤系地层为主,三叠系次之,大部分属高瓦斯高含硫煤层,含大量的煤层气,总储量达千亿立方米。

2. 沿线气田气地质特征

成贵铁路经过川西南气田区和川南气田区两大油气田区,从震旦系(Z)~侏罗系(J)中均有产储气层发育。

1) 产储气层特征

川西南气田区共有 3 套含油气层系、11 个产储气层,川南气田区发现了 5 套含油气层系共 9 个产储气层,主要分布见表 5.1-1。

表 5.1-1 成贵铁路沿线油气产储气层特征

气田区	含油气层系	含油气地层	主要产气层	产储气层总数
川西南气田区	三叠系	嘉陵江组(T_1j)	嘉三^{3}气层	6
		雷口坡组(T_2l)		
		须家河组(T_3x)		
	二叠系	长兴组(P_2c)	阳三^{4}气层	4
		茅口组(P_1m)	阳三^{2}气层	
		栖霞组(P_1q)	阳二^{1}气层	
川南气田区	震旦系	灯影组(Zd)		1
	三叠系	须家河组(T_3x)	嘉三、嘉二^3、嘉二^2、嘉一、飞一气层	6
		嘉陵江组(T_1j)		
		飞仙关组(T_1f)		
	二叠系	长兴组(P_2c)	茅口组、栖霞组两个独立气层	3
		茅口组(P_1m)		
		栖霞组(P_1q)		

2) 气田及储气构造特征

(1) 川西南气田区:位于川南气田区以西,中间以青山岭背斜相隔。区域构造属川西南低陡褶皱带。气区范围南起金沙江，北抵资中—大足，西至仁寿—井研一线，东达隆昌—宜宾一线，面积约 2×10^4 km²。该区的自流井气田是世界上最早开发利用的气田；而威远气田则是四川盆地内最大的背斜储气层，储量最大、钻井最多、储集层最老（震旦系）。本区共发现背斜构造 17 个，潜伏构造 22 个，气田 15 个。成贵铁路穿越川西南气田区南部如图 5.1-1 所示。

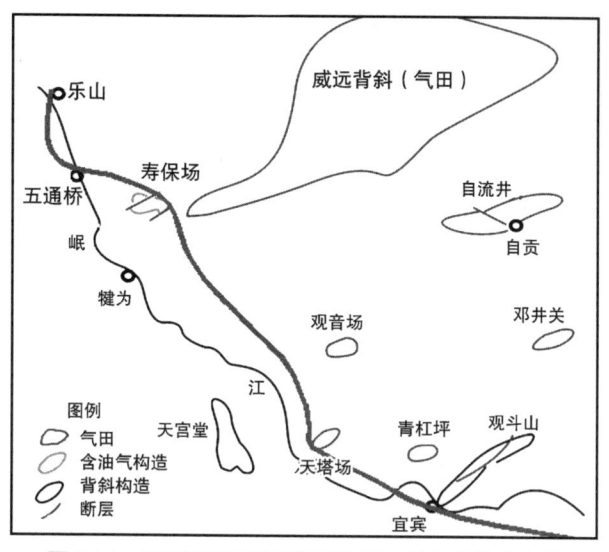

图 5.1-1　川西南气区铁路沿线气田、油气构造分布图

（2）川南气田区：位于四川盆地南部气区，南起叙永县之高木顶和珙县之长宁背斜，西起南溪之莲花寺、宋家场构造，北抵永川的东山构造，东达巴县和江津石板场等地区。面积 20 000 km²。区域构造位置属华蓥山褶皱带向南呈帚状散开的川南低陡褶皱带。区内共发现地面背斜 57 个，潜伏构造 60 个，气田 32 个，含气构造 2 个。成贵铁路乐山至兴文段经该区西南端通过（图 5.1-2）。

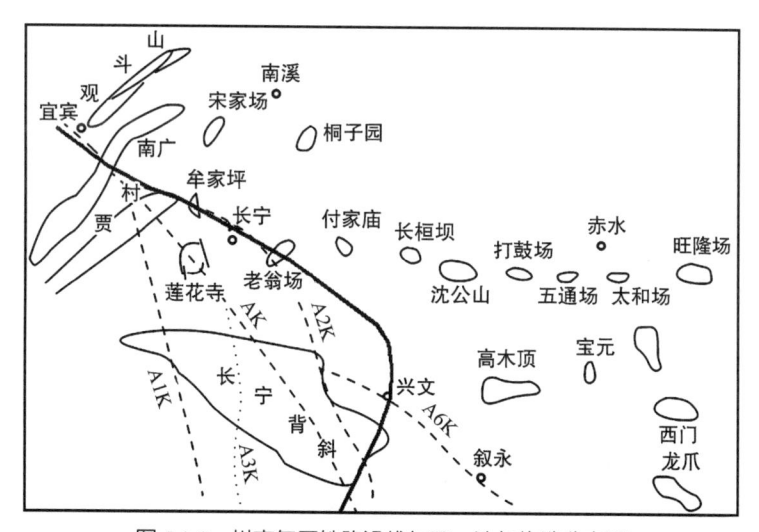

图 5.1-2　川南气区铁路沿线气田、油气构造分布图

3. 沿线煤层气地质特征

成贵铁路共穿越4套煤系地层，三叠系上统须家河组、二叠系上统龙潭组、二叠系上统长兴组、三叠系下统梁山组地层。其中：龙潭组煤层煤质较好，为区域主要采煤地层；须家河组煤层相变大，呈鸡窝状，开采较少；长兴组、梁山组主要发育薄煤线，不具开采价值。

1) 煤系地层特征

（1）须家河组（T_3xj）。

该地层厚度为131～288 m，为本区次要含煤地层，岩性以砂岩为主，其次是粉砂岩、泥质粉砂岩、砂质泥岩、泥岩及煤层，本组含煤1～10层，其中可采煤层为1～4层。四川省乐山、宜宾、兴文均有开采，云南省及贵州省境内未发现有大规模开采的情况。煤层原煤灰分一般为15%～39%，平均为28.21%，挥发分为34.29%～36.09%，平均为35.36%，硫分0.40%～1.50%，平均为0.55%，发热量为16.00～34.50 MJ/kg，属于低～高灰、低～中硫、低～特高热值煤。煤类为焦煤、肥焦煤、肥气煤及瘦煤。

（2）长兴组（P_2c）。

该地层厚10～149 m，主要为薄～中厚层状灰岩、泥灰岩、泥岩夹页岩，个别地段含炭质页岩或有机质、薄煤层、煤线，为本区次要含煤地层。

（3）龙潭组（P_2l）。

本区主要含煤地层，厚20～396 m。

四川省境内，含煤9～14层，一般为10层，煤层平均总厚9.08 m，含煤系数为7.3%。其中可采煤层有6层，平均厚5.00 m，零星可采3层，可采含煤系数为4.0%。原煤灰分一般为20%～39%，硫分为0.50%～2.90%，发热量为20.0～26.5 MJ/kg，属于中～高灰、低～中高硫、低～高热值无烟煤。

云南省境内，含煤9～14层，一般为10层，含煤总厚9.08 m，含煤系数7.3%。其中可采煤层6层，平均厚5 m，零星可采3层，可采含煤系数4.0%。单层煤厚0.80～3.50 m，局部可达10 m。

贵州省境内，含煤层一般为11～16层，含煤总厚9.53～21.31 m，平均为11.41 m，含煤系数为7.04%。含可采及大部可采煤层3层，其中：7、8、9号煤层为全区可采煤层，可采煤层总厚为7.50～10.00 m，平均为4.60 m，可采含煤系数约3.77%。单层煤厚0.80～5.0 m，局部可达10 m。

（4）梁山组（P_1l）。

该地层厚10～64 m，主要为薄～中厚层砂岩夹页岩及煤线，部分地段产有菱铁矿、铁绿泥石、铝土矿、黄铁矿、耐火黏土矿等，为本区次要含煤地层。

2) 煤层瓦斯构造特征

铁路所经兴文至贵阳段地属滇东北—黔西地区，煤矿矿藏极丰富，主要分布在镇雄县、威信县、毕节市、大方县、黔西县、清镇市，为我国华南地区主要产煤区域，线路工程共37座隧道穿越煤系地层。

该区为娄山和八面山断褶带属滇黔川鄂台褶带上的次一级构造单元，加里东期隆起，燕山运动后褶皱成山，与四川盆地明显分开，成为一个独立的构造单元。区内不同时期的断裂互相交叉切割、断层密集，褶曲发育且多与断层相伴而生。由于受多期次海侵、海退及构造域的对挤、推挤等作用，该区形成了线路区内以挤压为主控制的煤层气区。区内二叠系龙潭组含煤地层盖层厚、煤化作用强，煤层瓦斯的生成条件和保存条件极为优越，蕴藏着丰富的煤层气资料。据收集线路所经兴文至贵阳区段共 324 个煤矿资料（云南境内 28 个，贵州境内 296 个）显示，均为开采二叠系龙潭组煤层，其中高瓦斯矿井占 60%，低瓦斯矿井占 35%，瓦斯突出矿井占 5%。

二叠系龙潭组煤层因其所含煤层厚，煤质较好，瓦斯绝对涌出量大，加之隧道大多埋藏较深，瓦斯不易渗出而逸散，因此对隧道影响较大。沿线煤矿基本都为高瓦斯矿煤矿，部分煤矿为煤层与瓦斯突出矿井。沿线每年都有煤矿瓦斯爆炸或突出事故发生，其中以白皎煤矿煤层与瓦斯突出、严重自燃发火最具代表性，灾害严重程度位居全国第五，测试瓦斯压力在 1.57～3.2 MPa，矿井瓦斯灾害异常严重，投产至今已发生突出 210 次，其中特大型突出 7 次，大型突出 10 次，次大型突出 50 次。平均每次突出煤量 169.62t，突出瓦斯量 11 707 m³，其中最大一次突出煤量为 2 777 t、瓦斯量为 497 573 m³，瓦斯逆流达千余米。近几年绝对瓦斯涌出量为 88～124 m³/min，相对瓦斯涌出量为 66～110 m³/t。投产至今已发生过瓦斯爆炸事故 63 起，瓦斯燃烧事故 18 起，其中死亡事故 10 起，死亡 54 人。

四、沿线有害气体分布规律

通过对铁路全线区域地貌单元、大地构造背景、地层特性、储气构造、有害气体类型的地质分析，结合综合勘探、气体测试等验证，发现成贵铁路工程遇到的有害气体（气田气、煤层气）具有明显的分区分带特征及规律。

1. 不同区域地貌单元有害气体分布规律

成贵铁路经过四川盆地丘陵区、低中山区、云贵高原区 3 个地貌单元，不同地貌单元的线路工程有害气体发育类型及分布特征存在规律性。

（1）四川盆地丘陵区（乐山—兴文段）里程段落为 DK000～DK230，位于四川盆地南缘，线路穿行于岷江两岸，地面高程 260～500 m，相对高差较小，以低矮缓丘为主。

线路区工程有害气体类型主要为气田气，经通过代表性区域隧道工程实地钻孔及孔内气体测试，共完成测试钻孔 42 个，检测隧道 28 座，其中具有天然气显示的隧道就有 27 座，见表 5.1-2。

表 5.1-2　四川盆地丘陵地貌区隧道工程有害气体检测

项目	检测钻孔/个	检测隧道/座	天然气显示钻孔/个	天然气显示隧道/座
数量	42	28	40	27

（2）云、贵高原区及过渡区（兴文—贵阳段）里程段落为 DK230～DK515，线路位于大娄山山脉西端崇山峻岭中，从四川盆地爬山至云贵高原，山峦起伏，深切狭窄河谷，自然横坡陡峻，山间平地少见，一般坡度为 20°～60°；兴文至毕节段（DK230～DK357 段）地面高程为 395～2 400 m，相对高差为 300～600 m；毕节至贵阳段（DK357～DK515 段）地面高程为 1200～2 000 m，相对高差为 100～400 m。

该段有害气体类型主要为煤层气,经对该区穿越煤层的 37 座隧道钻孔并进行孔内测试,共完成有害气体检测、煤层工业分析及瓦斯解吸钻孔共 54 个,煤层瓦斯压力测试 52 孔,全部隧道均存在瓦斯,见表 5.1-3。

表 5.1-3　地形过渡区、云贵高原区隧道工程有害气体检测

项目	检测钻孔/个	检测隧道/座	测试煤层/层	瓦斯显示隧道/座
煤层工业分析及瓦斯解吸	54	37	59	37
瓦斯压力测试	52	37	65	37

由上述不同地貌单元线路工程有害气体分布特征可见,四川盆地丘陵区主要为气田气,而云、贵高原及过渡区主要为煤层气,因此线路区有害气体类型具有与地貌单元分区对应规律。

2. 不同区域地层及构造有害气体分布规律

通过对成贵铁路区域地层及构造地质特征分析,四川境内与云贵境内线路穿越的地层及构造具有明显差异,有害气体生储层及受构造的控制也有着不同的规律性。

(1) 四川境内(乐山—兴文段)主要出露上三叠统须家河组以上的较新地层,俗称"四川红层"。线路通过区为盆地南部,油气储层众多,从深部的震旦系至浅表的侏罗系均有天然气显示。

线路区内经过川西南气区(川西南低陡褶皱带)和川南气区(川南低陡褶皱带)两个已经探明的大型油气区,而两大构造带所衍生古构造带分布广泛,在不同构造部位(古构造核部、古斜坡、古拗陷),是油气(天然气)运移必经之处,也是储集油气的有利部位。沿线穿过寿保场、观音场、大塔场、青杠坪等背斜构造或其附近构造及气田 19 个,经勘察测试及施工验证,四川境内线路共有 71 座天然气隧道,具体分区见表 5.1-4。

表 5.1-4　成贵铁路四川境内天然气隧道分区

天然气分区	核心区	浸染区	扩散区	储气构造	合计
隧道数/座	15	7	42	7	71
占隧道总数比例	21%	10%	59%	10%	100%

(2) 云、贵境内(兴文—贵阳段)主要出露三叠统须家河组以下较老地层,最老地层为寒武系。区内共穿越 4 套煤系地层,其中龙潭组煤层煤质较好,为区域主要采煤地层,具备生、储煤层气地层条件。

该区域内娄山和八面山断褶带是滇黔川鄂台褶带上的次一级构造单元,断层密集,褶皱发育,两者多伴生发育,构造线为北东向。据现场地质调绘统计,云、贵境内线路共穿越 32 个大型褶曲构造,118 条断层。受区域地层及构造综合影响,该区线路共有 46 座瓦斯隧道,见表 5.1-5。

表 5.1-5 成贵铁路贵州瓦斯隧道分区表

天然气分区	瓦斯突出	高瓦斯	低瓦斯	压覆煤层低瓦斯	合计
隧道数/座	3	16	21	6	46
占隧道总数比例	7%	35%	46%	12%	100%

3. 沿线有害气体综合分布分区

根据成贵铁路经过的不同区域地貌单元、不同区域地层及构造特征分区综合分析得出铁路沿线有害气体的分布规律，见表5.1-6。

表 5.1-6 成贵铁路沿线有害气体综合分区

项目	地貌单元	区域地层	生储气（煤）地层	区域构造	有害气体类型	（天然气/瓦斯隧道）/座
四川境内（DK000～DK230）	盆地丘陵区	Q_3～T_3	J～Z	褶皱控制	气田气	71
云、贵境内（DK230～DK515）	云贵高原及过渡区	T_3～P	T_3、P_2c、P_2l、P_1l	褶皱与断裂共同控制	煤层气	46

四川境内（乐山—兴文段）因受储气地层及构造控制，在该地形相对平缓丘陵区内主要影响线路工程的有害气体为油层气，且影响程度和线路穿越的构造部位关系密切，隧道工程瓦斯等级和储气地层与隧道的距离成正相关关系。

云、贵境内（兴文—贵阳段）因受含煤地层沉积环境、褶皱及断裂部位控制，在该地形相对起伏较大的山区内，主要影响线路工程的有害气体为煤层气，且影响程度与线路穿越的构造部位同样关系密切，其中瓦斯突出隧道多为构造煤类型，高瓦斯隧道多为褶皱及断裂发育区，而低瓦斯隧道则多数构造影响微弱且穿越以含薄煤层、煤线为主的地层。

五、结论

（1）本案例根据成贵铁路线路区收集资料、现场勘察、试验分析及施工验证，总结了沿线主要发育的有害气体类型为气田气及煤层气两大类。

（2）通过对铁路全线区域地质背景、大地构造背景、区域地层的分析发现：线路所经乐山至兴文段（四川段）天然气产储气层多达20个，地属川西南、川南气田区，且储气构造发育，天然气地质特征受区域构造控制明显；线路所经兴文至贵阳段（云、贵段）共穿越4套煤系地层，煤层瓦斯地质特征受区域构造影响显著。

（3）根据成贵铁路经过的不同区域地形地质特征等综合研究分析得出沿线有害气体的分布规律：四川境内影响线路工程的有害气体主要为气田气，且影响程度与距构造部位及气田距离呈正相关；云南省、贵州省境内影响线路工程的有害气体主要为煤层气，且瓦斯等级与构造发育程度及距构造部位距离同样呈正相关关系。

第二节　沪昆客专屯坡隧道弃渣场煤矸石自燃原因探析

沪昆高铁屯坡隧道1号弃渣场原设计堆放隧道煤矸石弃渣18万立方米，实际堆放至约6万~7万立方米时，弃渣场就发生了自燃现象。此煤矸石弃渣场为什么会发生自燃？煤矸石产生自燃的机理是什么？本案例从隧道弃渣的地质条件、物质条件、自热（氧化）条件、散热（热传导）条件、助燃条件及因传统弃渣方式形成的通风供氧条件等方面进行了分析，基于煤矸石弃渣取样的工业分析资料，探讨了煤矸石弃渣堆积体自燃的"氧化—自燃—自然—燃烧"机制，全面阐述了屯坡隧道煤矸石弃渣场自燃的原因及机理，为发生自燃的煤矸石弃渣场灭火治理设计及未发生自燃的煤矸石弃渣场堆填方式的选择提供科学依据，为其他类似工程问题提供借鉴。本节由张会刚、张广泽撰写。

一、引言

沪昆客运专线是国家《中长期铁路网规划（2008年调整）》"四纵四横"客运专线网中重要的横向运输通道，是实现珠三角及西南地区连接的快速通道，分杭州至长沙和长沙至昆明两段。

屯坡隧道长2 320 m，位于贵州铜仁市玉屏县境内，隧道洞身岩性为炭质页岩，隧道进出口及洞身山坡上多见露天开采煤矸石厂矿；隧道出口设置1号弃渣场，设计容量18万立方米，实际弃渣6万~7万立方米。2011年8月29日—9月3日隧道出口1号弃渣场出现多处自燃冒烟现象（图5.2-1）；2011年9月26日制订弃渣场煤矸石自燃灭火方案并付诸实施；2012年2月9日于整治边缘挡土墙位置又发生自燃。

图5.2-1　现场煤矸石自燃现象

二、煤矸石自燃研究现状

自燃是物质不需明火点燃能够自发着火燃烧的现象，包括受热自燃和自热自燃两种。可燃物质在外部热源作用下，温度升高，达到自燃点时着火燃烧称为受热自燃；一些物质在没有外来热源的影响下，由于内部发生化学、物理或生化反应而产生热量，这些热量积聚而引起温度持续上升，使物质达到自燃点而燃烧称为自热自燃。早在 17 世纪英国的普洛特博士（Dr.Plott）就提出黄铁矿导因学说，解释煤的自燃机理，随后大量学者研究了煤矿中黄铁矿的自燃现象；国内对煤矸石自燃机理的研究始于 19 世纪末期。尽管国内外对煤矸石自燃的原因、机理进行了诸多方面的研究，但终因煤矸石的组成成分和外部原因复杂多变，没有得出十分明确的结论。20 世纪末至 21 世纪初，各国学者相继提出一系列的学说解释煤矸石的自燃现象，主要有硫铁矿氧化学说、细菌作用学说、酚基作用学说、煤氧化复合作用自燃学说。

本案例将分析煤矸石弃渣场自燃的机理，旨在为煤矸石弃渣场灭火治理"对症下药"、防患于未"燃"，探索科学有效、经济合理的对策。

三、煤自燃倾向性分析

煤的自燃倾向性是煤常温下氧化能力的内在属性，反映了煤的变质程度、水分、灰分、含硫量、粒度、孔隙度、导热性，是煤的一种自燃属性。

煤自燃倾向性等级分为三类：Ⅰ类容易自燃、Ⅱ类自燃和Ⅲ类不易自燃。以每克干煤在常温（30 ℃）、常压（10.133×10^5 Pa）下吸氧量作为分类的主指标，见表 5.2-1 和表 5.2-2。

表 5.2-1　自燃倾向性分类

自燃倾向性等级	煤的吸氧量 V_d/（cm³/g）	全硫 S_t/%
Ⅰ类	≥ 1.00	≥ 2.00
Ⅱ类	< 1.00	
Ⅲ类		< 2.00

表 5.2-2　煤炭自燃倾向性分析报告

工业分析				真相对密度 D_{trd}	全硫 S_t/%	煤吸氧量/（cm³/g）
水分/%	灰分/%	挥发分/%	焦渣特征/%			
1.16	86.5	6.12	2	2.57	2.43	0.29

根据《煤自燃倾向性色谱吸氧鉴定报告》，参照煤样干燥无灰基挥发分 $V_{daf} \leq 18\%$ 时自燃倾向性分类标准，煤矸石煤的自燃倾向性等级为Ⅱ类，属自燃；但隧道出口露天开采的煤矸石，其用途不是燃烧，而是与优质煤掺和助燃。总之排除了煤自身自燃的可能性。但该煤矸石全硫含量（S_t）达到自燃倾向性条件之一，说明硫铁矿在煤矸石渣场自燃中起决定性作用。

四、煤矸石自燃的机理分析

煤矸石弃渣场自燃的物理机理观点从宏观上描述为煤矸石弃渣氧化、自热、自燃、燃烧 4 个步骤，并且氧化、自热、自燃是相互影响、相互作用的（图 5.2-2）。

图 5.2-2 煤矸石自燃机理

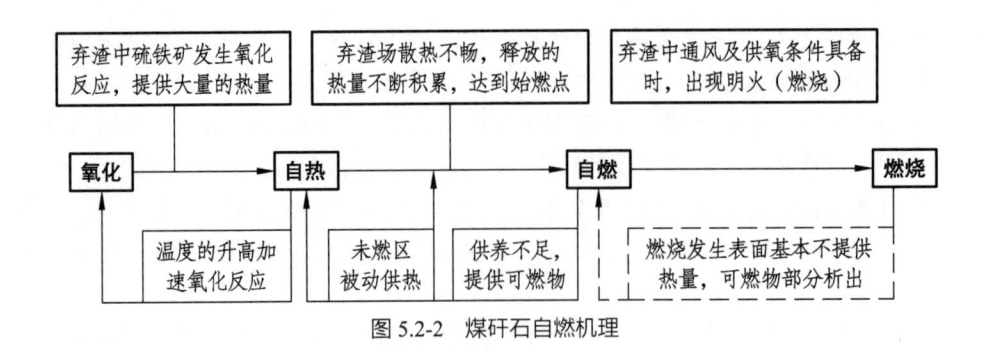

1. 煤矸石自燃的区域地质条件

隧道出口位于页岩、炭质页岩界线与丙溪断裂带交汇处。丙溪断裂为逆断裂，与线路大角度相交，隧道出口位于断层下盘，断层两侧均为寒武系页岩、炭质页岩，断层附近挤压揉皱现象明显，局部见铁质结核，硫铁矿局部富集。受断裂及地质界线影响，炭质页岩岩体破碎，吸氧条件好。

2. 煤矸石自燃的物质条件

煤矸石主要成分为炭质页岩、硫铁矿、少量透镜体状贫煤，但是能够构成可燃物的，主要有 C、H、S 等组成物质。其中硫铁矿的硫与炭质页岩共生，具有燃点低、耗氧量小、氧化放热量大的低温氧化特点，是煤矸石自燃的物质条件。

3. 煤矸石自热机制——氧化

煤矸石自燃特性主要包括自热（产热）和热传导。煤矸石中含有一定数量的硫铁矿，其在有水和空气的条件下经微生物的催化作用率先发生氧化反应，并释放巨大热量。硫铁矿氧化在释放大量热量的同时，生成大量的硫磺（供氧充分时生成二氧化硫），热量的产生为煤矸石自燃提供了自热机制，硫磺的析出为煤矸石自燃提供了物质来源。其化学反应机理为：

（1）供氧充分：
$$4FeS_2 + 11O_2 = 2Fe_2O_3 + 8SO_2 \uparrow + Q$$

（2）供氧不充足：
$$4FeS_2 + 3O_2 = 2Fe_2O_3 + 8S \downarrow + Q$$

根据化学方程计算，1 kg 硫铁矿完全氧化将释放 10 662 kJ 的热量，煤矸石的平均比热为 0.84J/(g·℃)。由试验数据，该煤矸石弃渣场中全硫含量为 2.43%（假设全硫含量全部为 FeS_2 中的 S 含量），1 kg 煤矸石中硫铁矿完全氧化释放热量 259 kJ，在绝热条件下，这些热量可使煤矸石温度上升 308 ℃，可以达到褐煤、木材（250 ℃）、烟煤（300~350 ℃）的着火温度。

4. 煤矸石自燃储热条件——热传导

标准大气压下常温时空气导热系数为 0.026 W/(m·℃)，实体硫化矿石的导热系数约为 3.865 W/(m·℃)。但受含硫铁矿煤矸石的堆积颗粒粒径、温度、孔隙比等大的影响，其导热性仅能按照散体理论进行推论。灵宝矿山对 1 mm 以下、1~2 mm、2~4 mm、4~6 mm、

6～8 mm、8～10 mm 共 6 个等级矿样在 25 ℃、40 ℃、60 ℃、80°、100 ℃、120 ℃ 的导热时系数进行了测试，测试结果在 0.34～0.54 W/（m·℃）之间（表 5.2-3）。由于煤矸石的热传导性差，氧化反应释放的热量大于散发掉的热量，形成热量聚集，使煤矸石内部温度逐渐升高，并在煤矸石空隙中产生热对流，促使硫化物的氧化反应更加激烈和复杂。煤矸石内部的温度是维持煤矸石自燃的基本条件。

表 5.2-3　硫化矿石导热系数测定值

温度 /℃	粒径 /mm					
	0-1	1-2	2-4	4-6	6-8	8-10
25	0.408	0.347	0.336	0.337	0.342	0.369
40	0.438	0.364	0.35	0.347	0.355	0.396
60	0.453	0.384	0.373	0.371	0.372	0.419
80	0.487	0.412	0.396	0.391	0.395	0.437
100	0.504	0.431	0.421	0.407	0.407	0.474
120	0.532	0.461	0.442	0.432	0.435	0.498

5. 煤矸石自燃的热源条件——助燃

煤矸石弃渣场的温度与时间的关系非线性关系，而是存在潜伏期（温度缓慢上升）、自燃期（温度急剧上升）、燃烧期。研究表明：煤矸石弃渣场的温度变化趋势为前 12 d 温度稳定且平缓地升高，递增率为 3～5 ℃/d；温度达到 70 ℃ 后进入高速氧化阶段，温度递增速率超过 40 ℃/d；当温度达到 250 ℃ 低限时，炭开始发生氧化作用，并缓慢地助燃。助燃的煤矸石不但释放 SO_2、CO_2、H_2S、CO 等气体，还产生 CO、H_2S、H_2 等可燃气体，有助于煤矸石堆积体的自燃。

6. 煤矸石自燃的外界条件——弃渣方式

煤矸石山的自燃与其堆放方式有关。传统的弃渣方式一般是先将弃渣拉到弃渣场的顶部，然后倾倒并使其沿斜坡自然滚落。传统的弃渣方式使煤矸石的弃渣具备良好的分选性：体积和质量较大的煤矸石滚落在弃渣堆侧面的边坡底部；粒径适中的煤矸石碎块停留在煤矸石堆积的中上部；顶部为小颗粒或粉末，经平整、碾压机械致碎而形成一层不易透风的密实层（表 5.2-4）。

表 5.2-4　不同粒径的煤矸石所占比例

部位	粒径 /cm		
	> 5 cm	1～5	0～1
上部	33%	51%	16%
中部	56%	36%	8%
下部	100%		

7. 煤矸石自燃的外部条件——通风供氧

煤矸石弃渣场的自燃需要良好的供氧和蓄热条件。传统的弃渣方式使煤矸石的弃渣具备良好的自然分级，为煤矸石内部供氧提供了良好的通风条件。煤矸石弃渣的表层松散，与空气接触充分，易发生氧化反应，但散热条件好，不利于热量聚集；中下层虽颗粒粒径较大，但通风供氧条件好，易发生氧化且散热条件较差，易形成热量聚集。煤矸石从表面到内部，根据供氧蓄热条件的好坏，引起空气在煤矸石堆积表面微小风压引起的空气流动；由浓度梯度引起分子扩散；由于气压变化引起"气象呼吸"；由自燃引起自燃对流。通风条件与煤矸石自燃的氧化和蓄热是一对连环矛盾，良好的通风条件可以使煤矸石在氧化过程得到充分的供氧，但同时也会把煤矸石自燃阶段产生的热量带走。

五、结论

根据屯坡隧道炭质页岩（煤矸石）弃渣场自燃原因的分析，可得出结论如下：

（1）该隧道弃渣场煤矸石堆积体自燃非隶属煤炭自燃的范畴，为硫铁矿自燃范畴。

（2）从煤矸石弃渣堆积体自燃的地质条件、物质条件、自热机制（氧化）、散热条件、助燃作用以及因传统弃渣方式形成的通风供氧条件等方面进行分析，探讨了煤矸石弃渣堆积体自燃的"氧化—自热—自燃—燃烧"机制。

（3）煤矸石弃渣堆积体自燃原因的探讨为已发生自燃煤矸石弃渣场的灭火治理"对症下药"，并为未发生自燃的煤矸石弃渣场堆填方式的选择提供可靠依据，防患于未"燃"。

第三节　成渝客专石材采空区的勘察与评价研究

成都至重庆铁路客运专线荣昌至永川段通过侏罗系中下统自流井组（$J_{1-2}z$）泥页岩夹石灰岩地层，石灰岩被大量开采后形成石材采空区。石材采空区分布广、埋深浅，地表易变形、开裂、塌陷，对成渝客运专线危害极大，因此有必要查清其工程地质条件，并进行正确的评价和处理。通过对成渝客专荣昌至永川段分布的大量石材采空区进行勘察与评价研究，得出以下结论：石材采空区勘察难度大，应进行综合勘察，在测绘推测的采空区域和物探解译的采空疑似区域布置大量的钻孔验证，成果资料应综合分析研究；影响石材采空区稳定的不确定因素多，应坚持定性评价和定量评价相结合的评价方法，结论应相互验证；对于高速无砟轨道，应选取边界角来计算安全距离，并预留一定的围护带宽度，确保工程安全。本研究成果可为类似通过采空区的铁路、公路工程勘察设计提供借鉴。本节由陈明浩、王朋、赵平撰写。

一、引言

成都至重庆铁路客运专线位于我国西南地区成渝经济圈，西起四川省成都市，东至重庆市渝中区，是一条连接西南地区两个特大中心城市的高速客运通道。其中在重庆市荣昌至永川段分布侏罗系中下统自流井组（$J_{1-2}z$）泥页岩夹石灰岩地层，当地老乡开采灰岩用以烧制石灰、粉碎作石料，其开采历史从20世纪50年代至今，开采方式以洞采为主，洞径为2~5 m，部分为露天开采。如今由于洞采石灰岩的成本太高，而卖价比较低，除了露天采石场及个别采石洞仍在开采外,其余已基本停止开采。成渝客运专线按行车速度 350 km/h 修建,采用无砟轨道,由于受大型煤矿采空区和最小曲线半径制约,无法完全绕避全部石材采空区,而采空区地表易变形、开裂、塌陷,对工程危害极大,对无法绕避的石材采空区如何科学合理地进行综合勘察、评价及处理,就显得尤为突出和关键。

二、地质环境特征

1. 地貌特征

测区地处川东台褶带,狭长条形低山山脉与丘陵槽谷沿区域构造线方向交替排列组成平行岭谷景观,显示向盆地边缘复杂山区过渡的趋势。其中:走向北北东、高程 500～700 m、相对高差 100～400 m 的螺观山、西山、阴山、箕山高亘成"岭",平行延伸,形成东西之间的层层屏障;其间分布高程为 300 m 左右的相对宽阔的丘陵,则如山间"谷"地。本区地貌的发育明显受构造、岩性控制,一般背斜成山,向斜为丘陵谷地地形。

2. 地层岩性

区内出露中生界侏罗系(J)地层;第三系缺失;第四系(Q)松散堆积物分布较广,以缓丘槽谷等低洼地带较为集中且厚度较大。其中自流井组($J_{1-2}z$)主要分布于低山背斜两翼,为紫红色钙质泥岩、深灰至灰黄色薄至中厚层状页岩,夹生物碎屑灰岩,厚度为 167～265 m。按岩性组合、生物特点,该地层自上而下可划分为东岳庙段、马鞍山段、大安寨段。

大安寨段($J_{1-2}z^3$)以灰色灰岩、生物碎屑灰岩为主,夹多层灰绿、紫红色泥页岩,为调查区所采石灰岩层。一般有 3～4 层石灰岩,第 1 层灰岩上覆岩层为新田沟组(J_2x)泥岩夹砂岩,底板为泥岩,灰岩层厚 1.5～3.5 m;第 2 层灰岩与第 1 层灰岩相距 1.8～4.5 m,层厚 2.0～4.2 m,其顶板为泥灰岩、泥岩;第 3 层灰岩与第 2 层灰岩相距 8.6～13.6 m,层厚 1.6～3.8 m,其顶板为泥灰岩、泥岩;第 4 层灰岩与第 3 层灰岩相距 2.4～3.5 m,层厚 1.9～4.0 m,其顶板为泥岩、底板为马鞍山段泥岩。区内一般开采第 1 层和第 2 层。大安寨段厚 43～57 m。

马鞍山段($J_{1-2}z^3$)主要由紫红色钙质泥岩组成,夹少许灰绿色粉砂质泥岩、页岩和团块、斑点,中部常夹一套相对较稳定的石英砂岩,一般厚为 130 m。

东岳庙段($J_{1-2}z^1$)以黄绿、灰黑色泥页岩或生物碎屑灰岩组成,一般厚为 20 m。

3. 地质构造

测区位于扬子准地台之川中台坳,为新华夏系第三沉降带四川沉降带,是喜山运动早期的产物,由一系列北东—北北东向近乎平行的高背斜山脉及向斜谷地组成,地形高差达数百米。荣昌至永川段断续旁经了多条次生向斜的扬起、背斜的倾没或转折端,岩层产状变化频繁。主要穿过的背斜有螺观山背斜、西山背斜、新店子背斜、东山背斜。

三、综合勘察

石材采空区多形成于 20 世纪五六十年代,绝大部分为洞采,采空巷道很不规则,开采年代久远,多数洞口已塌陷不能进入,大部分为私人开采,无相关技术报告,勘察难度大。为查明石材采空区分布范围、开采情况、开采层位、采空的宽度及高度、顶底板岩体性质、采空特征、地表变形情况,进行了综合勘察。

在搜集资料和地质测绘的基础上,首先采用超高密度电法、对称四极直流电测深法、地震反射波法等综合物探,确定了采空疑似区域。其次通过钻探,当埋深较大时,采用深孔钻探,对测绘推测的采空区域和物探解译的采空疑似区域进行钻孔验证。勘探点的平面布置范围应能满足稳定性评价和工程防护加固的要求,勘探深度大于预计的采空区底板深度,并满足工程设计的要求。根据钻探揭示采空情况,对规模较大、危害较重地段,在钻孔之间采用跨孔地震透射波层析成像(地震CT),查明钻孔之间采空区的空间形态。最后分别采取采空区顶板、底板代表性岩样进行物理力学性质试验,采取采空区分布范围代表性水样,进行水质分析试验。

综合勘察较好地查明了采空区的工程地质特征,共发现6处集中开采的石材采空区:猪皮山采空区、磨盘坡采空区、太平场采空区、双石桥场采空区、堂皇坝采空区、姚家湾采空区。主要采用仓房式开采,部分采用走向长壁式开采,预留石柱支撑顶板,石柱间距为7～12 m,开采巷道不规则,所采石灰岩为侏罗系中下统自流井组大安寨段($J_{1-2}z^3$)灰岩,开采1～2层,一般采高0.5～5 m,无充填物,顶板为泥灰岩和钙质泥岩,偶有顶板掉块现象,发现多处地面开裂和塌陷。

四、稳定性评价

1. 影响地表塌陷及开裂的主要因素

1) 采空顶板厚度

顶板岩层的厚度是采空塌陷的控制因素,顶板薄的很容易产生突然塌陷,顶板较厚的仅产生地表开裂。根据经验,当覆岩厚度为5～10 m时,一般易产生突然塌陷,当覆岩厚度为10～20 m时,仅地表产生开裂,一般不产生突然塌陷;当覆岩厚度在60 m以上时,地表变形较小。

2) 采空顶板岩体的性质

采空区顶板为钙质泥岩、页岩等软质岩时,经风化,易产生顶板风化坍落而形成塌陷;当顶板为泥灰岩、灰岩等硬质岩时,不易坍落。

3) 放炮震动影响

放炮震动形成顶板岩体开裂,破坏了岩体的完整性,使采空顶板岩体的稳定性下降,易产生冒顶并塌陷。

4) 地下水位的变化

地下水的变化是引起小型采空塌陷的一个主要因素。长期充水的岩质小型采空区,水对顶板起浮托作用,若水流失,浮托力消失,则顶板塌陷向上扩展延伸,极易造成地表下沉以至突然塌陷。

2. 地表变形特征

由于石材采空区采空范围较狭窄,多呈巷道式,因此地表不会产生移动盆地。但由于开采深度浅,易产生地表塌陷和地面开裂。当地下石灰岩被大面积采空后,顶板首先冒落,岩层变形逐渐向上部扩展,并引起地表下沉变形。在太平场、姚家湾等采空区见地表塌陷和地面开裂,均位于采空范围内,未产生移动盆地。

3. 稳定性评价

1）顶板应力分析

矿层采空后，围岩体失去支撑，围岩应力发生变化。顶板的塌落一般受拉应力作用，巷道侧壁主要受压应力作用，巷道四角则受剪应力作用。采空区侧壁为灰岩，其抗压强度和抗剪强度较高，顶板为钙质泥页岩、泥灰岩，其抗拉强度较低，顶板易产生塌落。

2）顶板稳定性计算

调查区的灰岩采空区一般距地表较近，采空顶板岩块因重力的作用将会下沉，作用在顶板的压力为：

$$Q = G - 2F \qquad (5.3\text{-}1)$$

式中：Q——巷道单位长度顶板上所受的压力（kN/m²）；

G——巷道单位长度顶板上岩层的总重力（kN/m²），设巷道宽度为 $2a$（m），则 $G = \gamma H \cdot 2a$；

F——巷道单位长度侧壁的摩阻力（kN/m²），其值为 $F = P \cdot \tan\varphi$，其中 P 的最大值为 $P = \dfrac{1}{2}\gamma H^2 \tan^2\left(45° - \dfrac{\varphi}{2}\right)$。

当 H 大到一定深度时，顶板上方岩层的自拱力恰好能保持自然平衡而不塌陷，这时的 H 称为临界深度 H_0：

$$H_0 = \dfrac{2a}{\tan^2\left(45° - \dfrac{\varphi}{2}\right)\tan\varphi} \qquad (5.3\text{-}2)$$

调查区岩体的内摩擦角 φ 取 45°，巷道宽度 $2a$ 取 10 m，求得 $H_0 = 58$ m。

3）临界深度 H_0 评价顶板的稳定性

采用临界深度 H_0 评价采空区顶板的稳定性见表 5.3-1，评价结论为顶板及地基不稳定。

表 5.3-1 用临界深度 H_0 评价顶板的稳定性

项目	顶板埋藏深度和临界深度关系		
稳定性评价关系	$H < H_0$	$H_0 < H < 1.5 H_0$	$H > 1.5 H_0$
调查区 $H_0 = 58$ m	$H < 58$ m	58 m $< H <$ 87 m	$H > 87$ m
稳定性评价标准	顶板及地基不稳定	顶板及地基稳定性差	顶板及地基稳定
顶板埋藏深度 H	$H = 0 \sim 49$ m		
评价结论	顶板及地基不稳定		

本次调查在太平场采空区发现 4 处塌陷（蒋家院子塌陷、黎家湾塌陷、三拱桥塌陷、干山坡塌陷），在双石桥场发现 1 处塌陷（双石桥场塌陷），在姚家湾采空区发现 2 处塌陷区

（果园塌陷、黄墙塌陷）。所调查的6个石材采空区均有地面开裂现象，一般裂缝长2～6 m、宽1～10 cm，但由于开采时间较久，现裂缝多已被植被覆盖。可见地质调查和稳定性评价结论一致，石材采空区的开采深度较浅，覆岩厚度较薄，顶板及地基不稳定，线路通过石材采空区时应进行相应处理。

五、石材采空区工程处理

荣昌至永川段石材采空区对线路有影响的段落约为1.915 km，涉及路基、桥梁、隧道工程，石材采空区顶板及地基不稳定，应进行处理。路基工程和隧道工程采用导洞对采空区进行回填，根本消除病害。桥梁工程采用桩基础穿过采空区，置于底板下稳定岩层内一定深度，同时为提高采空区的稳定性，对其进行灌浆处理。对位于隧道洞顶的采空区，施工时加强超前地质预报，防止洞顶坍塌和隧道突水，开挖揭示后采用M10浆砌片石回填封堵。在这里重点讨论下采空区处理范围的确定。

1. 岩移角选择

最常用的岩移角量有3个：边界角、移动角和裂缝角。采用边界角作为扩散角最安全，移动角次之，而采用裂缝角作为扩散角是不安全的。成渝客运专线采用无砟轨道，设计行车速度为350 km/h，变形控制标准为：路基工后沉降15 mm，路基与桥梁、隧道或横向结构物交界处的工后沉降差不应大于5 mm，桥梁墩台基础工后沉降限值为20 mm，相邻墩台沉降差不大于5 mm，接近并稍大于边界角10 mm的沉降标准，而采用移动角作为扩散角是不能满足高速铁路工后沉降变形控制要求的，因此选取边界角来计算安全距离。

2. 岩移角换算

本次岩移角的选取主要参照原国家煤炭工业局制定的《建筑物、水体、铁路及主要井巷煤柱留设与压煤开采规程》附录五《地表移动实测参数》中的附表5-3和《铁路工程不良地质勘察规程》（TB 10027—2012）条文说明第10.5.5条的相关规定，调查区以中生代地层的砂岩、石灰岩、砂质页岩为主，取走向移动角 $\delta = 75°$，上山移动角 $\gamma = 70° \sim 75°$，测区岩层倾角 $a = 23°$，可分别计算下山边界角 β_0 和上山边界角 γ_0。

下山移动角 $\beta = \delta - 0.6a = 75° - 0.6 \times 23° = 61.2°$

下山边界角 $\beta_0 = \beta - 15 \times (1 - 0.01a) = 61.2° - 15(1 - 0.01 \times 23°) \approx 50°$

上山边界角 $\gamma° = \gamma - 15° = 55° \sim 60°$

3. 处理范围的确定

对位于路基工程DK229 + 200～DK229 + 300一侧的石材采空区，根据采空区和线路的空间位置关系，采空区对路堑基底无影响，对右侧路堑边坡有影响，因此采用加宽堑坡平台，从侧沟外侧量取30 m作为安全距离，再由此点按下山边界角在断面作斜线交至采空底板，位于下山边界线和线路之间的采空区即为处理范围。

对位于双石1号隧道基底的石材采空区，由隧道外轮廓向外取5 m作为安全距离，再由此点分别按下山边界角和上山边界角在断面作斜线交至采空底板，位于下山边界线和上山边界线之间的采空区即为处理范围，如图5.3-1所示。

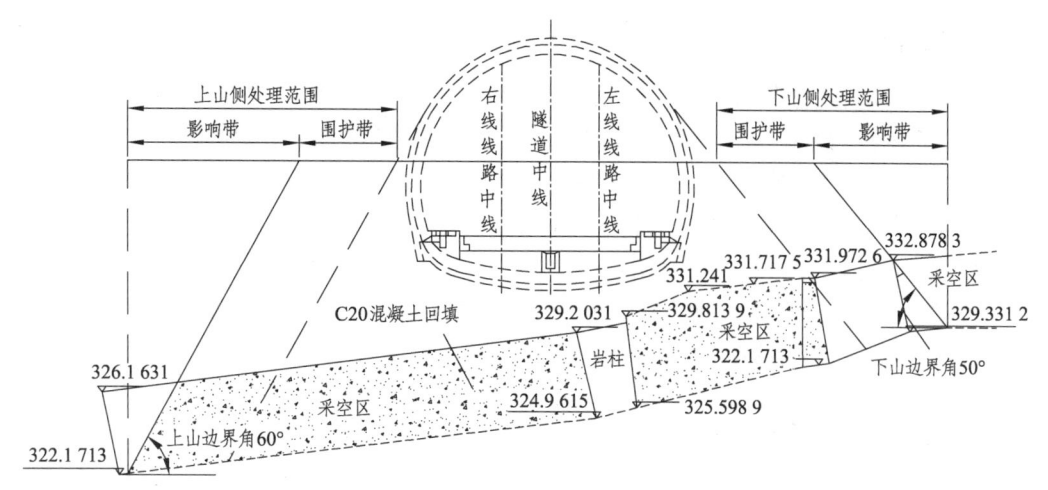

图 5.3-1 隧道工程处理范围计算图示（高程单位：m）

对位于赵家院双线特大桥范围内的石材采空区，由桥梁轴线左右各取 10 m 作为安全距离，分别从地表按下山边界角和上山边界角在断面作斜线交至采空底板，位于下山边界线和上山边界线之间的采空区即为灌浆处理范围，同时桩基础穿过采空区，置于底板下稳定岩层内一定深度，如图 5.3-2 所示。

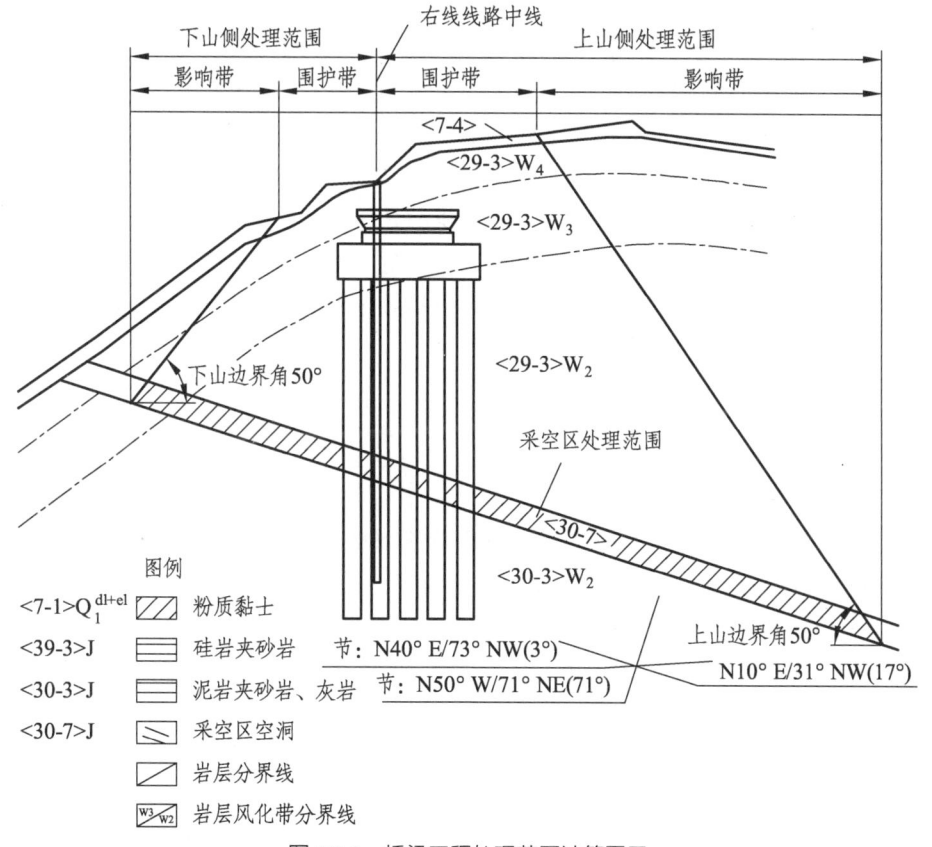

图 5.3-2 桥梁工程处理范围计算图示

六、结语

（1）石材采空区开采年代久远，无相关技术报告，勘察难度大，应进行综合勘察。在搜集资料和地质测绘的基础上，采用综合物探，选用两种或两种以上有效的物探方法进行探测并对资料进行综合分析，在推测的采空区域和物探解译的采空疑似区域布置大量的钻孔验证，并取样进行室内试验，最后对成果资料进行综合分析，是做好石材采空区勘察工作的关键。

（2）影响石材采空区稳定的不确定因素多，应坚持定性评价和定量评价相结合的评价方法，结论应相互验证。采空区地表易变形、开裂、塌陷，对工程危害极大，应尽量绕避，在无法绕避的情况下线路应选择采空区对工程影响最小的位置通过。

（3）石材采空区工程处理关键是确定处理范围，应正确选择岩移角并进行相应换算，对于高速无砟轨道，应选取边界角来计算安全距离，并预留一定的围护带宽度，确保工程安全。

（4）在施工及运营中，建立地表移动观测站，加强对线路及地表情况的观测，以便根据变形情况及时处理。

第四节　成贵高铁白杨林隧道勘察与施工揭示煤层瓦斯风险对比分析

成贵高铁白杨林隧道中部穿越二叠系上统龙潭组（P_2l）煤系地层，穿越段落埋深为 60～210 m。勘察期间对该地层段落进行了深孔勘探，测得孔内瓦斯压力最大值为 0.48 MPa。收集到附近煤矿绝对瓦斯涌出量为 4.55 m³/min。隧道判定为高瓦斯隧道，DK473+600～DK474+420 段 820 m 为高瓦斯工区，其余地段为低瓦斯工区。施工开挖揭示，2 号煤层在隧道洞身 DK474+191 至 DK474+149 段出露，厚度约 3.9 m，水平穿越长度约 11 m。采用钻屑指标法预测所揭煤层显示：有煤与瓦斯突出危险性。本案例对勘察期间无法准确查明的 2 号瓦斯突出煤层的原因进行了分析总结，可以指导今后煤层瓦斯隧道的地质勘察工作。本节由冯涛、王茂靖、方振华、丁浩江撰写。

一、概况

1. 工程概况

成贵高铁白杨林隧道，位于贵州省清镇市暗流乡境内，设计为单洞双线无砟轨道，设计速度为 250 km/h，于 2019 年 12 月 16 日通车运营。白杨林隧道全长 1750 m，起止里程为 DK473+030～DK474+780，为单面上坡，最大埋深为 210 m。隧道洞身 DK473+600～DK474+420 段共 820 m 穿越二叠系上统龙潭组（P_2l）煤系地层，穿越段落埋深 60～210 m。

2. 地形地貌及气候条件

隧址区属云贵高原低、中山峰丛谷地地貌，地面高程为 840～1240 m。隧道进口位于鸭池河深切峡谷贵阳岸，鸭池河河谷宽约 140 m，河面（高程约 840 m）至贵阳岸崖顶（高程约

1 220 m）最大高差约 380 m，隧道进口线路高程约 1 070 m。隧道出口地面坡度较缓，为旱地。隧区植被较发育，主要为松林及灌木林。

本区属北温带湿润季风气候区，气候湿润温和，阴雨天多，年平均降水量为 1 000～1 600 mm，5—9 月为雨季，占全年降雨量的 50% 左右。

3. 地层岩性

隧址区上覆第四系坡崩积（Q_4^{dl+col}）块石土、坡洪积（Q_4^{dl+pl}）软黏土、坡残积（Q_4^{dl+el}）红黏土；下伏基岩为三叠系下统茅草铺组（T_1m）泥质白云岩夹溶塌角砾岩、白云岩，三叠系下统夜郎组第三段（T_1y^3）泥岩、页岩夹灰岩，三叠系下统夜郎组第二段（T_1y^2）灰岩夹薄层页岩，三叠系下统夜郎组第一段（T_1y^1）泥岩、页岩、灰岩，二叠系上统长兴+大隆组（P_2c+d）灰岩夹硅质岩、页岩、泥岩、煤，二叠系上统龙潭组（P_2l）煤系地层，二叠系下统茅口组（P_1m）灰岩夹泥灰岩地层及断层破碎带（F_{br}）。

其中二叠系上统龙潭组（P_2l）煤系地层为海陆交互相沉积，主要由薄至中厚层状泥岩、页岩、炭质页岩、粉砂岩、硅质岩、灰岩、泥质灰岩及煤层等组成。底部普遍分布厚度不大的富含黄铁矿、菱铁矿、菱锰矿等的泥岩、铝土岩。泥岩、页岩、铝土岩质软，遇水极易软化。该套煤系地层属于贵州地区主要开采煤层。

根据区域地质资料，龙潭组在本幅分西部、东部两大沉积区，本隧道位于这两大沉积区分界线附近。龙潭组沉积区的划分及特征对比见表 5.4-1。

表 5.4-1 龙潭组沉积区的划分及特征对比

沉积区		主要岩类厚度与总厚度之比 /%			含煤特征			化石组合	备注
		灰岩、硅质岩类	黏土岩类	砂岩类	煤层层数	含煤率 /%	变质程度		
西部滨海沼泽型沉积区	一般	1.8～30.4	26.7～78.1	9.3～75	5～18	1.9～11.4	无烟煤	植物、腕足类为主	根据笕木、流长、水头上、林歹、马庄、身材朵坝、高炉、双水井、红堰等 9 条剖面资料统计
	平均	14.2	47.1	32.5	10	6.2			
东部滨海浅海型沉积区	一般	31.5～60.4	3.5～61.5	7.4～33.8	1～4	0.3～4.2	烟煤	腕足类为主	根据上厂、都拉营、山中间、石堰河、小河沟等 5 条剖面资料统计
	平均	46.8	42.9	8	3	2.2			

4. 地质构造及地震动参数

隧址区构造体系主要属新华夏系，主要在燕山运动时定型，构造作用力以南北逆时针向直扭为主。隧区处于关寨莲花石断裂带内，其中进口附近通过的安乐场断层属该断裂带的一个分支，另一分支为下阱口断层，位于隧道出口之后 2.5 km 处。受此影响，隧区断裂构造发育，根据调查、钻探、物探等揭示共有 4 条断层与线路相交或者在附近通过，受构造影响，隧区岩层层理起伏、紊乱，岩体节理裂隙发育，岩体破碎。

隧道穿越的二叠系上统龙潭组（P_2l）煤系地层内发育白杨林 2 号断层，大致与线路相交于 DK473 + 780 处，断层走向大致为 N40°E，断层性质不明，地表揉皱、翻卷迹象十分明显。强烈的构造作用将导致煤系地层内岩层产状紊乱，煤层产出不稳定，容易形成勘察难于准确查明的鸡窝煤及构造煤层等。

根据《中国地震动峰值加速度区划图》（GB 18306—2015）和《成贵铁路区域性地震区划报告》，测段地震动峰值加速度为 0.05g。地震动反应谱特征周期 0.35 s。

5. 水文地质特征

隧道穿越二叠系上统龙潭组（P_2l）煤系地层内主要为基岩裂隙水、构造裂隙水，水位埋深浅，但整体含水量弱。施工揭示滴状、线状地下水，对洞身煤层、炭质页岩、泥岩等软弱围岩形成一定软化效应。

二、煤层分布及瓦斯风险勘察情况

勘察期间通过地表调查测绘，结合区域地质资料，查明龙潭组（P_2l）煤系地层地表出露范围大致为 DK473 + 580 ~ DK474 + 200 段。线路附近地表发现废弃小煤窑井口 4 处。该段地表测得岩层产状紊乱，白杨林 2 号断层小里程侧岩层倾角较陡且变化较大；断层大里程侧岩层整体缓倾，代表性岩层产状为 N80°E/15°SE，倾向大里程方向。

为查明隐伏煤层具体分布情况，充分考虑煤层产状特征，于地表共实施 8 个地质钻孔，其中浅孔 5 个，大于 100 m 深孔 3 个，合计深度 765 m。有 4 孔共揭示煤层 2 层，厚度为 1.7 ~ 2 m。煤层多呈粉粒、碎粒状，少量呈碎块状。煤的破坏类型属Ⅳ、Ⅴ类。钻孔揭示煤层情况如图 5.4-1 所示。隧道洞身煤层分布纵断面情况如图 5.4-2 所示。

图 5.4-1 钻孔揭示煤层情况

勘察期间，对 DZ-白杨林-深-01、DZ-白杨林-深-02 深孔进行孔内瓦斯压力测试，测得孔内瓦斯压力为 0.48 MPa、0.26 MPa；煤样检测瓦斯放散初速度 ΔP = 3.241 mmHg，煤的坚固性系数 f = 2.2；收集到附近桂箐煤矿绝对瓦斯涌出量为 4.55 m³/min。

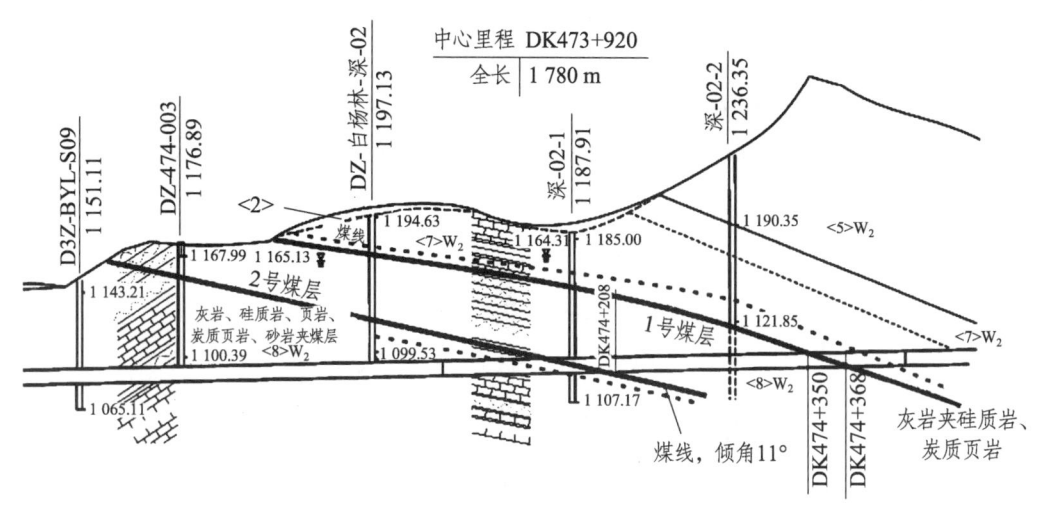

图 5.4-2 煤层分布纵断面图（高程单位：m）

根据《铁路瓦斯隧道技术规范》（TB 10120—2002）相关规定，综合判定该隧道为高瓦斯隧道，其中 DK473+600～DK474+420 段为高瓦斯工区，其余地段为低瓦斯工区。断层带以及泥岩顶板等附近有瓦斯聚集的可能性，要求施工期间加强煤层瓦斯超前预测预报、通风、监测等工作。

三、施工揭示煤与瓦斯风险情况

隧道施工由出口往进口方向开挖。根据勘察揭示的煤层位置，推测隧道可能于洞身 DK474+350～+368 和 DK474+190～+208 段穿越 1 号和 2 号煤层，最先揭露煤层位于上台阶底板。为确定煤层位置、大小、厚度以及突出危险性，需严格按照《铁路瓦斯隧道技术规范》（TB 10120—2002）揭煤及防突要求，实施超前钻孔探煤，进行煤与瓦斯突出预测并确定前方煤层具体分布情况。

1. 1号煤层探煤工作情况

（1）掌子面掘进至 DK474+389 时，距设计施工图预测煤层垂距约 15 m，于拱顶下 3 m 掌子面中线上实施 1 个探煤孔，孔径 $\phi=76$ mm，按照设计施工图煤层位置预测钻进 33.5 m 左右时可揭示煤层，但现场钻进 35 m 后仍未发现煤层。

（2）掌子面掘进至 DK474+378 时，距设计施工图预测煤层垂距约 10 m，于掌子面实施 3 个探煤孔，钻进 35 m 均未揭示煤层存在；继续向前开挖掘进 30 m 后，采用加深炮孔进行探查，仍未发现有煤层迹象，推断 1 号煤层未与线路相交。

后续现场施工也未揭示 1 号煤层，推测 1 号煤层或为鸡窝状煤，或因构造作用导致煤层产状发生突变而未穿越隧道洞身。

2. 2号煤层探煤工作情况

（1）掌子面掘进至 DK474+201.8 时，开挖工作面距施工图设计 2 号煤层法向距离约 15 m，实施超前探孔 3 孔。开孔位置分别为隧道中部偏左 2 m、隧道中部、隧道中部偏右 2 m，全部水平布置，3 孔见煤距离分别为 27.5 m、26 m、25 m，水平穿越煤层长度为 11 m。

（2）掌子面掘进至DK474＋185时，实施3个水平探孔和1个俯角探孔（图5.4-3），水平孔距离拱顶4.5 m，开孔位置分别为隧道中部偏左2 m、隧道中部、隧道中部偏右2 m，全部水平布置，3孔从左至右见煤距离分别为13 m、12 m、11 m，水平穿越煤层长度为11 m；俯角探孔位于隧道中心线拱顶以下5 m，俯角孔向下俯角为8°，钻孔揭示在8.5～18 m处揭示煤层。

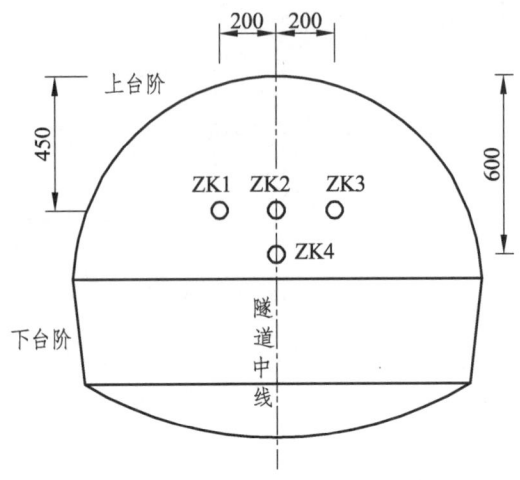

图5.4-3 钻孔布置图（单位：cm）

根据钻孔探煤结果分析，推测煤层将在隧道洞身DK474＋187～＋154段出露，见煤段埋深约100 m，煤层水平穿越长度约11 m，其厚度约5.2 m，倾角为28°，与隧道呈66°交角。目前掌子面距离煤层平距为14 m，距离煤层最小法向距离约6 m。上台阶底板将最先揭露煤层。

3. 2号煤层突出危险性预测

2号煤层区域预测采用直接测定瓦斯含量法，钻孔取出煤样（图5.4-4）进行现场解析并用专业取心罐运输煤样至实验室测定瓦斯含量。本次采用钻屑指标法测定K_1、Δh_2，作为所揭煤层区域防突验证指标（工作面预测）。

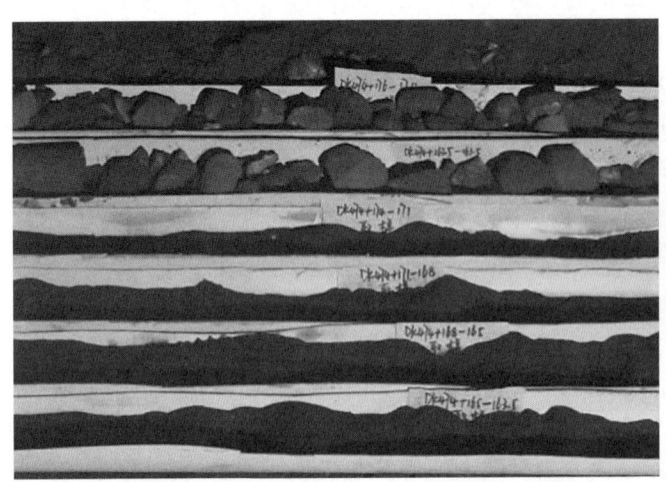

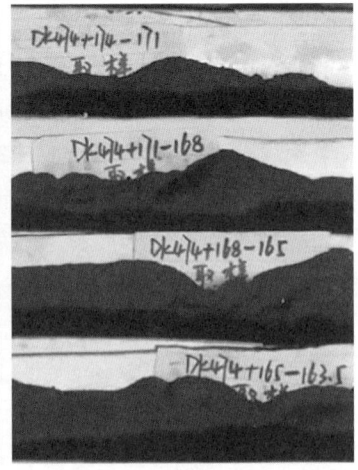

图5.4-4 钻孔取出煤样

根据现场及实验室测定结果分析：2号煤层区域预测瓦斯含量最大值 $Q = 12.307 \text{ m}^3/\text{t}$，超过《防治煤与瓦斯突出规定》临界指标 $Q = 8 \text{ m}^3/\text{t}$；根据实验室测定参数进行压力反算，2号煤层瓦斯压力最大值为 $P = 1.073 \text{ MPa}$，大于临界指标 $P = 0.74 \text{ MPa}$。

掌子面掘进至DK474 + 185时，上台阶距离2号煤层最小法向距离仅6 m。采用钻屑指标法测定 K_1、Δh_2，进行区域防突验证。测定 K_1 最大值为 $0.95 \text{ ml} \cdot \text{g}^{-1} \cdot \text{min}^{-1}$、$\Delta h_2$ 最大值为 322 Pa，均超过《防治煤与瓦斯突出规定》所列临界指标 $K_1 = 0.5 \text{ ml} \cdot \text{g}^{-1} \cdot \text{min}^{-1}$、$\Delta h_2 = 200 \text{ Pa}$。

预测2号煤层突出危险性预测结果为：有煤与瓦斯突出危险性。

四、施工揭煤情况

隧道掌子面立即停止掘进作业，严格按照《防治煤与瓦斯突出规定》补充区域防突措施，进行加密钻孔（增透）抽排。综合比选抽排和自然排放区域防突措施后，采用更安全可靠、工期更短的钻孔水力切割增透抽排方式进行区域防突。后续严格按照石门揭煤实施流程开展揭煤工作。

隧道开挖揭示2号煤层在洞身DK474 + 191 ~ + 149段出露，煤层水平长度约11 m，真厚度约3.9 m，与隧道呈66°交角。位于区域性构造带附近，煤层产状扭曲变化，代表性煤层产状为N63°E/21°SE，如图5.4-5所示。

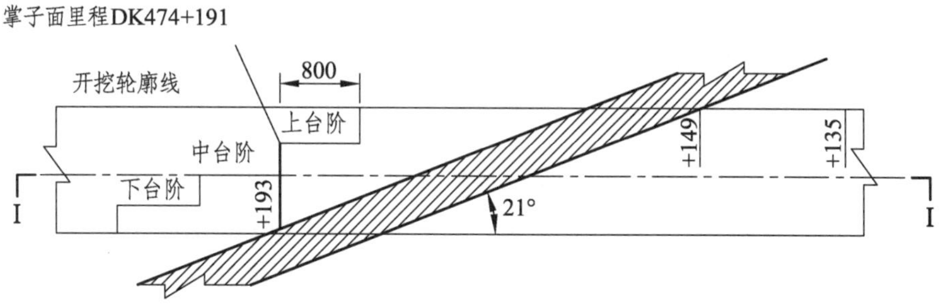

（a）纵断面（单位：cm）

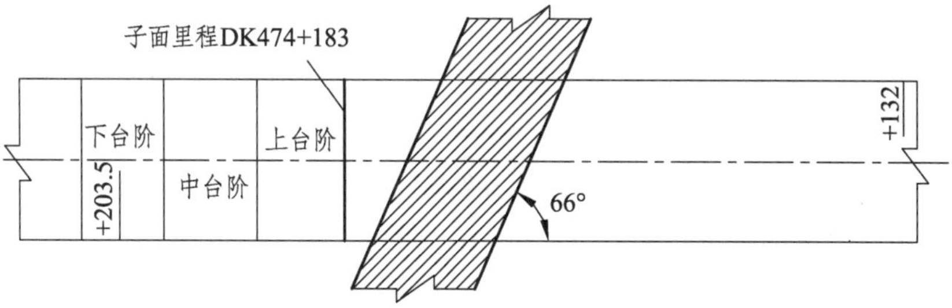

（b）I—I平面

图5.4-5 2号煤层与隧道关系图

施工开挖揭示煤层色泽暗淡，可捻成粉末，疏松，煤的破坏类型为Ⅴ类。因位于区域性构造带附近，煤层产状扭曲变化，如图5.4-6所示。

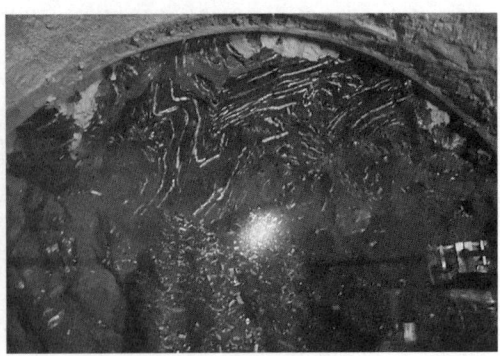

图 5.4-6　施工揭示 2 号煤层现场照片

五、勘察与施工揭示情况对比

1. 煤层分布

勘察推测隧道穿越 1 号煤层，其厚度约 1.7 m，代表性煤层产状为 N80°E/15°SE。后续现场施工也未揭示 1 号煤层，推测 1 号煤层或为鸡窝状煤，或因构造作用导致煤层产状发生突变而未穿越隧道洞身。

勘察推测隧道穿越 2 号煤层，其厚度约 2 m，代表性煤层产状为 N80°E/15°SE。后续施工揭示隧道洞身穿越该煤层，但煤层厚度和产状均有所不一致，施工揭示煤层真厚度为 3.9 m，产状为 N63°E/21°SE。分析应为构造作用所致。

2. 煤与瓦斯突出危险性预测

勘察阶段因为深孔勘探数量有限、钻孔煤层取样工艺复杂等多种客观因素影响，获取的煤层参数较少、资料数据有限，缺乏综合性，主要采用模糊数学的分析方法，综合考虑了实验测试结果（瓦斯压力 0.48 MPa、0.26 MPa，煤样检测瓦斯放散初速度 ΔP = 3.241 mL/s，煤的坚固性系数 f = 2.2）、附近煤矿调查情况（绝对瓦斯涌出量为 4.55 m^3/min）、穿越煤层段埋深（60～210 m）、煤层厚度（1.7～2 m）等地质判别指标，未能准确预测 2 号煤层的煤与瓦斯突出危险性。

六、结论及建议

（1）在地质构造简单、地层产状较缓的条件下，合理结合地层产状情况布置地表勘探孔，勘察阶段基本可以查明穿越煤层段的煤层分布情况。但在构造作用强烈的条件下，因为煤层走向、倾向等产出情况的变化不定，往往无法完全查清穿越煤层段的煤层分布；另外，在地层产状较陡的条件下，需要布置更多的地表钻孔才能查明煤层的分布情况。

（2）由于煤层瓦斯突出是受多种因素影响的、非常复杂的作用过程，其中有许多不确定性因素的影响，其成因机制在理论研究上也还不是很成熟，加之隧道勘察阶段所获得的资料数据是非常有限的；因此，勘察阶段开展的煤与瓦斯突出预测也仅是初步的结论，带有一定的不确定性和经验性，必须在施工阶段严格做好超前探煤、瓦斯突出风险预测工作。

第六章

断裂带及蚀变带

在地质历史上，印度板块与欧亚板块的剧烈碰闯，造成了青藏高原的隆起，西部山区地处青藏高原斜坡过渡地带，受强烈的板块水平运动挤压，区内断裂构造发育，岩浆侵入活动频繁，断裂带与岩浆活动形成的蚀变都会对铁路工程形成实际的影响与危害。受断裂作用影响，岩体节理裂隙发育，岩体破碎，隧道围岩级别较差、岩石边坡稳定性差或者岩石地基承载力较低，无疑会造成铁路工程投资增大，甚至施工期间产生围岩坍方、边坡溜坍等地质灾害。因此，结合地质条件的铁路工程线路方案选择应避免近距离平行于断裂带或岩浆蚀变带走行，应绕避断裂带、蚀变带或者大角度跨越，减轻其影响，特别是第四系活动断裂带，不但地震时会产生极大的水平、垂直位错，即使平常时，也会有年均几毫米的位移，铁路工程更应大角度、短距离通过。但是，由于对断裂带认识不足或者综合选线比选，又不得不平行于断裂带走行或者将基础置于断裂带上，结果在施工中产生较大变更设计，教训十分深刻。如20世纪80年代修建南昆铁路时，由于对沿河谷发育的唐兴—潞城大断裂带认识不足，铁路工程选择在断裂上盘斜坡上修建，由于受断裂挤压，斜坡岩体十分破碎，施工中发生多处边坡垮塌、溜坍，产生了较大变更设计。还有郑万高铁，综合线路方案比选后，有一两处线路不得不邻近区域大断裂带且并行走行，几座隧道受断裂挤压，围岩十分破碎，施工中发生了较大段落围岩级别变更，增加了工程投资；还有的桥梁工程，基础位于断层破碎带上，由于岩体十分破碎，甚至出现断层泥，基础不得不采用桩基础，深度达到 60~70 m，基础工程投资增加不少。侵入岩蚀变带对工程影响也较大，特别是花岗岩蚀变带，不但岩体破碎呈砂土状，而且地下水还是十分发育，对于隧道工程来说，真如在流砂中施工，难度可想而知，如洛阳至湛江铁路建设中的清水隧道、北岗隧道，部分段落穿越花岗岩蚀变带，围岩呈饱和砂土状，级别变更为Ⅵ级，增加不少投资。

本章汇编了5节关于断裂带、蚀变带对铁路工程危害的具体实例的案例分析，其中：《郑万高铁沿线断层带对铁路工程影响评价》主要基于沿线工程地质条件论述了断裂带对隧道围岩、边坡的影响，总结了经验教训；《成兰铁路云屯堡隧道围岩级别变更及软岩大变形原因分析》主要论述了岷江断裂带对沿岷江河谷岸坡穿越的云屯堡隧道围岩及大变形的控制作用；《鲁南高铁穿越的沂沭活动断裂带工程特征及处理措施》一文针对沂沭活动断裂带特征、鲁南高铁走向与其关系，论述了穿越活动断裂的工程形式；《贵广高铁东科岭隧道穿越花岗岩蚀变带的病害特征及整治》结合东科岭隧道施工中揭示的花岗岩蚀变带，论述了蚀变带病害的特征，以及采取的工程措施。

第一节　鲁南高铁穿越的沂沭断裂带工程特征及处理措施

鲁南高铁在 DK63、DK70 附近分别穿越沂沭断裂带之安丘—莒县断裂带，活动断裂带的位错对高铁工程存在较大影响。本案例在充分收集有关沂沭活动性断裂带资料的基础上，论述了断裂带基本特征、活动性，重点从安丘—莒县断裂的活动性鉴定、滑动速率和位移量、未来地震危险性预估及其错位量估算等方面进行了分析，提出了鲁南高铁穿越活动断裂段落的工程处理措施。文章对于从事地震区高速铁路建设的工程技术人员具有重要参考意义。本节由穆秀明、王茂靖撰写。

一、引言

沂沭断裂带是我国东部著名的深大活动断裂带——郯庐断裂带的中段，其活动历史长、力学性质复杂、构造运动形式多样。鲁南高铁横穿沂沭断裂带，由于高速铁路对沉降变形要求高，活动断裂的位错、地表变形对高速铁路存在较大影响，查明近场区沂沭断裂带的性质、分析评价活动断裂对高铁工程的影响，采取合理的工程类型跨越活动断裂带、实施切实可行的工程处理措施，才能确保高铁建成后营运安全。

二、沂沭断裂带的构造特征

1. 沂沭断裂带

沂沭断裂带是我国东部著名的深大活动断裂带——郯庐断裂带的中段，主要由昌邑—大店断裂（F_1）、安丘—莒县断裂（F_2）、白芬子—浮来山断裂（F_3）、沂水—汤头断裂（F_4）、鄌郚-葛沟断带（F_5）5 条断裂组成，由东向西依次排列。北部宽展，约 60 km，南部收敛，最窄处宽 15 km，构成两堑夹一垒的基本构造格局，并受北西和北东向断裂切割。该断裂带是在漫长的地质历史时期中，逐渐发展起来的复杂的构造带，南北延伸达千余千米。

2. 沂沭断裂带的构造特征

沂沭断裂带活动历史长、力学性质复杂、构造运动形式多样，主要有以下特征：

（1）规模大，作为郯庐断裂带的一部分，山东段延伸长度为 450 km，是一复杂的断裂构造带。

（2）切割深度大，是一条深大断裂带，不仅对覆盖层的发展和演化有控制作用，而且它的新构造活动和地震关系密切，是地壳断块差异运动的活动带。

（3）在走向及倾向上变化大。走向上各条断层都明显呈舒缓波状，倾向上同一断层的不同地段倾向不一致，正断层、逆断层交互变化，不同深度倾向和倾角大小均有变化。

（4）有明显的分段性，不同段落，有的表现为揉皱带，有的表现为单一的主干断裂。

（5）兼有压、张、扭 3 种性质，新生代以来以压扭为主，局部为张扭。

（6）沂沭断裂带内新构造活动强烈，并具有明显的东西向分带和南北分段特征，即：东部的安丘—莒县断裂带、昌邑—大店断裂新构造活动较强，西部的鄌郚—葛沟断裂、沂水—汤头断裂、白芬子—浮来山断裂的活动性较弱；东地堑内南段活动较北段强，全新世活动主要集中于东部地堑南段。新构造活动还表现在部分地段沉陷形成新的断陷盆地，如在兖石铁路勘测中，发现了"板泉新断陷"；在胶新铁路勘测中，查明了"莒县新断陷"的存在；部分地段表现了新的隆起，如安丘—莒县断裂与昌邑—大店断裂间呈北北东向展布的七笠山—导陵山串珠状丘陵岗地，目前仍在继续抬升。构造活动还表现在带内地震活动频繁，震级高，其分布呈北北东向条带分布与沂沭断裂带一致，尤其沿新活动安丘—莒县断裂及"新断陷"分布更为密集。

3. 各断裂的特征

区域内断裂构造发育，主要为近南北向、北东向和北西向断裂。沂沭断裂带主要由昌邑—大店断裂、安丘—莒县断裂、白芬子—浮来山断裂、沂水—汤头断裂和郯城—葛沟断裂组成。其中安丘—莒县断裂为全新世活动断裂，昌邑—大店断裂和沂水—汤头断裂为晚更新世活动断裂；郯城-葛沟断裂北段局部晚更新世活动。各断裂的特征见表6.1-1。

表 6.1-1　沂沭断裂带各断裂特征一览

断裂编号	断裂名称	区内长度/km	产状 走向	产状 倾向	产状 倾角	断裂性质	最新活动时代
F1	昌邑—大店断裂	360	N10°~25°E	W	80°	正断右走滑	Q_3
F2	安丘—莒县断裂	>360	N10°~30°E	E	75°	逆冲右走滑	Q_4
F3	白芬子—浮来山断裂	10~25	N15°E	SE	70°~80°		前Q
F4	沂水—汤头断裂	36	N15°E	W	70°~80°	正断右走滑	Q_3
F5	郯城—葛沟断裂	60	NNW	E	65°~85°	正断右走滑	Q_3

根据活动断层定义，全新活动断裂为全新地质时期（距今1万年）内有过地震活动或近期正在活动，在今后100年内可能继续活动的断裂。因此，在沂沭断裂带内，活动断裂仅为安丘—莒县断层，断层位移对鲁南高铁存在一定的影响。

三、鲁南高铁日临段与沂沭断裂带的相对关系

鲁南高速铁路日照至临沂段位于山东省东南部，线路东起日照市，向西经莒南县，止于临沂市。线路东端连接在建的青（岛）日（照）连（云港）铁路，西端连接拟建鲁南高速铁路临沂至曲阜段，是山东省鲁南高速铁路的重要组成部分。新建铁路正线全长91.917 km。

安丘—莒县断裂（F_2）在鲁南高速铁路线路附近发育有东支和西支两条支断裂。昌邑—大店断裂（F_1）与安丘—莒县断裂（F_2）呈斜列展布，在铁路线路北部终止，铁路线路未与之相交。鲁南高速铁路日照至临沂段与安丘—莒县断裂东支在齐家庄子和金沟官庄之间相交，即线路里程DK63附近；与安丘—莒县断裂西支在马家岭东侧相交，即线路里程DK70至DK71之间；与白芬子—浮来山断裂（F_3）在线路里程DK74附近相交；与沂水—汤头断裂（F_4）在窦家岭东北相交，即线路里程D1K83附近；与郯城—葛沟断裂（F_5）在太平镇西北沂河东岸附近相交，即线路里程D1K89附近（图6.1-1）。

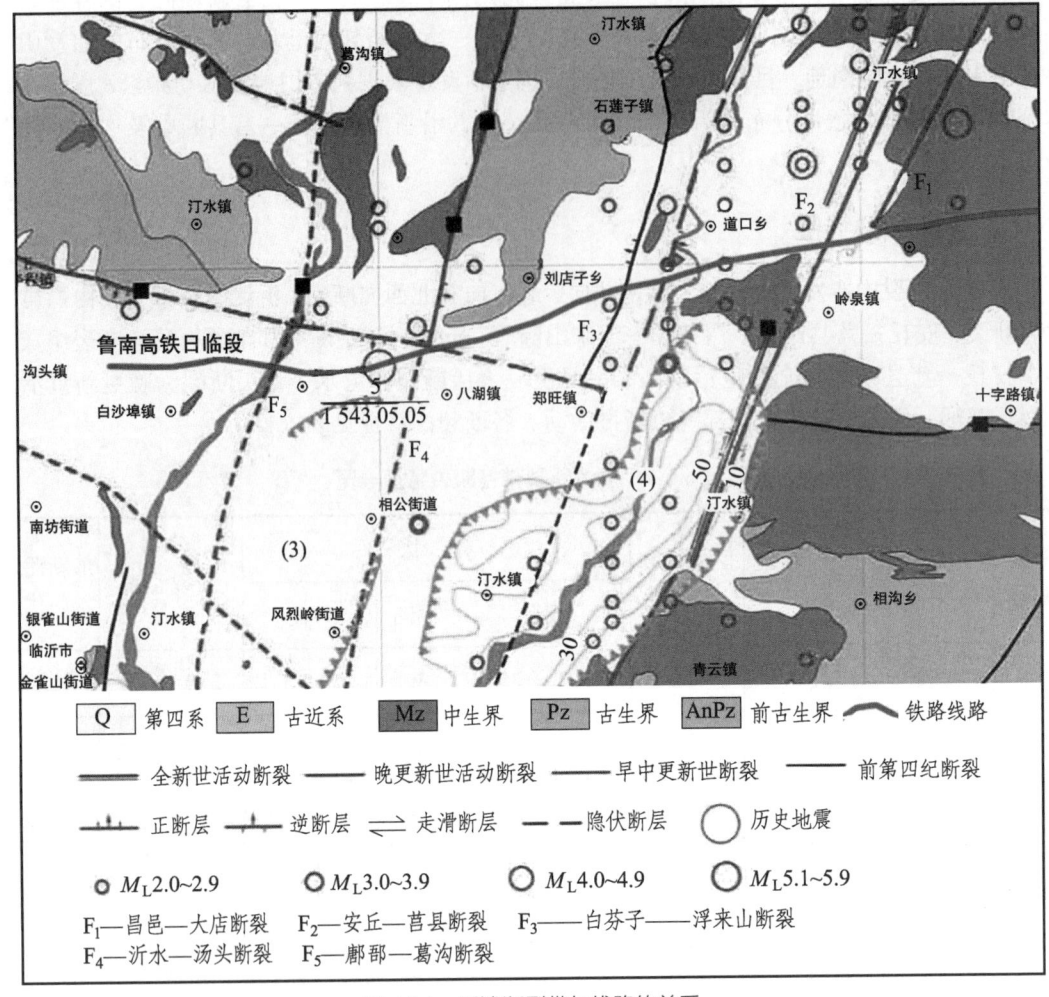

图 6.1-1 沂沭断裂带与线路的关系

四、安丘—莒县断裂研究

沂沭断裂带内，昌邑—大店断裂（F_1）、白芬子—浮来山断裂（F_3）、沂水—汤头断裂（F_4）、鄌郚-葛沟断裂（F_5）均不是全新世活动断裂，尽管鲁南高铁要通过这些断裂带，但是除去断裂带内地基土承载力与周边存在差异，可采用工程措施处理外，对高速铁路工程影响有限；沂沭断裂带内仅安丘—莒县断裂属于活动断裂带，且该断裂带分为东支、西支断层，均与铁路线路大角度相交，断裂的位错对铁路工程可能产生较大影响。因此，以下重点分析安丘—莒县断裂的发育特征、断裂的滑动速率和位移量、未来地震危险性及其错位量等。

1. 断裂的发育特征

安丘—莒县断裂东支位于莒县盆地的东部边缘，为盆地与丘陵的边界，它是郯城 1668 年 8.5 级地震的地震断层。近场区范围内包括土岭—陵阳段、石井—大店段和左山段（图 6.1-2）。

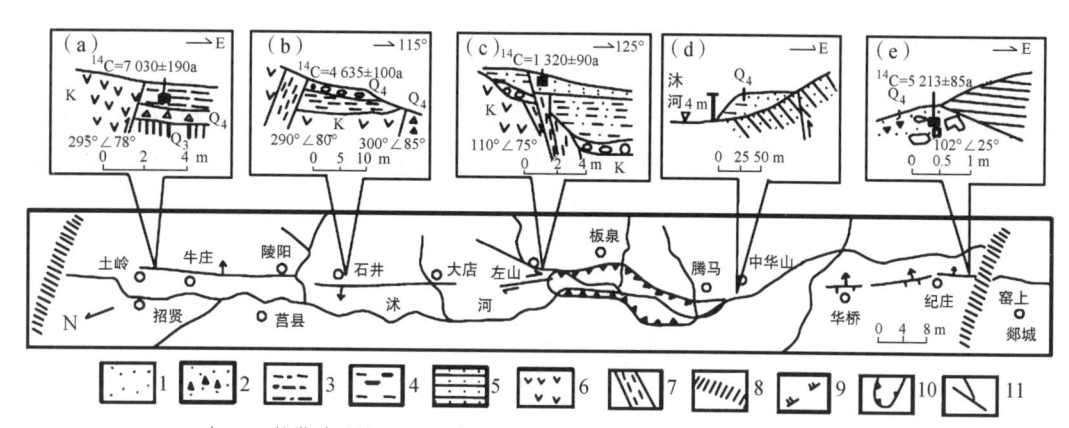

1—砂；2—松散砂砾层；3—亚砂土；4—砂质亚黏土；5—砂岩；6—火山碎屑岩；
7—断层泥；8—分段界线；9—断层崖；10—盆地；11—河流。

图 6.1-2 安丘—莒县断裂 1668 年地震断层平面图

安丘—莒县断裂西支北部起自恨虎山西麓、青峰岭，向南隐伏于莒县盆地内。断裂北侧始于青峰岭之西侧，总体走向约 25°，断裂带走向较为平直，大致经高崮崖东、莲五河、恨虎山等地，常表现为陡立的岩壁或处于地形转折部位。在茅埠以南，断裂隐伏于第四系之下；在茅埠以北，断裂走向 25°，近于直立，北西倾，倾角为 87°～89°。在卫星影像上，该断裂线性影像明显，地形地貌上表现清晰，可见断层陡坎平直发育，一般为 0.5～2 m。但仔细研究发现该断裂对微地貌的控制作用不明显，调查发现在个别有第四系出露的地方并没有形成断层陡坎。

2. 断裂的滑动速率和位移量

安丘—莒县断裂的莒县—郯城段全新世以来的水平滑动速率为 2.0 mm/a，垂直滑动速率为 0.5 mm/a，水平滑动速率与垂直滑动速率的比值为 4∶1。

探槽剖面研究结果显示：左山段全新世沉积物的垂直断距约 0.8 m，在此附近的最小一级水平错断量可达 4～5 m，而石井—大店段水平错断量为 5 m 和 9 m 两档，这是由 1668 年郯城 8.5 级地震造成的。综合考虑，莒县—郯城段地震断裂水平错断量与垂直错断量的比值为 5∶1。

根据活动断裂分类，安丘—莒县断裂属于强烈全新活动断裂。

3. 大地震复发周期与地震震级的估算

根据探槽揭露，沿着 1668 年地震断层段，在 1668 年大地震之前至少能分辨出 3 次大小相似的古地震事件，分别距今 3 500 年、6 000～7 000 年和 10 000 年前后。沿着断裂带多处发现古地震的证据。根据断裂水平位移分级、断层陡坎坡折、断层楔的期次和地震断层错断的地层层位关系分析，全新世以来沿着 1668 年郯城 8.5 级地震断层发生了 3 次古地震事件，8 级地震复发周期为 3500 年左右。

1668 年郯城 8.5 级地震断层长 145 km。利用郭增建等建立的我国大陆地震震级（M）与断裂长度（L）的统计关系式 $M = 2.1 \lg L + 3.3$，计算其震级约为 7.9 级。利用环文林建立的华北地区地震震级（M）与断裂长度（L）的统计关系式 $M = 3.295 + 2.221 \lg L$，计算其震级约 8.1 级。1668 年沿着断裂发生过 8.5 级地震。该地震断层的震级上限为 8～8.5 级。

未来 100 年可能发生最大地震估计，按照 8 级地震复发周期 3500 年，1668 年距今 350 多年。考虑到 8 级地震复发周期（3 500 年）、地震消逝率（0.1）、大震减震作用和 1668 年地震断层发生的地震具有特征地震模式等因素，分析认为未来 100 年沿着 1668 年地震断层发生 8 级地震的可能性不大，但存在发生 7 级地震的可能。

4. 一次事件的最大位错量估算

如前所述，未来 100 年沿着 1668 年地震断层发生 8 级地震的可能性不大，但存在发生 7 级地震的可能。因此，采用断裂长度转换法来估算断裂未来 100 年内发生 7 级地震可能产生的最大位错量。

根据环文林公式 $L = 3.295 + 2.221 \lg L$，计算得到发生 7 级地震的断层长度为 46 km。采用断裂长度转换法：按照断裂长度 46 km，利用邓起东等建立的华北地区地震位错（D）与断裂长度（L）之间的统计关系式 $\lg D = 0.6 \lg L - 0.59$，得到 7 级地震水平位错值为 2.55，换算得到垂直位错值为 0.51 m。

5. 对铁路的危害

安丘—莒县活动性断裂对铁路工程的直接危害，可以归纳为断层位移及地震突发时地表位错两方面表现。这两种危害是有差别的，全新世活动断裂沿断层带的位移每年均存在，根据研究，安丘—莒县活动断裂水平位移为 2 mm/a、垂直位移 0.5 mm/a，对高铁工程来说，这种极小的位移形变都是不允许的。此外，活动性断裂往往是地震发震断裂，地震突发时，沿断裂带发生的较大地表破裂，即位错，据调查，其宽度一般在几十至几百米。对于铁路工程来说，突发地震会造成毁灭性的破坏。因此，通过活动断裂带的铁路工程一定要以路基这种简单、柔性的工程跨越，并且铁路轨道也相应采用有砟轨道柔性结构形式。

五、鲁南高速铁路穿越活动断裂的工程措施

（1）鲁南高速铁路勘察选线阶段，通过地震安全性评价及地质勘察准确确定了沂沭断裂带各断裂的位置，因无法绕避，选线时应尽量以短距离垂直或大角度穿过，重点大型工程避免了跨越或修建于活动断裂之上。

（2）昌邑—大店断裂（F_1）、白芬子—浮来山断裂（F_3）、沂水—汤头断裂（F_4）、鄌郚—葛沟断裂（F_5）均不是全新世活动断裂，这些断裂对铁路线路影响不大或没有影响，可不需要采取抗断设防措施。设计及施工过程中重点注意了由于断层影响引起的地基土及承载力差异。

（3）安丘—莒县断裂的莒县—郯城段是全新世活动断裂，是 1668 年郯城 8.5 级地震断层。未来 100 年沿着该断层发生 8 级地震的可能性不大，但存在发生 7 级地震的可能，可能遭遇的最大地震水平位错为 2.55 m，垂直位错为 0.51 m。其位错方式为正断右旋走滑，断层破碎带宽度 10～40 m。鲁南高速铁路设计过程中采取了以下措施：

① 工程设置及路基设计措施：

安丘—莒县断裂东支（即线路 DK63 + 060～DK63 + 450 附近）、安丘—莒县断裂西支（即线路 DK70 + 600～DK71 + 010 附近）以简单路基工程通过。

考虑到活动断裂带可能遭遇地震水平位错、垂直位错,位错会引起地基差异变形,因此在路基边坡防护设计中,舍弃了常规的拱形截水骨架护坡、混凝土空心砖护坡等混凝土刚性护坡,采用了草灌袋柔性护坡,有利于减轻断裂对铁路工程的危害。

② 轨道设计措施:

鲁南高铁穿越安丘—莒县活动断裂带及其影响区域,高铁轨道形式采用有砟轨道柔性结构。有砟轨道按重型轨道,一次铺设跨区间无缝线路设计,铺设范围为 DK62+920～DK71+245 段。

六、结语

(1)鲁南高铁通过沂沭断裂带,其中安丘—莒县断裂带属于全新世活动性断裂,历史上沿此断裂带曾经发生过 8.5 级大地震,研究认为今后可能会发生 7 级地震,产生较大的水平位移及垂直位移。

(2)活动断裂对铁路工程的危害主要表现为每年的小幅位移及突发地震产生的极大水平及垂直位错,对于高速铁路工程来说,小幅位移及突发地震沿断裂带产生的位移、沉陷等地震灾害,都是不允许的,必须采取工程措施进行设防。

(3)高速铁路穿越活动性断裂带时,应尽量采用简单、柔性且破坏时易于修复的路基工程,轨道相应采用有砟轨道这种柔性结构形式。

第二节 郑万高铁沿线断层带对铁路工程影响评价

本案例结合郑万高铁具体工程实例,分析评价了断层对铁路各类工程的影响,特别是断层对软质岩体的影响。文章提出山区高速铁路勘察设计中要高度重视对断层的勘察认识,特别是区域断层的认识,铁路工程尽可能绕避区域断层切割、交叉的地带,应综合分析评价断层对各类工程的影响。文章对于山区铁路工程的勘察设计有一定借鉴和参考意义。本节由王茂靖、曾德建撰写。

一、前言

郑州至万州高速铁路是一条正在建设的西南地区连接华北、东北、华中地区的快速客运干线,设计速度为 350 km/h。线路位于豫、鄂、渝三省市境内,其中湖北境内的南漳至重庆境内的万州段穿越构造侵蚀、剥蚀的低中山—大巴山脉,受区内长江及支流的强烈侵蚀切割影响,段内山高谷深、奇峰异岭、峡谷众多,加之沿线地质构造复杂,地层被断层、褶皱错断、挤压严重,岩体节理裂隙发育,十分破碎。特别是区段内的断层及其影响带对工程边坡、隧道围岩及桥梁基础产生了显著影响,增加了工程建设的难度。

二、区域断层概况

断层是地质构造运动的产物,分为活动性断裂带及非活动性断裂带。郑万高铁沿线断层基本上属于地质历史时期的非活动性断层。郑万高铁沿线所经区域主要位于襄樊—广济深大断裂带以南的扬子准地台区,断裂带以北为东西走向的秦岭经向构造带。扬子准地台是在晚元古代扬子末期形成的,它的形成和发展经历了地台基底形成、地台盖层发展和大陆边缘活动带发展3个阶段。在地史发展过程中，区域内地质构造演化经历了多旋回、多阶段的发展，构造行迹呈现多种形式，相互掺杂。区域内主要的构造体系有山字型构造、新华夏构造体系、北西向构造体系等，这些构造体系形成过程中相互穿插、交接，形成了区域内复杂的地质构造背景，发育一系列对工程影响的区域大断裂及数量众多的分支断层。

线路经过的主要断裂构造包括襄樊—广济深大断裂、南漳—荆门断裂、田家沟断裂、转转岩—上泉坪断裂、通城河断裂、塘儿河—崔家冲断裂、新华断裂等比较大的区域性断裂，对线路工程有较大影响的约为57处断裂（层）。断裂（层）带内岩体破碎，呈断层泥、角砾岩，上下盘的影响带内岩体节理裂隙发育、地下水富集，对工程边坡、隧道围岩及桥梁基础都存在较大影响，直接增加工程建设成本，局部处置不当还会产生工程滑坡。

三、典型工点分析

1. 后坪隧道出口及路堑边坡

1) 出口段自然地质条件

后坪隧道出口地段为单面坡地形，地表覆盖2～4 m的粉质黏土和细角砾土，下伏地层为志留系下统龙马溪组（S_1l）页岩、炭质页岩。

隧道出口附近主要发育转转岩—上泉坪断裂，出口段位于断层上盘。受此断裂影响，隧道出口及堑坡岩体极为破碎，岩体风化严重，风化层较厚；页岩倾向线路左侧，为一顺层斜坡，倾角35°。原地形边坡为稳定边坡，无滑坡、溜坍等不良地质体，但隧道出口段通过顺层及地形偏压、围岩特别差的不良地质地段，深挖路堑可能存在因岩体破碎、岩层顺层等产生工程滑坡的不良地质风险。

2) 施工开挖病害及变更设计

后坪隧道出口工区于2017年7月开始隧道及路堑施工，隧道掌子面及路堑边坡地层主要为黑色、灰黑色页岩，局部夹含炭质，片状构造、节理极其发育，岩体极为破碎软弱，矿物成分以黏土矿物为主（图6.2-1）。开挖后边坡及掌子面自稳能力差，岩层透水性较强，遇水软化严重。隧道施工掘进中，初期支护多次侵限，洞内变形较大。路堑边坡高达40 m，边坡采用锚杆框架梁防护，设置5级边坡4级平台。施工后，边坡锚杆框架梁出现多处开裂变形，图6.2-2所示。

图6.2-1 后坪隧道出口施工后地形地貌

图6.2-2 路堑锚杆框架梁边坡开裂现象

设计院进行了地质补充勘察，施工单位在地表进行了48处位移监测。根据补充勘察及监测数据，为确保出口段隧道及路堑边坡安全稳定，消除进一步变形破坏隐患，采用锚固桩对隧道出口右侧长60 m范围增设13根抗滑桩（长26～30 m），左侧长约37 m增设7根抗滑桩（长20～31 m），截面（2～3 m）×（1.5～2.25 m）。约束抗滑桩的目的为防止隧道出口段斜坡发生较大的整体滑移。

出口深挖路堑1、3级边坡采用锚杆框架梁加固，2级边坡采用锚索框架梁加固。

整治方案如图6.2-3、图6.2-4所示。

3）原因分析

后坪隧道出口及深挖路堑变形病害产生的主要原因有以下几点：

（1）断裂影响。

后坪隧道出口里程为DK497+640，出口发育一区域型大断裂转转岩—上泉坪逆断裂，该断裂北西起转转岩，向南东经车峰坪、菊家湾—上泉坪，呈北西—南东向展布，区内长约106 km。断裂使地质体产生错位，沿断裂岩层普遍强烈破碎，产生片理化及挤压透镜体。该断裂与线路相交于DK498+100，隧道出口及路堑斜坡刚好位于该断裂的上盘，该断裂对隧道出口影响较大，受断裂影响，隧道出口及路堑边坡岩体破碎，节理裂隙发育。根据补充钻孔岩心以及隧道开挖揭示，基岩内可见挤压痕迹、摩擦镜面等现象，岩心手捏易碎，呈角砾状。该层具有透水能力，遇水极易软化，在工程扰动作用下，其本身自稳性差，对工程范围内的隧道开挖以及边坡工程影响较大。

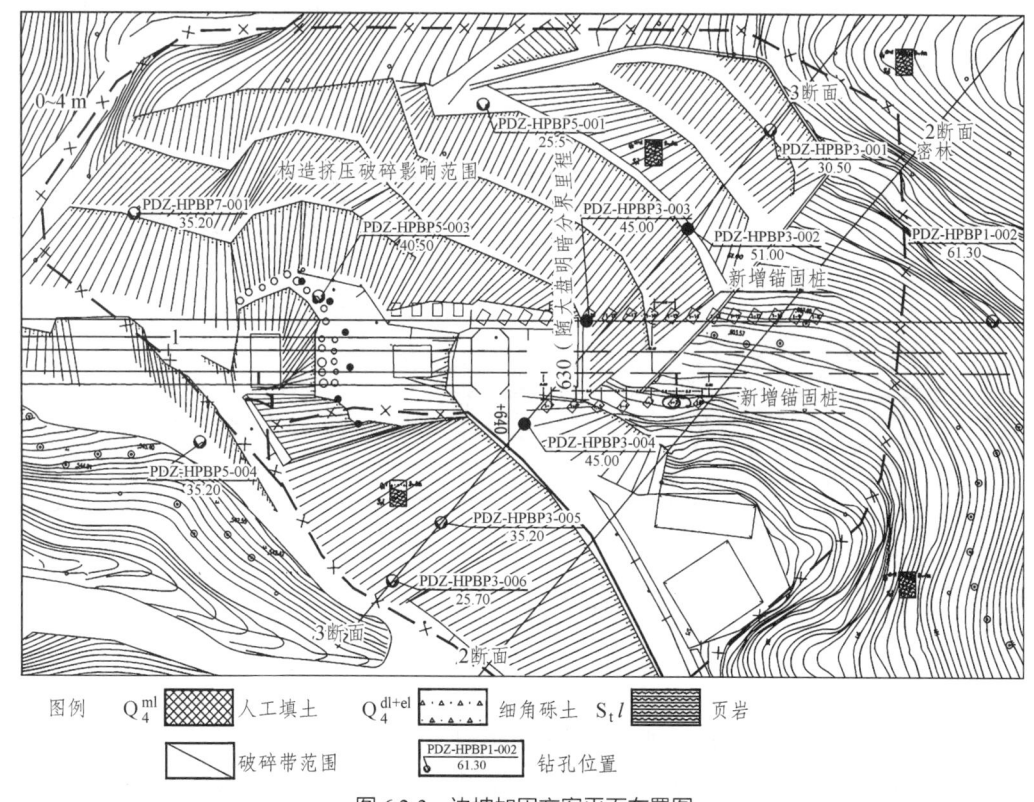

图6.2-3 边坡加固方案平面布置图

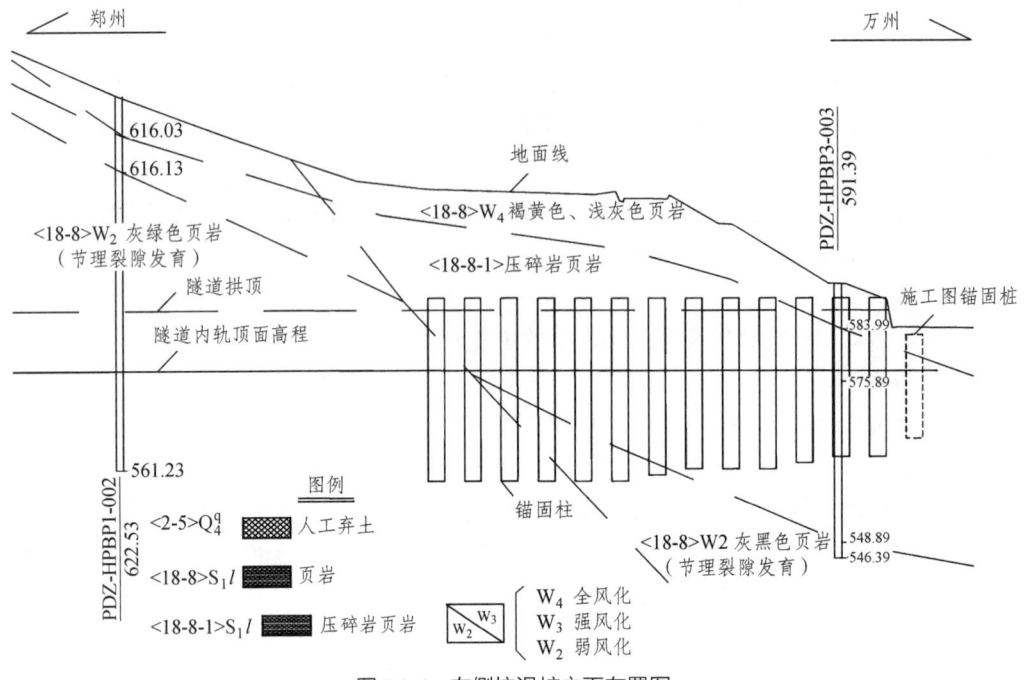

图 6.2-4　右侧抗滑桩立面布置图

（2）地层顺层。

出口段地层为顺层且为单面斜坡，路堑边坡存在顺层，隧道出口段也为地形及顺层偏压，施工开挖后，岩体稳定性极差。

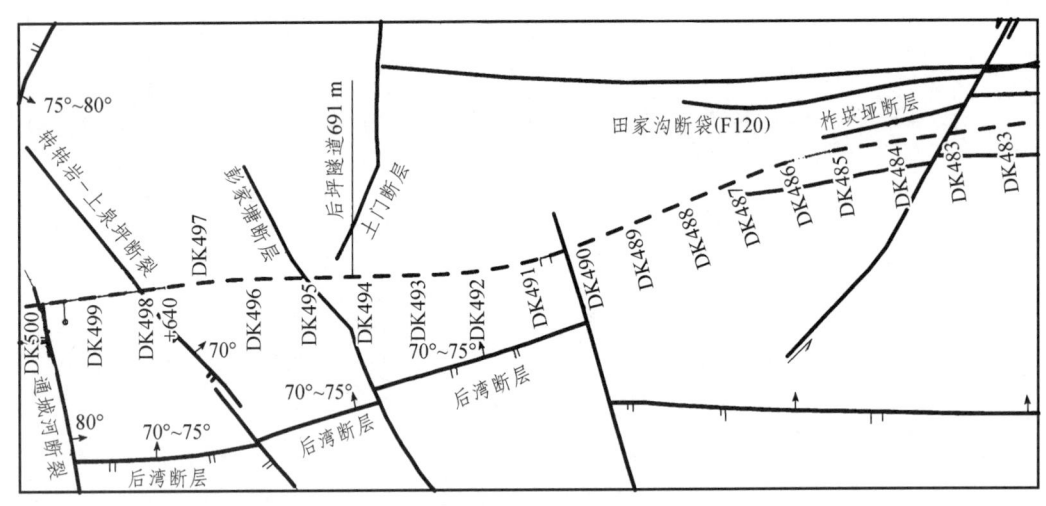

图 6.2-5　后坪隧道出口段断层分布示意图

（3）表水下渗。

据补充钻孔揭示，本段斜坡土层及全风化层厚 2～10 m，其下岩体受断裂作用，20～40 m 范围内岩体仍然十分破碎。隧道出口 DK497+545～+640 段埋深仅 20～40 m，地表水极易渗入破碎围岩，降低围岩力学性质，加剧围岩变形。

2. 黄家沟隧道围岩变更

1）黄家沟隧道工程地质条件

黄家沟隧道全长 7827.279 m，最大埋深为 400 m，中心里程为 D1K472 + 143.640，隧道设计纵坡为 19.1‰、25‰、4‰ 的单面上坡。隧道地处荆山山脉，属构造侵蚀剥蚀低山地貌区，山体呈北西—南南东向延展，连绵起伏，地形切割较深、峰谷相间，地形高差约 480 m。

隧道进出口斜坡有少量残坡积土覆盖，洞身主要穿越志留系下统罗惹坪组（S_1lr）砂质页岩、新滩组（S_1x）炭质页岩、砂质页岩。隧址区位于扬子准地台一级构造单元之神农架—荆门台坪褶皱带内，隧道夹持于金斗—鞍子寨倒转背斜、田家沟区域性断裂带之间，并被横向发育的断层切割，受断裂、褶皱作用，页岩岩体揉皱严重，十分破碎，如图 6.2-6 所示。

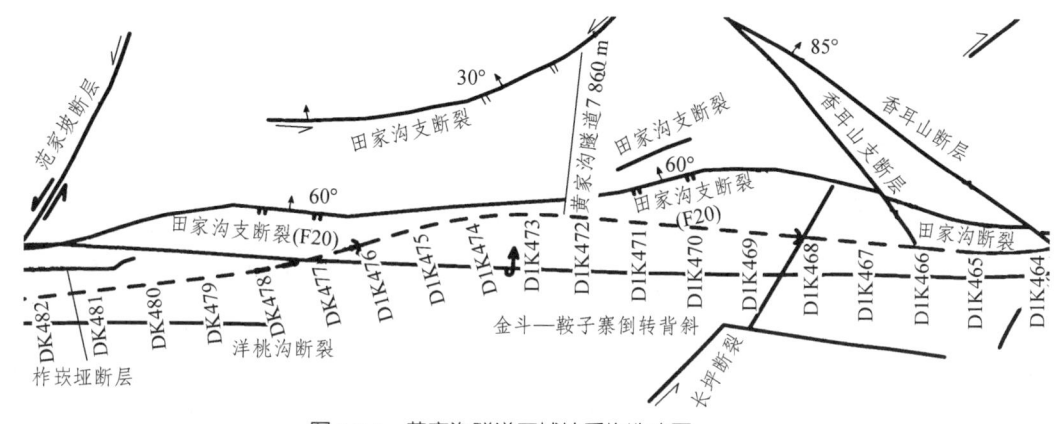

图 6.2-6 黄家沟隧道区域地质构造略图

金斗—鞍子寨倒转背斜核部为志留系罗惹坪组（S_1lr）地层，两翼由志留系新滩组（S_1x）地层组成；南西翼地层产状正常，岩层倾向北东，倾角为 36°～59°；北东翼产状倒转，亦倾向北东，倾角变化不大，一般为 36°～41°，田家沟断裂破坏了背斜构造的完整性。隧道位于金斗—鞍子寨倒转背斜的北翼。

田家沟断层为区域性断层，分布于金斗—鞍子寨倒转背斜东段的轴部田家沟、长坪—杏砾坪一带，延伸长约 30 km。断层走向为近东西向，断裂面向北倾斜，倾角为 50°～76°，为逆断层。断层破碎带宽度约 50 m，破碎带主要为断层角砾岩，角砾粒径大小悬殊，在长坪见断层三角面。据断裂结构面特征和构造角砾岩分析，本断裂具多次活动特征，早期为张性断裂，而后期以压性为主。断层两盘以志留系砂页岩为主，两盘岩层产状紊乱，次生褶皱发育。

洞身页岩属于相对隔水层，地下水不甚发育。不良地质主要为软弱围岩。根据深孔勘探及物探解释，隧道围岩以Ⅳ、Ⅴ级为主。

2）施工开挖及围岩变更

施工开挖揭示：围岩主要为砂质页岩、炭质页岩，与原设计地层岩性一致，但是由于邻近田家沟区域断层及金斗—鞍子寨倒转背斜，岩体受构造挤压强烈，节理裂隙发育，局部地下裂隙水发育，掌子面常出现股状地下水涌出，基岩及软弱夹层受地下水影响软化严重，开挖过程中掌子面失稳及拱顶坍塌、超挖、洞壁岩层剥离现象严重，局部初支变形收敛、开裂严重，围岩整体性和自稳能力差，如图 6.2-7 和图 6.2-8 所示。

本隧道砂质页岩发生了较大段落的变更，多由原设计的Ⅳ级围岩变更为Ⅴ级围岩。

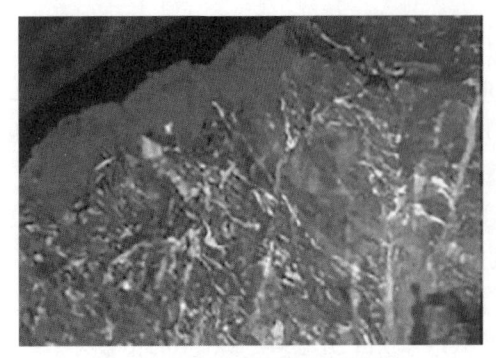

图 6.2-7　掌子面破碎的砂质页岩　　　　　图 6.2-8　初支收敛变形

3）变更原因分析

黄家沟隧道围岩发生较大变更的原因主要有以下两方面：

（1）地质构造及地层岩性。

线路平行于该田家沟断层，距断层左侧 100 ~ 300 m，断层对隧道围岩影响较大。变更段落内地层岩性主要为灰色、青灰色砂质页岩，薄层~中厚层状，岩质较软，遇水易软化；受区域地质构造影响，岩层产状多变，局部发育小褶皱，节理、裂隙较发育~发育，沿裂隙面见方解石脉发育，岩体较破碎~破碎，岩层中软弱夹层发育，围岩稳定性较差。

（2）局部基岩裂隙水发育。

由于受构造作用，岩体节理、裂隙发育，隧道开挖后围岩松动，岩体裂隙部分呈张开贯通，地下水易沿裂隙下渗至洞内，变更地段基岩裂隙水较为发育，在掌子面常呈流状或片状流出。基岩及软弱夹层受地下水影响软化严重，降低了层间结合力，掌子面围岩易顺软弱夹层变形滑移，形成掉块或溜坍，围岩自稳性能力较差。

3. 保康隧道围岩变更

1）隧道工程地质条件

保康隧道全长 14 574 m，最大埋深约 505 m，单面上坡，辅助坑道共设置两个横洞、一个斜井及两个出口平导。

隧址区处于荆山山脉北段，属构造侵蚀剥蚀中山地貌，地形切割强烈，沟槽相间，地势起伏较大，地面标高为 537 ~ 1 268 m，自然横坡为 20° ~ 75°，局部较陡。

隧道洞身通过志留系下统罗惹坪组（S_1lr）页岩夹砂岩、新滩组（S_1x）页岩夹砂岩软质围岩。隧址处于上扬子陆块褶皱带内，断裂构造发育，为凉峰垭复式向斜（聚龙山复式向斜的组成部分）北翼，次级褶皱发育，岩层产状变化较大，岩层产状扭曲变化，甚至出现地层倒转现象，隧道通过区域性黄家湾断层、塘儿河—崔家冲断层夹持的地块，中部被多条横向断层切割，地质构造极为复杂。如图 6.2-9 所示。

塘儿河—崔家冲断裂为一条区域性逆冲断裂，该断裂是望佛山—肖家埫复式向斜的北界，长达 78 km，东端被南漳断裂所截。隧址区内断层长 9.2 km，断层破碎带宽度约 10 ~ 30 m，隧道走向与该断裂走向近于平行，隧道洞身位于塘儿河—崔家冲断裂北侧，间距为 460～2 400 m（最近处为隧道进口），隧道未与之相交，隧址区为该断裂西段。

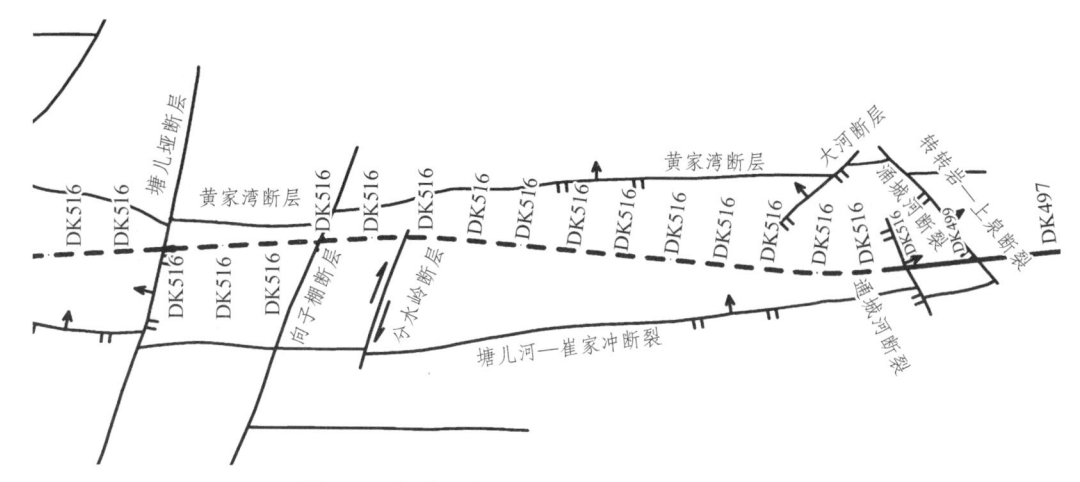

图 6.2-9 保康隧道与区域断裂构造关系平面示意图

黄家湾断层为区域性主干断裂，为一多期复合活动的断裂带：早期为压性逆断层，岩层强烈挤压变形，岩石强烈破碎、硅化，并有较多挤压透镜体；中期为张性正断层，发育断层角砾岩及碎裂岩；晚期断裂再次活动，为挤压逆断层。隧道洞身位于该断层南侧，隧道走向与断层走向近平行，间距为 400～2 000 m，隧道未与之相交。

隧道主要工程地质问题为软质围岩，局部岩层产状主要为 N45°～75°E/25°～50°S，与线路夹角为 18°～40°，倾向线路左侧，隧道存在右侧偏压。

根据地质调绘结合钻探、物探资料，综合判定隧道围岩以 Ⅳ、Ⅴ 级为主。

2）施工开挖及围岩变更

施工开挖揭示：隧道通过地层岩性以砂质页岩、页岩为主，与原设计基本一致，但是由于受地质构造影响，特别是区域大断裂及洞身小断层作用，页岩岩体揉皱严重，节理、裂隙极为发育，裂隙多为微张节理，岩石受其切割，岩体较破碎，呈碎石、片状，结构面结合较差，呈块石状镶嵌结构，如图 6.2-10 所示。开挖后掌子面有掉块、超挖或者坍滑风险，加之局部地段地下水呈股状渗出，降低了围岩力学强度，掌子面围岩整体性及稳定性较差。

图 6.2-10 掌子面开挖揭示破碎砂质页岩地层

本隧道穿越软质围岩，受断裂构造影响严重，围岩揉皱严重，岩体破碎，围岩级别发生较大变更，由Ⅲ、Ⅳ级围岩变更为Ⅳ、Ⅴ级围岩。

3) 变更原因分析

保康隧道围岩发生较大变更原因主要有以下两个方面：

（1）断层影响。

隧址区位于凉峰垭复式向斜北翼，次级褶皱、断裂构造发育，岩层产状扭曲变化明显，甚至出现地层倒转现象。隧道穿越与线路走向近于平行发育的黄家湾断层、塘儿河—崔家冲断裂之间，受两条区域断层作用及洞身小断层作用，岩体受到严重挤压，加之岩性属于页岩类软质围岩，节理、裂隙、小褶皱十分发育，局部岩层产状紊乱，岩层结构面结合较差，围岩整体性及自稳性较差。

（2）地下水局部发育。

尽管页岩属于相对隔水岩组，但是由于受区域断层作用，岩体挤压强烈，节理、裂隙发育。隧道开挖揭示：地下水分布不均，局部地段地下水较发育，掌子面有裂隙水渗出，初期支护后局部可见浸润滴水现象。局部发育的地下水也使得围岩结构面结合力进一步降低，引起围岩初支后产生较大变形。

4. 甘家山隧道围岩变更

1) 甘家山隧道工程地质条件

甘家山隧道全长 5592 m，进口里程为 DK557 + 620，出口里程为 D1K563 + 200，最大埋深约 567 m，为傍山隧道，单面下坡，辅助坑道采用"一横洞"方案，横洞与正洞交于 D1K560 + 200。隧道地处鄂西神农架林区东南部，属构造侵蚀剥蚀中山地貌，山脊呈北东向走势，连绵起伏，峰谷相间，岭间切沟、走向冲沟发育，地面标高为 330 ~ 1 600 m，自然坡度为 30° ~ 60°，局部陡峻。隧道洞身主要穿越震旦系中统灯影组（Z_2dn）白云岩、下统陡山沱组（Z_1d）页岩夹粉砂岩、白云岩、页岩，前震旦系神农架群石槽河组（Pt_2s）白云岩，呈单斜构造，如图 6.2-11 所示。

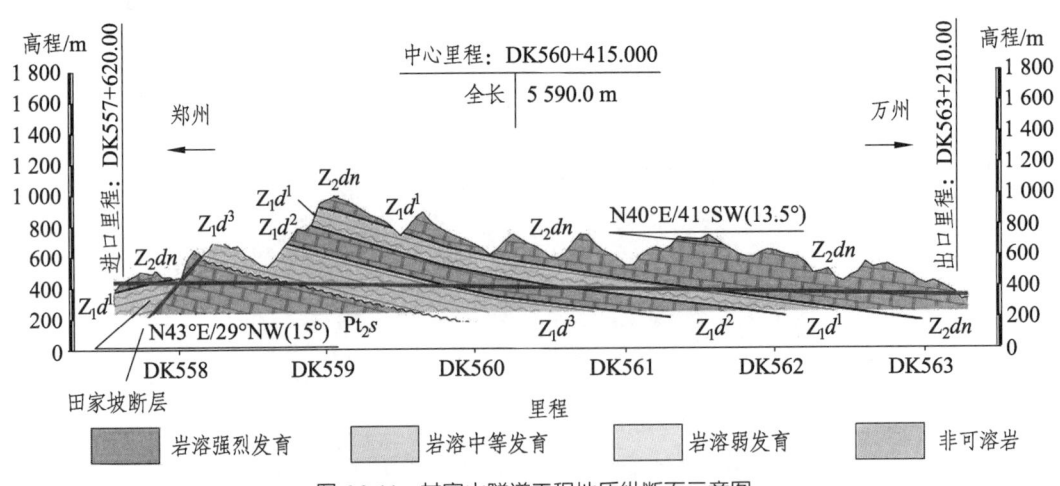

图 6.2-11 甘家山隧道工程地质纵断面示意图

隧址区位于上扬子陆块褶皱带之神农架-荆门台坪褶皱带内，新华区域大断裂东南侧 800 m 附近。隧道进口附近发育有洞子断层、田家沟断层，如图 6.2-12 所示：隧道在由新华断裂、田家坡断层和林家湾断层切割的宽约 1 000 m 的地块内穿行，并穿过田家坡区域性大断层。

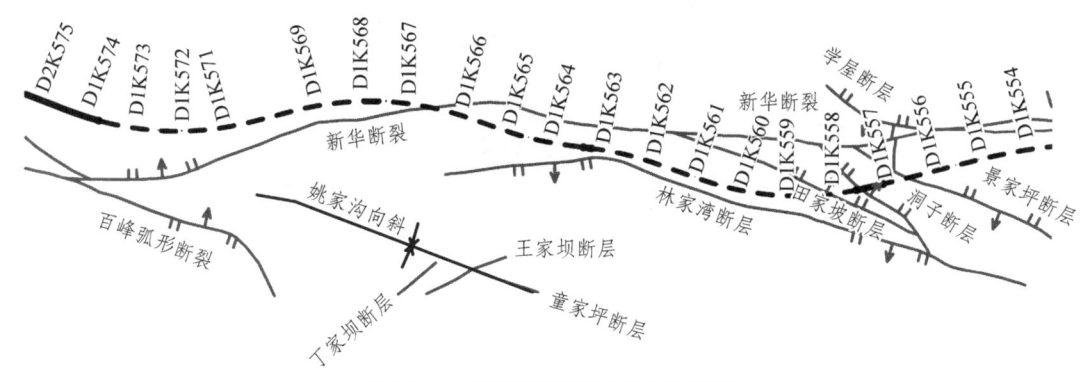

图 6.2-12　隧道与区域断层关系示意图

新华断层：区域性大断裂，属滨太平洋构造武陵断裂系的一部分，分隔神农架褶皱基底和黄陵结晶基底。向北切割阳日断裂，延伸至图 6.2-12 外，向南过秭归盆地与来凤断裂相接，全长 360 km，为一条较宽的、时断时续的、呈雁行排列的断裂。从平面上看，断裂延伸方向为北东 20°，局部为北东 30°，走向上有分支复合现象，东侧地层上冲，为正断层。断裂面倾向西，倾角为 50°～70°，断裂两侧构造作用强烈，影响区域为两侧各约 1.5 km，区内洞子断层、田家坡断层、林家湾断层均为其伴生断层。隧道位于断裂中段位置，隧道走向与断裂走向平行，与断层相距 600～800 m。

林家湾断层：该断裂位于后埫—林家湾—高桥河一线，长约 15.7 km，影响带宽 10～50 m；断层通过处线性构造较为明显，发育断层破碎带，宽 3～5 m，带内可见断层角砾岩；断层造成地层缺失，断层两侧产状不协调，差异较大；断层走向北东，倾向不明，线路走向与断层走向大致平行，与断层相距约 150 m。断层对隧道影响较大，围岩受断层挤压严重。

隧道主要工程地质问题是进口边仰坡上的危岩落石，洞身岩溶及顺层偏压。隧道傍山行进，处于岩溶水水平循环带与季节变动带附近，局部可能存在丰富地下水。

全隧道围岩级别以 Ⅲ、Ⅳ 级为主，局部为 Ⅴ 级。

2) 施工开挖及围岩级别变更

D1K559+710～D1K560+010、D1K561+860～D1K562+235、D1K562+695～D1K562+895 段，施工开挖揭示地层岩性为震旦系中统灯影组（Z_2dn）白云岩夹页岩，灰、灰白、灰黄、灰黑色，隐晶质结构，白云岩质较硬、性脆，薄～中厚状构造（图 6.2-13）。受构造影响，岩层层理紊乱，节理裂隙发育，结构面结合较差；局部构造裂隙密集带呈泥质条带状（其质软，呈砂粒状）。围岩较破碎～破碎，呈碎石状压碎结构，局部地段受构造挤压强烈，岩体呈角砾、粉末状。局部地段，地下水较发育，开挖时掌子面线状渗水，开挖支护后雨滴状渗水。开挖爆破后洞渣多呈碎石、角砾状，掌子面有掉块、剥落现象，围岩总体上完整性差，自稳定性较差，施工中根据实际揭示围岩情况判定该围岩级别为 Ⅳ 级。

图 6.2-13 典型掌子面开挖揭示岩体情况

对于此 3 段围岩级别，在施工图设计时，因为它们都是硬质岩石，结合物探、钻探资料，设计单位将其划定为Ⅲ级围岩。

3）变更原因分析

（1）断层影响。

甘家山隧道穿行于新华区域性断裂与林家湾断层夹持的宽约 1 000 m 的地块中，受断裂构造挤压，岩体中发育小褶曲，节理、裂隙十分发育，层理及结构面结合差，岩体极为破碎，围岩呈碎裂、角砾及粉砂状，整体性极差，围岩自稳能力差，结构面结合较差。

（2）地下水作用。

围岩为薄至中厚层状的白云岩、局部夹页岩，因断层挤压，岩体破碎基岩裂隙地下水局部发育且分布不均，部分掌子面出现线状渗水。随着围岩进一步卸荷松弛，构造裂隙贯通，部分开挖支护地段雨滴状渗水较严重，进一步降低围岩结构面结合力，恶化围岩稳定性。

5. 两河口双线特大桥

1) 桥址工程地质条件

两河口双线特大桥，全长 668.3 m，桥中心里程为 DK525 + 140.00，桥高 116 m，最大墩高为 111 m，最大跨为 96 m，采用 1×24 m + 3×32 m + ($56 + 3 \times 96 + 56$) m + 4×32 m 孔跨式样。

拟建桥址位于横溪河与桃坪河交汇的两河口，桥址区属中低山河谷地貌，谷底开阔平缓，宽 100 ~ 150 m，河谷两侧斜坡相对较陡，郑州端整体坡度为 35° ~ 45°，万州端整体坡度为 20° ~ 35°。桥址区分布的岩土层主要为第四系全新统坡崩积（Q_4^{dl+col}）细角砾土、粗角砾土、碎石土，冲洪积（Q_4^{al+pl}）卵石土，坡残积（Q_4^{dl+el}）粗角砾土；下伏基岩为志留系中下统纱帽组（$S_{1-2}s$）页岩夹砂岩、志留系下统罗惹坪组（S_1lr）页岩夹砂岩、震旦系上统灯影组（Z_2dn）白云岩。河床覆盖层较厚，厚度为 10 ~ 15 m。不良地质为岩溶、岩堆及断层破碎岩体。两河口特大桥地质纵断面如图 6.2-14 所示。

桥址区位于扬子准地台一级构造单元北缘，上扬子陆块褶皱带之神农架—荆门台坪褶皱带内，新华断裂从桥址区河床地带通过，桥址在 DK525 + 093 ~ DK525 + 243 范围内通过区域性新华大断裂，该断裂对桥 6 号主墩影响较大。

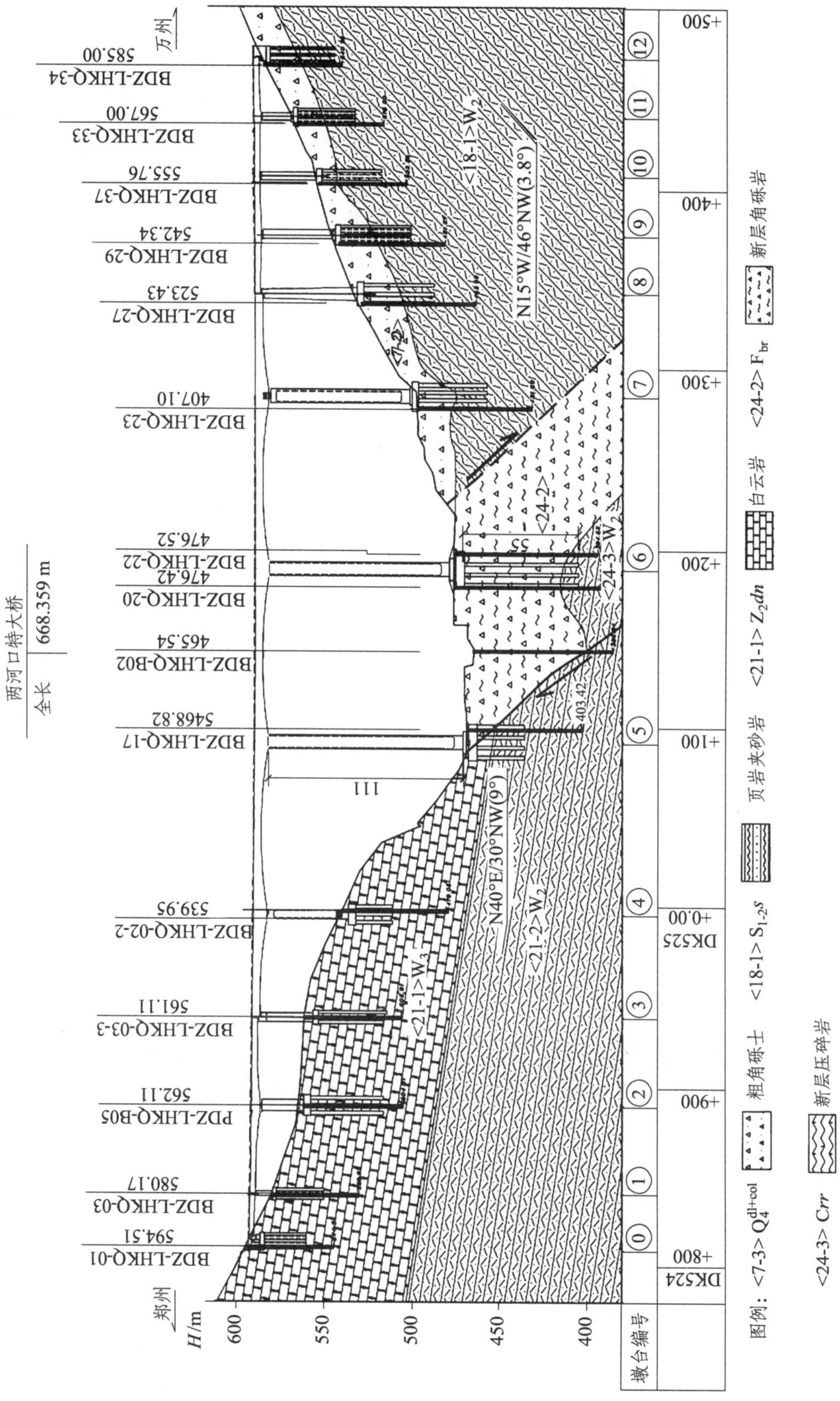

图 6.2-14 两河口特大桥地质纵断面示意图

新华断裂：区域性大断裂，属滨太平洋构造武陵断裂系的一部分，分隔神农架褶皱基底和黄陵结晶基底，向北切割阳日断裂，向南过秭归盆地与来凤断裂相接，全长360 km，为一条较宽的、时断时续的、呈雁行排列的断裂。断裂延伸方向为北东20°，局部为北东30°，走向上有分支复合现象，东侧地层上冲，为正断层。断裂面倾向西，倾角为50°～70°，北段较陡，近于直立，南段较缓，在50°左右，夫子岩一带更缓。断裂带中岩石变形强烈，在厚层白云岩出露区可见宽几十米的压碎带。测区属于新华断裂北段，桥址区河床地带大部分被土层覆盖，斜坡基岩裸露较好。在线路通过地段断层基本沿横溪河河床地带走行，走向为N10°～15°E，倾向西，与线路交角约38°。

断层上盘基岩为志留系中下统纱帽组（$S_{1-2}s$）页岩夹砂岩、下统罗惹坪组（S_1lr）页岩夹砂岩，岩质较软，受断层影响，岩体节理裂隙发育，破碎较严重，局部分布挤压破碎严重带或透镜体。下盘基岩为震旦系上统灯影组（Z_2dn）白云岩与下统陡山沱组（Z_1d）页岩，岩质较硬，受构造挤压作用较弱，岩体较完整。

2) **断层对桥梁桩基影响分析**

据钻探揭示，推测断层倾角为47°～60°，断层破碎带与线路相交于地表DK525+093～DK525+243段。桥梁0号～5号墩位于断层下盘，7号～12号墩位于断层上盘，6号墩位于断层破碎带内。断层破碎带物质为断层角砾岩和断层压碎岩，原岩为震旦系下统陡山沱组（Z_1d）页岩和志留系中下统纱帽组（$S_{1-2}s$）页岩夹砂岩，受新华断裂影响，岩体挤压破碎极严重，钻探揭示断层角砾岩岩心呈灰黑色、深灰色，糜棱状结构，断层擦痕面明显，整体呈角砾土状，局部夹断层泥，干强度较高，遇水软化崩解；局部夹有碎裂结构、块状构造的砂岩、白云岩质团块。

该桥6号主墩采用摩擦桩基础，桩基采用28根直径为2 m、长度为65 m的桩布置，整个桩基位于断层破碎带内。

受断层影响，6号主墩下伏断层角砾岩岩体破碎，岩层遇水软化崩解，自稳能力差。桩基施工在钻进、下钢筋笼、混凝土浇筑过程中孔内坍塌严重，造成地面塌陷，成桩困难，如图6.2-15所示。为保证桩基成孔安全，采用直径为2.5 m的旋挖钻头成孔，成孔后采取灌注水下混凝土的方式回填C20混凝土，待回填混凝土凝固并有一定强度后，采用设计桩径为2.0 m旋挖钻头将回填混凝土旋挖出，外侧25 cm作为桩基施工护壁，如图6.2-16所示。此工艺保证了成孔安全，确保了成桩质量。

图6.2-15 桩基施工过程中产生地面塌陷　　图6.2-16 回填混凝土形成较好护壁

四、结论

（1）从上述对郑万高铁沿线几个典型工点的分析可以看出，郑万铁路沿线地质构造复杂，特别是区域性断层及其影响带对铁路边坡工程、隧道工程及桥梁基础工程均会产生极大影响，增大工程投资。因此，在勘察设计中应高度重视对于断层带的分析评价，对于多条断层夹持、切割的地块，铁路工程尽量选择绕避或综合比较。

（2）对于断层带对铁路工程的影响评价，应结合地质调绘、钻探及物探数据，综合分析，不可简单根据钻孔资料、物探解释进行分析判断，这样往往会得到错误的结果，如保康隧道、甘家山隧道物探、钻探资料反映，围岩完整性均较好，但是，实际开挖后却差异很大。因此，对断层带的影响综合分析十分重要。

（3）一般经验认为页岩属于相对隔水层，但是郑万铁路黄家沟、保康等隧道的开挖颠覆了人们的认识，开挖后部分掌子面，甚至支护后洞室都存在不同程度基岩裂隙水渗出现象，地下水的作用进一步降低了岩体层间、结构面间结合力，导致围岩稳定性下降，出现掉块、坍塌等失稳现象。这主要还是因为断层挤压作用导致岩体构造裂隙十分发育，地下水呈现局部富集现象。

第三节　成兰铁路云屯堡隧道围岩级别变更及软岩大变形原因分析

成都至兰州铁路云屯堡隧道是我国目前在建的一座特长单洞双线山岭隧道，隧址位于川西岷江高山峡谷区，区域地质构造环境极为复杂。隧道洞身大部分穿越软弱破碎围岩，隧道施工中出现了较大范围的围岩变更及软弱围岩大变形，给施工带来了极大困难。隧道于2014年9月开工建设，预计2022年底贯通，历时8年，不但建设工期大大延长，而且由于软岩变形、围岩变更等导致工程投资大幅增加。本案例系统介绍了隧道区域地质环境、区域地应力大小、围岩强度及破碎程度、大变形病害特征以及围岩级别变更、大变形地段长度，分析了围岩变更及大变形原因，指出隧道所处特殊复杂的区域地质构造及构造应力环境、软弱破碎的围岩是隧道围岩变更段落长、大变形多的主要原因，强调隧道围岩分级、大变形段落预测应注重分析隧道所处的区域地质构造背景、岩体初始构造应力与岩体强度，更加准确地进行隧道围岩分级及变形预测。本节由王茂靖、袁传保撰写。

一、引言

建设中的成兰铁路云屯堡长大深埋隧道位于四川省阿坝州松潘县岷江乡至青云乡之间，进口前接岷江村特大桥，出口后连松潘车站。隧道起讫里程为DK213+150～D3K236+390，隧道全长22 923.436 m（短链316.564 m），为单洞双线隧道，最大埋深约780 m，位于D5K216+910附近，最小埋深约12 m，位于D6K235+320处泥石流沟谷，隧道为单面上坡，洞身穿越9处深切横向沟谷。隧道原施工图设计中设置7处横洞辅助坑道，由于围岩软弱破碎，变形大，施工困难，在施工中临时增加1处横洞、2处平导（图6.3-1中1号平导、

2号平导、8号横洞为后期增加的辅助坑道），共计19个工作面组织施工，如图6.3-1所示。

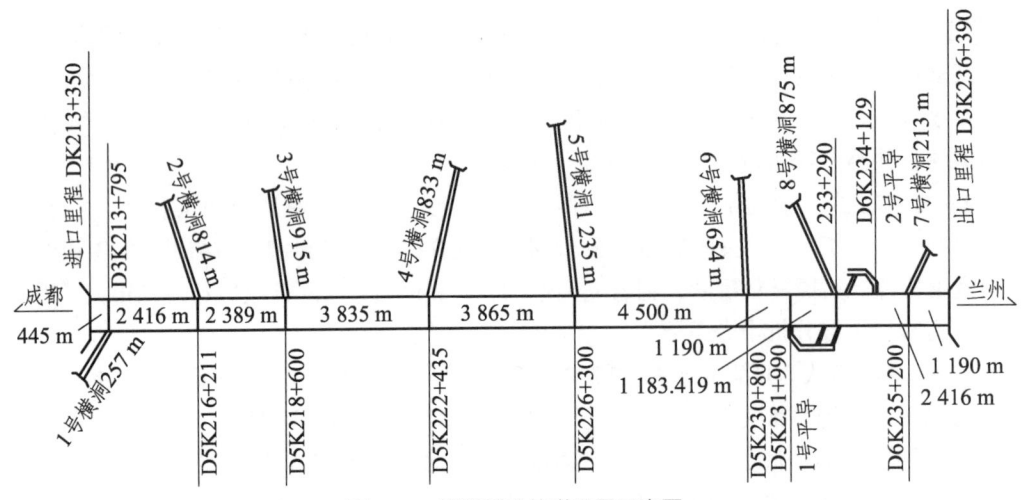

图6.3-1 隧道辅助坑道设置示意图

隧道4号横洞与正洞相交处设置1座紧急救援站，救援站长550 m，救援站两侧分别设置450 m和447 m疏散救援平导，左、右侧救援平导与正洞间设置22个疏散横通道。右侧疏散救援平导与4号横洞间设置隧底疏散联络通道，该通道下穿正洞及左侧疏散救援平导，救援站正洞拱顶上方（约15 m）设置平行于隧道的排烟道；排烟道与正洞拱顶间设置6处烟道联络竖井，如图6.3-2所示。

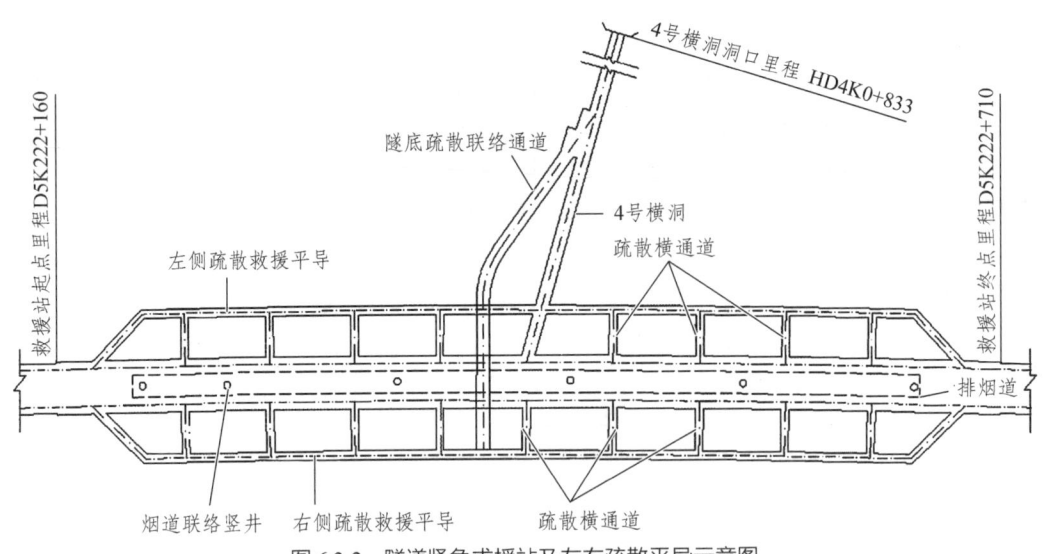

图6.3-2 隧道紧急求援站及左右疏散平导示意图

本隧道于2014年9月开工建设，预计2022年12月贯通，历时8年有余。由于洞身主要通过软弱破碎围岩，施工极为困难，其间出现了较大的围岩变更、软弱岩体大变形，初期支护变形破坏严重，部分侵限导致初期支护被多次拆除，严重延长了隧道施工工期，原设计工期至2018年2月约42个月，延期58个月，增加工程投资约4亿元人民币。

二、区域工程地质条件

1. 地形地貌

隧道位于岷山山脉中段的松潘县境内，属青藏高原东缘部分。区内地形起伏显著，为典型中高山峡谷区，最大河流岷江自北向南流动。隧道傍山穿越岷江左岸山体，轴线距岷江 80～3 000 m，走向近南北向，地势总体呈北高南低，进口位于松潘县岷江乡岷江村，出口位于青云乡，穿越山体发育多条深切横向支沟，地形起伏较大，区域内最高峰高程约 3 420 m，相对高差大于 500 m。自然横坡为 15°～40°，局部为陡壁。在地势较陡处及沟谷两侧有基岩出露，斜坡地带地表多为杂木，零星有乔木分布，局部平缓处被垦为旱地。国道 G213 线沿岷江左岸行进并贯通测区，隧道工程距之较近，并有便道横穿线路，进出口交通方便，但洞身段交通不便。隧道地形地貌与岷江影像如图 6.3-3 所示。

影像拍摄日期：2015-11-2 32°28′57.44″北 103°40′36.54″东海拔3 531 m视角海拔高度15.18 km

图 6.3-3 隧道地形地貌与岷江影像示意图

2. 地层岩性

隧道除进出口斜坡上覆盖有薄层残坡积第四系松散粉质黏土夹碎石角砾土、碎块石土层外，洞身穿越三叠系上统新都桥组（T_3x）炭质千枚岩、千枚岩夹砂岩，侏倭组（T_3zh）砂岩夹千枚岩，三叠系下统杂谷脑组上段（T_2z^2）砂岩夹板岩、灰岩、千枚岩，杂谷脑组下段（T_2z^1）砂岩、板岩、灰岩、千枚岩互层。其中 1、2 号横洞工区为杂谷脑组砂岩、板岩、千枚岩，岩质较硬，围岩相对较好；3～7 号横洞为新都桥组和侏倭组千枚岩、炭质千枚岩夹砂岩地层，岩质软弱，围岩较差。云屯堡隧道洞身各横洞地层岩性一览见表 6.3-1。

表 6.3-1　云屯堡隧道洞身各横洞地层岩性一览

序号	工区	地层岩性	起始里程	终止里程	长度/m
1	1号横洞工区	(T_2z^1) 砂岩、板岩、灰岩、千枚岩	DK213+350	DK214+420	1070
2		(T_2z^2) 砂岩夹板岩、千枚岩	DK214+420	DK214+943	523
3	2号横洞工区	(T_2z^2) 砂岩夹板岩、千枚岩	DK214+943	D5K215+645	702
4		(T_2z^1) 砂岩、板岩、灰岩、千枚岩	D5K215+645	D5K216+100	455
5		(T_2z^1) 砂岩、板岩、灰岩、千枚岩	D5K216+100	D5K217+340	1240
6		(T_2z^2) 砂岩夹板岩、千枚岩	D5K217+340	D5K217+614	274
7	3号横洞工区	(T_2z^2) 砂岩夹板岩、千枚岩	D5K217+614	D5K218+040	426
8		(T_3zh) 砂岩夹千枚岩	D5K218+040	D5K220+490	2450
9	4号横洞工区	(T_3zh) 砂岩夹千枚岩	D5K220+490	D5K220+690	200
10		(T_3x) 千枚岩	D5K223+760	D5K224+370	390
11		(T_3zh) 砂岩夹千枚岩	D5K224+370	D5K224+472	72
12	5号横洞工区	(T_3zh) 砂岩夹千枚岩	D5K224+472	D5K228+435	3963
13	6号横洞工区	(T_3zh) 砂岩夹千枚岩	D5K228+435	D5K233+203	4651
14	7号横洞工区	(T_3zh) 砂岩夹千枚岩	D5K233+203	D5K233+480	277
15		(T_3x) 千枚岩、炭质千枚岩夹砂岩	D5K233+480	D3K236+320	2840

备注：D5K232+583.44 = D5K232+700.000，短链 116.564 m。

从表中可以看出：隧道进口段围岩岩性略好，尤其是1号、2号横洞工区；隧道出口段7号横洞工区岩性最差。

3. 区域地质构造

隧址区位于四川盆地与青藏高原东侧的地形急变带，区域地质构造属于川西北A字形三角形断块，该A字形构造由北东向的龙门山褶皱断裂带、北西西—近东西向向南凸出的西秦岭褶皱断裂带和近南北向的岷江断裂带组成，3条构造断裂带均为区域性活动断裂，具有强震发震历史，是我国青藏高原东部地区重要的活动断裂带，亦为控制高原边界的断裂带。

隧址处于这几个宏观构造体系复合交接、影响部位，地质构造十分复杂，不同时代、不同构造体系的新老构造形迹交织重叠、相互迁就利用，致使老构造支离破碎，新构造发育程度不等，时断时续，难成一体。就区域构造地应力场而言，不同历史时期卷入不同构造体系，运动方式和力学特征发生多次转化。受上述独特的地质构造带控制影响，在青藏高原统一大陆动力学背景条件下，A字形构造的头部发生强烈的挤压，从而形成独特的区域地壳高地应力集中区，并使测区岩体产生强烈的揉皱变形和挤压破碎，如图6.3-4所示。

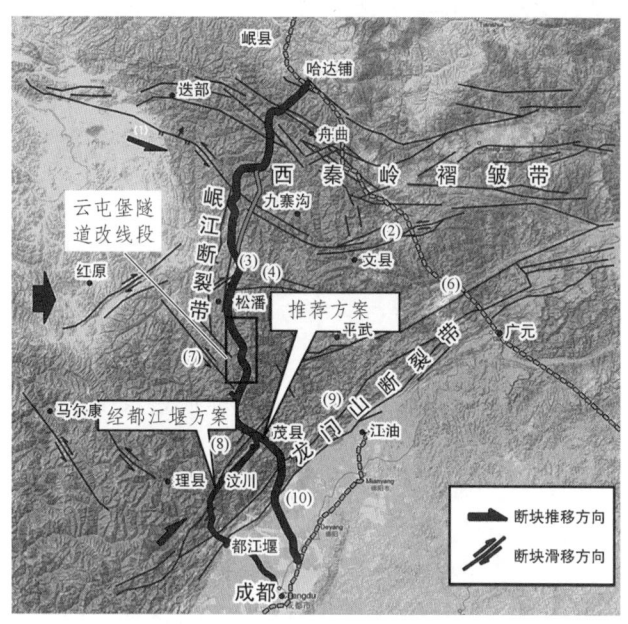

图6.3-4 隧道区域工程地质构造略图

隧址区受显著影响的区域地质构造为岷江活动断裂带及西秦岭西部摩天岭东西构造。岷江活动断裂带位于隧道左侧0.5~3.0 km，线路基本与之呈平行行进。岷江活动断裂是岷江逆冲推覆构造带的东缘边界断裂，构成松潘—甘孜造山带与西秦岭构造带摩天岭地块的分界，显示由西向东的冲断兼走滑运动性质。断裂总体走向近北南，倾向北西，倾角为40°~70°，长约180 km，破碎带宽度为50~100 m。大致以川主寺为界，可以将岷江断裂分为南、北两段，隧道位于其南段断裂带的下盘。

西秦岭之摩天岭东西向构造带展布于甘南、陕南及川北的广大区域内。其范围大体是：南界镇江关—庙子湾一线，北至雪山梁子—黄龙一线，西邻岷江，泥盆系—三叠系变质地层组成了一系列走向东西的褶皱群。自北而南有：雪宝顶倒转复背斜、磨子坪—上纳咪倒转复向斜、虎牙—蛇岗倒转复背斜、夏莫倒转复向斜、花海子倒转复背斜、镇江关倒转复向斜等。

云屯堡隧道处于摩天岭东西向构造带的西延余尾部分，穿越了夏莫倒转复向斜、花海子倒转复背斜两个褶皱群。

受区域岷江断裂带及摩天岭构造带影响，隧道穿越地层遭受强烈挤压，褶皱发育，岩体节理裂隙发育，十分破碎。隧道洞身穿越1条落石沟冲断层，龙安堂倒转背斜、云昌倒转向斜、新塘关1~3号背斜向斜、德胜倒转向斜、云屯堡1~2号倒转背斜向斜、夏莫倒转复式背向斜等17个紧密褶皱，如图6.3-5所示。

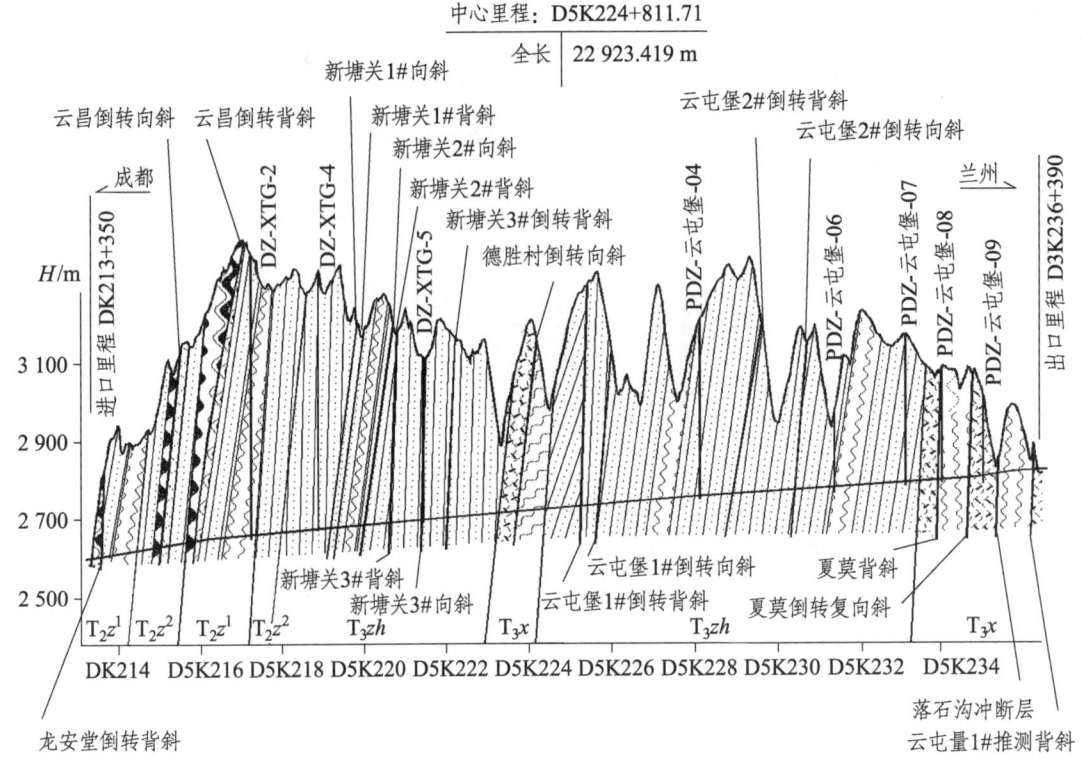

图 6.3-5　隧道工程地质纵断面示意图

据四川赛思特科技有限责任公司《新建成都至兰州铁路重要桥梁工程场地地震安全性评价报告》（2011年8月），测区地震动峰值加速度为0.30g，地震动反应谱特征周期为0.40 s，属于高烈度地震区，隧道工程设计应进行抗震设防。

4．水文地质特征

岷江为区内最大地表河流，隧道近于与岷江平行，距离岷江 0.2～3.0 km，隧道通过山体斜坡支沟发育，地表水呈树枝状、羽状汇入岷江及其大的支沟，最后汇入岷江水系。岷江及其大的支流常年有水，其区域内地表侵蚀基准面，河流流量受季节和大气降雨量影响较大，枯、雨两季分明，雨季流量较大，接受上游地表水、大气降雨及地下水补给。

隧道内地下水主要为基岩裂隙水及构造带裂隙水，由于地层岩性多为千枚岩、板岩及砂岩，岩质软弱，透水性不强，推测地下水不甚发育，估算的隧道常年涌水量为 3.32×10^4 m³/d。最大涌水量为 5×10^4 m³/d，褶皱轴部、断裂带及节理密集带容易出现较大的股状水流。

5．隧道主要工程地质问题及围岩分级

隧道主要工程地质问题是进口段仰坡高陡，岩层顺层，层理产状为 N25°W/75°NE(58.6°)，与优势节理切割形成一些楔形体，发育成危岩落石，边仰坡需进行防护。设置的 1～7 号辅助横洞走向与岩层层理小角度斜交，倾角为 45°～70°，存在顺层。施工中应加强顺层岩体的支护。

此外，测区受区域构造影响极为严重，次生褶皱断裂发育，围岩软弱破碎，且地应力较高，引起围岩挤压大变形、塌方，应在施工开挖中高度重视，特别是本隧道软质围岩占比较高，软岩大变形是隧道较为突出的工程地质问题，这在后面重点论述。

根据综合地质勘察成果，隧道围岩分级为Ⅲ级 4 010 m，占比 17.5%，Ⅳ级 13 333.44 m，占比 58.2%，Ⅴ级 5 585 m，占比 22.4%。

三、区域构造应力场及大变形预测

1. 区域构造应力场测试成果

前已述及，隧道区域属于四川盆地与青藏高原东侧的地形急剧变化地带，地质构造上处于岷江活动断裂带与西秦岭西段摩天岭东西向活动构造带的交接复活部位，构造应力场应属于现今构造应力场。

地质勘察期间，在云屯堡隧道 PDZ-云屯堡-04 号深孔（位于 D6K228+085 左 8 m，终孔深度为 456.83 m）中采用水压致裂法进行了地应力测定，测量时稳定水位距离井口约 26.0 m，钻探过程中采用浓泥浆和化学浆伴随护壁钻进。根据钻探岩心完整度，在 PDZ-云屯堡-04 孔中 270.00~450.00 m（此段钻孔直径为 91 mm）深度内共进行了 10 段地应力测试，成功获取 7 段有效数据。应力测量结果见表 6.3-2。

表 6.3-2　PDZ-云屯堡-04 孔水压致裂原地应力测量结果

序号	测试段深度 /m	应力值 /MPa S_H	S_h	S_v	最大水平主应力方位 /(°)	λ_1 (S_H/S_v)	λ_2 (S_h/S_v)	$\lambda = \left(\dfrac{S_H+S_h}{S_v}\right)$
1	274.8~275.80	9.95	7.69	7.27		1.37	1.06	1.21
2	320.3~321.30	11.88	8.13	8.65	N52°W	1.37	0.94	1.16
3	356.8~357.80	13.24	8.49	9.44		1.40	0.90	1.15
4	384.0~385.00	13.52	8.76	10.16	N38°W	1.33	0.86	1.10
5	392.4~393.40	13.99	9.84	10.38		1.35	0.95	1.15
6	432.6~433.60	14.48	10.23	11.44	N31°W	1.27	0.89	1.08
7	445.1~446.10	15.12	10.36	11.77		1.28	0.88	1.08

根据上述试验成果，可以得到如下结论：

（1）洞身附近的最大水平主应力为 15 MPa 左右，最小水平主应力为 10 MPa 左右，用上覆岩层密度（约为 2.70 g/cm³）估算的垂直主应力约为 12 MPa。

（2）洞身附近三向主应力值的关系为 $S_H > S_v > S_h$，区域地应力场特征以区域构造应力为主，而垂向应力与最小水平主应力差值较小，有利于洞室围岩稳定。地应力侧压力系数为 1.08~1.21，洞身附近侧压力系数为 1.1 左右。

（3）该孔周边的最大水平主应力优势方向为北西（即N31°W—N52°W），优势方向约为N42°W，测区现今构造应力场状态以北西—南东向挤压为主。

（4）隧道轴线走向为N20°~34°W，与最大水平主应力夹角在10°~30°，有利于洞室围岩稳定。

由于隧道施工中围岩变形强烈，施工期间在6号横洞工区D5K231+397隧底处（此处埋深约242 m）、3号横洞工区D5K218+850隧底处（此处埋深约660 m）分别实施了2个钻孔的水压致裂地应力测量工作，测试结果见表6.3-3和表6.3-4。

表6.3-3 云屯堡隧道D5K231+397地应力测量结果

测试段深度 /m	洞身主应力值 /MPa			最大水平主应力方位 /(°)	λ_1 (S_H/S_v)	λ_2 (S_h/S_v)	$\lambda = \left(\dfrac{S_H + S_h}{S_v}\right)$
	S_H	S_h	S_v				
27.4	25.83	14.07	7.27	N43.8°W	3.55	1.94	2.75
25.9	17.11	9.29	7.23	N56.3°W	2.37	1.28	1.83
24.3	15.93	9.4	7.19		2.22	1.31	1.77
0.8721.8	13.28	7.7	7.12	N23.2°W	1.87	1.08	1.47

表6.3-4 云屯堡隧道D5K218+850地应力测量结果

测试段深度 /m	洞身主应力值 /MPa			最大水平主应力方位 /(°)	λ_1 (S_H/S_v)	λ_2 (S_h/S_v)	$\lambda = \left(\dfrac{S_H + S_h}{S_v}\right)$
	S_H	S_h	S_v				
29.7	21.10	11.19	18.63	N65.5°W	1.13	0.6	0.87
27.1	17.85	9.02	18.55	N37.1°W	0.96	0.49	0.743
24.1	15.78	8.08	18.46	N45.6°W	0.86	0.44	0.65

施工期间两孔地应力测试结果表现出以下特征：

（1）实测地应力水平较勘察期间深孔中测试数值较大，在埋深仅240 m处实测最大水平主应力达到25.83 MPa。

（2）埋深达660 m处测试最大水平地应力为21.1 MPa，与埋深240 m处最大水平应力接近，反映出隧址区现今构造应力场极为复杂，岩体中地应力分布不均一，局部存在地应力集中现象。

（3）测试结果表明：最大水平构造应力方向与勘察期间测试地应力方向相差不大，最大主构造应力与隧道洞轴线夹角较小，有利于围岩稳定。

（4）当埋深大于500~600 m时，侧压力系数接近于1，反映出当隧道埋深加大时，区域应力场由水平应力场转化为垂直应力场，最大主应力以垂直应力为主。

2. 隧道围岩岩体抗压强度

勘察设计期间,在隧道洞身实施了近 20 个深孔,采取岩样 71 组,进行了岩石单轴极限抗压强度试验,主要岩石强度指标为:

炭质千枚岩、千枚岩岩石天然抗压强度平均值为 14.16 MPa,标准值为 9.01 MPa;岩石天然饱和抗压强度平均值为 10.01 MPa,标准值为 6.21 MPa。

砂岩岩石天然抗压强度平均值为 61.44 MPa,标准值为 52.77 MPa;岩石天然饱和抗压强度平均值为 50.33 MPa,标准值为 41.34 MPa。

施工开挖中取了 10 组炭质千枚岩、炭质板岩、千枚岩岩样进行岩石强度试验,天然单轴抗压强度为 5～10 MPa,平均值为 6.9 MPa,标准值为 5.79 MPa,天然饱和单轴抗压强度为 3～8 MPa,平均值为 4.4 MPa,标准值为 3.61 MPa。

从岩石强度来看,隧道洞身穿越的大部分千枚岩、板岩天然抗压强度小于 8 MPa,饱和强度小于 5 MPa,属于极软岩。

3. 软质围岩大变形判定及预测结果

1) 判定标准确定

软质围岩大变形在勘察设计期间的预判一般根据岩体强度应力比(R_b/σ_{max})确定,这里 R_b 为岩石天然单轴极限抗压强度换算后的岩体强度,σ_{max} 为垂直于隧道洞轴线的最大初始应力,可按照下式进行计算:

$$\sigma_{max} = \sigma_H \sin^2\theta + \sigma_h \cos^2\theta$$

式中:σ_H 为最大水平主应力(MPa);σ_h 为最小水平主应力(MPa);θ 为最大水平主应力和洞轴线夹角(°)。

综合国外典型大变形隧道强度应力比研究成果及我国乌鞘岭隧道大变形的强度应力比特征,成兰铁路勘察设计中确定软弱围岩大变形分级标准按照表 6.3-5 所列数据预判。

表 6.3-5 软弱围岩大变形分级预判等级

评价因子	无大变形	轻微大变形	中等大变形	严重大变形
强度应力比(R_b/δ_{max})	> 0.5	0.5～0.25	0.15～0.25	< 0.15
围岩分级	—	Ⅳ～Ⅴ级	Ⅴ级	Ⅴ～Ⅵ级

岩体强度不同于岩石天然单轴极限抗压强度(MPa),试验确定岩石强度后可根据表 6.3-6 换算成岩体天然抗压强度。

表 6.3-6 地质构造对岩体强度影响系数

地质构造	影响程度	无影响	较重	严重
	部位	—	断层影响带、褶皱核部、物探Ⅴ级异常带	断层破碎带
	岩体和岩石单轴饱和抗压强度换算系数	0.75	0.54	0.33

2) 施工设计预判结果

根据岩体强度应力比预测隧道施工中发生轻微大变形的段落长度为 400 m，中等大变形为 2 450 m，大变形段落长度总计 2 850 m，占隧道总长的 12.43%，设计为预测存在严重大变形地段。

此外，因隧址区地质条件极其复杂，软质岩大变形影响因素复杂多样，在综合判断过程中除去上述预测发生段落外，还有部分段落在多因素叠加情况下，可能发生软质岩大变形，预测可能发生大变形段落长度为 14 993.42 m，占隧道长度的 65.41%。

上述大变形预判占隧道长度的 77.84%，可见云屯堡隧道软弱围岩大变形是隧道的主要工程地质问题，设计施工中需要高度重视，采取较强的初期支护或者受力较好的隧道断面形式。

四、施工开挖围岩变更及软岩大变形

1. 施工开挖概述

云屯堡隧道处于复杂的区域地质环境中，围岩软弱，岩体破碎，施工极为困难。隧道于 2014 年 9 月开工建设，采用 7 个横洞辅助坑道加快施工进度，其后为加快 6～7 号横洞之间严重滞后的工期，施工中再次增加 1 个横洞、2 处平导共计 19 个工作面施工。隧道建设历经千难万险，预计于 2022 年 12 月贯通。隧道施工中发生了较大的围岩级别变更，同时出现了较长段落的软岩大变形，还出现了未曾预判的软岩严重大变形，增加了施工难度。

施工中出现的大变形病害主要为：初期支护变形侵限、掌子面破碎围岩溜坍、围岩渗水、初支钢架扭曲变形、混凝土剥落、开裂掉块、横洞衬砌开裂、横洞底板鼓起等。其中以初支变形侵限问题最为突出，导致施工中多次进行初期支护拆除更换。截至 2021 年底，初期支护侵限拆换 2 585 m，溜坍 66 处，严重影响施工进度，这些病害主要发生在围岩相对软弱的 4、5、6、7 号横洞工区，图 6.3-6～图 6.3-11 所示是典型大变形病害照片。

隧道大部分围岩为软弱破碎围岩，因此初期支护变形病害是隧道主要的病害。统计分析显示：初期支护拱顶下沉速率为 19～60 mm/d，普遍沉降在 90～500 mm，边墙收敛速率在 21～27 mm/d，累计收敛值为在 103～242 mm 之间，图 6.3-12 和 6.3-13 是隧道拱顶沉降及边墙收敛典型曲线。围岩形变导致初支变形过大即引起混凝土剥落、开裂掉块，钢架扭曲甚至断裂，部分地段初支变形已经侵入二衬轮廓，不得不进行初期支护拆换。

图 6.3-6　围岩严重渗水　　　　　　图 6.3-7　初期支护钢架扭曲变形

图 6.3-8　围岩受构造影响褶曲发育

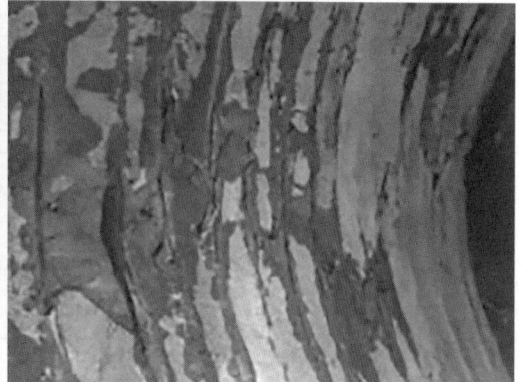

图 6.3-9　初期支护变形侵限

图 6.3-10　掌子面破碎岩体发生溜坍

图 6.3-11　平导底板隆起变形

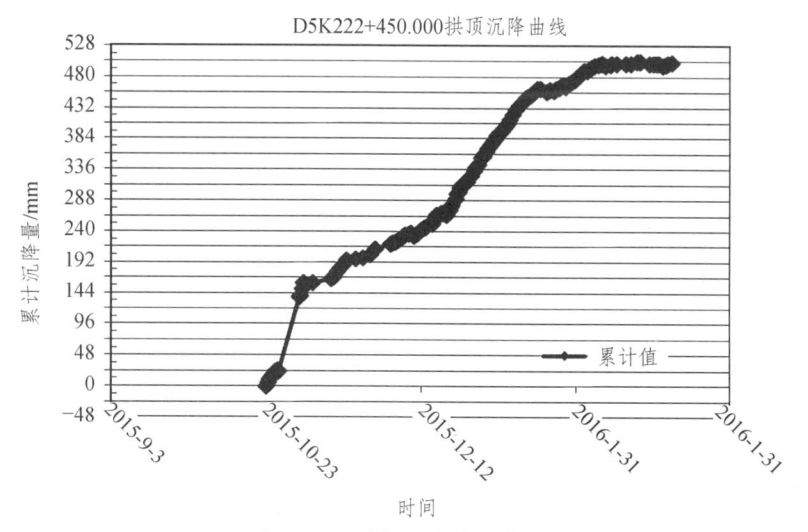

图 6.3-12　拱顶下沉典型曲线

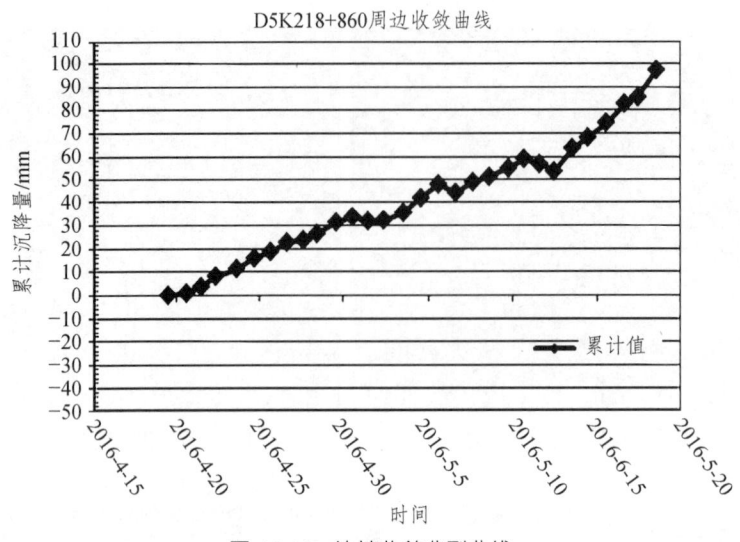

图 6.3-13 边墙收敛典型曲线

就隧道初期支护变形分析来看，其具有以下共同特征：一是拱顶沉降变形大，随后边墙收敛变形增大；二是拱腰靠山一侧变形量大，多处侵限，必须拆换；三是地下水存在滞后效应，开挖后随着地下水慢慢渗出，变形急剧增大；四是群洞效应明显，在横洞与正洞交叉口、横通道与正洞交叉口，变形显著增大。

2. 围岩级别变更

由于云屯堡隧道受地质构造影响严重，围岩小褶皱、支断层发育，岩体破碎，加之围岩软弱、强度较低，地下水局部发育，施工开挖中围岩级别发生了较大变更。隧道自开工至今，正洞累计施工长度约 20 444 m，共发生 415 次、10 270 m 围岩变更，其中正变更 10 069 m，负变更 201 m，约占施工段落长度的 50.24%。主要发生在 3~7 号横洞工区。围岩级别变更主要是Ⅲ级变更为Ⅳ级，Ⅳ级变更为Ⅴ级，具体变更情况见表 6.3-7。

表 6.3-7 隧道围岩级别设计变更对照一览（截至 2021 年年底）

原设计围岩等级			开挖揭示实际围岩级别变更情况				
分级	长度/m	比例/%	围岩级别	Ⅲ	Ⅳ	Ⅴ	合计
Ⅲ	4 010	17.49	长度/m	400	1 429	1 928	3 757
			比例/%	10.65	38.04	51.32	100
Ⅳ	13 333.44	58.17	长度/m	0	4 674	6 712	11 386
			比例/%	0	41.05	58.95	100
Ⅴ	5 580	24.34	长度/m	0	201	5 100	5 301
			比例/%	0	3.79	96.21	100

续表

原设计围岩等级		开挖揭示实际围岩级别变更情况				
合计	22 923.44	100	长度/m	400	6 304	13 740	20 444
			比例/%	1.95	30.84	67.21	

从表中可以看出：Ⅲ级围岩由原设计占比为17.49%下降至1.75%，Ⅳ级围岩由原设计占比为58.17%下降至27.50%，Ⅴ级围岩由原设计占比为24.34%上升至59.94%。截至目前施工时段，隧道围岩变更已占全隧长度的50.34%，施工开挖围岩级别与原设计存在大范围差异，反映出隧道极为复杂的地质条件。

3. 围岩大变形段落

云屯堡隧道属于傍山的长大深埋隧道，洞身主要通过地层岩性为千枚岩、板岩等软弱围岩，尽管勘察设计期间已预测了可能有较长段落会出现软岩大变形病害，但实际施工开挖中发生的软岩大变形比施工图设计预测的更为严重，甚至出现了数段严重大变形。变形导致初支剥落掉块、钢架扭曲、围岩坍塌、变形侵限、底板底鼓等病害，给施工带来不少难度，影响施工进度。

截至2021年10月底，云屯堡隧道发生大变形段落5 068 m，主要集中在云屯堡隧道4横、5横、6横、7横工区；其中轻微大变形段落变形长度为1 132 m，中等大变形为1 924 m，严重大变形为2 012 m。具体大变形变更段落见表6.3-8。

表6.3-8 隧道围岩大变形段落一览（截至2021年年底）

施工图大变形预测			开挖揭示实际大变形段落情况				
分级	长度/m	比例/%	变形等级	轻微	中等	严重	合计
轻微	380	1.66	长度/m	1 132	1 924	2 012	5 068
中等	2 250	9.82					
可能	14 293.419	62.35	占隧比例/%	4.94	8.39	9	22.11

从表中可以看出：针对隧道极端复杂的地质环境，施工图设计预计了较长段落的可能大变形，但是实际中大变形长度相对减少不少。施工图中未曾预计存在严重大变形，实际开挖中出现了约2 km段落长度的严重大变形。

五、围岩变更及大变形原因

1. 复杂的区域地质构造环境

隧址处于南北走向的岷江活动断裂带与西秦岭摩天岭东西向构造带的复合部位，隧道位于岷江活动断裂带下盘，邻近断裂带左侧0.5～3.0 km。前已述及，岷江活动断裂带为区域深大活动断裂，也是A字形断块的西边界断裂，由数个分支断裂组成，断裂由西向东推覆挤压强烈；摩天岭构造作为昆仑—秦岭巨型纬向构造带南缘亚带，其形成早于岷江构造带，在隧道区域出现构造带复合交接，导致摩天岭构造带向西出现一群轴向北西、北北西以至于南北的弧形婉转的以褶皱为主的挤压构造。究其成因，显然为受岷江构造带西盘相对向北斜冲、东盘相对向南俯冲所产生的压扭作用。从时间而言，该处至少经历两次不同的动力作用方式和方向的构造运动，出现旋扭构造卷入归并乃至横亘片状包容。由于隧道处于复杂的区域地质构造环境中，洞身穿越17条褶皱、1条断层，隧道岩体中次级构造较多、节理裂隙发育，岩体破碎。隧道开挖揭示了局部伴生小型的层间挤压破碎带、层间褶曲等，造成围岩支离破碎，完整性极差，岩体稳定性、围岩自稳性较差；同时，构造破碎带、节理密集带等为相对导水通道，为地下水的运移提供了良好的通道。构造条件是造成围岩变更和大变形的重要原因之一。

各横洞及正洞开挖过程揭示掌子面含有结晶较好的硫化铜铁等矿物，表明构造导致的岩体张裂具有热液侵入的不均性及远近多期性等特征。

2. 复杂的地层岩性条件

隧道洞身穿越地层为三叠系上统新都桥组（T_3x）炭质千枚岩、千枚岩夹砂岩，侏倭组（T_3zh）砂岩夹千枚岩，中统杂谷脑组上段（T_2z^2）砂岩夹板岩、灰岩、千枚岩，杂谷脑组下段（T_2z^1）砂岩、板岩、灰岩、千枚岩互层。地层岩性软硬相间，岩性多变，除1号、2号横洞工区出露地层砂岩含量相对较高外，其余工区软质围岩板岩、千枚岩、炭质板岩、炭质千枚岩的含量较高。岩性软弱多变，均一性差，是造成围岩变更和大变形的重要原因之一。

3. 复杂的地应力条件

由于隧道处于川西典型A字形构造活动断块之间、岷江活动断裂带下盘且距离断裂较近，隧道地质构造环境极为复杂，断块岩体在地质历史时期遭遇多期构造挤压作用，岩体中地应力大小、方向复杂多变。勘察期间测试在450 m埋深处，隧道洞身最大主应力为15 MPa，最大水平地应力方向与洞轴线夹角为10°～30°，施工期间在隧道底板处进行了两处地应力测试，一处在埋深240 m处测试出最大主应力可达25 MPa，另一处在埋深660 m处测试出最大水平主应力亦为25 MPa，两处地应力测试结果均大于勘察期间地应力水平。测试结果反映出地应力分布不均一，存在局部集中的现象。不论是勘察期间还是施工期间，结合岩体强度，隧道都是位于以水平构造应力为主的高地应力环境之中，岩体中地应力存在大小变化、方向变化且不均匀分布的特点，部分地段岩体水平构造应力极高。这些都反映出隧道区域位于复杂的地应力环境中，尽管最大水平主应力与隧道洞轴线交角较小，对围岩稳定有利，但是由于隧道整体处于高地应力环境中，在开挖过程中，局部应力集中部位造成了大变形。因此，现今较高的构造地应力作用也是隧道出现大变形的重要原因之一。

4. 复杂的地下水条件

（1）隧道洞身发育17条褶皱、1条断层，向斜核部、背斜两翼及断层带为相对富水构造，地下水的局部聚集，降低了岩体层间凝聚力，进一步弱化了围岩强度。从隧道开挖情况来看，地下水的出露有瞬时性和滞后性的特征。在隧道开挖过程中，局部地下水瞬时涌出使得掌子面局部发生溜坍，如4横、6横洞工区的掌子面溜坍；同时，地下水的富集使得洞身段软质岩软化，强度降低，导致局部初支变形侵限，如4横洞工区掌子面，其地下水在开挖时就有较大的出露，后期变形很大；部分横洞地下水的出露是在初支完成后一段时间才发生的，围岩松动圈形成后部分节理裂隙成为导水通道，地下水的下渗软化了围岩，导致其后期变形加剧，初支变形侵界，如3横、7横的变形段落，有典型的入渗滞后、变形滞后的特征。

（2）D5K217+500～D5K220+883段右侧平行发育的冲沟内地表水量较大，其水位标高高于隧道轨面，由于段内岩层走向、构造走向与隧道大角度相交，地表水沿构造裂隙、层间裂隙等渗入洞身段，造成洞身段局部地下水相对富集，从而使隧道局部出现渗水、股状涌水现象，进一步降低了围岩强度及稳定性。

（3）隧道出口段夏莫倒转复向斜有向东仰起的特征，而隧道处于其西侧边界附近，地势东高西低，进一步加剧了出口段局部地下水的相对富集。

地下水是造成围岩变更和大变形的重要原因之一。

5. 施工因素

施工单位对于区域地质构造的复杂性、围岩软弱破碎、岩性多变及岩体中存在较高现今地应力的工程特性认识不足、重视不够。在相似地质条件下，不同施工单位施工隧道不同区段、同一施工单位施工同一隧道不同工区，由于施工技术和管理水平较差，作业队伍在施工过程中只注重进度，施工开挖初期支护施作不及时、不到位，造成围岩松动圈扩大，加之地下水渗流及软化作用加剧，围岩稳定性变差，多次造成围岩被动调整与加强。

六、结论

（1）岩体强度、岩体完整性是隧道围岩分级考虑的两个主要因素，岩体强度属于岩体内在因素，而岩体完整性则需要从外部因素分析。因此，正确把握隧道区域地质构造对围岩完整性影响，是科学合理进行围岩分级的重要前提。

云屯堡隧道位于南北向岷江区域性活动断裂带、东西向秦岭西缘摩天岭构造带及北东向龙门山活动断裂形成的三角形复合部位，邻近岷江活动断裂带与隧道并行，隧道区域内地层岩性经历多期构造运动，构造影响严重，隧道洞身围岩岩体节理发育、支离破碎。云屯堡隧道围岩分级中对此认识不足、考虑不充分，部分地段分级过于冒进，施工开挖后围岩分级变更较大。

（2）国家标准《工程岩体分级标准》（GB/T 50218—2014）中确定的岩体质量指标是进行围岩分级的定量指标，也是科学合理进行围岩分级的依据。隧道围岩分级除执行《铁路工程地质勘察规范》（TB 10012—2007）中关于围岩分级划分的原则外，应大力倡导围岩分级的定量化指标，避免主观人为的判断。

（3）云屯堡隧道洞身最大埋深为780 m，普遍埋深为400～600 m，勘察期间地应力测试水平显示在隧道埋深450 m处洞身最大主应力值在15 MPa左右，据此推算在隧道大埋深处洞身最大水平构造应力不应超过25 MPa。但是在隧道施工中，由于围岩变形较大，施工期间采用水压致裂法在隧道埋深240 m、660 m两处均测试出最大水平构造应力达25 MPa。施工期间地应力测试数据客观反映出隧道范围内围岩储存较大的现今水平构造应力且具有不均匀分布的特点，加之围岩软弱破碎，强度较低，整体围岩处于极高地应力环境之中，施工中出现了近2 km的严重大变形地段。因此，区域内极高的现今构造应力作用也是围岩出现大变形病害的原因之一。

（4）地下水是发生工程病害的主要原因，软质围岩大多由黏土矿物组成，一般均认为地下水不发育，但是云屯堡隧道施工却颠覆了这个认知。由于遭受了多期构造作用，软质围岩节理裂隙、褶曲发育，岩体破碎，基岩裂隙水比较发育，尽管具有延滞性，但是隧道开挖后，掌子面、洞身围岩还是存在地下水渗出、局部股状涌出现象，地下水作用进一步弱化了围岩强度，加剧了初期支护变形。

（5）目前软质围岩大变形分级预判还没有一个统一的标准，业内比较普遍的做法还是基于围岩的强度应力比进行分级。成兰铁路基于国内外隧道软质围岩大变形分级标准及国内兰新铁路乌鞘岭隧道软岩判定标准提出了一套岩体强度应力比的判定标准，经过工程实践验证，是比较符合实际情况的，在勘察设计阶段操作性强，应进一步总结完善后纳入铁路工程地质勘察规范之中。

（6）对于软弱破碎围岩，施工应贯彻"短进尺、弱爆破、强支护、快封闭"十二字原则，按照设计及时作初期支护、尽早封闭成环，确保围岩变形稳定，这是软弱破碎围岩施工重要的工程措施。云屯堡隧道部分Ⅳ级围岩段落施工中存在开挖后初期支护施作不及时、不到位现象，致使围岩进一步松动、软化，岩体强度降低、围岩变形加大，被动调整为Ⅴ级围岩并作了大变形等级变更。

第四节　贵广高铁东科岭隧道穿越花岗岩蚀变带的病害特征及整治

贵广铁路东科岭隧道进口段穿越广西花山花岗岩体与围岩的接触蚀变带。在施工过程中，隧道发生了全风化花岗岩段流砂冒顶、大理岩段地表塌陷及基底集中涌水涌砂、角岩化蚀变砂页岩段洞顶坍塌及挤出变形等病害。通过补充钻探、物探、室内试验等工作，勘察设计单位分析了病害发生的地质原因，对冒顶、坍塌及挤出变形病害采取了针对性的整治措施，顺利通过了花岗岩蚀变带，保证了工程的安全。本节由付开隆、刘蜀江、王勇撰写。

一、引言

巨型花岗岩体与周边沉积岩的环状接触带，往往存在蚀变现象。蚀变带岩体由于其特殊的成岩过程和演化历程，具有低强度、吸水膨胀和应变软化等特殊力学性质。当采用隧道工程穿过这类蚀变带时，诸多工程地质问题将给工程处理带来较大困难。如洛湛铁路北岗隧道施工开挖中多处出现股状流水，围岩遇水软化后部分呈流砂状及流塑状由流水带出，拱顶最大下沉量达到 90 mm/d，边墙收敛加剧，在台阶接头处出现纵向裂缝和环向裂纹，累计变形值达 1.5 m，上台阶与中台阶右侧工字钢接头断裂，右侧边墙迅速向内挤压，局部位置上台阶与中台阶接头处净空最小只剩 2.6 m。本案例以东科岭隧道穿越花岗岩蚀变带的病害整治工程为例，对其病害原因进行分析，并提出了相应的治理措施。

花山花岗岩体位于广西的钟山、平乐和恭城三县交界处，出露面积 500 多平方千米，其大地构造位置相当于南岭纬向构造带中段和湘桂经向构造带中段的复合部位。花山岩体位于加里东地槽褶皱基底和晚古生代沉积盖层中,与岩体接触围岩有寒武系浅变质砂页岩和泥盆系砂页岩及灰岩。花山岩体经长期的分异在晚期聚集了大量挥发性组分,形成了早期固结的花岗质岩石,出现了广泛的蚀变现象。这些围岩,一方面,由于受岩体的推挤而发生强烈变形,如产状较平缓的泥盆系地层在岩体附近变得近乎直立;另一方面,由于岩体受烘烤产生了广泛的热接触变质,如砂页岩产生角岩化,灰岩产生大理岩化。在施工中,东科岭隧道进口段分别发生了全风化花岗岩段流砂冒顶、大理岩段地表塌陷及基底集中涌水涌砂、角岩化蚀变砂页岩段洞顶坍塌及挤出变形等病害。为进行病害的整治,勘察设计单位结合各段的工程地质特征,完成补充勘探及试验工作,分析形成病害的地质原因,提出经济可行的整治措施。实践结果是顺利通过花岗岩蚀变带,确保了工程安全。

二、工程概况及地质条件

1. 工程概况

贵广铁路东科岭隧道位于钟山县红花镇境内,隧道起讫里程为DK553 + 823 ~ DK558 + 770,全长4 947 m,最大埋深为555 m。纵断面设计为人字坡,其中:DK553 + 823 ~ DK554 + 900段坡度为3.00‰,DK554 + 900 ~ DK558 + 770段坡度为 −17.83‰。于DK556 + 150线路前进方向的右侧设置斜井1座,将隧道划分为进口、斜井、出口3个工区,其中:进口工区承担隧道正洞DK553 + 823 ~ DK554 + 981段施工任务,斜井工区承担隧道正洞DK554 + 981.0 ~ DK556 + 530.5段施工任务,出口工区承担隧道正洞DK556 ~ 530.5 ~ D558 + 770.0段施工任务。

东科岭隧道DK554 + 200 ~ DK555 + 085段穿越的花岗岩蚀变风化带,依次为全风化花岗岩、大理岩、角岩化蚀变砂页岩。其中:DK554 + 200 ~ +500段洞身穿过全风化花岗岩,DK554 + 500 ~ +910段穿过大理岩,DK554 + 910 ~ DK555 + 085段穿过角岩化蚀变砂页岩。

该段埋深较小,围岩的完整性差,涌水量达57580 m^3/d,主要集中于大理岩段。围岩级别为V级,DK554 + 200 ~ DK555 + 085段采用非抗水压衬砌,其中:K554 + 200 ~ +535段采用双侧壁导坑法施工、V级II型加强衬砌,全环I20b型钢钢架,间距0.6 m,拱部采用ϕ108 mm大管棚超前支护,环向间距40 cm,每环38根,纵向间距12.0 m,每根长度15.0 m;DK554 + 535 ~ DK555 + 085段采用大拱脚台阶法施工,V级II型加强衬砌,全环I20 b型钢钢架,间距0.6 m,拱部采用ϕ42 mm小导管超前支护,环向间距40 cm,每环38根,纵向间距2.4 m,每根长度3.5 m。为保证施工安全,于DK554 + 200 ~ +535段洞身两侧隧道中线外10.0 m布设降水井,管径为600 mm,单侧间距10.0 m,并于隧道中线处设置水位观测井,管径为500 mm,间距20.0 m。

2. 工程地质条件

1) **地形地貌**

沿花山岩体的周边形成了环形侵蚀沟谷,这是由于岩体周边受蚀变影响的围岩抗风化能力弱,岩体风化破碎后在流水侵蚀作用下所形成的。隧道前进方向与沟谷方向大角度相交,高程为190 ~ 850 m。相对高差达660 m,自然坡度一般为20° ~ 55°,局部形成陡崖,地形起伏较大。洞身所穿过的山体植被发育，坡面覆土较薄。隧道进口位于环形沟谷外侧，洞身段穿过较高的山脊，山脊线方向与线路方向近于垂直，坡面树枝状冲沟发育。

DK554+200~DK555+085段下穿一处不规则洼地，洼地沿线路方向长约300 m，左右侧宽150~250 m，地面为缓倾状，高程为280~300 m，坡度约7%。洼地周边为低矮的山包，相对高差在60 m左右。洼地汇集地表水后，通过线路右侧的槽谷流入花岗岩体边缘环形侵蚀沟谷内。

2) 地层岩性及地质构造

在隧道进口段，受蚀变风化影响的岩性包括花岗岩、大理岩、角岩化蚀变砂页岩、砂岩夹页岩等4类。具体岩性分述如下：

<5> 花岗岩（J_3w）：肉红、浅棕黄、灰黑、灰褐等色，中~粗粒似斑状花岗结构，块状构造，无斑晶，主要矿物为钾长石、斜长石、正长石及石英、云母、角闪石。节理、裂隙较发育，差异风化严重。全风化带厚25~45 m，钻探岩心呈土状、砂状、角砾状，局部夹透镜状花岗岩球体；强风化带厚0~5 m，钻探岩心呈碎块状；弱风化带钻出岩心呈柱状，岩质坚硬。

<5-1> 大理岩（D_2t）：灰白色，粗粒结构，块状构造，晶型完整，晶体间由碳酸钙胶结，主要矿物为方解石，次为白云石、黄铁矿，遇酸强烈起泡，遇水易散。岩体中多见溶蚀现象，差异风化严重。钻探岩心呈短柱状、碎块状及砂状，岩块颗粒之间胶结不牢固，成岩性差，整体强度较低，敲击易碎。

<7> 砂岩夹页岩（D_2x）：灰白、灰、紫红色，中厚层状构造，泥质、钙质胶结，粉细砂结构，层理具波痕状，节理、裂隙较发育。

<8> 角岩化蚀变砂页岩（D_2x）：灰、灰黑、灰绿、灰黄色，中厚层状构造，泥质、钙质胶结，粉细砂结构。层理不清，岩石产生热化学蚀变，岩体内节理裂隙发育密集，岩体极破碎，岩石强度低，受蚀变作用的页岩夹层极为软弱，遇水易软化，形成软土状，岩体渗水性差，整体强度低。

隧道花岗岩蚀变段纵断面，如图6.4-1所示。

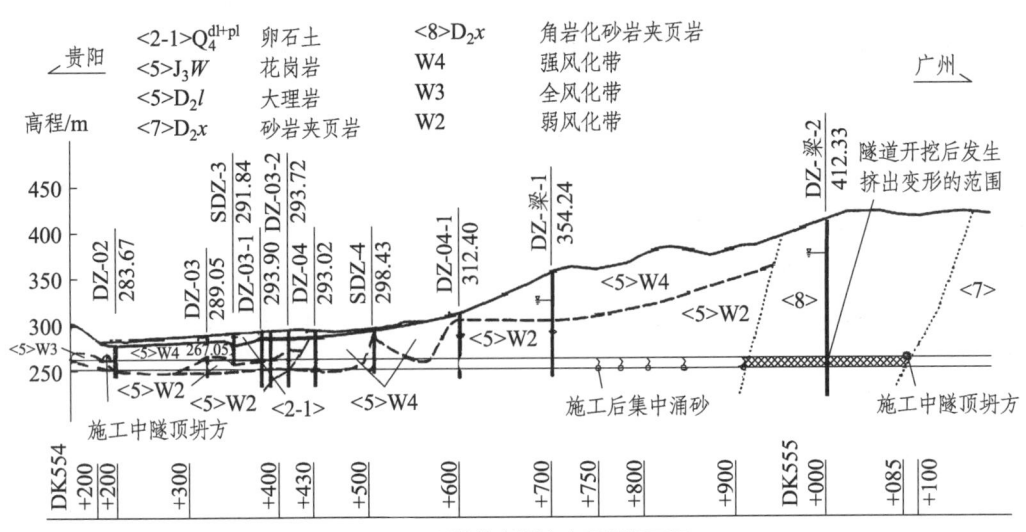

图6.4-1 隧道花岗岩蚀变段纵断面录

3. 水文地质条件

隧道以大角度下穿 DK556 + 200 处的分水岭，分水岭附近岩性为泥盆系砂页岩。分水岭北侧（隧道进口端）地表水向北西方向流动，汇入花岗岩周边环形侵蚀槽谷内。进口端主要含水地层为分布于花岗岩与砂页岩间的大理岩层。隧道未开挖前，DK554 + 600 附近地表洼地地段有集中出现泉点的现象，说明本段大理岩沿走向方向延伸距离较短，地下水顺着大理岩层向单侧流动的优势不明显，整个大理岩层基本处于饱水状态，地下水沿受切割的低点自然溢出形成泉点。在 DK554 + 700 左 15 m 处的 "DZ-深 -1" 深孔做抽水试验，测得大理岩层整体渗透系数为 0.93 m/d。

三、开挖后主要工程地质病害

1. 全风化花岗岩流砂冒顶

在隧道进口段开挖过程中，2010 年 1 月 19 日 16 时 30 分，上台阶掌子面 DK554 + 226.5 处左侧中部渗水量突然增大，由滴水变成小股流水，并携带泥沙。17 时 10 分，流砂量进一步增大，呈管形水柱状持续涌出，形成管涌，现场人员随之撤离了掌子面。当涌水量减小后进洞排查，发现上台阶左侧有 6 榀拱架发生较大变形，洞顶全风化砂土由流水代入后在掌子面处形成松散堆积体，堆积泥沙量约 150 m³。相应位置洞顶地表出现了直径约 6 m、深约 5 m 的塌陷坑。1 月 20 日 9 时 10 分，掌子面流砂及管涌现象再次发生，持续时间约 3 min，流水及流砂总量约 1 400 m³，坍塌物质在洞内堆积长度超过 30 m，水流将部分细颗粒带到洞外。13 时，地表塌陷范围增大，塌陷坑呈上大下小的倒锥形，顶部直径为 15 ~ 20 m，坑底直径在 5 m 左右，可见到隧道顶部的支护结构。

2. 大理岩段地表塌陷

2012 年 4 月到 6 月间，DK554 + 447 ~ + 596 段地表产生了 6 处塌陷坑。其中：隧道右侧塌陷坑 4 处，分布于 DK554 + 447 ~ + 507 段，距中线的平面距离 48 ~ 57 m；隧道左侧塌陷坑 2 处，分布于 DK554 + 560 ~ + 596 段，距中线的平面距离为 21 ~ 40 m。

2014 年 5 月 15 日，在当地经历连续大量降雨后，地表岩溶塌陷现象进一步发展，共新增 4 处岩溶塌陷坑，如图 6.4-2 所示。

其中位于线路左侧的 3 处，分别位于 DK555 + 132 左 239 m、DK555 + 152 左 196 m、DK555 + 176 左 169 m。由于 3 处塌陷坑均位于自然沟床内，沟内地表水由塌陷坑通过大理岩与蚀变砂页岩接触带岩溶管道流入隧道内。DK554 + 643 右侧 267 m 有 1 处塌陷坑，位于自然沟内，2013 年 9 月已进行回填处理，此次暴雨后再次塌陷，雨后有表水由塌陷坑通过岩溶管道流入隧道内。

3. 大理岩段基底集中涌水涌泥沙

1) DK554 + 439 隧底涌水涌泥沙

2012 年 3 月 8 日，仰拱施工至 DK554 + 439 处，仰拱底出现股状涌水，流水量在 1 600 m³/d 左右。3 月 30 日，涌水规模突然变大，流量达 5 000 m³/d，同时夹带泥沙，含泥沙量达6%。后来，该点平时流出清水，水量为 1 000 ~ 200 0 m³/d。暴雨后涌水量变大，水质变浑，并携带泥沙。

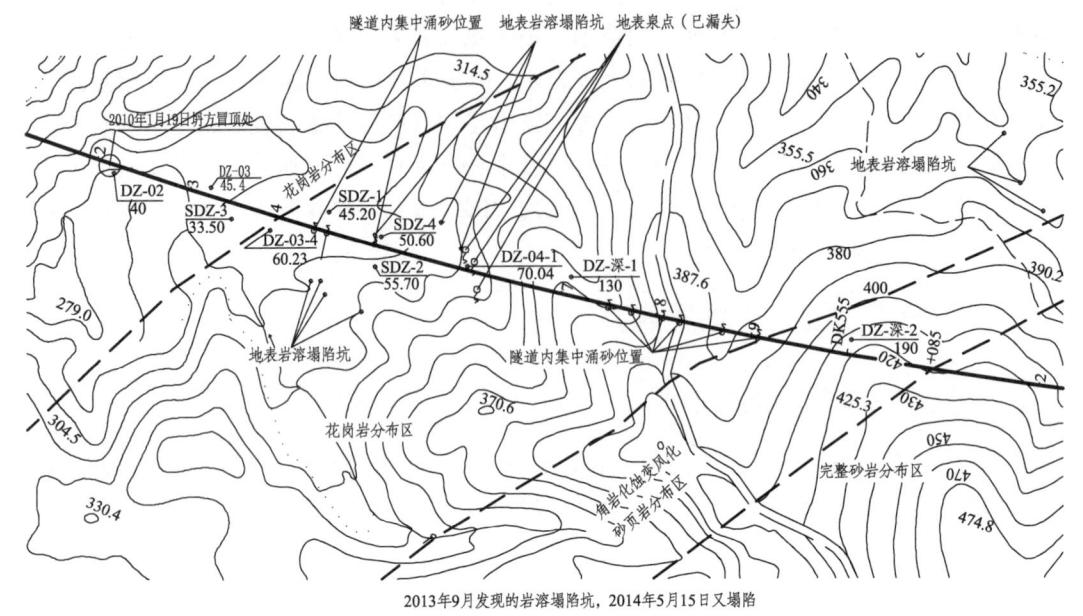

图 6.4-2　地表塌陷及洞身集中涌泥砂平面位置

2) DK554 + 500 左侧综合洞室底部涌水涌泥沙

2012 年 9 月完成综合洞室施作后，其底部存在长期少量涌水及涌泥沙现象。当对 DK554 + 439 底部的涌砂进行试验性堵塞时，该处涌水涌泥沙量增大，说明两者之间存在相关性。2013 年 8 月 23 日 15 时，在经历当地集中大量降雨后，综合洞室底部预留的出水孔水量剧增并携带大量泥沙，持续时间为 3 h。涌出的泥沙最大堆积厚度为 1 m，沿隧道方向堆积长度约 50 m，涌泥沙量为 345 m³。

3) DK554 + 750 底部涌水涌泥沙

2013 年 8 月 25 日 16 时，DK554 + 750 上台阶掌子面爆破后涌出携带大量泥沙的浑水，揭开后发现该处存在上下延伸的溶蚀管道，顶部直径约 1.5 m，底部相应位置有携带泥沙的浑水向上涌出，初始涌水量达 8 000 m³/d，含泥沙量为 6.9%。至 8 月 28 日，涌水量减少至 3 500 m³/d 左右，共涌出泥沙约 2 000 m³/d。后期，该处平时涌出清水，水量一般在 2 000 m³/d 左右，在极端暴雨后，涌水量增大，并携带泥沙。

4) DK554 + 775 ~ + 910 段涌水涌泥沙

DK554 + 775、+ 810、+ 825、+ 870、+ 910 等处于 2013 年冬季（旱季）施工，开挖过程中不同程度遭遇涌水、涌泥沙现象，但规模较小。开挖后洞内流出清水，水量较小。

2014 年 5 月 15 日，在经历当地连续大量降雨后，隧道内涌水涌砂现象进一步发展，具体情况为 DK554 + 437 底部（右侧）、DK554 + 443 底部（左侧）、DK554 + 500 左侧综合洞室底部均呈现涌水量变大且携带泥沙的现象；DK554 + 750 ~ + 920 段预留泄水管水量急剧增大，并携带大量泥沙。随着水压力进一步增大，大量携带泥沙的浑水自二衬环向施工缝涌出。

为避免衬砌背后水压过大而造成结构损坏，现场及时于边墙脚钻设 8 处 ϕ100 mm 泄水孔，初期涌水喷距约 5～6 m，并携带大量泥沙。涌水量随降雨量的变化而变化，在大量涌水后 1 h，现场测定隧道集中涌水地段总涌水量为 1.18 m³/s（101 952 m³/d），泥沙含量为 9%。随着降雨量减少，涌水量减小，16 日 17 时测定，集中涌水段涌水量降至 0.11 m³/s（9 504 m³/d），泥沙含量降至 1.5%。

4. 角岩化蚀变砂页岩段隧顶坍塌及挤出变形

2013 年 8 月 19 日 7 时 38 分，DK555+085 掌子面排险过程中发生了掌子面右拱部（线路左侧拱部位置）塌落现象，暴露口径约 2 m，向上发展后洞径变大，最大直径可达 8 m，洞高约 5 m，塌落体总量约 200 m³，在洞内堆积长度达 10 m，物质成分为粉质黏土、碎块石及砂粒，碎块石约占 30%，粒径为 5 cm～1.5 m，石质为青灰色、灰白色的砂岩质。

DK554+910～DK555+085 段为角岩化蚀变砂页岩段，施工开挖后，多处出现股状流水，围岩遇水软化后部分呈流塑状由流水带出，围岩最大变形量达 10 mm/d，边墙收敛加剧，在台阶接头处出现纵向裂缝和环向裂纹，累计变形值达 0.5 m，边墙向内挤压，两侧边墙及拱顶围岩均发生了较大的变形。

四、产生隧道病害的原因分析

1. 全风化花岗岩流砂冒顶的原因

在流砂冒顶发生处，洞身围岩由相对较完整的强风化花岗岩过渡到呈砂土状的全风化花岗岩；地表地形由丘包过渡到洼地段，隧道埋深突然变浅；从水文地质条件来看，洼地地段地下水位与地表齐平，水位高出隧道洞身 20 余米，洞身至地表为呈砂土状的花岗岩全风化层，渗透系数为 1.03 m/d。

隧道开挖自渗水性较差的强风化花岗岩进入渗水性较好且饱水的砂土状全风化花岗之后，由于地表井点降水措施未实施，地形由丘包到洼地段，埋深突然变浅，隧道开挖突遇高达 20 m 的地下水头。地下水在较高的水头压力下经孔隙集中于隧道内流出，在较短的时间内形成流砂及管涌，将隧道顶部砂土代入隧道内并形成空腔。在地下水连续渗流的情况下，洞顶砂土物质不断被地下水带入隧道内，导致腔顶坍塌至地表，直至地表完全塌陷。

2. 大理岩段地表塌陷的原因

发生地表塌陷的范围与覆盖型可溶性大理岩分布范围相对应。大理岩内岩溶十分发育，大理岩岩面之上覆盖的全风化带呈砂土状，易流失。在大理岩岩溶水长期潜蚀作用下，全风化层泥沙被地下水通过溶蚀裂隙或管道逐步带走，于土石界面附近形成了一些无规律分布的覆盖型土洞。施工开挖后，土洞形成以隧道为中心的排水通道并在两侧形成了基本对称于隧道的地下水降落漏斗。对存在土洞的地点，当地下水位快速降至土石界面下（土洞下）时，即在地下水潜蚀作用下导致土洞洞顶坍塌，进而发展成为地表塌陷。代表性岩溶塌陷示意如图 6.4-3 所示。

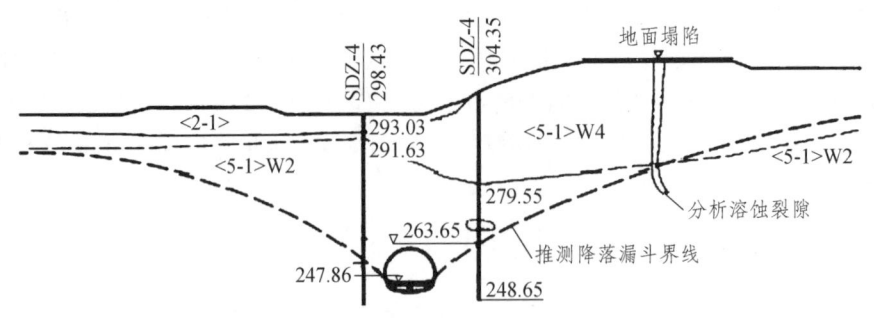

图 6.4-3　DK554＋507 横断面岩溶塌陷示意（高程单位：m）

3. 大理岩段基底涌水涌泥沙的原因

隧道周围山体基岩裂隙水持续不断地补给本隧道所穿过的洼地地段，周边地下水位高于隧道基底，形成了隧道洞底长期涌水的水源。洞周两侧岩土体分布基本一致，水文地质条件相当，故隧道开挖后两侧降落漏斗是基本对称的，洞底集中涌水来自大理岩体内长距离补给的溶蚀裂隙或小型管道岩溶水。

洞底涌出泥沙的原因是：雨后地下水位整体抬高后，提升了补给溶蚀管道水流的承压水头，事实上形成了洞底附近水压力的提升，使得在正常水头压力下无法流动的大理岩溶蚀裂隙（管道）内充填的泥沙流动，形成涌砂。平时降雨量少，地下水水头较低，补给水源通过围岩流入隧道，故平时涌入少量清水；在集中大量降雨发生后，由于排泄不及时，地下水水头快速抬高，使得溶蚀裂隙及管道内的充填泥沙在动水压力作用下被大量代入隧道，形成大量涌水涌泥沙现象。

从涌泥沙现象与降雨量关系看，隧底涌泥沙一般发生于连续集中的降雨发生之后。隧道位于我国降雨量较大的广西地区，在极端暴雨气候条件下，地下水水头易于迅速抬升，故本地区存在再次发生隧底涌泥沙的水动力条件。

从涌泥沙的砂土来源看，泥沙来自岩溶发育的大理岩内溶蚀裂隙或管道。地质历史时期内表土经地下水携带后已充满岩溶空隙，而目前已发生的隧底涌泥沙仅将其中部分充填物带出，而大部分的泥沙还堆积于大理岩溶蚀裂隙及管道内。一旦具备相应的水动力条件，位于裂隙或管道深部的充填砂土还可能于隧道内涌出。

由于已施作的二次衬砌结构仅能承受 0.2 MPa 水压，如封闭泄水孔及集砂井以防止砂土涌出，静水压将增至 0.5 ~ 1.3 MPa，已施作的二次衬砌将无法承受。同时，一旦对排泄口形成堵塞后可能增加新的涌砂病害点。因此，堵砂排水（或称排清留固）的方案实施起来难度较大。

4. 角岩化蚀变砂页岩段隧顶坍塌及挤出变形的原因

坍塌发生段落，现场是通过洞身斜井进入正洞后往进口端开挖的。自出口至坍塌点开挖过程中，洞身走行于较完整的砂页岩层内，岩体完整性较好。至 DK555＋085 处，遭遇了较完整砂页岩与角岩化蚀变砂页岩的接触带，接触带走向与线路方向夹角约 45°，线路左侧（掌子面右侧）先揭露角岩化砂岩。本段角岩化砂页岩为花岗岩体侵入后热蚀变作用形成，受高温、高压形成环境的影响，岩体节理裂隙极为发育，节理间距一般小于 30 cm，砂岩受挤压后一般呈碎块状，而页岩则泥化严重。因为岩层较破碎，岩块间存在较多的孔隙及裂隙，地下水含量较丰富。

地下水一方面软化岩体，另一方面在隧道开挖后向洞身渗透的过程产生了一定的动水压力。因此，较完整的砂页岩与角岩化蚀变砂页岩接触带岩质突然变软、围岩稳定性突然变差、接触界面渗水软化岩体等共同导致坍塌的发生。

DK554+910～DK555+085段为角岩化蚀变砂页岩段，本段围岩发生热化学蚀变后，岩体内节理裂隙发育密集，岩石强度低，岩体极破碎，受蚀变作用的页岩夹层极为软弱，遇水易软化，形成软土状，岩体渗水性差，整体强度低。施工开挖后，围岩应力重新分布，由于岩体软弱、抗剪切能力较差，两侧边墙均发生了较大的收敛变形，同时拱顶围岩也发生了较大的下沉变形。

五、工程整治措施

1. 花岗岩全风化带流砂冒顶处理措施

DK554+226.5处流砂冒顶主要是采用回填措施处理。在洞内流砂基本稳定后，于地表向塌陷坑底部浇灌厚5 m的混凝土，待混凝土凝固并达到承重条件后，于塌坑上部回填泥沙，找平地面。回填工作结束后，于DK554+220处拱部使用一环ϕ108 mm大管棚超前支护，环向间距40 cm，每环38根，每根长15 m，顺利通过了坍方段。

2. 大理岩段地表塌陷及基底集中涌水涌砂处理措施

1）疏导地表排水系统并回填陷坑

为减少地表水下渗，防止地下水过多进入大理岩溶蚀裂隙及管道，导致隧道周边砂土层流失，影响衬砌结构安全，故对大理岩段地表冲沟、沟槽等进行铺砌，以确保地表排水通畅，减少地表水的下渗。

对DK54+200～+600浅埋段冲沟采用M10浆砌片石铺砌，铺砌厚度为50 cm，铺砌范围为沟心两侧各10 m。

对DK555+200处地表冲沟位于大理岩与角岩化蚀变砂页岩的接触带，对该冲沟范围也采用M10浆砌片石铺砌，铺砌厚度为50 cm，铺砌范围为沟心两侧各10 m。

对DK554+420～DK554+600段地表陷坑采用土石分层回填，回填面设50 cm厚黏土隔水层，回填面高出地面约30 cm。

2）地表袖阀管注浆加固

对DK554+422～+452、DK554+485～+515段洞身范围自地表采用袖阀管注浆加固。袖阀管注浆范围为隧道两侧边墙外各8 m，间距为2 m×2 m，呈梅花形布置，袖阀管伸入拱部及仰拱二衬外缘以上1 m，周边嵌入大理岩内不小于1 m。注浆范围为隧道拱顶以上10 m至仰拱以下1 m，拱顶以上10 m以外钻孔采用黏土回填密实。

3）设置泄水洞

隧道进口段中心沟设计排水能力为27 731 m³/d，2014年5月中旬测得最大流水量达0.65 m³/s（56 000 m³/d），已超过中心沟的正常排水能力。大理岩体岩溶极发育，随着岩溶管道的逐步"洗通"，极端暴雨后瞬间出现涌水量可能进一步增大。同时，大理岩段存在长期涌泥沙的现象，若不对涌砂情况进行根治，将可能造成涌出的泥沙覆没道床的病害，影响列车运营安全。

通过研究，最终采用设置泄水洞排水方案，通过泄水洞降低正洞地下水位，以减少或消除运营阶段涌水、涌砂病害。

泄水洞位于正洞右侧，底部较隧道基底低2 m，与正洞间距在30 m左右，全长1 100 m，纵坡为3‰，与正洞坡度一致。断面净空尺寸为4.7 m（宽）×6.0 m（高）。对DK554+400～+920段正洞内泄水孔进行封堵处理，对应段泄水洞拱墙设ϕ100 mm双壁打孔波纹管外裹无纺布引水孔，引水孔间距为2 m×2 m，水孔长约10 m，将地下水引入泄水洞排出洞外。

3. 角岩化蚀变砂页岩坍方及挤出变形处理措施

对DK555+085坍方，于DK555+090及DK555+080拱部向小里程方向，使用2环ϕ108 mm大管棚超前支护，环向间距40 cm，每环38根，纵向间距10 m，每根长15 m，工程实施后顺利通过坍方地段。

对于DK554+910～DK555+085段的挤出变形，现场及时对初期支护背后采用长5 m的ϕ42 mm钢花管进行注浆加固，通过监控量测发现初期支护变形未侵限，及时施作二衬后确保了安全。需要说明的是，自DK555+080处施作的大管棚为开挖至该里程时，发现围岩软弱富水，稳定性很差，为维持围岩的稳定而增加的。

六、结论

（1）东科岭隧道进口段穿越花岗岩蚀变风化带，其岩性依次为全风化花岗岩、大理岩、角岩化蚀变砂页岩。在施工过程中，该隧道发生了全风化花岗岩段流砂冒顶、大理岩段地表塌陷及基底集中涌水涌砂、角岩化蚀变砂页岩段洞顶坍塌及挤出变形等病害。

（2）全风化花岗岩段流砂冒顶原因是地下水在较高水头压力下集中于隧道内流出，形成流砂及管涌，在隧道顶部形成空腔。洞顶砂土物质不断被地下水带入隧道内，导致腔顶进一步坍塌，直至地表完全塌陷。采用先在坑内回填混凝土和泥沙后，于洞身拱部施作大管棚超前支护得以顺利通过。

（3）大理岩段地表塌陷的原因是施工开挖后，在隧道两侧形成了基本对称的地下水降落漏斗，在地下水潜蚀作用下导致土洞洞顶坍塌，进而发展成为地表塌陷。处理措施主要是对大理岩段地表冲沟、沟槽等进行铺砌，对塌陷坑及时回填，减少地表水下渗。

（4）大理岩段洞底涌出泥沙的原因是雨后地下水位整体抬高后，也提升了补给溶蚀裂隙（管道）水流的承压水头，使得大理岩溶蚀裂隙（管道）内充填的泥沙流动。对涌砂点的处理：一方面对洞身位于全风化层内的段落自地表采用袖阀管注浆进行加固，防止周边土体流失；另一方面设置泄水洞排水方案，降低正洞地下水位，以减少或消除运营阶段涌水、涌砂病害。

（5）角岩化砂页岩坍顶及挤出变形原因是围岩受花岗岩体侵入并遭受热蚀变作用后，岩体节理裂隙极为发育，页岩泥化严重，地下水含量较丰富，岩体软弱，强度差。施工开挖后，围岩应力重新分布，导致两侧边墙均发生了较大的收敛变形，同时拱顶围岩也发生了较大的下沉变形。对坍方发生处采用施作管棚超前支护得以顺利通过；而对蚀变砂页岩体范围的整体加固，则在初支背后采用钢花管进行充填注浆加固并及时施作二衬，确保了安全。

第五节　西南某客运专线隧道围岩级别变更原因分析

西南山区某高铁隧道在施工过程中发现，围岩岩质软弱、岩体破碎，施工困难，隧道围岩级别与设计相比出现了较大级别变更，影响了施工工期，增加了工程投资。本案例以该客运专线隧道区域工程地质条件为基础，系统介绍了隧道围岩地层岩性、地质构造、岩体强度，计算了在地下水、结构面及地应力影响下的岩体质量指标，指出围岩岩质软弱、区域构造导致岩体破碎是隧道围岩出现较大变更的主要原因，强调隧道围岩分级应更加注重分析隧道所处的区域构造背景，在隧道围岩分级中坚持采用定量化指标分级的方法。本节由王茂靖、曾德建撰写。

一、概述

西南山区某高铁隧道位于襄阳市南漳县和保康县境内，隧道起止里程为D1K467+230～DK476+237（短链D1K476+020.279=DK476+200，长179.721 m），隧道全长7 827.279 m，最大埋深为435 m。原施工图设计在隧道中部设置双车道无轨运输横洞一座，全长244 m，横洞与隧道正洞右线相交与D1K472+150，全隧按进口、横洞、出口共计3个工区4个作业面组织施工，其中进口工区承担2 572 m，横洞工区承担正洞3 798 m，出口工区承担1 457.279 m。隧道土建工期为39个月，如图6.5-1所示。

隧道于2016年12月进场施工，2021年10月贯通，历时59个月，较原设计工期超20个月。由于隧道围岩软弱破碎，施工中结合实际地质条件进行了较大范围的围岩级别变更，同时为确保郑万高铁按计划开通运营，保证隧道按期贯通，施工中新增一处横洞及一处斜井，如图6.5-1所示。

图6.5-1　某客运专线隧道辅助坑道示意图

整个隧道施工中发生围岩变更4 292.5 m，占比达54.84%。

二、隧道区域工程地质条件

1. 地形地貌

隧道地处荆山山脉，属构造剥蚀低山地貌区。隧址区域地势总体上呈现中间高两侧低的态势，地形复杂，沟壑交错，山峦纵横。主体山势呈北西~南南东向延展，连绵起伏，地形切割较深、峰谷相间，最高山峰位于保康县与南漳县分水岭上的司空山，标高为858.6 m，地形最低点为隧道进口处司空河底，标高约380 m，地形高差约478.6 m。隧道穿越两处浅埋沟谷，埋深约30 m。隧址区域山体斜坡植被茂密，为灌木、乔木覆盖，耕地和居民点零散分布于地形缓坡及沟谷地带。隧道进出口段有乡村公路相通，交通较为方便。

2. 地层岩性

隧道除进出口斜坡分布坡残积、坡崩积粉质黏土、碎石土外，隧道洞身穿越志留系下统新滩组（S_1x）砂质页岩、局部夹砂岩，该套页岩夹砂岩地层呈灰黑色、青灰色、灰色，泥质结构，页理构造，节理裂隙发育，岩质较软，裂隙面见黄铁矿，局部含炭质。强风化带（W_3）较厚，厚8~12 m，局部厚度大于20 m，属Ⅳ级软石。如图6.5-2所示。

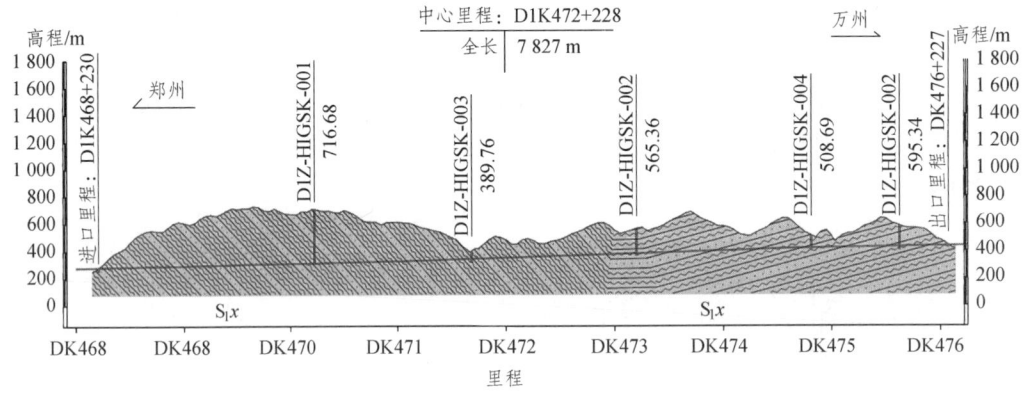

图6.5-2　某客运专线隧道工程地质纵断面示意图

3. 区域地质构造

隧址区域位于扬子准地台一级构造单元北缘，上扬子陆块褶皱带之神农架—荆门台坪褶皱带内，隧址范围内发育有田家沟断层、金斗—鞍子寨倒转背斜。

田家沟断层为区域性断层，分布于金斗—鞍子寨倒转背斜东段的轴部往田家沟、长坪—杏砺坪一带，延伸长约30 km，断层走向为近东西向，断裂面向北倾斜，倾角为50°~76°，为逆断层。断层破碎带宽度约50 m，破碎带主要为断层角砾岩，角砾粒径大小悬殊，在长坪见断层三角面。据断裂结构面特征和构造角砾岩分析，本断裂具多次活动特征，早期为张性断裂而后期以压性为主。断层两盘以志留系砂质页岩为主，在断层东段进入二叠系至三叠系灰岩地层，两盘岩层产状紊乱，次生褶皱发育。断层位于隧道右侧，隧址范围平行于线路发展，距线路右侧100~300 m。受断层影响，该隧道岩体破碎，断层对隧道围岩影响较大。

金斗—鞍子寨倒转背斜为一复式倒转背斜，隧址范围内发育司空山向斜次级褶皱，向斜核部位于龙皇庙—司空山—袁公顶一带，轴向北西—南东，核部为志留系罗惹坪组（S_1lr）地层，两翼由志留系新滩组（S_1x）地层组成；南西翼地层产状正常，岩层倾向北东，倾角为36°～59°，北东翼产状倒转，亦倾向北东，倾角一般为36°～41°，田家沟断裂破坏了向斜构造的完整性。隧道位于金斗—鞍子寨倒转背斜的北翼，穿越志留系新滩组砂质页岩地层。

某高铁隧道夹持于田家沟断层与倒转背斜之间，平行于断层、褶皱构造线前行，穿越田家沟逆断层下盘，受构造影响，该隧道岩体挤压破碎严重，特别是横洞至出口段，断层对隧道围岩影响较大，岩层产状紊乱，地层中多见小褶曲发育，岩层产状为N12°E/40°N、N20°E/15°S如图6.5-3所示。

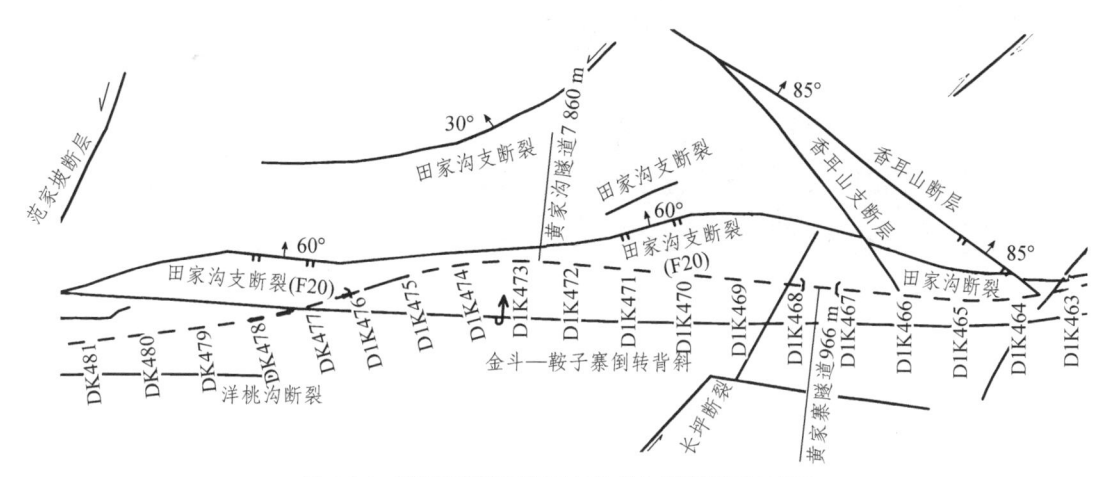

图6.5-3　黄家沟隧道区域地质构造与隧道关系示意图

4. 水文地质特征

隧道进口为龙凤河，常年有水，该溪沟水面宽20～25 m，水深0.2～0.5 m。隧道所穿山体南侧斜坡上有多条冲沟，旱季为干沟。隧道出口发育有沟槽，季节性流水。

隧道洞身通过的砂质页岩地层属于相对隔水岩组，地表浅表部存在风化裂隙水，洞身受构造影响发育少许基岩裂隙水。施工图设计预测隧道涌水量小于1×10^4 m³/d，地下水无侵蚀性。

5. 隧道主要工程地质问题及围岩级别划分

隧道主要工程地质问题是进口位于一处岩堆堆积体中，洞身围岩软弱破碎，存在坍方风险。全隧设计阶段围岩级别划分为Ⅲ级围岩400 m，占比5.1%；Ⅳ级围岩6 940 m，占比88.6%；Ⅴ级围岩487 m，占比6.3%。Ⅳ、Ⅴ级围岩占比高达95%。

三、施工开挖及围岩变更情况

1. 施工开挖概述

从施工开挖揭示围岩来看，进口至新增2号横洞之间，围岩相对较好，岩体具有一定强度，层理面清晰，原定Ⅳ级围岩基本符合现场实际，但是D1K469+500～D1K469+900段原定400 mⅢ级围岩与实际差异太大，基本变更为Ⅳ级围岩。此外，局部受层间软弱夹层或褶曲、小断层影响，围岩稳定性差，部分Ⅳ级围岩变更为Ⅴ级围岩。

新增2号横洞至出口段原设计围岩级别为Ⅳ、Ⅴ级，但是开挖揭示围岩受构造挤压影响严重，围岩中多见挤压作用形成的方解石脉，岩体破碎呈散体状、强度极低，局部存在基岩裂隙水，围岩自稳能力极低，开挖过程中多次出现掌子面失稳、拱顶坍塌、超挖、洞壁岩层剥离、初支错断、开裂、侵限变形等现象（图6.5-4、图6.5-5），大部分Ⅳ级围岩根据现场实际情况变更为Ⅴ级围岩，现场开挖进度十分缓慢。

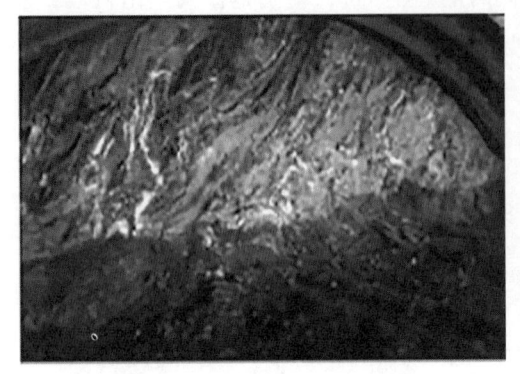

图6.5-4　掌子面挤压破碎围岩　　　　图6.5-5　破碎围岩引起初支变形侵限

2. 隧道围岩变更情况

全隧道围岩级别变更情况见表6.5-1。

表6.5-1　隧道围岩级别设计变更对照一览

已开挖段原设计围岩			已开挖段实际围岩变更情况				
分级	长度/m	比例/%	围岩级别	Ⅲ	Ⅳ	Ⅴ	合计
Ⅲ	400	6.03	长度/m	30	150	220	400
			比例/%	7.5	37.5	55	100
Ⅳ	6 940	86.64	长度/m	0	3 017.5	3 922.5	6 940
			比例/%	0	43.48	56.52	100
Ⅴ	487	7.34	长度/m	0	0	487	487
			比例/%	0	0	100	100
合计	7 827	100	长度/m	30	3 167.5	4 629.5	7 827
			比例/%	0.45	40.47	59.15	100

从表中可以得知：某高铁隧道围岩变更长度为4292.5 m，围岩变更占比高达54.84%。主要为Ⅲ、Ⅳ级变更成Ⅳ、Ⅴ级，Ⅲ级围岩由原设计占比6.03%下降至0.45%，Ⅳ级围岩占比由86.64%下降至40.47%，Ⅴ级围岩由原设计的7.34%上升为59.15%。

四、岩体质量指标与围岩分级

1. 岩体单轴抗压强度

隧道勘察期间在 D1K470+280 处深孔 D1Z-HJGSK-001 中隧道标高附近采取了 6 组岩样，岩性均为泥质砂岩、砂岩，岩心较为完整，天然单轴抗压强度为 28.9 MPa、29.1 MPa、33.17 MPa、33.4 MPa、41.43 MPa、47.7 MPa，平均为 35.62 MPa；饱和抗压强度为 13.68 MPa、21.36 MPa、22.93 MPa、25 MPa、26.6 MPa，平均为 21.91 MPa。

施工期间，采取了两组含炭质砂质页岩岩样，其中一组破碎未压成，另一组天然抗压强度为 31.4 MPa，饱和抗压强度为 18.9 MPa，可以看出岩石强度指标与勘察期间相比还是较接近的。

无论勘察期间还是施工期间，从采取岩样的单轴抗压强度试验数据来看，能够取岩样进行试验的岩体均属于强度高的完整岩体，且部分指标已经超过软质岩上限，属于硬质岩类范畴。所以，岩石试验数据不具有代表砂质页岩围岩的普遍特性。因此，在下述岩体质量指标计算中，强度指标还是取试验数据的下限值（软质岩类）。

2. 岩体质量指标

1）岩体基本质量指标计算

根据国标《工程岩体分级标准》（GB/T 50218—2014），岩体基本质量指标按照下式计算：

$$BQ = 100 + 3R_c + 250K_v$$

式中：R_c 为岩石饱和抗压强度（MPa）；K_v 为岩体完整系数。

这里 R_c 取勘察期间试验数据，平均饱和抗压强度为 21.9 MPa；完整性系数结合隧道区域地质构造，取 0.5 代入上式计算 BQ 值为 290.7，如果取 0.75 则 BQ 值为 353.2。

对于软质围岩，也可以取天然单轴抗压试验数据计算，如果取软质岩试验低值 28.9 MPa 代入上式计算，则 BQ 值为 311.7，如果完整性系数取 0.75，则 BQ 值为 374.2。

2）岩体质量指标修正值计算

$$[BQ] = BQ - 100(K_1 + K_2 + K_3)$$

式中：K_1 为地下工程地下水修正系数，砂质页岩属于相对隔水层，取 0.2。K_2 为隧道工程主要结构面产状修正系数，隧道地层走向与洞轴线交角大于 60°，取 0.1。K_3 为地下工程初始地应力修正系数，根据某高铁隧道勘察期间在深孔 D1Z-HJGSK-001 中地应力测试报告结论，隧道洞身附近最大水平主应力值为 12.8 MPa，最小主应力值为 9.94 MPa，最大主应力与隧道轴线交角为 16°，垂直于隧道洞轴线上最大主应力值 σ_{max} 按照相应公式子计算为 10.20 MPa，按照天然单轴抗压强度最小值 28.9 MPa、饱和单轴抗压强度最小值 13.68 MPa 可以确定隧道洞身岩石强度应力比值为 1.34~2.83（小于 4），测区地应力状态为极高地应力。K_3 修正系数查表内插取 1.3 或 1.19。

将修正系数代入上式计算得：

$[BQ] = BQ - 100(K_1 + K_2 + K_3) = 290.7 - 100(0.2 + 0.1 + 1.3) = 130.7$

$[BQ] = BQ - 100(K_1 + K_2 + K_3) = 311.7 - 100(0.2 + 0.1 + 1.19) = 162.7$

如果岩石取饱和抗压强度 21.9 MPa、天然抗压强度 28.9 MPa，围岩完整系数取 0.75，对

应修正系数 K_1、K_2、K_3 在极端情况下分别取 0、0、1，代入计算得：

[BQ] = BQ-100（K_1 + K_2 + K_3） = 353.2-100（0 + 0 + 1） = 253.2

[BQ] = BQ-100（K_1 + K_2 + K_3） = 374.2-100（0 + 0 + 1） = 274.2

在上述情况下，BQ 值介于 251～350 之间，可以划分为Ⅳ级围岩。

据此可以得出结论：无论采用天然抗压强度还是饱和抗压强度计算，修正后的岩体质量指标都小于 250，隧道围岩级别应划分为Ⅴ级。如果围岩完整性系数取 0.75，修正系数取值相对冒进，则围岩级别也可以部分划分为Ⅳ级围岩。根据深孔钻探揭示及岩样试验数据，进口至 DK470+000 段岩石完整性较好，页岩中含有部分砂岩、泥质砂岩，强度较高，部分划分为Ⅳ级围岩是合理的，这与施工开挖揭示比较吻合。

综上分析，施工图设计中将围岩部分划分为Ⅲ级是不合适的，隧道应大部分为Ⅴ级围岩，极少部分可以划分为Ⅳ级围岩。

五、围岩级别较大变更原因分析

某高铁隧道全长 7.827 km，施工开挖揭示围岩软弱破碎，围岩级别变更达到 54.84%，发生了较大变更。为确保建设工期，施工中新增了一处横洞及一处斜井，增加了工程建设投资，隧道建设工期较原设计增加了 20 个月。结合隧道区域工程地质条件及施工开挖揭示围岩情况，综合分析某高铁隧道围岩级别产生较大变更的主要原因有以下几点：

（1）隧道处于神农架—荆门台坪褶皱带内，地质历史时期构造运动强烈，岩体遭受严重挤压，带内地层发生倒转，形成金斗—鞍子寨倒转复式背斜及田家沟走向性区域逆断层，其延伸方向与线路走向近乎平行，某高铁隧道夹持于田家沟断层、金斗—鞍子寨倒转背斜之间，受区域构造影响，岩体挤压破碎严重。

（2）全隧洞身通过志留系新滩组砂质页岩、局部含炭质页岩夹砂岩，岩质软弱，受构造挤压后扭曲严重。开挖揭示：部分地段岩体层间滑脱、揉皱、小断裂发育，结构面产状多变，部分围岩呈鳞片状、散体状结构，岩体强度极低，围岩十分破碎。

（3）砂质页岩一般属于相对隔水层，透水性不好，但是因为地质构造作用造成岩体挤压严重、节理裂隙发育，岩体中存在少量渗水、滴水。施工开挖揭示：局部地段页岩体中存在少量地下水，对结构面结合力的降低及围岩的软化作用明显，围岩易产生较大变形。

（4）对于区域复杂地质构造对软质围岩的影响认识不足，加之勘察期间深孔钻探揭示部分泥质砂岩强度高、完整性较好，误导了工程技术人员，致使隧道施工图设计中围岩级别划分比较冒进。

（5）施工单位对构造破碎软岩的复杂性认识不足，重视不够。在相似地质条件下，不同施工单位施工相邻隧道、同一施工单位施工同一隧道不同工区，由于施工技术和管理水平较差，作业队伍在施工过程中只注重进度，施工开挖初支施作不及时、不到位，造成围岩松动圈扩大，加之地下水渗流及软化作用加剧，围岩稳定性变差，多次造成围岩被动调整与加强。

六、结论

（1）隧道围岩分级主要应考虑岩体强度、岩体完整性两方面因素，岩体强度属于岩体内在因素，而岩体完整性则需要从外部因素分析。因此，正确把握隧道区域地质构造对围岩完整性影响，是科学合理进行围岩分级的重要前提。

（2）国家标准《工程岩体分级标准》（GB/T 50218—214）中确定的岩体质量指标是进行围岩分级的定量指标，也是科学合理进行围岩分级的依据。隧道围岩分级除执行《铁路工程地质勘察规范》（TB 10012—2007）中关于围岩分级划分的原则外，应大力倡导围岩分级的定量化指标，避免主观人为的判断。

（3）在隧道围岩分级中，应综合分析围岩地层年代、岩性特征。古老地层地质历史时期遭受多期构造运动，岩体节理发育、破碎，软弱岩层受挤压后褶曲、揉皱严重，完整性及强度都有较大幅度降低，围岩分级应降低一级。如本隧道洞身穿越志留系新滩组砂质页岩夹砂岩软弱围岩地层，受地质历史时期多次构造运动影响，地层发生倒转且夹持于倒转复式背斜及区域性逆断层之间，从区域构造运动及古老地层年代分析，围岩稳定性不会很好。

（4）隧道深孔钻探仅是一孔之见，对于整个隧道地质条件及围岩分级应综合分析后确定，特别是岩石强度，因为钻孔中岩样采取往往比较容易获得完整岩石，其强度指标不能代表整个隧道的围岩强度。如本隧道深孔采取的完整岩样基本是砂岩、泥质砂岩，其天然强度有几组都大于 30 MPa，已经超出软质岩范畴，但是整个隧道围岩是砂质页岩，属于软质岩类，因此，采用强度计算 BQ 值时，应采取强度低值。

（5）对于软弱破碎围岩，施工应贯彻"短进尺、弱爆破、强支护、快封闭"十二字原则，按照设计及时施作初期支护、尽早封闭成环，确保围岩变形稳定，这是软弱破碎围岩施工重要的工程措施。某高铁隧道部分Ⅳ级围岩段落施工开挖后初期支护施作不及时、不到位，致使围岩进一步松动、软化，岩体强度降低、围岩变形加大，被动调整为Ⅴ级围岩。

第七章

重力不良地质作用

重力不良地质作用是西南山区一种普遍发育、分布的不良地质现象，主要包括滑坡、崩塌（危岩落石）、泥石流、岩堆。如果工程地质勘察中不能正确认识、评价及处置这类现象，将会对铁路工程造成极大危害，严重者甚至带来极大的经济损失和严重的社会影响。因此，对于山区广泛分布的不良地质作用，工程地质勘察中应高度重视。一般来说，对于大型滑坡、崩塌、泥石流及岩堆，在线路方案比选时，应尽量绕避；对于中小型滑坡、崩塌、泥石流及岩堆，应在地质勘察基础上采取经济合理、技术可行的工程措施进行整治处理，确保铁路工程安全通过。

遥感解释、地质调绘仍是识别、判定山区不良地质现象的重要手段，特别是对于巨型滑坡、大型滑坡、崩塌、泥石流、岩堆，如果一开始就进行地质调绘、钻探，那么可能局限于我们的视野，遗漏不良地质体，造成铁路线路方案地质比选的重大失误。因此，应首先利用航、卫片进行解译、判释，然后进行现场踏勘、地质调绘，准确识别、判定这类巨型、大型不良地质体。对于大型不良地质体的漏判、遗漏，是有深刻经验教训的：如南昆铁路八渡车站大滑坡，地质勘察时遗漏了此处滑坡，施工开挖时发现，有一两处山体发生蠕滑变形，经仔细地质调绘发现原来八渡车站整体位于一个巨大古滑坡体上，但是此时车站前后许多桥梁、隧道工程已经建成，改线已经不可能了，最终采取工程措施进行加固处理，增加了较大的工程量与投资；再比如20世纪70年代建成的成昆铁路，由于受制于当时修建技术及建设成本，线路方案部分地段走行于泥石流支沟发育的河谷地带，建成后多年遭受严重的泥石流灾害，冲毁铁路路基、桥涵工程，历经多年整治，修建不少泥石流排导槽以减轻泥石流灾害。

对于中小型滑坡、崩塌、泥石流、岩堆在地质勘察阶段应采取多种手段、方法查明其规模、物质组成、滑动面、软弱夹层，取得合理可靠的物理力学参数，定量评价其稳定性及其对铁路工程的影响，特别是高位的崩塌（危岩落石），应借助目前先进的勘察手段如无人机勘察技术查明其岩体各类型结构面、张开度、充填物质，圈定陡崖上危岩范围、数量，评价危岩块体稳定性，提出对不良地质体的具体整治措施，确保高速铁路工程安全运营。

本章汇编了有关不良地质作用的8节案例分析，主要是近年来在高速铁路勘察设计、建设中遇到的一些不良地质作用，具有典型性，对铁路工程建设具有现实的指导意义。例如：斜坡土层滑坡、蠕滑对桥墩推移作用的病害案例警示我们，必须重视斜坡岩土体的横向稳定性；成兰铁路四平四线大桥的地质勘察提示我们峡谷地区岩堆体物质组成的复杂性；隧道进出口高位泥石流、危岩落石整治工程以及铁路距离尾矿库安全距离探讨等工程案例都有着重要的参考价值。

第一节　成兰铁路榴桐寨隧道出口高位泥石流对工程的影响评价

成兰铁路龙塘高位泥石流沟位于榴桐寨隧道出口右侧高陡斜坡之上，该泥石流沟属于坡面冲沟型泥石流。本案例根据现场地质调查资料、历史时期泥石流暴发情况及泥石流严重程度量化评价指标，分析了泥石流暴发的规模、频次，评价了对其下隧道洞门工程及龙塘四线特大桥成都端桥梁工程的影响，结合泥石流沟特征，提出了对泥石流沟的治理原则及针对性工程处理措施。文章对于复杂山区泥石流的地质调查分析、工程影响评价及采取针对性工程整治措施具有一定借鉴价值。本节由王茂靖、袁传保撰写。

一、概况

成兰铁路榴桐寨隧道出口右侧约 100 m 处的陡峻斜坡上发育小型泥石流沟，该泥石流沟属于坡面冲沟型泥石流，由于距离榴桐寨隧道出口较近且位于洞口高陡斜坡之上，泥石流沟如果发生大规模暴发，将会对其下的榴桐寨隧道出口及龙塘车站三线桥带来较大的破坏，特别是工程所在区域为 2008 年"5·12"汶川大地震严重影响地区，榴桐寨出口斜坡岩体碎裂、危石耸立，冲沟内松散堆积物质丰富，分析评价该泥石流对工程的影响并采取相应工程治理措施就显得十分必要。

本案例在地质调查成果资料基础上，对此高位泥石流沟的汇水面积、沟内物质成分、物源规模、历史发生频次及规模进行了详细叙述，对其下隧道工程、桥梁工程的危害进行了分析评价。

图 7.1-1 为高位泥石流与隧道出口、桥梁工程的照片，显示了泥石流沟、隧道出口及龙塘车站四线桥的大致关系。

图 7.1-1　榴桐寨隧道出口高位泥石流沟

二、泥石流沟地质调查

对于龙塘高位泥石流沟，设计人员在地质勘察期间进行了调查。施工期间，地质技术人员再次对此泥石流沟进行了调查。基本查清了此泥石流沟的形成区、流通区、沉积区及沟内物源物质成分、物源规模，对此泥石流沟的活跃程度也有一定了解，主要结论如下：

1. 区域地质条件

龙塘坡面泥石流（即榴桐寨出口高位泥石流沟）位于茂县桃花沟内，测区属剥蚀深切割高中山峡谷地貌，沟谷纵横，地形起伏大，地面高程为 1 872 ~ 3 270 m，相对高差达 1 398 m，自然横坡为 20° ~ 75°，局部为陡壁，斜坡上植被稀疏，以灌木为主。

测区位于西部薛城—卧龙 S 形构造带北东段与石大关弧形构造带东段复合部位，岷江断裂带南段。整个斜坡山区出露基岩为泥盆系下统（D_1）灰黑、灰褐色千枚岩、炭质千枚岩，千枚状构造。受区域构造影响，测区局部发育小规模褶曲，产状凌乱，岩体破碎，节理裂隙发育。千枚岩层理产状为 N60°W/75°NE、陡倾岩体，节理发育，优势节理产状为 N53°W/75°SW、N18°E/64°SE、N40°E/8°NW 等，局部节理发育较密集，可达 20 ~ 50 cm/条，裂隙为张开、半充填或无充填。由于地形陡峻，坡面基岩地下水不甚发育。

区内属于高烈度地震区，地震动峰值加速度为 0.30g，地震动反应谱特征周期为 0.35 s，受汶川"5·12"特大地震影响，岩体碎裂严重，斜坡上堆积体发育。

2. 泥石流沟流域调查

根据现场调查，该坡面泥石流沟沟长约 1.5 km，流域海拔最高 3 270 m，坡脚海拔为 1 872 m，流域相对高差为 1 398 m，具有泥石流典型的形成区、流通区、沉积区 3 个区域。

形成区：位于海拔 2 650 ~ 3 270 m 处地段，区内高差 620 m，坡降 719‰，沟床两侧斜坡植被茂密，长度约 1 100 m，沟床中主要以碎块石土为主，厚度约 2 ~ 3 m，沟床固体物质估算约 3 万立方米，两侧斜坡上分布 8 处崩坡积体及两处坡面崩塌体，这些堆积体体积估计约 90 万立方米，如图 7.1-2 和图 7.1-3 所示；表 7.1-1 为形成区堆积体物源特征一览。

图 7.1-2　泥石流沟内松散堆积物　　　　图 7.1-3　形成区斜坡堆积体

表 7.1-1　形成区松散堆积体调查一览

序号	堆积体编号	自然坡度 /(°)	前缘侵蚀冲刷	方量 /m³	天然稳定性
1	1、2 号崩坡积体	44	一般	12	稳定
2	3 号崩坡积体	39	强烈	2.6	基本稳定
3	4 号崩坡积体	35	一般	26	稳定
4	5 号崩坡积体	41	强烈	33	较稳定
5	6 号崩坡积体	45	一般	3	稳定
6	7 号崩坡积体	32	一般	16	稳定，局部溜坍
7	8 号崩坡积体	38	强烈	0.9	基本稳定
8	1 号残坡积体	45～50	强烈	5.5	基本稳定
9	沟内物质	37	强烈	3	不稳定
10	合计			102	

从形成区对于松散物源的调查可以发现，该冲沟性泥石流沟物质来源十分丰富，加之沟床纵坡较陡，基本在 32°～35°，暴发泥石流的概率极大，工程设计应高度重视。

流通区：分布于海拔 1 910～2 650 m 处地段，区内高差为 740 m，坡降 362‰。从图 7.1-4 可以看出，此流通区基本上为一段陡峭斜坡，坡度近于 80°。由于地形陡峻，沟床为基岩裸露，无松散堆积体。

图 7.1-4　铁路工程与泥石流扇形堆积体关系示意图

堆积区：位于海拔 1 910 m 以下的地带，呈扇形分布，堆积平均高度约 25 m，平均宽度约 80 m，面积约 0.002 km²。主要物质为角砾土、碎石土，粒径为 1～8 cm，含量约为 70%，夹块石，部分块石直径可达 2 m，碎块石分选性、磨圆度极差，反映出泥石流物质搬运距离较近。

3. 泥石流沟主要参数

该泥石流沟流域长度为 1.5 m，其中形成区长度为 1.1 km，流域汇水面积约 0.52 km²，泥石流所在茂县地区年平均降雨量为 484.1 mm，最大降雨量为 598.7 mm，年平均蒸发量为 1 459.4 mm。

根据地质调查，提出了表 7.1-2 所示的该泥石流主要参数。

表 7.1-2　泥石流沟主要计算参数

泥石流沟名称	龙塘坡面高位泥石流
固体物质储量	102×10⁴ m³
固体物质重度	2.65 t/m³
流体重度	1.70 t/m³
泥石流流量	采用雨洪法公式计算流量约 30.97 m³/s
流体性质	稀性
发展趋势	高度易发
淤积高度	3 m
泥石流性质	坡面泥石流
堵塞情况	沟槽较顺直，沟道宽窄较均匀，卡口不多，主沟交角多小于 60°，河床堵塞情况较差
粒径情况	最大块石粒径为 2 m，平均粒径为 10～45 cm

三、泥石流沟工程影响评价

1. 历史泥石流发生情况概述

2011 年勘察期间受强降雨影响该泥石流沟暴发，一次淤积量在 1.5 万～2 万立方米之间，最大淤积高度约 3 m，如图 7.1-5 所示。

2013 年施工进场期间受强降雨影响该泥石流沟再次暴发，一次淤积量约 8 000 m³，最大淤积高度约 2 m，如图 7.1-6 所示。

2. 泥石流严重程度评价

参考《铁路工程地质手册》第 345 页中关于泥石流严重程度的量化指标，对龙塘沟泥石流进行了表 7.1-3 所列的量化判定。

图 7.1-5　2011 年泥石流沟爆沟口堆积物　　图 7.1-6　2013 年泥石流暴发沟口堆积物

表 7.1-3　泥石流量化指标判定

主控因素	龙塘坡面泥石流沟		
	子因素	数　值	评分
地貌因素	流域面积 /km²	0.52	4
	相对高差 /m	> 500	4
	上坡坡度 /(°)	> 32	5
	植被覆盖率	30 ~ 60	4
	河沟扇形地貌	沟口存在扇形地，新老扇规模不大	9
	河沟因素	V 形谷、沟床不稳定、坡降陡等	32
地质因素	岩石类型	风化严重破碎的软质岩	5
	构造特征	强烈抬升区、构造复合、节理发育	8
	崩塌滑坡及沟谷侵蚀	沟谷两侧崩塌发育，堆积体多，土体搬运严重，堆积较多物质	12
	覆盖层厚度 /m	区域内覆盖层厚度 > 10 m	4
	松散物质储量 /m³	一次可能来量 > 5 000 m³/km²，单位面积储量 > 10×10⁴ m³/km²	4
总计分数及评价		严重	91

根据上述对泥石流沟的量化评价，可以得出结论，尽管此泥石流沟汇水面积不大，沟槽也不长，但是由于沟内松散物质丰富，沟槽纵坡陡峻，泥石流沟量化评价结果是该泥石流沟属于严重泥石流沟，应采取相应措施对它进行工程处理，以减轻对其下工程的危害。

3. 泥石流影响评价

根据泥石流沟地质调查资料、历史暴发情况及泥石流沟严重程度量化评价指标,综合评价此泥石流沟属于高频发生的严重坡面泥石流沟,由于位于隧道出口右侧斜坡高陡位置,其暴发对其下隧道洞口及连接的龙塘车站四线桥有一定危害。

该坡面泥石流沟由于沟槽短(1.5 km),汇水面积小(0.52 km²),汇集的地表径流相对小,加之形成区多个崩坡积堆积体植被茂密,处于基本稳定状态,因此,尽管此坡面泥石流沟易于暴发且频次较大,但一次冲出沟口的物质来源应小于 20 000 m³,不会对其下隧道出口及四线桥梁工程带来毁灭性的破坏,只要采取针对性措施,可以减轻泥石流危害。

由于此泥石流沟流通区段为一陡倾基岩沟槽,泥石流暴发时,从形成区冲出的物质可能在形成区出口陡坎处一部分形成抛射,对其下工程形成危害。

四、主要工程措施

对于泥石流沟的整治措施贯彻"以疏为主、局部拦挡"的综合治理措施,结合该泥石流沟影响的具体工程,整治采取了如下的工程措施。

(1)结合榴桐寨隧道出口高陡边仰坡的危岩落石威胁及右侧高位泥石流沟暴发泥石流时在形成区锁口附近可能形成部分固体物质高位抛射危及隧道洞门及部分邻近桥梁工程安全,对隧道洞口作接长明洞处理,在不影响主沟床—桃花沟行洪条件下,尽量接长隧道出口明洞,对龙塘四线特大桥成都端第一跨进行防护。

明洞采用双联拱形双耳墙式明洞衬砌,跨度为 18.4 m,拱部采用泡沫混凝土回填 2 m,如图 7.1-7 和图 7.1-8 所示。由于主沟桃花沟堆积体较厚,明洞基础采用桩筏基础。

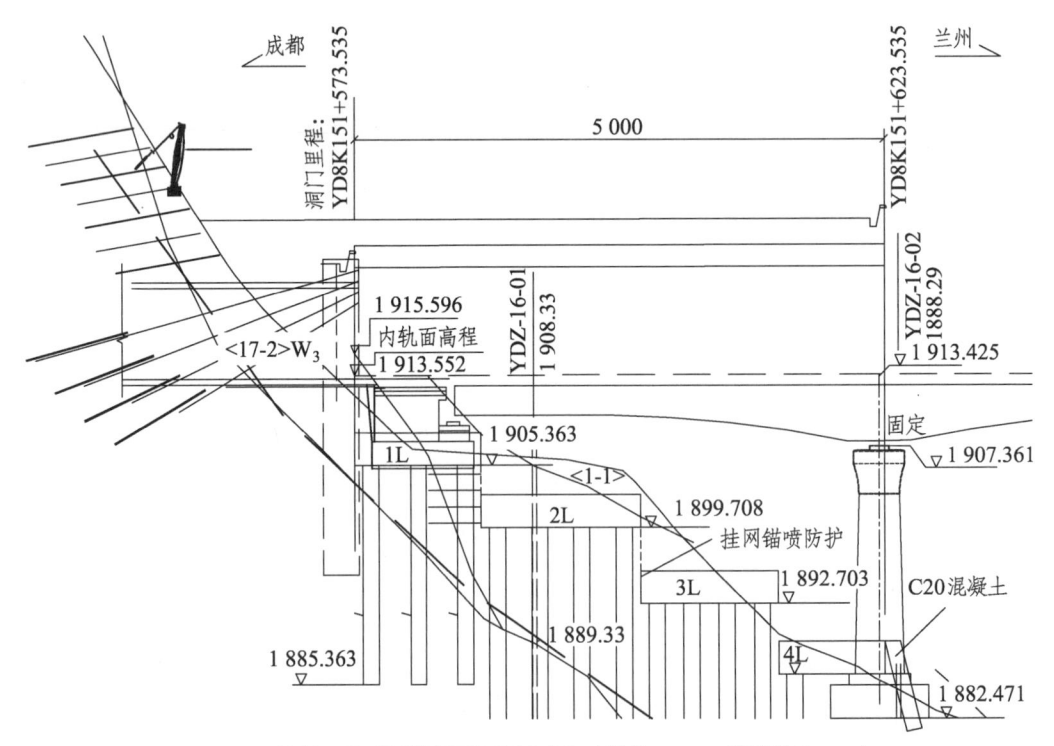

图 7.1-7 接长一跨明洞纵断面示意图(尺寸单位:mm;高程单位:m)

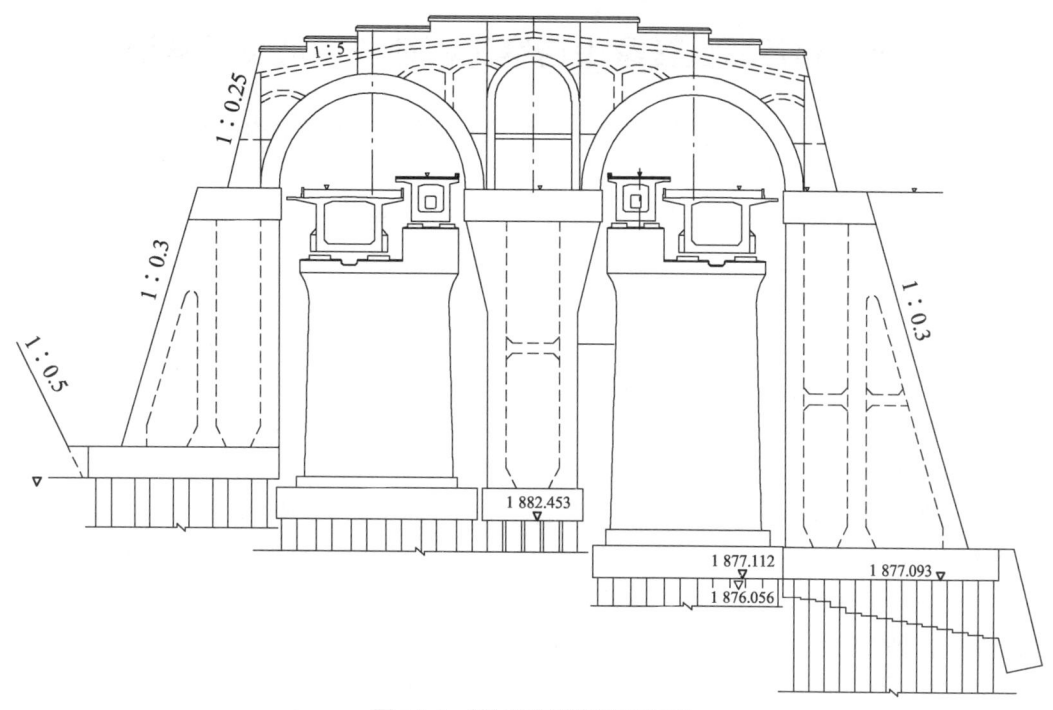

图 7.1-8 接长明洞横断面示意图

（2）为防止泥石流暴发时，部分物质在泥石流形成区锁口附近发生抛射危及其下工程安全，在锁口附近沟槽左侧边缘沿泥石流流动方向设置一排桩板墙，阻挡泥石流固体物质抛射。

（3）在泥石流流通区设置排导槽，将暴发时泥石流归槽引流至主沟槽—桃花沟。

（4）由于该泥石流为高位严重的坡面泥石流沟，暴发频次多，应采用物联网技术对泥石流沟进行实时监测，主要采用北斗高精度一体化设备实时监测形成区堆积体坡面位移、雨量计监测测区降雨状况，在泥石流沟下游排导槽内设置震动监测仪实时捕捉泥石流发生事件，进而通过视频联动方式对泥石流发生规模进行评估及影像回传。

五、结论

（1）榴桐寨隧道出口高位泥石流沟属于一条处于青年期的活跃泥石流沟，由于沟槽短、汇水面积小、沟谷切割较浅，将其归类于坡面冲沟型泥石流沟。

（2）泥石流沟上游形成区沟床两侧边坡分布有七八处规模较大的崩坡积堆积体，是泥石流沟丰富的物质来源，但是堆积体坡面植被发育，未见明显开裂变形迹象，分析认为堆积体处于基本稳定状态。

（3）通过地质调查、历史发生频次、规模调查及严重程度量化指标评价，该泥石流沟具有暴发频次较多，规模较小，不会对其下隧道出口及龙塘四线大桥成都端墩台造成毁灭性破坏，但是存在严重危害，毁损铁路工程甚至影响开通后的铁路安全营运，必须对此泥石流沟进行综合整治，以最大限度减轻泥石流对铁路工程的影响。

（4）对于此泥石流沟的综合整治，应结合该泥石流特点，发生规模及频次综合考虑，整治设计采用"以疏为主，局部拦挡"的治理措施是恰当的。

第二节　郑万高铁甘家山岩堆工程地质特征及工程处理

本案例结合工程实际，通过对非典型岩堆的勘察认识，对山区深切河流交汇地带受地貌改造复杂因素影响下的不良地质发育特征进行了总结，针对其对工程的影响采取相应的工程处理措施，可供类似工程借鉴和参考。本节由王青川、王茂靖、杜宇本撰写。

一、引言

新建郑州至万州铁路位于豫、鄂、渝三省市境内，全长约818 km。在湖北境内经东津（襄州区）、南漳、保康、神农架、兴山、巴东，长287 km，桥隧比约96%，处于中国地貌西高东低三大阶梯的第二大阶梯与第三阶梯的过渡地带，区域上长大断裂带、褶皱构造、穹窿构造极其发育，在保康—兴山一带次级断裂、褶皱构造强烈发育。保康至巴东段属于大巴山山系，山体庞大，主要属岩溶剥蚀中山区，区内奇峰异岭、层峦叠嶂、沟谷纵横、山高谷深（图7.2-1），不良地质十分发育，其中岩溶、危岩落石、滑坡、岩堆为控制本段线路方案走向和工程设置的主要不良地质，线路基本以长、特长隧道通过，且为桥隧相连，为名副其实的山区高速铁路。在选线阶段，尽可能采取绕避对线路方案或铁路工程有重大影响的不良地质，对于不能绕避的不良地质按有关规范要求进行详细勘察，必要时进行专门的观测、试验、分析和论证，彻底处理，不留后患。

二、工程概况

甘家山隧道为傍山岩溶隧道，全长5 599 m，进出口均与桥梁相连。出口地形陡峻，线路绕避了规模巨大、工程难以处置的危岩落石段，洞口段穿越岩堆，设置锚固桩加固、库岸坡面防护、截水沟、自动位移观测点、钢花管注浆加固等措施。

三、工程地质勘察

1. 定测勘察概况

勘察期间对甘家山隧道出口边坡开展了大面积的现场调查工作，隧道出口边坡表面覆盖层厚，坡顶后缘光壁，受层面及控制结构面切割后局部块体有拉裂-剪出-滑移趋势，但整体未出现滑移现象，坡脚处较破碎，可见裸露深灰色白云岩，基岩被层面及两组典型结构面切割，但坡体未见明显拉裂缝及剪切裂缝，坡体整体稳定性较好。而在坡体中、下部及坡脚平台，零星分布大块孤石和基岩裸露型危岩体，其中危岩体大部分受层面及2～3组结构面切割，结构面贯通较好，且局部已张开较大，冲沟附近的大块危岩体最易拉裂倾倒或从顶端崩落。根据坡体结构特征分析及数值模拟计算研究结果，隧道出口选择避开危岩落石高易发区的边坡整体稳定性较好的地段（图7.2-2）通过。

受地形陡峻影响，勘察时钻探工作困难，初步设计阶段结合洞口桥台在坡脚附近布置钻孔1个，钻探揭示覆盖层主要为碎石土、角砾土，厚约4 m。结合现场地形地貌特征，洞口段具"鼻梁"形山脊地貌，综合分析判释洞口斜坡覆盖层为坡崩积所成的坡积层，未判定有不良地质。

图 7.2-1 中低山山谷

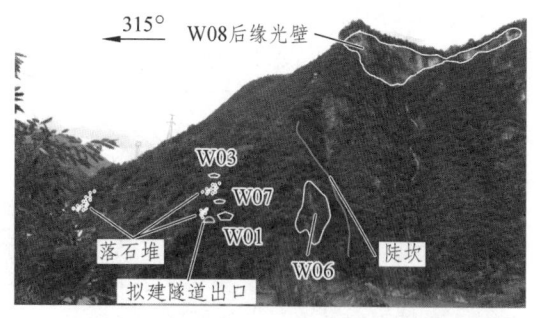

图 7.2-2 隧道出口边坡总体特征全貌图

边坡整体上陡下缓，坡底至下部坡脚约37°~43°，中、上部约44°~50°，坡顶后缘光壁约75°~85°；坡表覆盖层中厚，底部以冲洪积碎石土夹卵石层为主，中、上部以崩坡积碎石土为主；底部基岩露出层面产状195°∠65°。

2. 补定测勘察概况

线路方案稳定后，为了进一步核查斜坡的稳定性，在洞口斜坡布置一条控制性断面进行钻探，在斜坡上部钻孔孔深35~40 m处揭示有卵石、圆砾土（图7.2-3）后，对洞口斜坡地段又加深了地质测绘工作（图7.2-4）。综合分析认为：甘家山隧道出口为古河湾区，发育古阶地，古阶地被多期性的崩积堆积层掩埋，在"鼻梁"形山脊地貌区形成非典型岩堆（图7.2-5、图7.2-6）。

图 7.2-3 岩心中含卵石、圆砾

图 7.2-4 岩堆前缘表层卵石土

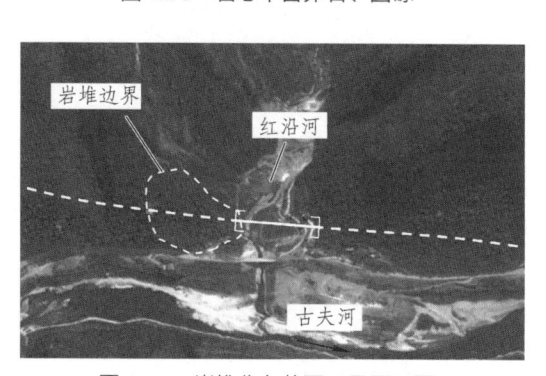

图 7.2-5 岩堆分布范围卫星平面图

图 7.2-6 岩堆分布范围地貌图

3. 施工阶段勘察概况

1) 开挖揭示概况

施工阶段洞口便道开挖边坡(图7.2-7)揭示：岩堆堆积物与河床堆积物具有交错堆积韵律，具有多元结构特征，角砾类土呈中密状，受长期淋滤作用，堆积物质具有一定的后期胶结作用。

出口横洞开挖（图7.2-8）揭示：围岩为冲积形成的细圆砾土夹卵石，密实、潮湿，有一定的固结作用，有一定的自稳性。

图 7.2-7　洞口便道开挖揭示剖面　　　　图 7.2-8　出口横洞揭示围岩

2) 勘察概况

施工阶段结合场地条件，对岩堆范围开展了补充钻探工作，结合施工开挖揭示的地层情况，详细核实确定了岩堆的分布范围、物质组成及分布特征，综合分析评价了岩堆的稳定性及其对工程的影响。

四、岩堆特征

1. 地层岩性

岩堆区分布第四系全新统人工填土（Q_4^{ml}）角砾土，冲洪积（Q_4^{al+pl}）粉质黏土、圆砾土、卵石土，坡崩积（Q_4^{dl+col}）角砾土、碎石土、块石土，坡残积（Q_4^{dl+el}）粉质黏土，下伏基岩为震旦系上统灯影组（Z_2dn）白云岩。

2. 地质构造

测区位于新华夏系构造带，区域性新华断裂于线路右侧约500 m通过，线路左侧150～300 m范围内发育新华断裂的支断层——林家湾断层。

地层呈单斜构造，受构造影响强烈，节理裂隙发育，多为密闭型，地表多为密闭～微张型，延伸较远。岩堆体后缘岩体受层面和节理裂隙共同切割影响，陡崖地段易形成危岩落石和崩塌。

3. 水文地质特征

区内发育古夫河和红岩河，均为山区主河道，主要由大气降水和沿线的支沟及地下水补给，且该河道位于古洞口水库库区，水位受库区蓄水位影响较大，地表水发育。

第四系松散堆积层孔隙水主要以潜水为主，斜坡堆积体以中密为主，有一定的胶结作用，不利于大气降水及地表水下渗，不利于地下水的赋存，因此斜坡岩堆体孔隙水含水量在降雨后仅表层较丰富，其余地段地下水贫乏。在河床地带，冲洪积层结构松散~稍密，受河水补给充分，因此孔隙水含水量丰富。

段内未见明显的岩溶水出露，基岩节理多为密闭型，地表大多被覆盖，地下水补给有限，钻探未揭示到水位，岩溶裂隙水相对不发育。

4. 岩堆发育特征

岩堆分布于红岩河汇入古夫河入口处的左侧岸坡地带（图7.2-5、图7.2-9），主轴方向约呈N73°W，呈扇状分布于山体下部地带。主轴长约160 m，总宽约150 m，厚5~35 m。岩堆体后缘最高标高约为440 m，前缘最低标高约310 m，最大高差约130 m；岩堆体地形上总体呈一面坡，坡度为35°~40°。岩堆右侧前缘局部地带因公路切坡形成55°~65°陡坡，高5~15 m；岩堆左侧前缘受河流冲刷深切后，形成45°~55°陡坡。

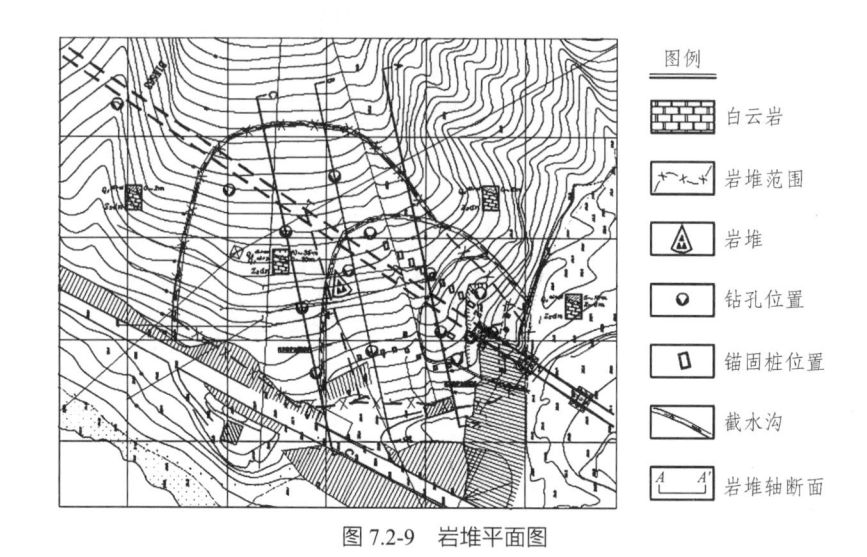

图7.2-9 岩堆平面图

经钻探揭示，岩堆物质成分主要为角砾土，黄褐色，稍湿，中密，石质以白云岩为主，呈次棱角状，粒径在2~60 mm的颗粒含量约50%，约夹20%碎、块石，充填物以黏性土为主，分选性较差。在岩堆体中下部，受坡崩积周期性发生影响，岩堆堆积物与河床堆积物具有交错堆积韵律，具有多元结构特征。

在岩堆底部堆积体与岩床之间分布一层古阶地冲洪积圆砾土、卵石土，厚5~10 m（图7.2-10~图7.2-13）。

5. 岩堆成因机制

根据勘探资料分析，甘家山出口为古河湾区，发育古阶地。测区基岩为震旦系下统灯影组（Z_2dn）白云岩夹页岩，岩层产状较为平缓，发育区域性新华断裂，岩体受构造影响，节理裂隙发育。河谷深切，在不利结构面组合作用下，岩体自重卸荷逐渐崩落，在古阶地平缓地带堆积后形成岩堆。

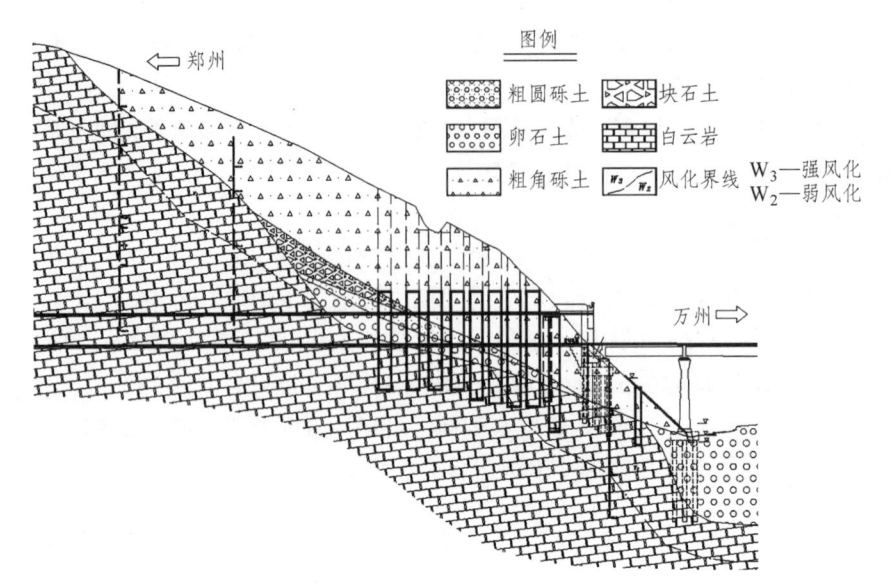

图 7.2-10 隧道出口段纵断面图

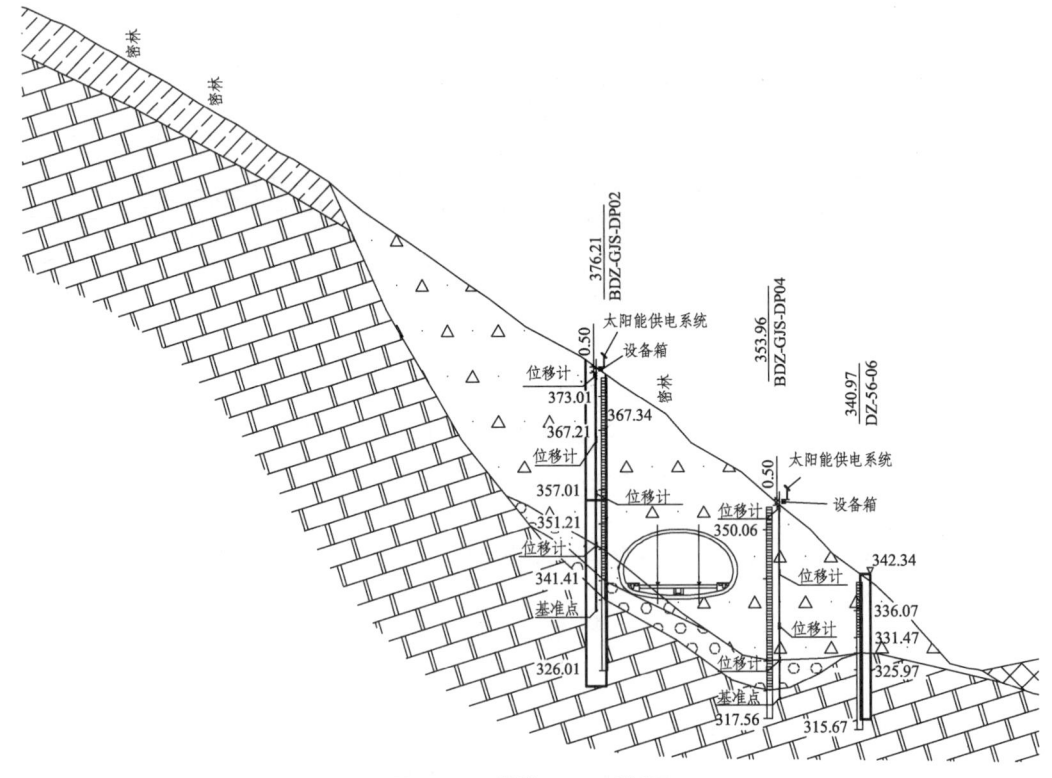

图 7.2-11 岩堆 A—A' 轴断面

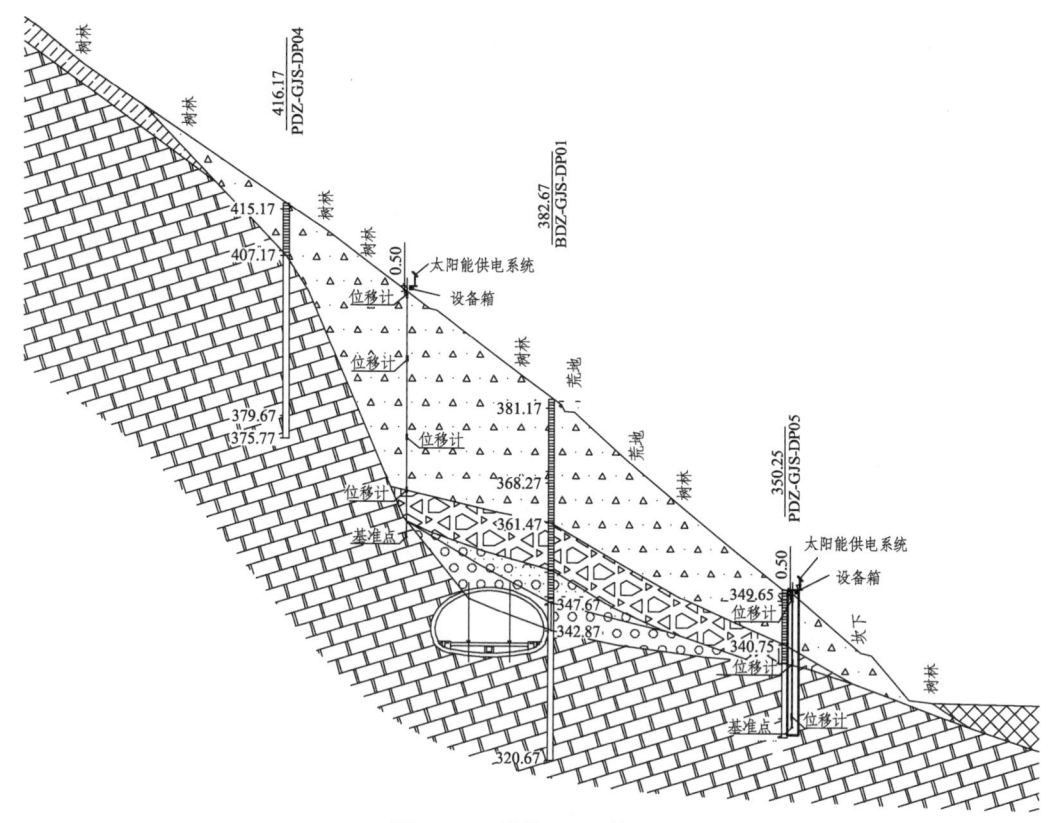

图 7.2-12 岩堆 B—B′ 轴断面

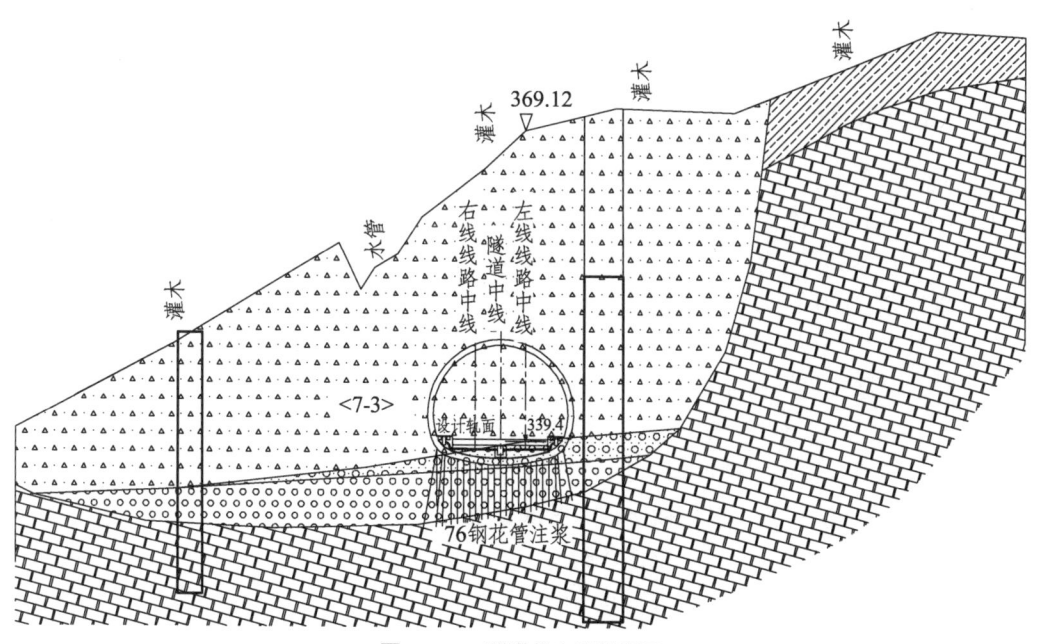

图 7.2-13 隧道代表性横断面

因斜坡坡脚位于红岩河汇入古夫河入口处，早期岩堆前缘压覆早期部分河床堆积层，随着河流下切后，岩堆发育继续压覆新的后期河床堆积层，在多期性的崩积及河床下切共同作用下，形成岩堆堆积物与河床堆积物交错堆积韵律，具有多元结构特征。

6. 岩堆变形特征

岩堆体上未见地表裂缝等变形特征。施工单位在施工横洞期间，对甘家山隧道出口岩堆范围的电塔、电站压力水管等构筑物设置9个观测点进行了变形监测，4—8月累计水平变形量为 15.56～32.01 mm，累计沉降量为 1.7～20 mm，在横洞开挖以及正洞洞口临空面等不利作用情况下，岩堆仍处于稳定状态。

7. 稳定性评价

岩堆坡面植被发育，以灌木为主，经调查访问，上部陡崖少有落石发生，岩堆未见整体变形迹象，现处于基本停止发展阶段。岩堆前缘河床发育呈 U 形成熟期，对岩堆前缘的下切冲刷作用弱。因区内岩性为白云岩，受长期淋滤作用，岩堆堆积物质较密实，具有一定的后期胶结作用，岩堆主轴岩床形态形似椅子，整体稳定性较好。

8. 工程影响分析评价

（1）甘家山隧道出口及红岩河双线大桥0号台位于岩堆左侧前缘，岩堆前缘施工扰动易引起岩堆临空面土体局部失稳坍塌。

（2）隧道在由岩质段过渡到土质段时，洞身斜穿土石分界线，隧道左侧土体对隧道存在偏压荷载。隧道在开挖过程中，如果支护变形过大，可能引起左侧堆积层土体的变形、开裂，从而恶化堆积体的地质条件，降低地质参数，增加围岩压力。

（3）隧道基础及明洞基础位于粗角砾土层内，基础易产生不均匀沉降，影响行车安全。

（4）岩堆前缘受古洞口水库水位影响，易诱发水库坍岸，从而危及桥梁墩台安全。

五、工程措施

在对岩堆进行稳定性分析计算成果的基础上，主要采取了以下工程措施：

（1）为提高岩堆体整体稳定系数，于岩堆前缘设置锚固桩加固。

（2）隧道穿越岩堆段，为防止偏压荷载影响，于隧道左侧设置锚固桩加固，且桩靠山侧设置钢花管注浆。初期支护采用 $\phi 108$ mm 大管棚 + $\phi 42$ mm 小导管，采用三台阶法 + 临时仰拱施工，开挖采用非爆（机械）开挖。土质隧底采用钢花管注浆加固，为防止隧道基础产生不均匀沉降，引起隧道结构破坏，该段隧道每 12 m 设置一道变形缝。

（3）为防止隧道洞口及桥梁基坑开挖形成的临空面对岩堆造成不利影响，于隧道洞口两侧及1号墩靠山侧设置锚固桩加固。

（4）沿岩堆前缘设置库岸坡面防护，基底设置混凝土护脚墙。

（5）岩堆范围设置4处自动位移观测点，累计位移报警值为 25 mm。

（6）岩堆加固范围设置截水沟，并与隧道出口横洞及正洞水沟衔接，确保排水通畅。

（7）隧道出口洞门采用护桥明洞门，桥梁伸入隧道，护桥明洞门基础采用桩基承台基础。

（8）洞口永久仰坡采用锚杆框架梁防护，框架梁内采用喷混植生防护。

六、结论

山区深切河流交汇地带，地貌改造因素复杂，早期的河湾、阶地被后期的第四系地层覆盖后，易形成非典型不良地质体，勘察设计中应高度重视地质测绘工作。当地表主要是覆盖层时，需尽早开展钻探工作，对可能存在隐伏古地貌的区域宜采取网状钻探工作，核查覆盖层成因、分布特征及稳定性，为选择绕避或综合比较提供可靠的质基础资料。

第三节　成兰铁路太平站四线大桥工程地质勘察认识

成兰铁路太平站四线大桥位于川西岷江高山峡谷区，施工试桩揭示地质条件与勘察认识存在较大差异，通过补勘及桩基施工进一步认识到桥址区在青藏高原快速隆升大构造背景下具有极为复杂的地质成因，多条原始冲沟深切导致基岩面起伏巨大及形成埋藏潜山，历史强震致沟谷山体崩滑堰塞及其后古堰塞湖历经万年沉积消亡，古湖区岩土成分复杂并赋存多层高承压水，使场地地基条件进一步复杂化。文章通过剖析勘测、试桩、施工资料，深化地质演化认识，对川藏铁路等类似复杂多发强震山区的勘察设计具有参考借鉴价值。本节由袁传保、王茂靖撰写。

一、前言

成兰铁路太平站四线大桥，桥高 23 m，全长 323.47 m，左右线分修，线间距为 35 m，孔跨式样为 2 联（40 + 64 + 40）m 预应力混凝土连续梁。大桥位于川西高山峡谷区岷江横向支沟太平沟，桥址区地质条件复杂，岩土类别多，沉积岩相多样，上部覆盖浅层现代河流及泥石流卵石土，中部为深厚古堰塞湖沉积软弱黏性土夹粉细砂层，下部为古地震崩塌相巨型块石及古河道、古斜坡崩滑层的卵砾土、碎角砾土夹细砂及黏土，湖积层间及各沉积层接触带富含水量不等的高承压水，下伏基岩为三叠系下统侏倭组砂岩夹千枚岩，岩土界面呈潜山沟壑状强烈起伏。

施工图设计全桥采用柱桩基础，桩长 56 ~ 93 m。鉴于本桥桩基穿越高承压水，施工难度极大，中国铁路总公司要求在施工阶段开展专题试桩及施工工艺试验。试桩表明勘察阶段提供的摩阻力较实测偏高，桩基沉降量大，采用摩擦桩方案存在较大风险。柱桩方案因需应对下伏高承压水突涌及流砂流土问题，经研究采用两级全回转全套管工艺施工，然而实施中发现地层结构及承压水特征与原设计判定存在较大差异，基岩面起伏不定且岩面标高大大加深，故采用动态设计验基确定桩长，最终实施桩长普遍超过 100 m，最长达 146 m。

二、桥区工程地质条件

1. 地形地貌

区域属青藏高原东部川西构造剥蚀高中山峡谷地貌，区内群山连绵，河谷深切，主体山脉呈南北向展布，地面高程为 2 270 ~ 4 185 m，相对高差为 1 960 m。大桥位于四川省茂县太平乡境内，桥梁横跨岷江左岸支沟太平沟，处于太平沟泥石流流通堆积交汇地带，沟谷成都岸地形陡峻、基岩出露，兰州岸地形较缓，为滑坡岩堆。大桥距离岷江主河道 760 m，距离 1933 年叠溪大地震形成的岷江大海子堰塞湖坝址 8.61 km，如图 7.3-1 所示。

图 7.3-1　太平站四线大桥桥址地形地貌

2. 地层岩性

地质调绘及历次勘探揭示：桥址区岩土类别多，沉积岩相多样，上部覆盖第四系全新统坡崩积层（Q_4^{dl+col}）黄灰色碎石土，厚度为 2～5 m，分布于成都岸斜坡地带；现代河流相及泥石流相（Q_4^{sef}）灰白色漂卵石土，漂石粒径最大约 3 m，厚度在 4～10 m 不等，分布于沟表层；堰塞湖相（Q_3^l）呈深灰色～灰黑色，软塑状，局部为硬塑状粉质黏土夹粉细砂层，厚 40～100 m，所夹砂层呈透镜体分布，厚 0～8 m，分布于桥区全段；古地震崩落相（Q_3^{col}）巨型块石，厚 5～30 m，质纯似基岩状，分布于古河床之上，河床深槽部位厚度较大；古河道相（Q_3^{al}）灰白色～灰黄色卵砾石土、砾砂夹细砂，厚 5～20 m，分布于古河床部位；古斜坡崩积相（Q_3^{col}）灰白色碎块石土，厚 5～25 m，分布于古河道兰州端斜坡地带。下伏基岩为三叠系下统侏倭组（T_3zh）砂岩夹千枚岩，岩性差异致基岩多槽状风化，槽间充填卵砾石及黏土等。

3. 地质构造

区域处于中国东西两大块体过渡带即"中国南北构造带"的中段，其北为秦岭东西向构造带，东南为龙门山北东向构造带，西边与康藏"歹"字形构造带邻接，是著名的川西北三角断块区。桥区附近发育较长弧形构造带，它由一系列紧密线状弧形同倾向倒转褶皱及相伴的冲断层组成，明显呈斜列式展布，且往往具有内、外弧不协调，两翼不对称及脱顶位移现象。通常向斜较为紧密完整，背斜多遭断失。著名的松平沟活动断裂斜切弧顶，而近南北向展布的岷江活动断裂通过弧顶。桥位位于岷江活动断裂下盘，距离断裂 3.5 km。受构造影响，区内岩体节理裂隙发育，岩体破碎。成兰铁路区域地质构造背景如图 7.3-2 所示。

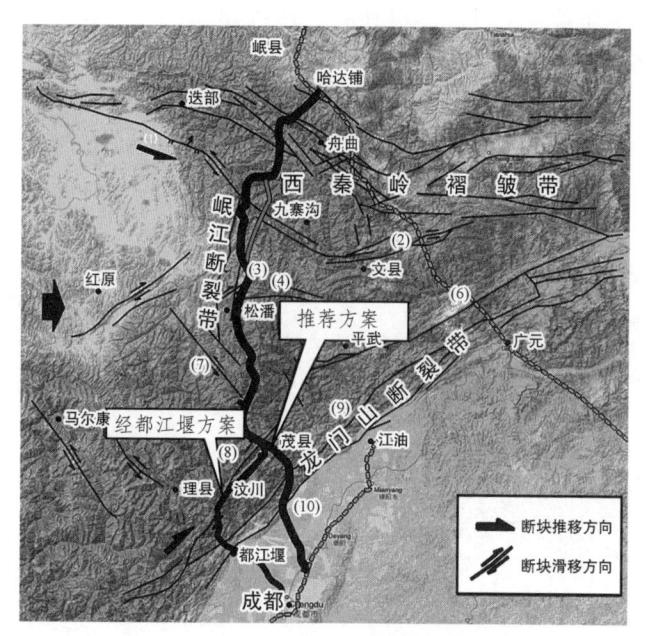

图 7.3-2　成兰铁路区域地质构造背景略图

4. 地震及地震动参数

区域地处著名的"南北向地震构造带"中段，历史上强震频发。20世纪以来，先后经历 1933 年 7.5 级叠溪地震、1976 年 7.6 级平武地震、2008 年 8.0 级"5·12"汶川地震。其中 1933 年叠溪地震的宏观震中就在距离桥址 10 km 处的校场一带，地震烈度达到 10 度，触发了众多大型崩塌、滑坡并堵塞河道形成了多个规模不等、呈串状分布的海子（堰塞湖）。其中叠溪大海子最大水深近 100 m，蓄水容量约 7 000 万立方米，小海子最大水深为 70 m，蓄水容量 4500 多万立方米。

根据场地地震安全性评价报告，桥区地震动峰值加速度为 0.30g，地震动反应谱特征周期为 0.40 s。

5. 古堰塞湖及沉积相特征

通过搜集前人研究资料及地质调绘、勘探查明：桥址处深厚湖相沉积土应为叠溪古堰塞湖，非现今的大海子堰塞湖。古堰塞坝位于桥址岷江下游约 16 km 的叠溪小关子至下游石大关一带，由一系列崩塌滑坡组成，堰塞坝高出河床的最大高度约 300 m，堰塞湖溯源向上 30 km 至永和村，堰塞湖面积约为 20 km²，古堰塞湖相沉积物厚度最大可达 240 m。14$_C$ 测年表明湖相沉积物底部形成时代距今 22 ka，顶部距今约 10 ka，据此判断叠溪古堰塞湖维持了 12 ka。堰塞湖消亡起始于 10 ka 前，故古堰塞湖应为 2 万年前的特大地震形成，沉积地层为上更新统（Q_3）地层，沉积年代在 1 万~2.2 万年，非新近沉积土。

勘探测试湖相黏性土主要物理力学指标如下：天然密度为 1.94 g/cm³，天然含水量为 29.46%，天然孔隙比为 0.81，饱和度为 97%，液限为 37.18%，塑限为 18.65%，塑性指数为 18.53%，液性指数为 0.61，灼烧失量为 9.6%，渗透系数 K_v 为 $0.9×10^{-8}$ cm/s、K_h 为

1.63×10^{-8} cm/s，其压缩系数 a_v 为 0.30 MPa^{-1}，压缩模量 E_s 为 6.05 MPa，天然快剪凝聚力为 22.5 kPa，内摩擦角为 17°。黏性土的结构性较强，灵敏度较高，天然露头显示层理发育可形成较高陡边坡（图 7.3-3）；含水量增加及扰动时强度软化降低明显（图 7.3-4）。标贯试验实测击数超过 20 击，静力触探比贯入阻力远远大于 800 kPa，故勘察阶段提供桩周侧摩阻力为 50 kPa。古堰塞湖沉积的灰色软塑状黏性土为场区具有决定意义的隔水层。

图 7.3-3　古堰塞湖相地层天然剖面干燥时强度较高

图 7.3-4　古堰塞湖相积地层含水扰动时呈软塑状，强度低

6. 不良地质及特殊岩土

测区内不良地质主要为泥石流、可能的砂土液化及软弱土震陷。

1）泥石流

根据成兰铁路泥石流专题报告研究结果，太平泥石流流域面积为 75.13 km^2。主沟长 12.10 km，相对高差为 1 913.8 m，平均坡降为 139‰，为低频大型稀性泥石流，桥墩位置处的爬高为 4.98 m，100 年淤积厚度为 7.9 m。

2）砂土液化及震陷

（1）砂土液化：桥址范围内粉细砂，中密，饱和，砂质较纯，无黏性，其地质年代为第四纪晚更新世（Q$_3$），地震设防级别为 8 度，故判别为不液化。

（2）震陷：因湖相黏性土具备塑性指数 18.53% > 15%，天然含水量 < 0.9 × 液限 = 33.46%，地基承载力大于 100 kPa，根据《建筑抗震设计规范》（GB 50011—2010），场地不考虑震陷。

三、勘察阶段桥址地质条件认识

1. 勘探情况

勘察阶段结合线位比选及桥梁墩台设置开展相应勘探测试工作，桥址区各勘察阶段累计完成 1 948.2 m/32 孔。其中补定测阶段桥位共设置 9 个墩台，左右线合计 18 个墩台，采用 1×32.75 m + 1×40.75 m + 1×64 m + 1×40.7 m + 3×32.7 m + 1×24.75 m 跨度。

在利用前期钻孔的基础上实施每墩台布置一孔原则，补定测阶段共完成 775 m/14 孔，左线桥址纵断面完成 6 孔，最大孔深 94.7 m，有 3 处墩台因老乡阻工未能勘探；右线桥址纵断面完成 8 个钻孔，最大孔深 86.3 m，有 1 处墩台未能勘探且 2 处桥墩钻孔未能钻至基岩，2 处桥墩钻孔钻入基岩不超过 0.5 m，多数钻孔孔深不足，为变更埋下了隐患。勘探情况见表 7.3-1。

表 7.3-1 补定测阶段墩台勘探情况

墩台号		0	1	2	3	4	5	6	7	8
左线	孔深 /m	31.9	32	41.6	94.7	84	—	—	—	49
	入岩 /m	16	25	24	1	2.5	—	—	—	3
右线	孔深 /m	51.2	50	50.7	74.5	81.1	—	56.7	32.1	45.5
	入岩 /m	23.7	8.7	0	0	0.1	—	5.2	0.1	2.2

2. 地层结构

左线桥址区地层结构主要为 3 层：表层为泥石流（Q_4^{sef}）堆积卵石土，厚 4~10 m，其下为堰塞湖相（Q_3^l），深灰色~灰黑色，软塑状，局部为硬塑状粉质黏土夹粉细砂层，厚 10~90 m；基岩为砂岩夹千枚岩。其中 0~2 号墩基岩埋深 5~17 m，3~4 号墩基岩埋深 80~94 m，5~8 号墩基岩埋深 50~70 m。

右线桥址区地层结构与左线相似，厚度有所变化：表层为泥石流（Q_4^{sef}）堆积层，厚 4~15 m；其下为堰塞湖相层，厚 30~80 m；基岩为砂岩夹千枚岩。其中 0~1 号墩基岩埋深 30~40 m，2~4 号墩预测基岩埋深 60~94 m，5~8 号墩基岩埋深 40~50 m。勘探代表性岩性及岩心鉴定如图 7.3-5~图 7.3-8 所示。

3. 水文地质条件

勘探揭示桥址存在两层地下水。

其一为表层沟床卵石土含水层，与地表水联系密切，接受地表沟水补给，水量较丰富，但对工程影响不大。

图 7.3-5 PSDZ-19-05（81.5-84 m 进入"基岩" 2.5 m）　　图 7.3-6 PSDZ-19-16（51.5-57 m 进入"基岩" 6.5 m）

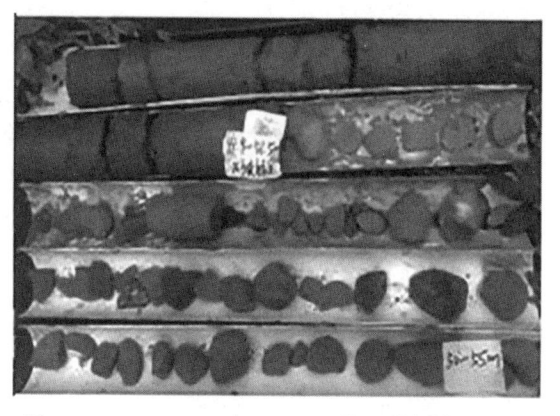

图 7.3-7　PDZ-19-09（Z3）钻孔涌水情况　　　　图 7.3-8　HDZ-1-02 钻孔涌水情况

其二为覆盖层与"基岩"接触带含水层，一般在钻至基岩面后出现孔口涌水，具有承压性。如：PDZ-19-09 孔（左线 3 号墩）揭露情况，钻探至 97 m 时，孔内出现涌水现象，水头高度约 5 m，水量约 25 m³/d，估算其承压水压力约为 1 MPa；PDZ-19-05 孔（左线 4 号墩）钻至 81 m 时，孔内出现涌水现象，水头高度在孔口约 0.5 m，估算水压为 0.85 MPa；PSDZ-19-16 孔（右线 5 号墩）钻至 56.7 m 时，孔内出现涌水现象，估算水压为 0.8 MPa；PSDZ-19-14 孔（右线 4 号墩）钻至 81.1 m，孔口见地下水，水压较小，估算水压为 0.83 MPa。初步判断为"基岩裂隙水"，由沟谷上游远程补给，因沟谷下游覆盖的深厚粉质黏土为隔水层，故其具有较大的承压性。承压水分布在全桥，尤其深埋沟谷段具有水量大、水压明显特点，对勘探及桩基施工影响巨大。

取地表水及地下水测试，结果表明其对混凝土结构无侵蚀性。

4. 地质勘察成果及主要意见

（1）勘探揭示：桥址处覆盖以深厚软塑为主的黏性土，基岩面附近赋存高承压水，且各孔水量水压表现形成相差较大，钻探多次遭遇承压水，钻进十分困难，虽经勘探机组努力但部分钻孔入岩深度仍明显不够。

（2）古堰塞湖相黏性土桩周极限摩阻力根据土工试验、静探、标贯等测试资料结合《铁路桥涵地基和基础设计规范》（TB 10002.5—2005）确定为 50 kPa，建议在桥梁正式施工前进行试桩试验，验证各岩土层的力学参数可靠性，尤其是验证摩擦桩的可行性。

（3）因桥区大部分为村民农田果林，承压水揭示后携带部分细颗粒涌入农田及流入饮用水源沟谷，村民阻工严重，故本阶段未能完成全部预计勘探量，导致部分墩台无孔。

（4）桥梁专业施工图审查时对本桥跨从 9 个墩台调整为 7 个墩台，各墩台采用柱桩基础，设计最大桩长为 93 m，采用井点降水施工。因原钻孔已经偏离设计墩台位置，考虑到工期及阻工因素，遂决定施工阶段征地后进行补勘详细查明桥址地质条件。

5. 施工图设计平断面图（图 7.3-9 ~ 图 7.3-11）

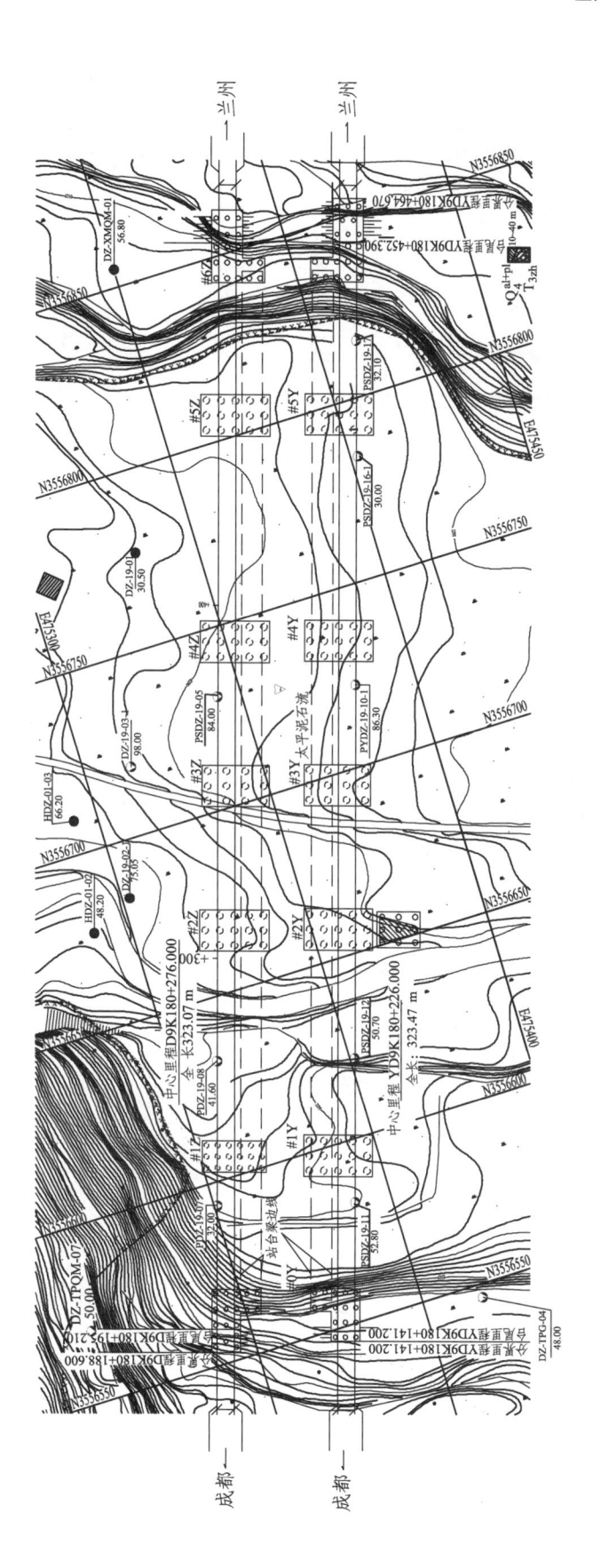

图 7.3-9　桥址墩台平面布置图

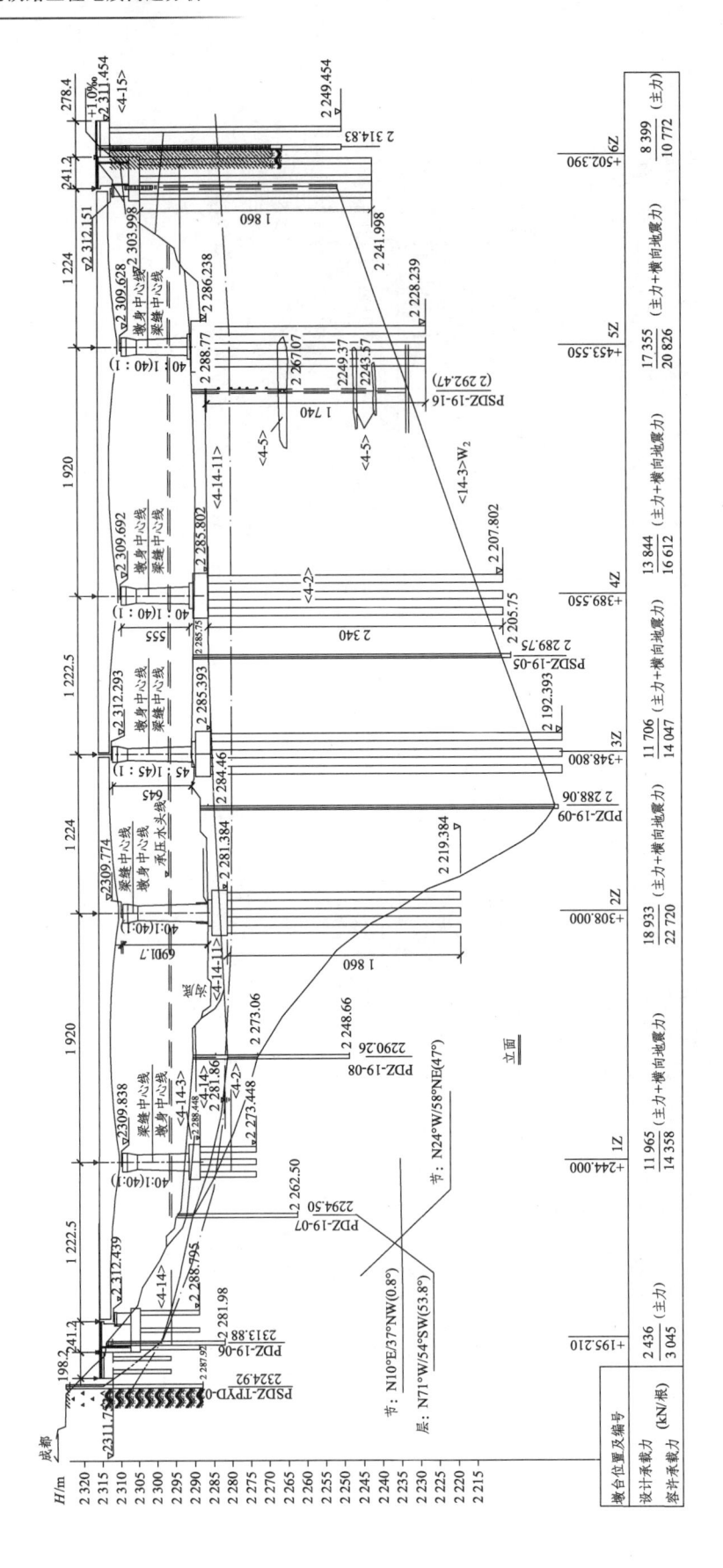

图 7.3-10 桥址左线纵断面设计示意图（单位：cm）

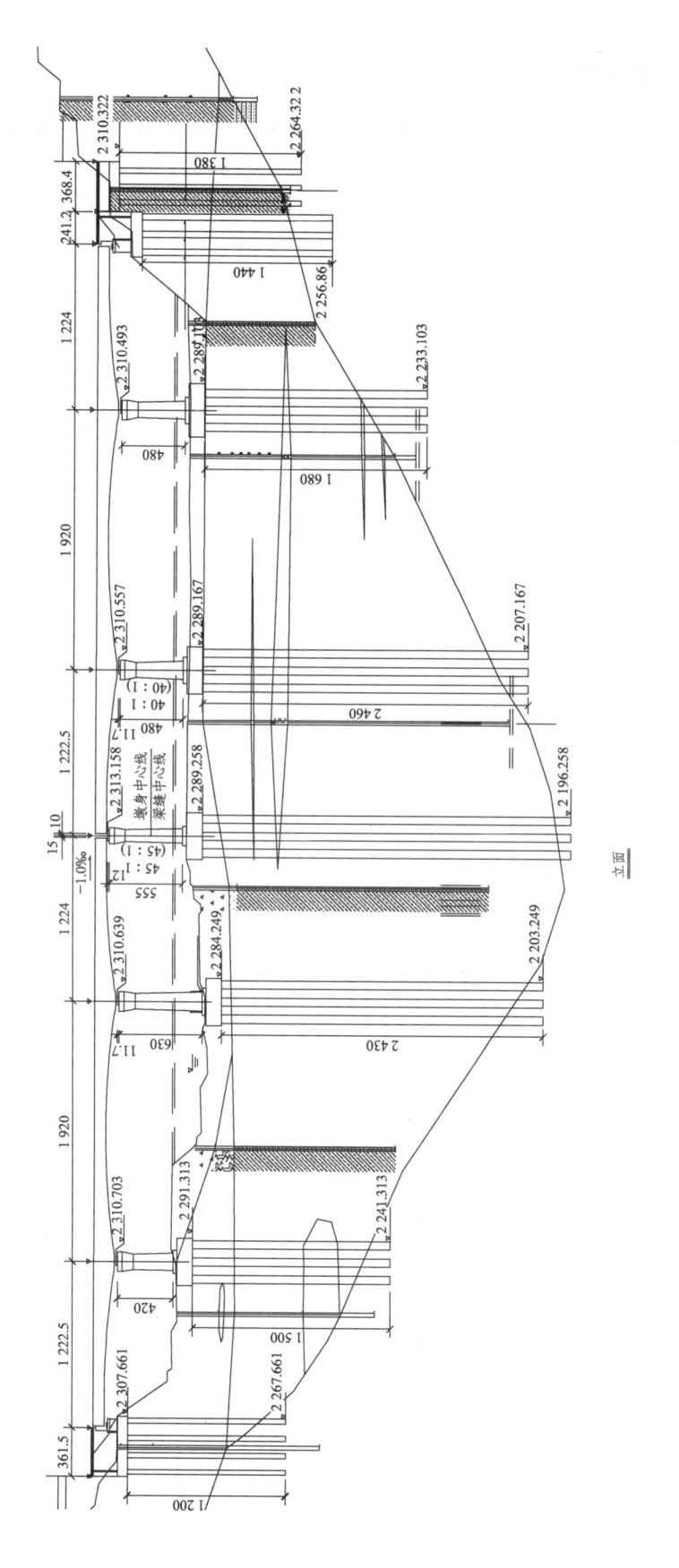

图 7.3-11 桥址右线设计纵断面示意图（单位：cm）

四、桥梁试桩情况

根据《中国铁路总公司关于同意成兰铁路试验段开展工程试验有关事项的批复》(铁总工管函〔2014〕1388 号)的要求,为详细获取各土层的力学参数,优化桩基设计及施工工艺研究,于施工期间开展桩长为 50 m 的竖向抗压静载破坏试验及桩长为 115 m 的全回转全套管工艺试桩。

1. 静载试验

2014 年 10 月至 2015 年 3 月实施 3 根桩径 1 m、桩长 50 m 的试验桩成桩及竖向抗压静载破坏试验,每根静载桩布置 6 组应力应变测量断面于桩顶、桩底、桩身主筋上,每个断面安装钢筋应变片 16 片、温度补偿片 2 片、钢筋应变计 4 根、混凝土应变计 4 根。静载试验结果及各级荷载作用下桩周极限侧摩阻力发挥情况见表 7.3-2。

表 7.3-2 各试桩单桩竖向抗压静载试成果

桩号	桩径 /m	入土桩长 /m	最大试验荷载 荷载 /kN	最大试验荷载 沉降 /mm	极限承载力 荷载 /kN	极限承载力 沉降 /mm	备注
1 号	1.0	50	9 000	61.09	7 200	26.43	桩顶沉降量大于前一级荷载作用下沉降量的 2 倍,且经 24 h 尚未达到相对稳定标准
2 号	1.25	50	15 000	11.98	15 000	11.98	已达到设计要求的最大加载量,残余沉降量 1.19 mm
3 号	1.25	50	12 080	80.77	9 060	35.01	荷载-沉降曲线呈缓变型时,桩顶累计沉降量超过 80 mm

静载试验确定桩周极限侧摩阻力见表 7.3-3。

表 7.3-3 试桩实测最大桩周侧摩阻力

试桩编号	极限承载力 /kN	最大桩周侧摩阻力 /kPa 粉质黏土	最大桩周侧摩阻力 /kPa 碎石土	结论
1 号	7 200	45.2	169.9	不满足设计
2 号	15 000	67.6	185.6	满足设计
3 号	9 060	46.2	170.5	不满足设计

从表中可见:实测粉质黏土桩周侧摩阻力差异较大,可靠值较勘察阶段提供的 55 kPa 偏小。

2. 全回转全套管工艺试桩

为规避高承压水及流砂层影响，开展全回转全套管工艺试桩。试桩位置选择在勘察阶段 PDZ-19-09 地质钻孔处，该孔深 94.7 m，揭示软弱黏土厚达 90 m，基岩面埋深在 93.7 m 处，在 91～93.7 m 处出现涌出地面高达 5 m 的承压水，估算承压水压力约为 1.1 MPa。工艺试验桩基施工至 92～93 m 耗时 2 h，钻进缓慢，钻机下压力达到 230 MPa，通过渣样和钻进现象分析判断套管进入基岩，和原设计相差不大；但钻进 93～95 m 耗时 3 min，较正常耗时减少 85%，且钻机正常下压动力仅为上部的 1/3，扣除套管壁摩阻，可认为此时套管不需动力即可自行下沉。取样分析显示该段为粉细砂，自行下沉实质为成桩时出现的高压水上涌导致粉细砂层产生有效应力降低为零的液化流砂现象；工艺试验桩最终孔深 115 m，揭示基岩面埋深在 102 m。试桩发现原设计基岩实为块石，其下为粉细砂及砾砂及圆砾土。现场揭示地层与原设计不完全吻合。

五、施工补勘情况

因施工图桥跨调整及施工试桩发现墩台地质条件与设计存在差异，随即安排经验丰富机组开展施工补充地质勘探，共完成勘探 2 570.5 m/29 孔，最大孔深 110.9 m，其中 14 个孔揭示出承压水涌出孔口，占比 48%。因勘探受承压水制约，部分墩台钻孔深度小于桩长，地质情况主要由桩基施工揭示。根据施工补勘及桩基验基资料，揭示桥址纵断面如图 7.3-12 和图 7.3-13 所示。

1. 地层结构特征

施工图设计阶段揭示原设计基岩实际上为古地震崩塌块石，块石之下覆盖有较厚的河流相等沉积物。施工阶段补充勘探揭示桥址处地层岩性岩相种类较多，地层结构可划分为 5 大层：<1> 表层零星分布的崩积层及泥石流堆积层漂卵石土（分布在左线 1～5 号墩、右线 0 号台～5 号墩）；<2> 中部厚 40～100 m 的古堰塞湖相，深灰色～灰黑色，软塑状，局部为硬塑状粉质黏土夹粉细砂层，透镜状的粉细砂层厚度可达 6 m，易塌孔；<3> 中下部厚 5～30 m 大片分布的古地震崩落块石层，该层块石完整，超过地表出露的最大粒径，鉴定困难，极易误判为基岩；<4> 下部古河道相沉积的厚 10～45 m 卵（碎）石土、圆砾土及砂层（主要分布在左右线 2～4 号墩）及古岸坡地带崩滑相碎块土，该层富含大量承压水；<5> 底部三叠系下统侏倭组砂岩夹千枚岩。

另外勘探也揭示桥址深埋的基岩面剧烈起伏，存在古潜山、悬崖及古深切 V 形沟谷地貌，即使同一墩台纵横向基岩面也起伏较大，如左线 2 号墩台最大相差达 23 m 之巨，故进一步加密勘探，一个墩台布置 2～4 孔，并实施动态验基。施工揭示深部古河道卵石土照片如图 7.3-14 和图 7.3-15 所示。

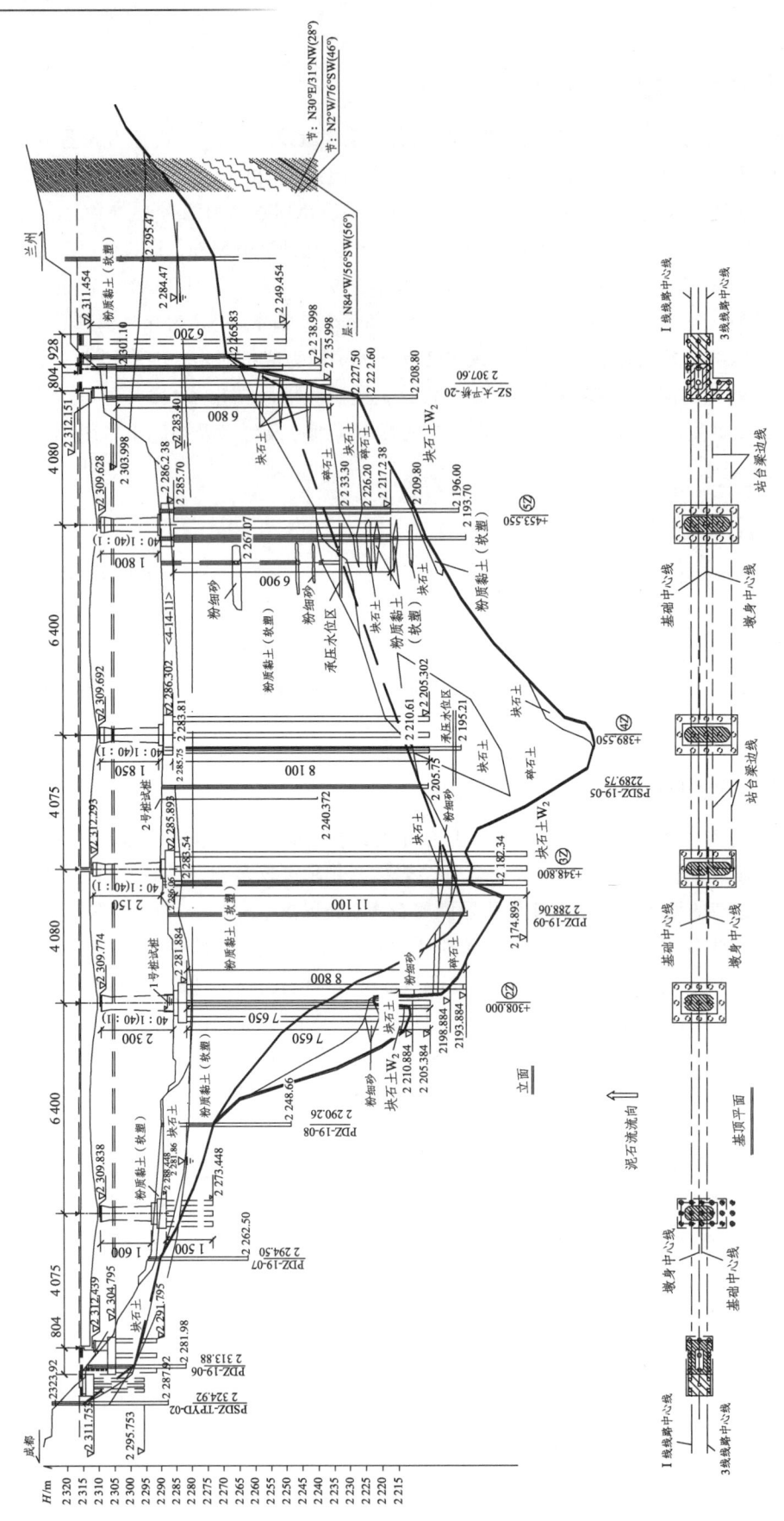

图 7.3-12 施工补勘太平桥左线地质纵断面示意图（粗虚线为设计基岩面，粗实线为揭示基岩面）

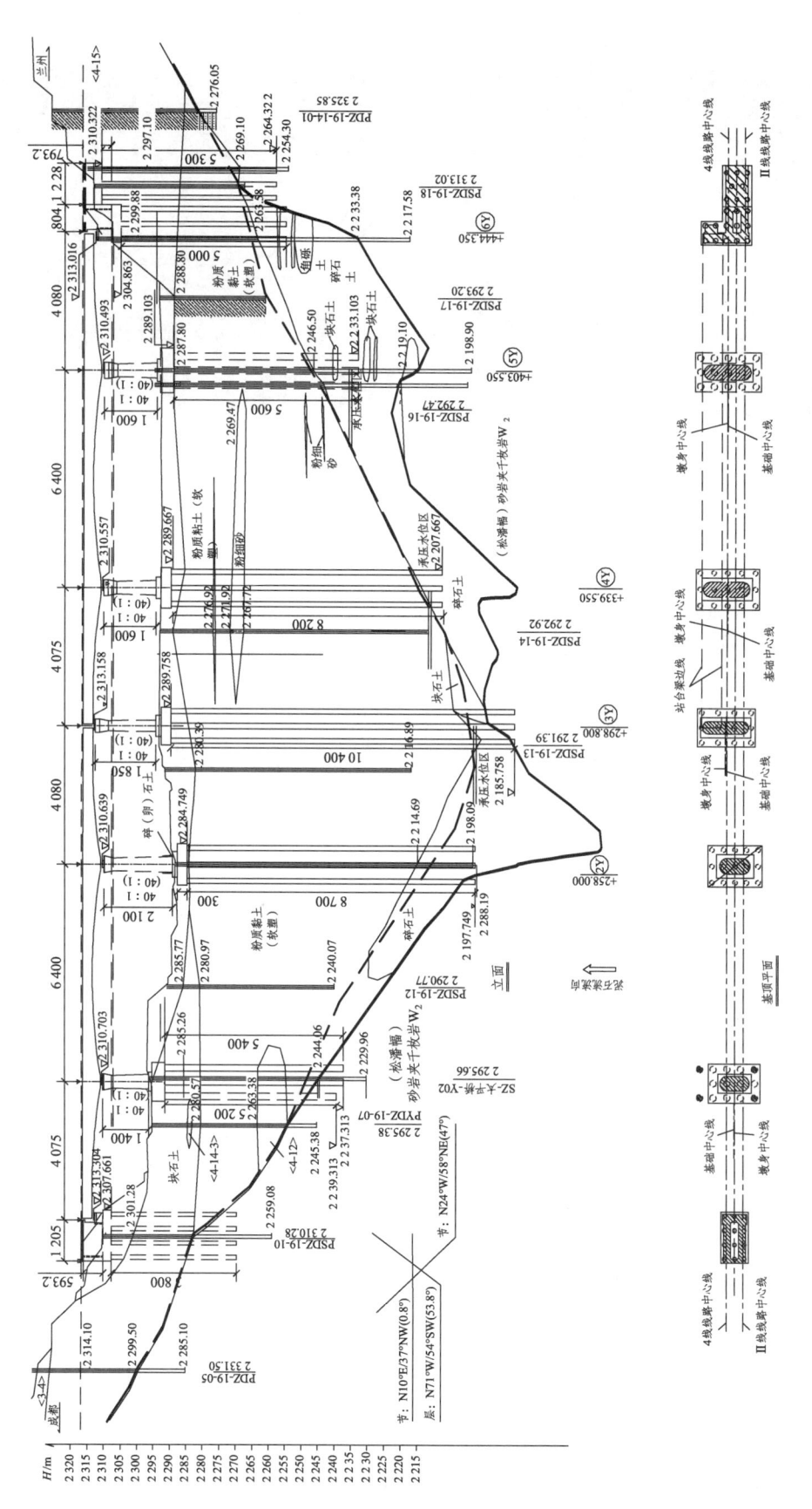

图 7.3-13 施工补勘太平桥右线地质纵断面示意图（粗虚线为设计基岩面，粗实线为揭示基岩面）

图 7.3-14　左线 4 号墩 135 m 深处卵石土　　　图 7.3-15　左线 4 墩 120 m 处块石土及 132 m 处卵石

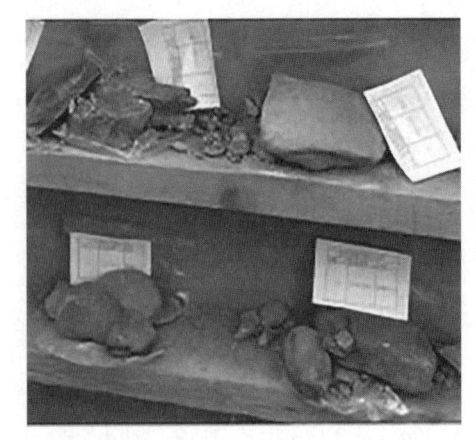

2. 水文地质特征

1）地下水分布特征

施工中揭示承压水主要有 3 层。

第一层承压水赋存于湖相透镜状的粉细砂层中，该粉细砂层厚 1～6 m，受浅层孔隙潜水与深部古河床孔隙承压水越流补给，该层极易产生流砂现象，普通工艺成孔困难。

第二层承压水赋存于古地震崩落及古河道古斜坡沉积物中，该层成因复杂交错分布，连续性好，富含大量承压水，尤以河流相卵砾及砂层富水性强，揭示后迅速涌水；古斜坡崩滑相碎块石土中地下水涌水往往具有不均匀性及滞后性，该层普通工艺成孔困难，亦易产生流土塌孔现象，如左线 5 号墩 5 号桩基施工。

第三层承压水赋存于浅层基岩裂隙中，岩体受构造作用裂隙较发育，局部富含基岩裂隙脉状水，但其连续性较差，富水性一般。

据水质分析地表水属 HCO_3^--$Ca^{2+}\cdot Na^+$ 型水，总矿化度为 179.041 2 mg/L；地下水属 HCO_3^--$Ca^{2+}\cdot Mg^{2+}$ 型水，总矿化度为 179.041 2 mg/L，显示存在深部径流特征。

2）承压水补径排

桥址处承压水覆盖于湖相地层之下，据古堰塞坝顶高程及回水标高确定古堰塞湖在太平沟库尾标高约为 2 430 m，即补给源来自太平沟上游 2.2 km 处河水及两侧山体；径流区分布于古堰塞湖库尾至岷江河谷，排泄区位于岷江河谷堰塞坝，因岷江河谷同样覆盖深厚湖相黏性土，故该层承压水向岷江排泄条件差，具有补给区与含水区不一致、渗流路径长、含水层静储量大、水量不受季节控制特征，水文地质模型可概化为承压斜地型。

3）承压水头高度

补勘中测定右线 5 号墩补勘钻孔孔口水压力约为 0.17 MPa，即水头高度在 2 311 m，高出沟谷地面约 17 m。取消封压瞬间水柱喷射高度约 5～8 m，如图 7.3-16 和图 7.3-17 所示。左线 5 号墩 5 号桩基施工中于桩口设柱管法测得水头高度稳定在地表以上 7～8 m，与补勘钻孔水头高度不一致，应为施工采用泥浆比重较大的原因。

图 7.3-16　承压水涌出孔口　　　　　　图 7.3-17　承压水涌出孔口

六、结论

（1）复杂强震山区勘察应充分发挥地质分析为中心的灵魂作用，勘察不能局限于工程场地，应扩大地质调绘范围，加强区域地质研究，善于类比分析，积极利用前人研究成果。如桥址要掌握堰塞湖分布范围需沿岷江调查 46 km 长度；又如桥址勘察时正值汶川地震之后，若能充分类比强震崩塌物特征，可能就不会出现岩心鉴定失误。

（2）对于地质条件复杂桥梁，应采用多种手段的综合勘探方法，尤其是先行查明控制墩台布置的地质因素，再由桥梁专业进行墩台桩位布置。在勘探过程中，勘察设计专业间充分配合，避免桥墩设置于不良地质条件严重地段，如本桥后期调跨时在基岩埋深最大处设置桥墩，客观上增加了施工难度及投资。

（3）现有规范规定勘探孔深度应至基床下稳定岩土层内部小于 3 m，且大于最大块石直径 1.5 倍，但在历史地震活跃地区地表所见的最大块石往往不能代表深部块石大小，尤其是存在地震崩滑条件的场区，故应布置控制性勘探孔，入岩深度要明显加大，如本桥地表漂块石直径一般为 2～3 m，而揭示的深部地震块石厚达 25 m 之巨。

（4）山区基岩起伏大，桥梁布置勘探孔应加强地形地貌变化趋势规律研究，有针对性地布置使用，如本桥成都岸基岩陡坡地带钻孔布置于靠山侧，基岩埋深小，填绘断面利用此孔未加深入分析导致施工揭示靠低岸侧桩基甚至未入岩。同时在川西山区深覆盖沟谷往往存在埋藏型潜山深槽地貌，若前后墩台基岩面起伏大，应在同一墩台内适当增加钻孔数量，以满足控制墩台内的基岩面起伏，尤其是宽大承台，如本桥承台一般宽 9～12 m、长 16～20 m，施工证明布置 3～4 孔仍不能完全控制地层结构。

（5）通过本桥勘探过程可见，高承压水地段现有的勘探设备及管理难以满足质量要求，应加强勘探组织管理，针对具体的地层岩性情况开展钻孔设计，引入先进勘探设备及双管单动工艺，配备流量计压力表，对涌水有应急方案，防止污染环境及居民阻工现象，保证孔深及岩心采取率。

（6）复杂强震山区由于复杂地质多变，限于目前的勘察手段和认识水平，即便勘察工作做得十分细致，也不可能完全反映工程地质条件，以及准确地预见施工中可能出现的地质问题。因此，要加强施工地质验基等工作，必要时开展动态设计。

第四节　成贵高铁白杨林隧道进口危岩落石工程整治

成都至贵阳高速铁路白杨林隧道进口上方为斜坡接陡崖，发育危岩、落石、崩塌等不良地质。隧道洞口距离陡崖面水平距离约 115 m，陡崖高约 65 ~ 70 m，陡崖底比洞口高约 80 m，陡崖顶比洞口高约 150 m，陡崖坡度约 80° ~ 85°。崖面中部大面积基岩裸露，受构造影响，崖面岩层产状紊乱，节理裂隙发育，局部多形成倒悬体，崖顶及崖脚多被植被发育；陡崖下方为斜坡，灌木杂草丛生，自然坡度为 30° ~ 50°，局部为陡坎，坡面上分布大量崩塌落石。危岩、落石会对隧道进口及相邻的桥梁等结构及线路造成严重危害，影响运营安全。现场施工清表揭示崖面地质情况后，设计单位根据地质勘察情况，采用"下部支顶 + 上部崖面清方 + 清方坡面防护 + 适当接长明洞"方案整治。本节由方振华、王茂靖、丁浩江撰写。

一、前言

成都至贵阳高速铁路白杨林隧道进口危岩落石病害属上方陡崖 + 下方斜坡型，陡崖下部斜坡发育安乐场断层，断层走向大致与崖面平行。受该断层影响，崖面岩层产状紊乱，节理裂隙发育，局部多形成倒悬体；下方斜坡自然坡度为 30° ~ 50°，坡面上主要以崩塌落石为主。根据现场勘测资料，DK473 + 070 ~ + 170 段左侧 30 m 至右侧 140 m 范围危岩落石对铁路工程影响尤为严重。现场施工清表揭示崖面地质情况后，设计单位根据地质勘察结果，采用"下部支顶 + 崖面大部分清方 + 清方坡面防护 + 适当接长明洞"方案整治，如图 7.4-1 所示。

图 7.4-1　白杨林隧道进口危岩落石整治现场

二、概况

1. 工程概况

白杨林隧道位于贵阳清镇市暗流乡境内，全长 1 750 m，为双线隧道，单面上坡，最大埋深约 206 m。隧道进口里程为 DK473 + 030，小里程方向为 9 m 短路基接鸭池河双线特大桥。

2. 地形地貌及气候条件

隧址属云贵高原低、中山峰丛谷地地貌，地面高程为840～1 240 m。隧道进口位于鸭池河深切峡谷贵阳岸，鸭池河河谷宽约140 m，河面（高程约840 m）至贵阳岸崖顶（高程约1 220 m）最大高差约380 m，隧道进口线路高程约为1 070 m。隧道洞口上方为斜坡接陡崖，洞口距离陡崖面水平距离约115 m，陡崖高约65～70 m，陡崖底比洞口高约80 m，陡崖顶比洞口高约150 m，陡崖坡度约80°～85°，崖面中部岩壁大面积裸露，陡崖底部及顶部多被植被覆盖；陡崖下方斜坡为灌木杂草丛生的荒地，自然坡度为30°～50°，局部为陡坎，坡面上分布大量崩塌落石。

本区属北温带湿润季风气候，气候湿润温和，阴雨天多，年平均降水量1 000～1 600 mm，5—9月为雨季，占全年降雨量的50%左右。

3. 地层岩性

危岩落石区上覆第四系崩坡积（Q_4^{dl+col}）块石土、坡残积（Q_4^{dl+el}）红黏土；下伏三叠系下统毛草铺组（T_1m）泥质白云岩夹溶塌角砾岩、白云岩以及灰岩、白云岩夹泥质灰岩、泥质白云岩、页岩，三叠系下统夜郎组第三段（T_1y^3）泥岩、页岩夹灰岩，三叠系下统夜郎组第二段（T_1y^2）灰岩夹薄层页岩，断层破碎带（F_{br}）形成断层角砾岩夹少量断层泥。

陡崖地层岩性为三叠系下统夜郎组第二段（T_1y^2）灰岩夹薄层页岩，陡崖面中下部以厚层状为主，中上部以中厚层状为主，主要为微、弱风化，局部为强风化，崖面溶蚀迹象发育。

4. 地质构造及地震动参数

安乐场断层：区域性大断裂，属关寨—莲花石断裂带的一部分，断层走向为N56°E，断层面倾向南东，断层倾角大者约70°，小者约15°～20°，属压性逆掩断层，地层断距在1 200 m左右，破碎带宽10～135 m，主要为断层角砾岩，多含方解石细脉，其次为糜棱岩，厚1～20 m不等，断层接触带可见强烈的挤压小褶曲，但有时断层两盘紧贴，破碎带迹象不明显。

该断层走向大致与崖面平行，断层破碎带宽度约115 m，与线路交于隧道进口洞门至崖脚范围（大致DK473+027～+132），与线路相交处倾角约75°。断层上盘三叠系下统夜郎组第二段（T_1y^2）灰岩夹薄层页岩地层逆冲于三叠系下统毛草铺组（T_1m）泥质白云岩夹溶塌角砾岩、白云岩地层之上，破碎带风化剥蚀后使上盘三叠系下统夜郎组第二段（T_1y^2）灰岩夹薄层页岩地层产生临空面，经后期剥蚀坍落作用形成现在的陡崖。

经现场调查，陡崖中下部岩层产状紊乱，陡崖上部岩层产状趋于稳定，代表性产状为N25°E/34°SE，倾向山内；节理主要有4组，产状为N60°E/43°NW、N75°E/34°NW、N30°E/90°、N36°E/60°SE、N10°W/90°、N5°E/76°SE、N70°W/73°NE。多为张开型，一般充填少量黏土。

根据《中国地震动峰值加速度区划图》（GB 18306—2015）和《成贵铁路区域性地震区划报告》，测段地震动峰值加速度为0.05g，地震动反应谱特征周期0.35 s。

5. 水文地质

本段危岩落石区地下水不发育，地表水贫乏，地表水仅在大暴雨后有径流，雨后数日则变干；坡面未见地下水露头，这与坡面极陡、地下水坡降大有关。

三、危岩落石类型及特征

从地貌上看，该危岩落石工点属上方陡崖＋下方斜坡型，陡崖受构造影响明显，崖面岩层产状紊乱，节理裂隙发育，局部多形成倒悬体；下方斜坡自然坡度为30°～50°，坡面上主要以崩塌落石为主。

1. 危岩区

根据现场调查，危岩落石的潜在发育区主要为倒悬体＋大型裂隙带。

受构造影响，陡崖面上岩层产状紊乱，节理裂隙发育，岩壁上岩体凹凸起伏，多形成倒悬岩体广泛分布于整个崖面。现场观测最大一处倒悬崖纵向长约15 m，连续分布，悬出宽度多为2～3 m，厚约4～10 m，体积约210 m³（如图7.4-2圈处所示）。

图7.4-2　白杨林隧道进口陡崖面危岩分布示意图

陡崖面有4处大型裂缝，走向基本一致，接近垂直于崖面，裂缝纵向延展高度约30～50 m，裂缝走向方向发育深度约1～2 m，裂缝宽20～60 cm，呈张开型，充填少量黏土并有灌木生长，裂隙带内岩体破碎，次级节理裂隙很发育，岩体多有松动迹象，是危岩落石的主要潜在发育区，也是坡面孤石的物质来源区。

整体来看，受安乐场断层影响，陡崖面挤压小褶曲很发育，岩体节理裂隙很发育，各结构面纵横交错切割，扭曲变化较快，张开的裂隙里多有灌木生长，根据节理组数、间距、岩层的单层厚度及其产状、切割关系，预测可能滚落的单块最大危岩体积约12 m³。

陡崖眉峰之上被土层、植被覆盖，卸荷裂隙主要分布于崖面倒悬体上，倒悬体往后裂隙被充填。

2. 落石区

落石区分布于斜坡坡面及坡脚，部分落石已滚至鸭池河中，对工程影响严重的落石范围为 DK473+020～+145 左侧 35 m 至右侧 140 m，斜坡自然坡度为 30°～50°，相对高差约 85 m，植被较发育，覆土厚 0～3 m，坡面零星出露三叠系下统毛草铺组（T_1m）泥质白云岩、白云岩，中厚至厚层状构造，强风化至弱风化，溶蚀发育，层理产状为 N30°E/20°SE；坡面落石主要呈零星分布，局部较集中形成落石堆积体，但整体规模不大。经现场落石测量统计，落石块径一般为 0.5～4 m，最大块径达 5 m，落石大部分裸露，少部分浅埋于斜坡下部薄层土层中，如图 7.4-3 所示。估计影响范围落石总体积约 1 000 m^3（含小于 1 m^3 未实测的落石）。

图 7.4-3　白杨林隧道进口斜坡落石地貌

四、危岩落石形成机制

该段危岩落石的形成主要受安乐场断层影响，上盘三叠系下统夜郎组第二段（T_1y^2）灰岩夹薄层页岩地层逆冲于三叠系下统毛草铺组（T_1m）泥质白云岩夹溶塌角砾岩、白云岩地层之上，经现场调查分析，优势结构面主要为 N60°E/43°NW，N10°W/90°、N5°E/76°SE、N30°E/90° 三组节理和岩层面（代表性产状为 N25°E/34°SE）。优势结构面赤平投影图如图 7.4-4 所示。

安乐场断层破碎带风化剥蚀后使上盘三叠系下统夜郎组第二段（T_1y^2）灰岩夹薄层页岩地层产生临空面，因构造影响，临空面岩体主要受上述优势结构面的组合切割形成楔形体，加之后期剥蚀、溶蚀作用，崖面节理切割的楔形体在重力作用下不断垮塌、剥落形成现在的陡崖。由于该地区降雨量丰富，暴雨较多，加之崖面受区域构造的影响，节理裂隙发育，岩体较破碎，楔形岩体较多且在长期风化、降雨水流侵蚀、动水压力及静水压力作用下，裂隙中的黏土被冲刷或软化，形成软弱结构面，以及在植物根系的楔入胀缩作用、降雨渗水的水压力作用下易形成危岩，在重力作用下继续垮塌、崩落形成落石，对下部铁路工程产生极大危害。因此，必须对陡崖上危岩进行工程整治。

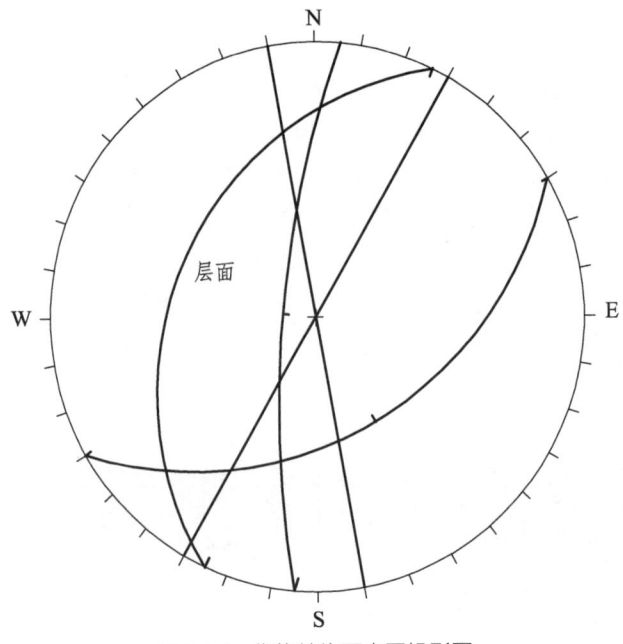

图 7.4-4 优势结构面赤平投影图

五、危岩落石整治设计及处理

1. 方案研究

针对现场危岩落石发育情况,设计单位作了"下部支顶+崖面局部清危+崖面原位加固+接长明洞和棚洞""崖面大部清方+清方坡面防护+适当接长明洞"及"下部支顶+上部崖面清方+清方坡面防护+适当接长明洞"3个整治方案,现将优缺点列于表 7.4-1 中。

表 7.4-1 危岩落石整治方案比较研究

方案	主要工程措施	优 点	缺 点
方案一	下部支顶+崖面局部清危+崖面原位加固+接长明洞和棚洞	危岩体清方量小,施工工期较短,且对下部施工安全影响较小	未来营运安全风险未彻底消除,锚索施工难度及质量不易控制,明洞或棚洞引起的相关投资较大
方案二	崖面大部清方+清方坡面防护+适当接长明洞	未来营运安全风险可彻底消除,陡崖面施工难度较小	危岩体清方量大,对下部施工安全影响较大,施工工期长,引起的相关投资大
方案三	下部支顶+上部崖面清方+清方坡面防护+适当接长明洞	未来营运安全风险可彻底消除,对下部施工安全可控	锚索施工难度及质量不易控制,施工工期可能会较长,引起的相关投资较大

根据方案研究后的优缺点，最终选择"下部支顶+上部崖面清方+清方坡面防护+适当接长明洞"方案，不会对下部施工安全产生影响，也消除了未来营运安全风险。

2. 危岩落石整治方案

针对 DK473+070～+170 段左侧 30 m 至右侧 140 m 危岩影响范围，设计以高程 1 190 m 为界，以下部分施作混凝土支顶，支顶基础根据检算明挖置于稳定基岩层内，清除部分采用 C35 混凝土浇筑回填，混凝土基础上方设置钢筋混凝土托梁，因基础底部高度不一致，将混凝土基础顶面标高统一控制为 1 155 m。支顶外坡面坡率设计为 1:0.25～1:0.35，坡面沿纵向每隔 4 m 设置一道宽 2 m、高 35 m 的 C35 钢筋混凝土锚索（杆）支顶纵梁，支顶纵梁每隔 6 m 设置一道钢筋混凝土横梁，共计 5 道，横梁宽 1 m、厚 1 m；支顶纵、横梁及填充混凝土上设置锚索（杆），自上而下共设计 17 排，锚索长 24～27 m。危岩落石整治代表性断面设计如图 7.4-5 所示。

高程 1 190 m 以上，分两级刷坡，坡率为 1:0.75，分级高度为 15 m，两级之间设置 8.5 m 宽平台。第一级清方坡面采用机械凿除+锚索+喷锚网护坡进行防护，第二级边坡采用锚杆框架梁内喷混植生护坡防护。

为有效控制危岩整治施工、开挖过程中对下方相关工程及人员安全的影响，在施工前应先施作崖面帘式防护网，并在陡崖下方斜坡上间隔施作多道拦石网及钢轨防护栅栏。

3. 危岩落石整治施工

根据危岩落石整治设计图，现场下部支顶基础历时 190 d 完成，支顶施工历时 175 d 完成；上部崖面清方（一、二级边坡）历时 277 d，边坡防护 181 d；接长明洞施工历时 240 d。整个危岩落石整治工程共计历时 703 d 完成。

六、结论

（1）成都至贵阳高铁白杨林隧道进口上方为斜坡接陡崖，受构造影响，陡崖面上岩层产状紊乱，挤压小褶曲很发育，崖面岩体凹凸起伏，多形成倒悬岩体广泛分布于整个崖面，且崖面形成 4 条大型裂缝；陡崖下方为斜坡，坡面上分布大量崩塌落石。危岩、落石对隧道进口及相邻的桥梁等结构及线路造成严重危害，影响运营安全。经过多个方案比选，采用"下部支顶+上部崖面清方+清方坡面防护+适当接长明洞"整治方案是合理可行的。

（2）危岩落石的防治方法一般可分为清除、加固、拦截、遮挡四大类别，白杨林隧道进口危岩落石病害严重，整治难度大，最终采取的整治方案综合了以上 4 种主要的危岩落石防治方法，基本消除了未来运营安全隐患。

（3）危岩落石是西南山区常见不良地质，铁路建设一般首先采取绕避的方案，但是在高速铁路建设过程中，因为线路走向、最小半径及其他山区复杂不良地质情况的综合影响，有些危岩落石病害严重的地段依然无法避开，只能采取必要的整治措施进行针对性治理。

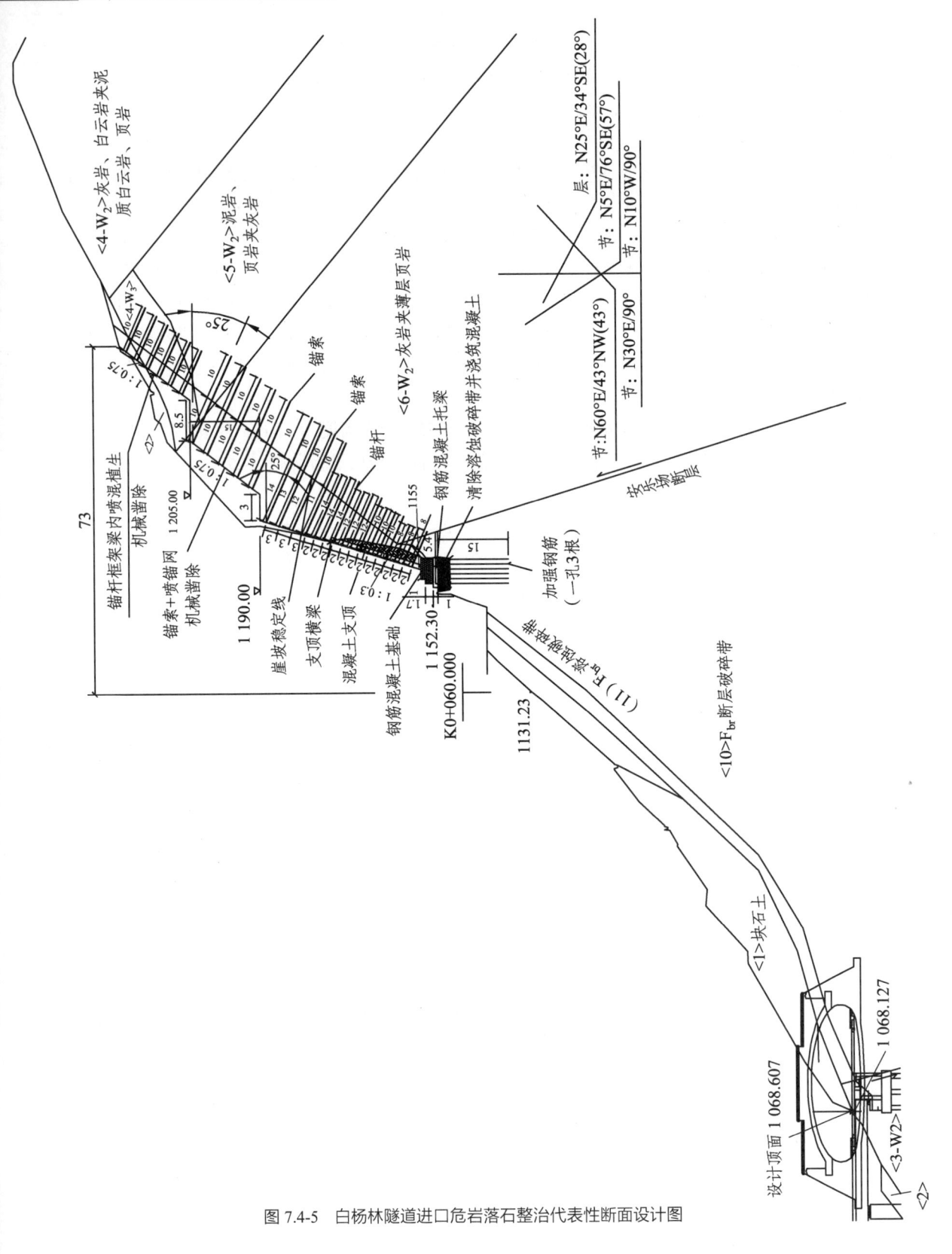

图 7.4-5　白杨林隧道进口危岩落石整治代表性断面设计图

第五节　既有渝怀铁路石基村大桥 3 号、4 号墩位移原因分析

既有渝怀铁路石基村大桥跨越一沟槽，在修建渝怀二线时，位于沟槽中的 3～5 号桥墩发生了横向位移，严重影响既有线运营安全，工务部门采取了列车限速通过此桥的措施，同时要求原设计单位查明病害产生原因，提出桥墩位移整治措施，恢复列车运行速度。设计院采用地质调绘、补充勘探及位移监测综合方法，分析了此桥桥墩位移产生的原因，提出了安全可靠的处理措施。本节由王茂靖撰写。

一、概况

既有渝怀铁路石基村大桥位于重庆市黔江区濯水镇石基村，大桥运营里程为 K311+100～+300，全长约 200 m。渝怀增建二线位于既有线左侧 30～80 m，以路堤、涵洞简单工程通过斜坡沟槽的上游。2016 年 2 月施工单位进场施工渝怀二线工程，在既有大桥左侧搭建工区项目部办公用房、临时材料工棚，随即开始施工二线涵洞、贺家湾隧道。6 月上旬涪陵工务段监测到渝怀铁路既有石基村大桥 3～5 号墩发生了横向位移，立即对通过该桥的列车限速，设计、施工及成都铁路局工务部门共同开展了对既有桥墩位移的测量、勘探、原因分析及整治设计。

二、桥址自然地质条件

1. 地形地貌、气象水文

既有石基村大桥位于黔江区濯水镇石基村，右侧 300～500 m 为阿蓬江，属中低山河谷地貌区，地面高程为 404～500 m，相对高差为 96 m。地形起伏较大，自然坡度为 5°～35°，G319 国道从大桥右侧约 100 m 处通过，交通方便。桥址处沟谷多开垦为旱地，种植玉米、蔬菜及果树，坡面植被较好，沟槽中有几栋民宅散布。桥址区属中亚热带湿润性季风性气候区，气候温和，四季分明，雨量充沛，年平均气温为 15.4 ℃，极端最低气温为 5.8 ℃。月平均气温 7 月最高，为 25.9 ℃。多年平均降雨量为 1 200.1～1 389 mm。2016 年度该区汛期降雨量较往年丰富，截至 7 月 31 日，该区域汛期累计雨量为 755.5 mm，较 2015 年 642.3 mm 增加 17.6%，较 2009—2015 年同期平均 516.37 mm 增加 46.3%。降雨主要集中在 6 月份，达到了 346.3 mm，为历年来最高值。

大桥跨越一典型山区沟槽，雨季沟槽成为汇水区，地下水丰富，并排向右侧坡脚常年河流阿蓬江（图 7.5-1）。

2. 地层岩性及地质构造

桥址区地层岩性由新到老主要为第四系坡洪积、人工弃土堆积层，周围出露及下伏侏罗系中下统珍珠冲组、綦江组与三叠系上统须家河组基岩，基岩地层呈整合接触。

（1）第四系人工堆积层（Q_4^{ml}）粉质黏土、碎石、块石：粉质黏土及泥岩、灰岩块碎石，块径为 30～80 mm，碎石含量为 30%～50%，灰褐色，潮湿，松散～稍密，主要为二线施工路基挖方弃土、相邻贺家湾隧道弃渣，厚 0～6 m，局部达 7.1 m，分布于沟槽上游。

图 7.5-1 石基村大桥地貌远景

（2）第四系坡洪积（Q_4^{dl+pl}）黏土、碎石土：此套地层主要分布于桥址跨越沟槽中，以黏土、粉质黏土为主，局部夹透镜状碎石土，灰褐、紫褐色，土质不均匀，表层 0.50 m 厚含植物根须，局部夹砂岩质团块，槽谷中部黏土呈软塑状，其余为硬塑状土，此层黏土具有弱膨胀性，自由膨胀率为 27%～47%。碎石土呈黄褐色～灰绿色，稍湿，稍密，土质不均，碎石母岩岩性主要为强风化灰绿色泥质灰岩，呈棱角状，碎石直径为 2～5 cm，含量约 70%，其间空隙被黏土充填，充填物含量在 30% 左右，厚度一般在 2～5 m。

（3）侏罗系中下统珍珠冲组、綦江组泥页岩、泥岩夹砂岩（$J_{1-2}q+z$）灰黑色，泥质结构，薄至中厚层状，以黏土矿物为主，岩心较完整。全风化带（W_4）厚 3～8 m，呈土状；强风化带（W_3）厚 2～8 m，呈碎块石夹土状；弱风化带（W_2）属Ⅳ级软石。试验资料显示，该地层泥质页岩、泥岩具有膨胀性，饱和吸水率为 3.13%～25.55%，自由膨胀率为 4%～32%，膨胀力为 22～214 kPa，属膨胀岩。

（4）侏罗系中下统珍珠冲组、綦江组灰岩（$J_{1-2}q+z$）灰黑～深灰色，中厚状，隐晶～微晶质结构，钙质胶结，致密块状，质坚性脆，节理裂隙较发育，节理面夹有方解石脉，表层溶蚀严重，强风化带（W_3）厚 0～2 m。

（5）三叠系上统须家河组砂岩夹页岩（T_3x）砂岩为灰黄色、灰色，泥质、钙质胶结，中～厚层状；页岩为灰黑色、青灰色，薄层状，页理发育；强风化带（W_3）厚 0～2 m。

工程区位于阿蓬江向斜东翼，岩层较缓，倾向与坡体倾向一致，向斜构造明显，桥址区位于向斜轴部，岩体节理裂隙发育，较为破碎，完整性较差。

场区地震动峰值加速度值为 0.05g，地震动反应谱特征周期值为 0.35s。

3. 水文地质特征

桥址区最大地表水体为右侧 300～500 m 的阿蓬江。阿蓬江常年流水，水量受上游水及大气降水控制，水量较大。沟槽内沟水为季节性流水，受大气降水控制，雨季时存在短暂性水流。

地下水主要为第四系松散土层内的孔隙潜水、基岩裂隙水及岩溶水。孔隙水主要分布于沟槽坡洪积土层中，水量有限，主要受大气降水影响，桥址区沟槽地形有利于表水汇集，雨季时土层地下水丰富，土体饱水，沟槽中黏性土呈现软塑状；基岩裂隙水分布于下部基岩裂隙中，该段受区域构造影响，岩体破碎，节理裂隙发育，水量受构造裂隙发育程度不同而变化，主要受大气降水及上覆土层孔隙潜水补给；岩溶水赋存于珍珠冲组、綦江组（$J_{1-2}q+z$）所夹灰岩中，由于受地层中泥页岩相对隔水层阻隔，加之沟槽一面坡向阿蓬江排泄，相对补给区较小，岩溶水不发育。

勘测期间揭示，沟槽土体中稳定地下水位埋深在 2.10～5.10 m 之间，地下水无侵蚀性。

4. 不良地质及特殊岩土

1) 顺层

桥址区左侧陡倾斜坡上出露中厚层灰岩，岩层产状为 N25°E/60°NW，走向与线路夹角为 41°，视倾角为 51°，存在顺层边坡，基岩层间综合 $\varphi=24°$；缓坡地段为泥质页岩、泥岩夹砂岩，岩层产状为 N25°E/32°N，走向与线路夹角为 40°，视倾角为 22°，存在顺层边坡。但段内以桥梁工程跨越沟槽，不存在切坡，顺层对桥梁基础影响不大。

2) 人工填土

此类土呈灰褐色，潮湿，松散～稍密，主要成分为粉质黏土及泥岩、灰岩块碎石，块径为 30～80 mm，碎石含量为 30%～50%，主要为贺家湾隧道弃渣，其余为修建便道填土，厚 0～6 m，局部达 7.1 m，稳定性差，需防护。

3) 软土

此类土呈灰褐、紫褐色，软塑状，土质不均匀，表层 0.50 m 厚含植物根须，局部夹砂岩质团块，分布于渝怀铁路石基村大桥 2～5 号墩附近的缓坡、沟槽中，厚 0～7 m。根据二线勘测期间的土工试验资料，该土自由膨胀率为 27%～47%，属弱膨胀土。此土稳定性差，需防护。

4) 膨胀（岩）土

此类土呈灰褐、紫褐色，软塑～硬塑状，土质不均匀，表层 0.50 m 厚含植物根须，局部夹砂岩质团块，分布于渝怀铁路石基村大桥 3～5 号墩附近的缓坡、沟槽之中，成因同属软土，厚 0～7 m。根据二线勘测期间的土工试验资料，该土自由膨胀率为 27%～47%，属弱膨胀土，稳定性差。

沟槽、缓坡土层下伏侏罗系中下统珍珠冲组、綦江组（$J_{1-2}q+z$）泥质页岩、泥岩夹砂岩。二线勘测期间的土工试验结果显示：全风化带（W_4）自由膨胀率为 47%～55%、阳离子交换量为 176～293 mmol/kg，蒙脱石含量为 14%～22%，为弱～中等膨胀性；弱风化带（W_2）饱和吸水率为 17.5%，自由膨胀率为 32%，膨胀力为 124 kPa，属弱膨胀岩。

膨胀岩土力学工程特性极差，遇水易软化，物理力学强度急剧降低，易于沿软弱结构面产生蠕滑，形成不稳定斜坡。

三、3～5 号墩位移变形特征

1. 成都铁路局涪陵工务段监测情况

2016 年 2 月，施工单位进场开始施工渝怀二线的便道及涵洞工程，施工及补勘揭示沟槽上部斜坡段存在 0～7 m 厚的软黏土。3—4 月搭建工区项目部，对贺家湾隧道进口段进行填方施工，5 月贺家湾隧道进口开始掘进，隧道弃渣陆续用于填筑周围便道及二线填方，部分堆载于 3～5 号墩靠山一侧沟槽之中，厚度为 0～6 m。

2016 年 6 月 13 日，成都铁路局涪陵工务段检查人员发现既有渝怀线 K311+260 段线路方向不良，立即限速 60 km/h，后经测量发现 5 号墩前后线路向山侧偏移，最大变形量为 12 mm，检查桥梁设备及坡体未见异常。通过整修线路并检查其他设备无异常后于 6 月 17 日恢复常速，同时建立了观测网进行变形监测。7 月 21 日，检查发现该桥 3 号墩支座、梁缝均有变化且监测网显示 3 号、4 号墩向右侧位移，再次对该桥限速 60 km/h。

工务段监测数据显示，2016 年 6 月 19—21 日，石基村大桥 3 号墩两日发生向右位移达 51.9 mm，4 号墩两日发生向右位移达 51.7 mm，发生明显突变。据查，6 月 19—24 日期间，冯家坝—甘家坝区间降下大暴雨，连续雨量达到 152.4 mm。

2016 年 7 月 19—22 日，石基村大桥 3 号墩 3 d 再次发生向右位移 9.7 mm，4 号墩 3 d 再次发生向右位移 10.3 mm，速率明显比前期增大。据查，7 月 19 日，冯家坝—甘家坝区间降下暴雨，单日雨量达到 60.1 mm，石基村大桥 3 号、4 号墩发生明显偏移。

2. 三方监测情况

既有渝怀线石基村大桥发生位移病害后，设计院、施工单位及工务段三方高度重视，三方均对大桥 2～5 号墩进行了位移观测。经过 8 月 3 日—9 月 4 日一个月的观测，比对三方检测数据，结果显示：石基村大桥 2 号墩台位移不明显，3～5 号墩台位移较为明显，位移方向为往石基村大桥右侧（阿蓬江）怀化端，见表 7.5-1。

表 7.5-1　三方监测石基村大桥累积位移数据一览

监测位置	累积 X 增量 /mm	累积 Y 增量 /mm	累积 H 增量 /mm
2 号墩台上	−1.3	−0.1	−1.1
2 号墩台下	1.0	−0.6	−1.6
3 号墩台上	−54.0	−19.1	−6.0
3 号墩台下	−46.6	−18.1	−4.8
4 号墩台上	−37.0	−17.0	−6.0
4 号墩台下	−31.8	−15.0	−2.7
5 号墩台	−18.2	−5.4	−0.7

根据三方 8 月 3 日至 9 月 4 日监测数据，绘制石基村大桥 2～5 号墩台位移趋势图，如图 7.5-2～图 7.5-8。

至此，基本可以确定：既有渝怀线石基村大桥 3～5 号墩产生了向山外位移变形。为确保行车安全，工务部门对列车经过此桥采取了临时限速措施，但是必须找出产生位移变形病害的原因，并进行整治处理。

四、桥墩位移变形原因分析

既有渝怀铁路石基村大桥 3 ~ 5 号桥墩位移变形产生后,设计院、工务段及二线施工单位都高度重视,多次开会,分析病害产生原因,确定整治方案。

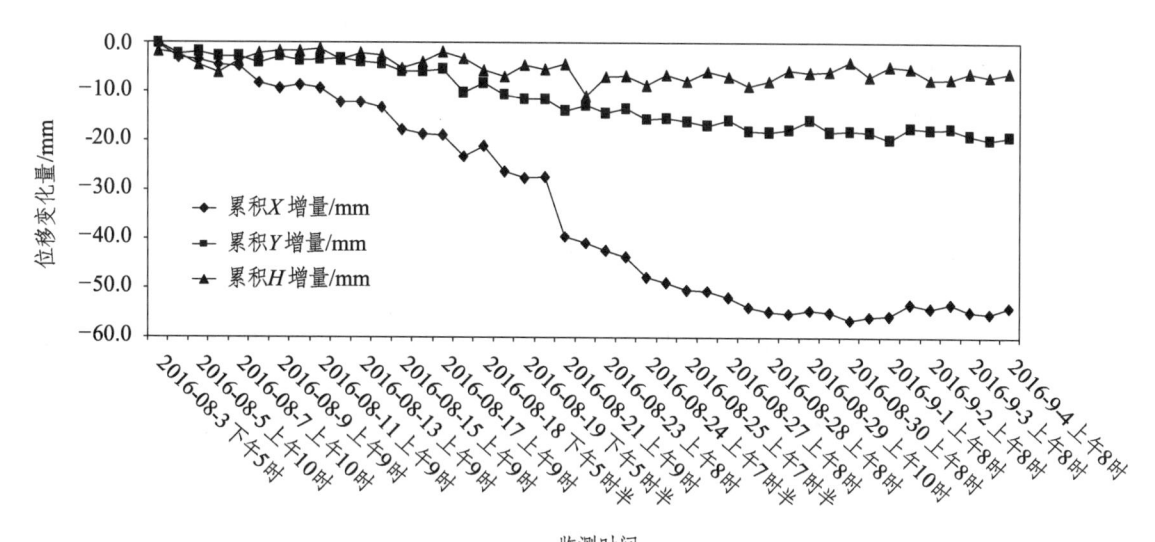

图 7.5-2　2 号墩上部观测点位移趋势图

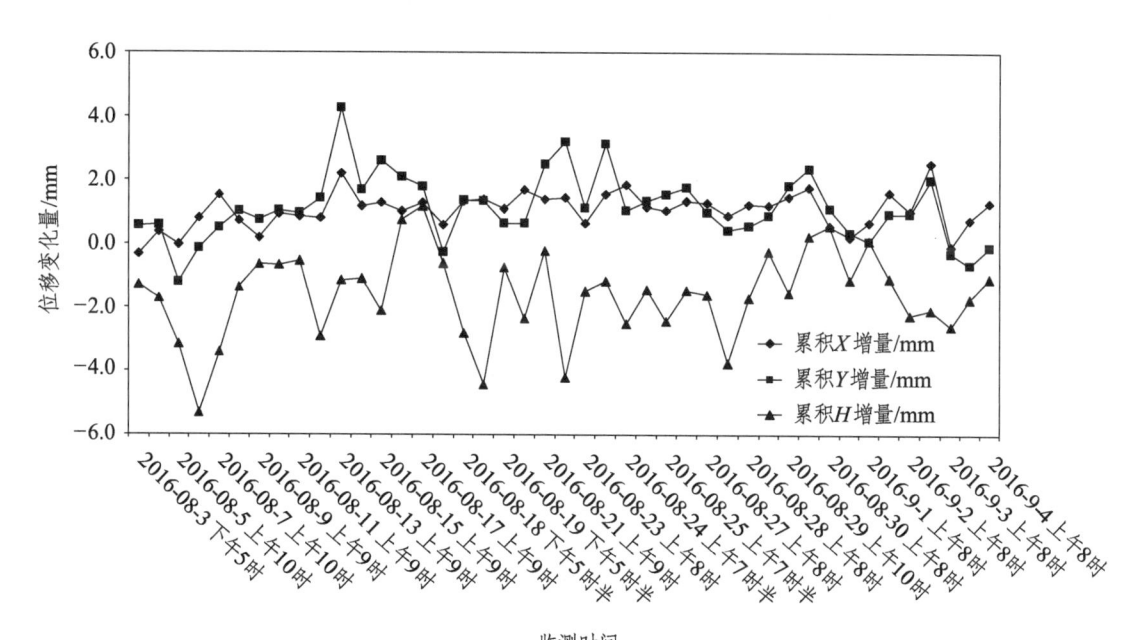

图 7.5-3　2 号墩下部观测点位移趋势图

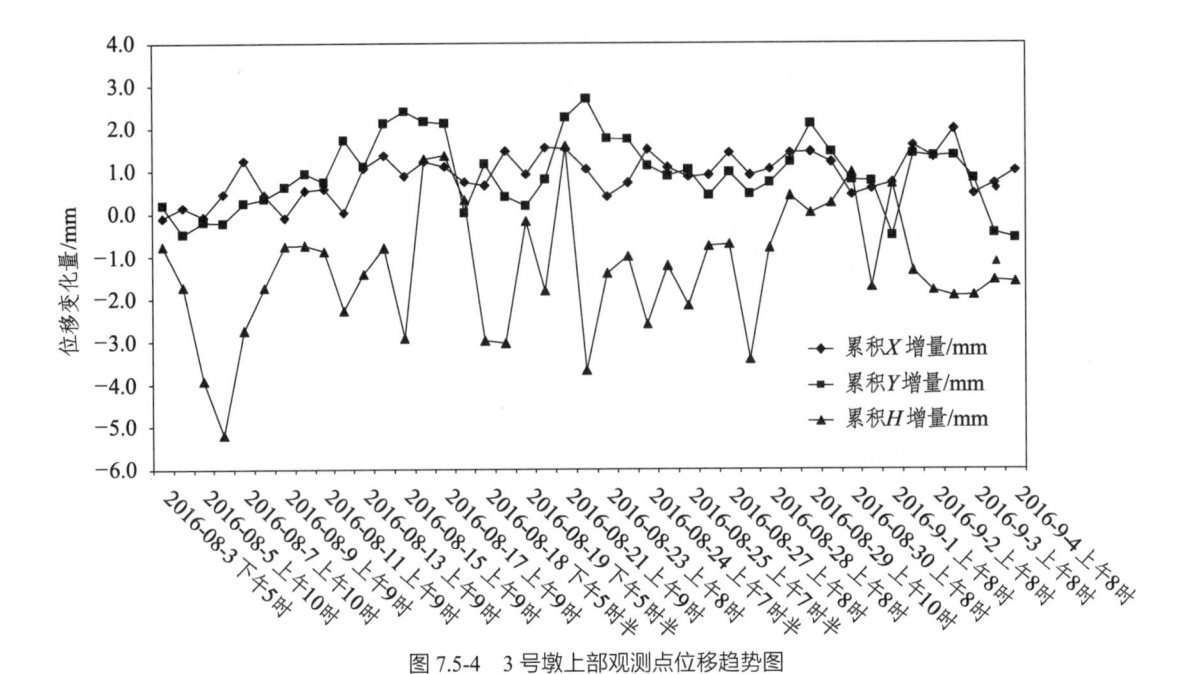

图 7.5-4　3 号墩上部观测点位移趋势图

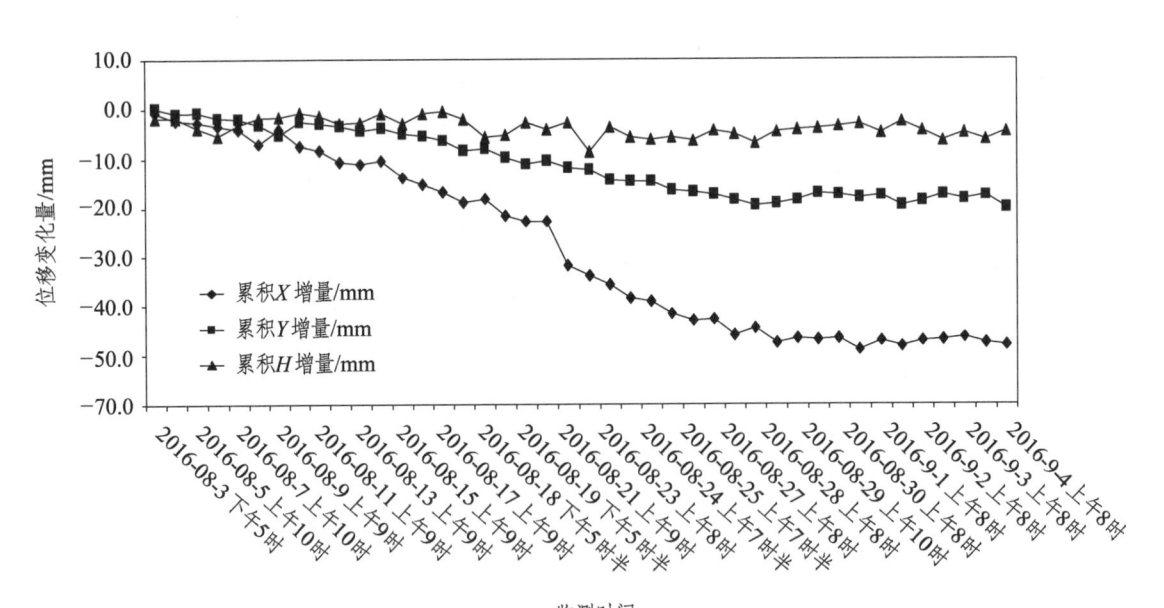

监测时间

图 7.5-5　3 号墩下部观测点位移趋势图

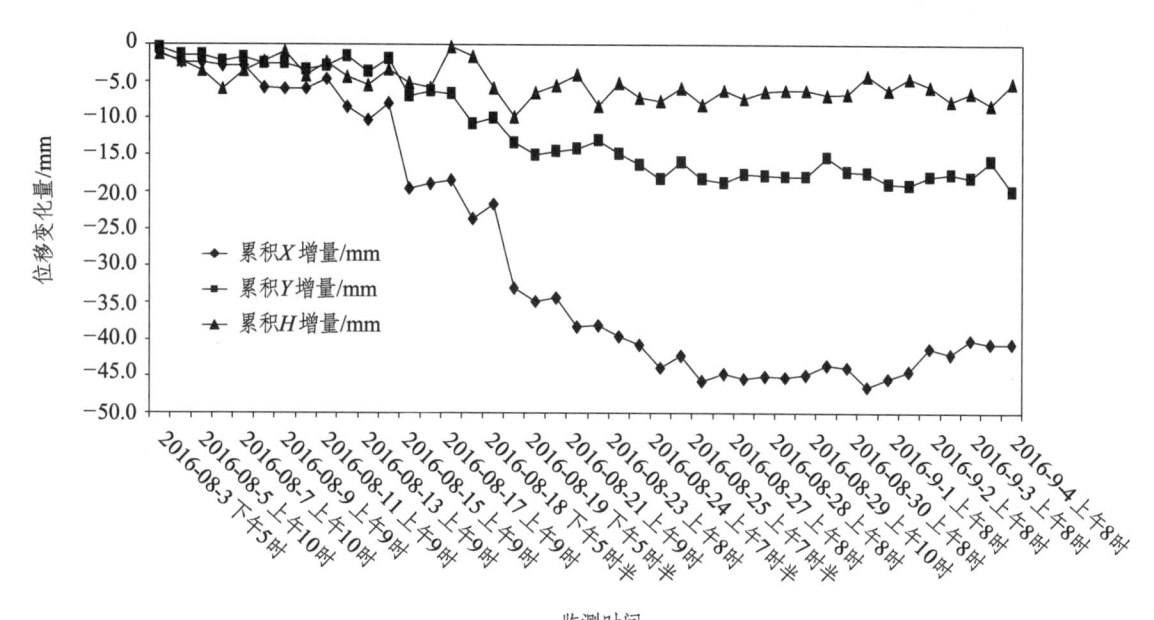

图 7.5-6　4 号墩上部观测点位移趋势图

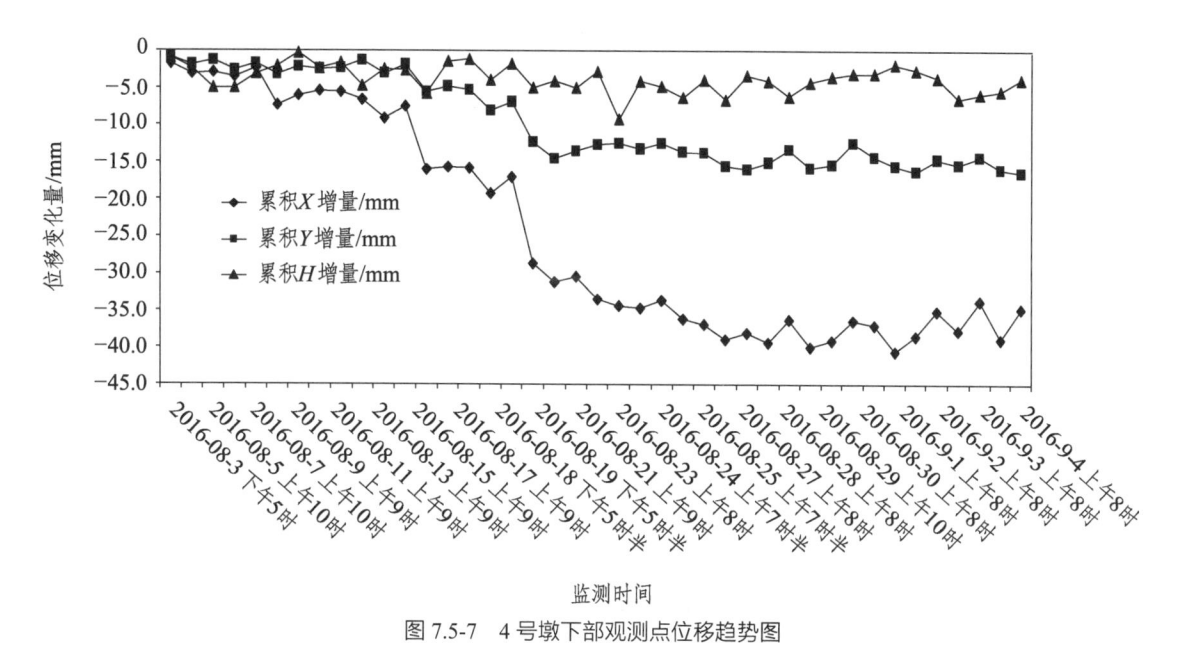

图 7.5-7　4 号墩下部观测点位移趋势图

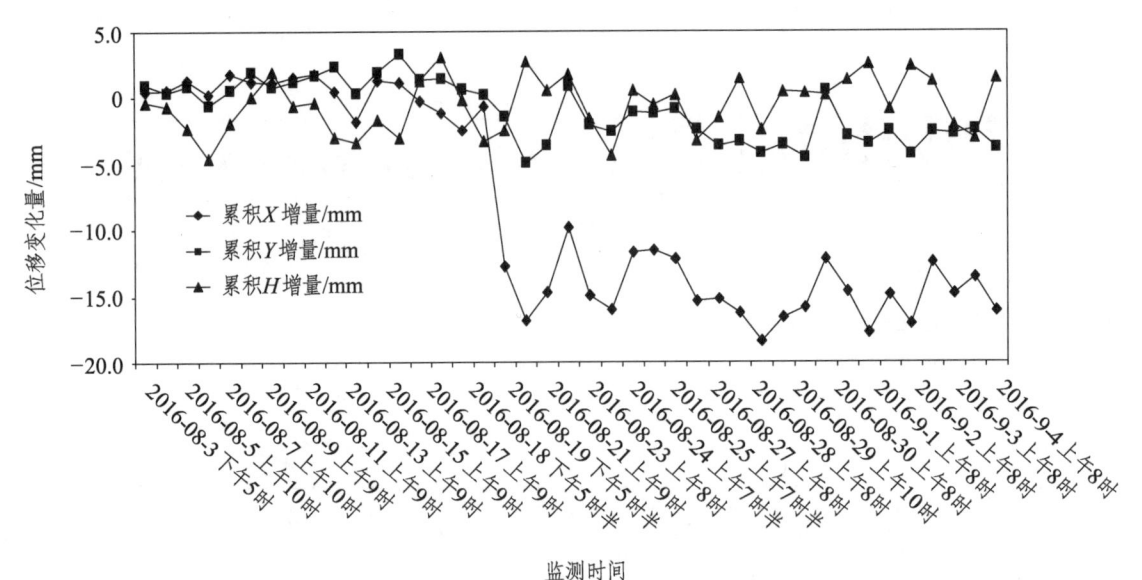

图 7.5-8　5号墩观测点位移趋势图

1. 地质补勘

为准确查明该桥墩位移变形发生的原因,设计院相关专业专家进行了现场踏勘,并组织人员及钻机对此桥进行了现场地质调绘、补充勘探及取样进行室内试验分析。

补充勘察共布置钻孔17个,实际实施钻孔16个,另外1个因受到附近老乡的阻拦无法施钻。本次补充勘察完成主要工作量见表7.5-2。

表 7.5-2　主要勘探工作量统计

序号	工作项目		单位	工作量	备注
1	地质测绘		km²	0.10	
2	测量放孔		孔	17	
3	钻孔		m/孔	760.60/29	利用钻孔292.20/13
4	取样试验	原状土	组	19	利用资料
		岩样	组	21	利用资料
		水样	组	6	利用资料

2. 原因分析

结合桥墩位置、位移变形特点及补充地质勘察工作成果,分析桥墩位移病害产生的原因如下:

(1)本桥跨越处的斜坡沟槽有一定地形坡度,易于汇水并且沟槽中分布有强烈亲水性、膨胀性的黏性土，雨季大量降水汇入沟槽内，造成上部土体极为饱水，形成软塑状的软弱土，抗剪强度急剧下降，具有沿软塑、硬塑交界面产生向下缓慢蠕滑的内在条件，斜坡沟槽中的土体达到极限平衡状态。

（2）施工堆载。渝怀二线工程位于既有石基村大桥左侧靠山一侧，二线施工间，施工单位在3～5号墩上方沟槽、缓坡上搭建工区项目部办公用房、建筑材料堆场，堆载贺家湾隧道进口施工弃土及施工二线填方路基，这些堆载及地表水下渗，进一步恶化了沟槽内土体物理力学特性，软硬界面抗剪强度下降，打破了土体的极限平衡状态，最终导致沟槽土体产生向下的缓慢蠕滑移动，从而对大桥位于沟槽内的3～5号墩产生向右侧的推挤，特别是沟槽中3号、4号墩推挤位移最大，如图7.5-9所示。

图7.5-9　渝怀二线施工现场场景

（3）汛期降雨。2016年5—7月雨季降雨量比往年大，该区域汛期累计雨量为755.5 mm，较2015年642.3 mm增加17.6%，较2009—2015年同期平均516.37 mm增加46.3%。降雨主要集中在6月，达到了346.3 mm，为历年来最高值。雨季雨水丰富，降雨量相对集中，大量降雨下渗土体，降低了土体的物理力学性能，加速导致土体蠕滑变形。

综上所述，有利于汇水的沟槽地貌及沟谷中分布的亲水土体是槽谷斜坡变形的内因，外部堆载及雨季降水作用是斜坡变形的外在诱发因素，多种因素综合作用，导致沟槽内土体产生向下蠕滑移动，进而推挤桥墩产生横向的位移。

根据地质补充勘探资料、地表弃土表层开裂等综合分析，3～5号墩左侧沟谷斜坡土体发生了蠕滑变形，蠕滑变形区范围对应既有线里程为K311+150～K311+200左侧80 m，其中：后缘较窄，宽度为30～70 m；前缘宽度为70～100 m；长约100 m，蠕滑面深度推测为0～10 m。

五、整治措施

石基村大桥位于沟谷中的3～5号墩因受沟槽土体蠕滑移动推挤，产生了向山外侧位移变形的病害是确定的。如何整治处理还在发展中的位移病害呢？经现场地质补勘、几方现场踏勘后会审，确定的整治措施为：

（1）对桥墩左侧靠山侧渝怀铁路二线施工搭建的项目部、临时堆场进行撤除；同时清除堆填于3号、4号墩沟槽上游地段的贺家湾进口隧道弃渣；进一步对沟槽上部的软弱土体进行清方减载，减小软弱土体产生的横向推挤力。此项工作自8月中下旬开始直至9月初完成，从图7.5-10中可以看出，沟槽中3号、4号墩左侧清方挖出了一个大基坑。

图7-5-10 3号、4号桥墩左侧清方减载场景

根据9月6日至9月17日石基村大桥桥墩监测数据显示，3号、4号墩左侧23～65 m范围内清方减载完成后，3～5号位移趋于稳定，具体见表7.5-3。

表7.5-3 三方监测石基村大桥累积位移数据一览

监测位置	累积 X 增量 /mm	累积 Y 增量 /mm	累积 H 增量 /mm
2号墩台	1.4	−0.5	−0.6
3号墩台	4.1	1.8	−2.1
4号墩台	2.2	−2.3	−5.0
5号墩台	1.1	1.3	−1.3
6号墩台	1.4	−0.4	−4.5

（2）对既有石基村大桥左侧增建二线工程进行变更设计，将原设计的填方路基、涵洞变更为桥梁工程，减少在沟谷上游软弱地基土上进一步填方加载，避免再次引起斜坡土体蠕滑甚至滑坡，危及下游既有大桥安全。

（3）本次墩台变形位移，引起了各方高度重视。除了上述措施外，成都铁路局为确保石基村大桥安全营运，在大桥3～5号墩右侧施工了30根抗滑桩保护位于沟槽中的桥墩，同时对3号、4号桥墩在桥台四角增加了4根桩基补强，可以说做到了万无一失。

六、结论

（1）桥墩跨越处的斜坡沟槽覆盖第四系冲洪积黏性土夹碎石角砾，土层具有弱膨胀性，雨季饱水后物理力学指标急剧降低，沟槽上游有渝怀二线隧道施工弃土、二线路基填方及临时工区建筑等堆载，在堆载土体作用下，沟槽中土体向沟槽下游缓慢蠕滑，直接挤压位于沟槽中的3～5号桥墩，致使桥墩受力产生横向位移病害。

（2）采取在既有桥墩沟槽上游清方减载、下游抗滑桩约束的措施，对于位移量较大的3号、4号墩增设了4根桩基并采取扩大桥墩承台的工程整治措施，彻底整治位移病害，确保了大桥营运安全。

（3）桥墩抗剪能力较弱，如果桥墩所处的沟槽存在一定坡度，那么桥墩上游沟槽不应堆载弃土或填方；此外，雨季时应做好沟槽中各类工程的排水、防护措施，防止大量降水渗入地下，软化土体，造成土体发生蠕滑或滑坡，挤压沟槽中桥墩。

（4）既有线增建二线工程在通过既有桥梁沟谷上游并且相距较近时，如果沟槽中存在厚层的松散软弱土体，那么应采用同一线相同的桥梁工程通过，切记不要采用路基填方通过，否则填土加载容易引起土体滑坡或产生蠕滑变形，危及既有桥墩安全。

第六节 复杂地质因素下神农溪大桥岸坡稳定性研究

郑万高铁神农溪大桥桥基岸坡工况复杂，受到频繁低震、库水位反复涨落、滑坡浪涌及岩溶的综合影响。本文章在宏观地质概念的指导下，采用野外调查、钻探、理论计算及数值模拟方法，综合各因素的影响，分析了桥基岸坡的长期稳定性，评估了桥基位置的合理性。研究表明：线路规避了右侧大型溶槽及左侧既有高速公路的影响，为最优方案；万州端基底灰岩中有多层溶洞，建议深埋至溶穴很少的泥灰岩层中；由于地震、库水位涨落过程中的水岩作用及动水压力作用，万州岸主墩基础底部岩体的塑性区与岸坡边坡点的塑性区逐渐靠近，为避免两个塑性区贯通，引发岸坡整体失稳，建议采取一定的工程措施。本节由何平、许胜、杜宇本撰写。

一、引言

郑万铁路神农溪大桥位于湖北省巴东县，横跨三峡库区神农溪，桥全长468.9 m，最大跨为220 m的钢管混凝土拱，最大桥高约160 m，最大墩高约75 m。主桥采用连续刚构-拱桥组合形式，跨度为（109 + 220 + 109）m。桥址区为峡谷山区，桥基岸坡受到三峡水库库水位反复涨落的影响，近年该区的频繁小震级地震也不可忽视。神农溪大桥桥基岸坡岩溶发育，地表溶蚀严重，灰岩中有多层溶洞，同时线路右侧发育有大型溶槽，溶槽蓄水前无水流，蓄水后位于库水位以下。神农溪大桥要尽量规避发育的活动性溶洞溶槽；同时，由于库水位的整体抬升及反复涨落、波浪的作用，地下水位不断改变，这促进了岩溶发育，加大了岩溶通道复活的可能性，威胁桥基岸坡的长期稳定性。郑万铁路神农溪大桥桥基岸坡受到地震、库水位涨落、滑坡涌浪及岩溶发育的多因素影响，因素之间又相互叠加或相互作用，影响因素复杂，对其展开安全评价十分必要。

二、工程地质条件

神农溪在桥址处流向近正南，175 m 库水位时河面宽约 190 m。桥址区属中山地貌，以 V 形陡立峡谷为主，地面高程为 460～660 m，相对高差为 100～200 m，万州端自然坡度较陡，约为 60°，郑州端较缓，约为 30°。斜坡覆土层较薄，地表树木茂密，局部地区基岩裸露，河谷沟槽覆盖卵石土。桥址区的主要地层为三叠系下统嘉陵江组三段（T_1j^3）中厚层灰岩，岩溶发育。

该区地层呈单斜构造，岩层产状为 175°∠40°～60°，发育两组节理，产状分别为 30°～60°∠76°、250°～290°∠68°～72°。岸坡坡向近东西，两岸均形成易滑楔形体，如图 7.6-1 所示。

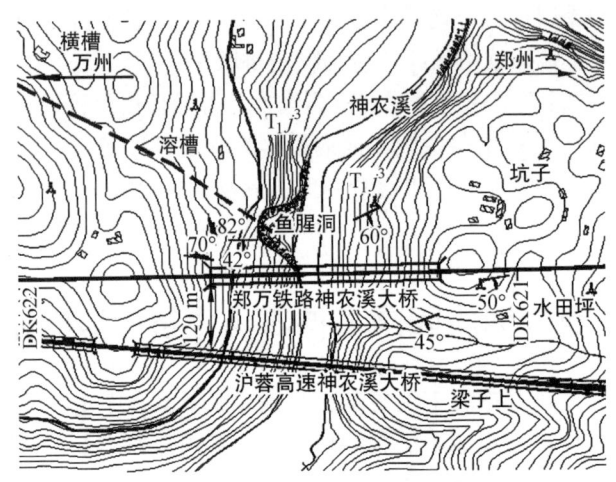

图 7.6-1　桥址区工程地质平面示意图

三、主要地质影响因素分析

1. 地震

根据《中国地震动参数区划图》（GB 18306—2001）及其第 1 号修改单（2008）和《建筑抗震设计规范》（GB 50011—2010），桥址地震动峰值加速度为 $0.05g$，地震动反应谱特征周期 0.45 s，地震基本烈度Ⅵ度。但近年来测区内发生了 2013 年巴东 5.1 级地震。震中距离神农溪大桥约 13 km，桥址区地震加速度为 1.0 m/s²，桥址区有强烈震感，但未造成房屋建筑破坏及损毁。故地震分析中地震加速度按 1.0 m/s² 计算。桥址区地震发育如图 7.6-2 所示。

2. 库水位涨落

三峡大坝库区蓄水前，大宁河水位约 115 m，蓄水后，水位在 145～175 m 间周期性涨落。库水位的周期性涨落产生两个方面的不利影响：一是岩体强度劣化，二是水位变化产生动静水压力。

(a)桥址区地震分布图　　　　　　　　(b)巴东地震加速度分区

图 7.6-2　桥址区地震发育图

库水位涨落条件下的岩体强度劣化问题是典型的水岩作用问题。灰岩在常温纯水中的溶解度很小，当 CO_2 溶于水时，产生的 H^+ 通过化学作用，大大提高了灰岩的溶解度。三峡库区水位周期性涨落，地下水剧烈动态变化，且库水位的提升还大大扩宽了河道，风浪及行船产生的波浪都更加强烈。这些都使得水的活动性更强，加快了溶解物质的运移速度，大大提升了水岩作用的速度。此外，水位的周期性涨落还使得消落带岩石无植被，岩石周期性受日照曝晒，在水岩作用的前期，岩石因曝晒温度升高，可到达 70～80 ℃，岩石高温膨胀。当水作用于高温岩石时，岩石温度瞬间降低，收缩，微裂隙扩展。微裂隙的扩展加大了水岩作用面积及作用强度，促进了灰岩的腐蚀速度。

由于灰岩致密，水难以入渗，灰岩的腐蚀作用主要影响岩石表面的强度。根据巴顿公式，岩石的抗剪强度主要与岩石的粗糙度 J_{RC} 和隙壁强度 J_{CS} 有关。对于岩石边坡，其应力水平较小，粗糙度 J_{RC} 的影响相对较小，隙壁强度 J_{CS} 为主要的影响因素。

库水位的涨落还会产生附加的动静水压力，其中以水位降落时产生的动水压力影响最大，如日本大约有 60% 的水库滑坡发生在水位骤降时期。动水压力的大小与地下水的水头线性相关，本案例通过求解郑万铁路神农溪大桥两岸岸坡岩体顺坡向的渗透系数及流速，得出岸坡岩体的最大动水压力，附加给岸坡岩体，得到库水位降落条件下岸坡的应力特征。

对于岩石岸坡，水往往只在裂隙中流动，根据立方定律，裂隙中流水的渗透系数仅与隙宽有关。本案例通过调查岸坡岩体的结构，测试不同结构面的隙宽、粗糙度、产状及节理密度，根据立方定律计算单个裂隙中流水的渗透系数，再平均到整个岸坡岩体。

根据立方定律

$$q = \frac{ga^3}{12v}J$$

式中：q——流量（m^3/s）；

　　　G——重力加速度（m/s^2）；

　　　a——隙宽或等效隙宽（m）；

　　　v——水的运动黏滞系数（m^2/s）；

J——水力梯度（m）。

又由达西定律

$$q = kAJ$$

式中：k——渗透系数；

A——断面积（m²）。

对于含裂隙的岩体，a 为裂隙，B 为间距，代入立方公式有：

$$k = \frac{ga^3}{12vB}, \qquad u = \frac{ga^3}{12vB}J$$

式中：u——流速（m/s）。

扩展到三维状态，可得渗透张量为：

$$[K] = \sum_{m=1}^{n} \frac{ga_m^3}{12b_m v} \begin{bmatrix} 1-(n_x^m)^2 & -n_x^m n_y^m & -n_x^m n_z^m \\ -n_y^m n_x^m & 1-(n_y^m)^2 & -n_y^m n_z^m \\ -n_z^m n_x^m & -n_z^m n_y^m & 1-(n_z^m)^2 \end{bmatrix}$$

式中：n_x^m、n_y^m、n_z^m——第 m 组节理的法向在 x、y、z 方向的单位方向余弦；

a_m、b_m——第 m 组结构面的隙宽和间距。

郑万铁路神农溪大桥岸坡有 3 组结构面，见表 7.6-1。分别以两岸岸坡方向为 x 方向，按照右手法则，水平垂向为 y 方向，竖直方向为 z 方向。将结构面的产状转换为方向余弦，代入公式求解，得到岸坡的岩体的渗透张量。

表 7.6-1　岩体结构面特征

结构面	产状	间距 a/m	J_{RC}	隙宽 b/mm	充填
层理	175°∠50°	1.2	4	5	无
J1	45°∠76°	1.0	6	10	无
J2	270°∠70°	0.8	6	10	无

求得万州岸岩体的渗透系数张量为：

$$[K_w] = \begin{bmatrix} 1.43 & 0.21 & -0.24 \\ -0.21 & 1.90 & 0.28 \\ 0.24 & 0.28 & 0.95 \end{bmatrix} \times 10^{-3} \text{ m/s}$$

$$[K_z] = \begin{bmatrix} 1.43 & 0.21 & 0.24 \\ -0.21 & 1.90 & -0.28 \\ -0.24 & -0.28 & 0.95 \end{bmatrix} \times 10^{-3} \text{ m/s}$$

可求得两岸顺坡向的渗透系数分别为 $k_{wx} = 1.4 \times 10^{-6}$ m/s, $k_{zx} = 1.88 \times 10^{-6}$ m/s。按照高水位时顺坡向水力梯度 0.48，求得两岸顺坡向的渗透速度为 $u_{wx} = 0.67 \times 10^{-6}$ m/s, $u_{zx} = 0.94 \times 10^{-6}$ m/s。

动水压力是渗透水流作用对土骨架产生的拖曳力，力的大小与水力梯度相关。

$$G_d = i \times y_w$$

式中： i——水力坡度；

y_w——水的重度。

地下水流动均会产生动水压力，力的大小与水力梯度相关。库水位降低时，地下水位随之降低，但如果岩土的渗透系数较低，则地下水位的降低速度明显低于库水位，从而地下水位与库水位的水头差加大，形成较大的水力梯度和动水压力，威胁岸坡的稳定性。

收集得到 2016 年三峡水库泄洪期的水位如图 7.6-3 所示。地下水水位随着库水位的降低而降低，降低速度取顺坡向代入渗流速度，得到地下水位与库水位的水头差增量如图 7.6-4 所示。

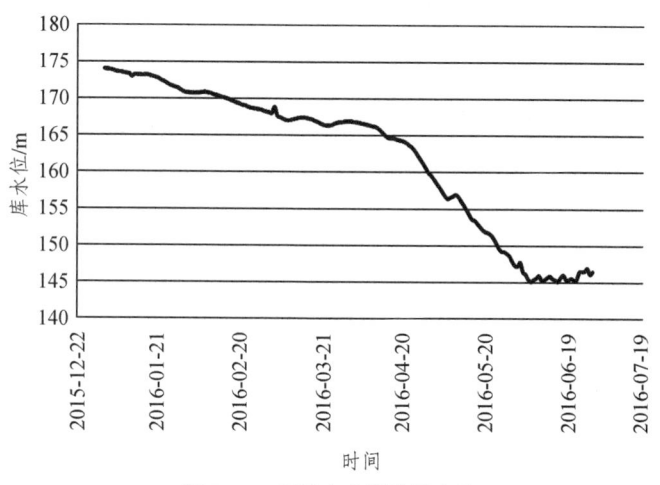

图 7.6-3 三峡水库泄洪期水位

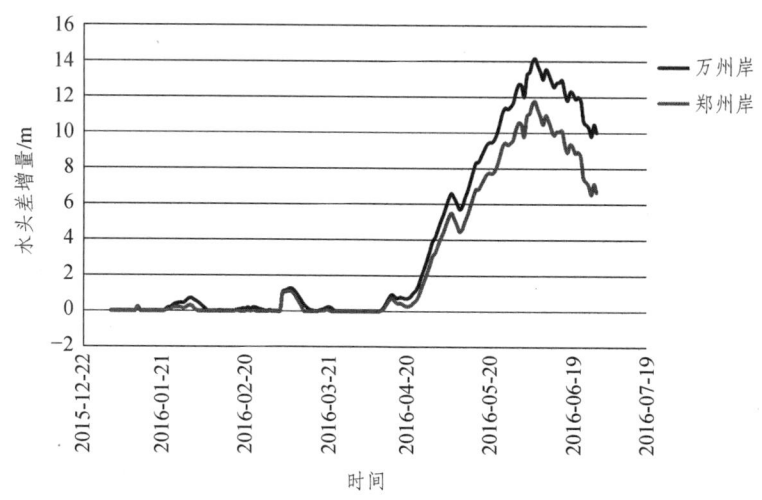

图 7.6-4 泄洪期岸坡动水压力

从图中可以看出：2016年1月1日至4月15日，库水位降低的速度与两岸岸坡地下水降低的速度基本一致。这是由于此时库水位的降低速度较低，地下水位可基本同步降低，水头增量基本为0，表明动水压力与稳定水位时基本一致。2016年4月15日至6月17日，库水位下降速度快，地下水位来不及降低，导致地下水位与库水位的水头差快速增大，在2016年6月17日时达到最大。其中万州岸的最大水头差增量为14.2 m，郑州岸的最大水头差增量为11.8 m。万州岸值较大的原因是万州岸的部分结构面反倾，其渗透系数相对较低。

3. 滑坡浪涌

三峡库区滑坡广泛分布，滑坡涌浪作用于桥基岸坡，增大岸坡岩体的重度，并产生静水压力及动水压力，诱发岸坡失稳。桥址区附近马家河滑坡，位于巴东县沿渡河镇舒家村二组，该滑坡为土质滑坡，滑坡面平呈舌形，纵长200 m，均宽150 m；平均厚8 m，面积3 hm^2，体积12×10^4 m^3，前缘高程为139 m，后缘高程为210 m。该滑坡位于神农溪大桥上游约200 m处，如图7.6-7所示。

滑体剪切破坏之后的位移过程称为滑动阶段，根据牛顿第二定律，滑体滑动加速度为：

$$a = \frac{F}{m} = \frac{g}{G}F = \frac{g}{G}(F_r - F_s) = \frac{gF_r}{G}(1-k)$$

式中：F表示滑体下滑力；m表示滑体质量；F_r表示滑动力，F_s表示抗滑力；k表示稳定性系数。

设滑动体的滑动距离S，则其滑动速度为$v = 2aS$，代入上式有：

$$v = \frac{2g}{G}SF_r(1-k)$$

当稳定性系数小于1时，滑体开始滑动，一旦滑动开始，滑面内聚力c将急剧减小，甚至为零，内摩擦角φ也会减小，则稳定性系数将变得更小，滑坡滑动加速度越来越大，速度越来越快。

本案例采用美国土木工程学会提出的推算方法，该方法假定滑体滑落于半无限水体中，且下滑高程大于水深，根据重力表面波的线性理论，推导出一个引起波浪的计算公式。应用该公式直接计算其过程十分复杂，但利用该公式计算确定的一些曲线图表，却能较简单地求出距滑体落水点不同距离处的最大浪高。计算步骤如下：

（1）根据前面给出的方法计算滑动体的下滑速度v，由v值算出相对滑速v_t：

$$v_t = \frac{v}{\sqrt{gH_w}}$$

$$x_t = \frac{x}{H_w}$$

式中：H_w表示水深（m）。

（2）设滑动体的平均厚度为H_s，计算H_s/H_w值。

（3）根据v_t和H_s/H_w查图7.6-5确定波浪特性。

（4）根据v_t查图7.6-6，求出滑体落水点（$x=0$）处的最大波高h_{max}与滑体平均厚度H_s的比值，从而求得h_{max}。

（5）预测距滑体落水点距离x处某点的最大波高h'_{max}，方法是先求出相对距离x_t，利用v_t和x_t查图求出h'_{max}/H_s，进而求得距离滑体落水点x处的最大波高。马家河滑坡断面如

图 7.6-7 所示。

计算得到马家河滑坡的涌浪最大高度为 3.0 m，运动到桥基岸坡处时最大高度为 2.3 m，见表 7.6-2。该结果表明，滑坡涌浪对桥基岸坡有一定的影响，取滑坡涌浪产生的最大顺坡向的水压力为 46 kPa。

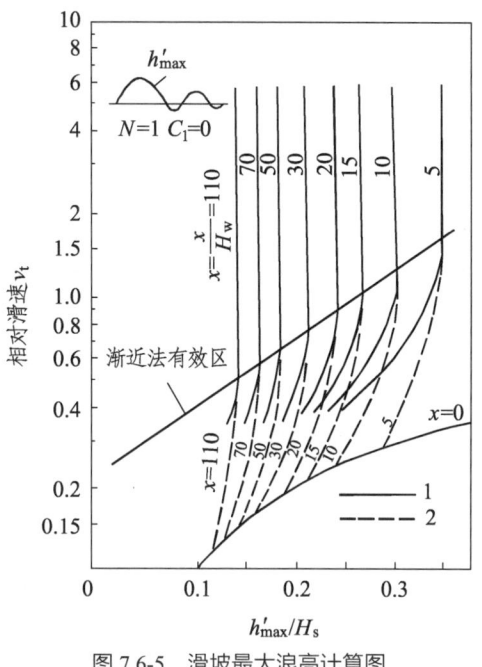

图 7.6-5　滑坡最大浪高计算图

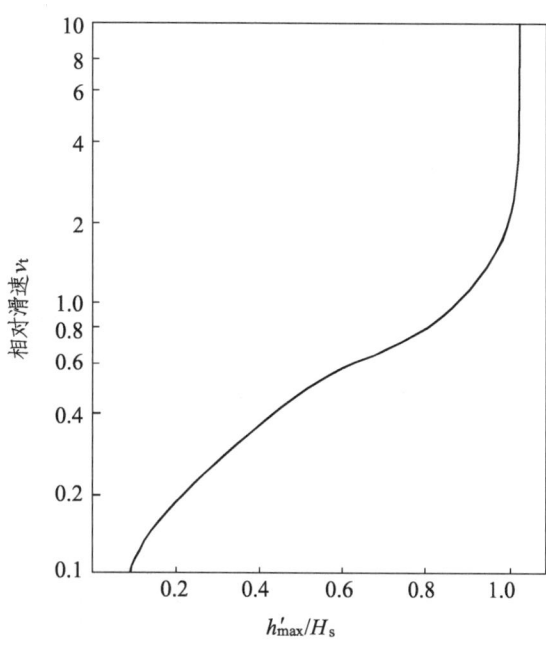

图 7.6-6　落水点 $x = 0$ 处最大波高计算图

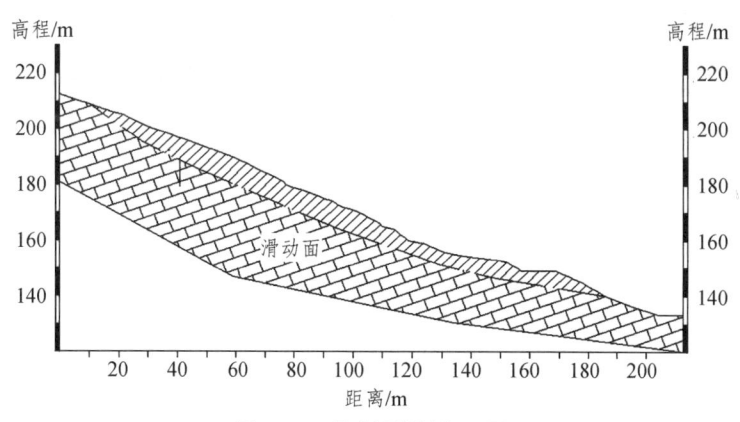

图 7.6-7　马家河滑坡断面图

表 7.6-2　滑坡涌浪计算

参数	滑体重量	平均厚度	滑动距离	剩余下滑力	稳定性系数	水深	滑动速度	相对滑动速度	落水点浪高	岸坡处浪高
单位	kN/m	m	m	kN/m		m	m/s	m/s	m	m
取值	2 416	8	50	995	0.98	55	8.1	0.35	3.0	2.3

4. 岩溶

1) 地表岩溶发育特征

桥址区以灰岩、泥灰岩为主。郑州端地表岩溶发育，顺岩层面有大量的溶蚀现象；万州端溶蚀洼地、落水洞等岩溶地貌和溶洞、岩溶管道等岩溶类型均有发育。线路右侧 50 m 附近发育溶洞溶槽，并向线路右前方远离线路方向发展。桥位河流上游方向 50 m 处，在岸坡上出露溶洞，发育高程在 120～175 m 附近。175 m 处溶洞洞口直径约 2 m。120 m 处溶洞有两层，上层标高约 120 m，下层标高约 110 m，两层溶洞直径 2～3 m，向坡内展布约 50 m，方向与溶槽发育方向一致，即偏离线路主墩方向，如图 7.6-8 所示，目前对神农溪大桥影响不大。根据现有岩溶发育特征，综合考虑大型溶槽及既有平行高速公路桥梁的影响，郑万铁路神农溪大桥的线路位置是桥址区最合理的位置。

(a) 三峡蓄水前　　(b) 三峡蓄水后

图 7.6-8　岩溶发育特征

2) 基底岩溶发育特征

万州端主墩基岩灰岩层内发育有多层溶洞，桩基设计长度为 71～76 m，依次穿过 8 层溶洞，洞高 1.7～6.5 m，均为空溶洞，深部无溶洞发育。考虑到岩溶的影响，建议基础深埋至完整灰岩层中。

3) 库水位涨落对岩溶的长期影响

根据钻孔资料，得到库水位 175 m 时的地下水位线，145 m 水位的地下水位采用《三峡库区三期地质灾害防治工程勘察技术要求》中规定的方法预测，如图 7.6-9 所示。地下水长期作用于岸坡岩体，桩基附近的可溶性岩体发生溶蚀作用，削弱地基的承载能力，桥基岸坡的长期稳定性较差，建议采取相应的工程措施，施工阶段也需要采取相应的工程措施。

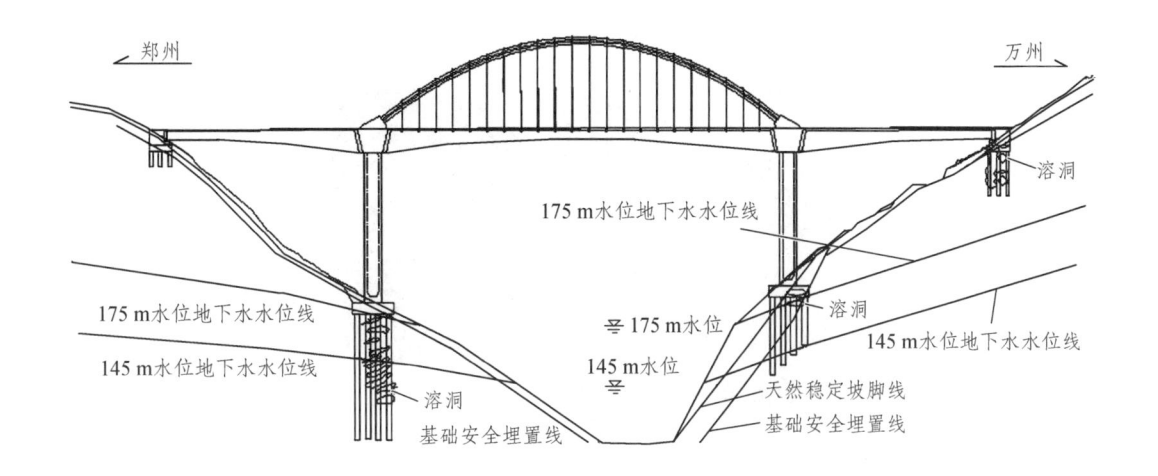

图 7.6-9 溶穴发育特征

四、稳定性综合分析

神农溪大桥桥基岸坡受到地震、库水位涨落、滑坡涌浪及岩溶的综合影响。滑坡涌浪在桥基岸坡处的高度为 2.3 m，水位降落导致万州岸产生动水压力 142 kPa，郑州岸 11.8 kPa，滑坡涌浪和库水位下降均导致岸坡岩体产生动水压力，由于滑坡涌浪产生的动水压力小于水位下降，故在稳定性计算中，仅考虑库水位下降的影响，而不用重复考虑滑坡涌浪。

库水位下降产生的动水压力，可等效为渗透力，可在数值分析中作为附加荷载施加给岸坡岩体，以此计算岸坡岩体的应力条件。

1. 经验方法

采用经验方法进行评价，经验方法与文献（赵文等，2003）的方法相同，在稳定坡角线的基础上，根据桥梁荷载强度、桥基宽度、边坡坡度与边坡岩体质量，确定桥梁荷载作用下的安全埋置线。结果表明，万州岸主墩位于安全埋置线以内，其稳定性较好。

2. 数值计算

采用 FLAC^{3D} 建立三维数值模型分析神农溪大桥桥基岸坡的稳定性。模型采用横观各向同性本构模型，由于岩层面为顺层面，各向同性面取岩层面。由于横观各向同性本构模型是一个弹性本构模型，不能反映岸坡岩体的强度特征，故数值计算首先采用 FLAC^{3D} 计算岸坡岩体的力学行为，再通过莫尔（Mohr）准则二次处理，得到岩体的安全系数及强度特征，评价岸坡的稳定性。

根据莫尔（Mohr）强度准则，定义安全系数为：

$$K = \frac{\sin\varphi \cdot (\sigma_1 + \sigma_3 + 2c \cdot \cot\varphi)}{\sigma_1 - \sigma_3}$$

建立的三维数值模型长 1 500 m、宽 200 m、高 565 m。纵向上模型边界距离桥位各 500 m，两侧各延伸 100 m，用于消除边界的影响。模型静力边界条件为法向固定约束边界，动力学边界条件为自由边界条件，如图 7.6-10 所示。模型采用六面体或楔形体实体单元，网格间距 5 m，共划分单元约 20 万个，节点 21 万个。重力加速度取 9.81 m/s^2，桥基荷载作用位置按现行设计的桥基位置。

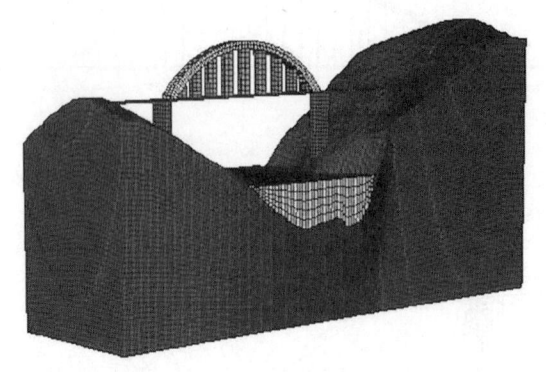

图 7.6-10　FLAC^{3D} 数值模型示意图

1) 桥梁荷载

分析桥梁荷载作用下线路纵断面上的岩体强度特征如图 7.6-11 所示。从图中可以看出，纵向岸坡岩体在桥梁荷载作用下，万州岸主墩基础底部及外侧面进入塑性状态，建议加固处理。万州岸主墩前方地表 180 m 高程附近安全系数整体较低，最凸出处的安全系数小于 1，表明岸坡岩体安全储备不足，随着岸坡的发展或不利工况的发生，可能失稳破坏。

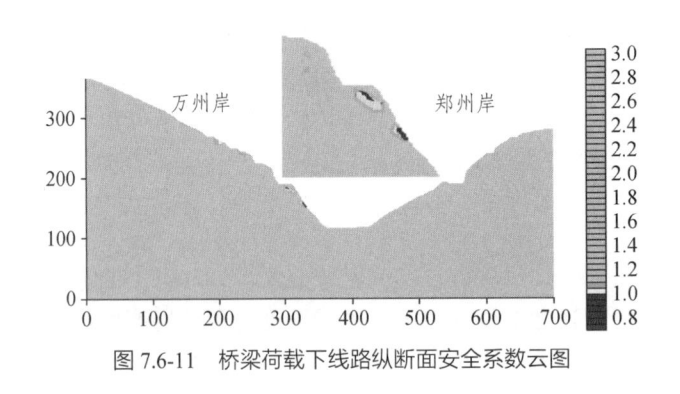

图 7.6-11　桥梁荷载下线路纵断面安全系数云图

2) 桥基荷载 + 水位降落

从图 7.6-12 中可以看出，万州端承台底塑性区与承台前方陡坡塑性区之间的安全系数小于 1.1，两个塑性区靠近，岸坡整体稳定性降低。为避免长期作用下两个塑性区贯通，建议采取一定的工程措施加固。

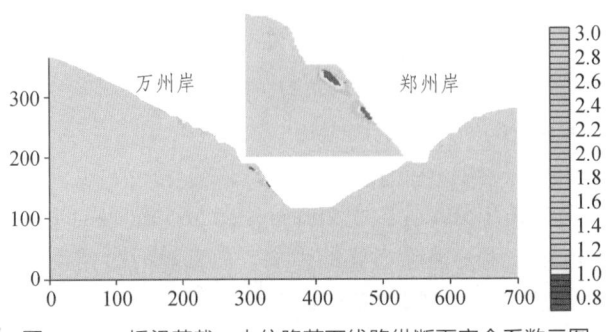

图 7.6-12　桥梁荷载 + 水位降落下线路纵断面安全系数云图

3) 桥基荷载+地震

采用建立动力学模型，分析岸坡在Ⅶ度地震下的动力学响应。取最大应力的70%进行地震作用下的应力条件进行强度分析。结果表明，地震工况下万州岸主墩基础底部及外侧面进入塑性状态，如图7.6-13所示，建议加固处理。万州岸主墩前方地表180 m高程附近安全系数整体较低，最凸出处的安全系数小于1。岸坡的塑性状态与桥梁荷载工况相较没有明显变化，表明地震对岸坡的稳定性影响小。

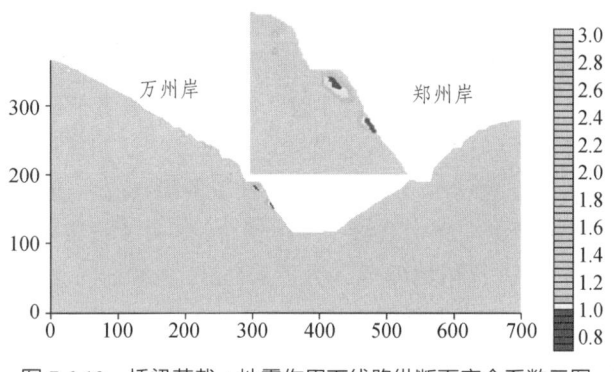

图7.6-13　桥梁荷载+地震作用下线路纵断面安全系数云图

五、结论

（1）神农溪大桥线路规避了线路右侧溶槽及左侧既有公路桥梁的影响，线路合理。

（2）神农溪大桥桩基范围发育多层溶洞，建议基础深埋至完整灰岩层中一定深度，且库水位涨落导致消落带岩体溶蚀，承载能力下降，长期稳定性差，建议进行工程处理。

（3）经验方法分析表明，万州岸主墩在基础安全埋置线以内；数值分析结果表明，在库水位降落作用及地震作用下，万州岸主墩基础底部岩体的塑性区与岸坡边坡点的塑性区逐渐靠近。为避免两个塑性区贯通，引发岸坡整体失稳，建议采取一定的工程措施。

第七节　西南山区某客运专线大桥桥墩位移病害原因分析

西南某运营客运专线大桥桥墩在雨季出现较大侧向位移，危及列车运营安全，运输部门要求列车限速通过大桥。建设单位组织设计、施工单位对桥墩位移病害开展设计、整治工程，恢复列车运行速度，确保列车运行安全。本案例基于地质补充勘察资料、整治施工开挖情况，分析了大桥桥墩产生侧向位移的原因，指出要高度重视红层泥岩夹砂岩地层的差异风化，提高斜坡地段地质勘探精度，做好施工期间桥墩基础验基验槽工作，确保墩台基础持力层满足设计要求，同时注意斜坡横向位移对桥墩的影响，必要时设置挡护工程。本节由王茂靖、丁文富撰写。

一、工程概况

西南某开通运营的客运大桥地处四川省绵阳市郊外，位于涪江左岸阶地后缘陡缓交界处，起讫里程为 DK555 + 347.25 ~ K555 + 588.753，桥长 241.503 m，最大墩高约 9 m，中心里程为 DK25 + 473，桥跨布置为 7×32 m。大桥两端主要以路基半挖半填工程为主，中心最大挖深约 14 m，最大中心填高约 6 m。

二、位移病害简述

西南某客运专线 K555 + 016 ~ + 754 段线路位于涪江左岸阶地后缘陡缓交界处，以大桥（K555 + 347 ~ K555 + 589）及相邻路基通过，路基为半填半挖，设置上、下挡护工程。2018 年 6 月中旬至 8 月初，绵阳地区连续强降雨，导致大桥及相邻段路基挡护工程外侧斜坡部分地段出现土质滑坡。2018 年 8 月 3 日下午，高铁工务段在雨后检查发现客运专线 K555 + 016 ~ + 754 段右侧土体出现纵向贯通裂缝、下沉错台；8 月 4 日夜间天窗点内，高铁工务段利用安博格小车对该段轨道进行精测发现，大桥 K555 + 400 ~ + 550 段范围内线路平面明显偏移，下行最大偏移 20.4 mm，上行最大偏移 20.1 mm，偏移最大值位于大桥 3 号墩位置，出现明显向右侧山外侧下沉偏移病害。为确保列车运行安全，铁路运输部门马上命令列车限速通过大桥及邻近地段。

三、桥址区工程地质条件

1. 地形地貌

桥址区地处川东红色丘陵地区，属剥蚀丘陵地貌，地形起伏较小，大桥及前后路基段位于涪江左岸一级阶地后缘陡缓交界处，属侵蚀、剥蚀河谷浅丘地貌，地势左高右低，地形起伏不大，地面高程为 480 ~ 560 m，相对高差约 80 m，山丘自然横坡为 10° ~ 40°。丘坡上覆土层较薄，树木生长较为茂盛，陡坎处部分基岩裸露，沟槽等低缓斜坡地带覆土较厚，多垦为旱地。线路右侧 45 ~ 70 m 处有一常年流水的灌溉沟渠，水渠外侧村庄农舍密集分布，线路右侧 120 ~ 170 m 有乡镇公路大致平行线路通过，交通方便。大桥航拍地形地貌景观如图 7.7-1 所示。

图 7.7-1　大桥航拍地形地貌景观

2. 地层岩性

第四系覆盖土层主要为全新统坡崩积（Q_4^{dl+col}）块石土及残坡积粉质黏土，其中块石土为左侧斜坡陡坎上被节理切割的厚层砂岩风化坠落后形成的，厚度为 0~6 m，零星分布于地表；第四系残坡积土层广泛分布于斜坡缓坡地带，主要为粉质黏土夹碎石角砾，系砂泥岩红层就地风化形成，厚度为 0~8 m。桥址区下伏基岩为白垩系下统剑阁组（K_1jn）中厚层状泥岩夹砂岩、砂岩。据勘探揭示：表层全风化带（W_4）厚 0~5 m，强风化带（W_3）厚 0~12 m，其下为弱风化带（W_2），砂岩呈夹中厚层状分布，主要出露于线路左侧陡峭山坡上，走向近平行于线路。

3. 地质构造

桥址区呈单斜构造，泥岩夹砂岩产状平缓，岩层产状为 N35°~65°W/3°~5°NE，近水平状产出，岩体较完整，垂直节理较发育，主要节理产状为 N-S/90°、N30°E/90°、N60°W/90°、N10°E/80°NW。段内地震动峰值加速度为 0.10g，地震动反应谱特征周期为 0.40 s。

4. 水文地质特征

测区地表水主要为线路右侧的渠水、塘水，常年有水，受大气降水补给，地表水不发育。地下水为第四系土层孔隙水及基岩裂隙水，水量不大，低洼沟槽内地下水位埋深为 2.1~8.5 m。据钻孔揭示：区内地下水分布不均匀，负地形的土石界面、砂岩夹层及裂隙发育的泥岩，地下水较为发育，含一定量的孔隙潜水及基岩裂隙水，地下水位埋深为 5~10 m，其余地带地下水不发育，水量甚微。

线路右侧水渠水对混凝土结构具氯盐侵蚀（L1），桥址范围地下水对混凝土结构无侵蚀性。

5. 不良地质及特殊岩土

桥址区不良地质主要为泥岩的风化剥落、左侧陡坎处砂岩危岩落石及桥址右侧斜坡局部发育岩堆。此外，根据调查测绘，右侧斜坡出现两处土层滑坡，其中 1 号滑坡对大桥墩台位移存在显著影响，下面具体叙述。桥址区未见特殊岩土分布。

四、大桥基础设计及地质补勘成果

1. 大桥基础设计概况

双线大桥基础设计均为柱桩基础，3 号墩采用 6 根桩径为 1.25 m 的挖孔桩，桩长 9.5 m；7 号台采用 8 根桩径为 1.25 m 的挖孔桩，桩长 6.0 m；其余墩台采用 8 根桩径为 1.00 m 的钻孔桩，桩长 9.0~17.0 m。其中邻近 3 号墩的 2 号、4 号墩桩长分别达到 17 m、14 m。

从地质纵断面图（图 7.7-2）上可以看出 3 号墩桩长相对来说比较短，反映出桥址区泥岩夹砂岩存在严重的差异风化情况。

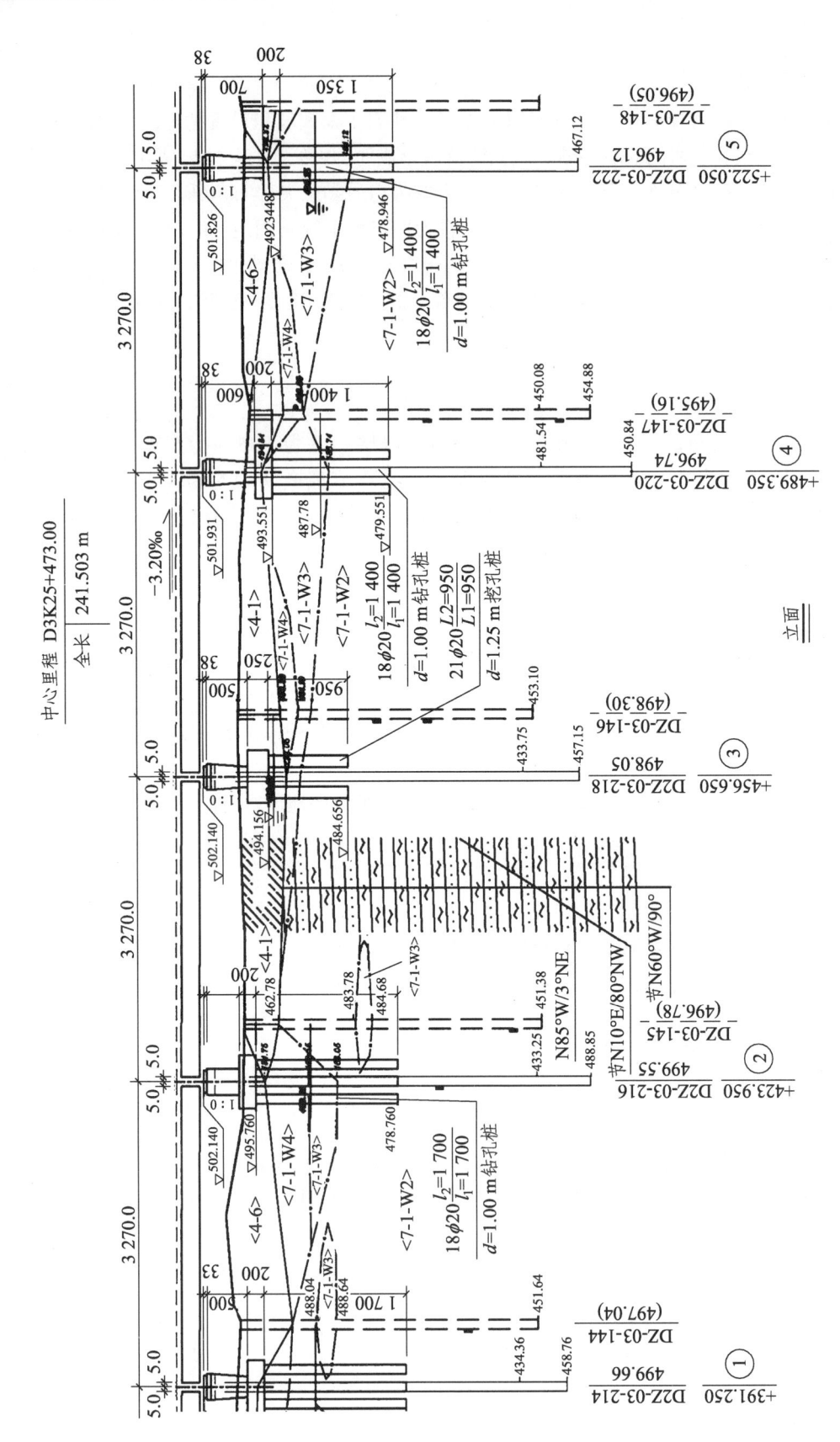

图 7.7-2 某大桥 2 号桥墩前后地质纵断面示意图（单位：cm）

2. 地质补勘成果

大桥3号墩台前后出现偏移及前后路基段地表出现开裂、错台后，设计单位对桥墩及相邻路基段进行了地质调绘、补充勘探及取样试验工作，共完成1:500工程地质调绘1.2 km²，钻探567.7 m/28孔。其中天林村双线大桥范围完成钻探217.0 m/10孔。取得如下成果：

（1）本次地质补勘揭示桥址区地层岩性、土石分界线与原设计施工图相符。

（2）3号墩桩基础泥岩夹砂岩风化层与原设计存在较大差异。施工图两个钻孔揭示：原弱风化层埋深在地面下7.7 m，补勘两孔揭示3号墩右侧弱风化层埋深达到14.6 m，差异达到近7 m，右侧桩基位于强风带内。

（3）由于持续降雨，段内小里程路基段及大桥0~4号墩右侧斜坡出现1号土质滑坡。

该滑坡呈一条带状，发育于K555+215~+710段右8~64 m范围，滑体主轴（垂直于线路方向）长约50 m，宽约275 m，滑体厚2~8 m，滑体体积约6.9万立方米，为一中型中层滑坡。根据地貌形态、变形发展顺序和地表变形特征，细分为滑块Ⅰ、滑块Ⅱ和滑块Ⅲ。滑块Ⅰ位于线路K555+293~+430段路基及大桥2号墩右侧，是最先产生滑动的块体，靠近线路坡面裂缝、错台等变形最为明显（图7.7-3），前缘水渠出现挤压鼓胀，既有石拱桥出现挤压变形及坍塌，坡面已形成了贯通滑面。滑块Ⅱ后缘施工便道外侧靠近边缘处发育一条拉张裂缝，前缘水渠靠山侧片石挡墙部分出现鼓胀变形。滑块Ⅲ中部坡面片石挡墙鼓胀变形严重，部分发生了垮塌，前缘沟渠亦发生了挤压，说明该坡面已经发生了沿土石界面的蠕动变形。该滑坡最先为滑块Ⅰ出现滑移变形，之后，由于滑块Ⅰ的滑移导致滑块Ⅱ和滑块Ⅲ部分临空，从而牵引滑块Ⅱ和滑块Ⅲ出现了变形失稳，为推移式+牵引式堆积层滑坡。滑体物质成分主要为粉质黏土，少量块石土。滑坡床主要为泥岩夹砂岩强风化带（W_3），部分为全风化带（W_4）或弱风化带（W_2），目前滑体处于缓慢蠕滑阶段，滑坡的牵引带动对双线大桥及路基的稳定性影响大，必须进行加固处理，如图7.7-4和图7.7-5所示。

（4）滑坡成因。

① 斜坡前缘水渠的不利影响。

双线大桥及前后路基段右侧55~67 m有天星堰水渠，为白虎嘴电站发电及当地村民灌溉用水渠，渠宽4~5 m，深1.7~2.5 m，局部由于渠坎垮塌变窄或者清挖后变深，多为半填半挖形成，外侧为条石加黏性土填筑，内侧多为在黏性土中直接开挖，局部有条石矮挡墙。水渠开挖在斜坡前缘形成临空面。由于渠水长期浸泡软化前缘土体，导致水渠靠山侧沟坎坡面坍滑、垮塌，水渠维护时不断清挖水渠内垮塌的土体，从而在坡体前缘减载，降低了边坡的整体稳定性。

② 长时间连续强降雨的不利影响。

2018年6月中旬以来，绵阳地区持续强降雨，6月15日—8月3日共计降雨日33 d，日最大降雨量为171.4 mm，6月降雨量为128.7 mm，7月降雨量为677.1 mm，远超往年（2010—2017年）同期降雨量。长时间的持续强降雨，导致线路右侧缓坡段的岩土体（坡残积粉质黏土、坡崩积块石土及便道施工填土）富水饱和，土体密度增加，同时其抗剪强度降低，稳定性急剧下降，导致出现沿土石界面的蠕动变形、滑移。

综上所述，双线大桥及前后路基段斜坡右侧55~67 m有天星堰水渠，水渠开挖切脚在斜坡前缘形成临空面是滑坡产生的内在原因，2018年雨季尤其是6月15日以来绵阳地区连续强降雨是滑坡产生的外在原因。

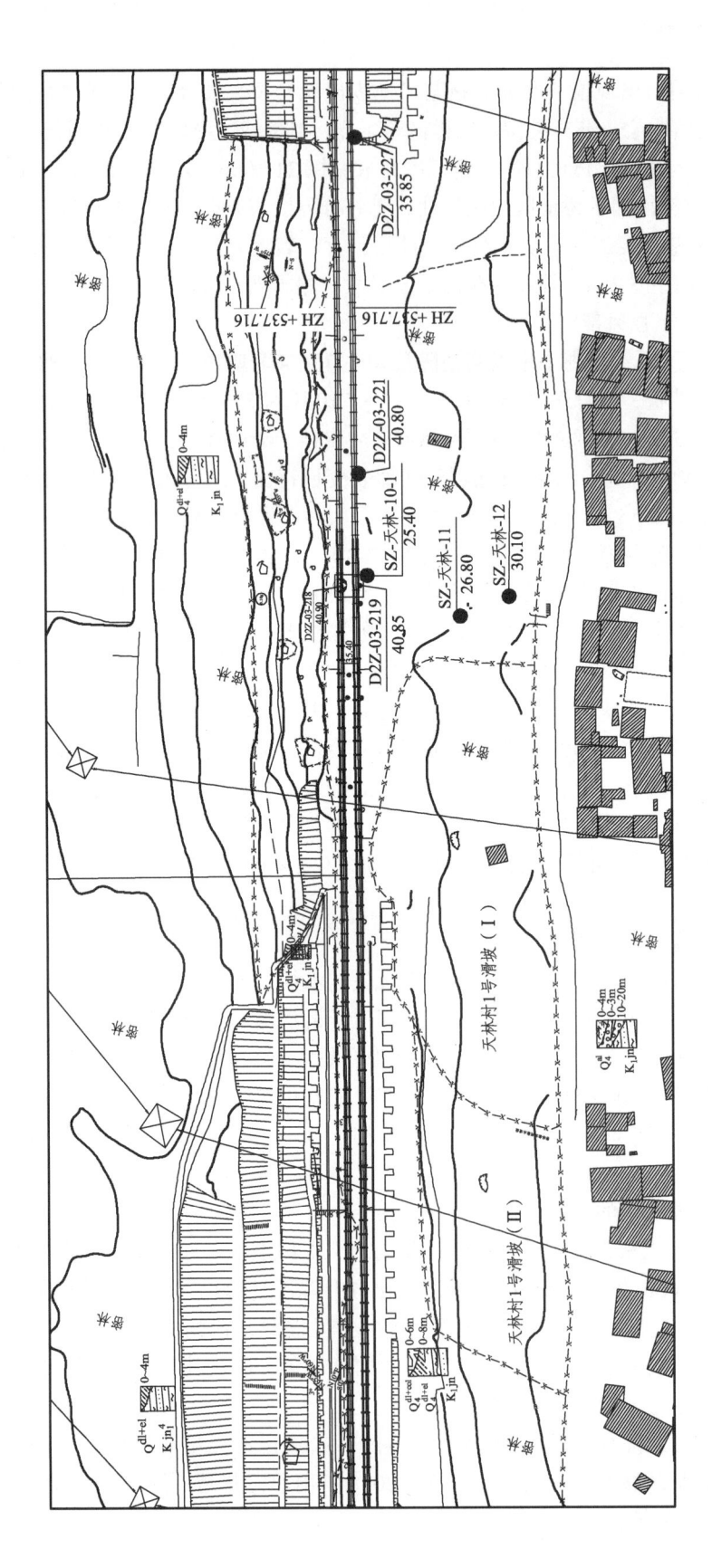

图 7.7-3 大桥前后地表滑坡平面示意图

图 7.7-4　滑坡后缘拉裂缝发育情况 　　　　图 7.7-5　滑坡中部 3 号墩右侧挡墙鼓膨胀变形

五、大桥桥墩位移病害原因分析

（1）大桥 3 号墩桩基基础持力层泥岩夹砂岩存在严重差异风化，施工图地质勘探未揭示出岩石风化差异，设计桩长部分偏短。在大桥基础施工期间，施工开挖也没有反馈基础持力层存在差异风化，最终导致 3 号桥墩右侧桩基础置于强风化带岩石中，加之后期表水入渗浸泡，部分桩基承载力不足导致 3 号墩下沉。

为提高桩基承载力，确保大桥营运安全，对 3 号桥墩桩基进行了 4 根桩基托换加固，在桩基人工开挖过程中，发现桩基持力层泥岩夹砂岩存在较大的差异风化，与补充钻探结论一致。如图 7.7-6 所示，3 号桥墩加固 1 号和 3 号人工挖孔桩位于线路左侧靠山一侧，两桩相距不到 9 m，1 号桩开挖揭示弱风化带深度为 11.5 m，3 号桩开挖揭示弱风化带深度仅为 6.1 m，相差 5.4 m。

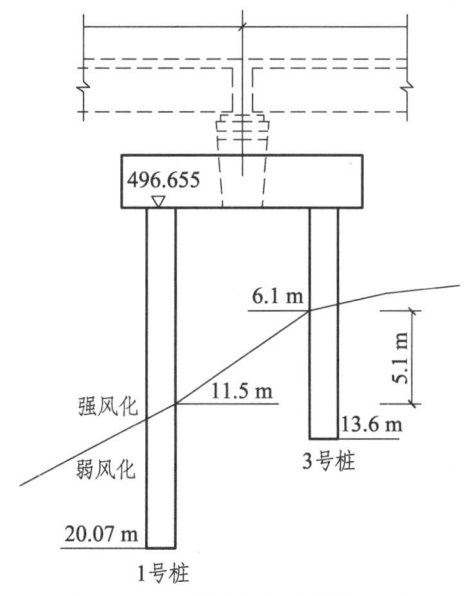

图 7.7-6　3 号桥墩托换桩基差异风化

（2）3号桥墩右侧斜坡上出现的1号土体滑坡向右侧山脚的滑移牵引，引起3号墩桩基右侧土体随之滑移，导致桥墩承台和桩基右侧临空，桥墩左侧土体对桥墩的挤压及桥墩处岩土体滑移的牵引，引起桥梁基础产生偏移，从而导致大桥3号墩发生偏移。

六、结论和建议

（1）大桥3号桥墩前后下沉位移的主要原因：一是桩基础持力层岩石存在差异风化，部分桩基位于风化带中，在表水入渗浸泡下，桩端承载力不足；二是桥墩右侧斜坡出现牵引式土层滑坡，桥墩承受偏压及侧向抗力不足引起向右偏移从而导致部分桩基下沉。综上两方面原因，引起大桥3号墩前后发生较大的侧向位移。

（2）红层泥岩夹砂岩产状平缓，构造轻微，岩体相对完整，但是岩石软硬不均且垂直节理发育，存在强烈差异风化，不仅表现为陡坡处砂岩已形成危岩落石，就是岩石地基也在较短平面距离内出现严重的差异风化带或强风化囊、透镜状风化体，对于基础工程应特别重视。建议位于斜坡处的基础工程应增加勘探密度，在勘察设计阶段查明基础持力层岩体风化情况，或者在施工期间加强验基验槽工作，确保基础持力层承载力满足基础要求。

（3）桥梁墩台基础不承受剪应力作用或者横向偏载，因此，对于斜坡上的墩台基础，应加强防护措施，对于易于产生滑坡的土质斜坡，在墩台横向上加强挡护，必要时设置抗滑工程。应禁止在斜坡脚出现切坡、取土等人为工程活动，影响墩台安全。

（4）降雨产生的地表水、地下水对工程危害是巨大的，对边坡工程、桥梁墩台工程都应做好工程的截排水措施，防止表水下渗、地下水渗流产生危及工程的滑坡、坍塌、蠕滑。

第八节　高速铁路经尾矿库区下游安全距离探讨

我国尾矿库数量多，分布广泛，安全度普遍不高。随着城市化的推进，远离市区的尾矿逐渐趋于城区，同时随着城际、高铁的兴起，铁路线路将从尾矿区下游通过。目前现行国家标准未有明确的安全距离界定，为了降低溃坝风险对铁路等重要工程的影响，本文以济南至莱芜铁路的选线研究为例，通过现场调查、标准解读、借用适宜预测模型计算，探索合理的安全距离并进行探讨，为以后类似工程建设及标准编制提供借鉴意义。本节由吴洋、王茂靖、王恩喜撰写。

一、引言

近年来，国内外发生了多次尾矿库溃坝、决口事件，对尾矿库下游的人员生命及工程安全造成了严重的危害，对国家及个人财产造成了巨大的损失。例如：2019年1月25日，淡水河谷公司位于巴西米纳斯吉拉斯州的小镇布鲁马迪纽（Brumadinho）的一座铁矿山的尾矿坝发生溃坝，混杂着废料和泥沙的泥石流席卷了附近的一个社区，事故至少造成121人死亡，226失踪；2015年11月5日，同样是巴西米纳斯吉拉斯州必和必拓和淡水河谷所持有的热尔马诺（Germano）矿厂的芬丹（Fundão）尾矿库大坝发生溃坝，事故造成19人死亡；2010年9月21日，我国广东省茂名市紫金矿业高旗岭尾矿库发生溃坝，造成22人死亡，房屋全倒户523户、受损户815户，下游流域范围内交通、水利等公共基础设施以及农田、农作物等严重损毁；2008年9月8日，我国山西省襄汾县新塔矿区980平洞尾矿库溃坝事故，波及下游500 m左右的矿区办公楼、集贸市场和部分民宅，造成277人死亡、4人失踪、33人受伤，直接经济损失达9 619.2万元人民币。

尾矿库区下游的安全距离选择是工程建设的控制性因素。本案例通过对尾矿库下游的安全距离进行探讨，并对类似地质灾害模型进行预测，分析尾矿库区下游最大安全距离的综合界定原则，为今后的勘察设计、安全评价和管理办法制定提供依据，并为类似工程的选线提供参考。

二、安全距离的意义

目前，我国共有尾矿库近8000座，总量居世界第一。尾矿库依据地形条件分为山谷型、傍山型、平地型、截河型4类，我国尾矿库绝大多数为山谷型。其中，山谷型"头顶库"（初期坝坡脚起至下游尾矿流经路径1 km范围内有居民或重要设施的尾矿库）有1112座。

相当多的尾矿库在居民区及工程设施的上游，对下游的人民群众生命财产、重要工程设施等安全构成威胁，尤其是与居民点、铁路、公路等距离较近的威胁更大。

随着城市的发展，远离城市尾矿库区逐渐趋于城区，伴随着国内高铁的兴起，铁路工程的建设有时也将从尾矿库区下游通过。尾矿库溃坝、决口导致重大人员、财产损失的主要原因之一就是尾矿库下游没有足够的安全距离，而目前安全距离应如何确定又无明确的依据。《尾矿库安全管理规定（修订草案征求意见稿）》（2019-12-23）规定："尾矿坝坝脚下游1公里范围内有居民区、工矿企业、集贸市场、休闲健身娱乐广场等人员密集场所，或者有二级及以上等级公路、铁路等生产生活设施的，禁止作为新建、改建、扩建尾矿库库址。"河北省在《关于河北加强尾矿库安全生产工作的若干规定》（〔2021〕4号）中规定："严格控制尾矿库下游的安全距离。新建尾矿库下游2公里冲击范围内不得有居民区、村庄和重要设施；现有尾矿库下游2公里冲击范围内不得新增居民、生产和生活设施。"山西省在《山西省尾矿库安全生产规定（草案）（征求意见稿）》（2009-08-03）中规定"严禁在居民区和重要设施上游3公里内建设尾矿库"，"住房建设主管部门对已建成的尾矿库下游3公里内，不得批准建设重要设施和居民区"。

确定安全距离，一方面可以为尾矿库下游重点保护对象避险，减少下游人民群众生命财产损失；另一方面也为城市周边重要基础设施及铁路、公路等的建设提供理论依据。因此适宜的安全距离确定十分重要，也十分迫切。

三、山谷尾矿库溃坝型泥石流与泥石流对比

尾矿库一般是在沟谷内通过人工筑坝等形式构建的堆存细粒尾矿的场所，人工边坡一般为1∶4～1∶3。尾矿库一般由初期坝与尾矿堆积坝（后期坝）两部分组成，初期坝一般采用堆石碾压填筑而成，尾矿堆积坝是由矿场逐年堆积子坝建造而成。坝后为干滩，其库尾存在较大的调洪库容，此部分库容一般会充满水，在暴雨时期，水量可能漫至坝顶，因此可视尾矿库为小型水库。尾矿堆积坝的堆积方式分为：上游式，即在初期坝上游方向充填堆积尾矿的筑坝方式；中线式，即在初期坝轴线处用旋流分级粗砂冲积尾矿的筑坝方式；下游式，即在初期坝下游方向用旋流分级粗尾砂冲积尾矿的筑坝方式。其中：上游式是我国采用最多的方式，但其安全性稍差；下游式筑坝最为安全，但其使用条件较为受限；中线式介于两者

中间。下文主要以山谷型上游式尾矿库作为研讨对象。

山谷型尾矿库与自然泥石流对比,均具备以下特点:地形上均位于山高坡陡地带,下游坡度较大,多面环山,便于雨水汇集;尾矿库内及山体周边具备丰富的物源松散体;在暴雨工况下,可迅速汇流形成丰富的水量。尾矿库溃坝后具有突然性以及流速快、流量大、物质容量大和破坏力强等特点,常常会冲毁公路、铁路等交通设施甚至村镇等,造成巨大损失。

四、尾矿库溃坝模型

山谷型尾矿库是具有高势能的泥石流源,发生溃坝破坏时,堆存的细粒尾矿在地表水的作用下形成溃决型泥石流,顷刻间沿山谷向下游倾泻,且多为一次性破坏。因此本案例尾矿库溃坝泥石流模型借用刘希林等人建立的泥石流堆积模型进行试验。

一次泥石流危险范围预测模型:

$$a = 0.5036 l^2$$
$$l = 8.71 (VGr_c/\ln r_c)^{1/3}$$
$$d = 0.017 [(Vr_c G^2 \ln r_c)]^{1/3}$$

式中:a 为一次泥石流危险范围(m^2);l 为一次泥石流最大堆积长度(m);d 为一次泥石流最大堆积厚度(m);V 为一次松散物质(可能)最大补给量(m^3);G 为堆积区坡度;r_c 为泥石流最大密度(g/cm^3)。

最大危险范围 a 的平均相对误差为9.69%,最大堆积长度 l 的平均相对误差为8.34%,最大堆积厚度 d 的平均相对误差为7.0%,基本能够满足目前泥石流最大危险范围的预测精度要求。

依据泥石流最大危险范围预测模型:

$$L = 0.8061 + 0.0015A + 0.000033W$$

式中:L 为泥石流最大堆积长度(km);A 为流域面积(km^2);W 为松散固体物质储量($10^4 m^3$)。

五、应用实例

1. 尾矿库概况

鲁中矿业御驾泉尾矿库位于莱芜张家洼镇御驾泉村村北,尾矿库三面环山,依山而建,海拔为250~450 m,相对标高为200 m。库区呈山谷地形特征,库区内部较为开阔,地形坡度为4°~6°,属低山丘陵区。尾矿库于1985年9月建成初期坝投入使用,目前已运行了30多年,仍在运营之中。尾矿坝采用上游法筑坝,初期坝(母坝)为滤水堆石坝(透水坝),主要由碎石、块石组成。各期子坝主要由来自采矿厂的碎石和尾矿砂、尾矿土组成。尾矿库坝顶现状标高在+343 m,库内水位在+336 m,坝长1 000 m,坝体高87 m,现存储尾矿量2 600万立方米,为三等库。后期尾矿库经论证最终堆积至标高+370 m,总库容量为5 300万立方米,有效库容约4 100万立方米,坝体总高度为114 m,为二等库。尾矿库如图7.8-1所示。

济南至莱芜铁路西起济南市济南东客站,向东经章丘区,终于钢城区钢城东站。线路经莱芜区段内,由于受地形及既有高速、铁路、站位选择等综合因素影响,线路将从鲁中矿业铁矿尾矿库区下游约 1.1 km 处通过。鲁中矿业御驾泉尾矿库区存放历史长，尾矿体量大，周边地形复杂，对下游高速铁路工程建设的安全影响巨大。

图 7.8-1　尾矿库示意图

2. 溃坝模拟计算

按上述一次泥石流危险范围预测模型，坝高 87 m 和 114 m 两种情景全库容下计算结果见表 7.8-1（$G = 0.085$，$r_c = 2.1$ g/cm³）。

表 7.8-1　坝高 87 m 和 114 m 溃坝模拟计算结果

场景	一次泥石流危险范围 a/m²	一次泥石流最大堆积长度 l/m	一次泥石流最大堆积厚度 d/m	最大堆积长度 L/m
87 m 坝高（近期）	1 297 034	1 604.8	36.9	1 799
114 m 坝高（远期）	1 757 216	1 868.0	42.9	1 898

六、安全距离适宜性选择

1. 安全距离适宜性背景分析

束永保等提出："尾矿库溃坝的事故的影响范围，主要是根据山谷型尾矿库坝高 80 倍，平地型坝高 40 倍的距离划定下游影响范围，或是通过模拟尾矿库溃坝后尾矿下泄引起的砂流的覆盖范围来进行估算。"

房志龙等提出除了坝高、地形因素外，还应综合考虑库容等别等影响，提出"依据安全距离为 2 公里为基础，按尾矿库的等别分别进行调整"。

调整建议为：

五等库下游安全距离山谷型为 500 m，平地型为 500 m；
四等库下游安全距离山谷型为 1 000 m，平地型为 600 m；
三等库下游安全距离山谷型为 1 500 m；
二等库下游安全距离山谷型为 2 000 m；
一等库下游安全距离山谷型为 2 500 m。

2. 安全距离适宜性对比

对于大型尾矿库，安全生产等监督管理一般较为严格且重视，御驾泉尾矿库在 2010 年开始陆续建设了尾矿库在线监测系统、漫润线观测系统、坝体位移观测等设施。系统正常运行时能实现对尾矿库重要运行数据的实时采集、传输、计算、分析，包括库水位、库区降雨量、坝体位移、坝体浸润线、干滩长度、溢洪塔排洪情况等，实时掌握尾矿库整体运行的安全状态，因此溃坝的概率一般较小。但一旦发生溃坝将引发灾害性事故，影响范围巨大，特别是在尾矿库下游建设铁路、居民区等重要设施时应尤为慎重。不同模型下的安全距离计算结果见表 7.8-2。

表 7.8-2 不同模型下的安全距离计算结果

场景	刘希林一次泥石流模型最大堆积长度 L/m	束永保影响范围模型最大堆积长度 L/m	房志龙调整修正模型最大堆积长度 L/m	推荐安全距离 L/m
87 m 坝高（近期）	1 799	6 960	1 500	2 000
114 m 坝高（远期）	1 898	9 120	2 000	2 500

通过多种模型预测计算得出：束永保等模型预测长度偏于安全但大量工程建设将受限制；刘希林等提出的模型能较好且准确地与已发生的灾害进行对比分析，具有较好的参考价值与实用意义，但应结合既有溃坝情况进一步修正模型参数以达到准确分析评估的目的；房志龙等提出的调整修正模型，在一方面修正了部分地方规定条款，同时又能兼顾不同等级、库容、地形尾矿库的区别，操作较为简单且对于初期线路选线原则有一定的指导意义。

七、结论

（1）本案例通过多种模型预测分析，得到合理的安全距离，同时为地质选线提供理论依据，为相关规范的编制提供借鉴意义。

（5）当线路无法绕避尾矿库下游时，应选择高墩、大跨桥梁通过下游沟谷地区，同时可采取排导、拦挡、拦排结合等工程措施处理。

（3）尾矿库溃坝等事故的发生涉及气象、地形、坝体位移、浸润线、地震等多种影响因素影响，可能产生整体（局部）溃坝、滑体剪切冲出等多种情况，对于安全距离的计算需要进行更进一步的分析研究与完善。

（4）本案例利用泥石流与尾矿库溃坝相似的特点，采用经验公式、数学模型与简易模型进行对比论证。结果表明：在一般情况下依据尾矿库等别、地形等因素结合"安全距离为2公里为基础，按尾矿库的等别分别进行调整"是现场较为简易实用的方法，同时在条件允许的情况下可进一步采用精确数学模型进行分析论证。

（5）对于在尾矿库下游进行高速铁路等重要且社会影响大的工程，进行溃坝分析及安全距离评定时，应按提高一级进行考虑，以确保工程建设的安全。

参考文献

[1] DAI Jinxing. Gas Field and Gas Source in China[M]. Beijing: Science Press, 2003.

[2] EVERT Hoek, PAUL Marinos. Predicting Tunnel Squeezing Problems in Weak Heterogeneous Rock masses[J]. Tunnels and tunneling Intemational, 2000.

[3] GIOVANNI Barla. Tunnelling under Squeezing Rock Conditions[R]. Department of Structural and Geotechnical Engineering, Politecnicoditorino.

[4] LUO Xiaojie. Further discussion on mechanism of covered karst ground collapse[J]. Journal of Engineering Geology, 2015, 23(5) : 886-893.

[5] Ministry of Railways of the People's Republic of China. Technical code for railway tunnel with gas: TB 10120—2002[S]. Beijing: China Railway Press, 2002.

[6] Petroleum Geology Committee of China Petroleum Institute. Chinese Oil and Gas Reservoir Studies[M]. Beijing: Petroleum Industry Press, 1990.

[7] Qian Lijun, HAO Qiang, LIN Liangbiao, et al. Sedimentary Characteristics and Evolution Model of the Upper Triassic Xujiahe Formation in the Southern Sichuan[J]. Science Technology and Engineering, 2016, 16(3): 28.

[8] SU Peidong, LIAO Junzhao, WANG Qi, et al. Harm to tunnel Engineering Dueto Gas in Shallow Oil-Gas Structures at Longquan Mountains[J]. Journal of Engineering Geology, 2014, 22(6): 1277-1278.

[9] TONG Chongguang. Tectonic Evolution and Hydrocarbon Accumulation in Sichuan Basin[M]. Beijing: Geological Publishing House, 1992.

[10] Wang Guangneng, SU Peidong, DU Yuben, et al. Formation Mode of Shallow Natural Gas in the Laoshishan Tunnel on the Kunming-Nanning Passenger Dedicated Line[J]. Modern Tunneling Technology, 2014, 359(6): 7-8.

[11] YUE Zhiqin, DING Haojiang, SU Peidong, et al. Survey of shallow layer natural gas in Chengdu-Guiyang railway of south Sichuan and southwest Sichuan[J]. Journal of Railway Engineering Society, 2015, 198(3): 2-3.

[12] ZHANG Zimin, LIN Youling, LÜ Shaolin. Distribution characteristics of coalbed methane in China[M]. Beijing: Coal Industry Press, 1998.

[13] 曾德建，史瑞冬. 屯坡隧道定测工程地质勘察报告 [R]. 成都：中铁二院工程集团有限责任公司，2007.

[14] 陈宏峰，张发旺，何愿，等. 地质与地貌条件对岩溶系统的控制与指示 [J]. 水文地质工程地质，2016，43（5）42-46.

[15] 陈燕. 白杨林隧道瓦斯突出预测与过煤层施工技术研究 [J]. 路基工程，2017（2）：229-234.

[16] 程强，周德培，等. 典型红层软岩软弱夹层剪切蠕变性质研究 [J]. 岩石力学与工程学报，2009（5）：3176-3180.

[17] 戴金星. 中国大气田及其气源 [M]. 北京：科学出版社，2003.

[18] 邓起东，等. 地震地表破裂参数与震级关系的研究：活动断裂研究（2）[M]. 北京：地震出版社，1992.

[19] 房志龙，李永生，付永祥，等. 对于新建（扩建）尾矿库下游安全距离的探讨 [A]//2013年全国矿产资源和产业"三废"的综合利用学术研讨会.

[20] 付开隆，蒋良文，冯涛，等. 贵广铁路甘棠江特大桥19、20号墩异常沉降原因分析及整治措施 [J]. 中国岩溶，2016，35(6)：674-680.

[21] 甘国权，邵晓妹，李珍. 某水电站混凝土骨料碱活性试验 [J]. 地下空间与工程学报，2015，11（2）545-548.

[22] 干昆蓉. 某铁路隧道高地应力、高水压围岩级别修正探索 [J]. 铁道工程学报，2008.

[23] 高美奔，李天斌，孟陆波，等. 隧道软岩大变形力学机制及防治措施综述 [J]. 施工技术，2013，42（增刊）：247-251.

[24] 郭健，许模，张强. 蚀变花岗岩特征及工程特性研究 [J]. 甘肃水利水电技术，2009，45(9)：27-29；42.

[25] 国家煤炭工业局. 建筑物、水体、铁路及主要井巷煤柱留设与压煤开采规程 [S]. 北京：煤炭工业出版社，2000.

[26] 何满潮，景海河，孙晓明. 软岩工程力学 [M]. 北京：科学出版社，2002.

[27] 贺梨萍. 巴西淡水河谷3年内2起重大尾矿溃坝，110亿雷亚尔被冻结 [N]. 澎湃新闻，2019-01-28.

[28] 吉随旺，张倬元，等. 近水平软硬互层斜坡变形破坏机制 [J]. 中国地质灾害与防治学报，2000（3）：49-52.

[29] 贾疏源，姜云，张广洋. 华蓥山隧道暴雨涌突水及其对隧道的影响 [J]. 世界隧道，1998，1：50-55.

[30] 蒋爵光，谢强，吴光. 北盘江大桥岸坡稳定性及桥基选址的综合分析 [J]. 铁道工程学报，1995，12(3)：75-81.

[31] 蒋忠信，路堑高边坡的工程和环境问题及对策 [J]. 铁道工程学报，2005（5）：39-42.

[32] 金跃群，袁奎荣，方清浩. 广西花山花岗岩体的成因、演化及矿化 [J]. 桂林冶金地质学院学报，1985，5(4)：295-306.

[33] 李国和. 采空区铁路工程地质选线研究 [J]. 铁道工程学报, 2012（10）15-20.

[34] 李国良, 朱永全. 乌鞘岭隧道高地应力软弱围岩大变形控制技术 [J]. 铁道工程学报, 2008, 3（3）54-59.

[35] 李术才, 王康, 李利平, 等. 岩溶隧道突水灾害形成机理及发展趋势 [J]. 力学学报, 2017, 49（1）22-29.

[36] 李术才, 许振浩, 黄鑫, 等. 隧道突水突泥致灾构造分类、地质判识、孕灾模式与典型案例分析 [J]. 岩石力学与工程学报, 2018, 37(5): 1041-1069.

[37] 李松, 万杰. 煤矸石自燃机理及其防治技术研究 [J]. 环境科学与技术. 2005（28）: 82-84.

[38] 李翔, 刘占峰. 张集铁路旧堡隧道断层破碎带初期支护大变形原因分析及治理措施 [J]. 铁道标准设计, 2014, 58（5）109-112

[39] 梁学战. 三峡库区水位升降作用下岸坡破坏机制研究 [D]. 重庆：重庆交通大学, 2013.

[40] 刘高, 杨重存, 谌文武, 等. 深埋长大隧道涌(突)水条件及影响因素分析 [J]. 天津城市建设学院学报, 2002, 8（3）: 160-164; 168.

[41] 刘光明. 软弱破碎围岩隧道大变形机理及控制措施研究 [D]. 长沙：中南大学, 2012.

[42] 刘希林, 唐川. 泥石流危险性评价应 [M]. 北京：科学出版社, 1995: 44-49.

[43] 刘艺梁. 三峡库区库岸滑坡涌浪灾害研究 [D]. 武汉：中国地质大学, 2013.

[44] 刘志春, 李文江, 朱永全, 等. 软岩大变形隧道二次衬砌施作时机探讨 [J]. 岩石力学与工程学报, 2008（3）: 580-589.

[45] 鲁中冶金矿业集团公司御驾泉尾矿坝岩土工程勘察报告 [R]. 济南：山东正元建设工程有限责任公司, 2010.

[46] 罗小杰. 也论覆盖型岩溶地面塌陷机理 [J]. 工程地质学报, 2015, 23(5): 886-893.

[47] 罗小杰. 覆盖型岩溶地面塌陷综合地质预测与危险性评估 [J]. 中国岩溶, 2016, 35(1): 51-59.

[48] 毛邦燕, 吴俊猛, 喻洪平, 等. 沪昆客专黄果树至北盘江段地质选线方案研究 [J]. 铁道工程学报, 2011, 157（10）: 19-24; 29.

[49] 毛邦燕, 张广泽, 唐兵, 等. 沪昆客专岗乌隧道1#横洞突水机制分析 [J]. 铁道工程学报, 2016, 33（6）: 83-87.

[50] 毛邦燕. 现代深部岩溶形成机理及其对越岭隧道工程控制作用评价 [D]. 成都：成都理工大学, 2008.

[51] 毛丹. 散体硫化矿石典型导热特性研究 [D]. 长沙：中南大学, 2008.

[52] 聂林, 陶志平, 周德培, 等. 富水蚀变岩大断面高速铁路隧道开挖大变形控制技术 [J]. 铁道建筑, 2012(6): 50-53.

[53] 蒲吉见. 煤与瓦斯防突预测技术在白杨林隧道的应用 [J]. 四川建筑, 2017, 37（3）: 89-90.

[54] 钱利军, 郝强, 林良彪, 等. 川南地区上三叠统须家河组沉积特征与沉积演化模式 [J]. 科学技术与工程, 2016; 16(3): 28.

[55] 邵江, 周德培, 等. 含竖向裂缝的近水平层状岩体边坡的动力学分析 [J]. 土木工程学报, 2006（7）: 94-98.

[56] 束永保, 李培良, 李仲学. 尾矿库溃坝事故损失风险评估 [J]. 金属矿山, 2010（8）.

[57] 苏培东, 廖军兆, 王奇, 等. 四川盆地龙泉山含油气构造浅层天然气对隧道工程危害研究 [J]. 工程地质学报, 2014, 22(6): 1277-1278.

[58] 孙谋, 刘维宁. 高风险岩溶隧道掌子面突水机制研究 [J]. 岩土力学, 2011, 32（4）: 1175-1180.

[59] 唐万春. 高速铁路厚覆盖型岩溶路基地质工程问题系统研究 [D]. 成都: 成都理工大学, 2011.

[60] 铁道部第二勘测设计院. 岩溶工程地质 [M]. 北京: 中国铁道出版社, 1984.

[61] 铁道部第一勘测设计院. 铁路工程地质手册 [M]. 修订版. 北京: 中国铁道出版社, 2002.

[62] 童崇光. 四川盆地构造演化及油气聚集 [M]. 北京: 地质出版社, 1992.

[63] 汪波, 李天斌, 何川, 等. 强震区软岩隧道大变形破坏特征及其成因机制分析 [J]. 岩石力学与工程学报, 2012, 31（5）: 928-936.

[64] 王靖, 李固华, 周俊杰, 等. 对混凝土碱活性试验方法的研究 [J]. 建筑科学, 2019, 28（9）: 98-100.

[65] 王光能, 苏培东, 杜宇本, 等. 云桂铁路老石山隧道浅层天然气成因模式研究 [J]. 现代隧道技术, 2014, 359(6): 7-8.

[66] 王华林. 1668年郯城8.5级地震断裂的全新世滑动速率、古地震和强震复发周期 [J]. 西北地震学报, 1995（17）: 1-12.

[67] 王建宇, 胡元芳, 刘志强. 高地应力软弱围岩隧道挤压型变形和可让性支护原理 [J]. 现代隧道技术, 2012, 49（3）: 9-17.

[68] 王兰生, 王小群, 许向宁, 等. 岷江叠溪古堰塞湖的研究意义 [J]. 第四纪研究, 2012(5).

[69] 王兰生, 杨立铮, 王小群, 等. 岷江叠溪古堰塞湖的发现 [J]. 成都理工大学学报（自然科学版）, 2005, 32(1): 1-11.

[70] 王兰生, 张倬元. 斜坡岩体变形的地质力学模式 [C]// 水文地质工程地质论丛. 北京: 地质出版杜, 1986.

[71] 王兰生, 等. 四川盆地岩质滑坡的发育特征 [J]. 大自然探索, 1982（1）: 44-45.

[72] 武力聪，彭正勇，张津伟，等．富水风化花岗岩地层工程特性试验研究 [J]．黄金，2011，32(11)：34-37．

[73] 谢强．道路岩石边坡坡度确定方法的研究 [J]．中国公路学报，2000，13(2)：24-26．

[74] 谢晓东，李之利．勘察阶段深埋长达隧道中煤层瓦斯涌出与突出的预测研究 [J]．河北建筑科技学院学报，2000，17（3）：15-18．

[75] 许再良，李翔．兖石、胶新铁路跨沂沭断裂带工程地质选线 [J]．铁道工程学报，2005，12（S1）：229-232．

[76] 燕俊松．古堰塞湖相沉积地层挖方边坡自稳特征及稳定性控制 [J]．中外公路，2018（2）．

[77] 杨红兵．渝利线箭沱湾隧道岩溶水文地质问题 [J]．高速铁路技术，2010，2（1）：44-48．

[78] 应急管理部相关司局负责人就《防范化解尾矿库安全风险工作方案》答记者问 [N]．2020-03-20．

[79] 喻洪平，张春祥，徐学渊，等．新建铁路沪昆客运专线长沙至昆明段可行性研究：第四篇：地质 [R]．成都：中国中铁二院工程集团有限责任公司，2010．

[80] 袁传保，宋章．成兰铁路地应力分布特征及工程评价 [J]．建筑技术开发，2014，41（7）：16-22．

[81] 岳志勤，丁浩江，苏培东，等．成贵铁路川南、川西南浅层天然气勘察 [J]．铁道工程学报，2015，198(3)：2-3．

[82] 张百红，韩立军，韩贵雷，等．深部三维地应力实测与巷道稳定性研究 [J]．岩土力学，2008，29（9）：2547-2550．

[83] 张成梁．山西阳泉自燃煤矸石山生境及植被构建技术研究 [D]．北京：北京林业大学，2008．

[84] 张虹，张春生．黄铁矿自燃机理及预防 [J]．铜业工程，2004，3：53-54．

[85] 张志亮，黔张常铁路岩溶发育规律研究 [J]．铁道标准设计，2013（12）：15-18．

[86] 张倬元，王土庆，王兰生，工程地质分析原理 [M]．2版．北京：地质出版社，1994：38-377．

[87] 张倬元，等．工程地质探索与开拓 [M]．成都：科技大学出版社，1997：34-35；173-190．

[88] 张子敏，林又玲，吕绍林．中国煤层瓦斯分布特征．北京：煤炭工业出版社，1998．

[89] 赵建，赵鹏，蔡裕民．山东喀斯特地貌发育的基本特征 [C]∥中国地理学会地貌·环境·发展——2004丹霞山会议文件．2004：48-53．

[90] 赵文，谢强．宜万线野三河大桥桥基位置选择 [J]．西南交通大学学报，2003，38(1)：57-59．

[91] 赵文. 荷载作用下高陡边坡岩体力学行为及桥基位置确定方法研究 [D]. 成都：西南交通大学，2005.

[92] 赵旭峰. 挤压性围岩隧道施工时空效应及其大变形控制研究 [D]. 上海：同济大学，2007.

[93] 赵杨，粤纪宜. 广东纪委披露紫金矿业信宜溃坝事故调查始末 [N]. 南方日报，2011-02-24.

[94] 赵勇. 隧道软弱围岩变形机制与控制技术研究 [D]. 北京：北京交通大学，2012.

[95] 赵志明，吴光，王喜华，等. 金沙江特大桥桥址区主要工程地质问题研究 [J]. 人民长江，2013，44(1)：38-41.

[96] 赵治平. 叠溪古堰塞湖沉积物极限摩阻力现场测定分析 [J]. 工程建设与设计，2016（17）：36-37.

[97] 郑天池，郑亚飞，乐重，等. 新建铁路沪昆客运专线长沙至昆明段可行性研究报告 [R]. 成都：中国中铁二院工程集团有限责任公司，2010.

[98] 中国石油学会石油地质委员会. 中国油气藏研究 [M]. 北京：石油工业出版社，1990.

[99] 铁道部. 铁路瓦斯隧道技术规范：TB 10120—2002[S]. 北京：中国铁道出版社，2002.

[100] 铁道部. 铁路工程不良地质勘察规程：TB 10027—2012[S]. 北京：中国铁道出版社，2012：64-65；127；188.

[101] 中铁二院工程集团有限责任公司. 新建成都至兰州铁路：第四篇：地质篇 [R]. 成都：中铁二院工程集团有限责任公司，2009.

[102] 周思孟. 复杂岩体若干岩石力学问题 [M]. 北京：中国水利水电出版社，1998：212-213.

[103] 朱红光. 破断岩体裂隙的流体流动特性研究 [D]. 北京：中国矿业大学，2012.

[104] 资谊，马士伟. 岩溶隧道涌突水灾害发生机理与工程防治 [J]. 铁道工程学报，2011（2）：84-89.